天津地區館藏珍貴古籍圖録

天津圖書館
天津市古籍保護中心 編

國家圖書館出版社

圖書在版編目（C I P）數據

天津地區館藏珍貴古籍圖録 / 天津圖書館，天津市古籍保護中心編. -- 北京：國家圖書館出版社，2012.5
ISBN 978-7-5013-4794-0
Ⅰ. ①天… Ⅱ. ①天… ②天… Ⅲ. ①古籍－圖書目録－天津市 Ⅳ. ①Z838

中國版本圖書館CIP數據核字(2012)第074516號

《天津地區館藏珍貴古籍圖録》

主　　编　李培
副 主 編　李國慶　季秋華　白文源　陳卓　張毅
　　　　　穆祥望　耿華　劉毅　趙炳芳　程靜
編　　者　天津圖書館・天津市古籍保護中心
責任編輯　殷夢霞
裝　　幀　姜尋工作室
出　　版　國家圖書館出版社（100034　北京市西城區文津街7號）
發　　行　(010) 66139745, 66175620, 66126153
　　　　　66174391（傳真），66126156（門市部）
E-mail　cbs@nlc.gov.cn(投稿) htsfxb@nlc.gov.cn(郵購)
Website　www.nlcpress.com
經　　銷　新華書店
印　　刷　北京順誠彩色印刷有限公司
開　　本　889×1194毫米 1/16
印　　張　20
版　　次　2012年5月第1版　2012年5月第1次印刷
書　　號　ISBN 978-7-5013-4794-0
定　　價　398.00圓

《天津地區館藏珍貴古籍圖録》
編輯委員會

出版説明

我國古代文獻典籍是中華民族在數千年歷史發展過程中創造的重要文明成果，藴含着中華民族特有的精神價值、思維方式和想象力、創造力，是中華文明綿延數千年，一脉相承的歷史見證，也是人類文明的瑰寶。從最古的甲骨刻辭、青銅器銘文、石刻文算起，到簡帛書和寫、印在紙上的書籍，中華古籍文獻歷時三千多年，其歷史之悠久，數量之繁多，内容之豐富，世所罕見。古籍具有不可再生性，保護好這些古籍，對促進文化傳承、聯結民族情感、弘揚民族精神、維護國家統一及社會穩定具有重要作用。同時，加强古籍保護工作，也是建設社會主義先進文化，貫徹落實科學發展觀和構建社會主義和諧社會的客觀要求，也是貫徹執行文化大發展大繁榮的具體行動。

2007年1月國務院辦公廳頒發《關于進一步加强古籍保護工作的意見》（國辦發[2007]6號，以下簡稱《意見》），針對中華文化的重要載體——古籍，提出了主要目標是：全面、科學、規範地開展古籍保護工作。對全國公共圖書館、博物館和教育、宗教、民族、文物等系統的古籍收藏和保護狀况進行全面普查，建立中華古籍聯合目録和古籍數字資源庫；實現古籍分級保護，建立《國家珍貴古籍名録》；完成一批古籍書庫的標準化建設，命名“全國古籍重點保護單位”；加强古籍修復工作，培養一批具有較高水平的古籍保護專業人員。通過努力，逐步形成完善的古籍保護工作體系，使我國古籍得到全面保護。

幾年來，廣大古籍工作者在《意見》精神鼓舞下，以前所未有的工作熱情，忘我工作。古籍保護工作已經在全國各古籍收藏單位全面鋪開——古籍保護工作體系的完善、古籍普查登記、《國家珍貴古籍名録》、全國古籍重點保護單位的申報評審公佈、《館藏古籍普查登記目録》及《中華古籍總目》“分省卷”的編製、庫房的改造、在職人員培訓、學歷教育的促進、標準規範的建立、實驗研究的開展、數字化的推進、珍貴古籍的影印出版等等，工作逐項落實，目標陸續實現。

全國古籍保護工作由全國古籍保護工作聯席會議統籌規劃，由文化部領導實施。國家圖書館設立的中國國家古籍保護中心負責日常古籍保護工作，成立專家委員會，聘任有關專家負責《國家珍貴古籍名録》和“全國重點古籍保護單位”的評審工作。由各省、自治區、直轄市成立的各省級古籍保護分中心，負責本地區古籍保護和評審上報工作。

2008年3月1日，第一批《國家珍貴古籍名録》2392部，“全國古籍重點保護單位”51家由國務院批準頒布。其中，天津地區有5個藏書單位收藏的17部古籍入選首批《名録》。天津圖書館成爲首批全國古籍重點保護單位。7月28日，文化部在京隆重召開第一批《國家珍貴古籍名録》頒證暨第一批全國古籍重點保護單位授牌儀式，中共中央政治局委員、國務委員劉延東同志出席儀式并做重要講話，充分肯定了古籍保護工作取得的成績，對不斷推動古籍保護工作全面、有序、健康、持續發展提出了明確要求。

2009年6月9日，第二批《國家珍貴古籍名録》4478部，“全國古籍重點保護單位”62家由國務院批準頒布。其中，天津地區有4個藏書單位收藏的61部古籍入選該批《名録》。南開大學圖書館成爲二批全國古籍重點保護單位。2009年6月11日，中共中央政治局委員、國務委員劉延東同志出席文化遺産與古籍保護的電視電話會議，會上爲第二批《國家珍貴古籍名録》收藏單位的代表及第二批“全國古籍重點保護單位”代表頒發證書和標牌，并作重要講話。要求各級政府加大投入，共同推進這項偉大的事業。

2010年6月11日，第三批《國家珍貴古籍名録》2989部，“全國古籍重點保護單位”37家由國務院批準頒布。其中，天津地區有5個藏書單位收藏的225部古籍入選該批《名録》。2010年12月20日全國古籍保護工作會議暨第三批國家珍貴古籍名録頒證及第三批全國古籍重點保護單位頒牌儀式在北京舉行。文化部等部門領導爲入選第三批《國家珍貴古籍名録》及“全國古籍重點保護單位”收藏單位的代表頒證頒牌。

截至目前，全國三批共有9859部善本古籍入選《國家珍貴古籍名録》、150家藏書機構入選“全國古籍重點保護單位”。

天津地區共有7個藏書單位參加了三次申報工作，共有303部善本古籍入選《國家珍貴古籍名録》、2家藏書機構入選“全國古籍重點保護單位”。詳見下表：

天津地區入選《國家珍貴古籍名録》和“全國重點古籍保護單位”的單位和數量一覽表

單位＼數目＼批次	第一批	第二批	第三批	合計
1、天津圖書館	9種	35種	156種	200種
	1個單位			1個單位
2、天津博物館	5種	15種	46種	66種
3、南開大學圖書館	1種	9種	18種	28種
		1個單位		1個單位
4、天津師範大學圖書館			4種	4種
5、天津中醫藥大學圖書館		2種	1種	3種
6、天津醫學科學技術信息研究所	1種			1種
7、天津醫學高等專科學校圖書館	1種			1種
合計：	17種 1個單位	61種 1個單位	225種	303種 2個單位

第一、二、三批《國家珍貴古籍名録》和“全國古籍重點保護單位”的公佈，在中國歷史上尚屬首次，在世界上也絶無僅有，充分彰顯了黨和政府對古籍保護工作的高度重視。爲紀念這一具有重要歷史意義的工作，傳承、弘揚中華民族優秀傳統文化，提高全社會古籍保護意識，國家古籍保護中心分批編印《國家珍貴古籍名録圖録》。

爲了擴大《國家珍貴古籍名録圖録》的影響，爲了滿足天津地區各級圖書館參加《名録》申報工作的員工日常業務和研究工作的需要，爲了便於一般讀者購閲，兹仿《國家珍貴古籍名録圖録》體例，將天津地區圖書館入選三批《名録》中的珍貴古籍彙編成册，以饗學人。

天津圖書館・天津市古籍保護中心

二〇一二年五月

凡例

一、收録：本書所收古籍，主要是天津地區圖書館所藏的，入選經國務院審批頒布的，第一、二、三批《國家珍貴古籍名録》中的善本古籍。

二、編排：按照第一、二、三批《國家珍貴古籍名録》組配的固定序號編排。

三、著録：依據入選古籍的序號、書名、卷數、著者、版本及藏書單位等項依次著録。

四、選圖：以第一、二、三批《國家珍貴古籍名録》所選定的圖像爲準，每種古籍選圖1至2幀不等。

凡一書有多家入選，而選定的圖像爲天津地區圖書館藏書者，則其他各家圖書館僅在著録項中列名，以便參考。

凡一書有多家入選，而選定的圖像爲他館藏書者，則天津地區圖書館僅在著録項中列名，以便參考。

五、拍攝：本書一般采用原件拍攝。暫無圖像者，本次出版祇存目録，圖片暫缺。

天津圖書館·天津市古籍保護中心

二〇一二年五月

目 録

天津地區館藏珍貴古籍圖録

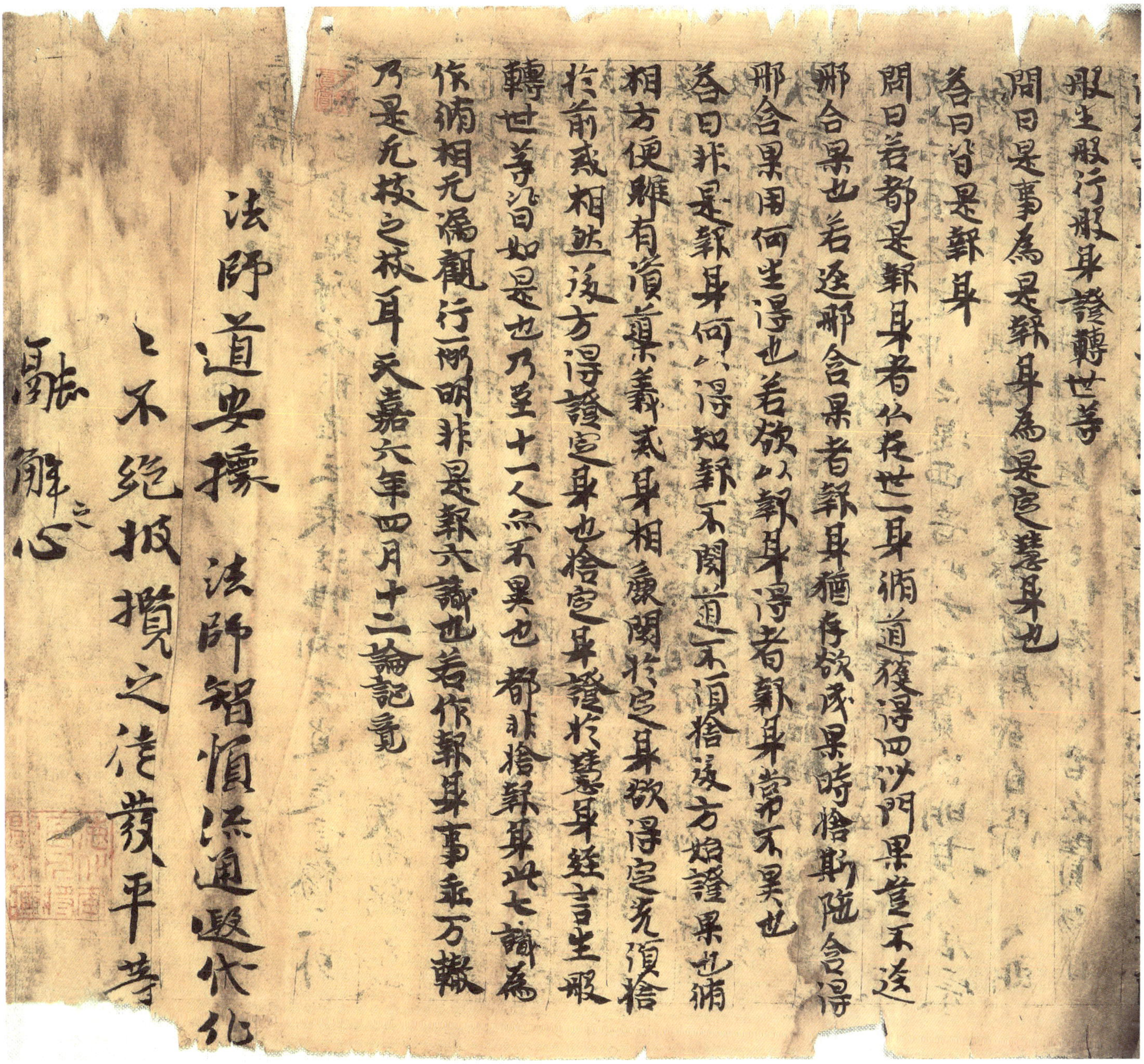

00159 [佛門問答十二論] 南朝陳天嘉六年（565）寫本　卷背 **[三佛五門義記]** 南北朝寫本

卷軸裝。高28厘米，長478厘米。每紙二十三至二十四行，行二十三至二十四字。烏絲欄。有“德化李氏凡將閣珍藏”等印。天津博物館藏。

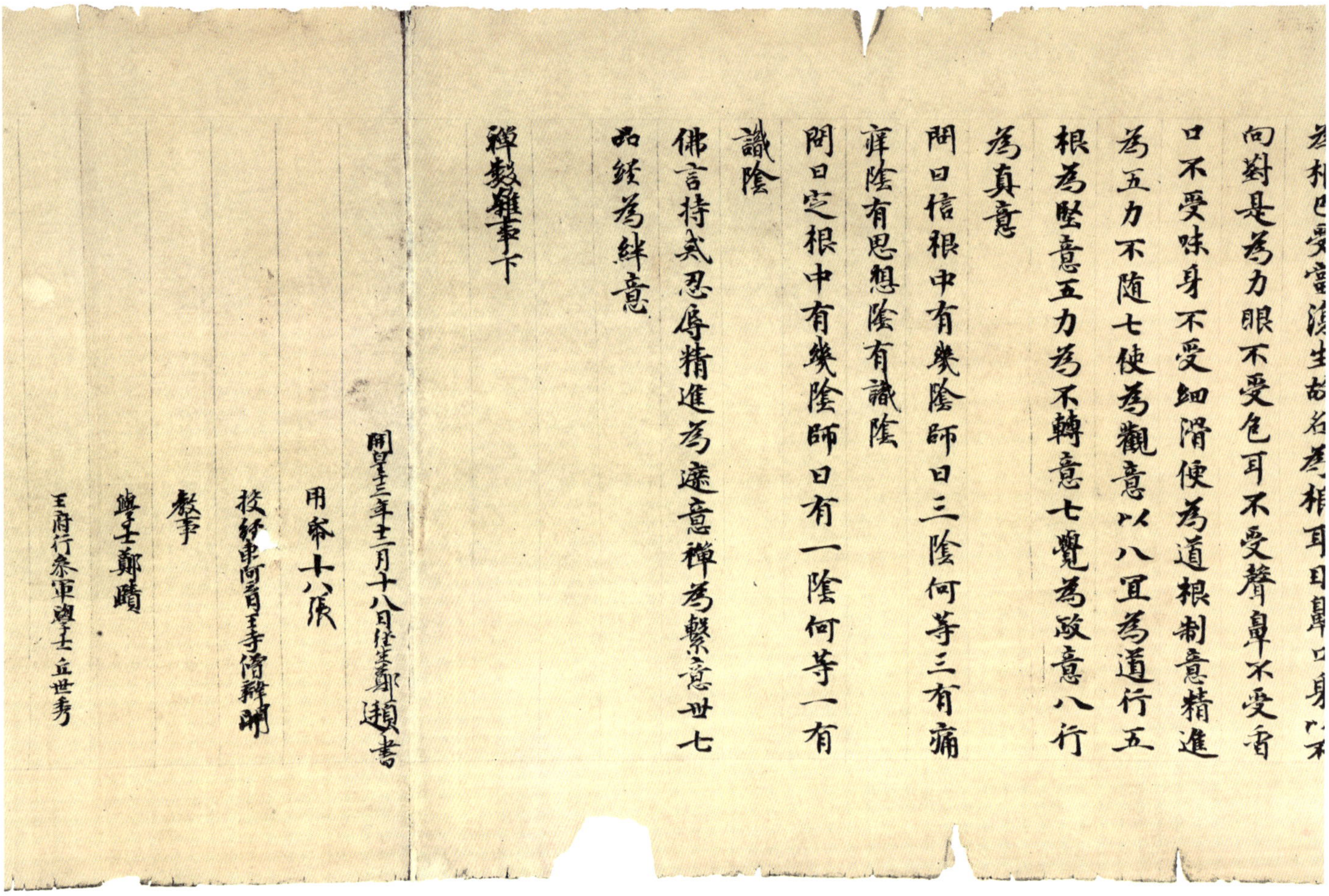

向對是為力眼不受色耳不受聲鼻不受香
口不受味身不受細滑便為道根制意精進
為五力不隨七使為觀意以八直為道行五
根為堅意五力為不轉意七覺為政意八行
為真意
問曰信根中有幾陰師曰三陰何等三有痛
痒陰有思想陰有識陰
問曰定根中有幾陰師曰有一陰何等一有
識陰
佛言持戒忍辱精進為進意禪為繫意卅七
品經為絆意
禪數雜事下

開皇十三年十二月十八日經生鄭頲書
用紙十八張
校經東阿育王寺僧辯開
敎事
學士鄭頲
王府行參軍學士丘世秀

00160 禪數雜事卷下 隋開皇十三年（593）寫本

卷軸裝。高27.3厘米，長450厘米。每紙二十二行，行十七字。烏絲欄。天津博物館藏。

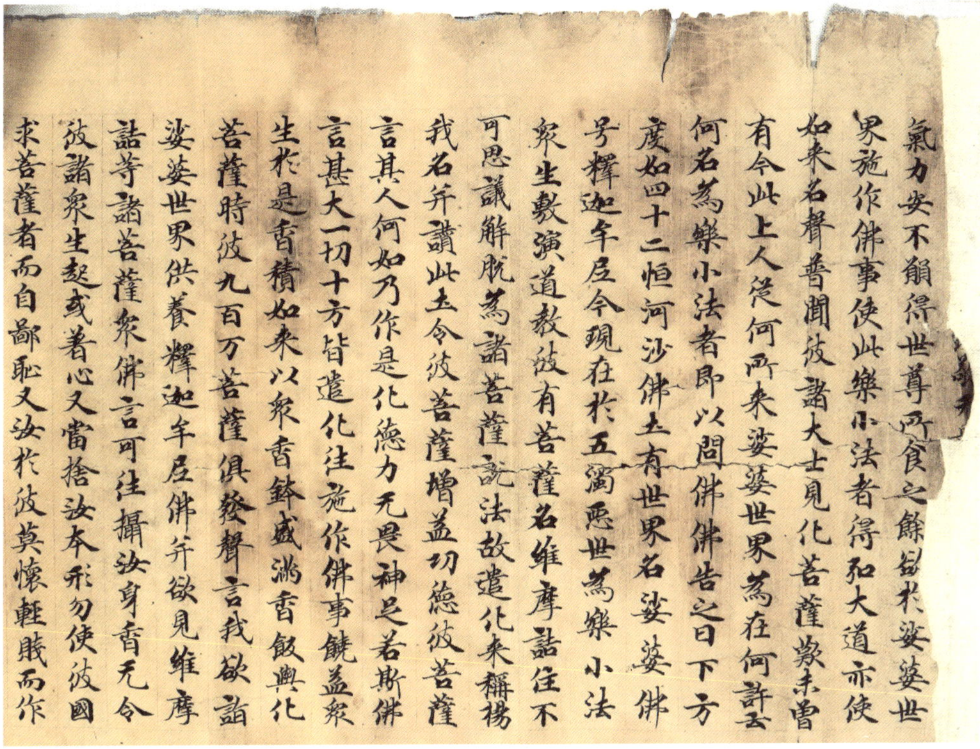
氣力安不願得世尊所食之餘欲於娑婆世
界施作佛事使此樂小法者得弘大道亦使
如來名聲普聞彼諸大士見化菩薩歎未曾
有今此上人從何所來娑婆世界為在何許云
何名為樂小法者即以問佛佛告之曰下方
度如四十二恒河沙佛土有世界名娑婆佛
号釋迦牟尼今現在於五濁惡世為樂小法
衆生敷演道教彼有菩薩名維摩詰住不
可思議解脫為諸菩薩說法故遣化來稱揚
我名并讚此土令彼菩薩增益功德彼菩薩
言其人何如乃作是化德力無畏神足若斯佛
言甚大一切十方皆遣化往施作佛事饒益衆
生於是香積如來以衆香鉢盛滿香飯與化
菩薩時彼九百万菩薩俱發聲言我欲詣
娑婆世界供養釋迦牟尼佛并欲見維摩
詰等諸菩薩衆佛言可往攝汝身香無令
彼諸衆生起惑著心又當捨汝本形勿使彼國
求菩薩者而自鄙恥又汝於彼莫懷輕賤而作

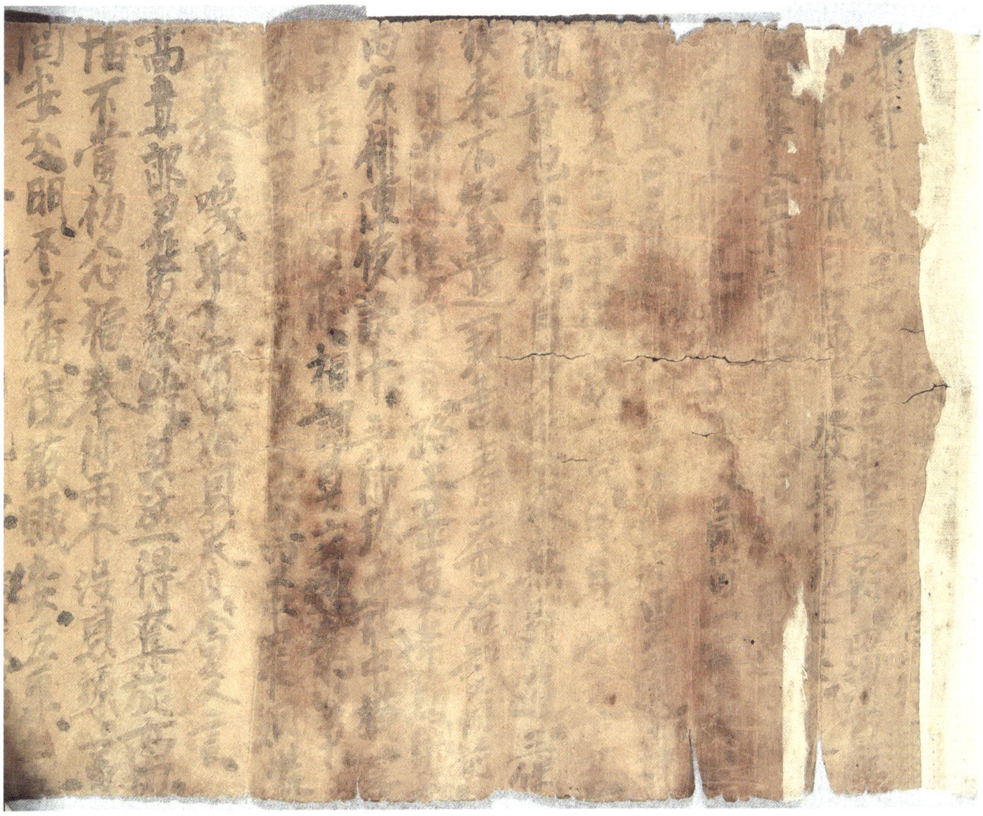

00166 維摩詰所説經卷下 （後秦）釋鳩摩羅什譯 唐寫本 卷背**[曲子詞]** 歸義軍時期寫本。

卷軸裝。高26.1厘米，長394厘米。烏絲欄。天津博物館藏。

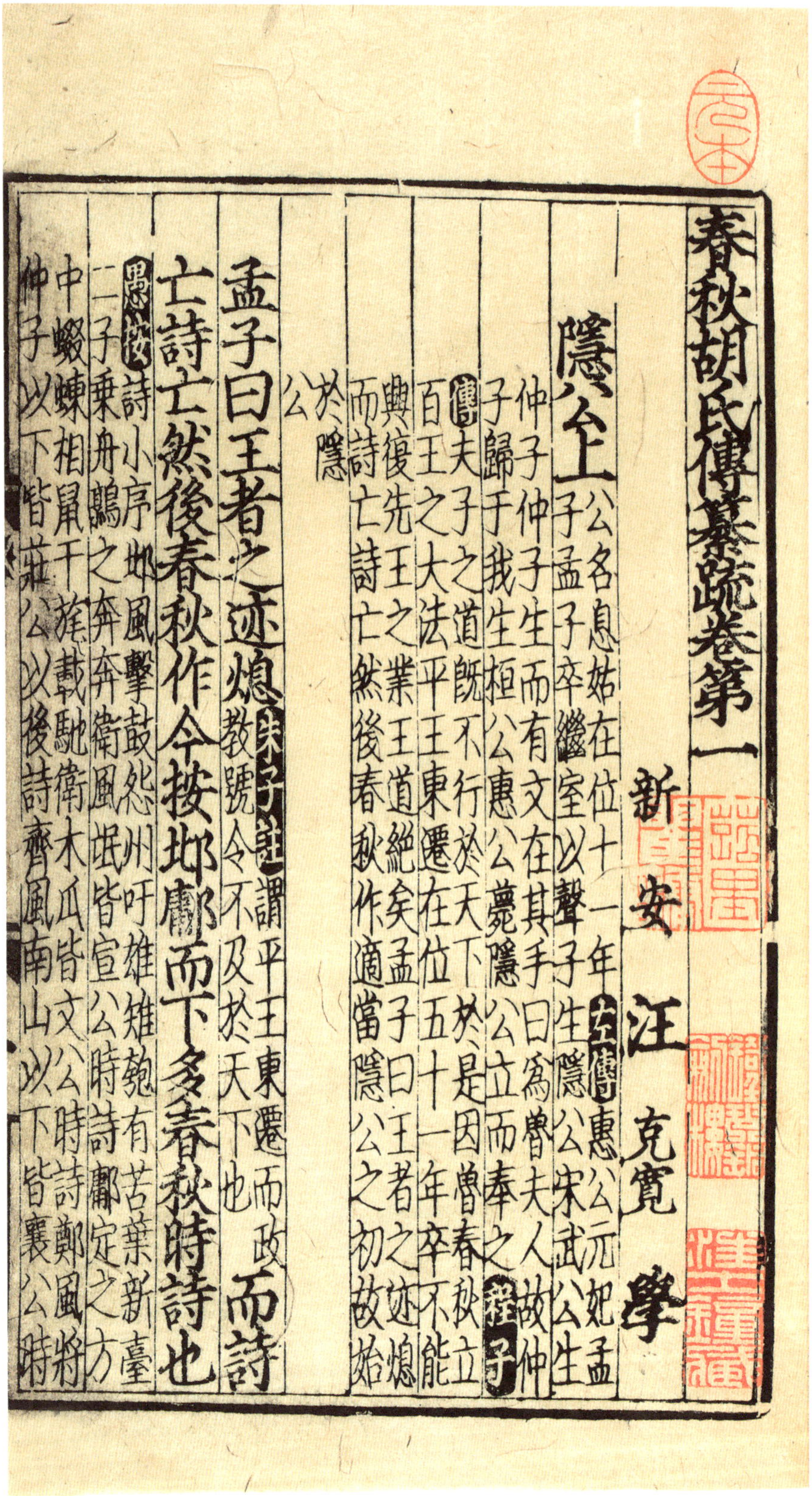
春秋胡氏傳纂疏卷第一

新安汪克寬學

隱公上 公名息姑在位十一年【左傳】惠公元妃孟子孟子卒繼室以聲子生隱公宋武公生仲子仲子生而有文在其手曰為魯夫人故仲子歸于我生桓公惠公薨隱公立而奉之【程子】【傳】夫子之道既不行於天下於是因魯春秋立百王之大法平王東遷在位五十一年卒不能興復先王之業王道絕矣孟子曰王者之迹熄而詩亡詩亡然後春秋作適當隱公之初故始於隱公

孟子曰王者之迹熄【朱子註】謂平王東遷而政教號令不及於天下也而詩亡詩亡然後春秋作今按邶鄘而下多春秋時詩也【愚按】詩小序邶風擊鼓怨州吁雄雉匏有苦葉新臺二子乘舟鶉之奔奔衛風氓皆宣公時詩鄘定之方中蝃蝀相鼠干旄載馳衛木瓜皆文公時詩鄭風將仲子以下皆莊公以後詩齊風南山以下皆襄公時

00314、00315、00316 春秋胡氏傳纂疏三十卷 （元）汪克寬撰　元至正八年（1348）建安劉叔簡日新堂刻本

匡高19.5厘米，廣12.5厘米。半葉十一行，行二十一字，小字雙行同，黑口，四周雙邊。有“建安劉叔簡刊於日新堂”牌記。國家圖書館藏，有“汪士鐘藏”、“鐵琴銅劍樓”、“菰里瞿鏞”等印；安徽師範大學圖書館藏，存十四卷；天津圖書館藏，存九卷。

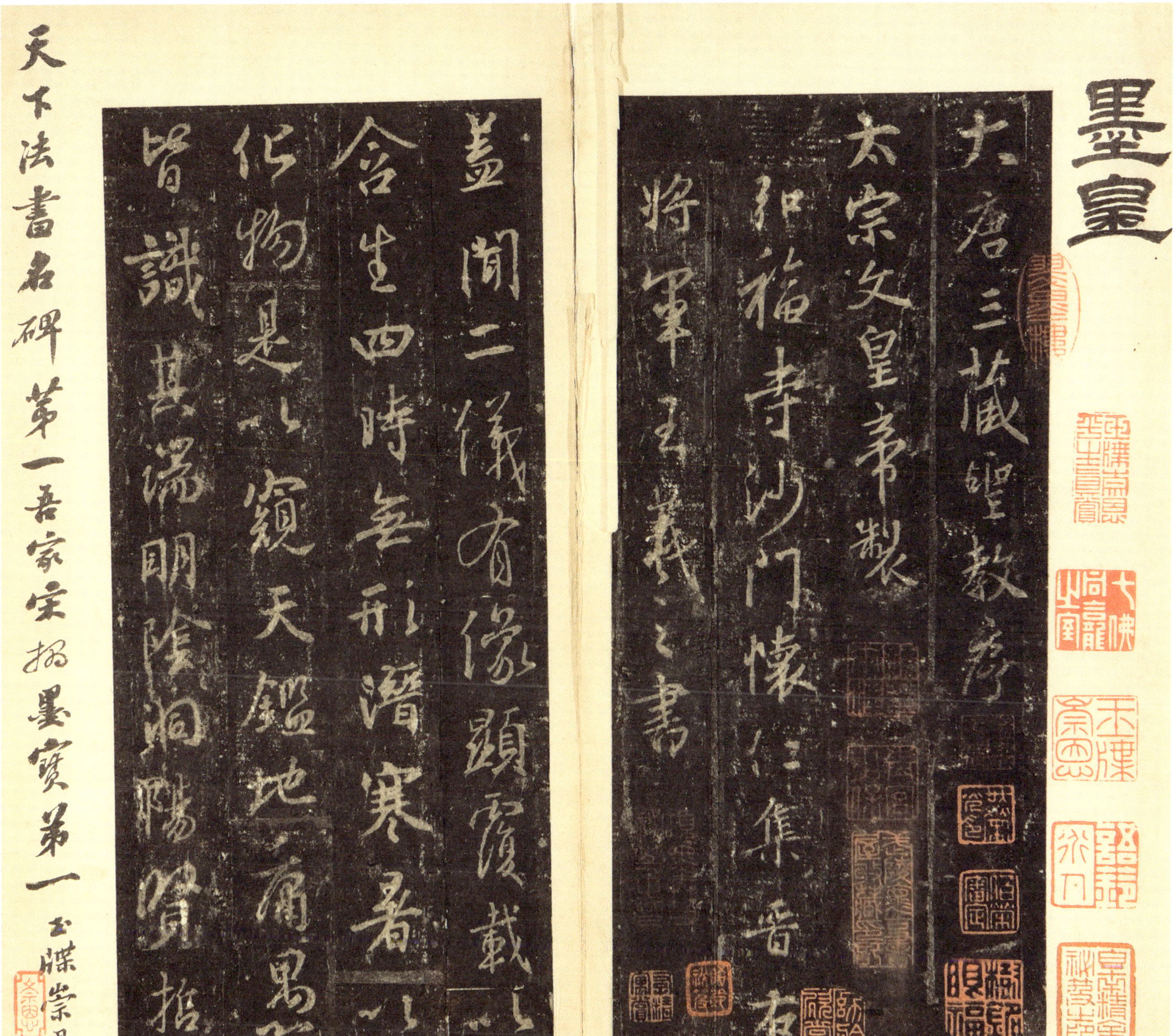

00579 懷仁集王聖教序 （唐）太宗李世民撰文序 （唐）高宗李治撰文記 （唐）釋懷仁集王羲之書 唐咸亨三年（672）刻石 宋拓本

四十六開，其中聖教序碑文二十五開，前有崇恩題詩一開，後有題跋題詩十五開，何紹基題詩二開。墨本高25.6厘米，廣12厘米。崇恩批注。帖首頁右上有崇恩墨書“墨皇”二字，故稱此帖“墨皇本聖教序”。其文中“顯揚”二字未損。天津博物館藏。

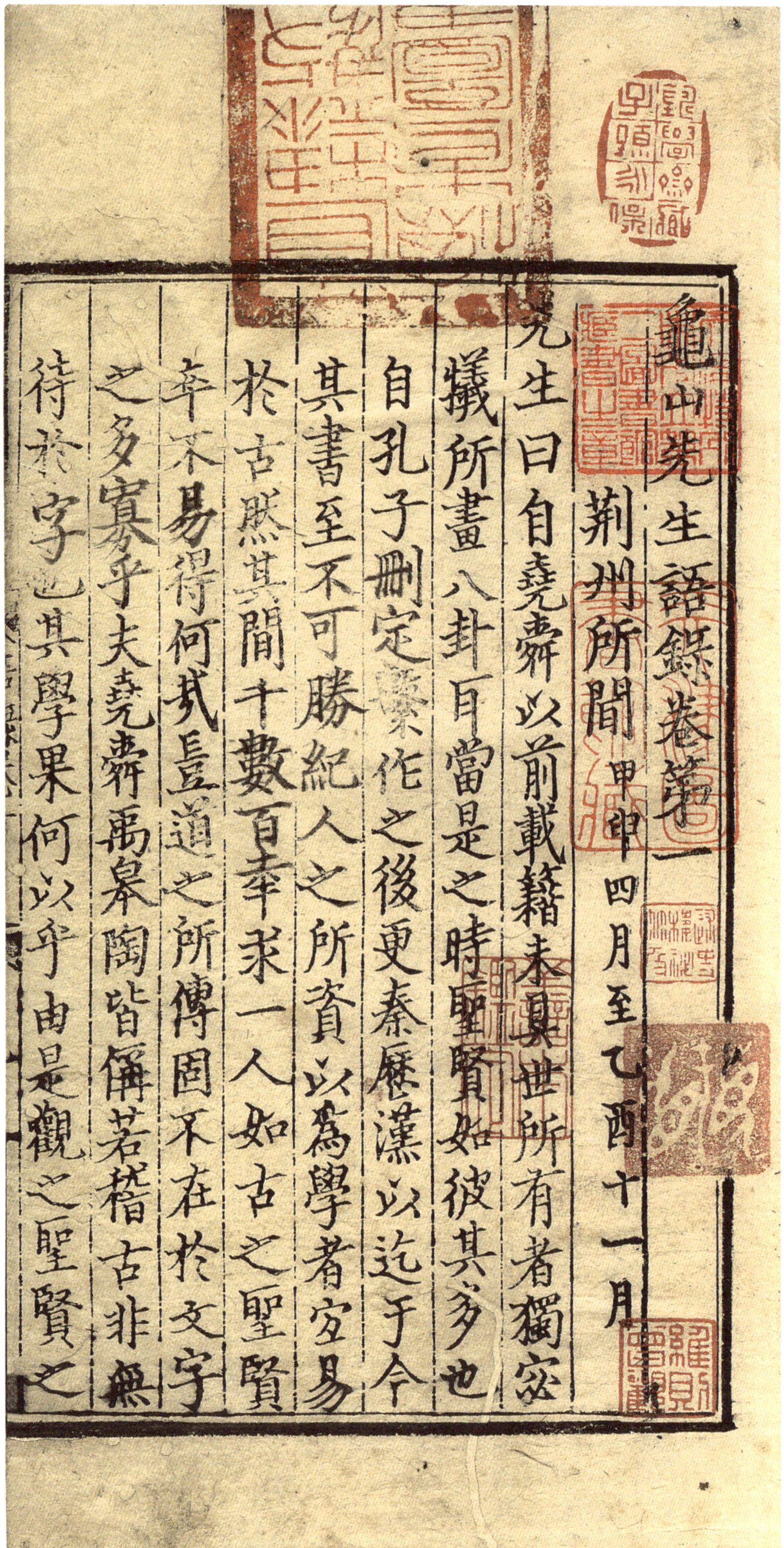

00601 龜山先生語録四卷 （宋）楊時撰　元刻本

匡高19.3厘米，廣12.3厘米。半葉十行，行十八字，黑口，四周雙邊。有“述史樓秘笈”、“維則曾觀”等印。天津圖書館藏。

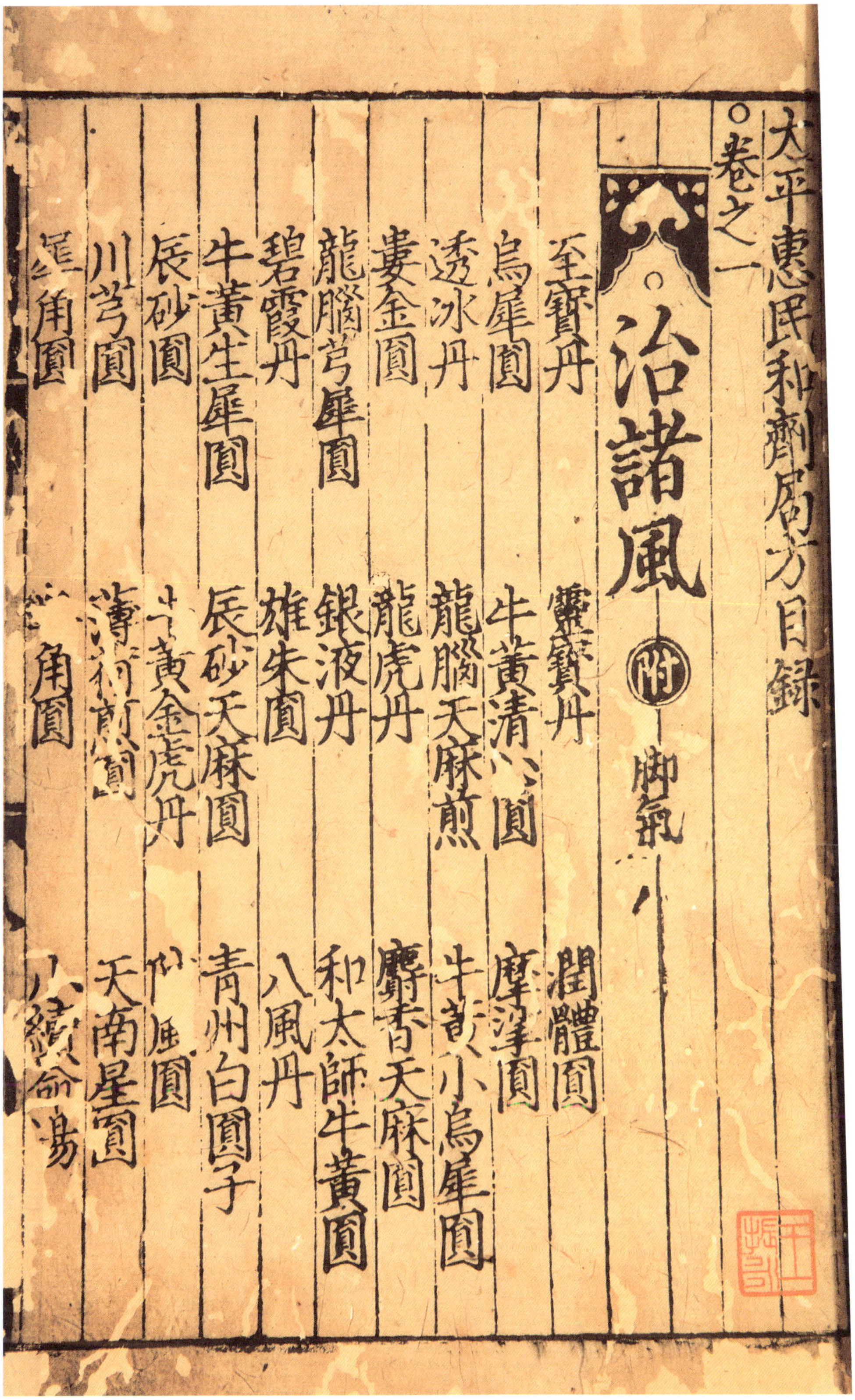
太平惠民和劑局方目録
○卷之一
○治諸風 附 脚氣
至寶丹 靈寶丹 潤體圓
烏犀圓 牛黄清心圓 摩挲圓
透冰丹 龍腦天麻煎 牛黄小烏犀圓
婁金圓 龍虎丹 麝香天麻圓
龍腦芎犀圓 銀液丹 和太師牛黄圓
碧霞丹 雄朱圓 八風丹
牛黄生犀圓 辰砂天麻圓 青州白圓子
辰砂圓 牛黄金虎丹 防風圓
川芎圓 薄荷煎圓 天南星圓
犀角圓 羚角圓 小續命湯

00663 太平惠民和劑局方十卷 （宋）陳師文等撰　元陳氏留畊書堂刻本

匡高19.5厘米，廣14厘米。半葉十四行，行二十三字，粗黑口，左右雙邊。

天津市醫學科學技術信息研究所藏。

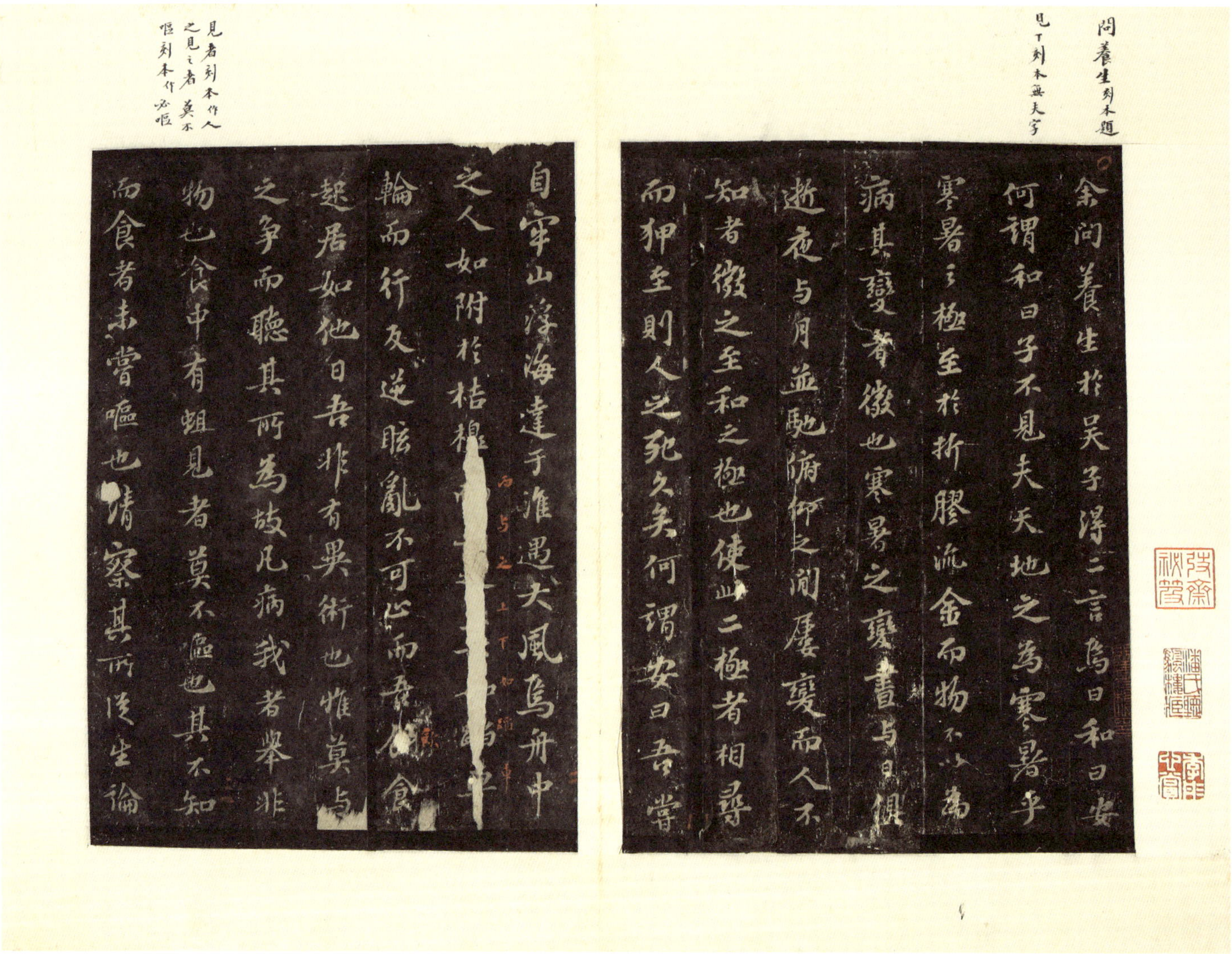

00718 西樓蘇帖 （宋）蘇軾書　（宋）汪應辰輯刻　南宋乾道四年（1168）刻石　宋拓本

册葉裝。墨本高30厘米，廣22厘米。有“弢齋秘笈”等印。天津博物館藏。

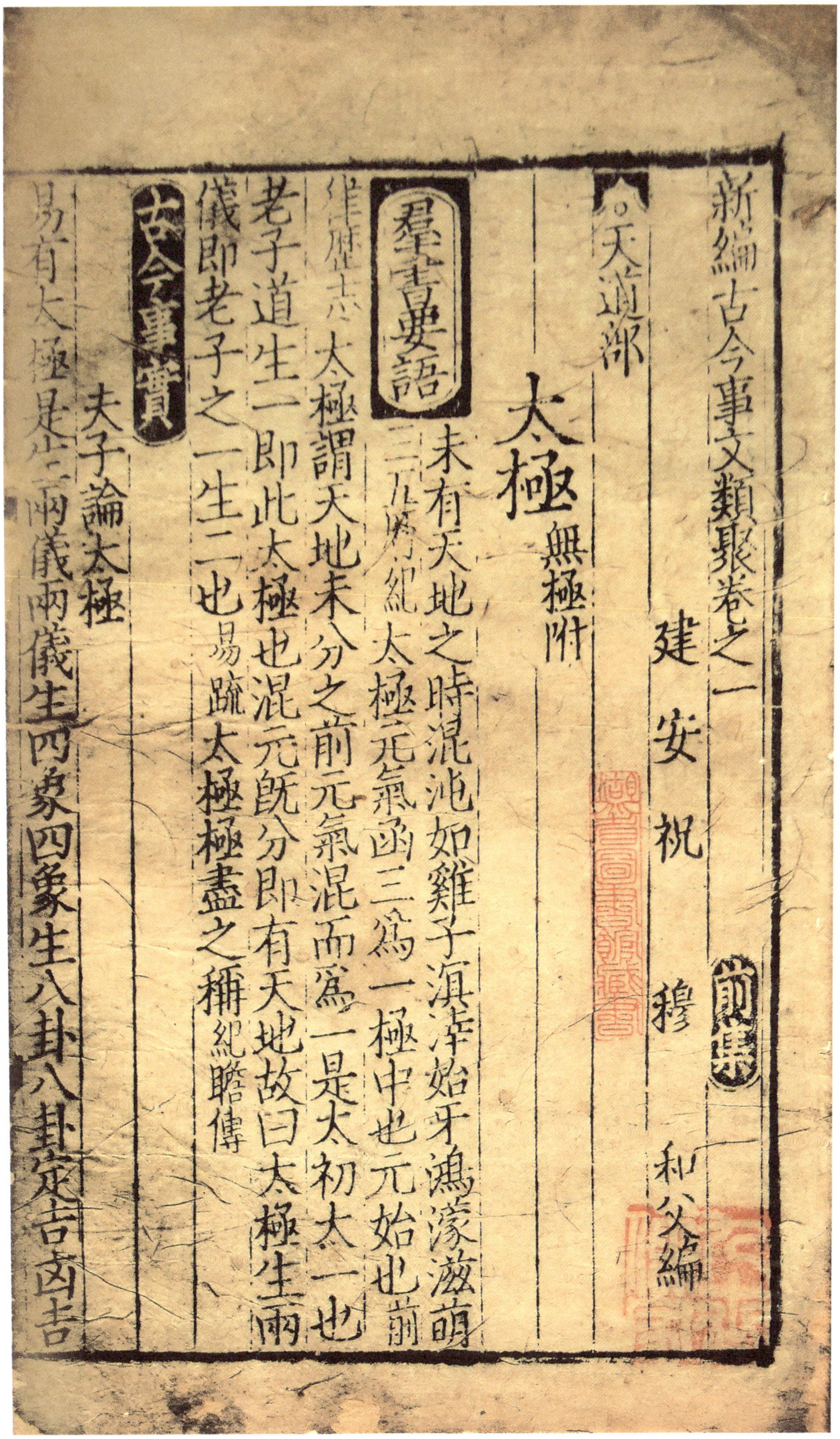
新編古今事文類聚卷之一　建安祝穆和父編　前集
天道部
太極　無極附
未有天地之時混沌如雞子溟涬始牙鴻濛滋萌
羣書要語　三五曆紀　太極元氣函三爲一極中也元始也前漢
律曆志　太極謂天地未分之前元氣混而爲一是太初太一也
老子道生一即此太極也混元既分即有天地故曰太極生兩
儀即老子之一生二也　易疏　太極極盡之稱　紀瞻傳
古今事實　夫子論太極
易有太極是生兩儀兩儀生四象四象生八卦八卦定吉凶吉

00800、00801、00802、00803 新編古今事文類聚前集六十卷後集五十卷別集三十二卷　（宋）祝穆輯　**新集三十六卷外集十五卷**　（元）富大用輯　元泰定三年（1326）廬陵武溪書院刻本

匡高17.7厘米，廣12.2厘米。半葉十三行，行二十四字，黑口，左右雙邊。有"泰定丙寅廬陵武溪書院新刊"牌記。北京大學圖書館藏；天津圖書館藏，有"汪士鐘藏"等印，有補配，存一百六卷；浙江圖書館藏，有抄配，存二百五卷；湖北省圖書館藏，爲明修本，有"怡府世寶"、"藝風堂叢書"、"荃孫"等印。

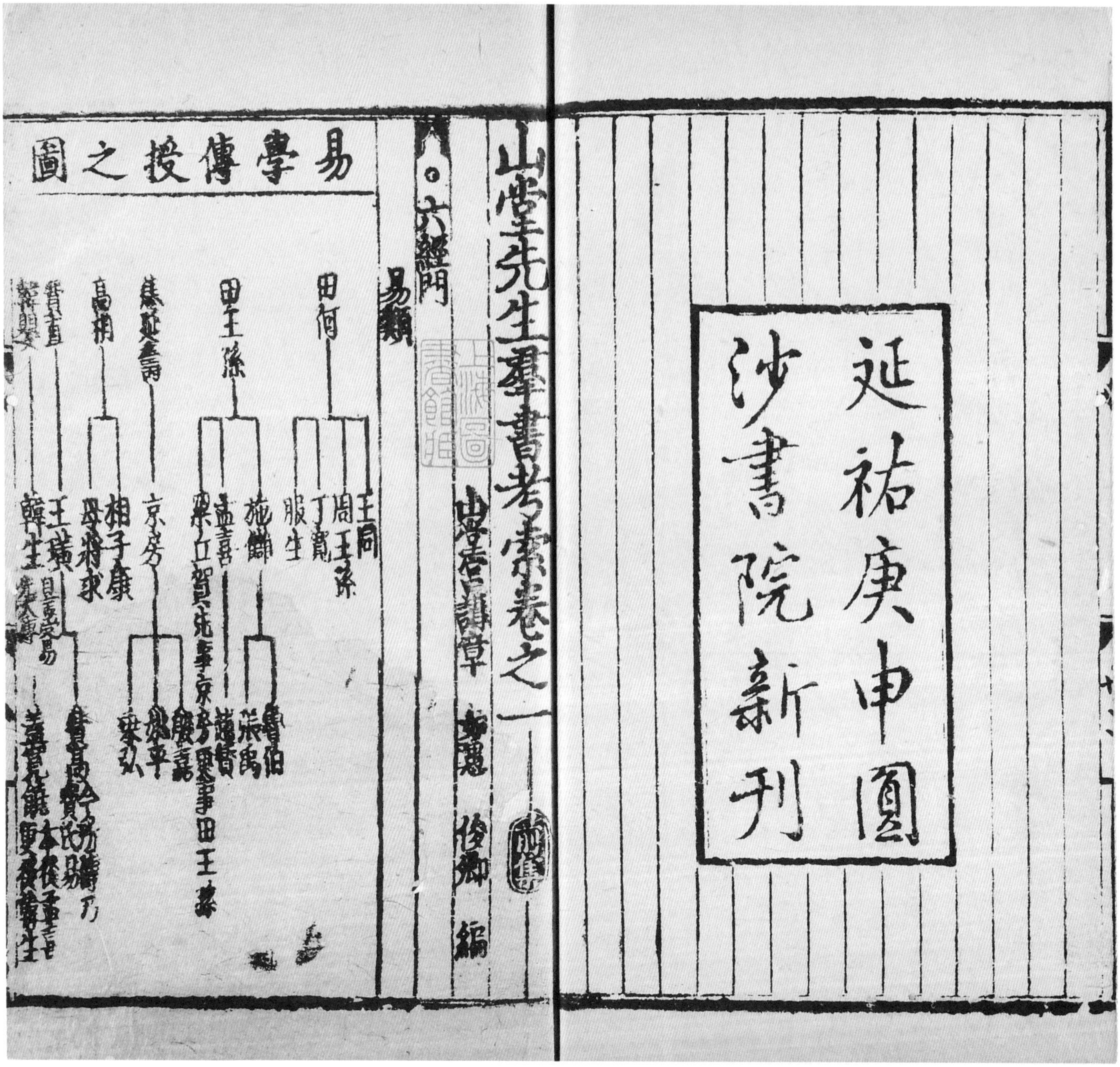

00808、00809、00810、00811 山堂先生羣書考索前集六十六卷後集六十五卷續集五十六卷别集二十五卷 （宋）章如愚輯 元延祐七年（1320）圓沙書院刻本

匡高16.3厘米，廣10.7厘米。半葉十五行，行二十四字，黑口，四周雙邊。有“延祐庚申圓沙書院新刊”牌記。北京大學圖書館藏，荆一朋跋；上海圖書館藏；天津圖書館藏，存一百三十一卷；福建省圖書館藏，存一百十六卷。

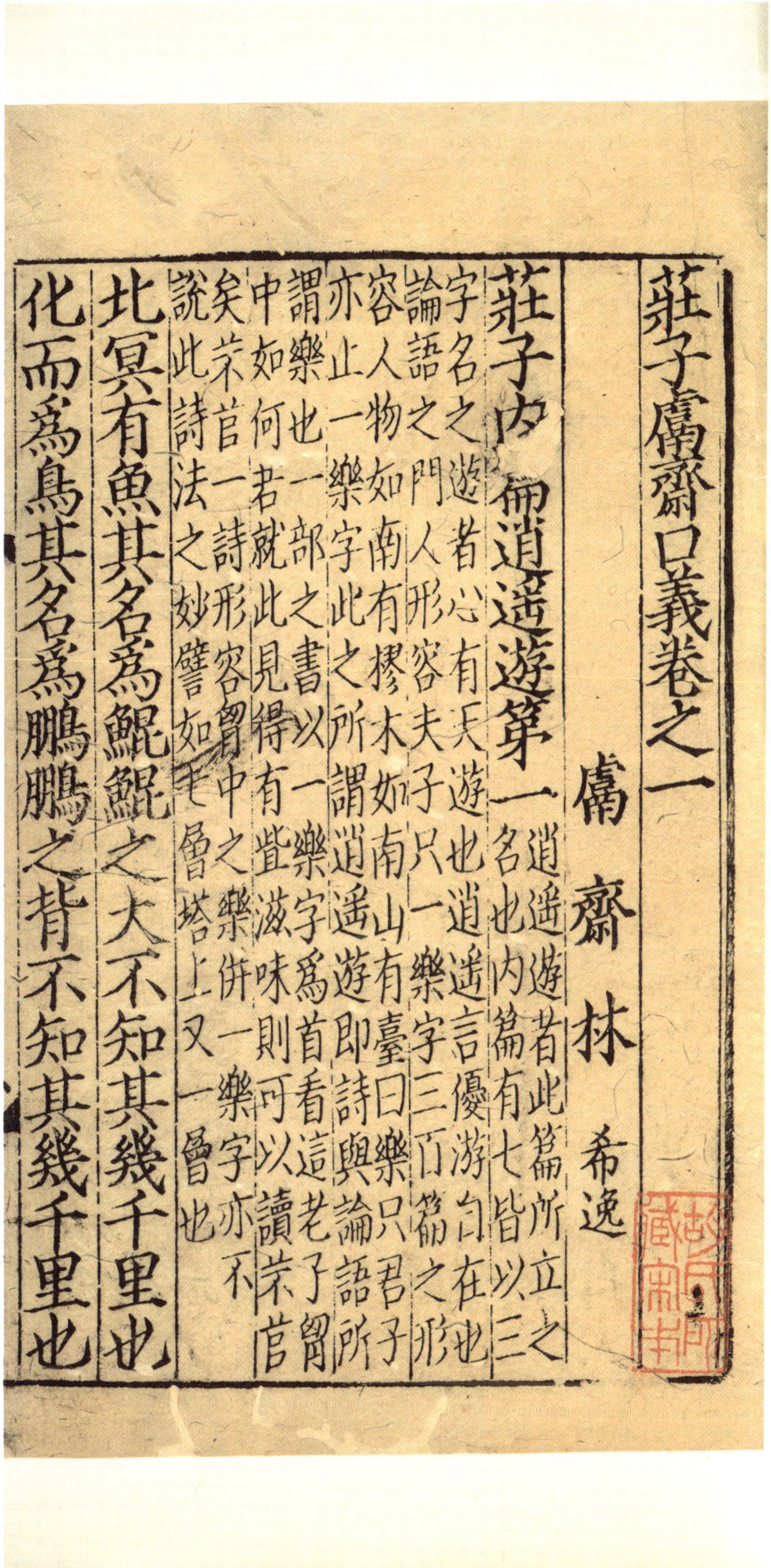
莊子鬳齋口義卷之一
鬳齋 林 希逸
莊子內篇逍遥遊第一逍遥遊若此篇所立之名也內篇有七皆以三字名之遊者心有天遊也逍遥言優游自在也論語之門人形容夫子只一樂字三百篇之形容人物如南有樛木如南山有臺曰樂只君子亦止一樂字此之所謂逍遥遊即詩與論語所謂樂也一部之書以一樂字爲首看這老子胸中如何若就此見得有些滋味則可以讀莊子矣莊子一詩形容胷中之樂併一樂字亦不說此詩法之妙譬如七疊塔上又一疊也
北冥有魚其名爲鯤鯤之大不知其幾千里也
化而爲鳥其名爲鵬鵬之背不知其幾千里也

00996 莊子鬳齋口義十卷 （宋）林希逸撰 元刻本

匡高18.5厘米，廣11.9厘米。半葉九行，行十八字，小字雙行同，細黑口，左右雙邊。有“胡氏所藏宋本”、“曾在周叔弢處”等印。天津圖書館藏。

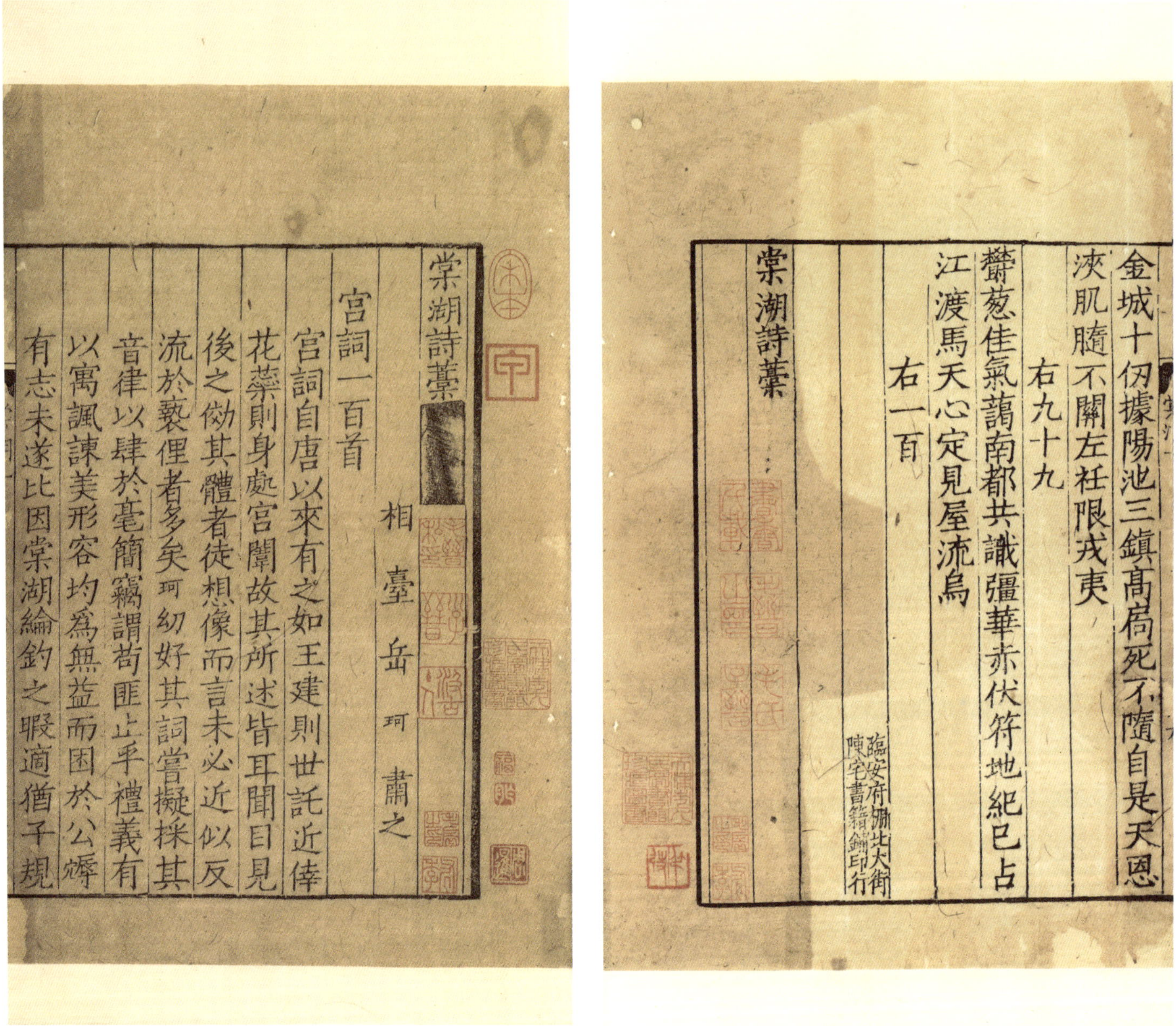

01159 棠湖詩藳一卷 （宋）岳珂撰　宋臨安府陳宅書籍鋪刻本

匡高17厘米，廣12.2厘米。半葉十行，行十八字，白口，左右雙邊。有“臨安府棚北大街陳宅書籍鋪印行”刻書題記。有“毛晉私印”、“汲古主人”、“毛扆之印”、“周暹”等印。錢儀吉、錢駿祥、鄧邦述、傅增湘跋。天津圖書館藏。

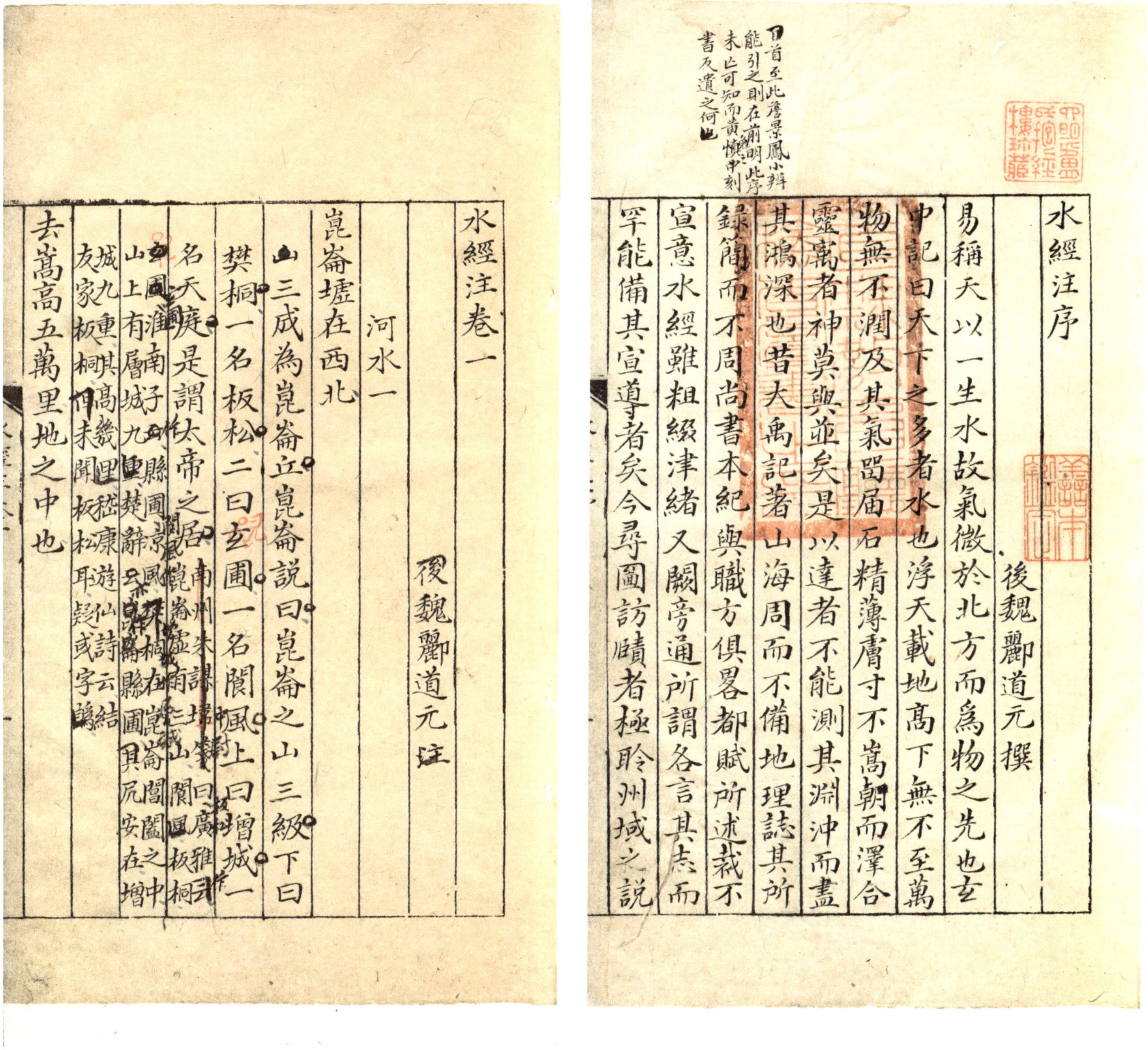

01688 水經注四十卷 （北魏）酈道元撰　清小山堂抄本

匡高20.9厘米，廣14.5厘米。半葉十行，行二十字，白口，四周單邊。全祖望校。天津圖書館藏。

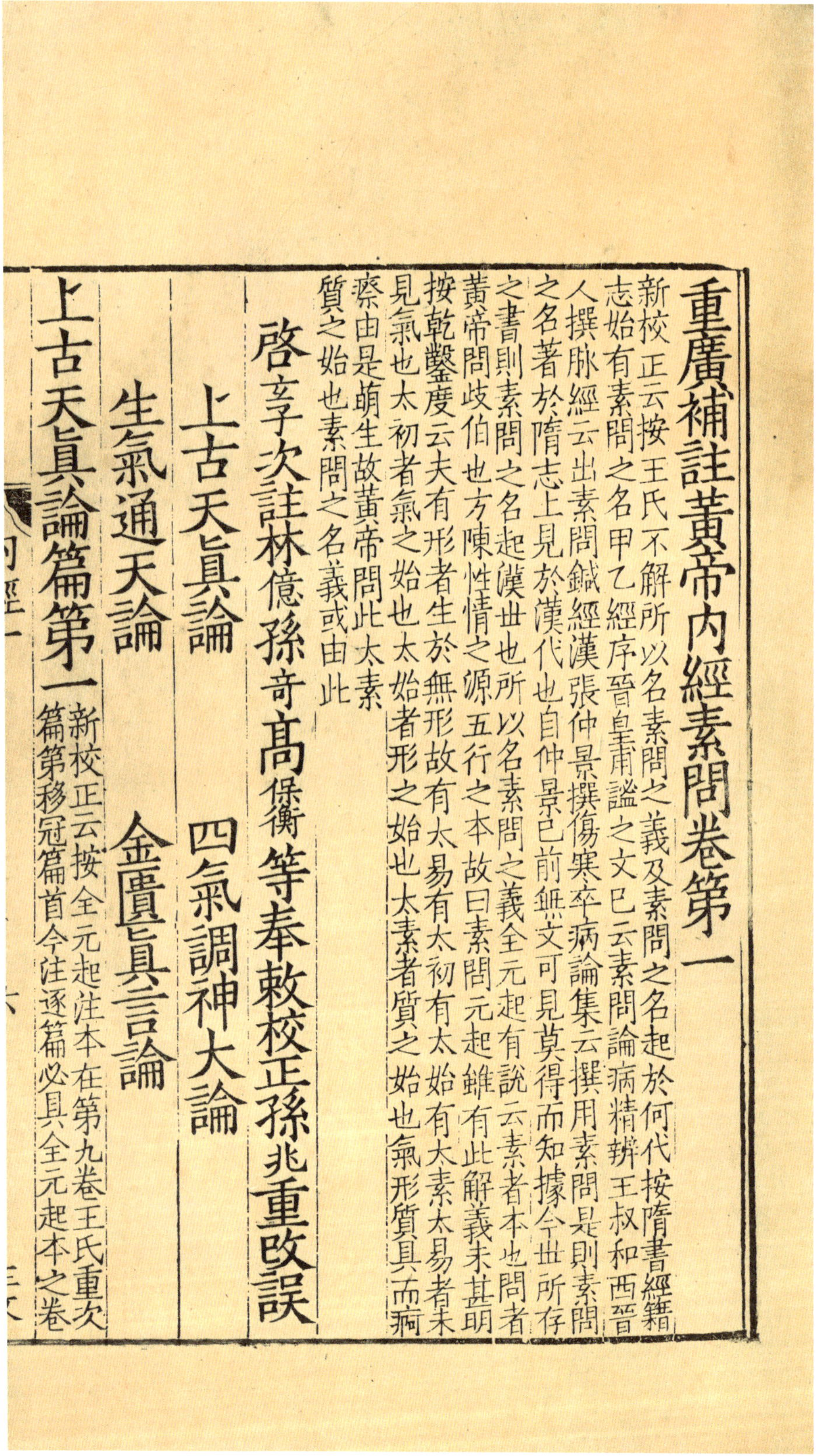
重廣補註黄帝内經素問卷第一
新校正云按王氏不解所以名素問之義及素問之名起於何代按隋書經籍志始有素問之名甲乙經序晉皇甫謐之文已云素問論病精辨王叔和西晉人撰脉經云出素問鍼經漢張仲景撰傷寒卒病論集云撰用素問是則素問之名著於隋志上見於漢代也自仲景已前無文可見莫得而知據今世所存之書則素問之名起漢世也所以名素問之義全元起有説云素者本也問者黄帝問岐伯也方陳性情之源五行之本故曰素問元起雖有此解義未甚明按乾鑿度云夫有形者生於無形故有太易有太初有太始有太素太易者未見氣也太初者氣之始也太始者形之始也太素者質之始也氣形質具而痾瘵由是萌生故黄帝問此太素質之始也素問之名義或由此
啓玄子次註林億孫奇高保衡等奉敕校正孫兆重改誤
上古天眞論　四氣調神大論
生氣通天論　金匱眞言論
上古天眞論篇第一　新校正云按全元起注本在第九卷王氏重次篇第移冠篇首今注逐篇必具全元起本之卷

01787、01788、01789、01790、01791、01792、01793、01794　重廣補註黄帝内經素問二十四卷　（唐）王冰注　（宋）林億等校正　（宋）孫兆改誤　明嘉靖二十九年（1550）顧從德影宋刻本

匡高21.7厘米，廣15.7厘米。半葉十行，行二十字，小字雙行三十字，白口，左右雙邊。安徽省圖書館藏，有“季振宜藏書”等印；北京中醫藥大學圖書館藏，有“任應秋藏書印”等印，卷十五至十七配補；湖南圖書館藏，有“吴興劉氏嘉業堂藏書記”等印；江蘇省南通市圖書館藏，有“楚州王氏藏書”等印；陝西中醫學院圖書館藏，有“萬玉樓”等印；紹興圖書館藏；天津醫學高等專科學校圖書館藏，有“獻陵紀氏家藏”等印，胡澍校；鄭州市圖書館藏，有“鐵硯齋”等印。

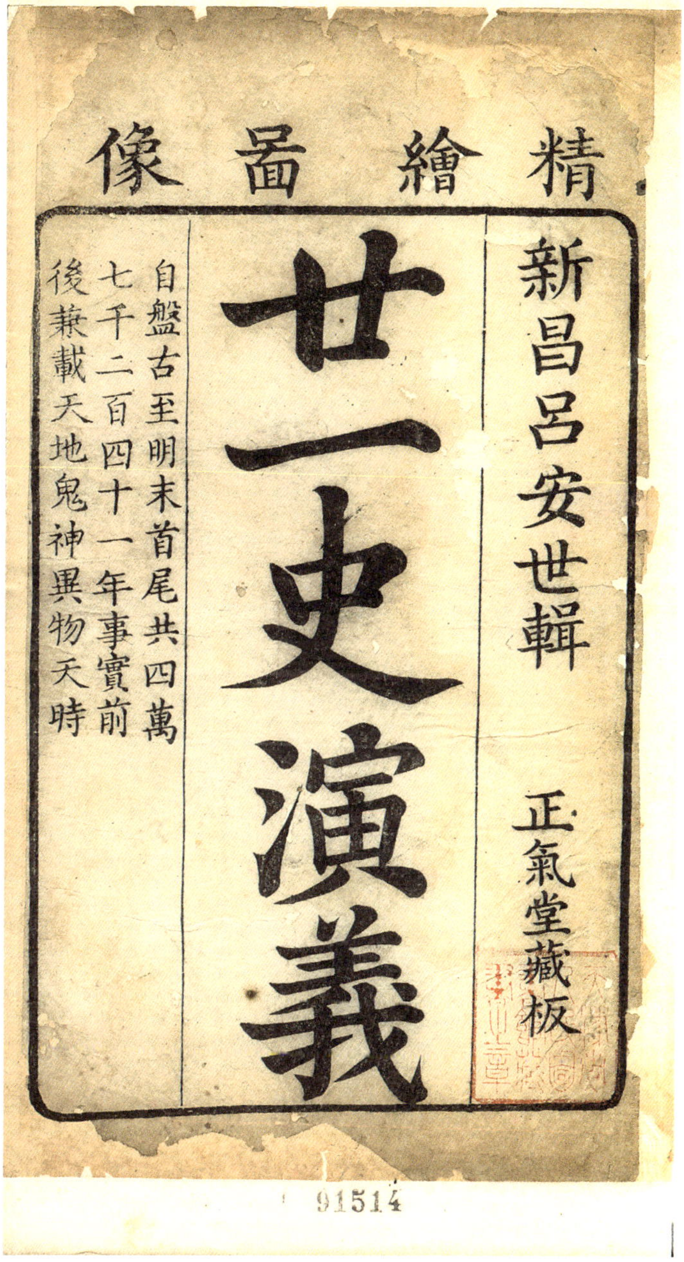
精繪圖像

新昌呂安世輯

廿一史演義

自盤古至明末首尾共四萬七千二百四十一年事實前後兼載天地鬼神異物天時

正氣堂藏板

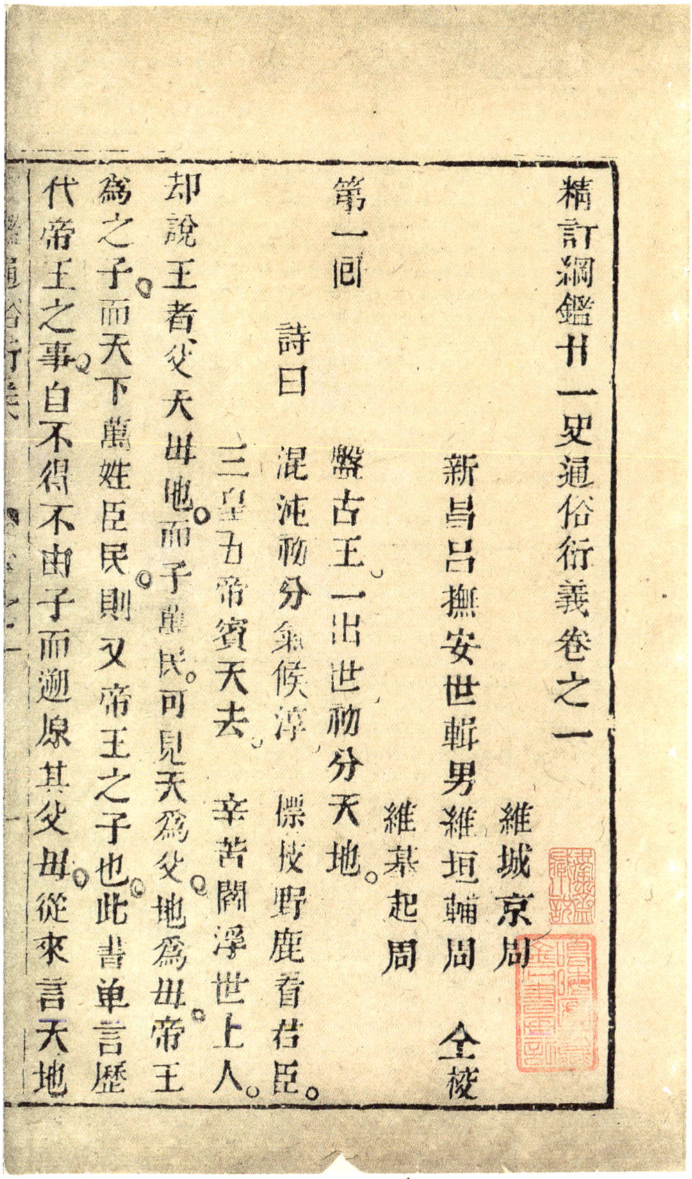
精訂綱鑑廿一史通俗衍義卷之一

新昌呂撫安世輯男維垣輔周　維城京周

維恭起周　全校

第一回

盤古王一出世初分天地。

詩曰

混沌初分氣候淳。　標枝野鹿眘君臣。

三皇五帝資天去。　辛苦閻浮世上人。

却說王者父天母地。而子庶民。可見天爲父地爲母帝王爲之子。而天下萬姓臣民則又帝王之子也此書单言歷代帝王之事。自不得不由子而遡原其父母。從來言天地

02267 精訂綱鑑廿一史通俗衍義二十六卷四十四回　（清）吕撫撰　清雍正吕撫活字泥版印本

匡高21厘米，廣13.8厘米。半葉十行，行二十二字，白口，四周單邊。有“鳴晦廬珍藏金石書画記”等印。天津圖書館藏。

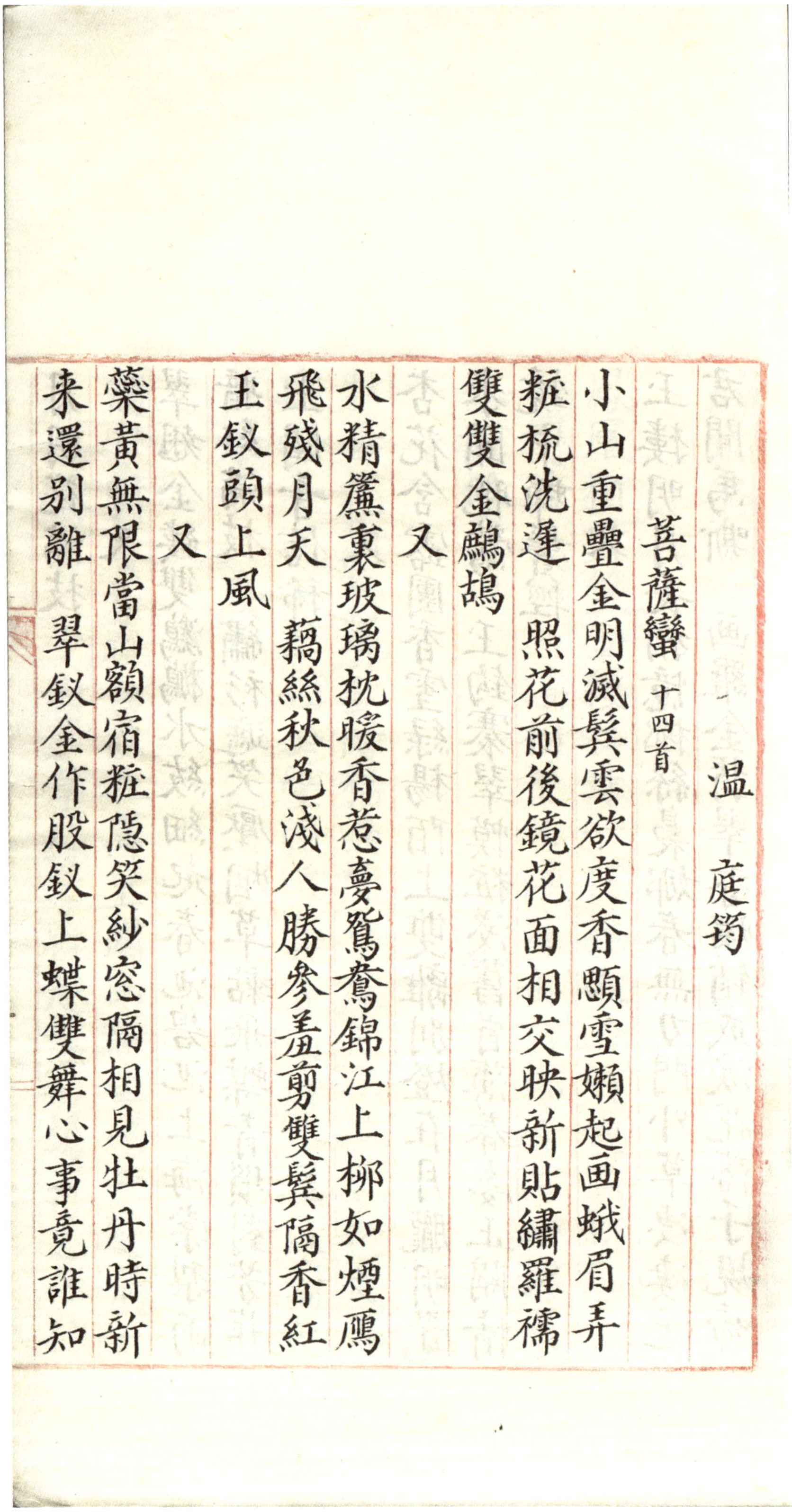

02271 唐宋名賢百家詞一百三十二卷 （明）吴訥編　明抄本

半葉十二行，行二十字，紅格，白口，四周單邊。梁啓超跋。天津圖書館藏。

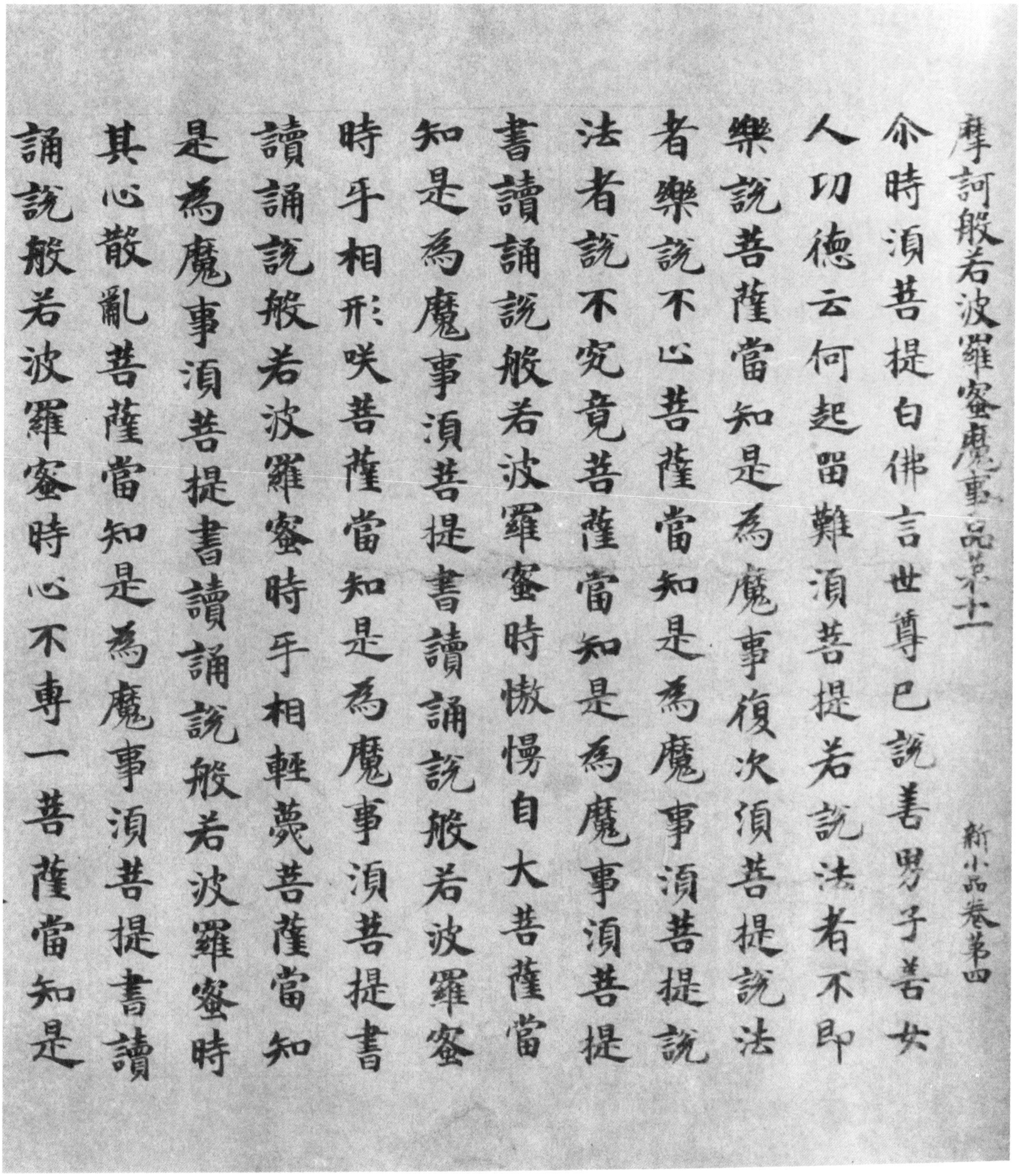
新小品卷第四
摩訶般若波羅蜜魔事品第十一
尒時須菩提白佛言世尊已說善男子善女
人功德云何起留難須菩提若說法者不即
樂說菩薩當知是為魔事復次須菩提說法
者樂說不心菩薩當知是為魔事須菩提說
法者說不究竟菩薩當知是為魔事須菩提
書讀誦說般若波羅蜜時慠慢自大菩薩當
知是為魔事須菩提書讀誦說般若波羅蜜
時手相形咲菩薩當知是為魔事須菩提書
讀誦說般若波羅蜜時手相輕蔑菩薩當知
是為魔事須菩提書讀誦說般若波羅蜜時
其心散亂菩薩當知是為魔事須菩提書讀
誦說般若波羅蜜時心不專一菩薩當知是

02411 小品般若波羅蜜經卷第四 （後秦）釋鳩摩羅什譯　唐寫本

卷軸裝。高25.5厘米，長121厘米。存二十六紙，每紙二十八行，行十七字。烏絲欄。天津博物館藏。

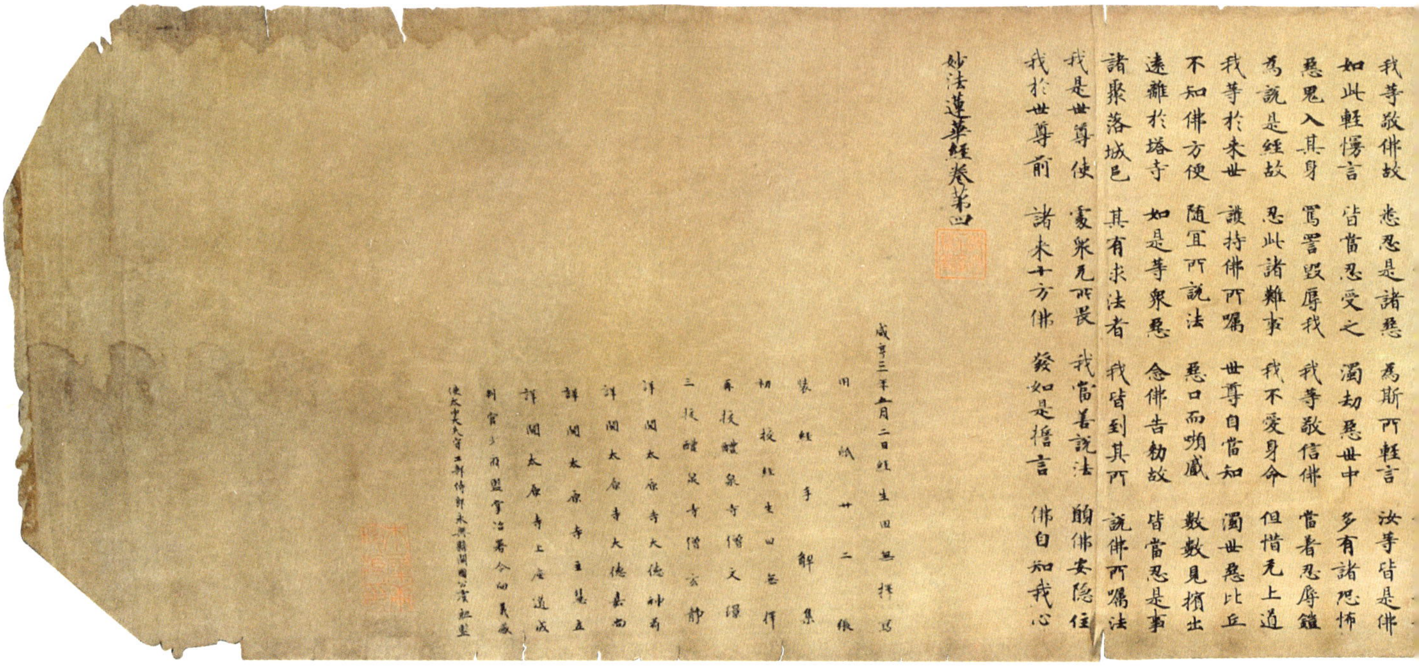

02436 妙法蓮華經卷第四 （後秦）釋鳩摩羅什譯　唐咸亨三年（672）寫本

卷軸裝。高28厘米，長770厘米。一紙長47厘米。存十七紙，每紙二十八行，行二十字。烏絲欄。卷尾有題記。有“敦煌石室秘笈”、“木犀軒珍藏印”印。天津博物館藏。

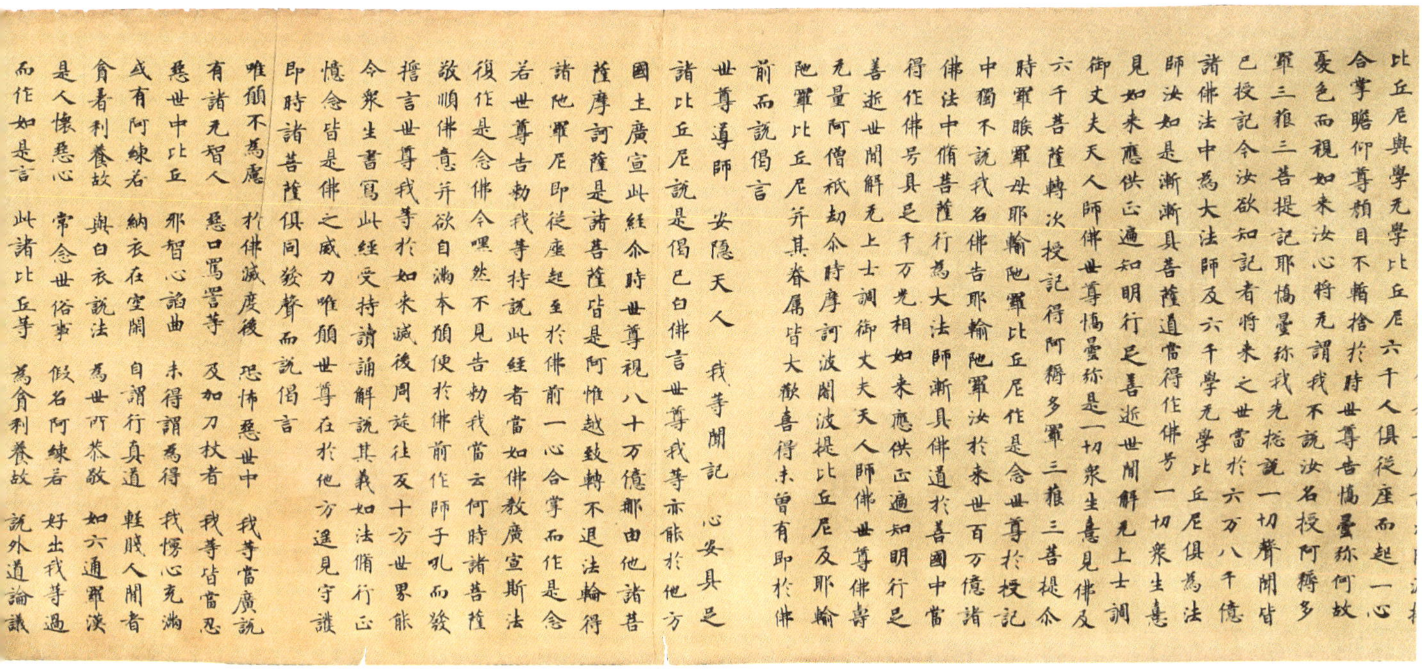

比丘尼與學无學比丘尼六千人俱從座而起一心
合掌瞻仰尊顏目不暫捨於時世尊告憍曇弥何故
憂色而視如來汝心將无謂我不說汝名授阿耨多
羅三藐三菩提記耶憍曇弥我先捴說一切聲聞皆
已授記今汝欲知記者將來之世當於六万八千億
諸佛法中為大法師及六千學无學比丘尼俱為法
師汝如是漸漸具菩薩道當得作佛号一切衆生憙
見如來應供正遍知明行足善逝世間解无上士調
御丈夫天人師佛世尊憍曇弥是一切衆生憙見佛及
六千菩薩轉次授記得阿耨多羅三藐三菩提尒
時羅睺羅母耶輸陁羅比丘尼作是念世尊於授記
中獨不說我名佛告耶輸陁羅汝於來世百万億諸
佛法中脩菩薩行為大法師漸具佛道於善國中當
得作佛号具足千万光相如來應供正遍知明行足
善逝世間解无上士調御丈夫天人師佛世尊佛壽
无量阿僧祇劫尒時摩訶波闍波提比丘尼及耶輸
陁羅比丘尼并其眷屬皆大歡喜得未曾有即於佛
前而說偈言
世尊導師　安隱天人　我等聞記　心安具足
諸比丘尼說是偈已白佛言世尊我等亦能於他方
國土廣宣此經尒時世尊視八十万億那由他諸菩
薩摩訶薩是諸菩薩皆是阿惟越致轉不退法輪得
諸陁羅尼即從座起至於佛前一心合掌而作是念
若世尊告勑我等持說此經者當如佛教廣宣斯法
復作是念佛今嘿然不見告勑我當云何時諸菩薩
敬順佛意并欲自滿本願便於佛前作師子吼而發
誓言世尊我等於如來滅後周旋往反十方世界能
令衆生書寫此經受持讀誦解說其義如法脩行正
憶念皆是佛之威力唯願世尊在於他方遥見守護
即時諸菩薩俱同發聲而說偈言
唯願不為慮　於佛滅度後　恐怖惡世中　我等當廣說
有諸无智人　惡口罵詈等　及加刀杖者　我等皆當忍
惡世中比丘　邪智心諂曲　未得謂為得　我慢心充滿
或有阿練若　納衣在空閑　自謂行真道　輕賤人間者
貪著利養故　與白衣說法　為世所恭敬　如六通羅漢
是人懷惡心　常念世俗事　假名阿練若　好出我等過
而作如是言　此諸比丘等　為貪利養故　說外道論議

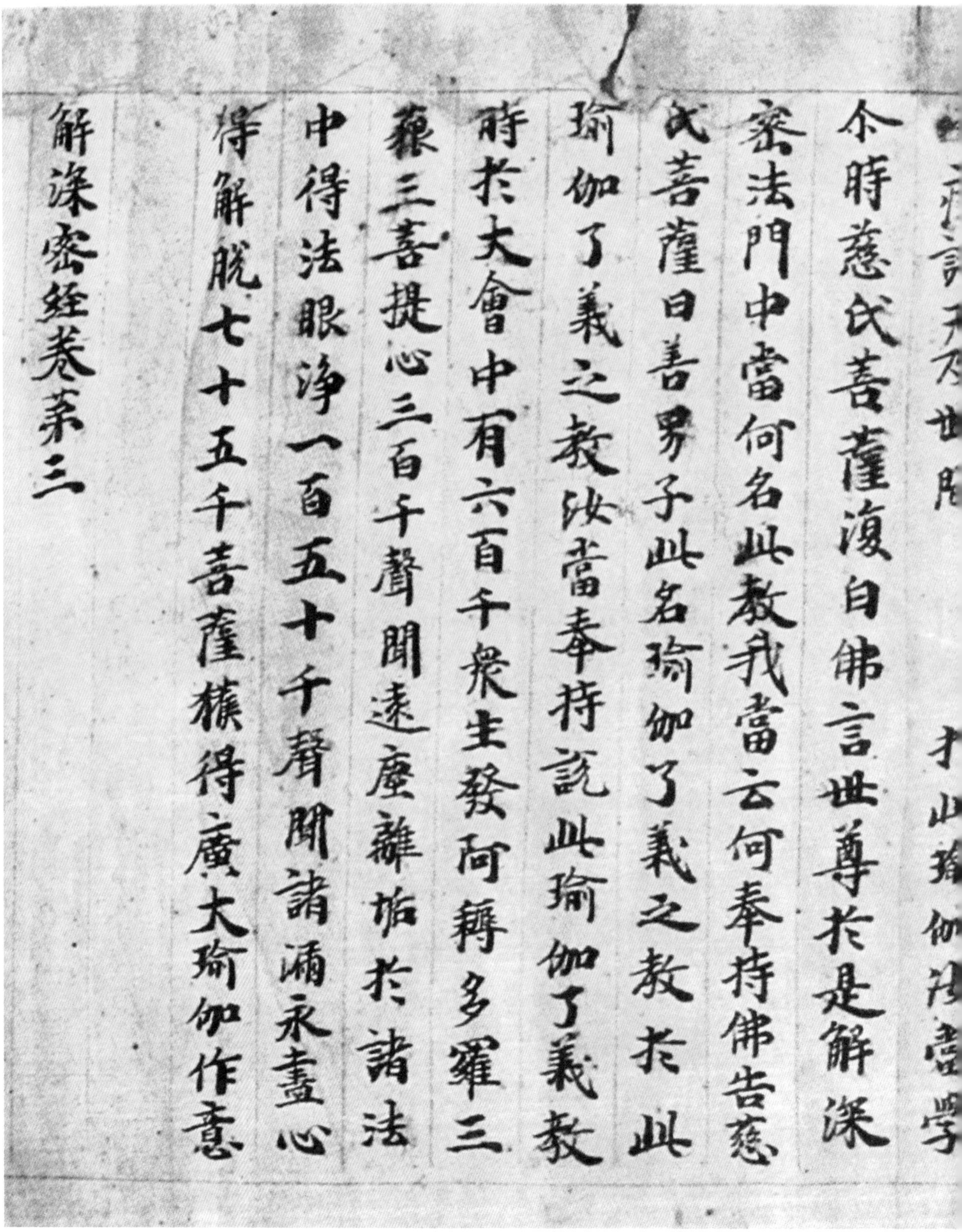
尒時慈氏菩薩復白佛言世尊於是解深
密法門中當何名此教我當云何奉持佛告慈
氏菩薩曰善男子此名瑜伽了義之教於此
瑜伽了義之教汝當奉持說此瑜伽了義教
時於大會中有六百千衆生發阿耨多羅三
藐三菩提心三百千聲聞遠塵離垢於諸法
中得法眼淨一百五十千聲聞諸漏永盡心
得解脫七十五千菩薩獲得廣大瑜伽作意
解深密經卷第三

02456 解深密經卷第三 （唐）釋玄奘譯　吐蕃統治敦煌時期寫本

卷軸裝。高26.8厘米，長745厘米。存十六紙，每紙二十八行，行十七至十八字。烏絲欄。周叔弢捐獻。天津博物館藏。

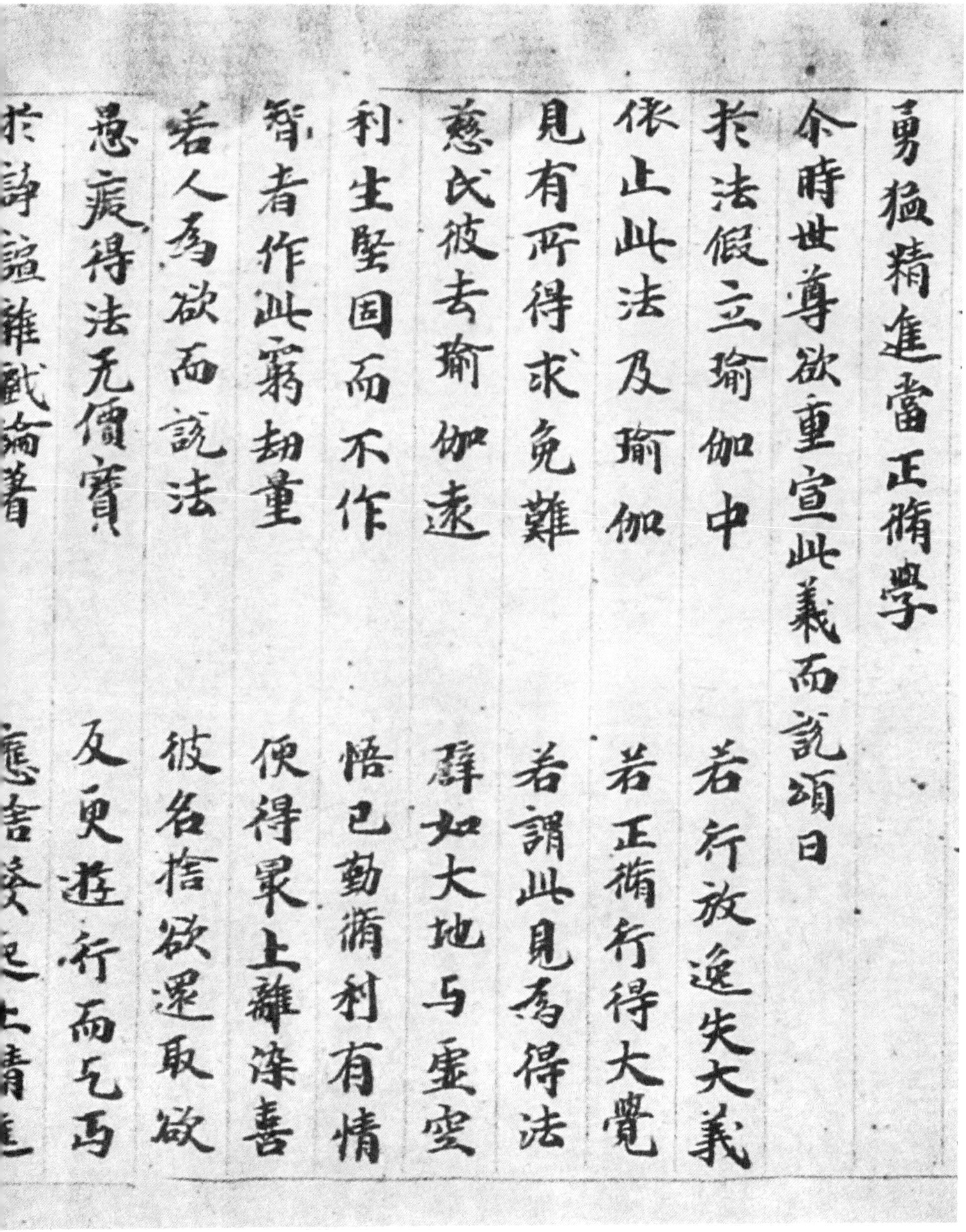

勇猛精進當正脩學

尒時世尊欲重宣此義而說頌曰

於法假立瑜伽中　若行放逸失大義
依止此法及瑜伽　若正脩行得大覺
見有所得求免難　若謂此見為得法
慈氏彼去瑜伽遠　譬如大地与虛空
利生堅固而不作　悟已懃脩利有情
智者作此窮劫量　便得最上離染喜
若人為欲而說法　彼名捨欲還取欲
愚癡得法无價寶　反更遊行而乞丐
於諍諠雜戲論著　應捨發起上精進

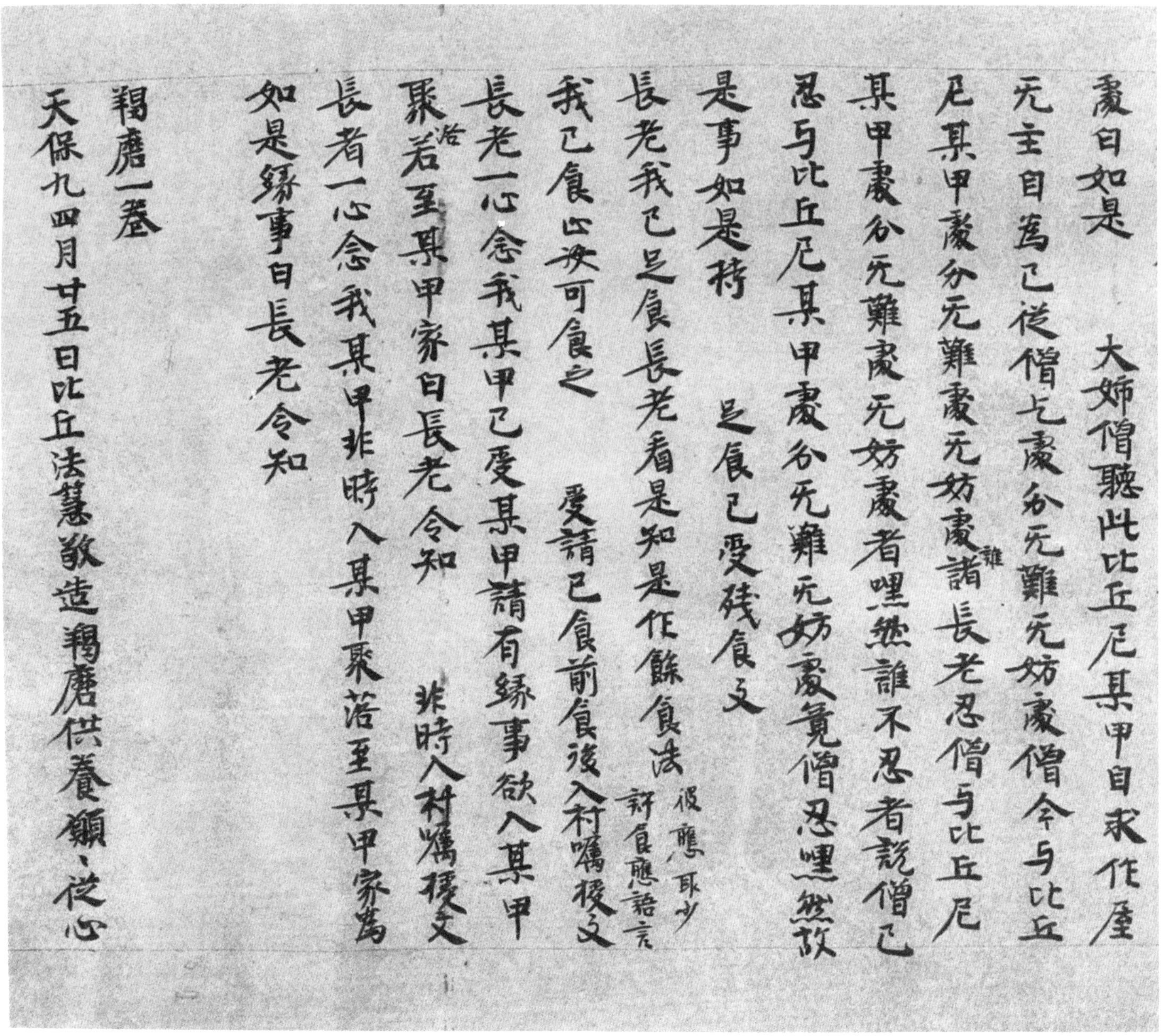
處白如是　大姉僧聽此比丘尼某甲自求作屋
无主自爲已從僧乞處分无難无妨處僧今与比丘
尼某甲處分无難无妨處諸長老忍僧与比丘尼
某甲處分无難處无妨處者嘿然誰不忍者說僧已
忍与比丘尼某甲處分无難无妨處竟僧忍嘿然故
是事如是持　足食已受殘食文
長老我已足食長老看是知是作餘食法　彼應取少許食應語言
我已食止汝可食之　受請已食前食後入村囑授文
長老一心念我某甲已受某甲請有緣事欲入某甲
聚落至某甲家白長老令知　非時入村囑授文
長老一心念我某甲非時入某甲聚落至某甲家爲
如是緣事白長老令知
羯磨一卷
天保九四月廿五日比丘法慧敬造羯磨供養願〻從心

02475 羯磨一卷　北齊天保九年（558）寫本

卷軸裝。高26.5厘米，長740厘米。一紙長40厘米。存十九紙，每紙二十三行，行十八至二十二字。有題記。周叔弢舊藏。天津博物館藏。

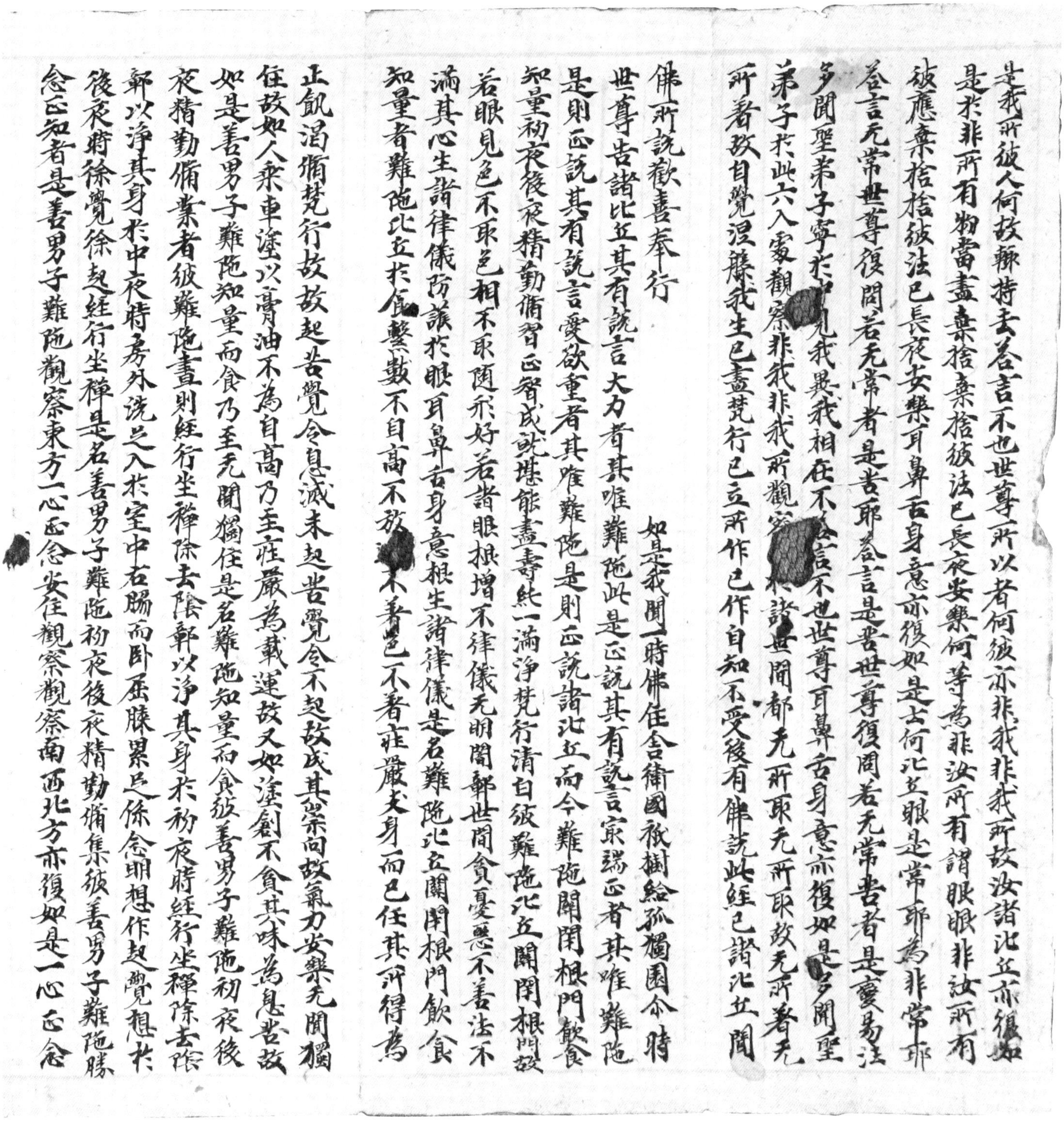

是我所彼人何故輒持去荅言不也世尊所以者何彼亦非我非我所故汝諸比丘亦復如
是於非所有物當盡棄捨棄捨彼法已長夜安樂何等為非汝所有謂眼眼非汝所有
彼應棄捨捨彼法已長夜安樂耳鼻舌身意亦復如是云何比丘眼是常耶為非常耶
荅言无常世尊復問若无常者是苦耶荅言是苦世尊復問若无常苦者是變易法
多聞聖弟子寧於中見我異我相在不荅言不也世尊耳鼻舌身意亦復如是多聞聖
弟子於此六入處觀察非我非我所觀察已於諸世間都无所取无所取故无所著无
所著故自覺涅槃我生已盡梵行已立所作已作自知不受後有佛說此經已諸比丘聞
佛所說歡喜奉行
如是我聞一時佛住舍衛國祇樹給孤獨園尒時
世尊告諸比丘其有說言大力者其唯難陀此是正說其有說言端正者其唯難陀
是則正說其有說言愛欲重者其唯難陀是則正說諸比丘而今難陀關閉根門飲食
知量初夜後夜精勤修習正智成就堪能盡壽純一滿淨梵行清白彼難陀比丘關閉根門故
若眼見色不取色相不取隨形好若諸眼根增不律儀无明闇鄣世間貪憂惡不善法不
漏其心生諸律儀防護於眼耳鼻舌身意根生諸律儀是名難陀比丘關閉根門飲食
知量者難陀比丘於食繫數不自高不放逸不著色不著莊嚴支身而已任其所得為
止飢渴修梵行故故起苦覺令息滅未起苦覺令不起故成其崇向故氣力安樂无聞獨
住故如人乘車塗以膏油不為自高乃至莊嚴為載運故又如塗創不貪其味為息苦故
如是善男子難陀知量而食乃至无聞獨住是名難陀知量而食彼善男子難陀初夜後
夜精勤修業者彼難陀晝則經行坐禪除去陰鄣以淨其身於初夜時經行坐禪除去陰
鄣以淨其身於中夜時房外洗足入於室中右脅而卧屈膝累足係念明想作起覺想於
後夜時徐覺徐起經行坐禪是名善男子難陀初夜後夜精勤修集彼善男子難陀勝
念正知者是善男子難陀觀察東方一心正念安住觀察觀察南西北方亦復如是一心正念

02477 雜阿含經卷第十一 （南朝宋）釋求那跋陀羅譯 **鼻奈耶律卷第一** （後秦）釋竺佛念譯　唐寫本

經折裝。匡高30.1厘米，長242厘米。半葉七行，行三十四至四十一字。朱絲欄。天津博物館藏。

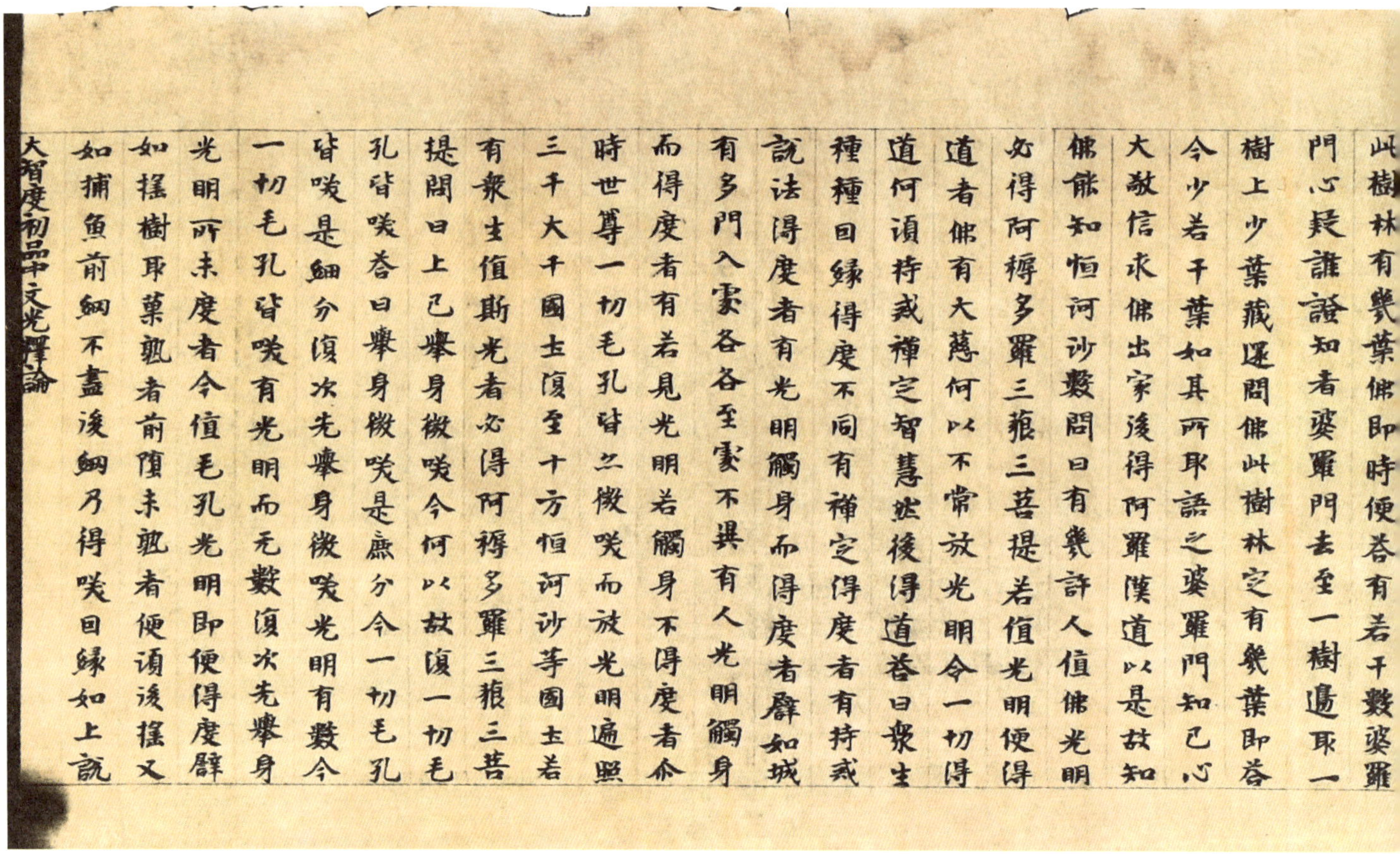
此樹林有幾葉佛即時便荅有若干數婆羅
門心疑誰證知者婆羅門去至一樹邊取一
樹上少葉藏還問佛此樹林定有幾葉即荅
今少若干葉如其所取語之婆羅門知已心
大敬信求佛出家後得阿羅漢道以是故知
佛能知恒河沙數問曰有幾許人值佛光明
必得阿耨多羅三藐三菩提若值光明便得
道者佛有大慈何以不常放光明令一切得
道何須持戒禪定智慧然後得道荅曰衆生
種種因緣得度不同有禪定得度者有持戒
說法得度者有光明觸身而得度者譬如城
有多門入處各各至處不異有人光明觸身
而得度者有若見光明若觸身不得度者今
時世尊一切毛孔皆出微咲而放光明遍照
三千大千國土復至十方恒河沙等國土若
有衆生值斯光者必得阿耨多羅三藐三菩
提問曰上已舉身微咲今何以故復一切毛
孔皆咲荅曰舉身微咲是麁分今一切毛孔
皆咲是細分復次先舉身微咲光明有數今
一切毛孔皆咲有光明而无數復次先舉身
光明所未度者今值毛孔光明即便得度譬
如搖樹取菓孰者前墮未孰者便須後搖又
如捕魚前網不盡後網乃得咲因緣如上說
大智度初品中放光釋論

02482 大智度經卷第十二 （後秦）釋鳩摩羅什譯　南北朝寫本

卷軸裝。高26.3厘米，長664厘米。一紙長51厘米。存十四紙，每紙二十九行，行十七字。烏絲欄。周叔弢舊藏。天津博物館藏。

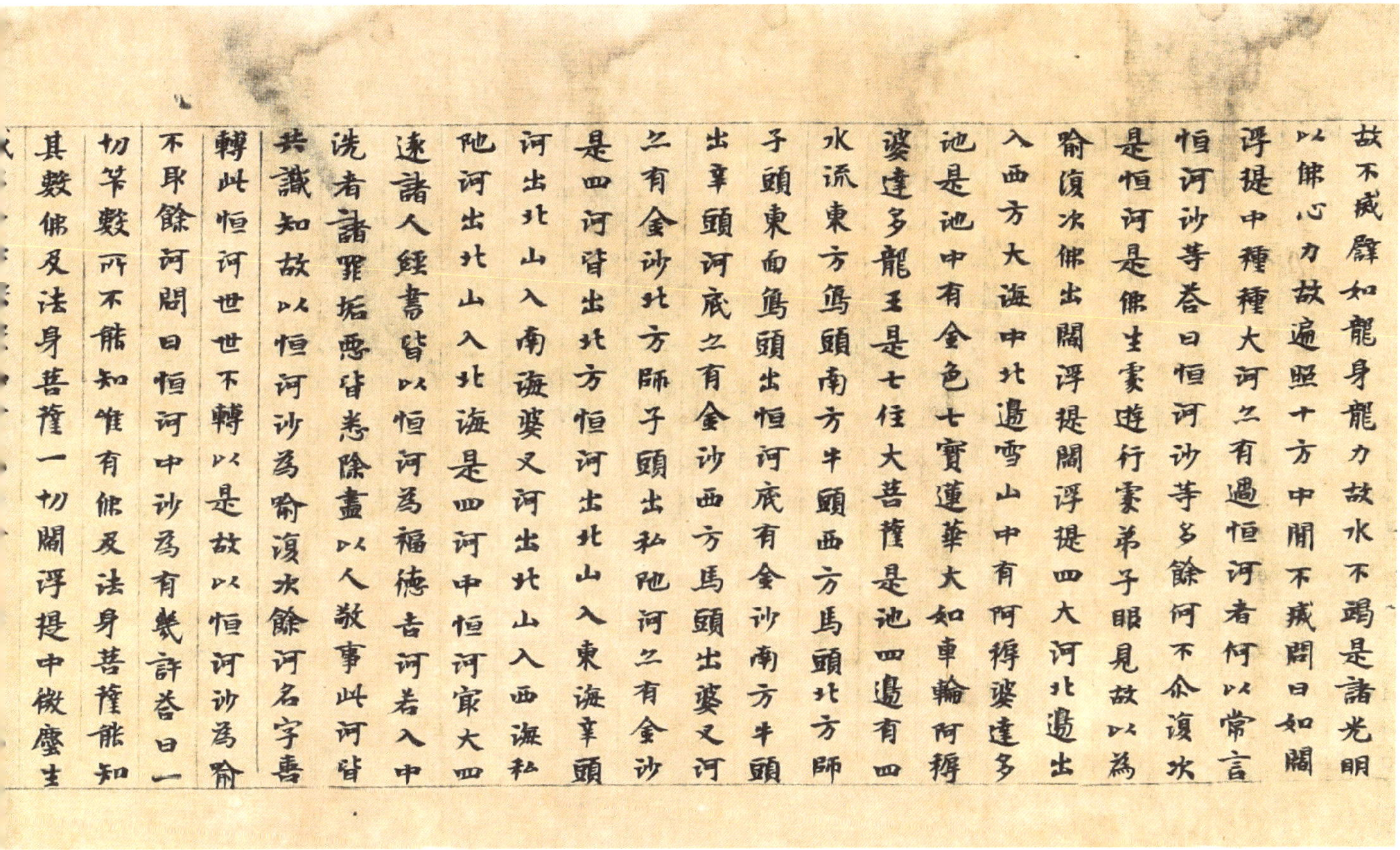

故不滅譬如龍身龍力故水不竭是諸光明
以佛心力故遍照十方中間不滅問曰如閻
浮提中種種大河亦有過恒河者何以常言
恒河沙等荅曰恒河沙多餘河不尒復次
是恒河是佛生處遊行處弟子眼見故以爲
喻復次佛出閻浮提閻浮提四大河北邊出
入西方大海中北邊雪山中有阿耨婆達多
池是池中有金色七寶蓮華大如車輪阿耨
婆達多龍王是七住大菩薩是池四邊有四
水流東方象頭南方牛頭西方馬頭北方師
子頭東面象頭出恒河底有金沙南方牛頭
出辛頭河底亦有金沙西方馬頭出婆叉河
亦有金沙北方師子頭出私陁河亦有金沙
是四河皆出北方恒河出北山入東海辛頭
河出北山入南海婆叉河出北山入西海私
陁河出北山入北海是四河中恒河最大四
遠諸人經書皆以恒河爲福德吉河若入中
洗者諸罪垢惡皆悉除盡以人敬事此河皆
共識知故以恒河沙爲喻復次餘河名字喜
轉此恒河世世不轉以是故以恒河沙爲喻
不取餘河問曰恒河中沙爲有幾許荅曰一
切筭數所不能知唯有佛及法身菩薩能知
其數佛及法身菩薩一切閻浮提中微塵生

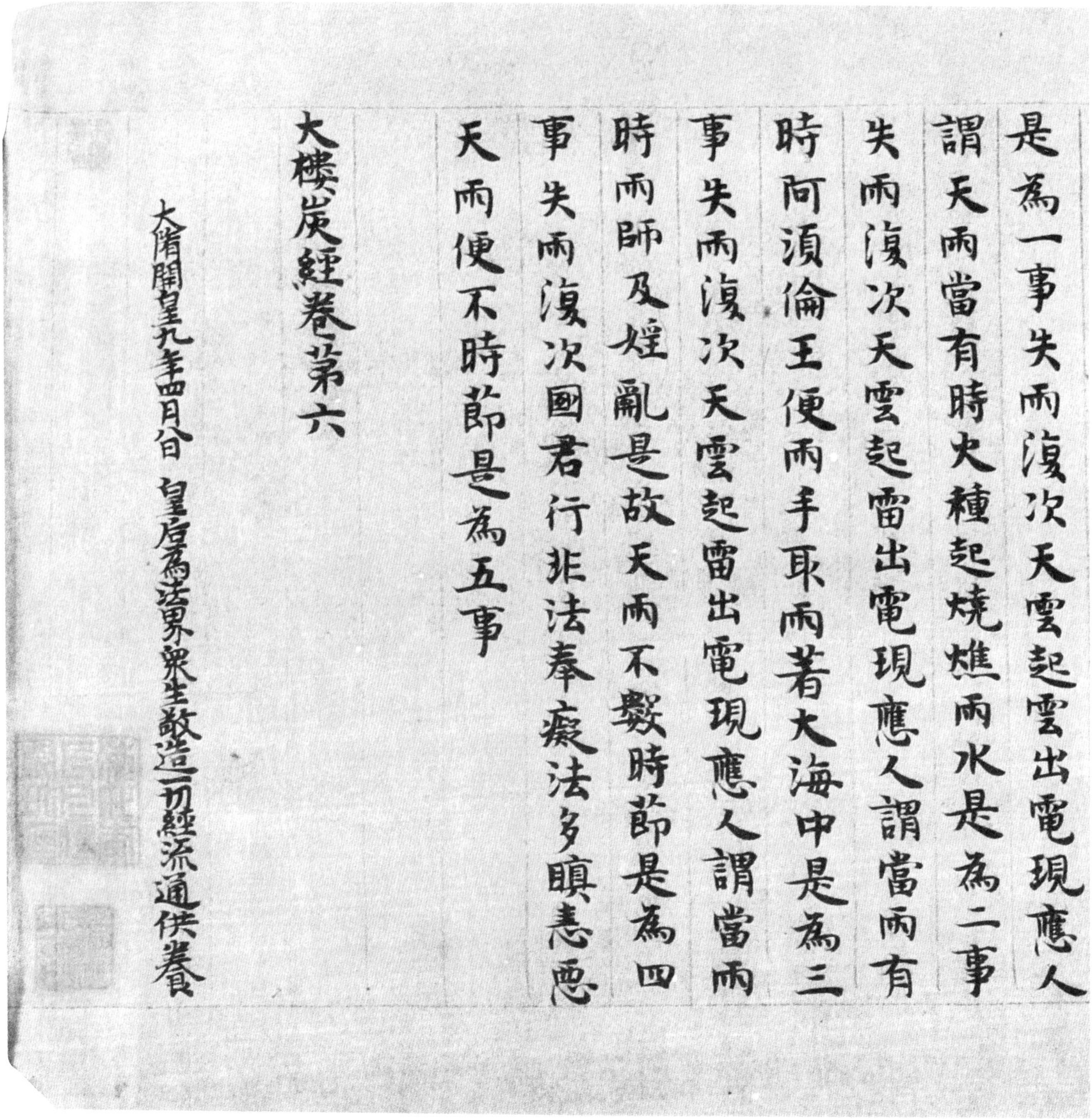
是為一事失雨復次天雲起雲出電現應人
謂天雨當有時火種起燒燋雨水是為二事
失雨復次天雲起雷出電現應人謂當雨有
時阿須倫王便兩手取雨著大海中是為三
事失雨復次天雲起雷出電現應人謂當雨
時雨師及婬亂是故天雨不數時節是為四
事失雨復次國君行非法奉癡法多瞋恚惡
天雨便不時節是為五事

大樓炭經卷第六

大隋開皇九年四月八日　皇后為法界衆生敬造一切經流通供養

02488 大樓炭經卷第六 （晉）釋法立 釋法炬譯　隋開皇九年（589）寫本

卷軸裝。高26厘米，長466厘米。一紙長53.3厘米。存九紙，每紙二十九行，行十七字。烏絲欄。有軸。卷尾存題記。有“木齋真賞”、“德化李氏凡將閣珍藏”、“合肥張氏閤家收藏經”印。天津博物館藏。

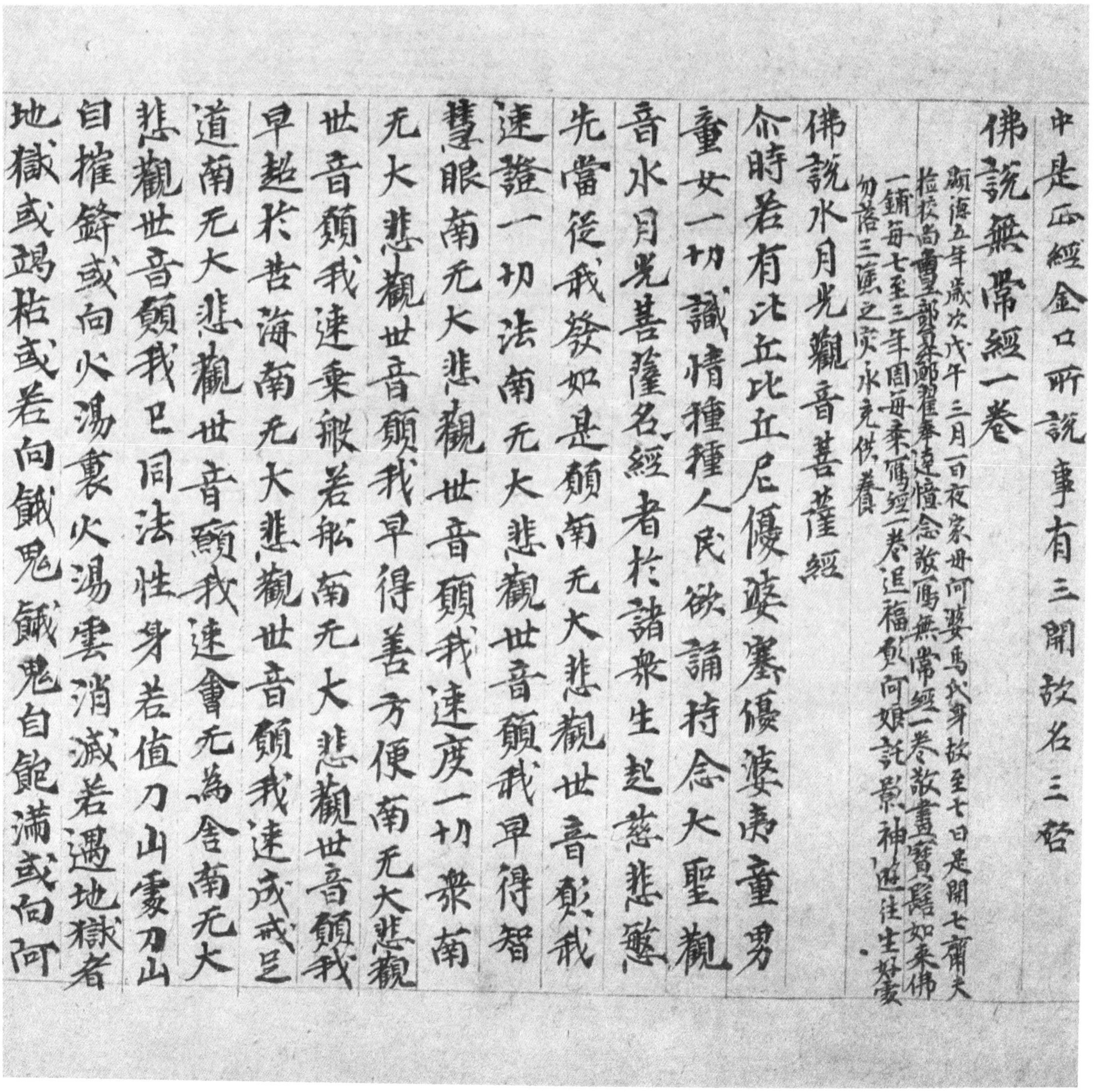

02490 佛說無常經一卷 （唐）釋義淨譯 **佛說水月光觀音菩薩經　佛說咒魅經　佛說天請問經** （唐）釋玄奘譯　五代寫本

卷軸裝。高26.4厘米，長330厘米。存九紙，每紙三十一行，行字不等。烏絲欄。有題記。周叔弢捐獻。天津博物館藏。

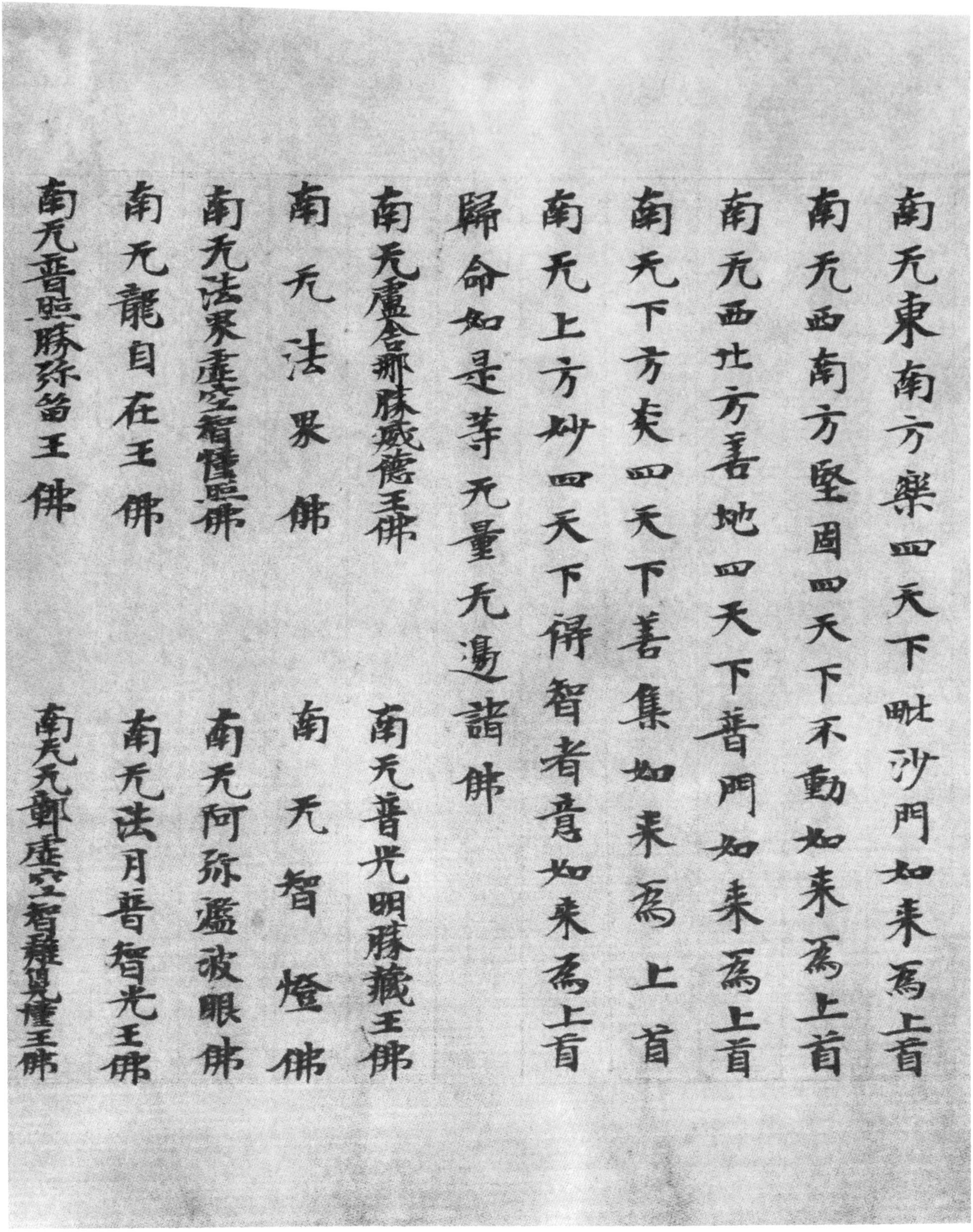

02503 佛説佛名經卷第九 隋寫本

卷軸裝。高25.1厘米，長605厘米。存十二紙，每紙二十八行，行十七字。烏絲欄。周叔弢捐獻。天津博物館藏。

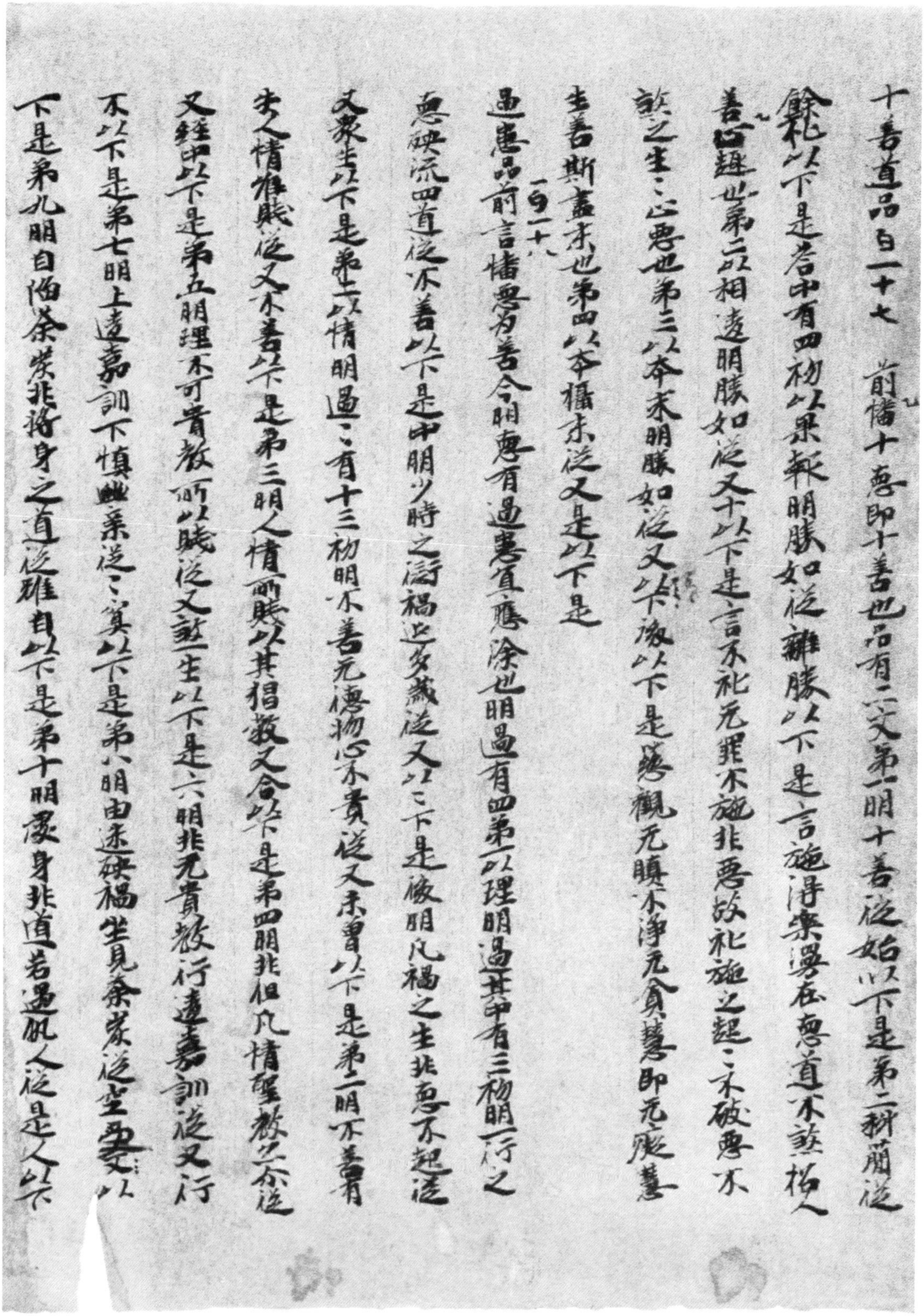

十善道品百一十七　前懦十惡即十善也品有二文第一明十善從始以下是第二料簡從
餘祀以下是荅中有四初以果報明勝如從離勝以下是言施得樂得在惡道不蒸極人
善田趣世第二以相遂明勝如從又十以下是言不祀无罪不施非惡故祀施之起〻不破惡不
欵之生〻心惡世第三以本末明勝如從又以下緣以下是慈觀无瞋不淨无貪慧即无癡慧
生善斯盡末也第四以本攝末從又是以下是
過患品百二十　前言捨惡爲善今明惡有過患宜應除也明過有四第一以理明過其中有三初明一行之
惡殃流四道從不善以下是中明少時之諐禍延多歲從又以〻下是後明凡禍之生非惡不起從
又衆生以下是第二以情明過〻有十三初明不善无德物心不貴從又未曾以下是第一明不善有
失人情惟賤從又不善以下是第三明人情所賤以其捐教又合以下是第四明非但凡情聖教亦從
又經中以下是第五明理不可背教所以賤從又致一生以下是六明非无貴教行遠嘉訓從又行
不以下是第七明上違嘉訓下慎幽柔從〻冥以下是第八明由逆殃禍坐見柔衆從空西更以
下是第九明自陷荼炭非將身之道從雖自以下是第十明處身非道若遇凡人從是人以下

02521 成實論疏一卷　南北朝寫本

卷軸裝。高28.4厘米，長666.6厘米。存十七紙，每紙二十四行，行三十六至三十八字。烏絲欄。天津博物館藏。

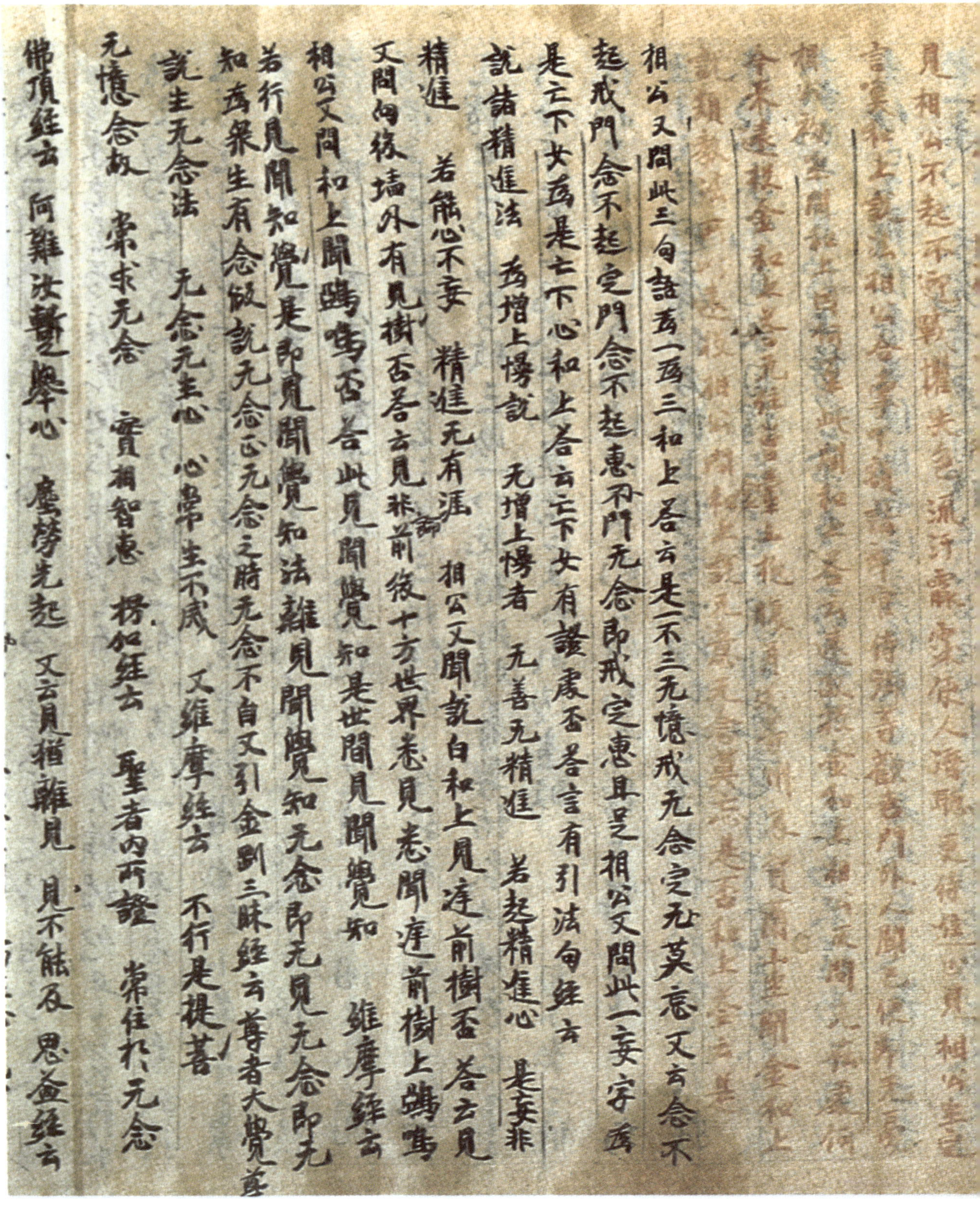
相公又問此三句語爲一爲三 和上答云 是一不三 无憶戒 无念定 无莫慧 又云 念不
起戒門 念不起定門 念不起惠門 无念即戒定惠具足 相公又問 此一妄字爲
是亡下女爲 是亡下心 和上答云 亡下女 有證處否 答言 有引法句經云
說諸精進法 爲增上慢說 无增上慢者 无善无精進 若起精進心 是妄非
精進 若能心不妄 精進无有涯 相公又聞說白和上 見庭前樹否 答云見
又問向後墻外有見樹否 答云見 非論前後 十方世界悉見悉聞 庭前樹上鵶鳴
相公又問和上聞鵶鳴否 答 此見聞覺知 是世間見聞覺知 維摩經云
若行見聞覺知 是即見聞覺知 法離見聞覺知 无念即无見 无念即无
知 爲衆生有念故說无念 正无念之時 无念不自 又引金剛三昧經云 尊者大覺尊
說生无念法 无念无生心 心常生不滅 又維摩經云 不行是菩提
无憶念故 常求无念 實相智惠 楞伽經云 聖者內所證 常住於无念
佛頂經云 阿難汝舉心 塵勞先起 又云 見猶離見 見不能及 思益經云

02525 歷代法寶記一卷 五代寫本

卷軸裝。朱墨書寫。高28.2厘米，長1350厘米。存三十四紙。每紙三十五行，行三十至三十五字。烏絲欄。天津博物館藏。

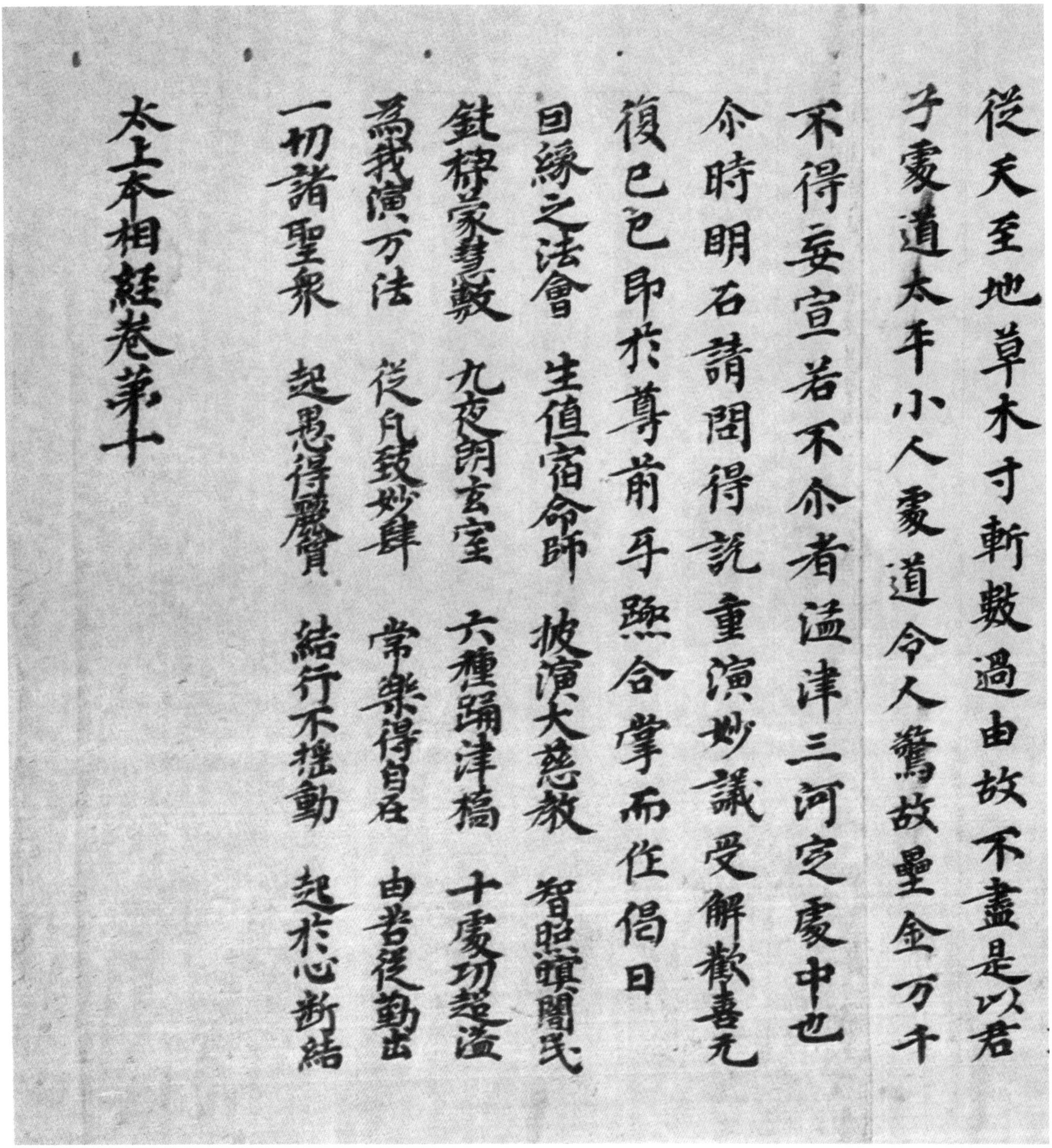
從天至地草木寸斬數過由故不盡是以君
子處道太平小人處道令人驚故壘金万千
不得妄宣若不尒者溢津三河定處中也
尒時明石請問得說重演妙議受解歡喜无
復已已即於尊前手跪合掌而作偈曰
回緣之法會　生值宿命師　披演大慈教　智照顛闇氏
鈦穢蒙慧轂　九夜朗玄室　六種踊津橋　十處功超溢
為我演万法　從凡致妙躰　常樂得自在　由者從勤出
一切諸聖衆　起愚得麗實　結行不搖動　起於心斷結
太上本相經卷第十

02534 太上本相經卷第十　唐寫本

卷軸裝。高25.7厘米，長297.5厘米。一紙長49.4厘米。存六紙，每紙二十八行，行十七至二十字。烏絲欄。周叔弢舊藏。天津博物館藏。

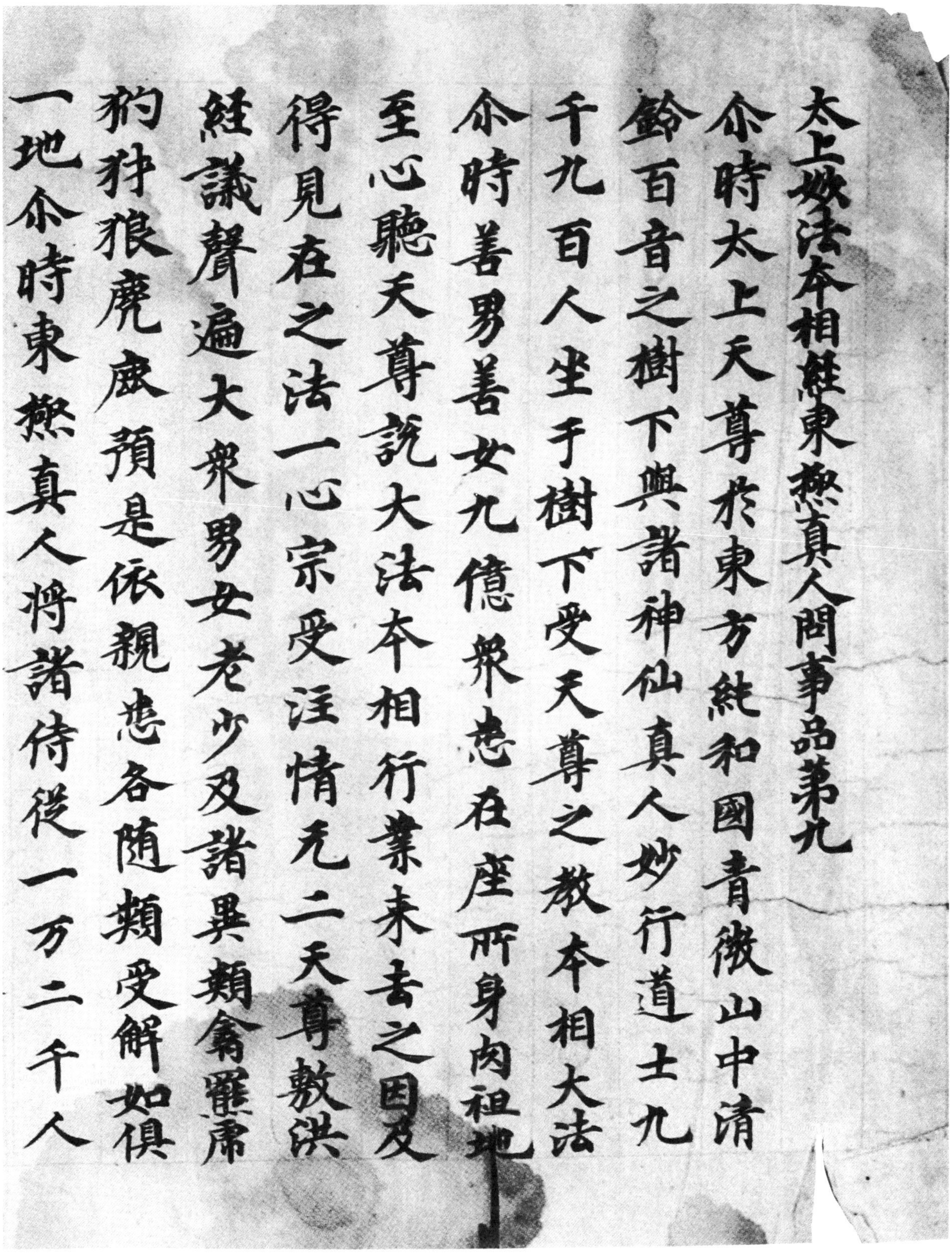
太上妙法本相經東極真人問事品第九
尒時太上天尊於東方紌和國青微山中清
鈴百音之樹下與諸神仙真人妙行道士九
千九百人坐于樹下受天尊之教本相大法
尒時善男善女九億衆悉在座所身肉袒地
至心聽天尊說大法本相行業來去之因及
得見在之法一心宗受注情无二天尊教洪
經議聲遍大衆男女老少及諸異類禽羆膚
犳犲狼麂麃預是依親悉各隨類受解如俱
一地尒時東極真人將諸侍從一万二千人

02538 太上妙法本相經東極真人問事品第九 唐寫本

卷軸裝。高25.8厘米，長655.5厘米。存十四紙，每紙二十八行，行十六至十七字。烏絲欄。天津博物館藏。

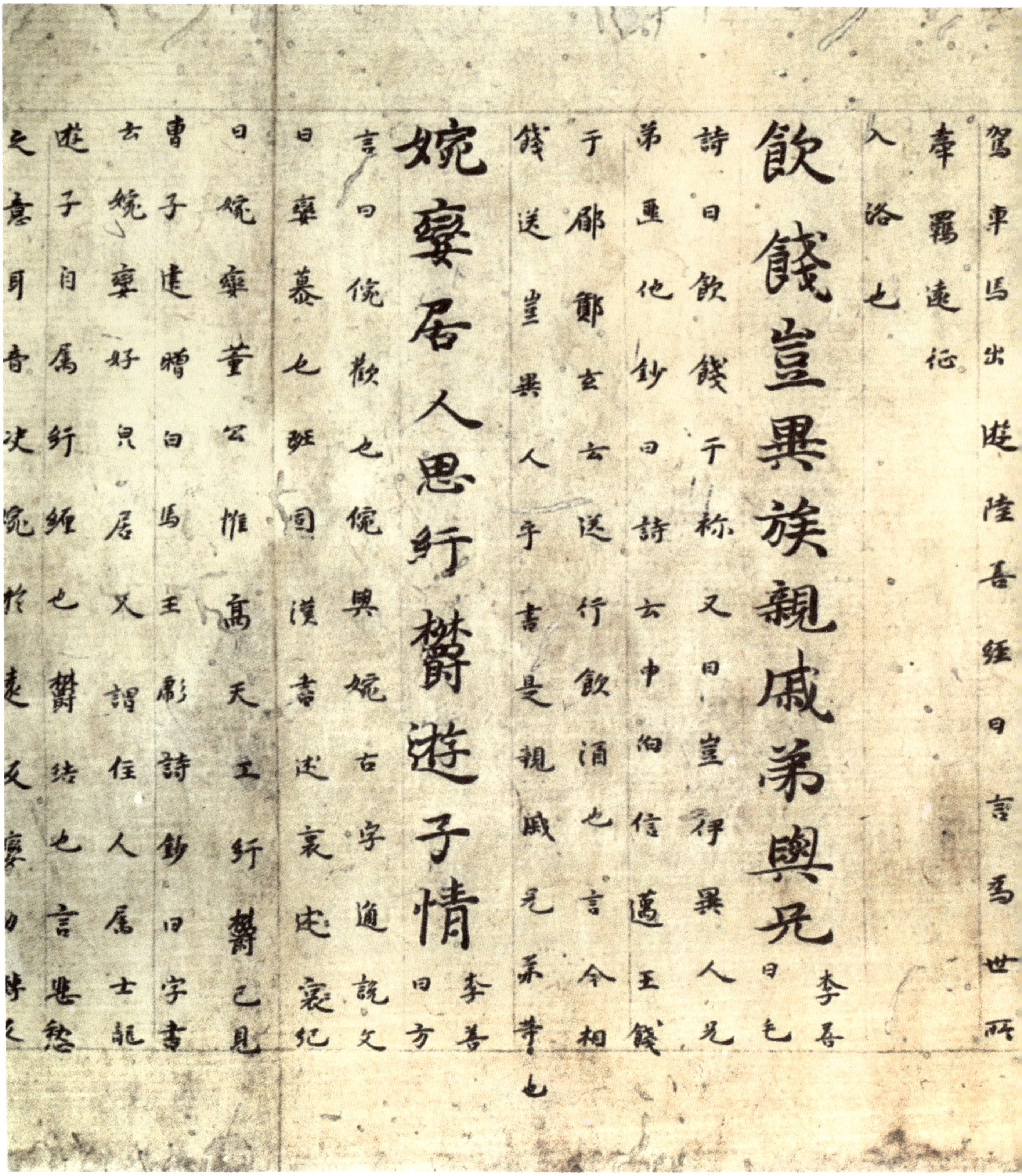

02546 文選集註卷第二十四 唐寫本

卷軸裝。高28.3厘米，長443.5厘米。一紙長55厘米。存八紙，每紙二十行，行約十一字。小字雙行約十三字。烏絲欄。有“曾在周叔弢處”、“周暹”印。天津博物館藏。

於承明作與士龍一首 吾

曰集云与士龍於承明亭作詩鈔

曰承明亭名今在蘇州北機杭退入

洛於此亭与士龍別作此詩也劉

艮曰機從吳入洛与弟士龍別於

長林亭作詩与士龍述相思意也

陸善經曰此亭今在崑山懸南百

五十里与華

亭相近之

陸士衡

牽世嬰時納駕言遠徂征

李善曰鄒陽上書曰皇拘於俗牽

於世曹子建責躬詩曰舉挪時納

毛詩曰駕言徂東鈔曰言為世事

所牽引故為時納所嬰纏也徂往

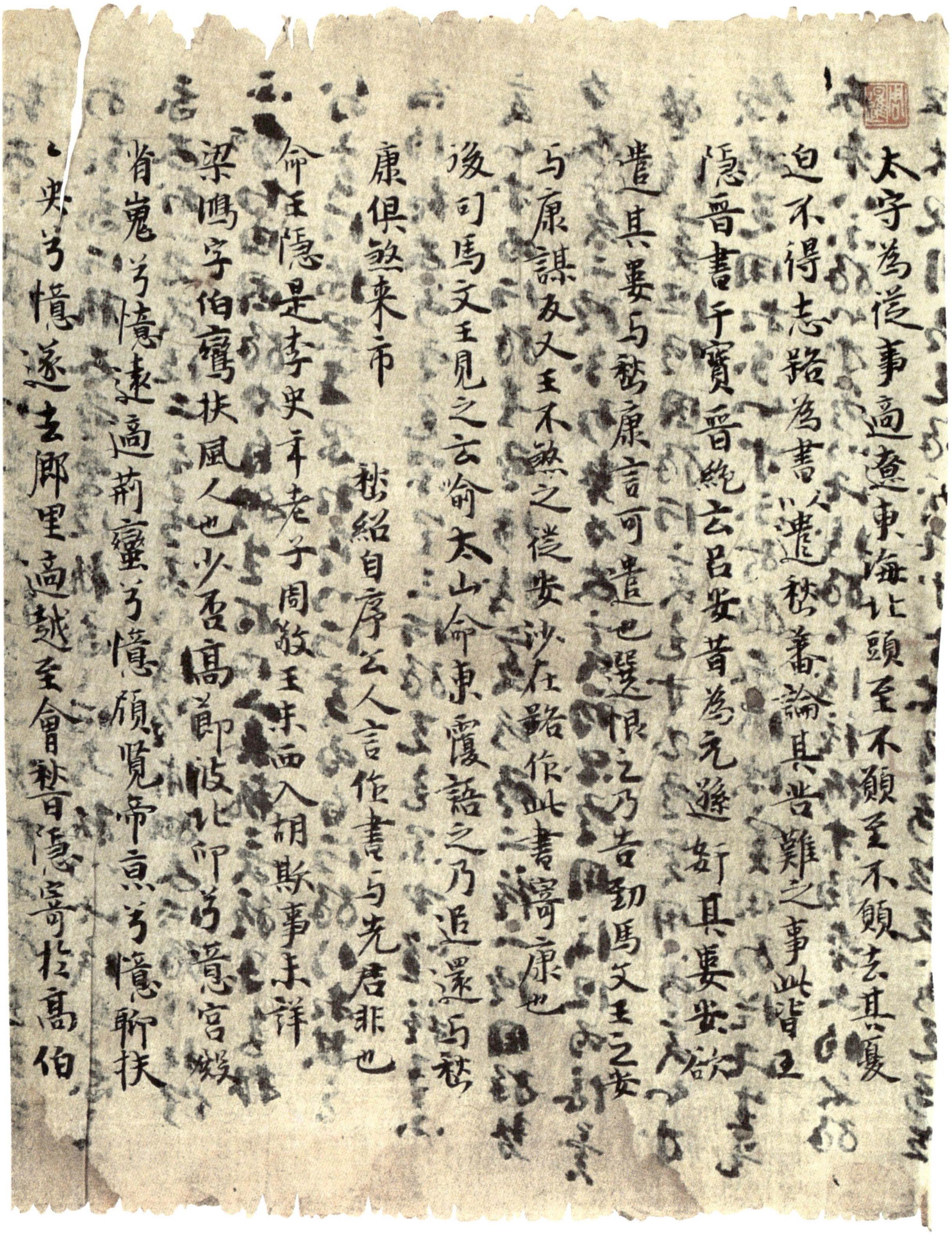

02547 文選註一卷 唐寫本

卷軸裝。高27.5厘米，長435厘米。存十紙，每紙二十二行，行十八至二十一字。卷背爲“大乘百法明門論開宗義記”。有“周暹”印。周叔弢捐獻。天津博物館藏。

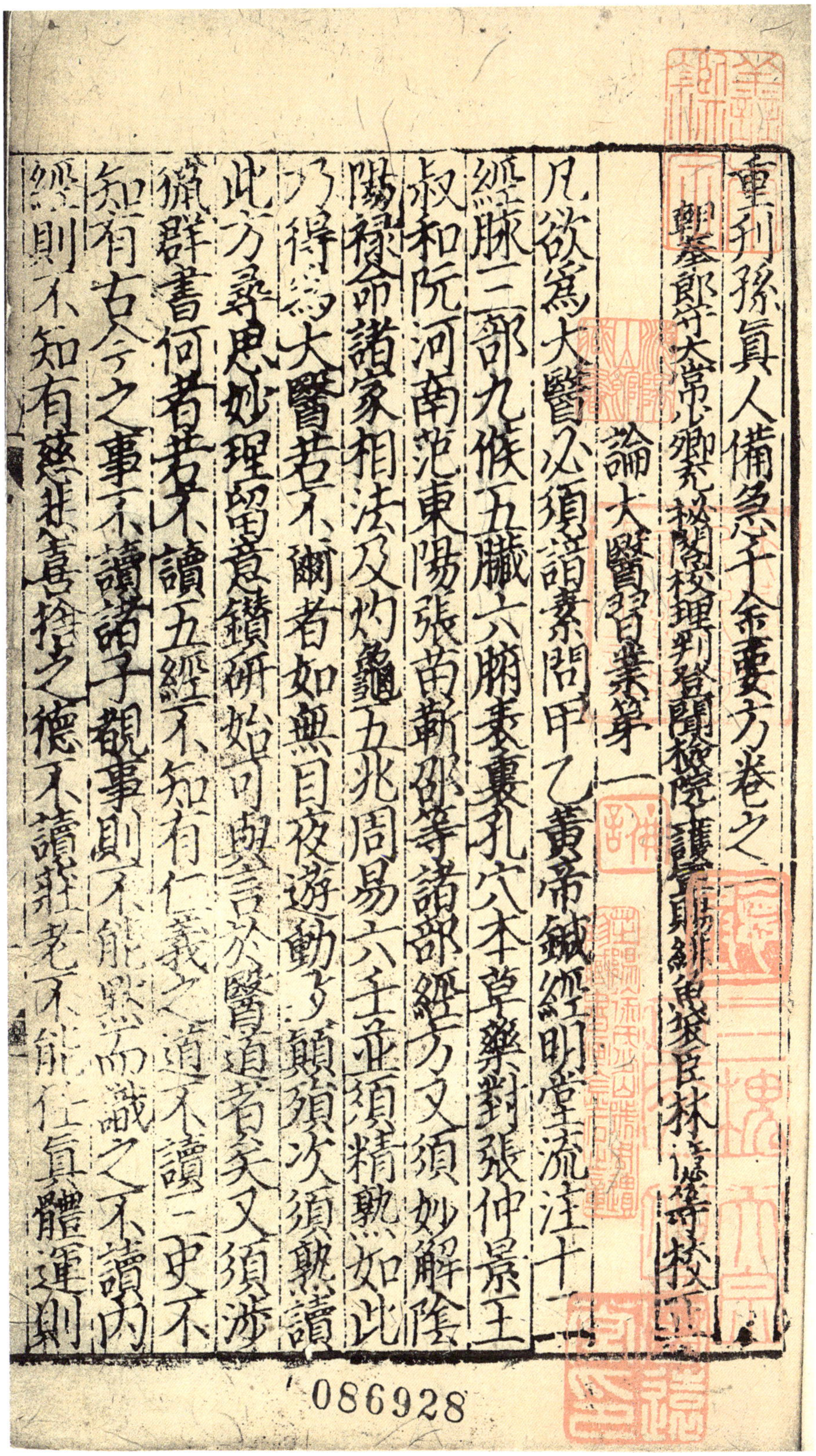
重刊孫眞人備急千金要方卷之一
朝奉郎守太常少卿充秘閣校理判登聞檢院上護軍賜緋魚袋臣林億等校正
論大醫習業第一
凡欲爲大醫必須諳素問甲乙黃帝鍼經明堂流注十二經脉三部九候五臟六腑表裏孔穴本草藥對張仲景王叔和阮河南范東陽張苗靳邵等諸部經方又須妙解陰陽祿命諸家相法及灼龜五兆周易六壬並須精熟如此乃得爲大醫若不爾者如無目夜遊動致顛殞次須熟讀此方尋思妙理留意鑽研始可與言於醫道者矣又須涉獵群書何者若不讀五經不知有仁義之道不讀三史不知有古今之事不讀諸子覩事則不能默而識之不讀內經則不知有慈悲喜捨之德不讀莊老不能任眞體運則

02908 重刊孫眞人備急千金要方三十卷 （唐）孫思邈撰 （宋）林億等校正 元刻本

匡高18.4厘米，廣12.4厘米。半葉十二行，行二十二字，黑口，左右雙邊。

天津圖書館藏，存二十六卷。

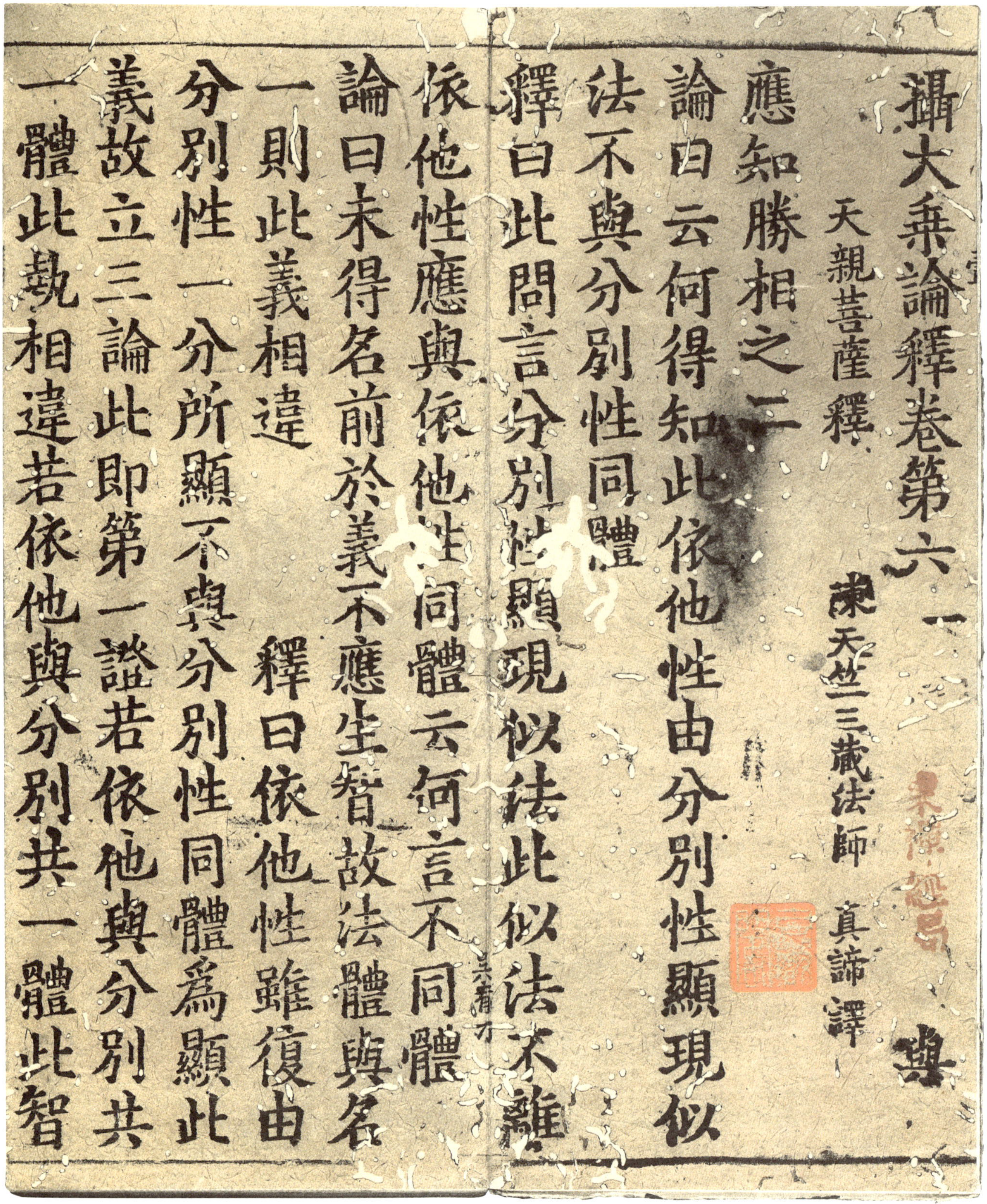
攝大乘論釋卷第六　一　與
天親菩薩釋　陳天竺三藏法師　真諦譯
應知勝相之二
論曰云何得知此依他性由分別性顯現似
法不與分別性同體
釋曰此問言分別性顯現似法此似法不離
依他性應與依他性同體云何言不同體
論曰未得名前於義不應生智故法體與名
一則此義相違　釋曰依他性雖復由
分別性一分所顯不與分別性同體爲顯此
義故立三論此即第一證若依他與分別共
一體此執相違若依他與分別共一體此智

02941 攝大乘論釋十五卷（陳）釋真諦譯　北宋元豐三年至政和二年（1080–1112）刻福州東禪等覺禪院崇寧萬壽大藏經本

經折裝。高26.5厘米，廣11.2厘米。半葉六行，行十七字。上下單邊。千字文帙號爲“與”。有“三聖寺”、“東禪經局”等印。佚名題識。天津圖書館藏，存一卷。

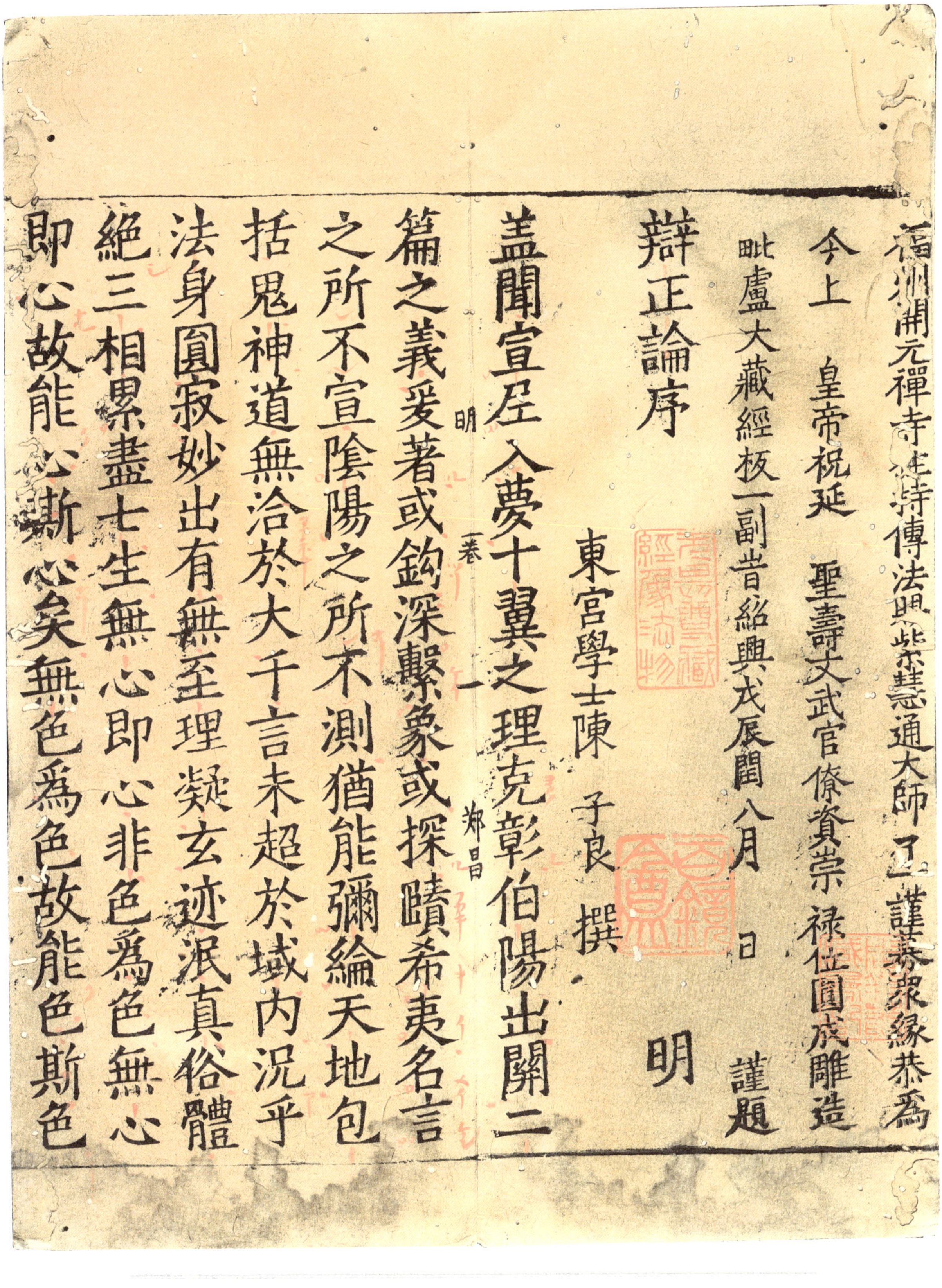

福州開元禪寺住持傳法賜紫慧通大師了一謹募衆緣恭爲
今上　皇帝祝延　聖壽文武官僚資崇祿位圓成雕造
毗盧大藏經板一副旹紹興戊辰閏八月　日　謹題
辯正論序　　明
東宮學士陳　子良　撰
蓋聞宣尼入夢十翼之理克彰伯陽出關二
明　一卷　一　鄭昌
篇之義爰著或鉤深繫象或探賾希夷名言
之所不宣陰陽之所不測猶能彌綸天地包
括鬼神道無洽於大千言未超於域內況乎
法身圓寂妙出有無至理凝玄迹泯真俗體
絶三相累盡七生無心即心非色爲色無心
即心故能心斯心矣無色爲色故能色斯色

02945 辯正論十卷　（唐）釋法琳撰　南宋紹興十八年（1148）刻福州開元寺毗盧大藏經本

經折裝。高28厘米，廣10.9厘米。半葉六行，行十七字。上下單邊。千字文帙號有“明”。有“百鏡盦”、“周養菴藏書記”等印。（日本）圓種訓點並跋，周肇祥朱筆題識。天津圖書館藏，存七卷。

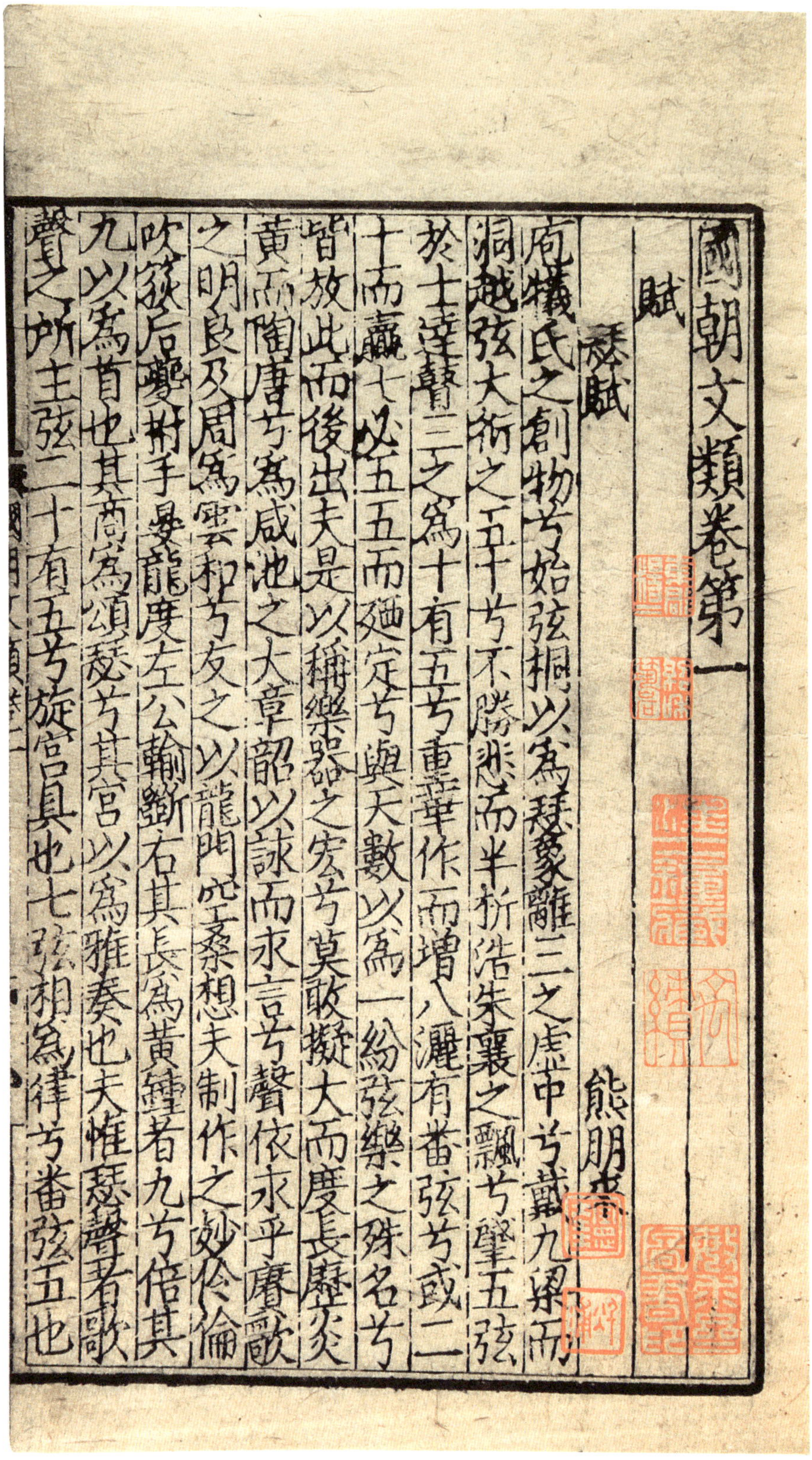
國朝文類卷第一

賦

瑟賦　熊朋來

伏羲氏之創物兮始弦桐以爲瑟象離二之虛中兮戴九梁而洞越弦大衍之五十兮不勝悲而半折浩朱襄之飄兮肇五弦於士達瞽三之爲十有五兮重華作而增八灑有番弦兮或二十而羸七以五五五而廼定兮與天數以爲一紛弦樂之殊名兮皆放此而後出夫是以稱樂器之宗兮莫敢擬大而度長歷炎黃而陶唐兮爲咸池之大章韶以詠而永言兮聲依永乎賡歌之明良及周爲雲和兮友之以龍門空桑想夫制作之妙伶倫吹叅后夔拊手晏龍度左公輸斲右其長爲黃鍾者九兮倍其九以爲首也其商爲頌瑟兮其宮以爲雅奏也夫惟瑟聲者歌聲之所主弦二十有五兮旋宮具也七弦相爲律兮番弦五也

03188、03189 國朝文類七十卷 （元）蘇天爵輯　元刻本

匡高19.8厘米，廣13厘米。半葉十三行，行二十四字，黑口，四周雙邊。國家圖書館藏，有“汪士鐘藏”等印；天津圖書館藏，有“小李山房圖籍”等印。

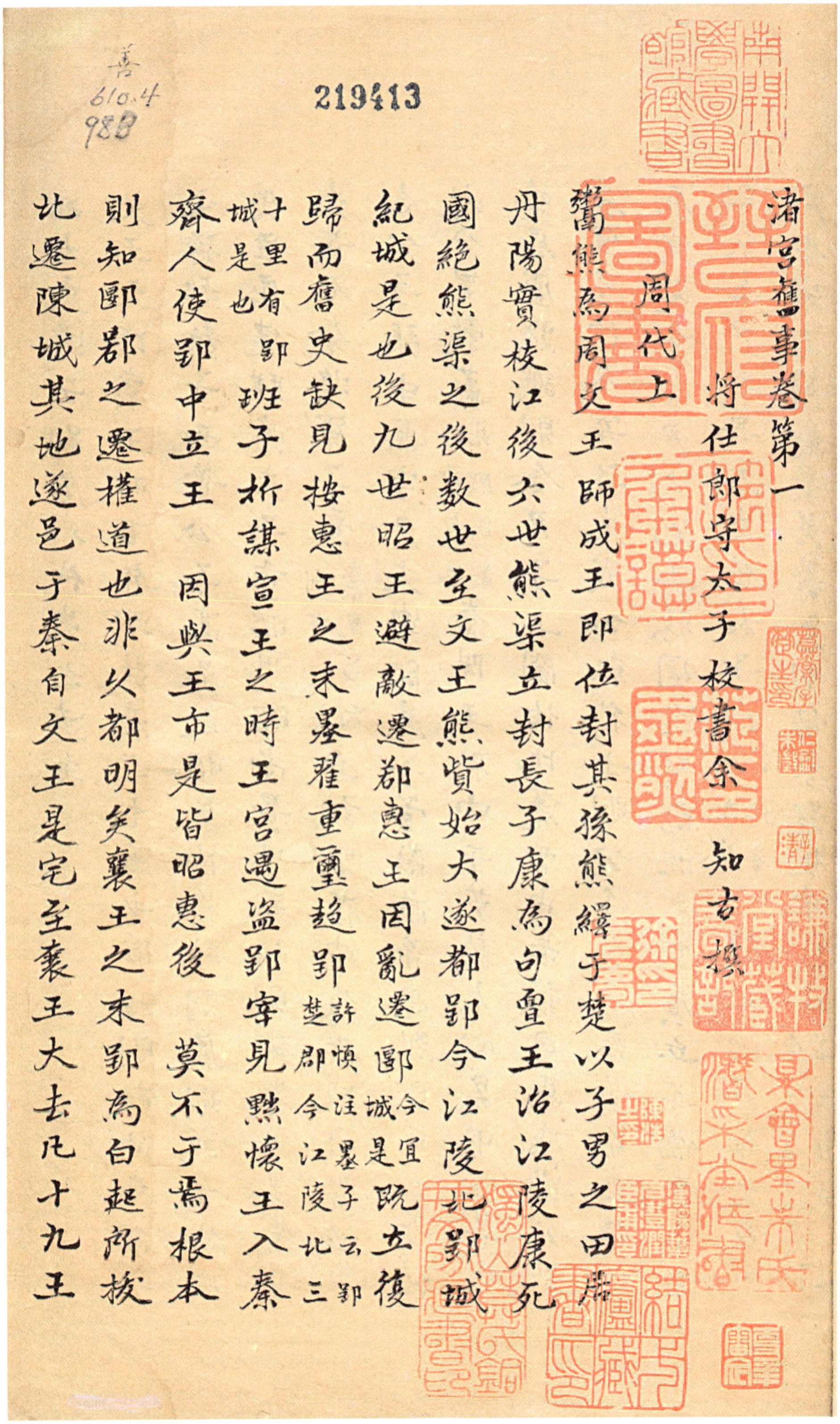
渚宮舊事卷第一
將仕郎守太子校書余　知古撰
周代上
鬻熊爲周文王師成王即位封其孫熊繹于楚以子男之田居
丹陽實枝江後六世熊渠立封長子康爲句亶王治江陵康死
國絶熊渠之後數世至文王熊貲始大遂都郢今江陵北郢城
紀城是也後九世昭王避敵遷鄀惠王因亂遷鄢今宜城是既立復
歸而舊史缺見楚惠王之末墨翟重璽趍郢許慎注墨子云郢楚郡今江陵北三十里有郢城是也班子析謀宣王之時王宮遇盜郢宰見黜懷王入秦
齊人使郢中立王　因與王市是皆昭惠後　莫不于焉根本
則知郢鄀之遷權道也非以都明矣襄王之末郢爲白起所拔
比遷陳城其地遂邑于秦自文王是宅至襄王大去凡十九王

03786 渚宮舊事五卷（唐）余知古撰　明抄本

半葉十二行，行二十四字，小字双行同。有“晉府图书”、“谦牧堂藏书记”、“结弌庐藏书印”等印。秦更年校字。南開大學圖書館藏。

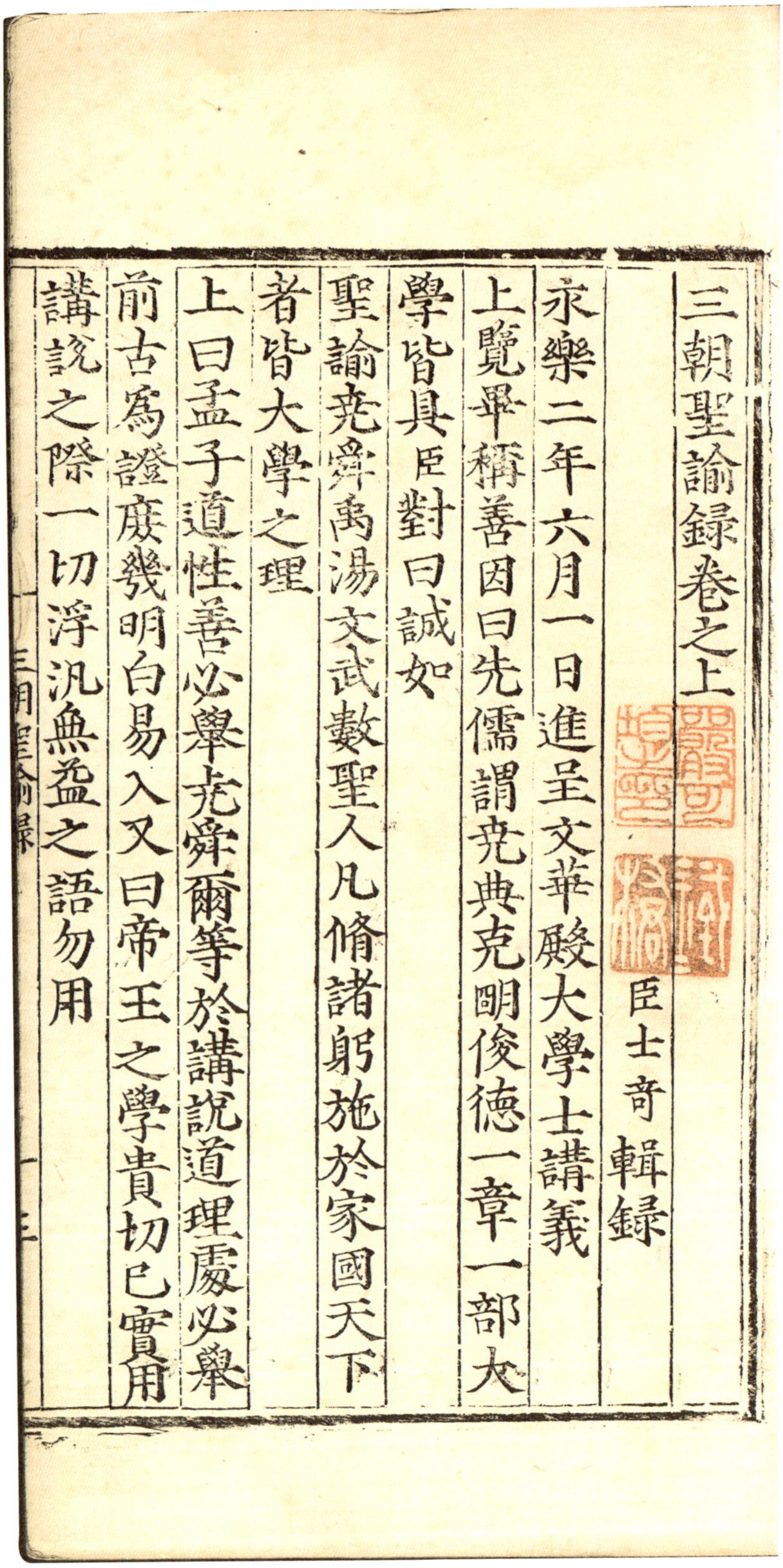

三朝聖諭録卷之上

臣士奇輯録

永樂二年六月一日進呈文華殿大學士講義

上覽畢稱善因曰先儒謂堯典克明俊德一章一部大學皆具臣對曰誠如

聖諭堯舜禹湯文武數聖人凡脩諸躬施於家國天下者皆大學之理

上曰孟子道性善必舉堯舜爾等於講說道理處必舉前古爲證庶幾明白易入又曰帝王之學貴切己實用講說之際一切浮汎無益之語勿用

三朝聖諭録

03864 三朝聖諭録三卷 （明）楊士奇辑　明正統刻本

匡高20.6厘米，廣13.2厘米。半葉十行，行二十一字，白口，四周雙邊。有“严可均之印”、“铁桥”等印。天津圖書館藏。

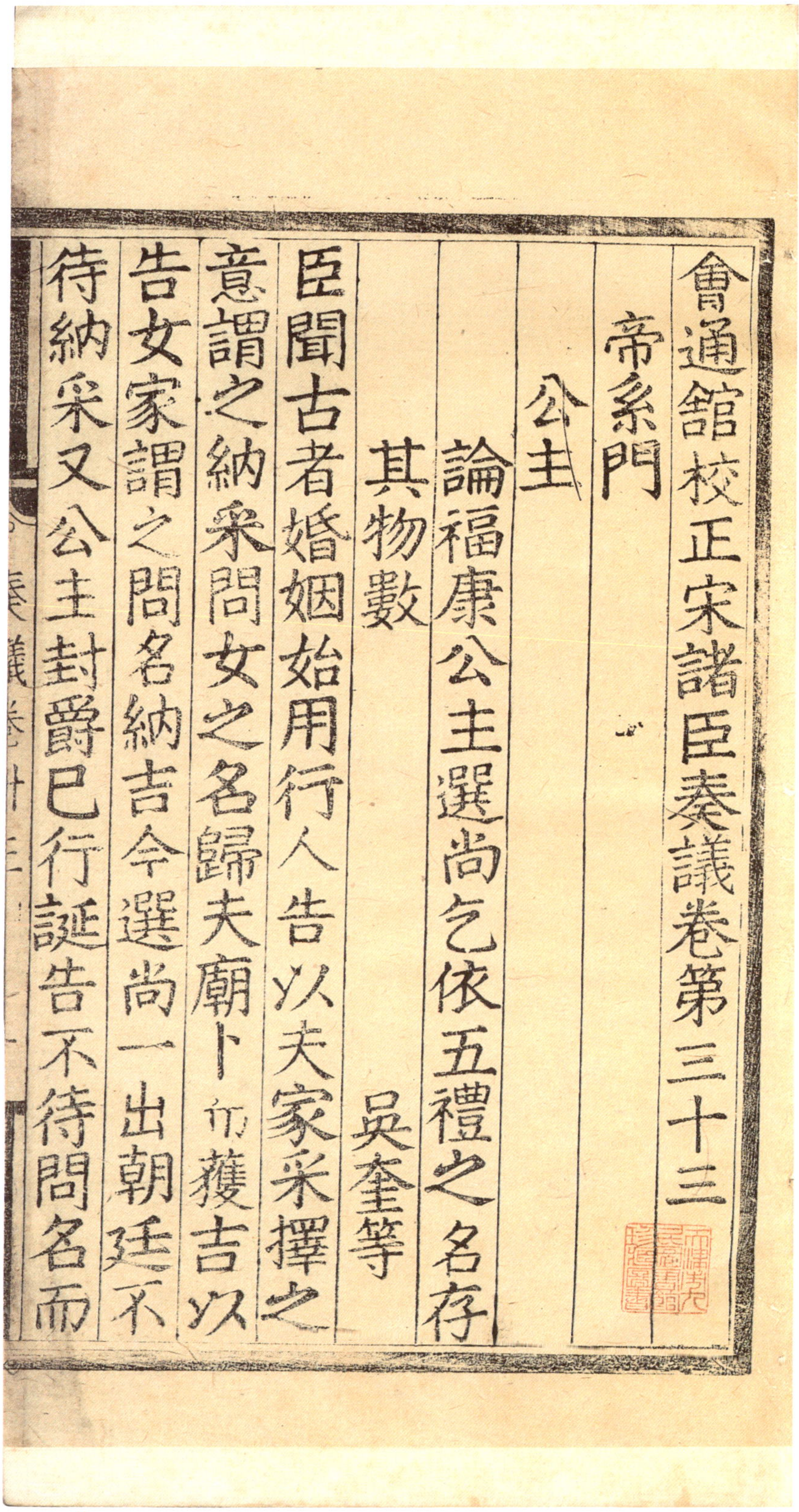
會通館校正宋諸臣奏議卷第三十三
帝系門
公主
論福康公主選尚乞依五禮之名存
其物數　吴奎等
臣聞古者婚姻始用行人告以夫家采擇之
意謂之納采問女之名歸夫廟卜而獲吉以
告女家謂之問名納吉今選尚一出朝廷不
待納采又公主封爵已行誕告不待問名而

03880　會通館校正宋諸臣奏議一百五十卷（宋）趙汝愚輯　明弘治華燧會通館銅活字印本

匡高24厘米，廣15.6厘米。半葉九行，行十七字，黑口，四周雙邊。天津圖書館藏，存二卷。

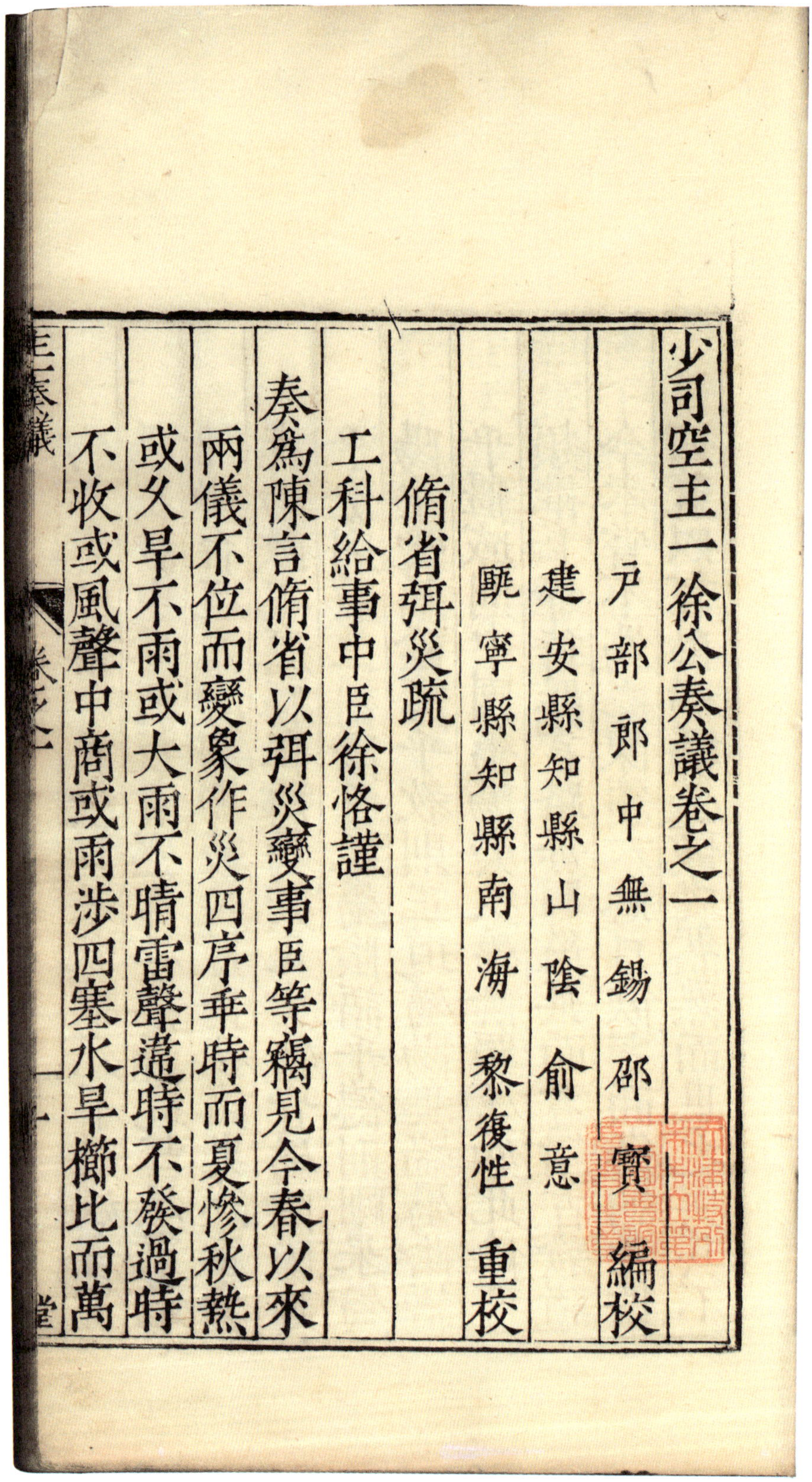
少司空主一徐公奏議卷之一
戶部郎中無錫邵寶編校
建安縣知縣山陰俞意
甌寧縣知縣南海黎復性重校
脩省弭災疏
工科給事中臣徐恪謹
奏爲陳言脩省以弭災變事臣等竊見今春以來
兩儀不位而變象作災四序乖時而夏慘秋熱
或久旱不雨或大雨不晴雷聲違時不發過時
不收或風聲中商或雨涉四塞水旱櫛比而萬

03897 少司空主一徐公奏議九卷（明）徐恪撰（明）邵寶輯　明嘉靖刻本

匡高20.1厘米，廣14.1厘米。半葉十行，行二十字，白口，四周雙邊。天津圖書館藏。

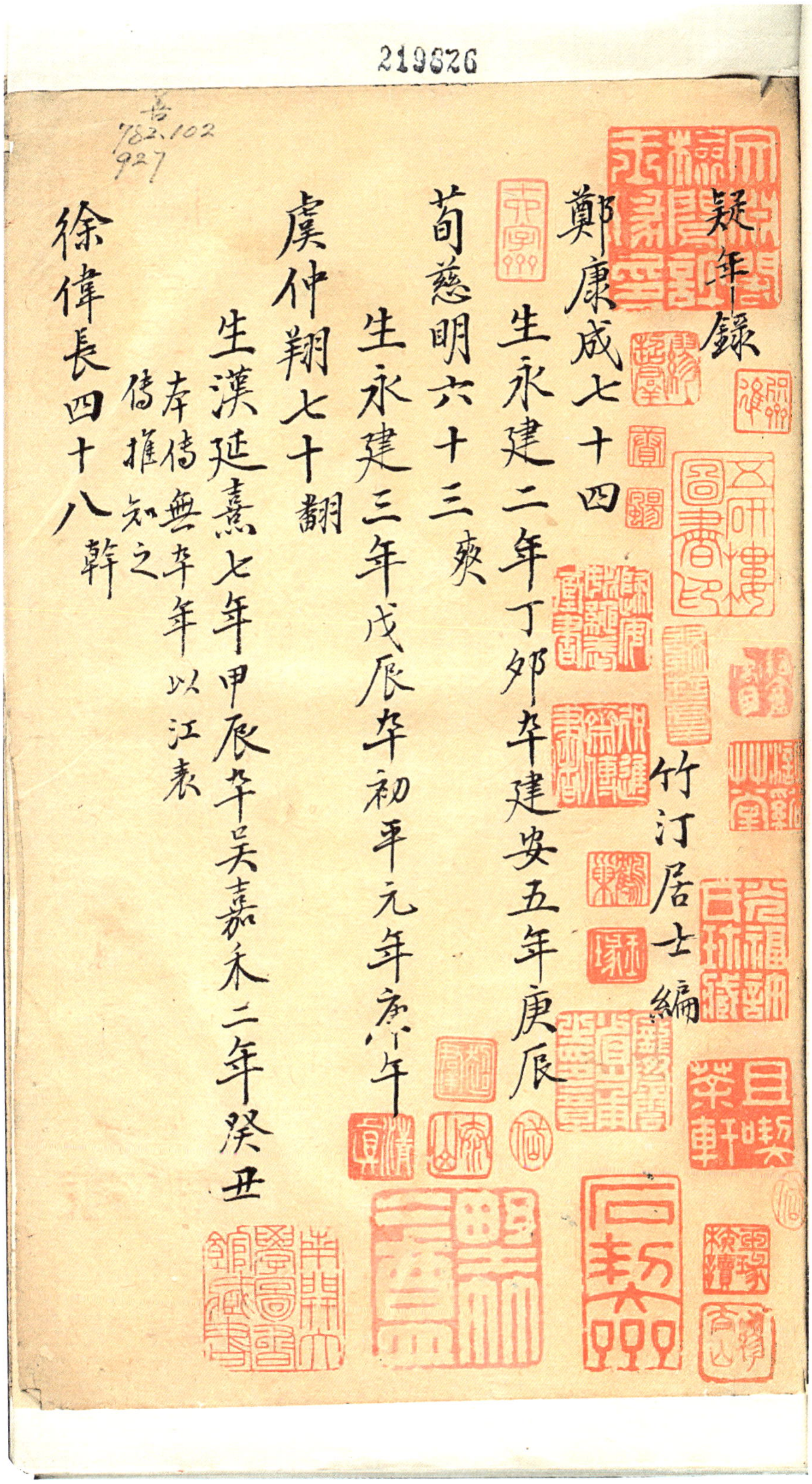

疑年録

竹汀居士編

鄭康成七十四

生永建二年丁卯卒建安五年庚辰

荀慈明六十三 爽

生永建三年戊辰卒初平元年庚午

虞仲翔七十 翻

生漢延熹七年甲辰卒吳嘉禾二年癸丑

本傳無卒年以江表傳推知之

徐偉長四十八 幹

03933 疑年録不分卷 （清）錢大昕撰　稿本

半葉十行，行二十字。有“玉瑑校读”、“五研樓圖書印”等印。吳雲校。南開大學圖書館藏。

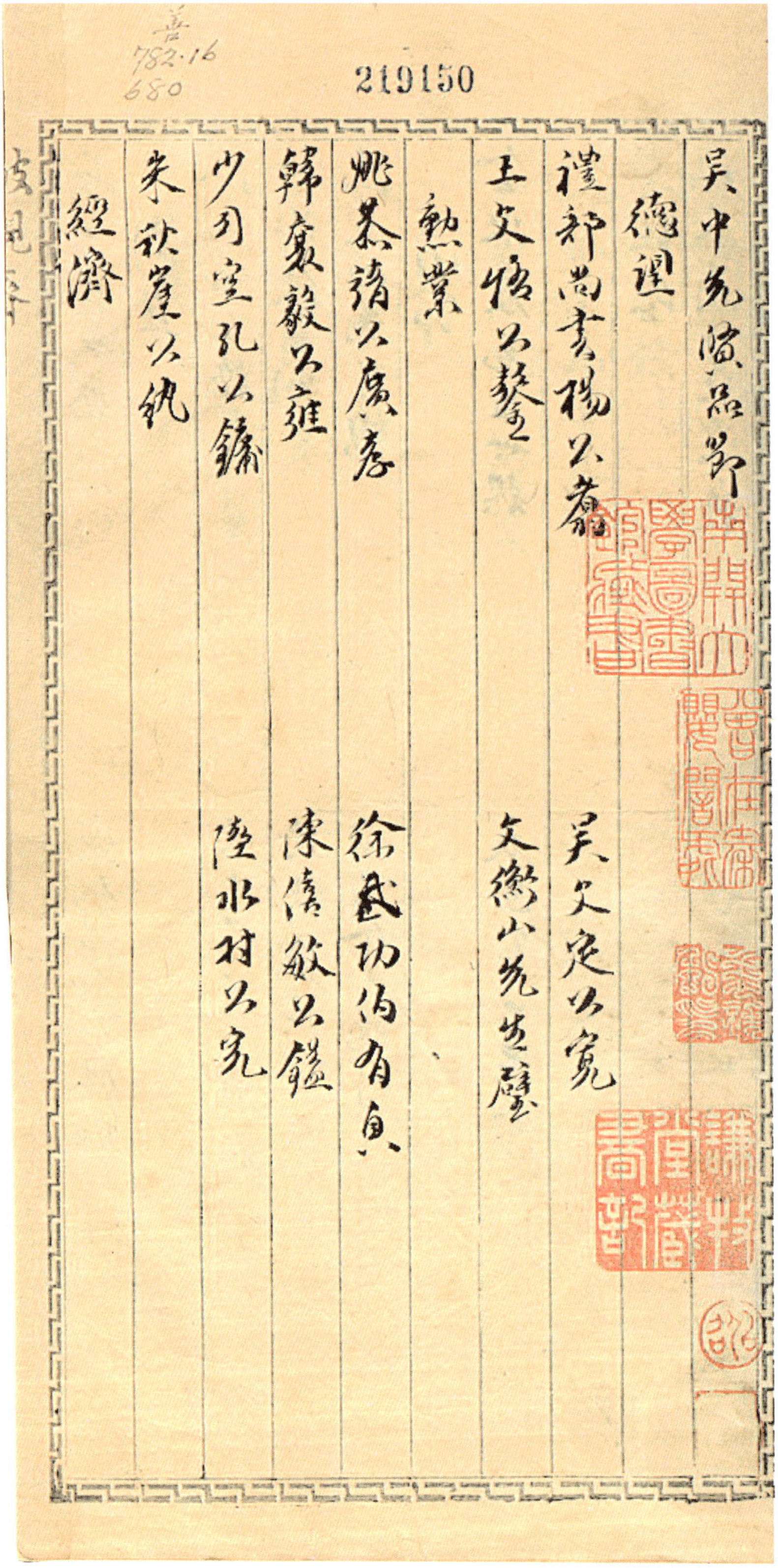

03952 吳中先賢品節不分卷 （明）褚亨奭輯　手稿本

匡高21.5厘米，廣11.5厘米。半葉十行，行二十三字。有“謙牧堂藏書記”等印。秦更年跋。南開大學圖書館藏。

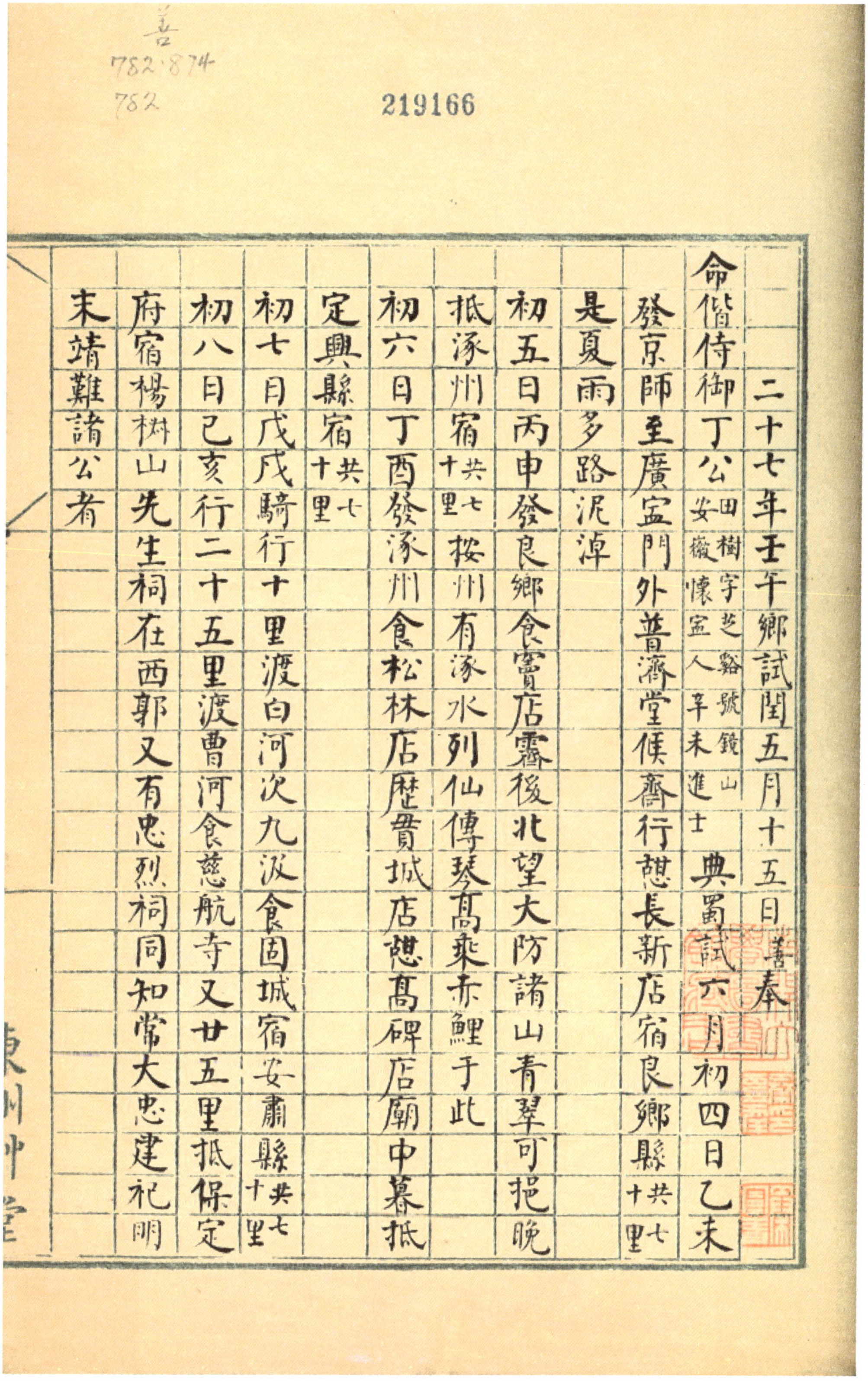

03985 構山使蜀日記一卷 （清）積善撰　清何紹基抄本

匡高21厘米，廣17厘米。半葉十二行，行二十五字，小字雙行同，藍格，白口，四周雙邊。秦更年跋。南開大學圖書館藏，存清乾隆二十七年閏五月至十一月初二。

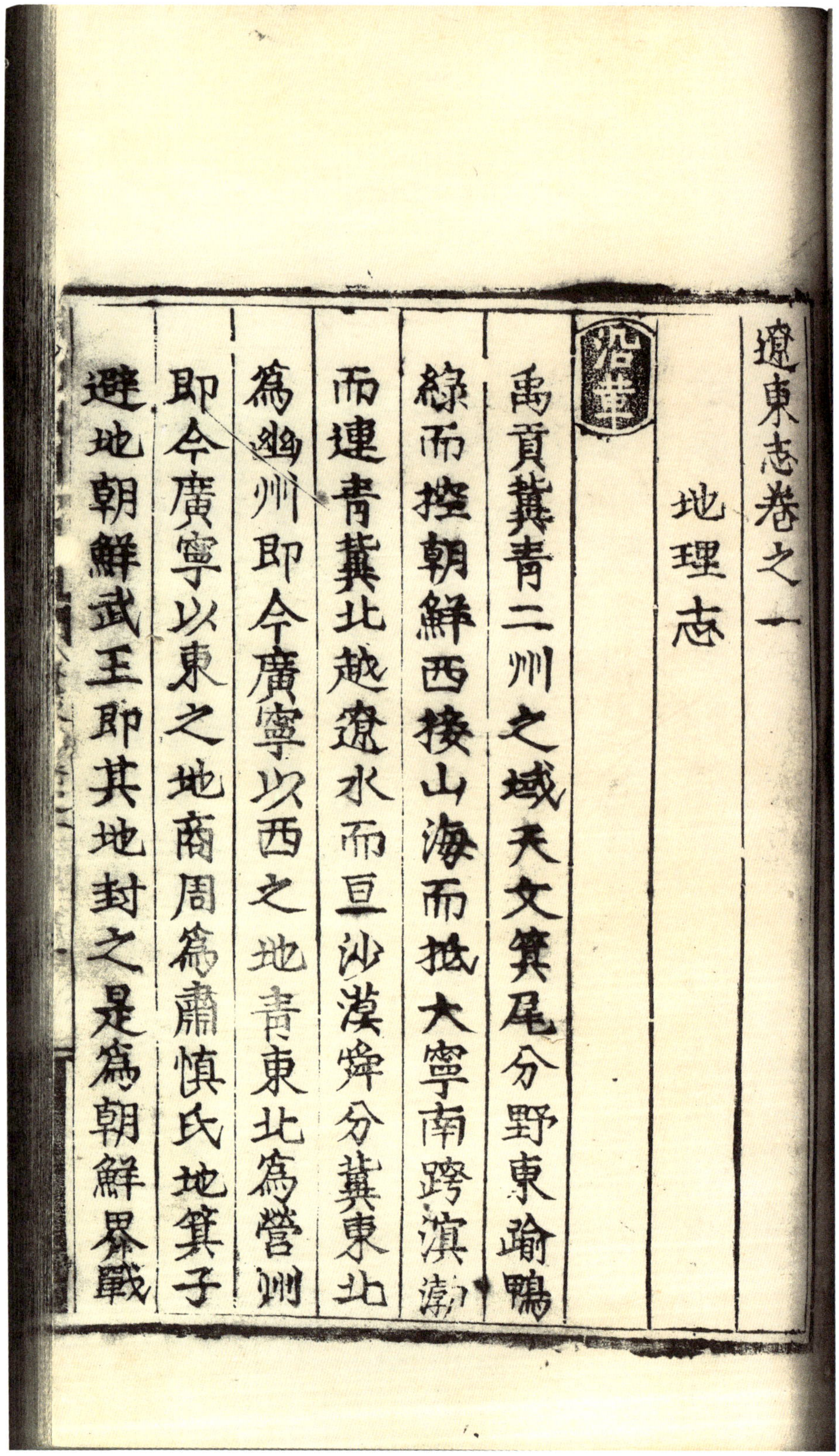

遼東志卷之一
地理志
沿革
禹貢冀青二州之域天文箕尾分野東踰鴨
綠而控朝鮮西接山海而抵大寧南跨溟渤
而連青冀北越遼水而亘沙漠舜分冀東北
爲幽州即今廣寧以西之地青東北爲營州
即今廣寧以東之地商周爲肅慎氏地箕子
避地朝鮮武王即其地封之是爲朝鮮界戰

04135 [嘉靖]遼東志九卷 （明）任洛等纂修　明嘉靖十六年（1537）刻本

匡高20.3厘米，廣15.9厘米。半葉九行，行十八字，黑口，四周雙邊。天津圖書館藏。

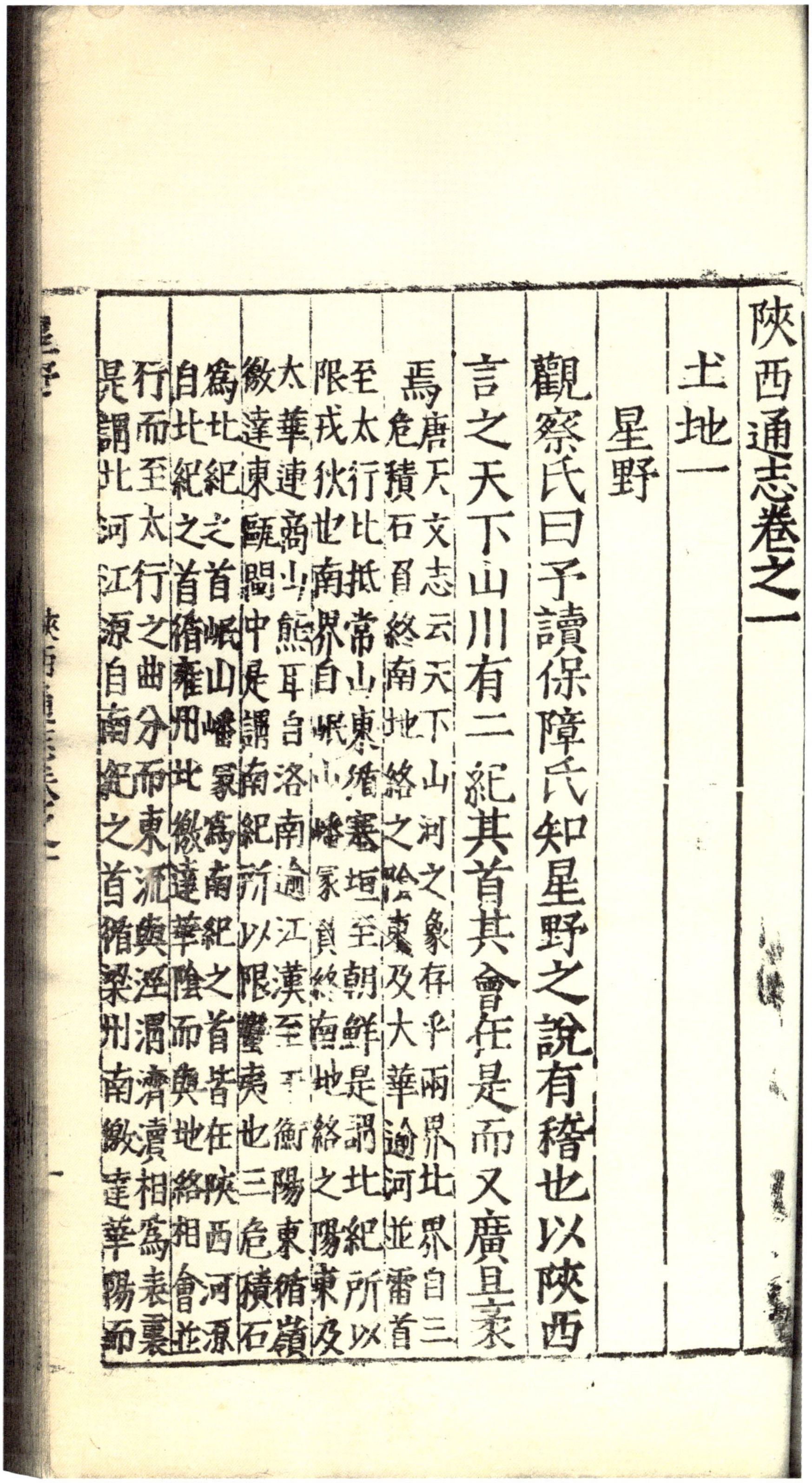

04162、04163 [嘉靖]陝西通志四十卷 （明）趙廷瑞　馬理等纂修　明嘉靖二十一年（1542）刻本

匡高22.5厘米，廣15.5厘米。半葉十行，行二十一字，小字雙行同，白口，四周單邊。陝西省三原縣圖書館藏；天津圖書館藏，爲嘉靖二十六年增修本 。

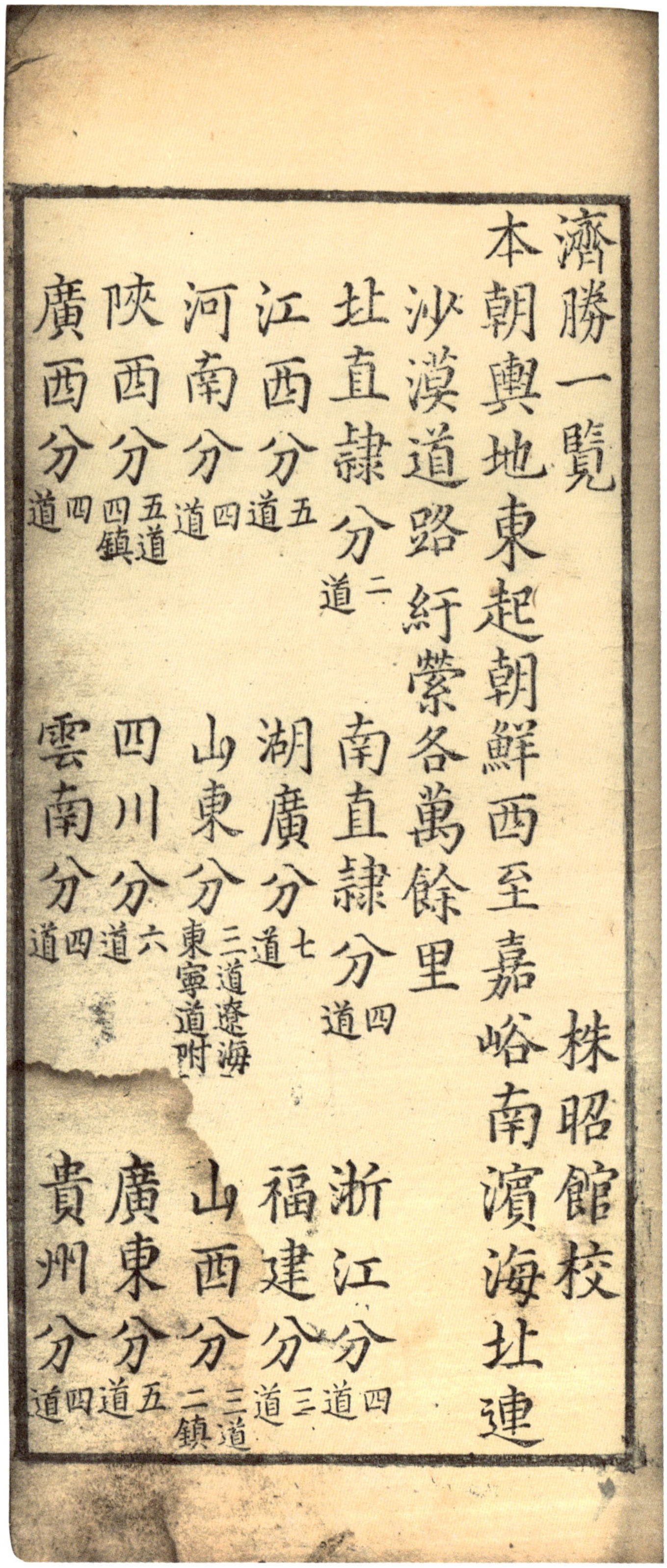
濟勝一覽　株昭館校
本朝輿地東起朝鮮西至嘉峪南濱海北連
沙漠道路紆縈各萬餘里
北直隸分二道　南直隸分四道　浙江分四道
江西分五道　湖廣分七道　福建分三道
河南分四道　山東分三道遼海東寧道附　山西分三道二鎮
陝西分五道四鎮　四川分六道　廣東分五道
廣西分四道　雲南分四道　貴州分四道

04181　濟勝一覽不分卷　（明）侯應琛撰　明萬曆四十六年（1618）刻藍印本

匡高19.2厘米，廣9.9厘米。半葉八行，行十七字，小字雙行字不等，白口，四周單邊。有“叔弢”等印。天津圖書館藏。

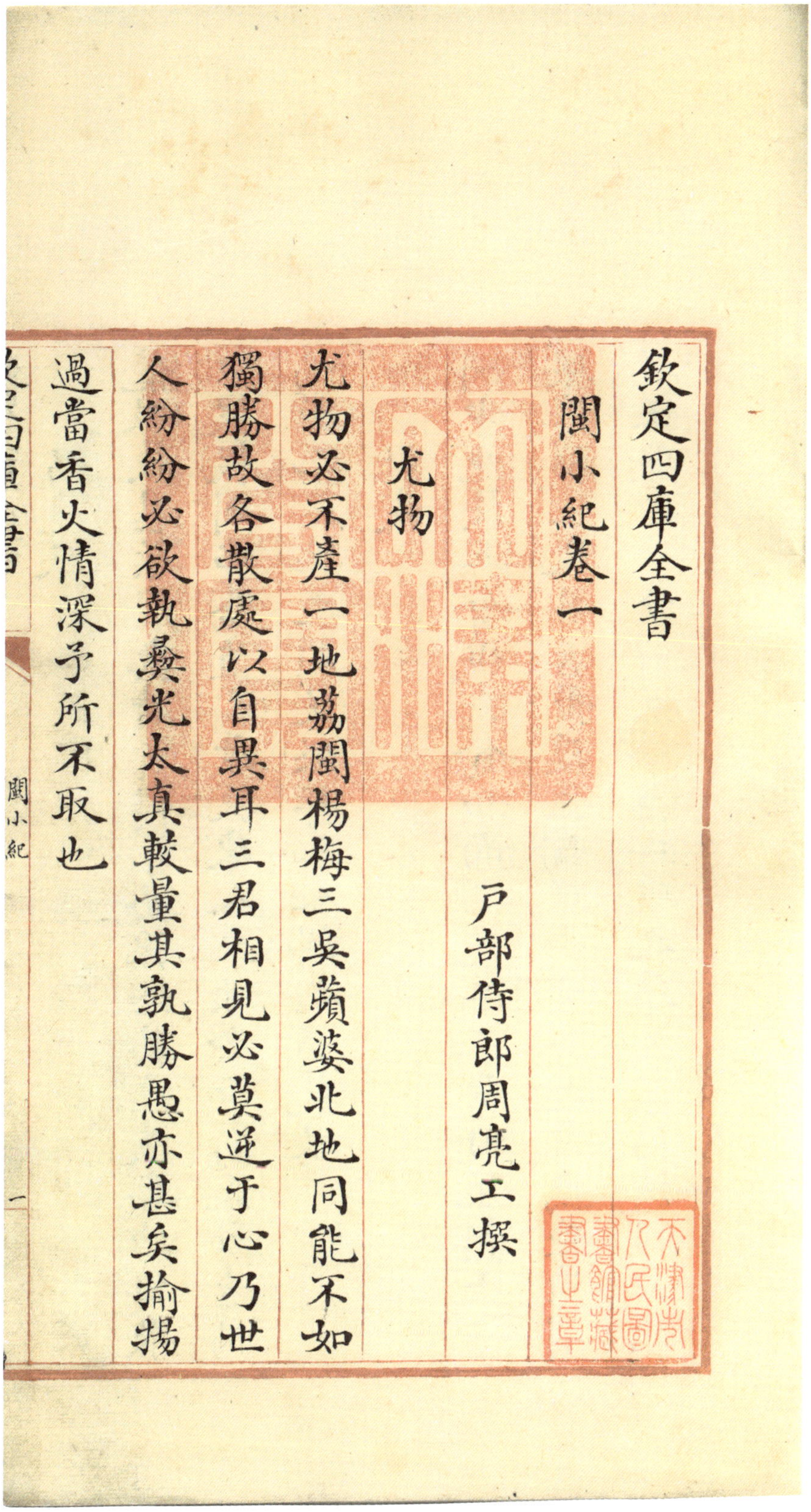
欽定四庫全書
閩小紀卷一
戶部侍郎周亮工撰
尤物
尤物必不產一地荔閩楊梅三吳蘋婆北地同能不如
獨勝故各散處以自異耳三君相見必莫逆于心乃世
人紛紛必欲執彝光太真較量其孰勝愚亦甚矣揄揚
過當香火情深予所不取也
欽定四庫全書
閩小紀
一

04183 閩小紀四卷 （清）周亮工撰　清乾隆內府抄文津閣四庫全書撤出本

包背裝。匡高21.9厘米，廣15.1厘米。半葉八行，行二十一字，紅格，白口，四周雙邊。有“文津閣寶”等印。天津圖書館藏。

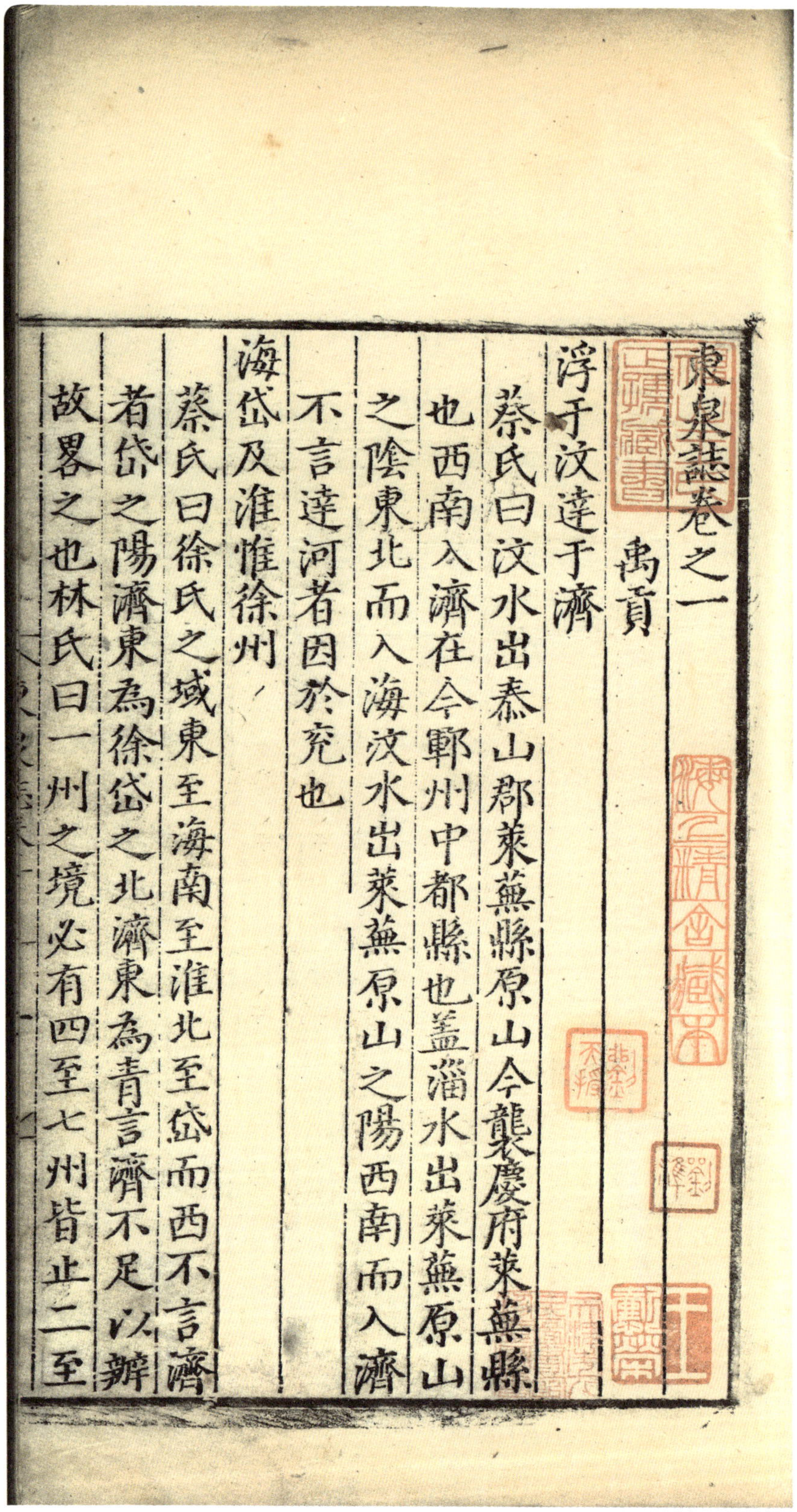
東泉誌卷之一
禹貢
浮于汶達于濟
蔡氏曰汶水出泰山郡萊蕪縣原山今襲慶府萊蕪縣也西南入濟在今鄆州中都縣也蓋淄水出萊蕪原山之陰東北而入海汶水出萊蕪原山之陽西南而入濟不言達河者因於兖也
海岱及淮惟徐州
蔡氏曰徐氏之域東至海南至淮北至岱而西不言濟者岱之陽濟東爲徐岱之北濟東爲青言濟不足以辨故畧之也林氏曰一州之境必有四至七州皆止二至

04205 東泉誌四卷 （明）王寵撰　明正德五年（1510）陳澍刻本

匡高18.3厘米，廣12.3厘米。半葉十一行，行二十二字，小字雙行同，白口，四周單邊。有“王懿榮”等印。天津圖書館藏。

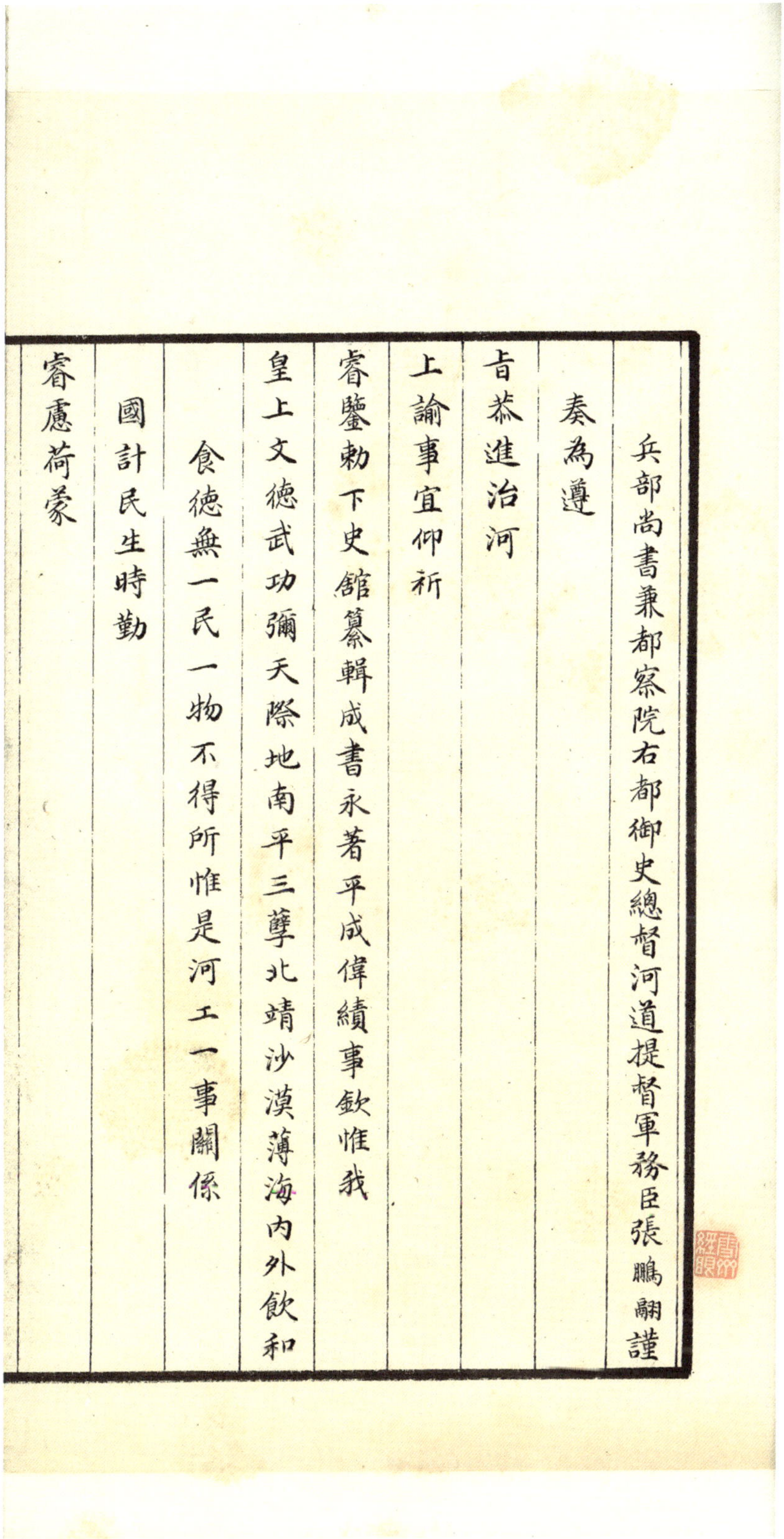
兵部尚書兼都察院右都御史總督河道提督軍務臣張鵬翮謹
奏為遵
旨恭進治河
上諭事宜仰祈
睿鑒勅下史館纂輯成書永著平成偉績事欽惟我
皇上文德武功彌天際地南平三孽北靖沙漠薄海内外飲和
食德無一民一物不得所惟是河工一事關係
國計民生時勤
睿慮荷蒙

04206 治河全書二十四卷 （清）張鵬翮纂輯　清抄彩繪本

匡高22.7厘米，廣13.2厘米。半葉九行，行二十四字，白口，左右雙邊。天津圖書館藏。

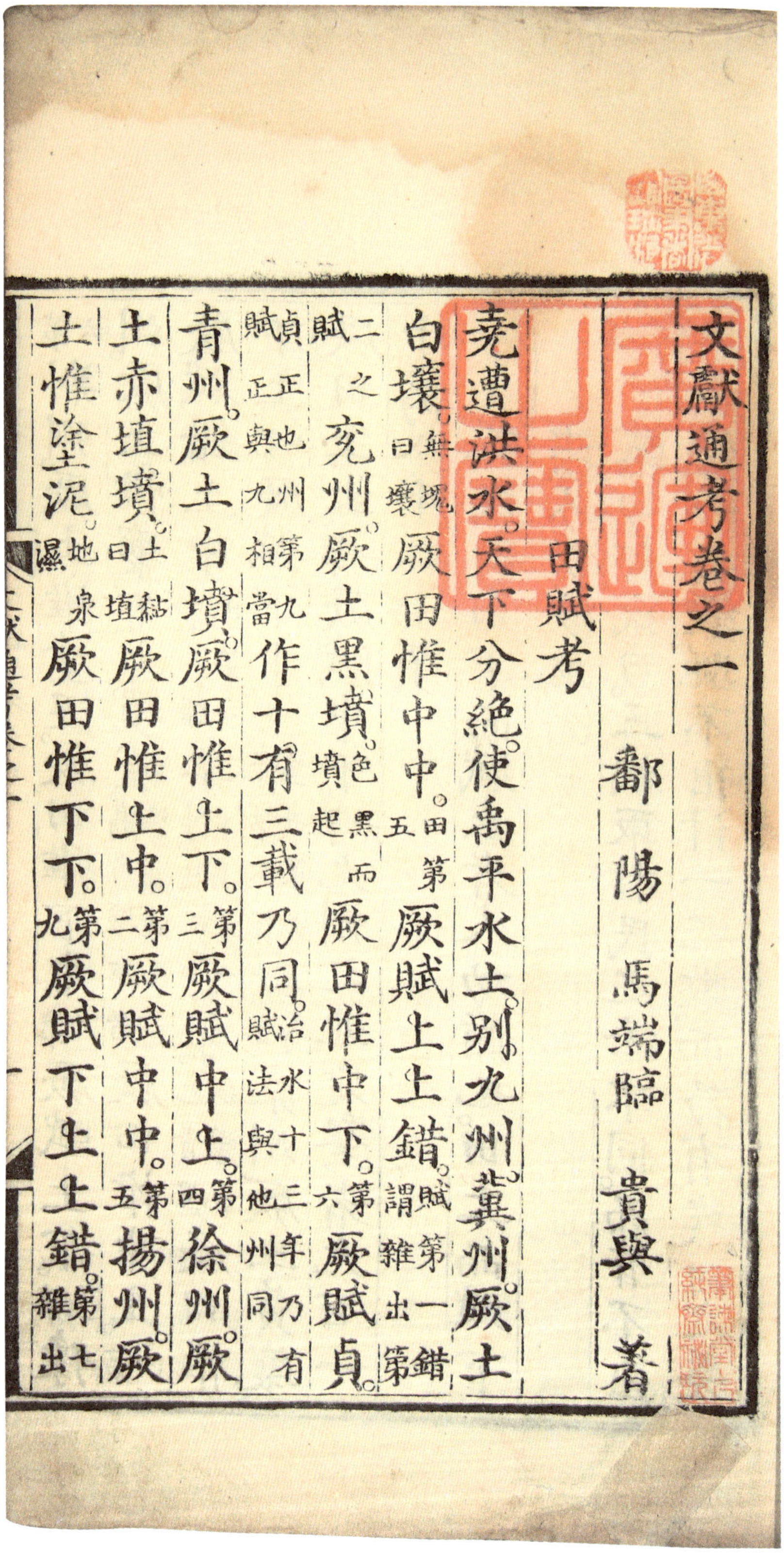
文獻通考卷之一

鄱陽　馬端臨　貴與　著

田賦考

堯遭洪水。天下分絕。使禹平水土。別九州。冀州。厥土白壤。無塊曰壤厥田惟中中。田第五厥賦上上錯。賦第一錯謂雜出第二之賦兖州。厥土黑墳。色黑而墳起厥田惟中下。第六厥賦貞。貞正也州第九賦正與九州相當作十有三載乃同。治水十三年乃有賦法與他州同青州。厥土白墳。厥田惟上下。第三厥賦中上。第四徐州。厥土赤埴墳。土黏曰埴厥田惟上中。第二厥賦中中。第五揚州。厥土惟塗泥。地泉濕厥田惟下下。第九厥賦下上上錯。第七雜出

04258-04276　文獻通考三百四十八卷　（元）馬端臨撰　明嘉靖三年（1524）司禮監刻本

匡高25.6厘米，廣17.8厘米。半葉十行，行二十字，小字雙行同，黑口，四周雙邊。山西省圖書館、天津中醫藥大學圖書館、武漢大學圖書館、江西省圖書館、山東省圖書館、青島市博物館、濟南市博物館、青島市圖書館、北京大學圖書館、西北大學圖書館、遼寧省博物館、南京圖書館、四川大學圖書館、南京大學圖書館、吉林市圖書館藏；杭州圖書館藏，有抄配；雲南省圖書館藏，梁之相跋；南京圖書館藏又一部，有抄配，丁丙跋；山東省博物館藏，存三百四十六卷。

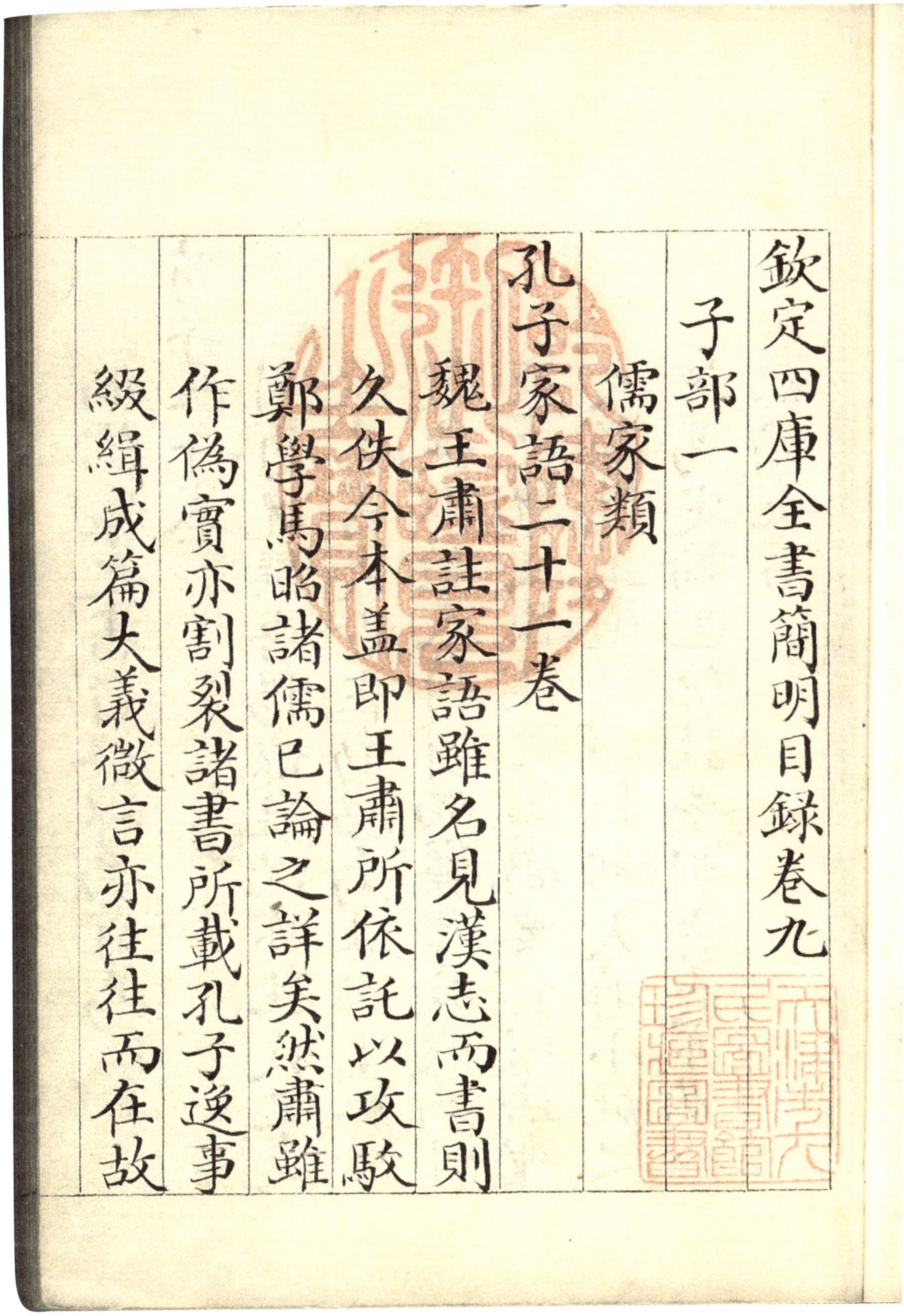
欽定四庫全書簡明目錄卷九
子部一
儒家類
孔子家語二十一卷
魏王肅註家語雖名見漢志而書則
久佚今本蓋即王肅所依託以攻駁
鄭學馬昭諸儒已論之詳矣然肅雖
作偽實亦割裂諸書所載孔子逸事
綴緝成篇大義微言亦往往而在故

04322 欽定四庫全書簡明目錄二十卷 （清）紀昀等撰　清乾隆紀昀寫本

匡高8.6厘米，廣7.3厘米。半葉九行，行十六字，白口，四周單邊。有“乾隆御覽之寶”等印。天津圖書館藏。

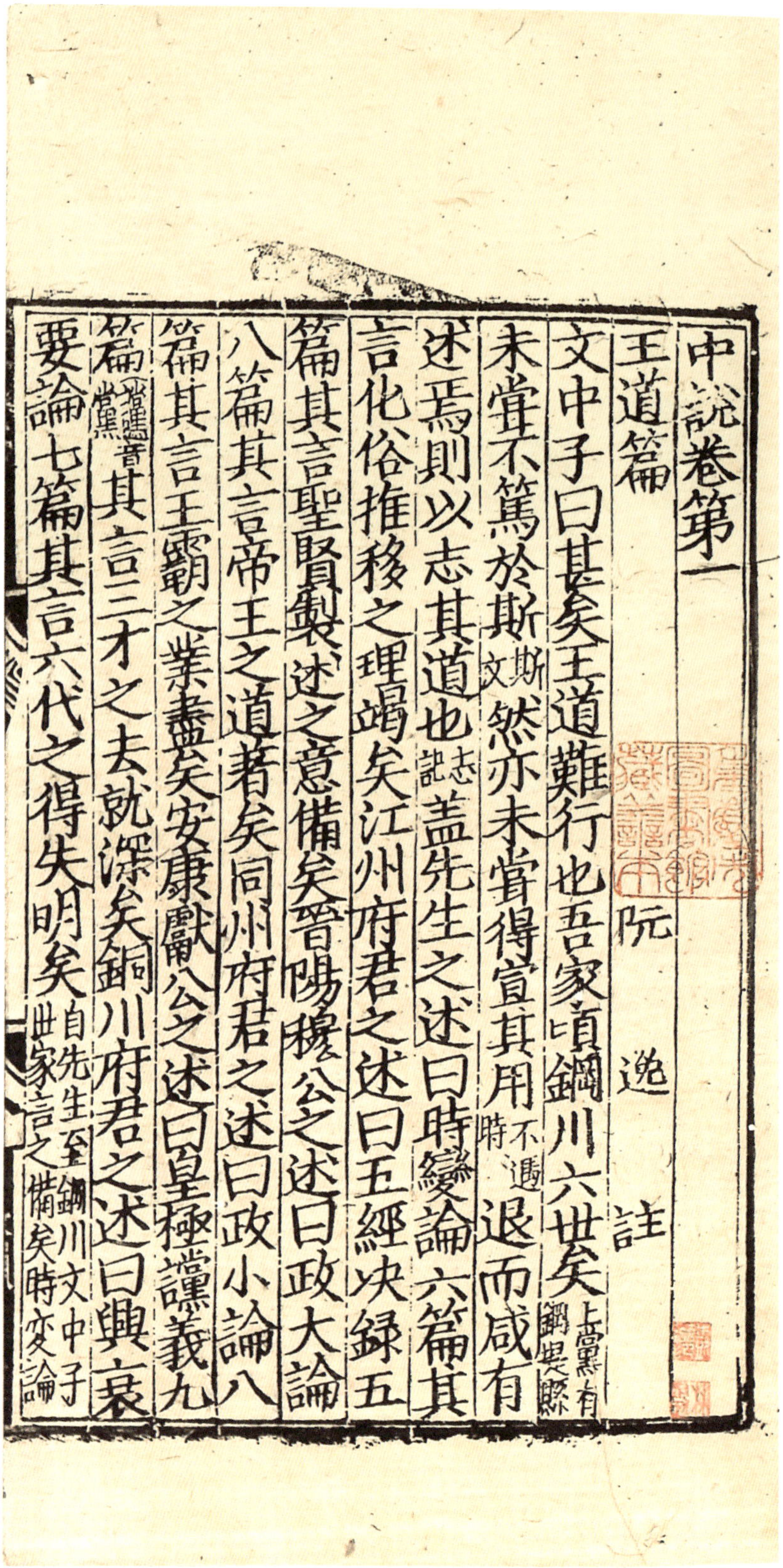

中說卷第一

王道篇　阮　逸　註

文中子曰甚矣王道難行也吾家頃銅川六世矣上黨有銅鞮縣未嘗不篤於斯斯文然亦未嘗得宣其用不遇時退而咸有述焉則以志其道也志記蓋先生之述曰時變論六篇其言化俗推移之理竭矣江州府君之述曰五經决錄五篇其言聖賢製述之意備矣晉陽穆公之述曰政大論八篇其言帝王之道著矣同州府君之述曰政小論八篇其言王霸之業盡矣安康獻公之述曰皇極讜義九篇讜音黨其言三才之去就深矣銅川府君之述曰興衰要論七篇其言六代之得失明矣自先生至銅川文中子世家言之備矣時變論

04422-04424 中說十卷　題（隋）王通撰　（宋）阮逸注　明初刻本

匡高17.8厘米，廣12.3厘米。半葉十一行，行二十一字，小字雙行二十五字，黑口，四周雙邊。重慶圖書館、天津圖書館藏；南京圖書館藏，丁丙跋。

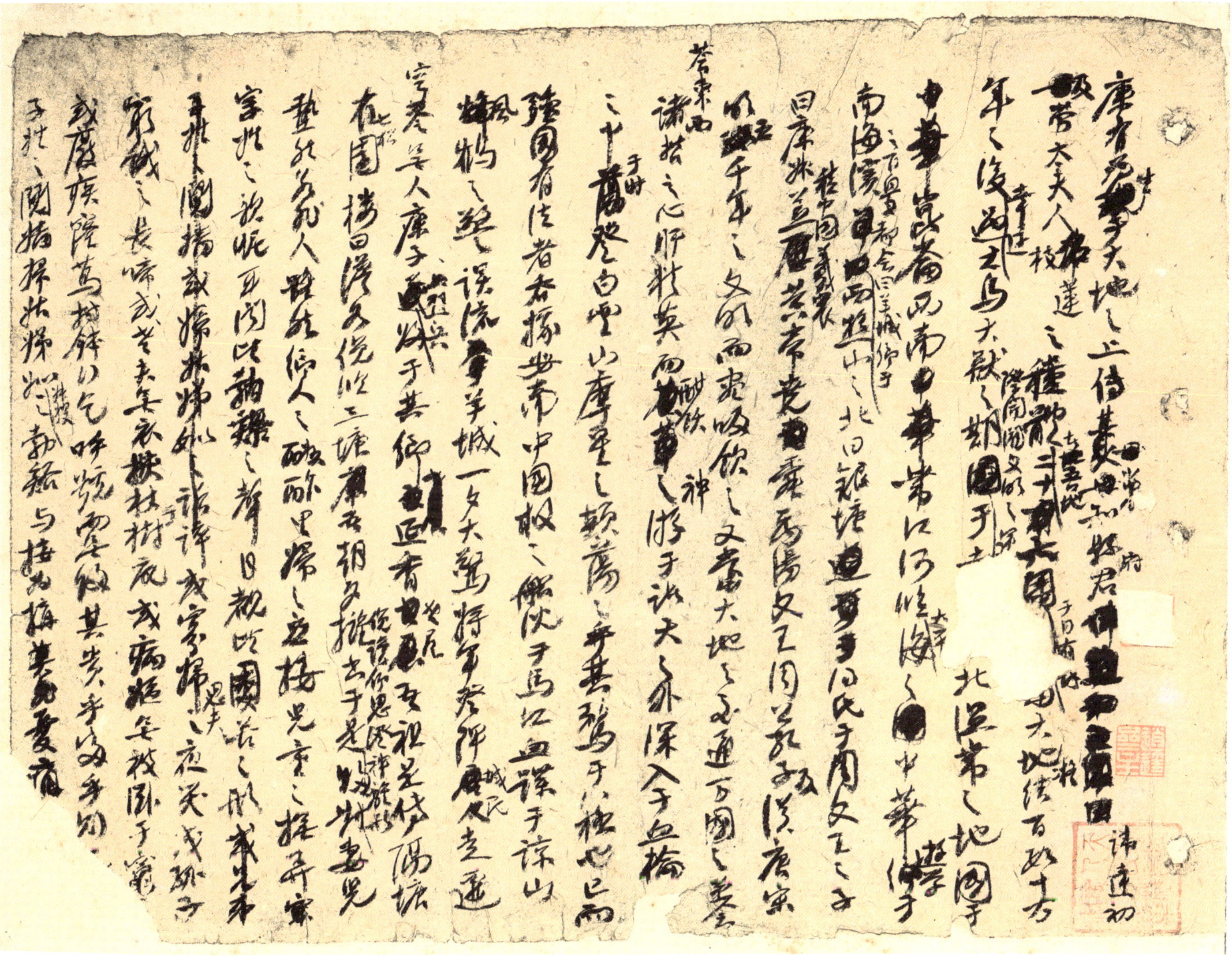

04487 南海先生大同書稿不分卷 （清）康有爲撰　稿本

天津圖書館藏。

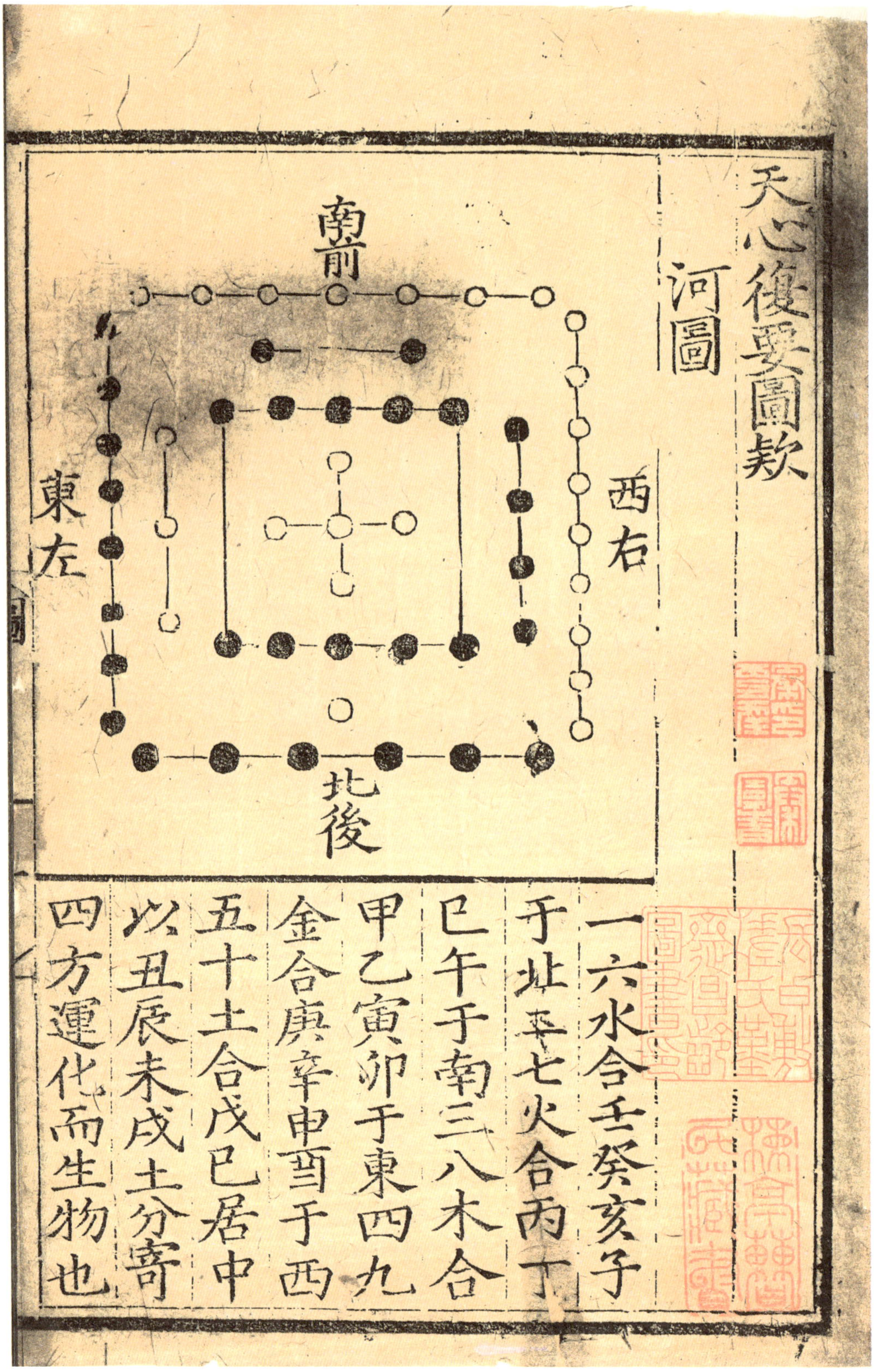

04630 天心復要不分卷 （明）鮑泰撰　明弘治十一年（1498）香溪書屋刻本

匡高20.5厘米，廣14.5厘米。半葉十行，行十九字，白口，四周雙邊。有“棟亭曹氏藏書”、“獨山莫棠字楚生”、“曾在秦嬰闇處”等印。南開大學圖書館藏。

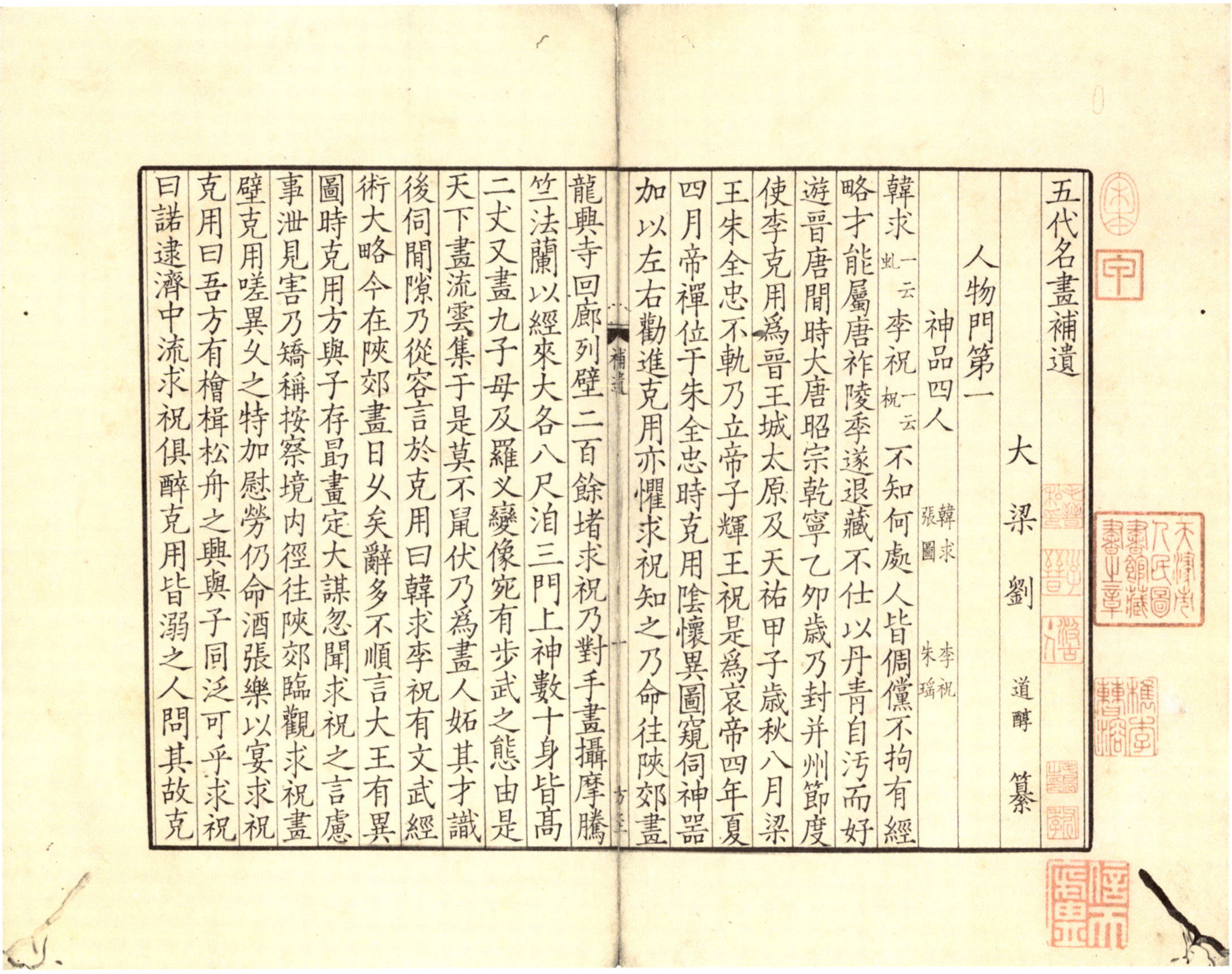

五代名畫補遺

大梁劉道醇纂

人物門第一

神品四人 韓求 李祝 張圖 朱瑶

韓求（一云虬）李祝（一云柷）不知何處人皆倜儻不拘有經略才能屬唐祚陵夷遂退藏不仕以丹青自汚而好遊晉唐間時大唐昭宗乾寧乙卯歲乃封并州節度使李克用爲晉王城太原及天祐甲子歲秋八月梁王朱全忠不軌乃立帝子輝王祝是爲哀帝四年夏四月帝禪位于朱全忠時克用陰懷異圖窺伺神器加以左右勸進克用亦懼求祝知之乃命往陝郊畫龍興寺回廊列壁二百餘堵求祝乃對手畫攝摩騰竺法蘭以經來大各八尺洎三門上神數十身皆高二丈又畫九子母及羅刹變像宛有步武之態由是天下畫流雲集于是莫不鼠伏乃爲畫人妬其才識後伺間隙乃從容言於克用曰韓求李祝有文武經術大略今在陝郊畫日久矣辭多不順言大王有異圖時克用方與子存勗畫定大謀忽聞求祝之言慮事泄見害乃矯稱按察境内徑往陝郊臨觀求祝畫壁克用嗟異久之特加慰勞仍命酒張樂以宴求祝克用曰吾方有檜楫松舟之興與子同泛可乎求祝曰諾逮濟中流求祝俱醉克用皆溺之人問其故克

04677 五代名畫補遺一卷 （宋）劉道醇撰　明末毛氏汲古閣影宋抄本

蝴蝶裝。匡高19.7厘米，廣14.3厘米。半葉十一行，行二十字，白口，左右雙邊。有“汲古主人”、“毛晉私印”、“檇李曹溶”、“大興傅氏”等印。天津圖書館藏。

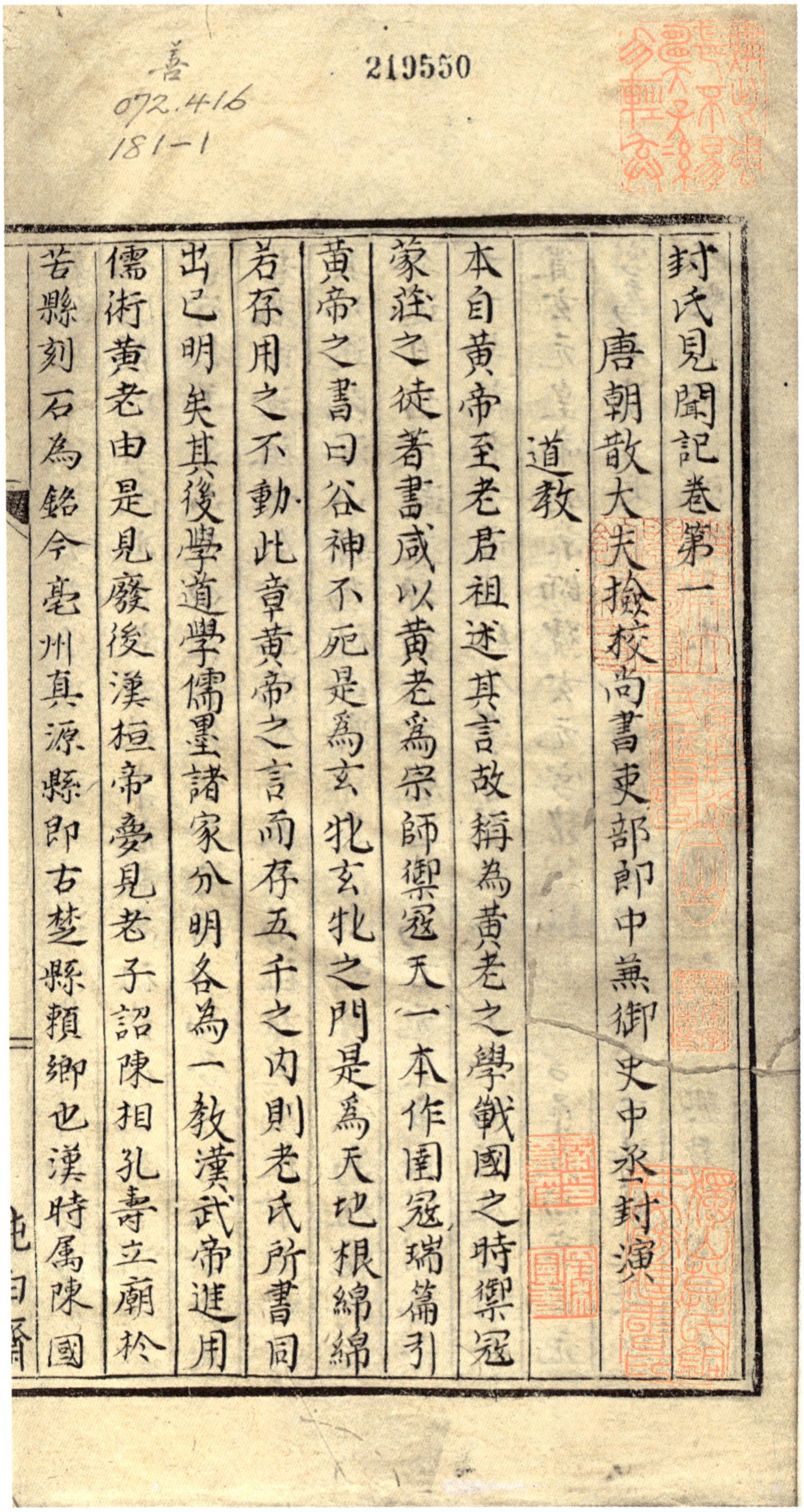

封氏見聞記卷第一
唐朝散大夫檢校尚書吏部郎中兼御史中丞封演
道教
本自黄帝至老君祖述其言故稱為黄老之學戰國之時鶡冠
蒙莊之徒著書咸以黄老為宗師鶡冠天一本作圍冠瑞篇引
黄帝之書曰谷神不死是為玄牝玄牝之門是為天地根綿綿
若存用之不動此章黄帝之言而存五千之内則老氏所書同
出已明矣其後學道學儒墨諸家分明各為一教漢武帝進用
儒術黄老由是見廢後漢桓帝夢見老子詔陳相孔壽立廟於
苦縣刻石為銘今亳州真源縣即古楚縣賴鄉也漢時屬陳國

04733 封氏聞見記十卷 （唐）封演撰　明純白齋抄本

匡高21厘米，廣14厘米。半葉十行，行二十四字，白口，四周雙邊。有“菊莊徐氏藏書”、“獨山莫氏銅井文房藏書印”、“莫棠字楚生印”、“秦印更年”等印。徐釚、秦更年跋。南開大學圖書館藏。

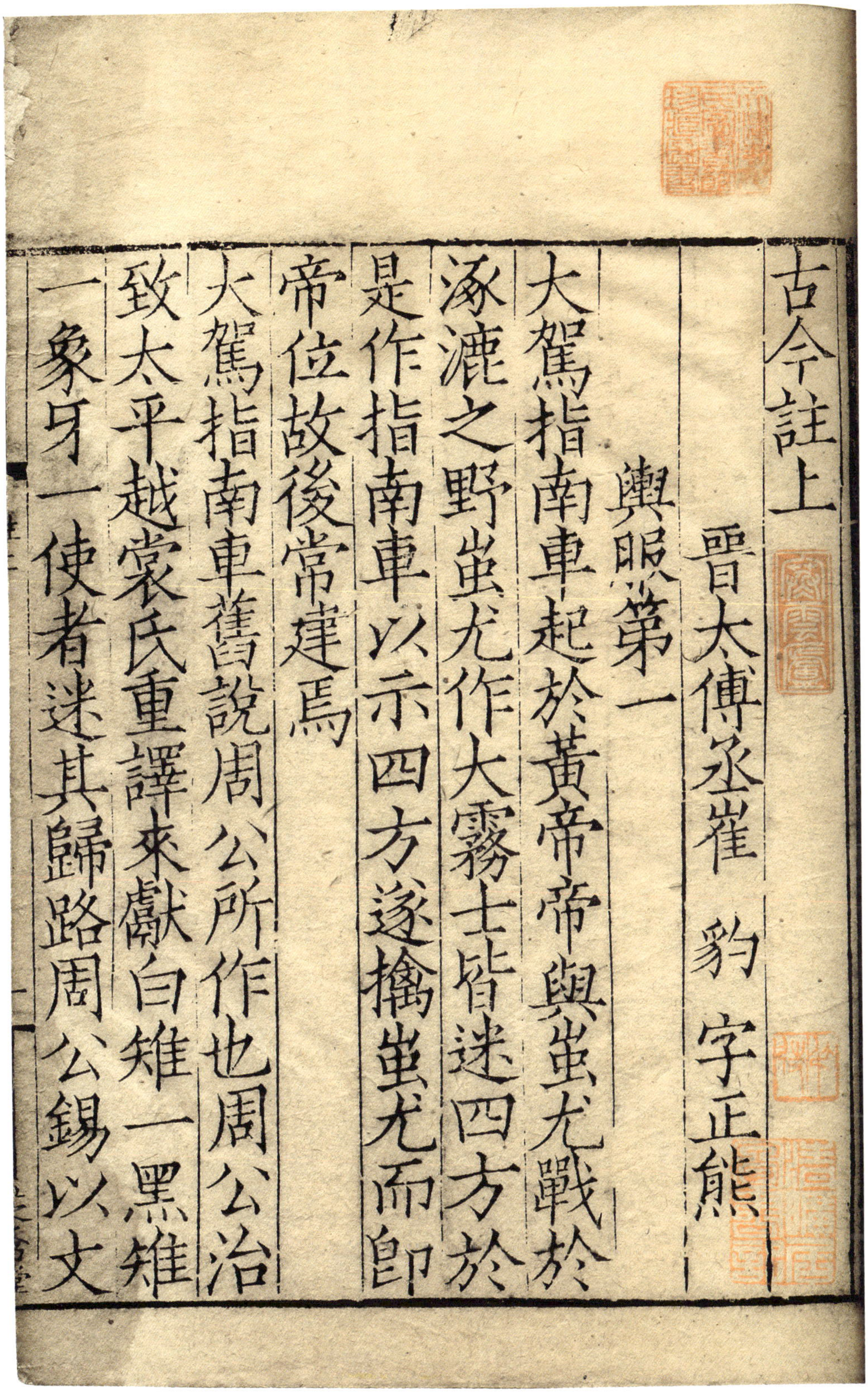
古今註上
晉太傅丞崔　豹　字正熊
輿服第一
大駕指南車起於黃帝帝與蚩尤戰於
涿鹿之野蚩尤作大霧士皆迷四方於
是作指南車以示四方遂擒蚩尤而即
帝位故後常建焉
大駕指南車舊說周公所作也周公治
致太平越裳氏重譯來獻白雉一黑雉
一象牙一使者迷其歸路周公錫以文

04762 古今註三卷 題（晉）崔豹撰　明芝秀堂刻本

匡高17.3厘米，廣14.6厘米。半葉十行，行十五字，細黑口，左右雙邊。有“叔弢”等印。天津圖書館藏。

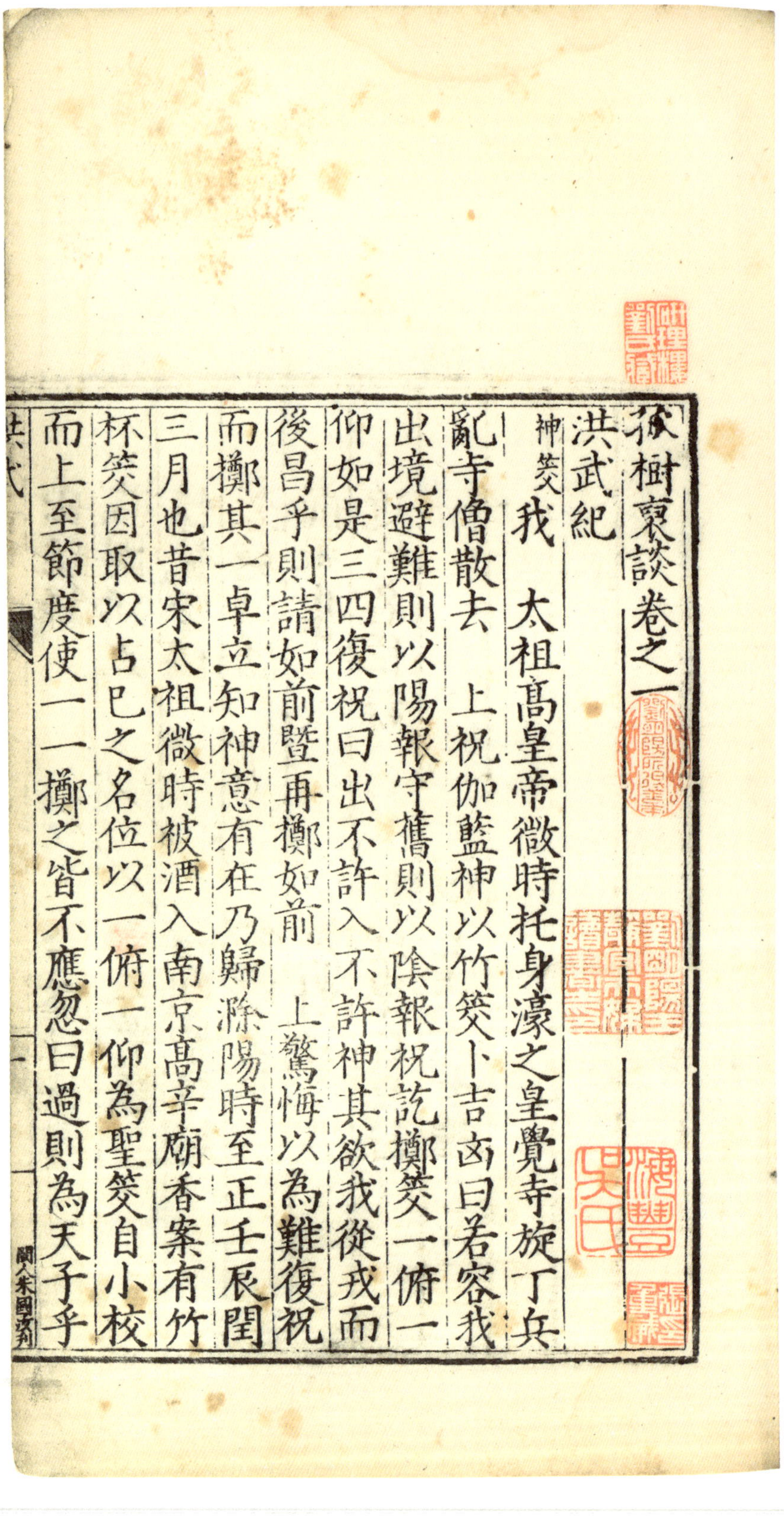
孤樹裒談卷之一

洪武紀

神筊

我 太祖高皇帝微時托身濠之皇覺寺旋丁兵亂寺僧散去 上祝伽藍神以竹筊卜吉凶曰若容我出境避難則以陽報守舊則以陰報祝訖擲筊一俯一仰如是三四復祝曰出不許入不許神其欲我從戎而後昌乎則請如前暨再擲如前 上驚悔以為難復祝而擲其一卓立知神意有在乃歸滁陽時至正壬辰閏三月也昔宋太祖微時被酒入南京高辛廟香案有竹杯筊因取以占已之名位以一俯一仰為聖筊自小校而上至節度使一一擲之皆不應忽曰過則為天子乎

04789 孤樹裒談五卷 （明）李默撰　明萬曆二十年（1592）游朴刻本

匡高19.5厘米，廣14厘米。半葉十一行，行二十一字，小字雙行同，白口，左右雙邊。有“翰林院印”、“海豐吴氏”、“研理樓劉氏藏”等印。周星詒、吴重熹、張重威跋。南開大學圖書館藏。

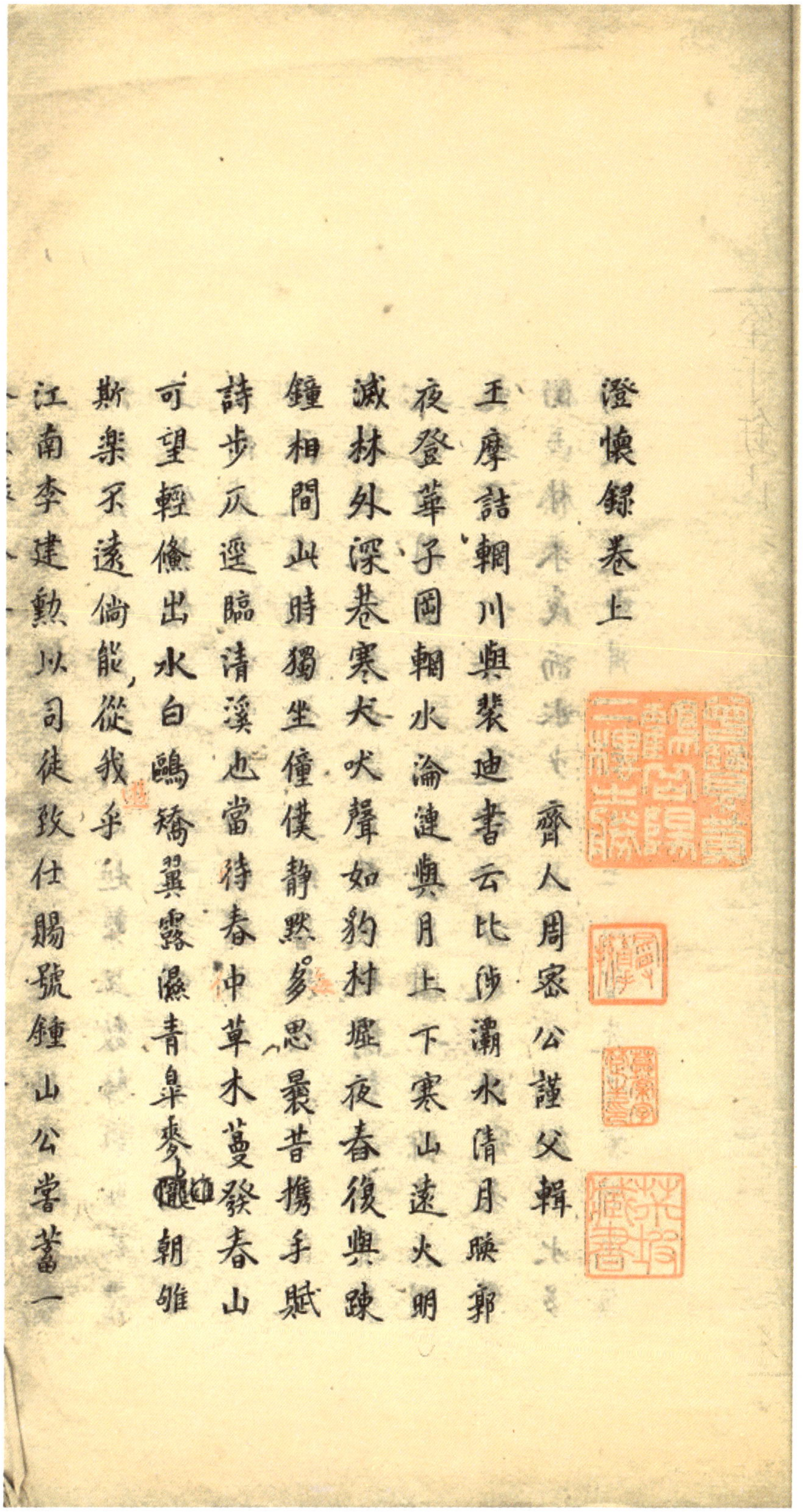
澄懷録卷上

齊人周密公謹父輯

王摩詰輞川與裴迪書云比涉灞水清月映郭

夜登華子岡輞水淪漣與月上下寒山遠火明

滅林外深巷寒犬吠聲如豹村墟夜舂復與疎

鍾相間此時獨坐僮僕靜默多思曩昔攜手賦

詩步仄逕臨清溪也當待春中草木蔓發春山

可望輕鯈出水白鷗矯翼露濕青皋麥隴朝雊

斯樂不遠倘能從我乎

江南李建勳以司徒致仕賜號鍾山公嘗蓄一

04806 澄懷録二卷 （宋）周密輯　清吴翌鳳家抄本

半葉十行，行十八字。有“莫棠字楚生印”、“曾在秦嬰闇處”、“蔓青手校”等印。吴翌鳳校。南開大學圖書館藏。

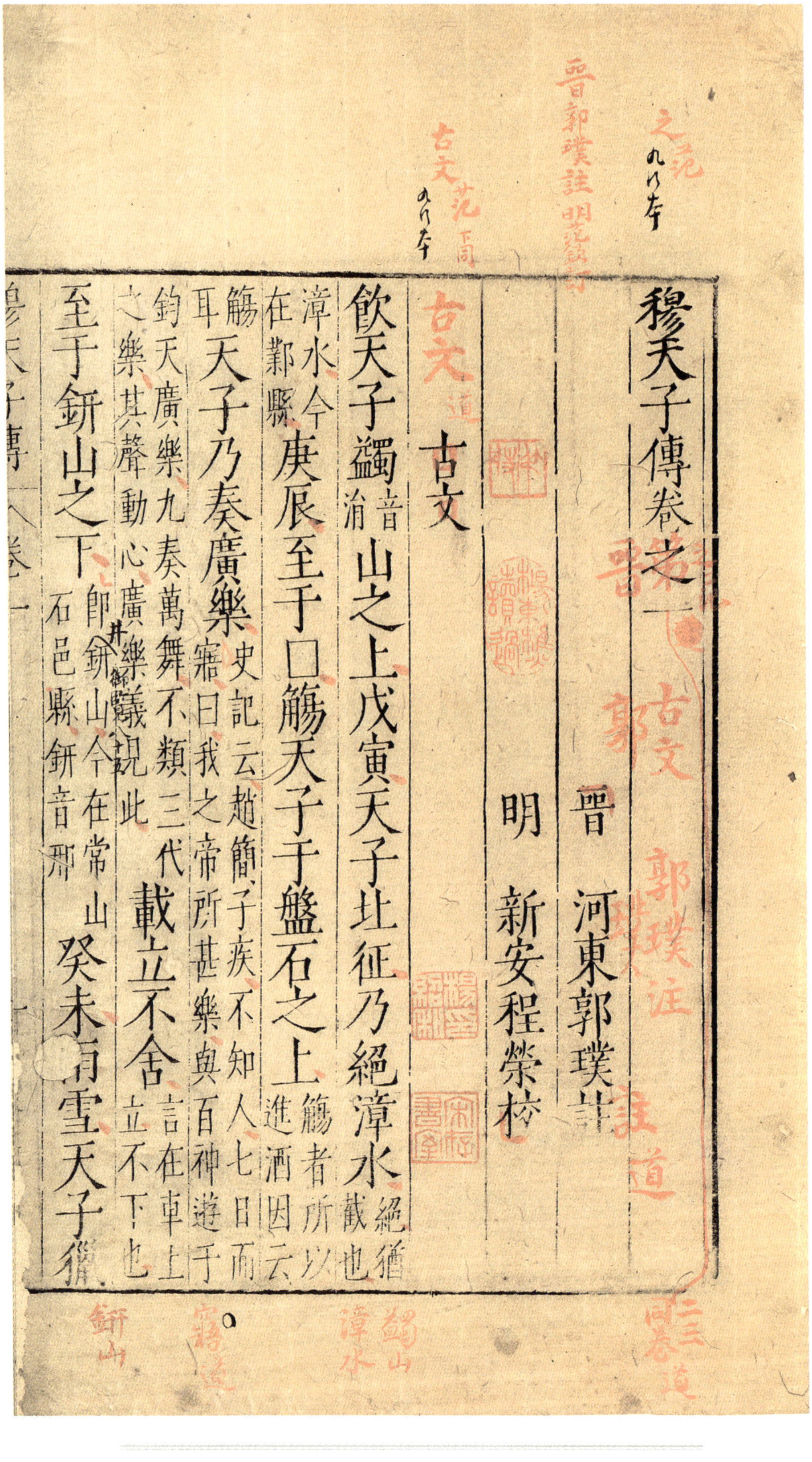

04819 穆天子傳六卷 （晉）郭璞注　明萬曆程榮刻漢魏叢書本

匡高19.9厘米，廣14.1厘米。半葉九行，行二十字，小字雙行同，白口，左右雙邊。有“蕘翁更字復翁”、“楊印紹和”、“叔弢”等印。黃丕烈校並跋。天津圖書館藏。

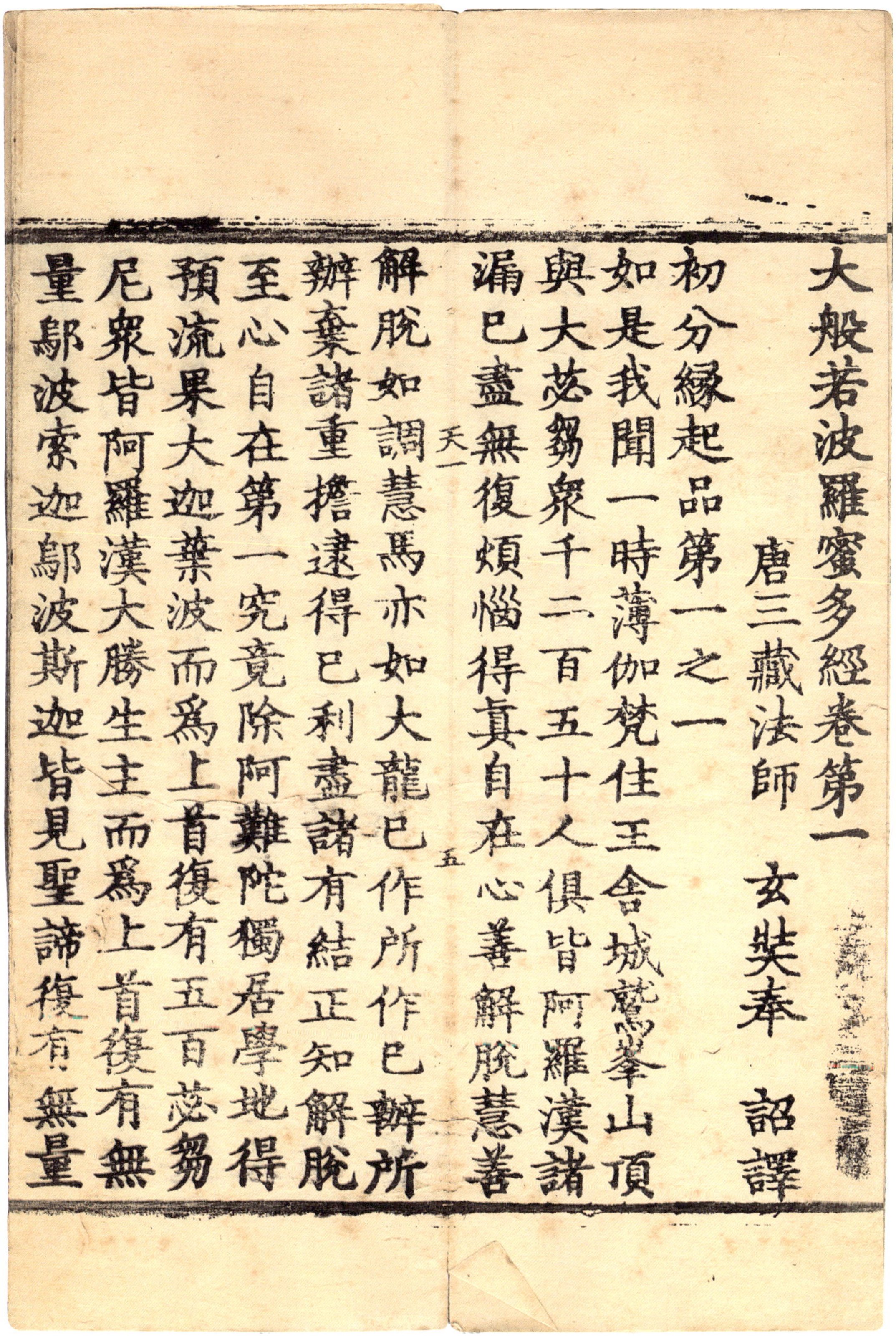
大般若波羅蜜多經卷第一
唐三藏法師　玄奘奉　詔譯
初分緣起品第一之一
如是我聞一時薄伽梵住王舍城鷲峯山頂
與大苾芻衆千二百五十人俱皆阿羅漢諸
漏已盡無復煩惱得真自在心善解脫慧善
天一　五
解脫如調慧馬亦如大龍已作所作已辦所
辦棄諸重擔逮得已利盡諸有結正知解脫
至心自在第一究竟除阿難陁獨居學地得
預流果大迦葉波而爲上首復有五百苾芻
尼衆皆阿羅漢大勝生主而爲上首復有無
量鄔波索迦鄔波斯迦皆見聖諦復有無量

04951　永樂南藏六千三百三十一卷續藏四百十卷　明嘉靖四十四年（1565）南京徐筠泉重印本

經折裝。匡高24.3厘米，廣11.1厘米。半葉六行，行十七字。四周單邊。天津圖書館藏，存六千三百三十一卷。

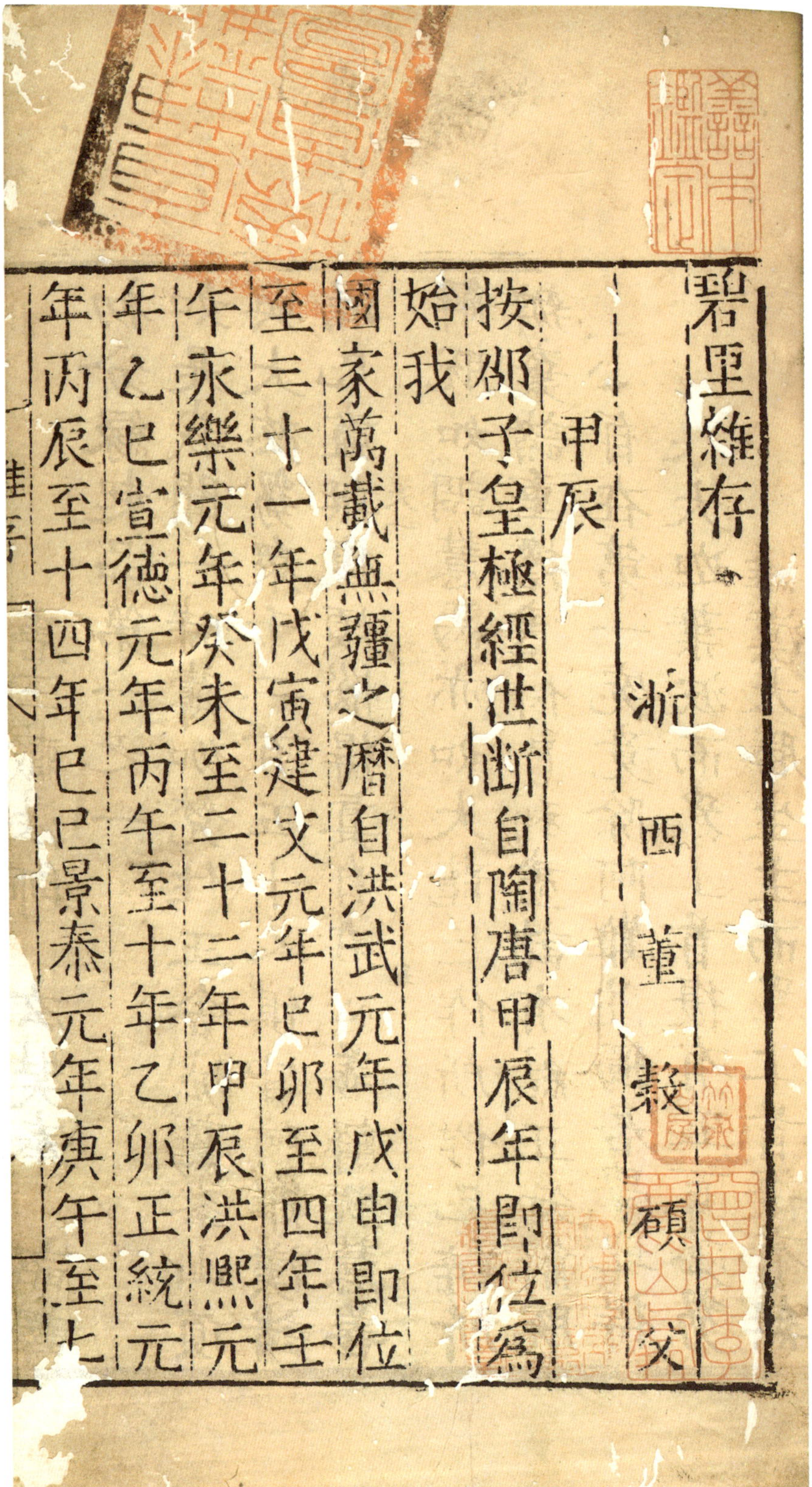
碧里雜存

浙西董穀碩父

甲辰

按邵子皇極經世斷自陶唐甲辰年即位爲
始我
國家萬載無疆之曆自洪武元年戊申即位
至三十一年戊寅建文元年己卯至四年壬
午永樂元年癸未至二十二年甲辰洪熙元
年乙巳宣德元年丙午至十年乙卯正統元
年丙辰至十四年己巳景泰元年庚午至七

05021 碧里六種七卷 （明）董穀撰　明刻本

匡高18.9厘米，廣13.3厘米。半葉十行，行十七至二十字，白口，四周單邊。天津圖書館藏。

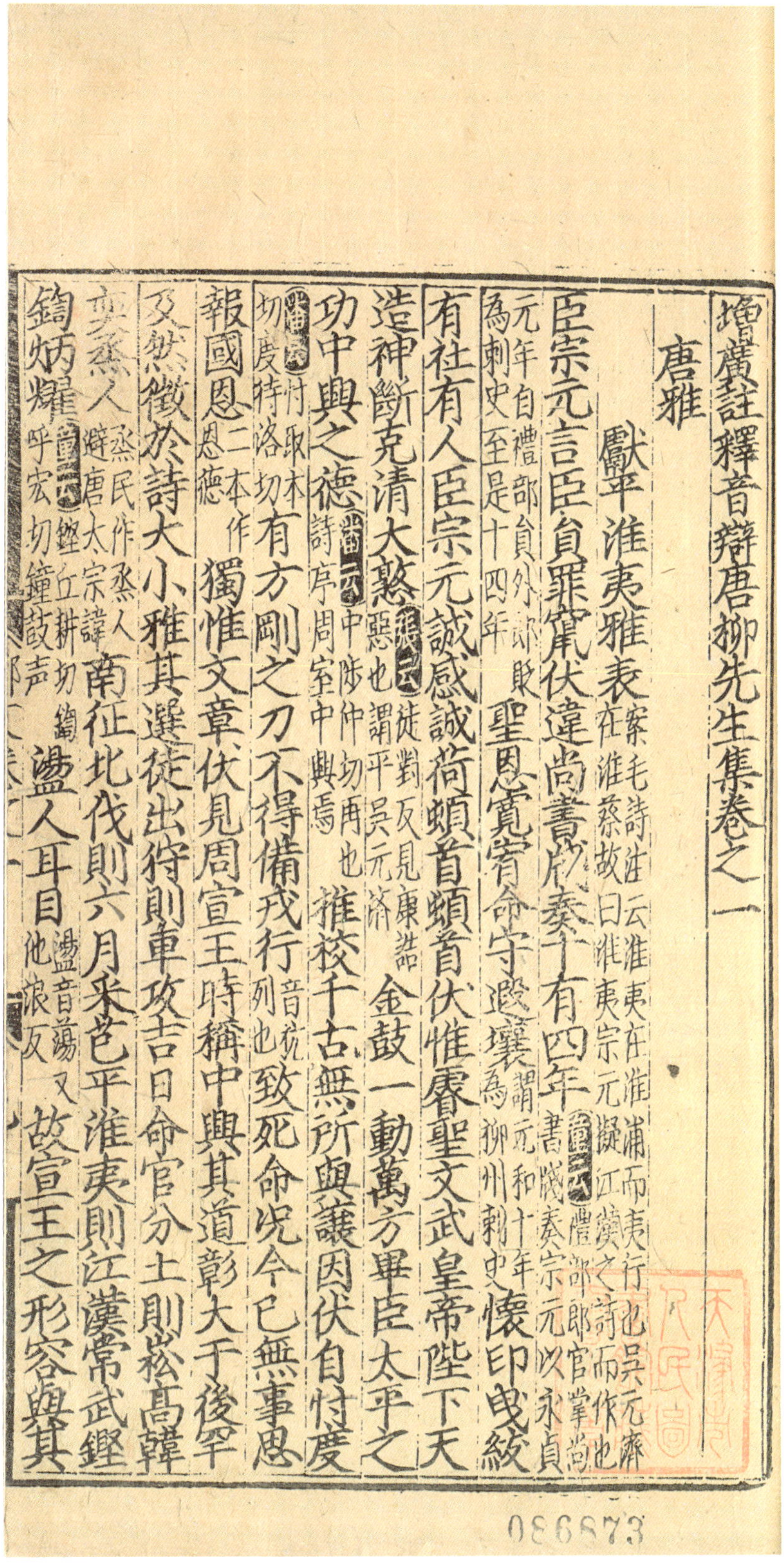

增廣註釋音辯唐柳先生集卷之一

唐雅

獻平淮夷雅表（案毛詩注云淮夷在淮浦而夷行也吴元濟在淮蔡故曰淮夷宗元擬江漢之詩而作也）

臣宗元言臣負罪竄伏違尚書牋奏十有四年（禮部郎官掌尚書牋奏宗元以永貞元年自禮部員外郎貶為刺史至是十四年）聖恩寬宥命守遐壤（謂元和十年為柳州刺史）懷印曳紱有社有人臣宗元誠感誠荷頓首頓首伏惟睿聖文武皇帝陛下天造神斷克清大憝（徒對反見康誥惡也謂平吴元濟）金鼓一動萬方畢臣太平之功中興之德（中陟仲切再也詩序周室中興焉）摧校千古無所與讓因伏自忖度（忖取本切度待洛切）有方剛之力不得備戎行（音杭列也）致死命況今已無事思報國恩（二本作恩德）獨惟文章伏見周宣王時稱中興其道彰大于後罕及然徽於詩大小雅其選徒出狩則車攻吉日命官分土則崧高韓奕烝人（烝民作烝人避唐太宗諱）南征北伐則六月采芑平淮夷則江漢常武鏗鍧炳耀（鏗丘耕切鍧呼宏切鐘鼓声）盪人耳目（盪音蕩又他浪反）故宣王之形容與其

086873

05392-05394 增廣註釋音辯唐柳先生集二十卷別集一卷外集一卷 （唐）柳宗元撰 （宋）童宗説注釋 （宋）張敦頤音辯 （宋）潘緯音義 **附録一卷** 明刻本

匡高19.7厘米，廣12.7厘米。半葉十三行，行二十六字，小字雙行同，黑口，四周雙邊。甘肅省圖書館、天津圖書館、中華書局藏。

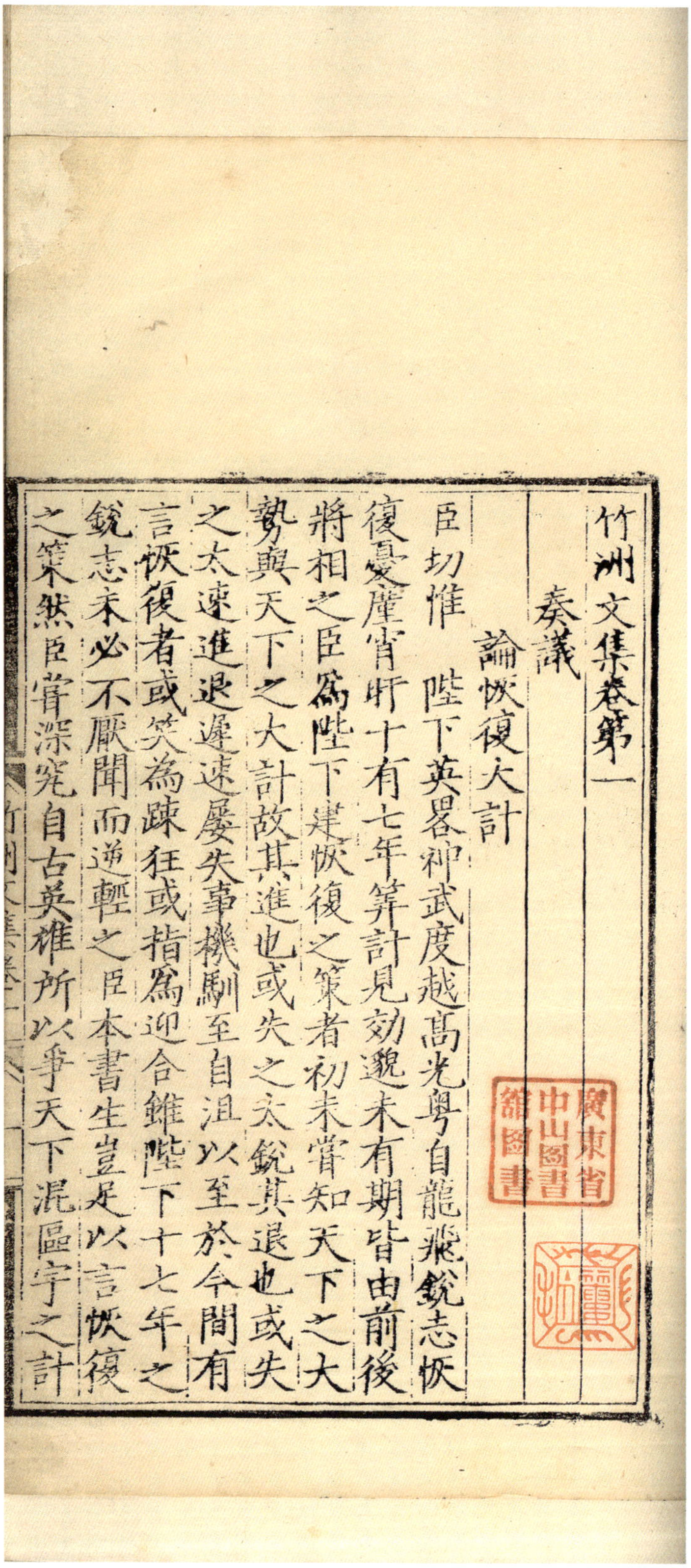
竹洲文集卷第一
奏議
論恢復大計
臣切惟 陛下英畧神武度越高光粤自龍飛鋭志恢
復憂廑宵旰十有七年筭計見効邈未有期皆由前後
將相之臣爲陛下建恢復之策者初未嘗知天下之大
勢與天下之大計故其進也或失之太鋭其退也或失
之太速進退遲速屢失事機馴至自沮以至於今間有
言恢復者或笑爲疎狂或指爲迎合雖陛下十七年之
鋭志未必不厭聞而逆輕之臣本書生豈足以言恢復
之策然臣嘗深究自古英雄所以爭天下混區宇之計

05664-05666 竹洲文集二十卷 （宋）吴儆撰 **附録一卷** 明弘治六年（1493）吴雷亨刻本

匡高18.4厘米，廣13.1厘米。半葉十一行，行二十一字，黑口，四周雙邊。浙江大學圖書館藏，爲藍印本；廣東省立中山圖書館藏，有“葉印德輝”等印；天津圖書館藏，姚華録張金吾跋。

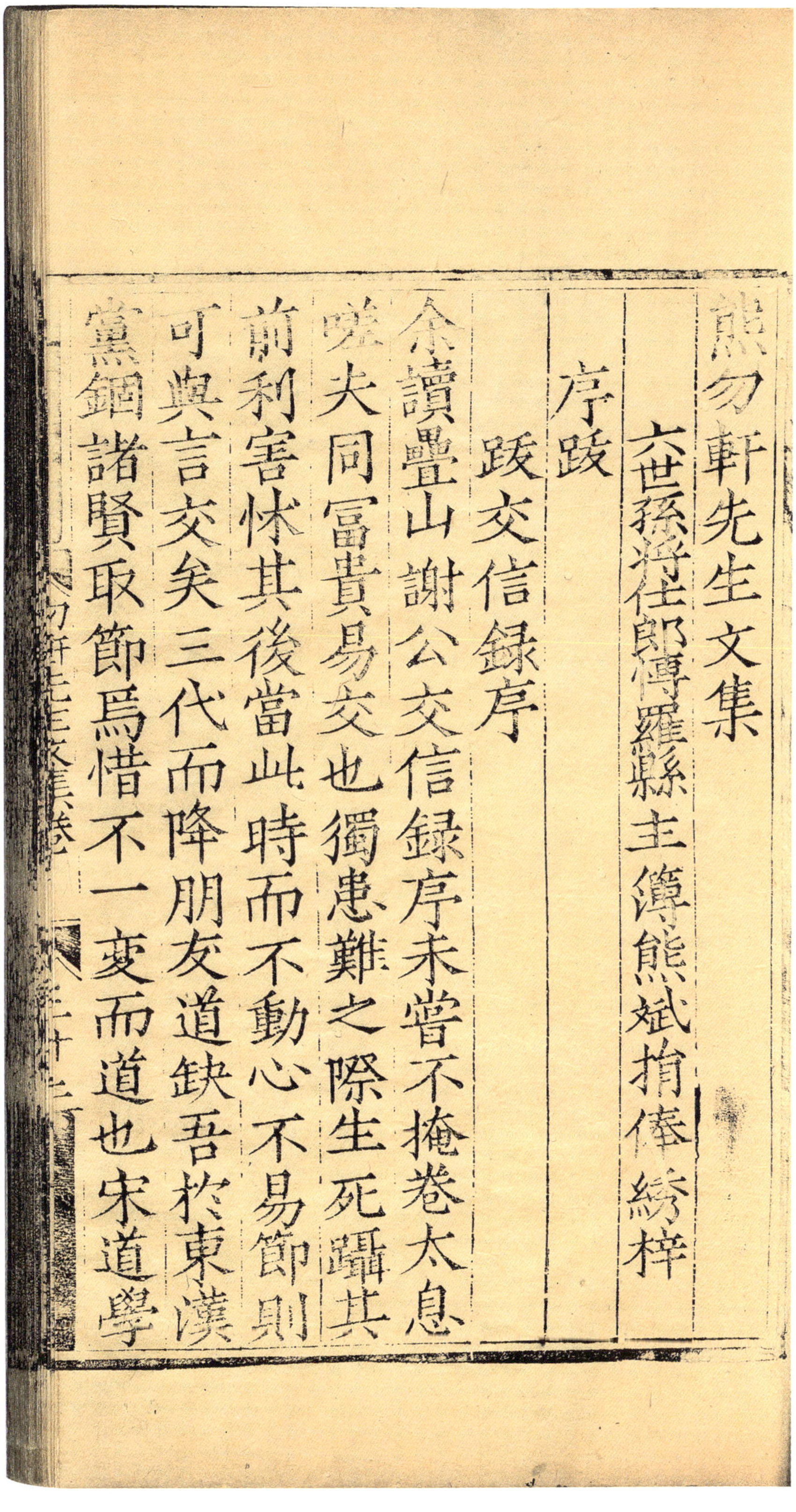

熊勿軒先生文集
六世孫將仕郎博羅縣主簿熊斌捐俸綉梓
序跋
跋交信録序
余讀疊山謝公交信録序未嘗不掩卷太息
嗟夫同富貴易交也獨患難之際生死覊其
前利害怵其後當此時而不動心不易節則
可與言交矣三代而降朋友道缺吾於東漢
黨錮諸賢取節爲惜不一變而道也宋道學

05739 熊勿軒先生文集八卷 （宋）熊禾撰　明成化二(1466)年熊斌刻本

匡高18.3厘米，廣12.3厘米，半葉九行，行十七字，黑口，四週雙邊。天津圖書館藏。

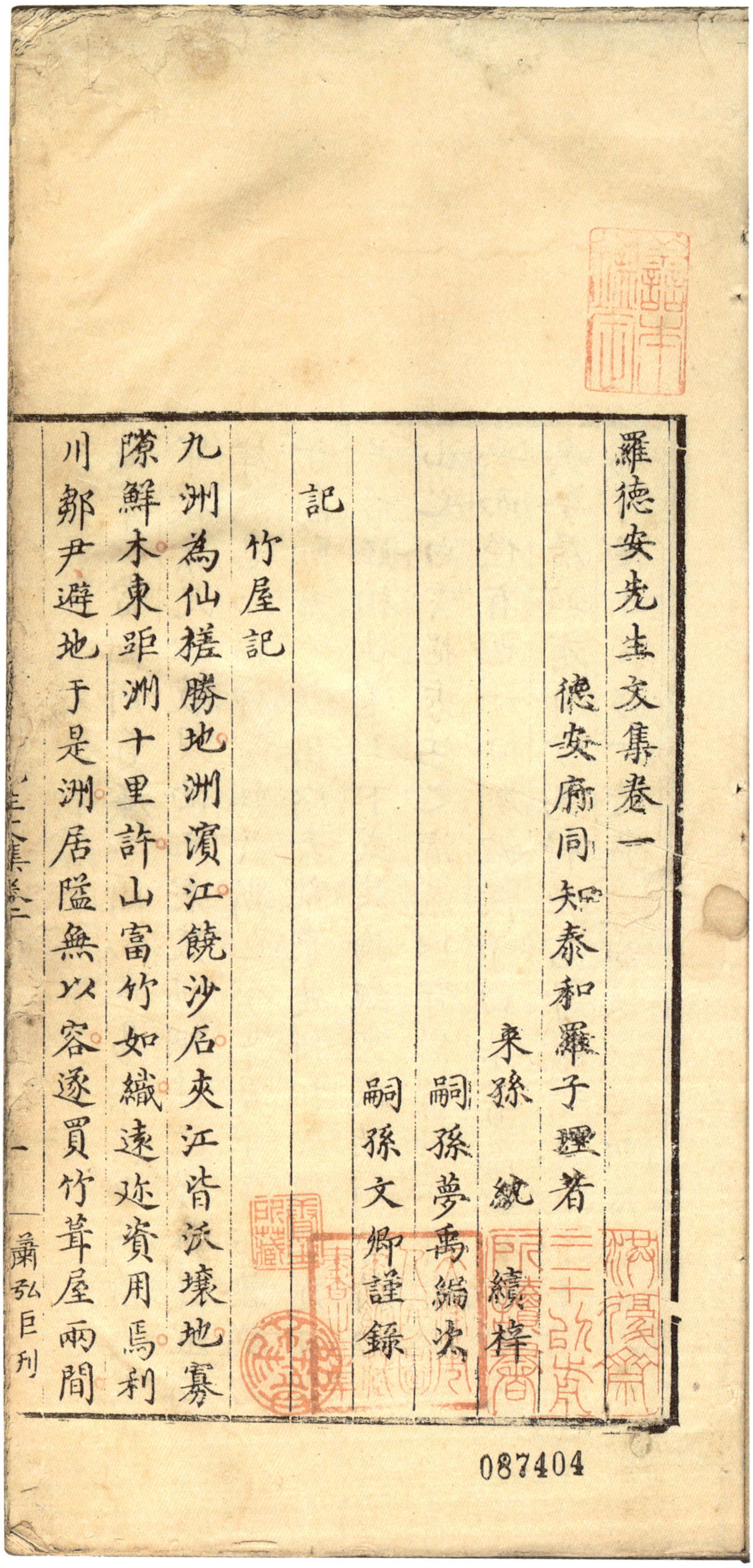
羅德安先生文集卷一
德安府同知泰和羅子理著
來孫　紈　續梓
嗣孫夢禹編次
嗣孫文卿謹錄
記
竹屋記
九洲為仙槎勝地洲濵江饒沙后夾江皆沃壤地寡
隙鮮木東距洲十里許山富竹如織遠迩資用焉利
川郡尹避地于是洲居隘無以容遂買竹葺屋兩間

05839 羅德安先生文集三卷（明）羅子理撰　明隆慶四年（1570）羅紈刻本

匡高19厘米，廣13厘米。半葉十行，行二十字，細黑口，左右雙邊。天津圖書館藏。

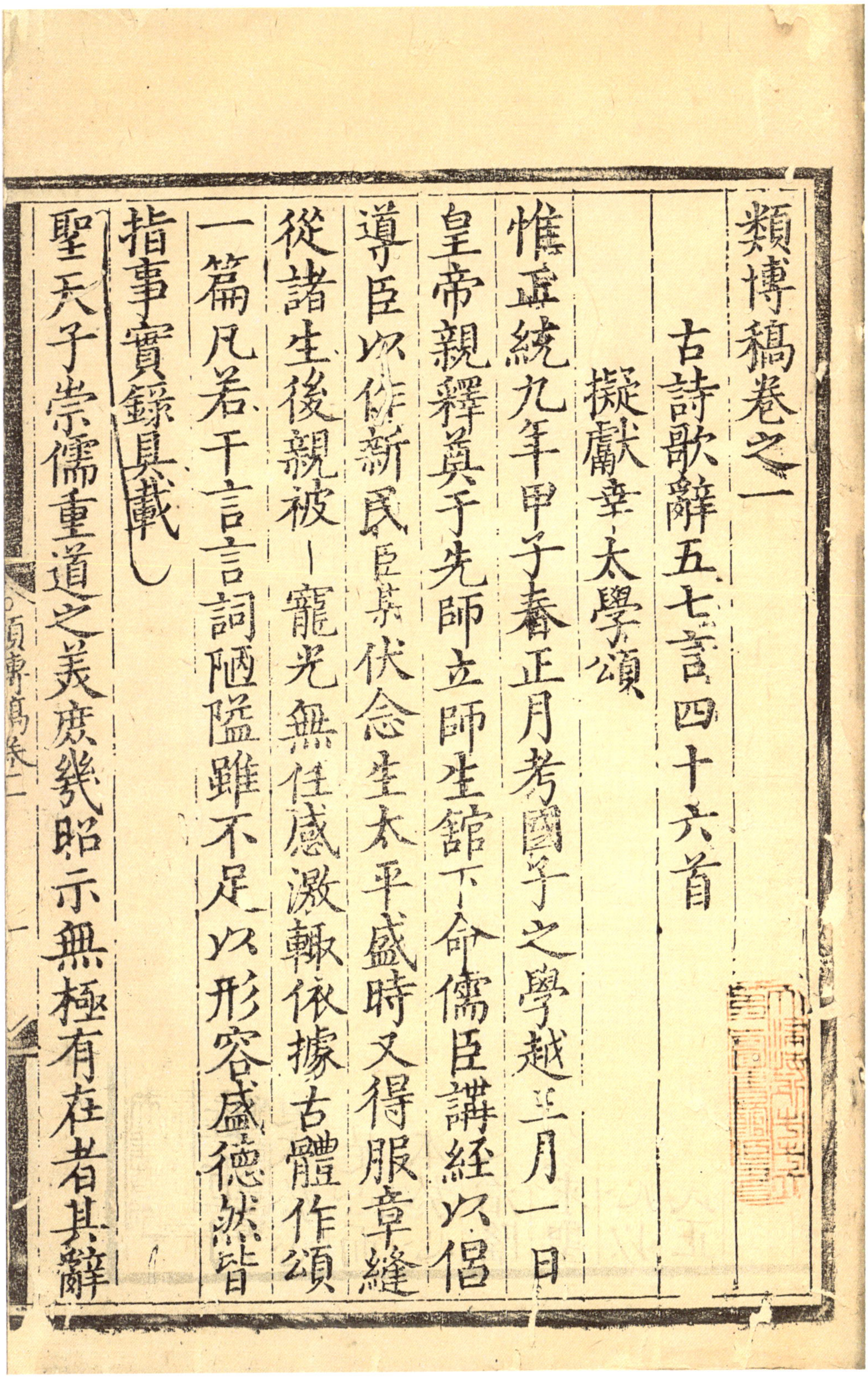
類博稿卷之一
古詩歌辭五七言四十六首
擬獻幸太學頌
惟正統九年甲子春正月考國子之學越三月一日
皇帝親釋奠于先師立師生館下命儒臣講經以倡
導臣以作新民臣某伏念生太平盛時又得服章縫
從諸生後親被　寵光無任感激輙依據古體作頌
一篇凡若干言詞陋隘雖不足以形容盛德然皆
指事實録具載
聖天子崇儒重道之美庶幾昭示無極有在者其辭

05876、05877 類博稿十卷　（明）岳正撰　**附録二卷**　明嘉靖八年（1529）任慶雲刻本

匡高21.5厘米，廣15.7厘米。半葉十行，行二十字，黑口，四周雙邊。華東師範大學圖書館、天津圖書館藏。

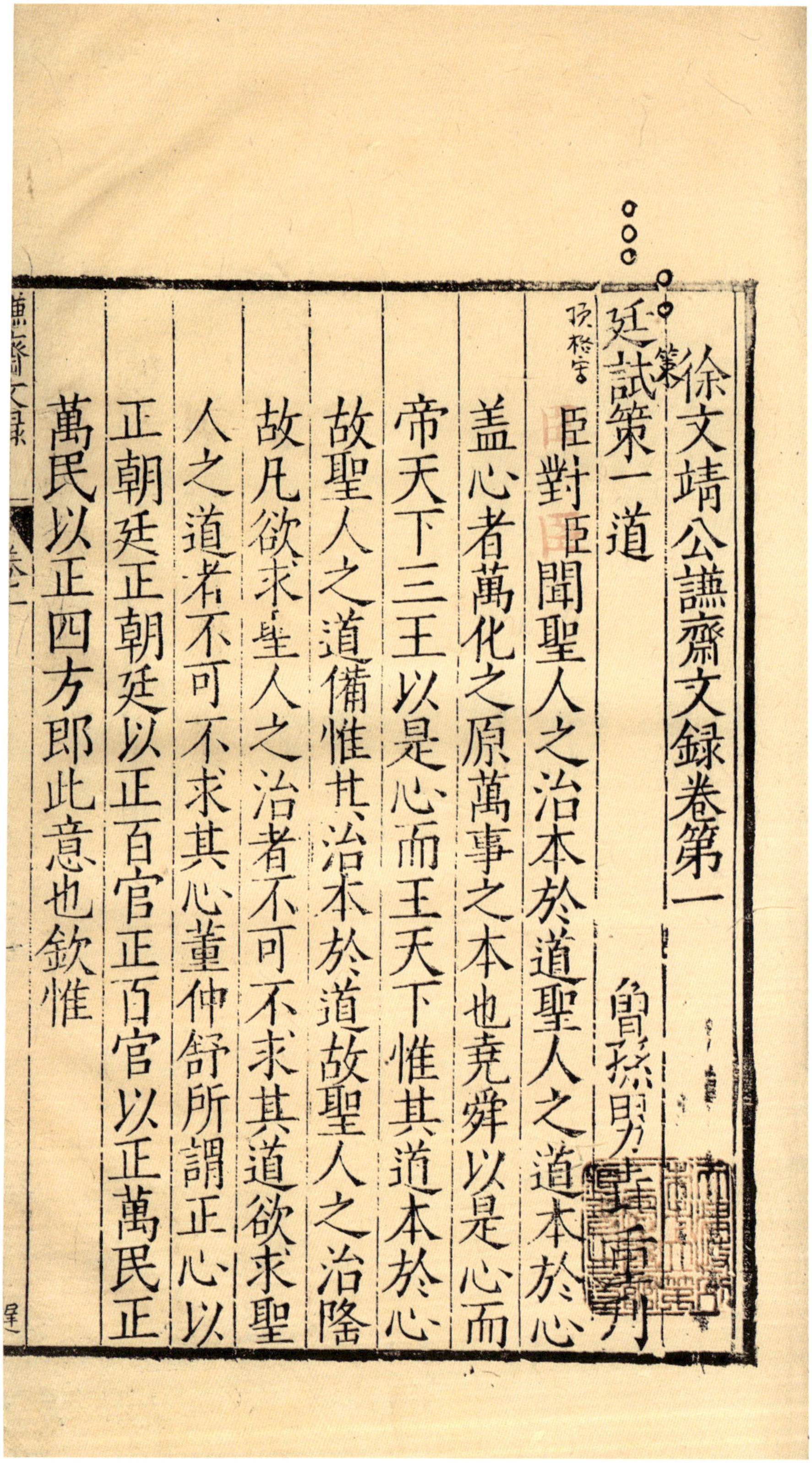
徐文靖公謙齋文録卷第一　曾孫男垚重刊

廷試策一道

臣對臣聞聖人之治本於道聖人之道本於心
盖心者萬化之原萬事之本也堯舜以是心而
帝天下三王以是心而王天下惟其道本於心
故聖人之道備惟其治本於道故聖人之治隆
故凡欲求聖人之治者不可不求其道欲求聖
人之道者不可不求其心董仲舒所謂正心以
正朝廷正朝廷以正百官正百官以正萬民正
萬民以正四方即此意也欽惟

05884　徐文靖公謙齋文録四卷　（明）徐溥撰　明徐垚刻本[四庫底本]

匡高19.3厘米，廣13.7厘米。半葉十行，行二十字，白口，左右雙邊。天津圖書館藏。

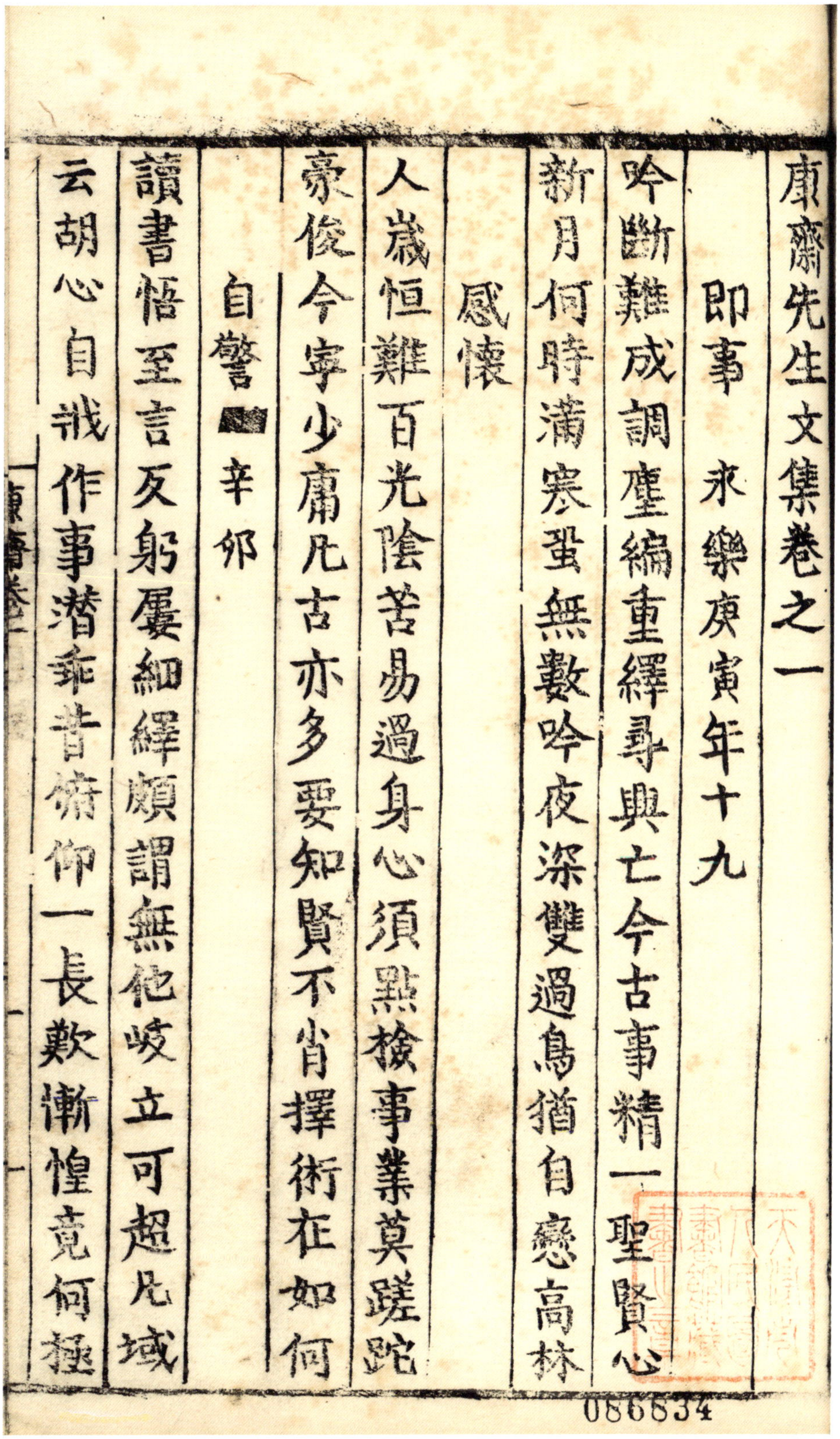
康齋先生文集卷之一

即事 永樂庚寅年十九

吟斷難成調塵編重繹尋興亡今古事精一聖賢心

新月何時滿寒蛩無數吟夜深雙過鳥猶自戀高林

感懷

人歲恒難百光陰苦易過身心須點檢事業莫蹉跎

豪俊今寧少庸凡古亦多要知賢不肖擇術在如何

自警■辛卯

讀書悟至言反躬屢細繹頗謂無他岐立可超凡域

云胡心自戕作事潛乖昔俯仰一長歎慚惶竟何極

康齋卷之一 一

05895 康齋先生文集十二卷 （明）吴與弼撰 **附録一卷** 明正德十年（1515）彭傑刻本

匡高22.3厘米，廣15.1厘米。半葉十行，行二十字，白口，四周單邊。天津圖書館藏。

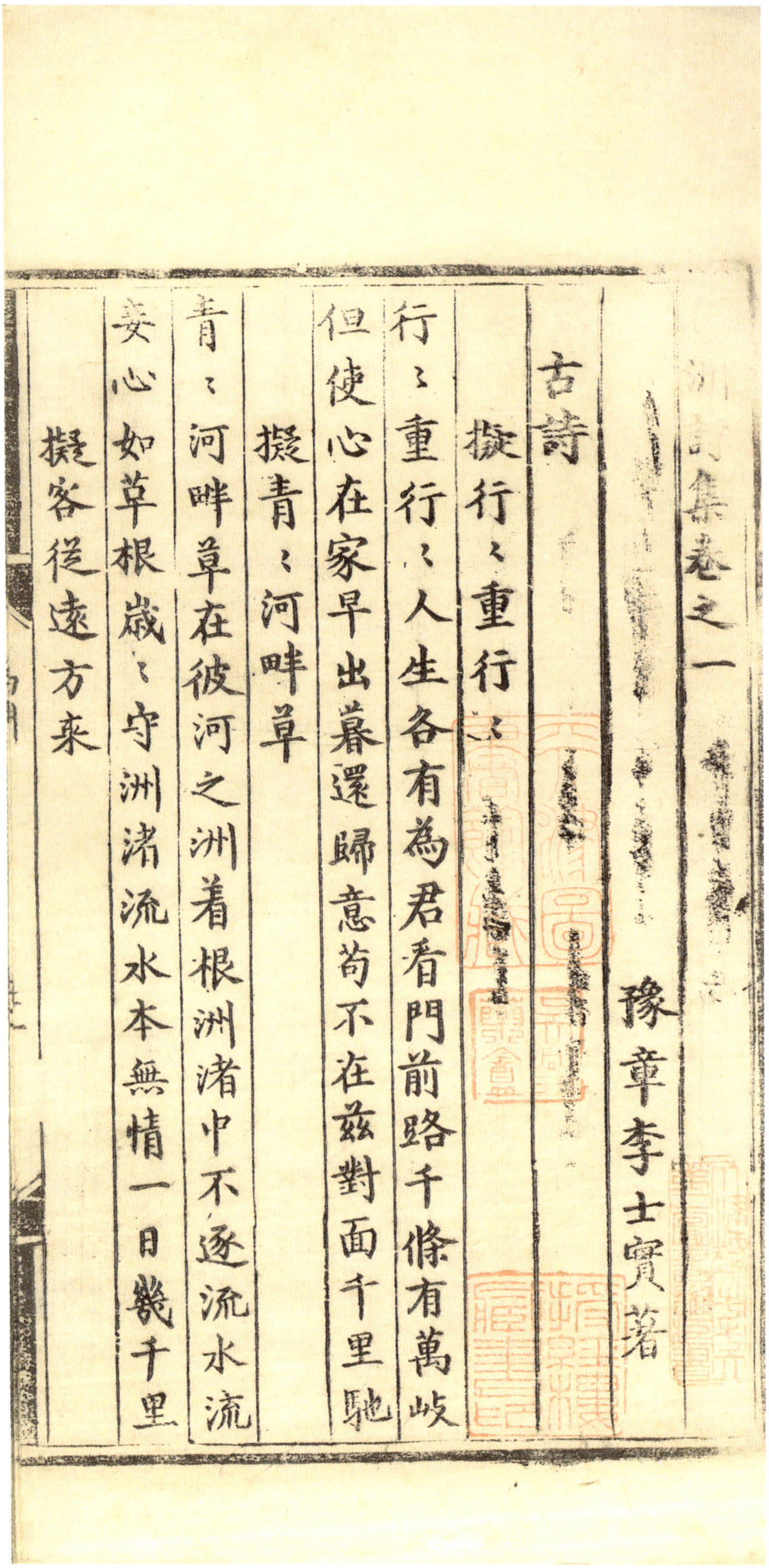
白洲詩集卷之一
豫章李士實著
古詩
擬行々重行々
行々重行々人生各有為君看門前路千條有萬岐
但使心在家早出暮還歸意苟不在茲對面千里馳
擬青々河畔草
青々河畔草在彼河之洲着根洲渚中不逐流水流
妾心如草根歲々守洲渚流水本無情一日幾千里
擬客從遠方來

05908 白洲詩集三卷 （明）李士實撰　明正德刻本

匡高21.7厘米，廣14.3厘米。半葉十行，行二十字，黑口，四周雙邊。有"授經樓藏書印"等印。天津圖書館藏。

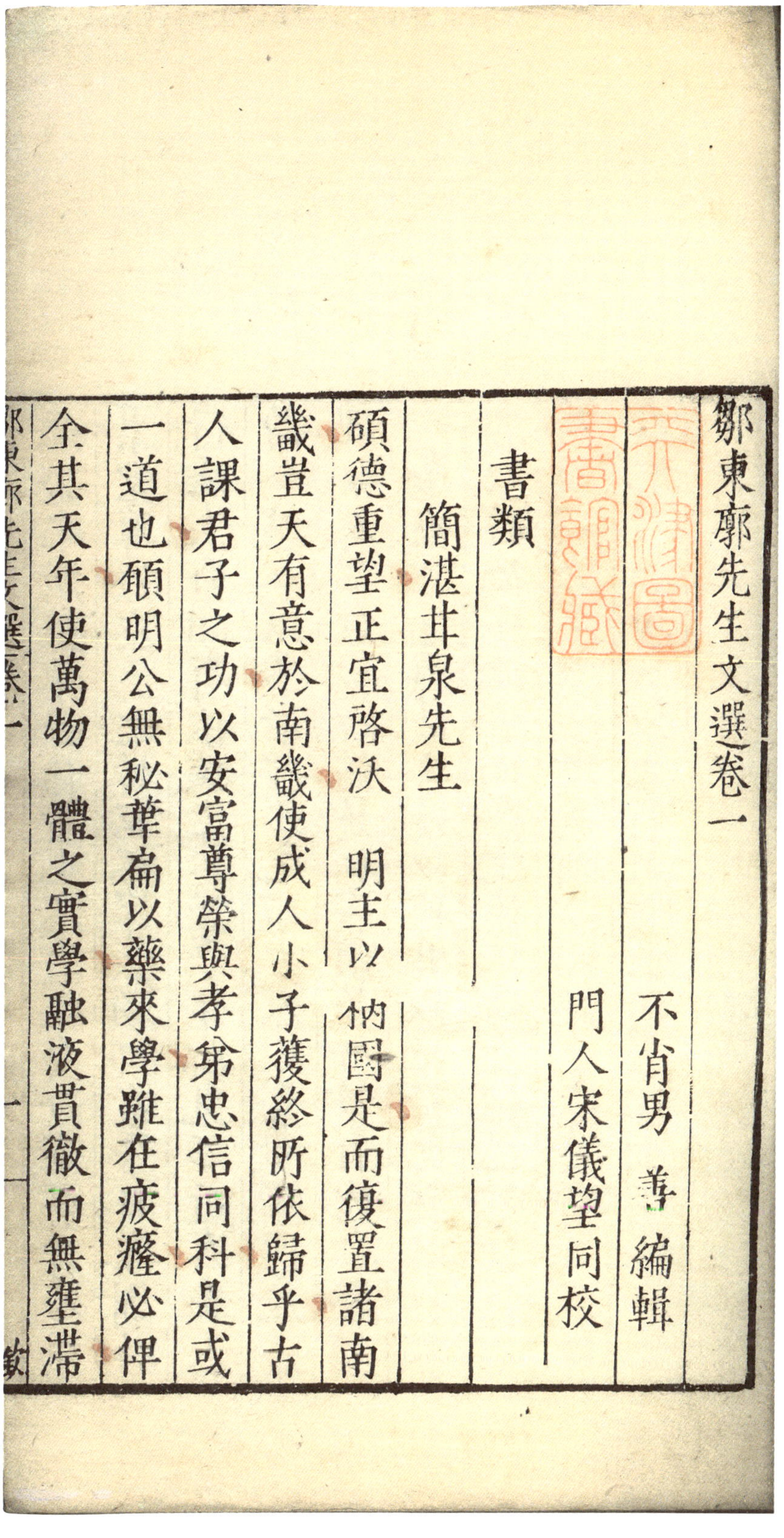
鄒東廓先生文選卷一
不肖男　善　編輯
門人宋儀望同校
書類
簡湛甘泉先生
碩德重望正宜啓沃　明主以　納國是而復置諸南
畿豈天有意於南畿使成人小子獲終所依歸乎古
人課君子之功以安富尊榮與孝弟忠信同科是或
一道也頓明公無秘華扁以藥來學雖在疲癃必俾
全其天年使萬物一體之實學融液貫徹而無壅滯
鄒東廓先生文選卷一　一　欽

06033　鄒東廓先生文選四卷　（明）鄒守益撰　（明）鄒善輯　明隆慶六年（1572）宋儀望刻本

匡高18.2厘米，廣14.5厘米。半葉十行，行二十字，白口，四周單邊。天津圖書館藏。

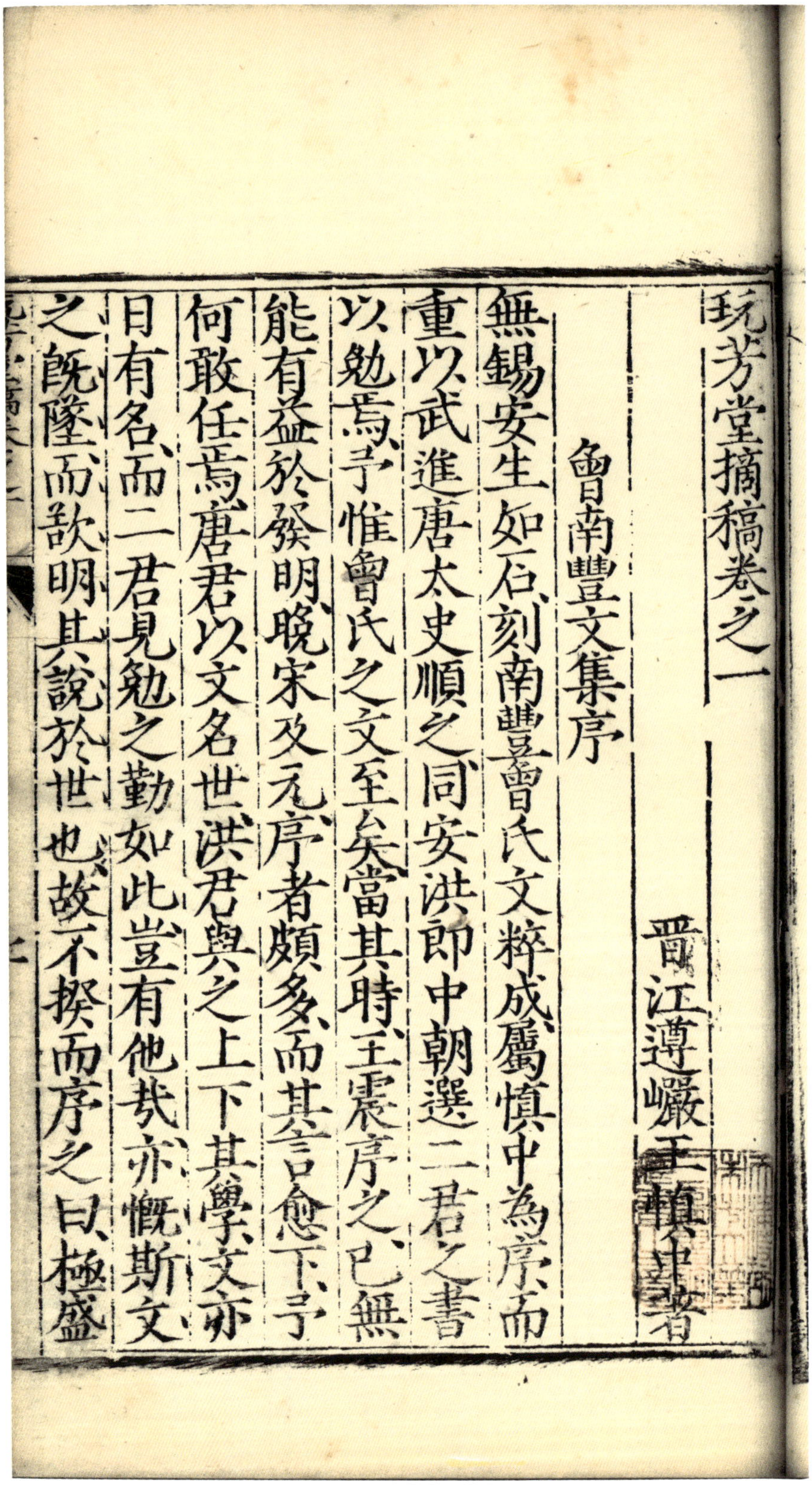
玩芳堂摘稿卷之一

晉江遵巖王愼中著

曾南豐文集序

無錫安生如石刻南豐曾氏文粹成屬愼中為序而重以武進唐太史順之同安洪郎中朝選二君之書以勉焉予惟曾氏之文至矣當其時王震序之已無能有益於發明晚宋及元序者頗多而其言愈下予何敢任焉唐君以文名世洪君與之上下其學文亦日有名而二君見勉之勤如此豈有他哉亦慨斯文之既墜而欲明其說於世也故不揆而序之曰極盛

06075 玩芳堂摘稿四卷 （明）王愼中撰　明嘉靖二十九年（1550）蔡克廉刻本

匡高19.1厘米，廣14.4厘米。半葉十行，行二十字，白口，四周雙邊。天津圖書館藏。

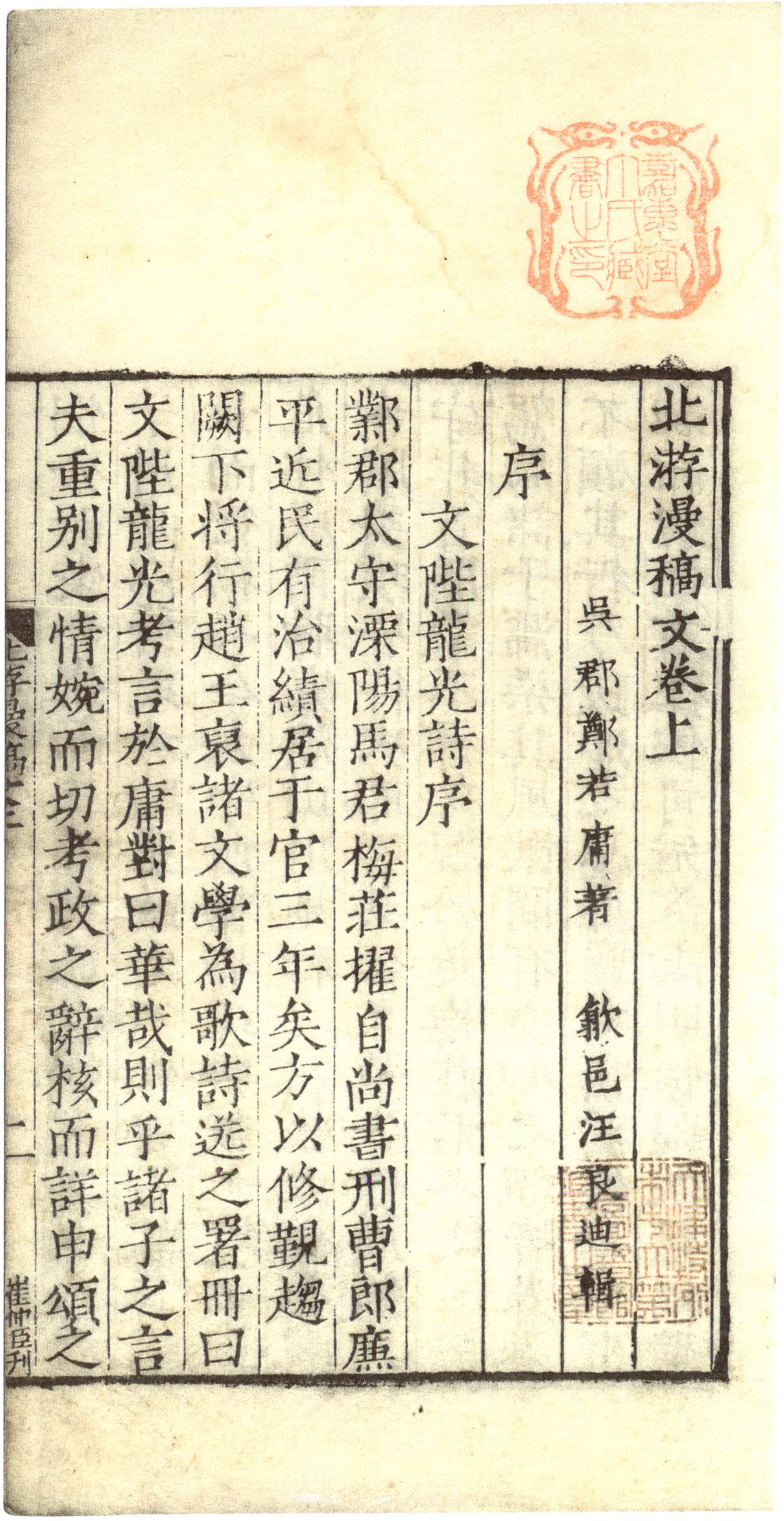
北游漫稿文卷上
吳郡鄭若庸著　歙邑汪良迪輯
序
文陛龍光詩序
鄴郡太守溧陽馬君梅莊擢自尚書刑曹郎廡
平近民有治績居于官三年矣方以修覲趨
闕下将行趙王㝉諸文學為歌詩送之署冊曰
文陛龍光考言於庸庸對曰華哉則乎諸子之言
夫重別之情婉而切考政之辭核而詳申頌之
北游漫稿卷上　二　崔仲臣刊

06133 北游漫稿文三卷 （明）鄭若庸撰　明隆慶二年（1569）汪良迪刻本

匡高17.2厘米，廣12.6厘米。半葉九行，行十八字，白口，左右雙邊。有“嘉惠堂丁氏藏書之印”等印。天津圖書館藏。

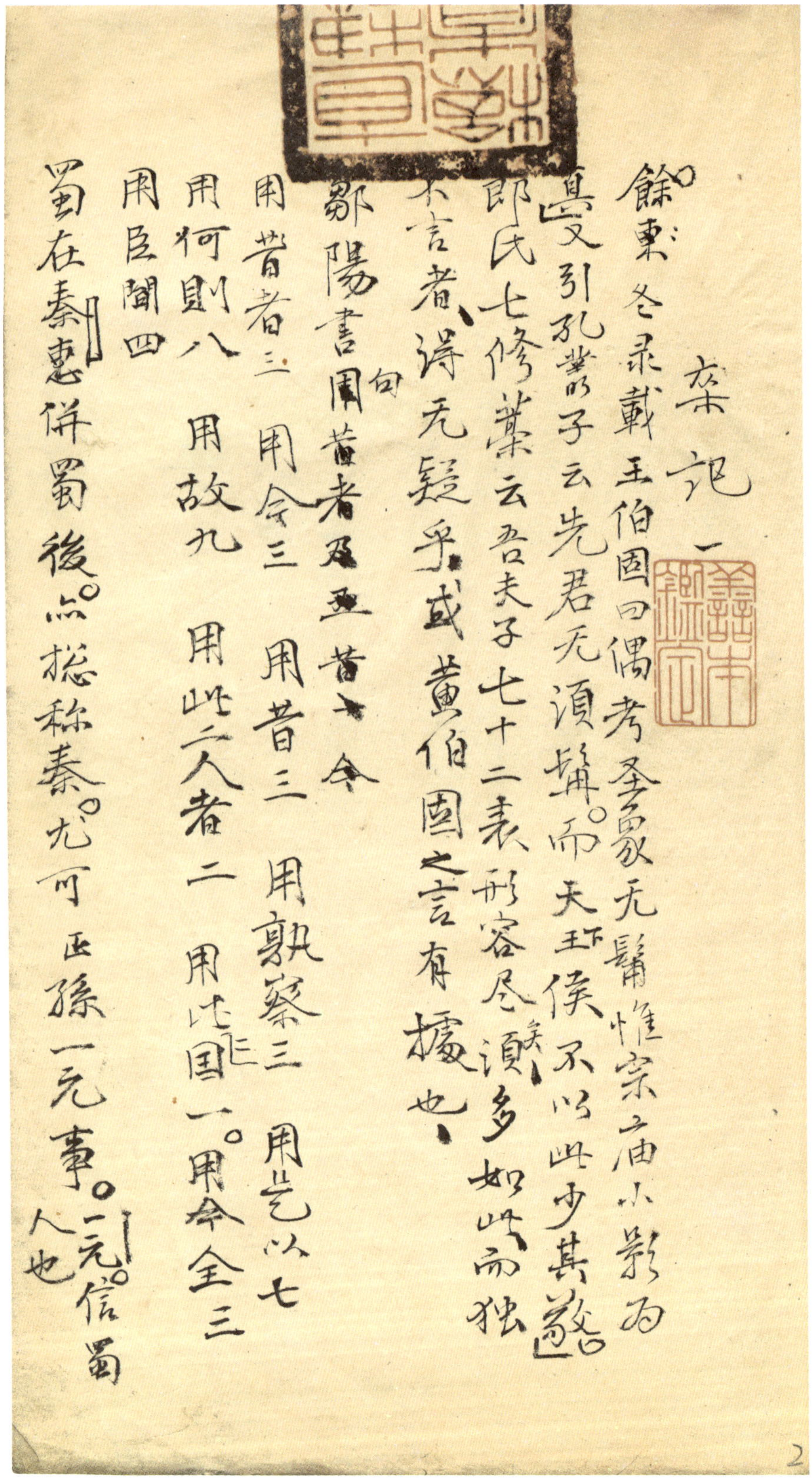
雜記 一
餘冬录載王伯固曰偶考圣象无鬚惟宗庙小影爲
晏文引孔叢子云先君无須髯。而天下王侯不以此少其蕴
郎氏七修藁云吾夫子七十二表形容尽顯矣多如此而独
不言者，得无疑乎。或黄伯固之言有據也、
鄱陽書用昔者及五昔个令 白
用昔者三 用令三 用昔三 用孰察三 用是以七
用何則八 用故九 用此二人者二 用此国一。用今全三
用臣聞四
蜀在秦惠併蜀後。總稱秦。尤可正孫一元事。一元信蜀人也

06134 天池雜稿不分卷 （明）徐渭撰　稿本

天津圖書館藏。

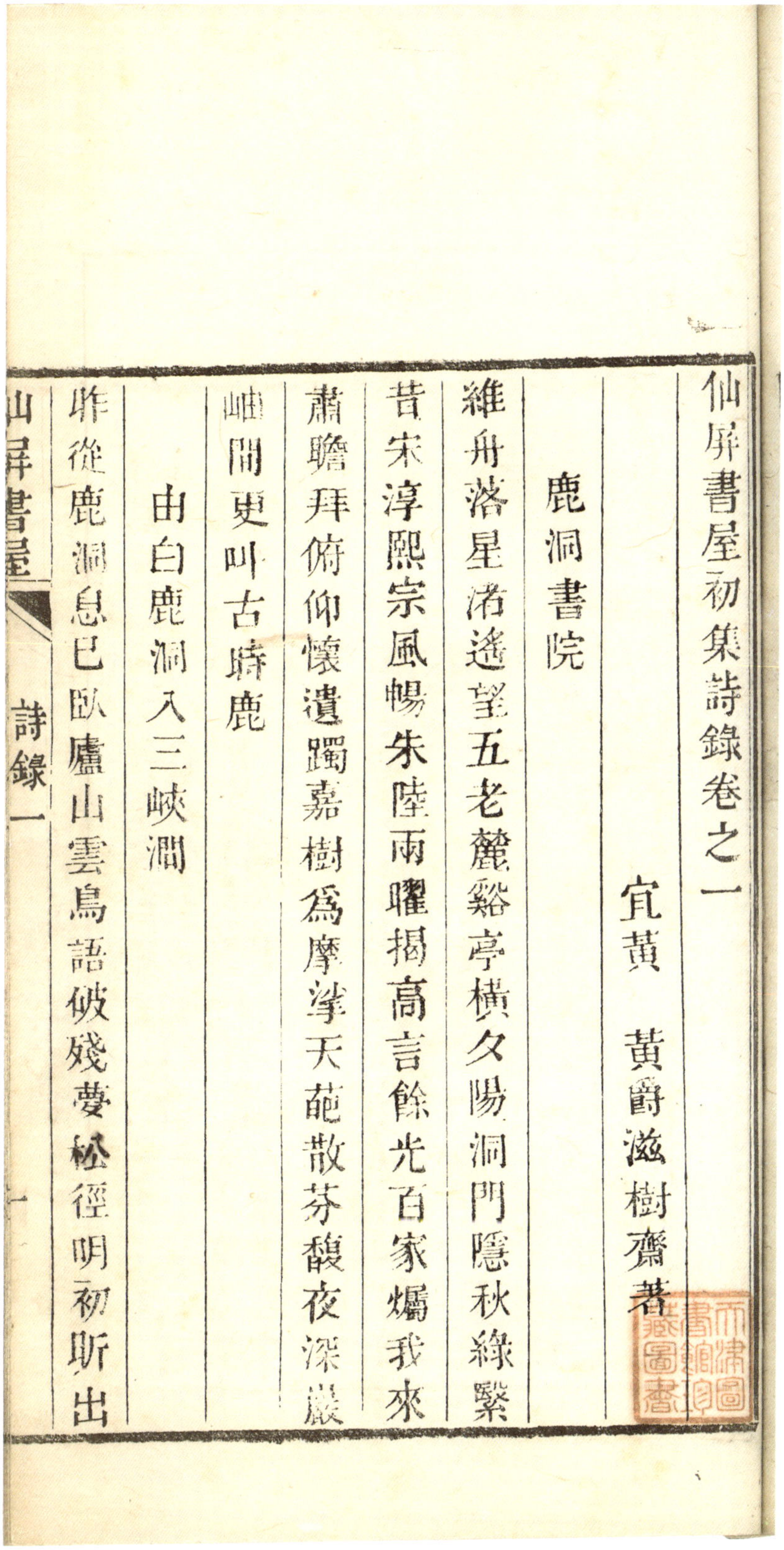

仙屏書屋初集詩錄卷之一

宜黃　黃爵滋樹齋著

鹿洞書院

維舟落星渚遥望五老麓谿亭横夕陽洞門隱秋綠緊昔宋淳熙宗風暢朱陸兩曜揭高言餘光百家燭我來肅瞻拜俯仰懷遺躅嘉樹爲摩挲天葩散芬馥夜深巖岫閒更叫古騎鹿

由白鹿洞入三峽澗

昨從鹿洞息巳臥廬山雲鳥語破殘夢松徑明初昕出

仙屏書屋　詩錄一　一

06175-06177　仙屏書屋初集詩錄十六卷后録二卷　（清）黃爵滋撰　清道光二十七年（1847）涇縣翟金生泥活字印本

匡高17.3厘米，廣12.5厘米。半葉九行，行二十一字，白口，左右雙邊。天津圖書館藏；故宫博物院藏二部。

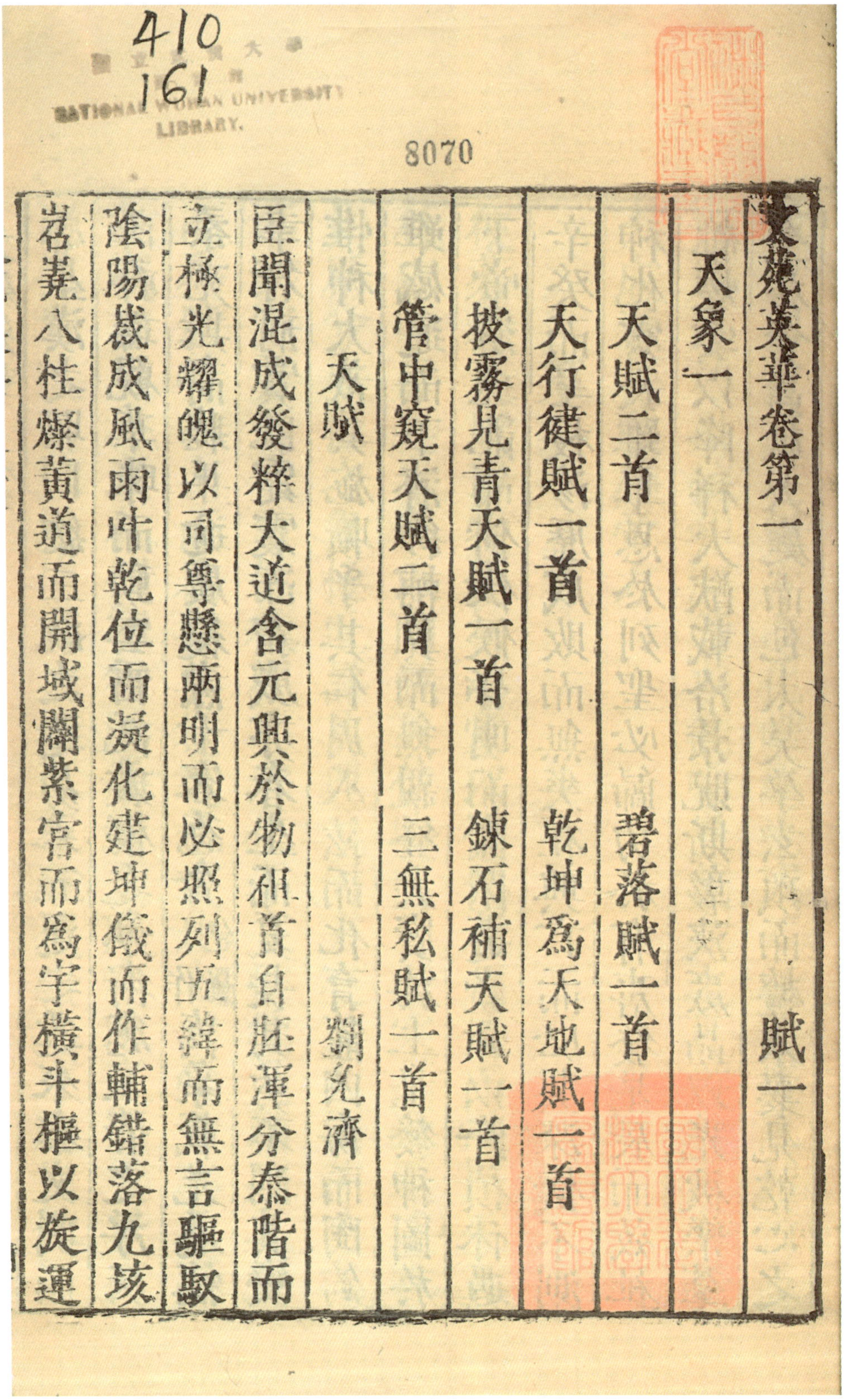

文苑英華卷第一　　賦一

天象一

天賦二首　碧落賦一首

天行健賦一首　乾坤爲天地賦一首

披霧見青天賦一首　鍊石補天賦一首

管中窺天賦二首　三無私賦一首

天賦　劉允濟

臣聞混成發粹大道含元興於物祖首自胚渾分泰階而
立極光耀魄以司尊懸兩明而必照列五緯而無言驅馭
陰陽歲成風雨叶乾位而凝化建坤儀而作輔錯落九垓
岧嶤八柱燦黃道而開域闢紫宮而爲宇横斗樞以旋運

06291-06303 文苑英華一千卷　（宋）李昉等輯　明隆慶元年（1567）胡維新、戚繼光刻本

匡高20.9厘米，廣15.3厘米。半葉十一行，行二十二字，白口，四周單邊。南京圖書館、浙江圖書館、甘肅省圖書館藏；山東省圖書館藏二部；江西省圖書館、湖北省博物館、青島市博物館、山東大學圖書館、山東師範大學圖書館、天津中醫藥大學圖書館、武漢大學圖書館、雲南省社會科學院圖書館藏。

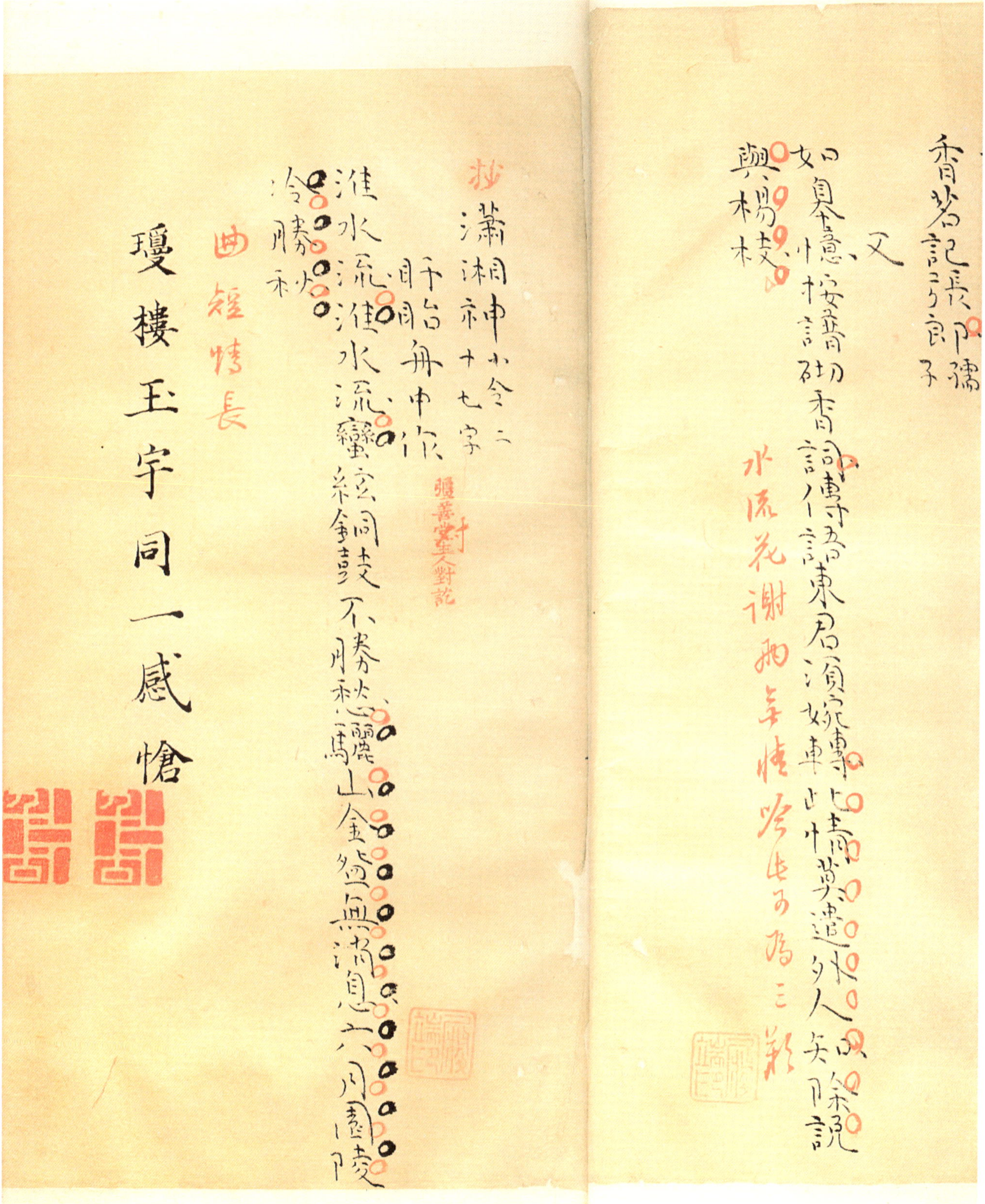

06534 迦陵詞稿不分卷 （清）陳維崧撰　稿本

有"陳維崧印"、"其年"等印。史可程、蔣平階、尤侗、吴琦跋，朱孝臧、胡嗣瑗、陳曾壽、冒廣生題款。南開大學圖書館藏。

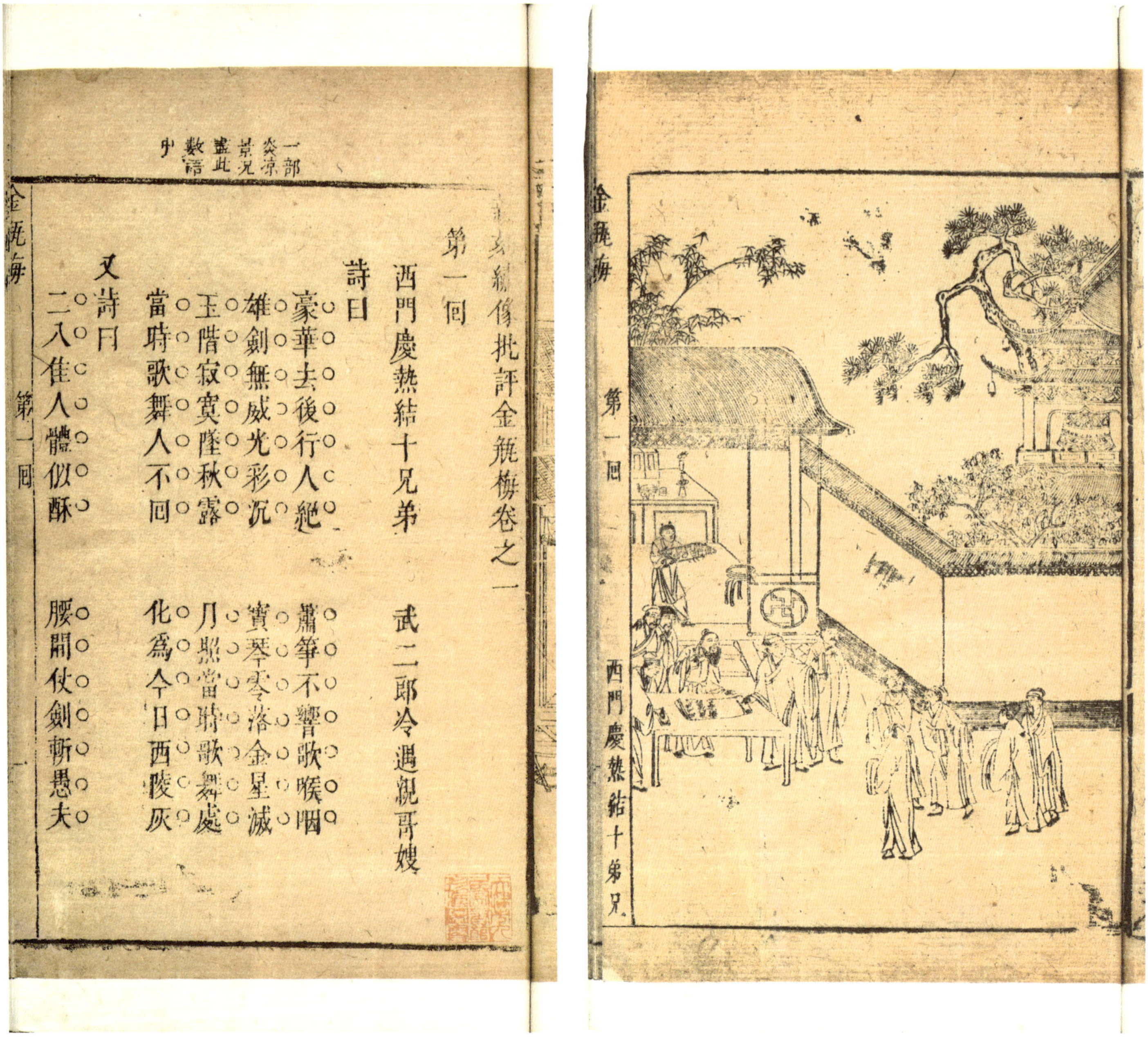
一部炎涼景況盡此數語中

新刻繡像批評金瓶梅卷之一

第一回

西門慶熱結十兄弟　武二郎冷遇親哥嫂

詩曰

豪華去後行人絕　簫箏不響歌喉咽
雄劍無威光彩沉　寶琴零落金星滅
玉階寂寞墜秋露　月照當時歌舞處
當時歌舞人不回　化爲今日西陵灰

又詩曰

二八佳人體似酥　腰間仗劍斬愚夫

金瓶梅　第一回

06599 新刻繡像批評金瓶梅二十卷一百回　題（明）蘭陵笑笑生撰　明末刻本

匡高20.6厘米，廣14.5厘米。半葉十行，行二十二字，白口，四周單邊。天津圖書館藏。

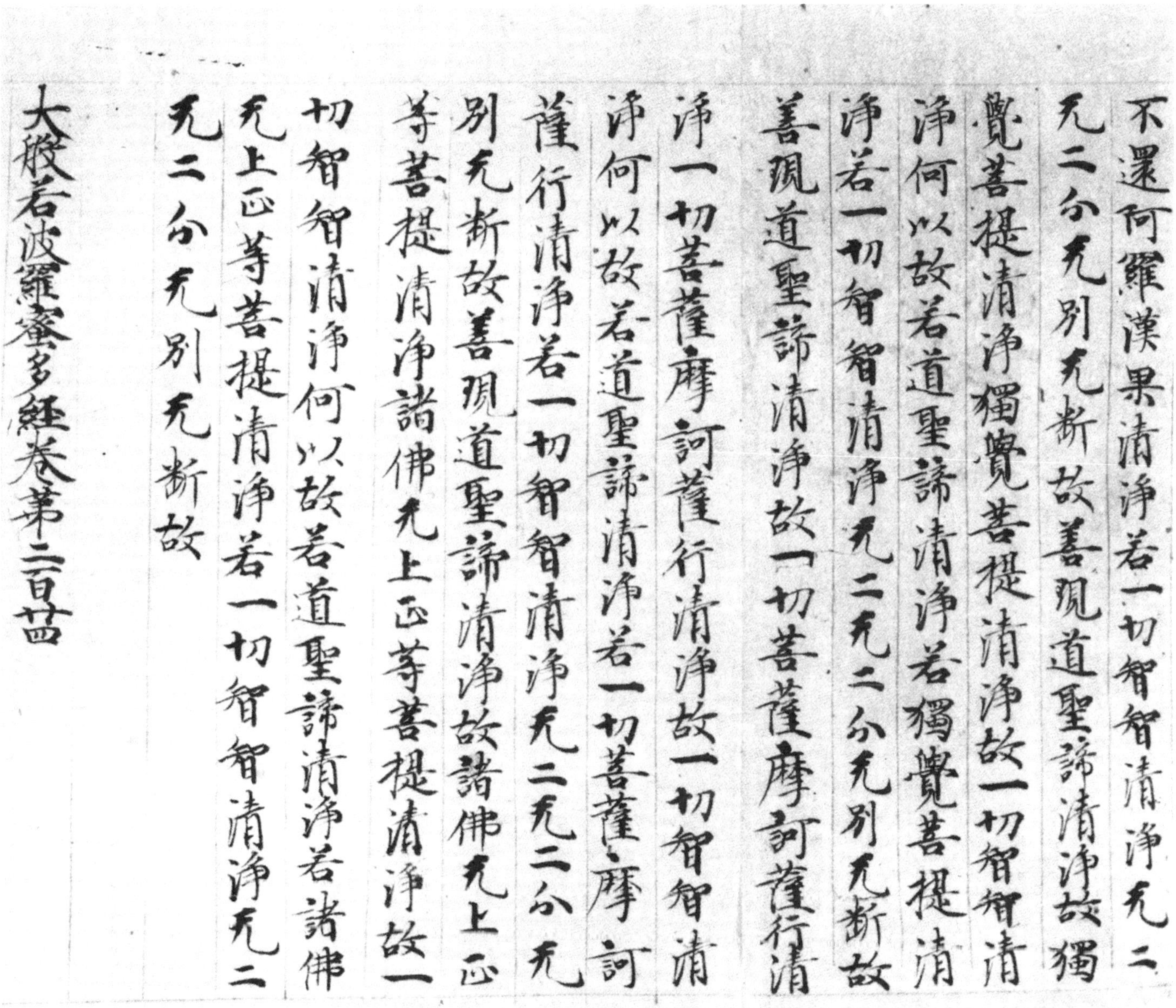
不還阿羅漢果清淨若一切智智清淨无二
无二分无別无斷故善現道聖諦清淨故獨
覺菩提清淨獨覺菩提清淨故一切智智清
淨何以故若道聖諦清淨若獨覺菩提清
淨若一切智智清淨无二无二分无別无斷故
善現道聖諦清淨故一切菩薩摩訶薩行清
淨一切菩薩摩訶薩行清淨故一切智智清
淨何以故若道聖諦清淨若一切菩薩摩訶
薩行清淨若一切智智清淨无二无二分无
別无斷故善現道聖諦清淨故諸佛无上正
等菩提清淨諸佛无上正等菩提清淨故一
切智智清淨何以故若道聖諦清淨若諸佛
无上正等菩提清淨若一切智智清淨无二
无二分无別无斷故
大般若波羅蜜多經卷第二百廿四

06872 大般若波羅蜜多經卷第二百廿四 （唐）釋玄奘譯　晚唐寫本

卷軸裝。高24.9厘米，長745厘米。一紙長46厘米。存十六紙，每紙二十八行，行十六至十七字。有尾軸、紫色縹帶。烏絲欄。周叔弢舊藏。天津博物館藏。

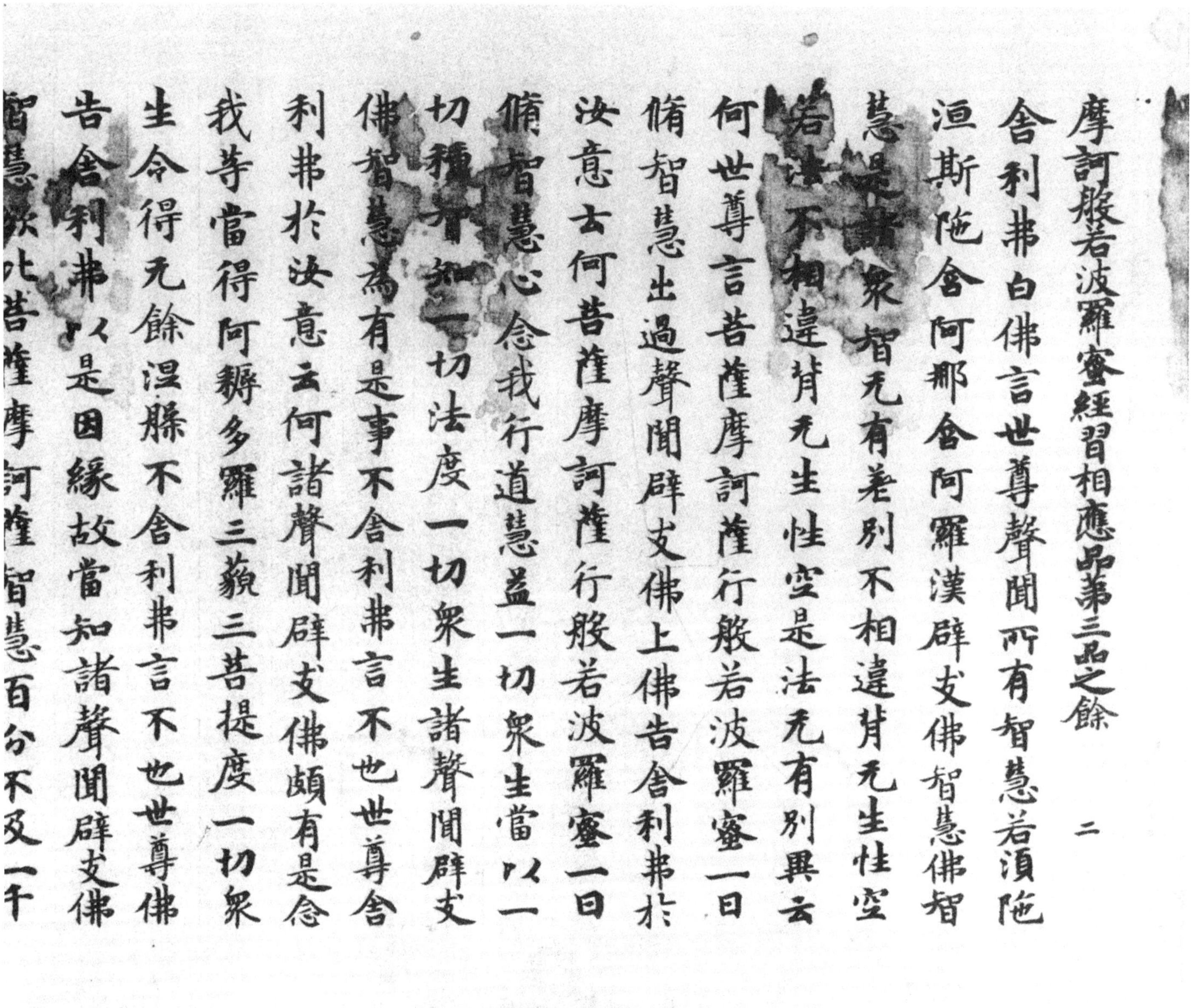
摩訶般若波羅蜜經習相應品第三之餘　二
舍利弗白佛言世尊聲聞所有智慧若須陁
洹斯陁含阿那含阿羅漢辟支佛智慧佛智
慧是諸衆智无有差別不相違背无生性空
若法不相違背无生性空是法无有別異云
何世尊言菩薩摩訶薩行般若波羅蜜一日
脩智慧出過聲聞辟支佛上佛告舍利弗於
汝意云何菩薩摩訶薩行般若波羅蜜一日
脩智慧心念我行道慧益一切衆生當以一
切種智知一切法度一切衆生諸聲聞辟支
佛智慧爲有是事不舍利弗言不也世尊舍
利弗於汝意云何諸聲聞辟支佛頗有是念
我等當得阿耨多羅三藐三菩提度一切衆
生令得无餘涅槃不舍利弗言不也世尊佛
告舍利弗以是因緣故當知諸聲聞辟支佛
智慧欲比菩薩摩訶薩智慧百分不及一千

06873 摩訶般若波羅蜜經卷第二（後秦）釋鳩摩羅什譯　唐寫本

卷軸裝。高26厘米，長740厘米。一紙長50厘米。存十四紙，每紙二十八行，行十七字。烏絲欄。有尾軸。天津博物館藏。

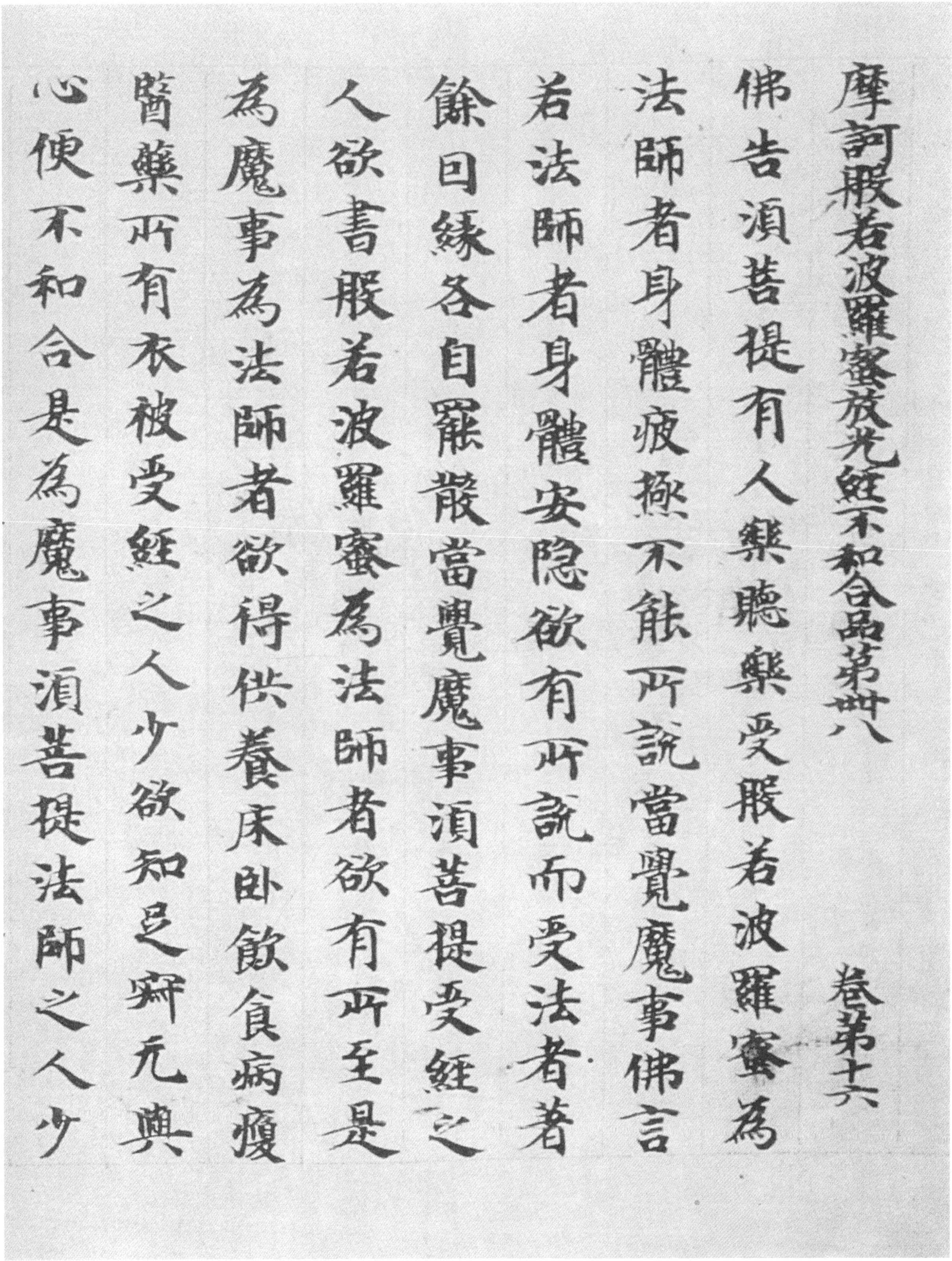
摩訶般若波羅蜜放光經不和合品第卌八　卷第十六
佛告須菩提有人樂聽樂受般若波羅蜜爲
法師者身體疲極不能所說當覺魔事佛言
若法師者身體安隐欲有所說而受法者著
餘因緣各自羅縠當覺魔事須菩提受經之
人欲書般若波羅蜜爲法師者欲有所至是
爲魔事爲法師者欲得供養床卧飲食病瘦
醫藥所有衣被受經之人少欲知足寂无與
心便不和合是爲魔事須菩提法師之人少

06875 摩訶般若波羅蜜放光經卷第十六 （西晉）釋無羅叉等譯　隋寫本

卷軸裝。高25.8厘米，長776.5厘米。一紙長50.5厘米。存十五紙，每紙二十八行，行十七字。烏絲欄。有蘆葦尾軸、藍絲帶（已斷）。天津博物館藏。

摩訶般若波羅蜜道行經魔事品之二 新道行晉太始年竺法護譯 與舊道行小品等同梵本 卷五
復次須菩提書讀誦說般若波羅蜜時若多
說餘事則妨癈般若波羅蜜菩薩當知是爲
魔事須菩提白佛言世尊般若波羅蜜可得
書讀誦說邪不也須菩提若善男子善女人
書寫文字而作是念我書寫般若波羅蜜即
是魔事須菩提尒時應教是善男子善女人
汝等勿謂但以書寫文字便作是言我書寫
般若波羅蜜謂善男子以是文字亦般若波
羅蜜義是故汝等勿着文字若着文字菩薩
當知是爲魔事若不貪着即捨魔事復次須
菩提書讀誦說般若波羅蜜時憶念諸方國

06876 新道行經卷第五（西晉）釋竺法護譯　唐寫本

卷軸裝。高25.6厘米，長765厘米。一紙長50厘米。存十六紙，每紙二十八行，行十七字。烏絲欄。有尾軸。周叔弢舊藏。天津博物館藏。

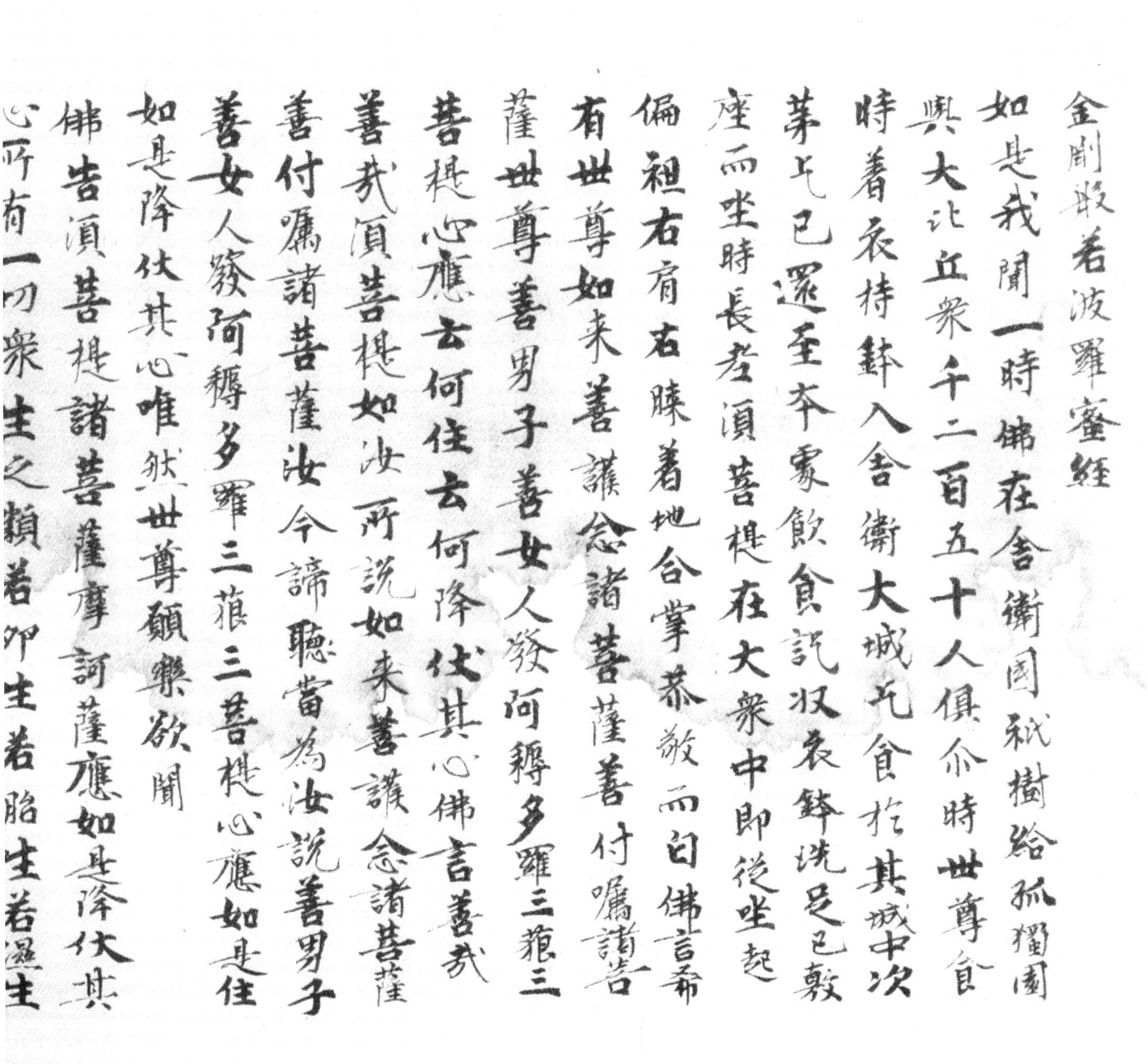
金剛般若波羅蜜經
如是我聞一時佛在舍衛國祇樹給孤獨園
與大比丘衆千二百五十人俱尒時世尊食
時著衣持鉢入舍衛大城乞食於其城中次
第乞已還至本處飯食訖收衣鉢洗足已敷
座而坐時長老須菩提在大衆中即從坐起
偏袒右肩右膝著地合掌恭敬而白佛言希
有世尊如來善護念諸菩薩善付囑諸菩
薩世尊善男子善女人發阿耨多羅三藐三
菩提心應云何住云何降伏其心佛言善哉
善哉須菩提如汝所說如來善護念諸菩薩
善付囑諸菩薩汝今諦聽當為汝說善男子
善女人發阿耨多羅三藐三菩提心應如是住
如是降伏其心唯然世尊願樂欲聞
佛告須菩提諸菩薩摩訶薩應如是降伏其
心所有一切衆生之類若卵生若胎生若濕生

06877 金剛般若波羅蜜經 （後秦）釋鳩摩羅什譯　晚唐寫本

卷軸裝。高25.6厘米，長567厘米。一紙長48.5厘米。存十三紙，每紙二十八行，行十六至二十字。烏絲欄。有尾軸。周叔弢舊藏。天津博物館藏。

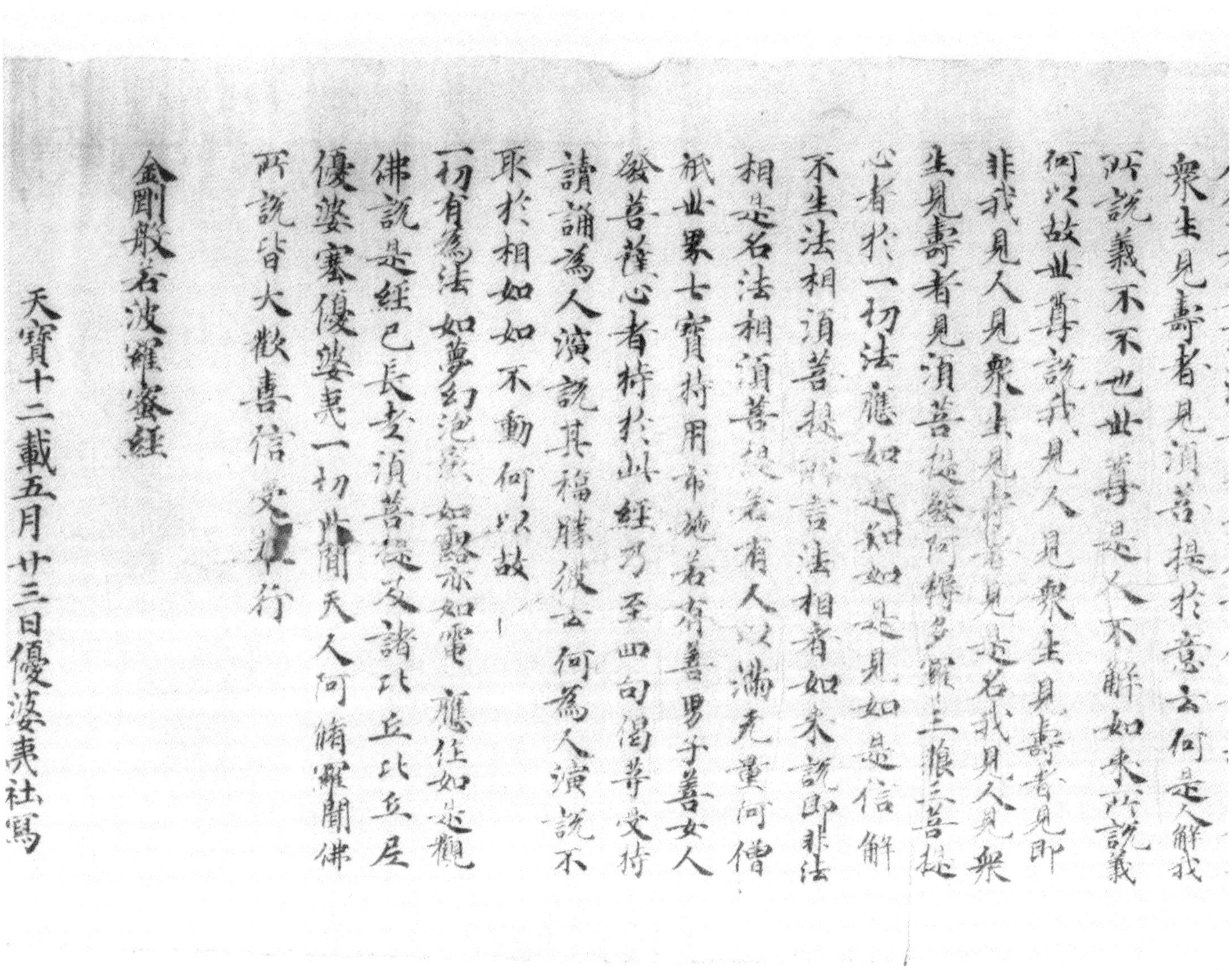

06878 金剛般若波羅蜜經 （後秦）釋鳩摩羅什譯　唐天寶十二年（753）

寫本

卷軸裝。高25厘米，長512厘米。一紙長43至44.5厘米。存十二紙，每紙二十四行，行十七至十八字。烏絲欄。卷尾有小竹簽作軸。天津博物館藏。

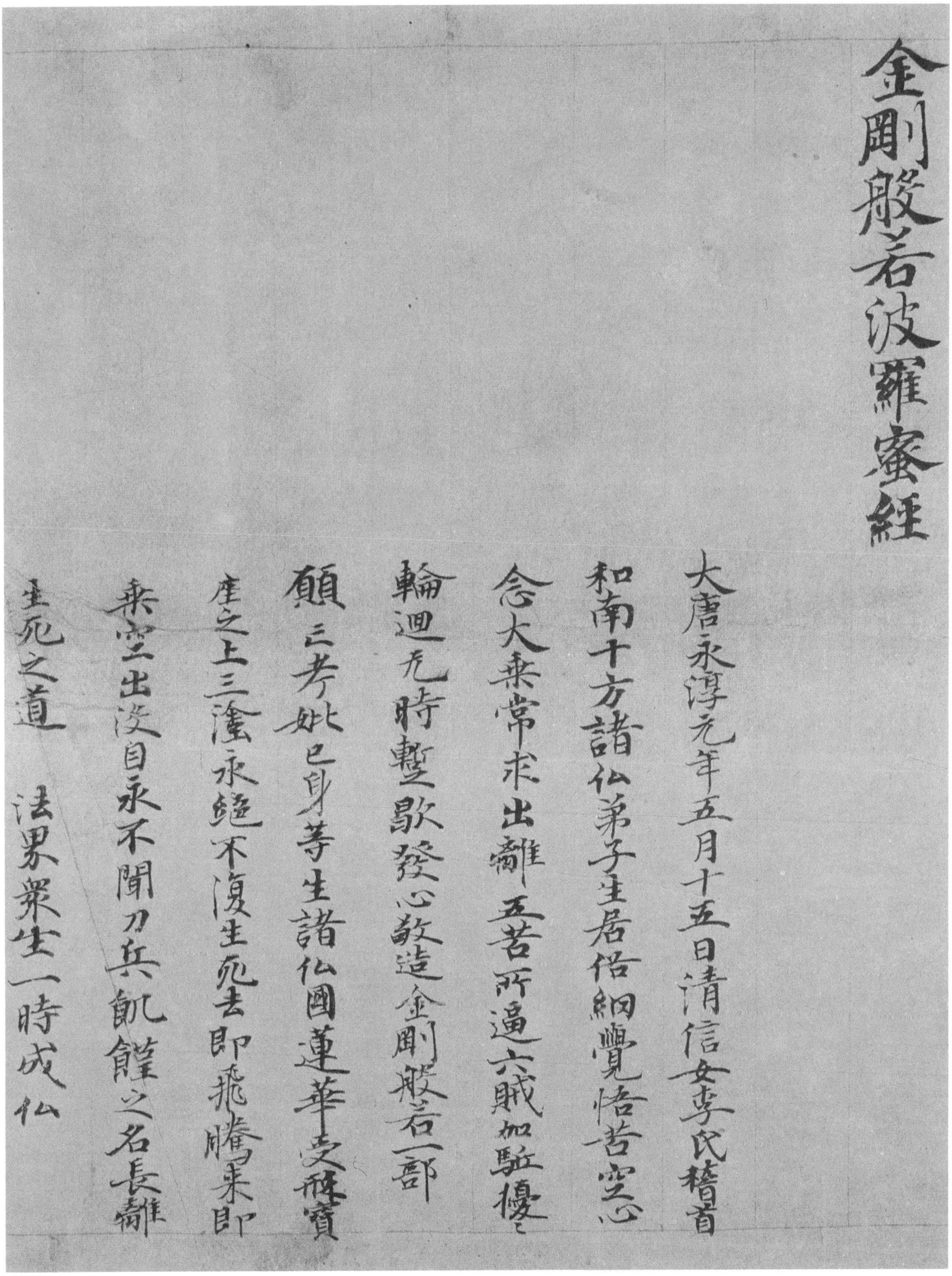
金剛般若波羅蜜經
大唐永淳元年五月十五日清信女李氏稽首
和南十方諸仏弟子生居俗網覺悟苦空心
念大乘常求出離五苦所逼六賊加駈優々
輪迴无時暫歇發心敬造金剛般若一部
願亡考妣已身等生諸仏國蓮華受形寶
座之上三塗永絕不復生死去即飛騰來即
乘空出沒自永不聞刀兵飢饉之名長離
生死之道　法界衆生一時成仏

06879 金剛般若波羅蜜經 （後秦）釋鳩摩羅什譯　唐永淳元年（682）

寫本

卷軸裝。高24.3厘米，長256厘米。一紙長46.5厘米。存六紙，每紙二十八行，行十七字。烏絲欄。天津博物館藏。

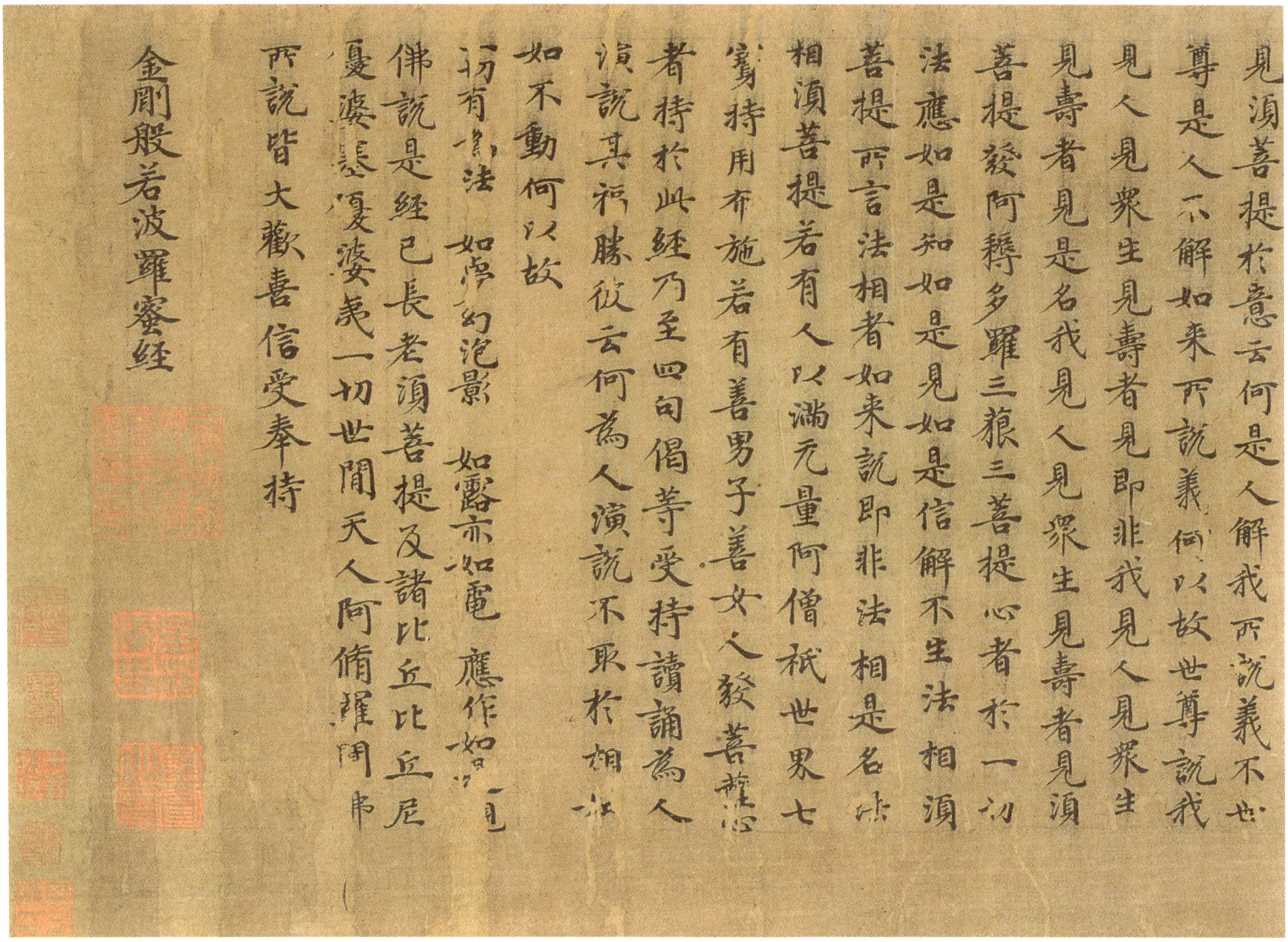
見須菩提於意云何是人解我所說義不也世
尊是人不解如來所說義何以故世尊說我
見人見衆生見壽者見即非我見人見衆生
見壽者見是名我見人見衆生見壽者見須
菩提發阿耨多羅三藐三菩提心者於一切
法應如是知如是見如是信解不生法相須
菩提所言法相者如來說即非法相是名法
相須菩提若有人以滿无量阿僧祇世界七
寶持用布施若有善男子善女人發菩提心
者持於此經乃至四句偈等受持讀誦為人
演說其福勝彼云何為人演說不取於相如
如不動何以故
一切有為法　如夢幻泡影　如露亦如電　應作如是觀
佛說是經已長老須菩提及諸比丘比丘尼
優婆塞優婆夷一切世間天人阿脩羅聞佛
所說皆大歡喜信受奉持
金剛般若波羅蜜經

06880 金剛般若波羅蜜經　（後秦）釋鳩摩羅什譯　唐寫本

卷軸裝。高24.3厘米，長326.8厘米。一紙長47厘米。存七紙，每紙二十九行，行十七字。烏絲欄。有“易如”、“咸豐丙辰後黃氏所藏”、“荷汀真賞”、“紫珊秘玩”、“鑒賞之章”、“十峰鑒藏”、“星沙黃氏”、“徐印渭仁”、“錢泳私印”、“易蕃私印”等印。卷後有清咸豐八年郭斆補寫經文八十四行。郭斆跋。天津博物館藏。

06882 大方廣佛華嚴經卷第十四 （東晉）釋佛陀跋陀羅譯　南北朝寫本

卷軸裝。26.3厘米，長765厘米。一紙長37厘米。存二十一紙，每紙二十二行，行十七字。烏絲欄。天津博物館藏。

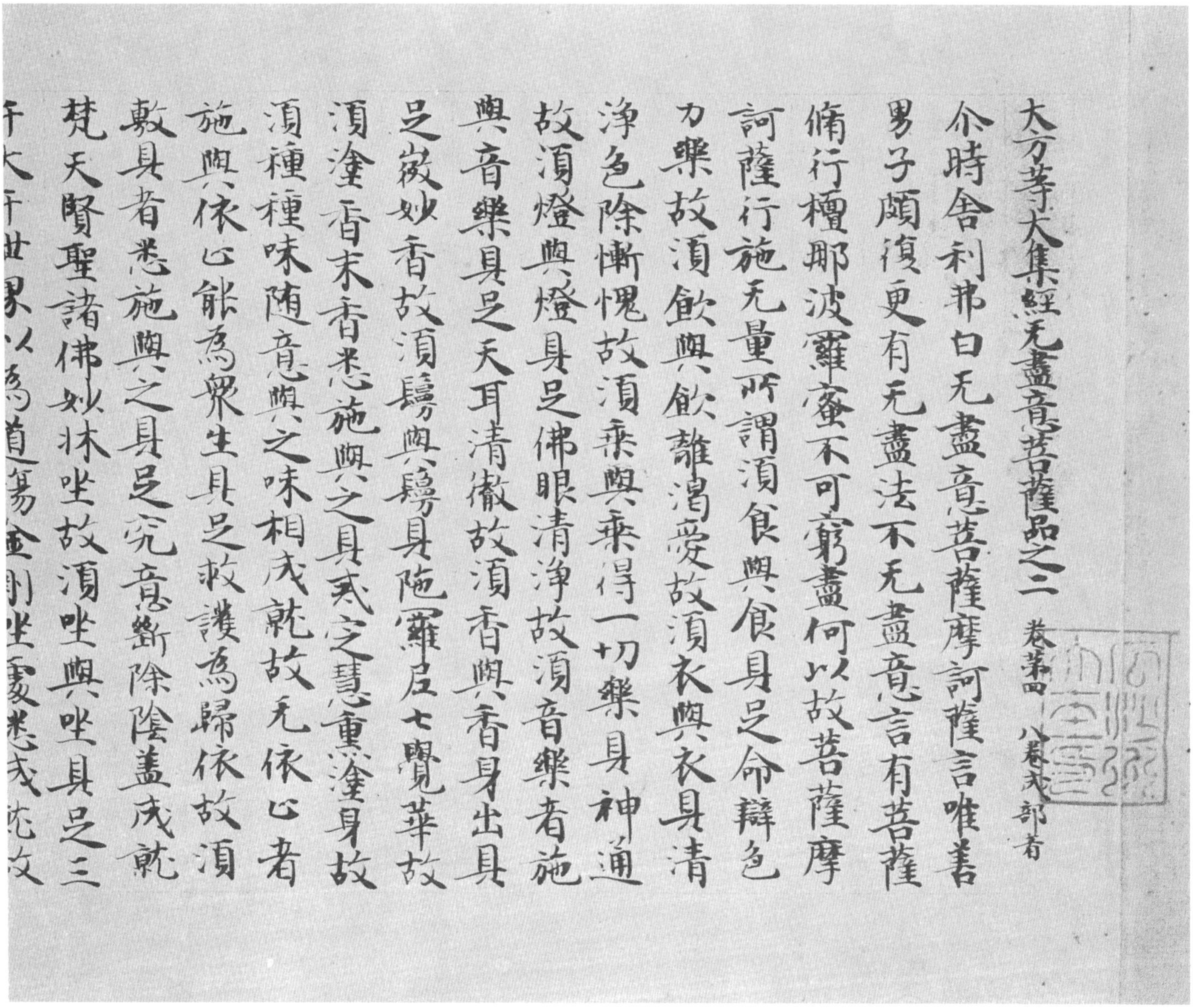
大方等大集經无盡意菩薩品之三　卷第四　八卷成部者
尒時舍利弗白无盡意菩薩摩訶薩言唯善
男子頗復更有无盡法不无盡意言有菩薩
脩行檀那波羅蜜不可窮盡何以故菩薩摩
訶薩行施无量所謂須食與食具足命辯色
力樂故須飲與飲離渴愛故須衣與衣具清
淨色除慚愧故須乘與乘得一切樂具神通
故須燈與燈身足佛眼清淨故須音樂者施
與音樂具足天耳清徹故須香與香身出具
足微妙香故須鬘與鬘具陁羅尼七覺華故
須塗香末香悉施與之具戒定慧熏塗身故
須種種味隨意與之味相成就故无依止者
施與依止能為衆生具足救護為歸依故須
敷具者悉施與之具足究竟斷除陰蓋成就
梵天賢聖諸佛妙牀坐故須坐與坐具足三
千大千世界以為道場金剛坐處悉成就故

06884 大方等大集經卷第四　（北涼）釋曇無讖譯　唐寫本

卷軸裝。高26.4厘米，長805.3厘米。一紙長43.5厘米。存十八紙，每紙二十四行，行十七字。烏絲欄。有尾軸。有“瓜沙州大王印”印。周叔弢舊藏。天津博物館藏。

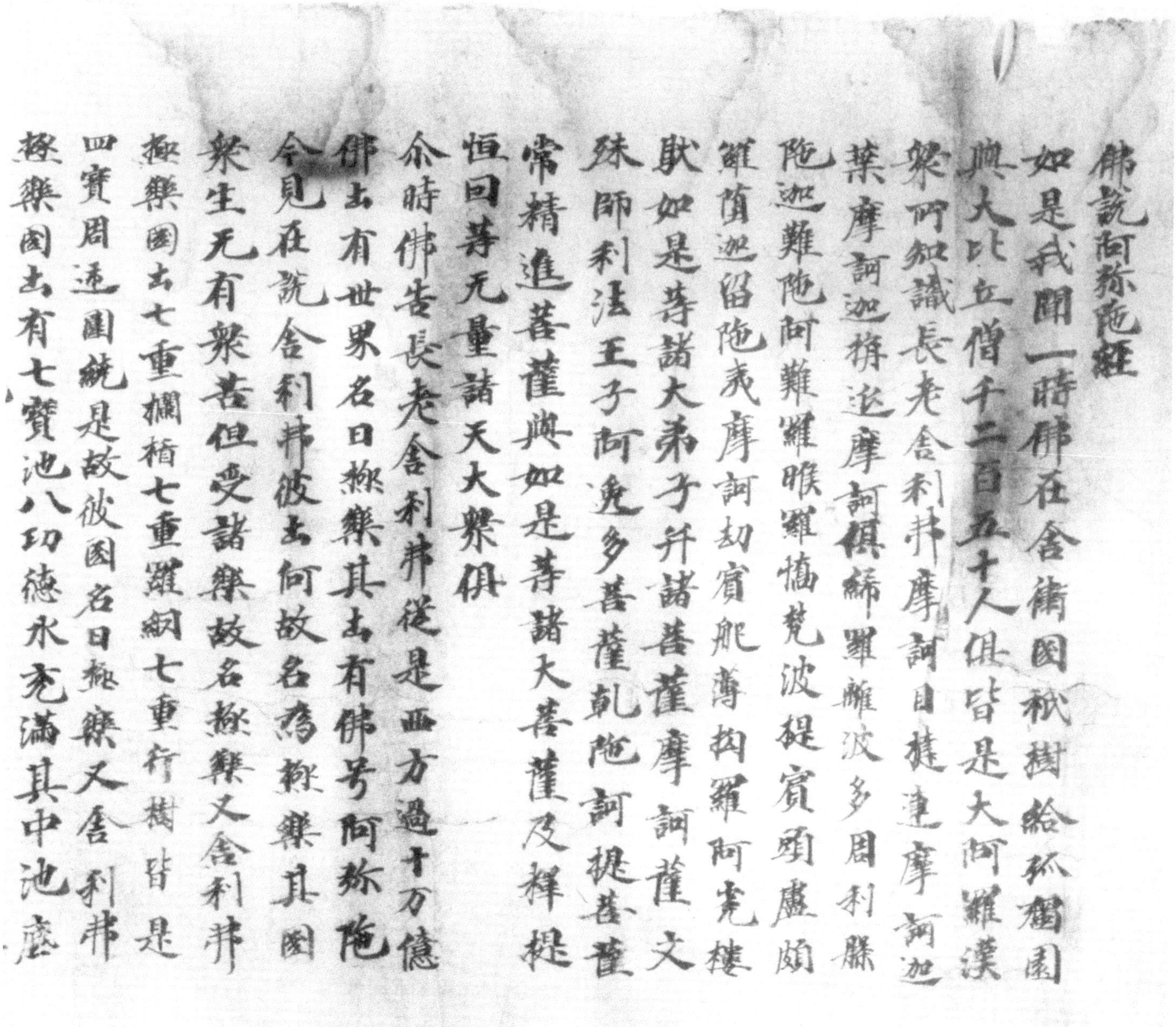
佛說阿弥陁經
如是我聞一時佛在舍衛國祇樹給孤獨園
與大比丘僧千二百五十人俱皆是大阿羅漢
衆所知識長老舍利弗摩訶目揵連摩訶迦
葉摩訶迦旃延摩訶俱絺羅離波多周利槃
陁迦難陁阿難陁羅睺羅憍梵波提賓頭盧頗
羅墮迦留陁夷摩訶劫賓那薄拘羅阿㝹樓
馱如是等諸大弟子并諸菩薩摩訶薩文
殊師利法王子阿逸多菩薩乾陁訶提菩薩
常精進菩薩與如是等諸大菩薩及釋提
桓因等无量諸天大衆俱
尒時佛告長老舍利弗從是西方過十万億
佛土有世界名曰極樂其土有佛号阿弥陁
今現在說舍利弗彼土何故名為極樂其國
衆生无有衆苦但受諸樂故名極樂又舍利弗
極樂國土七重欄楯七重羅網七重行樹皆是
四寶周帀圍繞是故彼國名曰極樂又舍利弗
極樂國土有七寶池八功德水充滿其中池底

06886 佛說阿彌陀經 （後秦）釋鳩摩羅什譯　唐寫本

卷軸裝。高27.4厘米，長205.5厘米。一紙長49.5厘米。存四紙，每紙二十九行，行十七至十八字。朱絲欄。周叔弢舊藏。天津博物館藏。

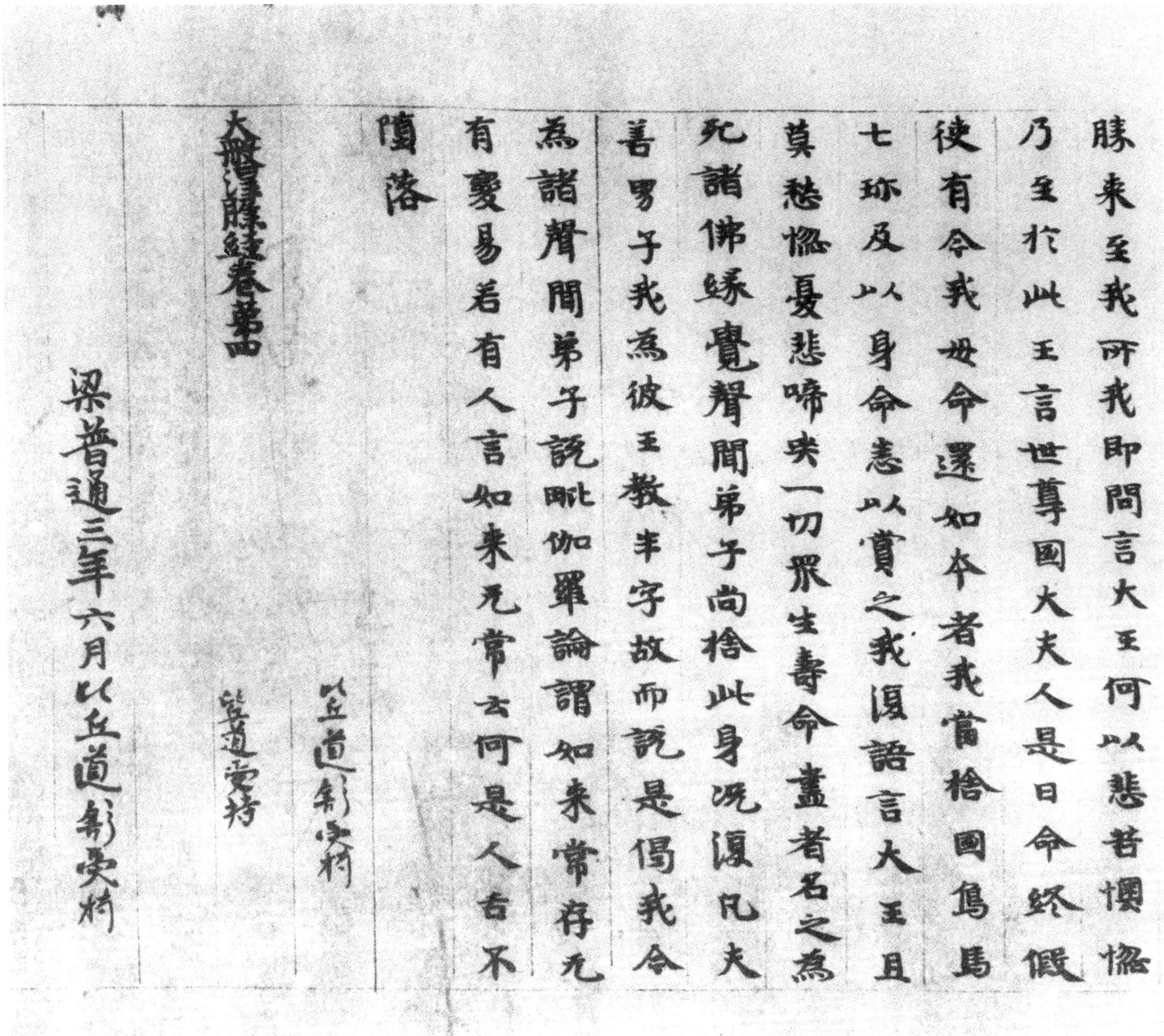
勝来至我所我即問言大王何以悲苦懊惱
乃至於此王言世尊國大夫人是日命終假
使有令我毋命還如本者我當捨國象馬
七珎及以身命悉以賞之我復語言大王且
莫愁惱憂悲啼哭一切衆生壽命盡者名之為
死諸佛緣覺聲聞弟子尚捨此身况復凡夫
善男子我為彼王教半字故而說是偈我今
為諸聲聞弟子說毗伽羅論謂如來常存无
有變易若有人言如來无常云何是人舌不
墮落
比丘道彰受持
大般涅槃經卷第四
笠道受持
梁普通三年六月比丘道彰受持

06887 大般涅槃經卷第四 （北涼）釋曇無讖譯　南北朝寫本

卷軸裝。高27.5厘米，長800厘米。一紙長42.5厘米。存十九紙，每紙二十三行，行字不等。烏絲欄。有"咸蕭室藏"、"木齋審定"印。天津博物館藏。

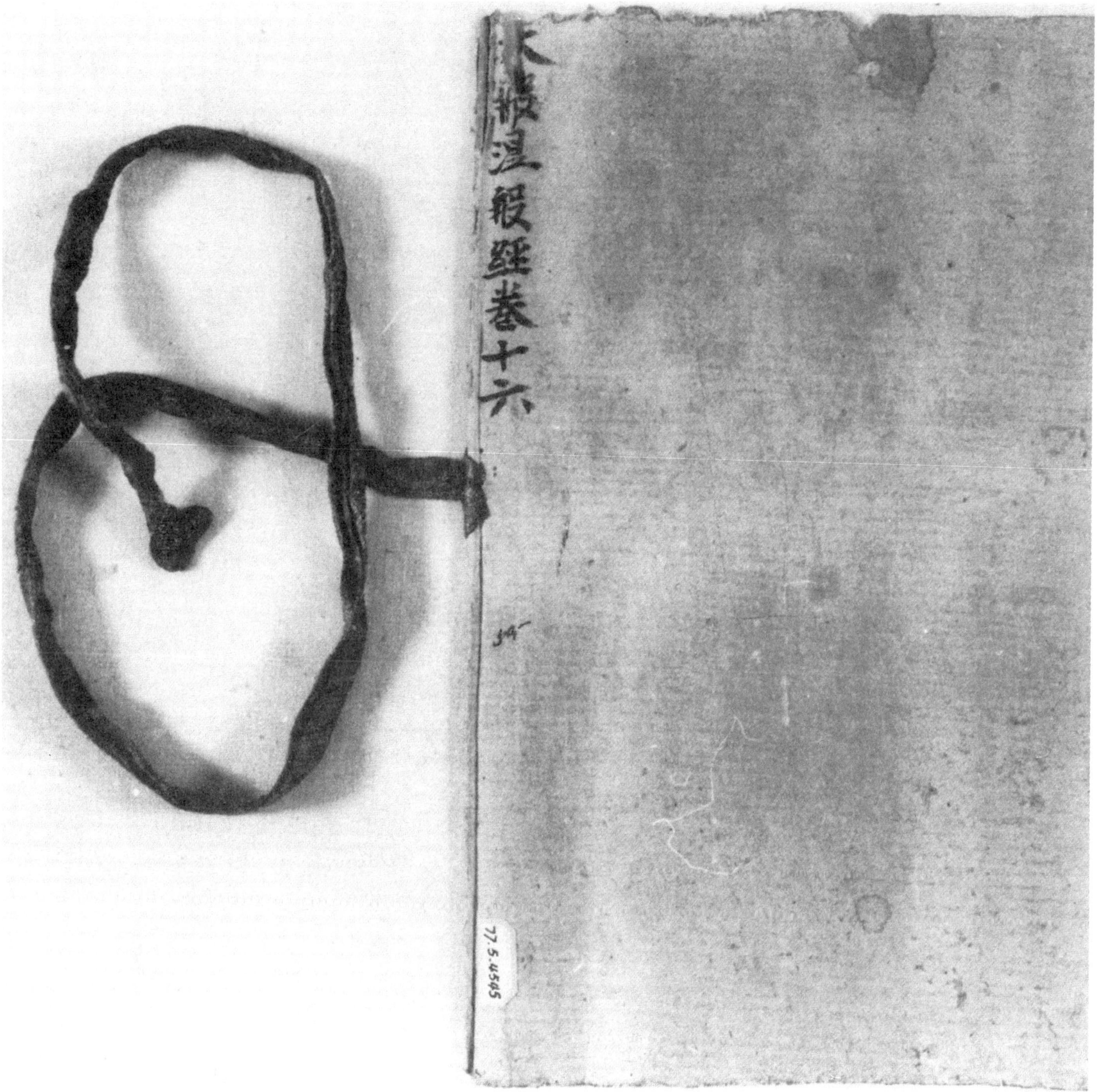

06891 大般涅槃經卷第十六 （北涼）釋曇無讖譯　晚唐寫本

卷軸裝。高25.3厘米，長835厘米。一紙長47.8厘米。存十八紙，每紙二十八行，行十七字。烏絲欄。有尾軸、紅色縹帶。有“悔盦”印。周叔弢舊藏。天津博物館藏。

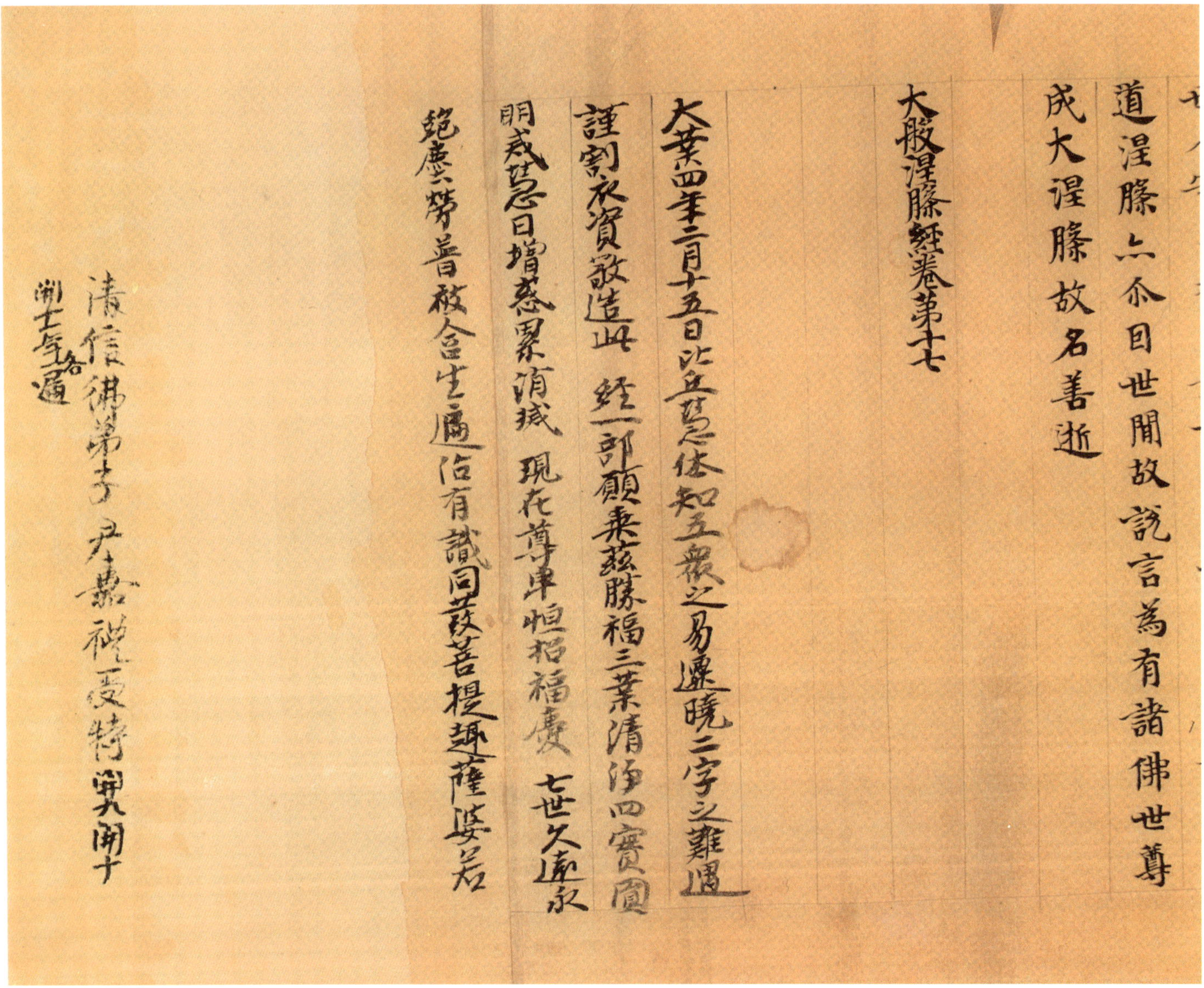

06892 大般涅槃經卷第十七 （北涼）釋曇無讖譯　隋大業四年（608）

寫本

卷軸裝。高24.8厘米，長849厘米。一紙長52厘米。存十八紙，每紙二十九行，行字不等。烏絲欄。有尾軸。有年款題記。周叔弢舊藏。天津博物館藏。

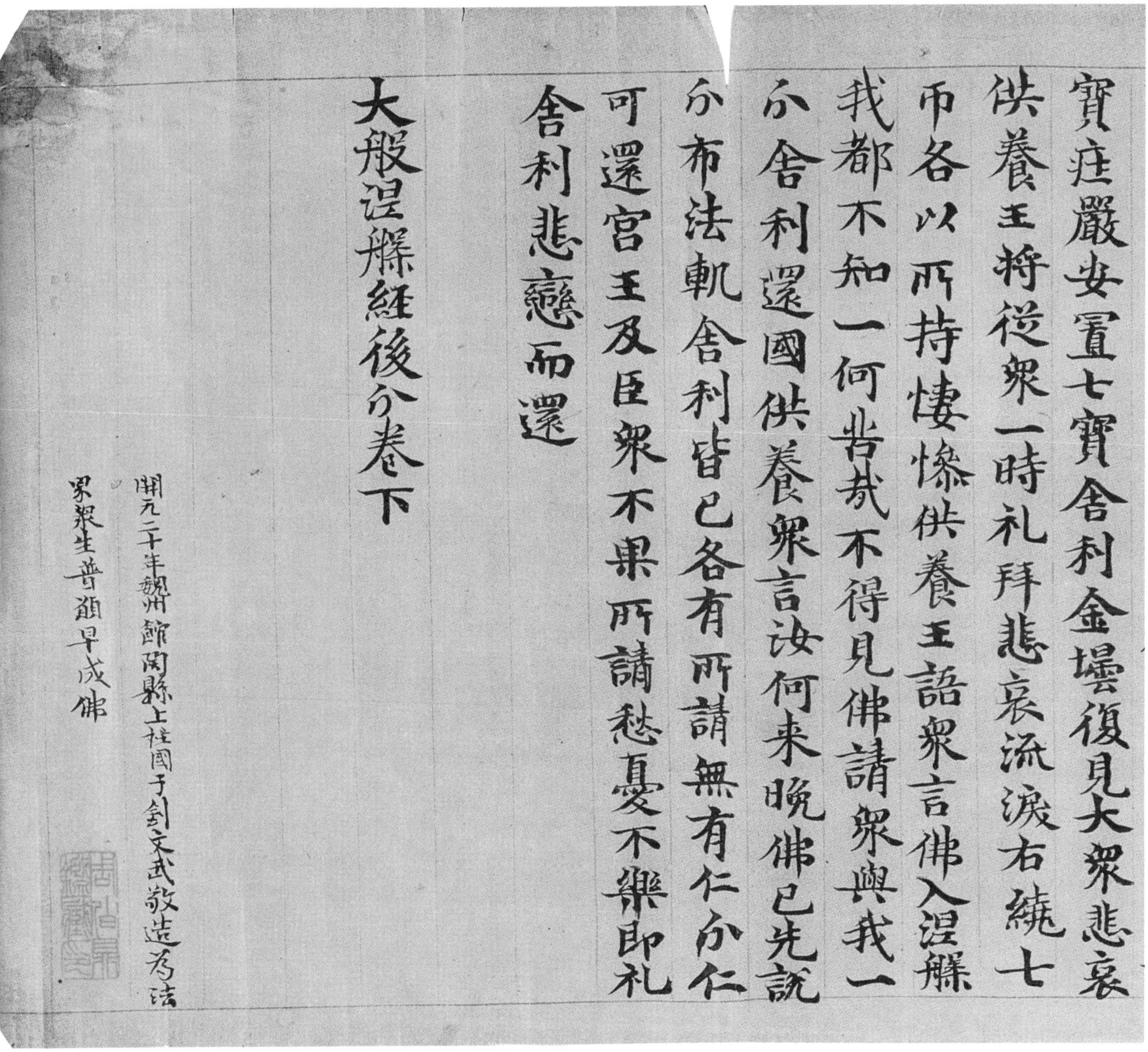
寶莊嚴安置七寶舍利金壜復見大衆悲哀
供養王將從衆一時礼拜悲哀流淚右繞七
帀各以所持悽慘供養王語衆言佛入涅槃
我都不知一何苦哉不得見佛請衆與我一
分舍利還國供養衆言汝何來晚佛已先説
分布法軌舍利皆已各有所請無有仁分仁
可還宮王及臣衆不果所請愁憂不樂即礼
舍利悲戀而還

大般涅槃經後分卷下

開元二十年魏州館陶縣上柱國于劍文武敬造為法
界衆生普願早成佛

06893 大般涅槃經後分卷下 （唐）釋若那跋陀羅譯　唐寫本

卷軸裝。高25.3厘米，長850厘米。一紙長50.2厘米。存十七紙，每紙二十八行，行字不等。烏絲欄。有“周伯鼎鑑藏印”印。周叔弢舊藏。天津博物館藏。

若人有病得聞是經病即消滅不老不死
宿王華汝若見有受持是經者應以青蓮
華盛滿末香供散其上散已作是念言此
人不久必取當草坐於道場破諸魔軍當
吹法螺擊大法鼓度脫一切生老病死海是
故求佛道者見有受持是經典人應當如
是生恭敬心說是藥王菩薩本事品時八万
四千菩薩得解一切衆生語言陁羅尼多寶
如來於寶塔中讚宿王華菩薩言善哉
善哉宿王華汝成就不可思議功德乃能
問釋迦牟尼佛如此之事利益無量一切衆生
妙法蓮華經卷第六

06898 妙法蓮華經卷第六 （後秦）釋鳩摩羅什譯　唐寫本

卷軸裝。高26.8厘米，長940厘米。一紙長49.5厘米。存十九紙，每紙二十八行，行字不等。烏絲欄。周叔弢舊藏。天津博物館藏。

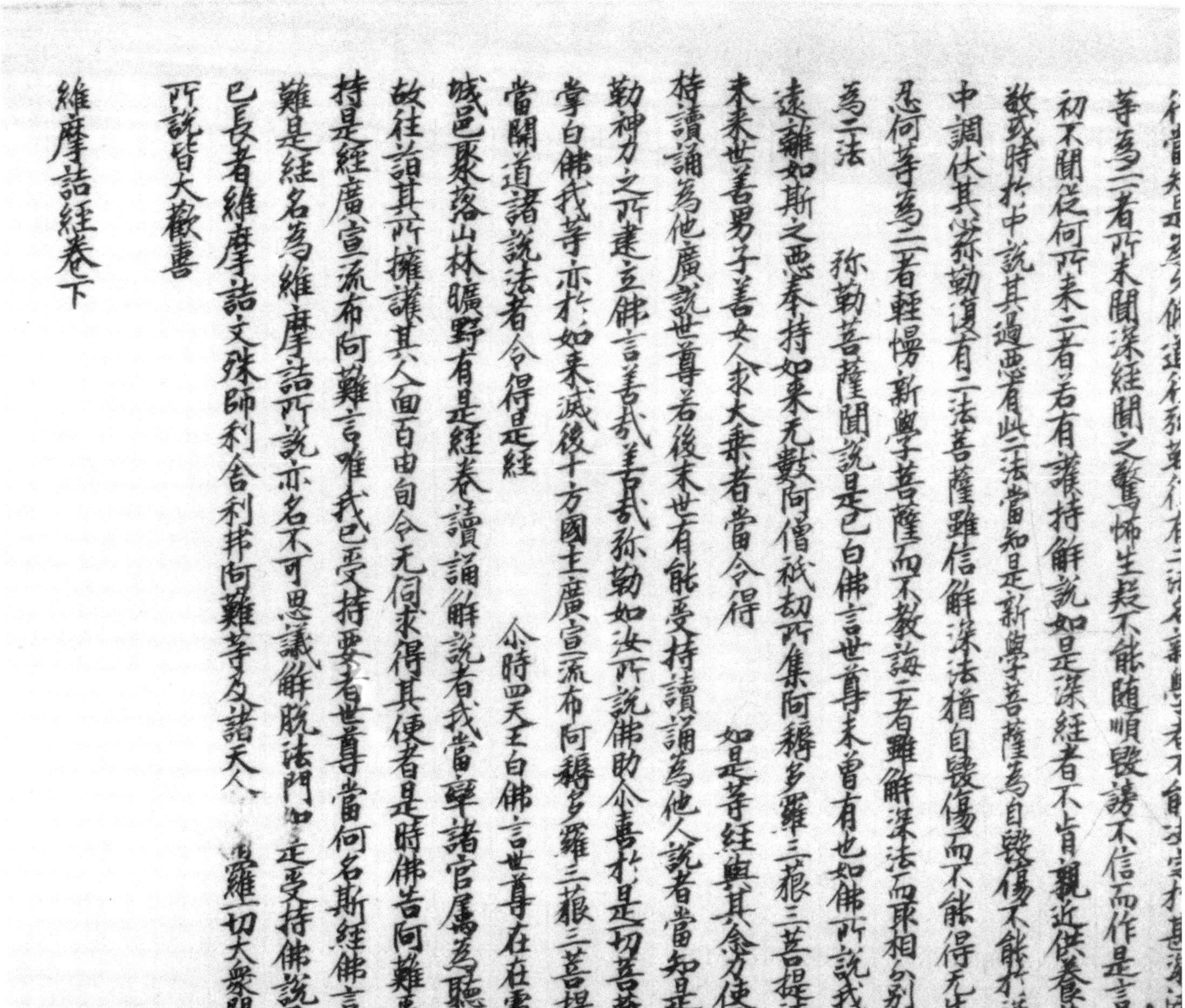
行當知是為久修道行弥勒復有二法名新學者不能決定於甚深法何
等為二一者所未聞深經聞之驚怖生疑不能隨順毀謗不信而作是言我
初不聞從何所來二者若有護持解說如是深經者不肯親近供養恭
敬或時於中說其過惡有此二法當知是新學菩薩為自毀傷不能於深法
中調伏其心弥勒復有二法菩薩雖信解深法猶自毀傷而不能得无生法
忍何等為二一者輕慢新學菩薩而不教誨二者雖解深法而取相分別是
為二法　弥勒菩薩聞說是已白佛言世尊未曾有也如佛所說我當
遠離如斯之惡奉持如來无數阿僧祇劫所集阿耨多羅三藐三菩提法若
未來世善男子善女人求大乘者當令得　如是等經與其念力使受
持讀誦為他廣說世尊若後末世有能受持讀誦為他人說者當知是弥
勒神力之所建立佛言善哉善哉弥勒如汝所說佛助尒喜於是一切菩薩合
掌白佛我等亦於如來滅後十方國土廣宣流布阿耨多羅三藐三菩提復
當開導諸說法者令得是經　尒時四天王白佛言世尊在在處處
城邑聚落山林曠野有是經卷讀誦解說者我當率諸官屬為聽法
故往詣其所擁護其人面百由旬令无伺求得其便者是時佛告阿難受
持是經廣宣流布阿難言唯我已受持要者世尊當何名斯經佛言阿
難是經名為維摩詰所說亦名不可思議解脫法門如是受持佛說是
已長者維摩詰文殊師利舍利弗阿難等及諸天人阿修羅一切大衆聞佛
所說皆大歡喜

維摩詰經卷下

06900 維摩詰經卷下 （後秦）釋鳩摩羅什譯　吐蕃統治敦煌時期寫本

卷軸裝。高26.7厘米，長1326厘米。一紙長48.3厘米。存二十八紙，每紙三十七行，行字不等。烏絲欄。周叔弢舊藏。天津博物館藏。

思益梵天所問經卷第三
於是網明菩薩白佛言世尊若有菩薩悕望
功德利而發菩提心者不名發大乘也所以者
何一切法无功德利以无對處故世尊菩薩
摩訶薩不應爲功德利故發菩提心但爲
大悲心故滅衆生苦故不自憂苦生諸善法
故解脱諸耶見故滅除病故捨我所貪着
故不觀憎愛故不没世法故猒患有爲欲安
住涅槃故發菩提心世尊菩薩不應於衆生
求其恩報亦不應觀作與不作又於苦樂心
不須動世尊何謂菩薩家清淨佛言善男子
菩薩若生轉輪王家不名家清淨若生帝釋
中若生梵天中亦不名家清淨在所生處乃
至畜生自不失善根亦令衆生生諸善根是

06901 思益梵天所問經卷第三 （後秦）釋鳩摩羅什譯　唐寫本

卷軸裝。高24.4厘米，長979.5厘米。一紙長49.5厘米。存二十紙，每紙二十八行，行十六至二十字。烏絲欄。周叔弢舊藏。天津博物館藏。

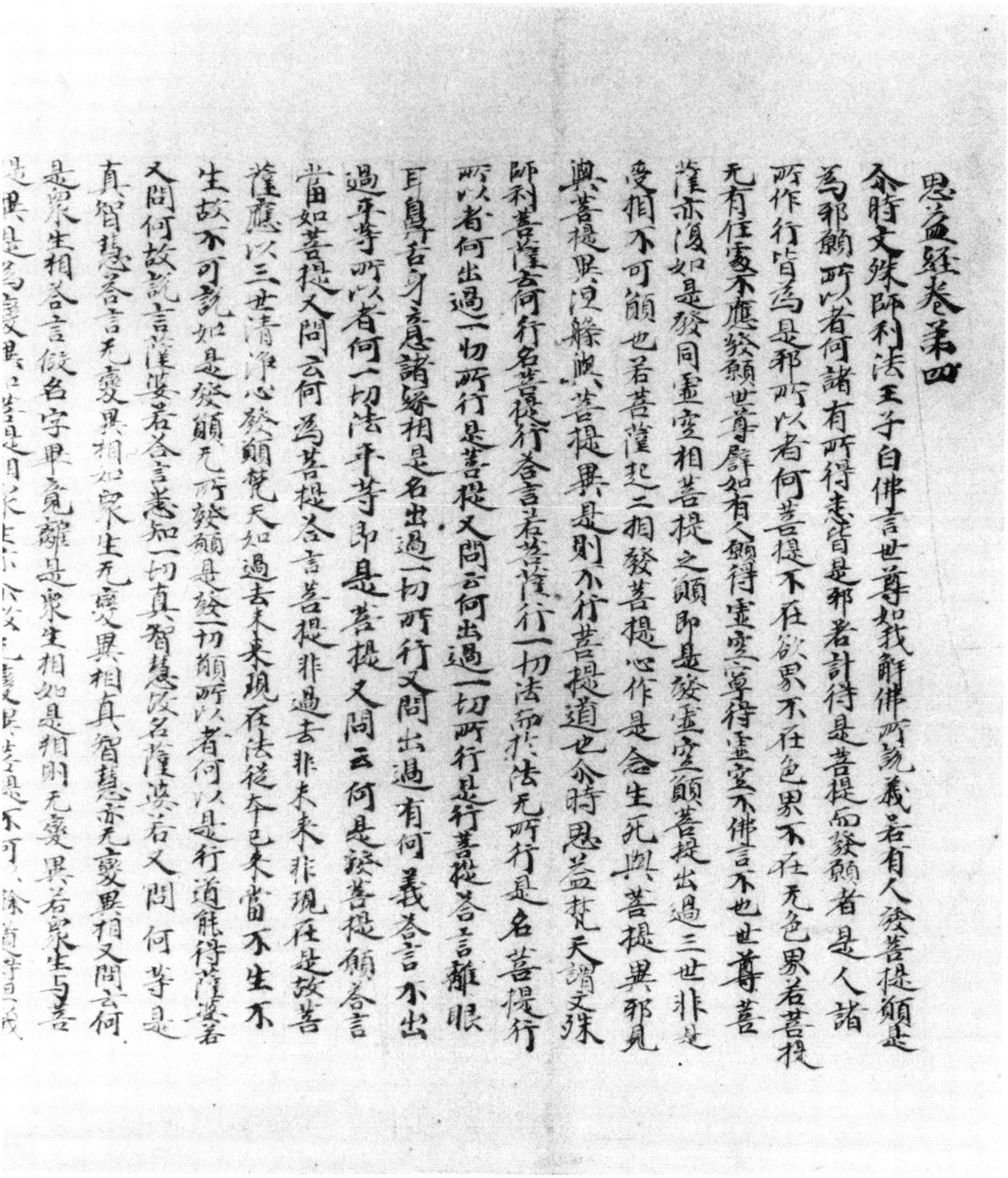
思益經卷第四
尒時文殊師利法王子白佛言世尊如我解佛所說義若有人發菩提願是
為邪願所以者何諸有所得悉皆是邪若計得是菩提而發願者是人諸
所作行皆為是邪所以者何菩提不在欲界不在色界不在无色界若菩提
无有住處不應發願世尊譬如有人願得虛空言得虛空不佛言不也世尊菩
薩亦復如是發同虛空相菩提之願即是發虛空願菩提出過三世非是
受相不可願也若菩薩起二相發菩提心作是念生死與菩提異邪見
與菩提異涅槃與菩提異是則不行菩提道也尒時思益梵天謂文殊
師利菩薩云何行名菩提行答言若菩薩行一切法而於法无所行是名菩提行
所以者何出過一切所行是菩提又問云何出過一切所行是行菩提答言離眼
耳鼻舌身意諸緣相是名出過一切所行又問出過有何義答言不出
過平等所以者何一切法平等即是菩提又問云何是發菩提願答言
當如菩提又問云何為菩提答言菩提非過去非未來非現在是故菩
薩應以三世清淨心發願梵天知過去未來現在法從本已來當不生不
生故不可說如是發願无所發願是發一切願所以者何以是行道能得薩婆若
又問何故說言薩婆若答言悉知一切真智慧故名薩婆若又問何等是
真智慧答言无變異相如眾生无變異相真智慧亦无變異相又問云何
是眾生相答言假名字畢竟離是眾生相如是相明无變異若眾生與菩

06903 思益梵天所問經卷第四 （後秦）釋鳩摩羅什譯　歸義軍時期寫本

卷軸裝。高28.2厘米，長925厘米。一紙長41厘米。存二十三紙，每紙三十三行，行字不等。烏絲欄。周叔弢舊藏。天津博物館藏。

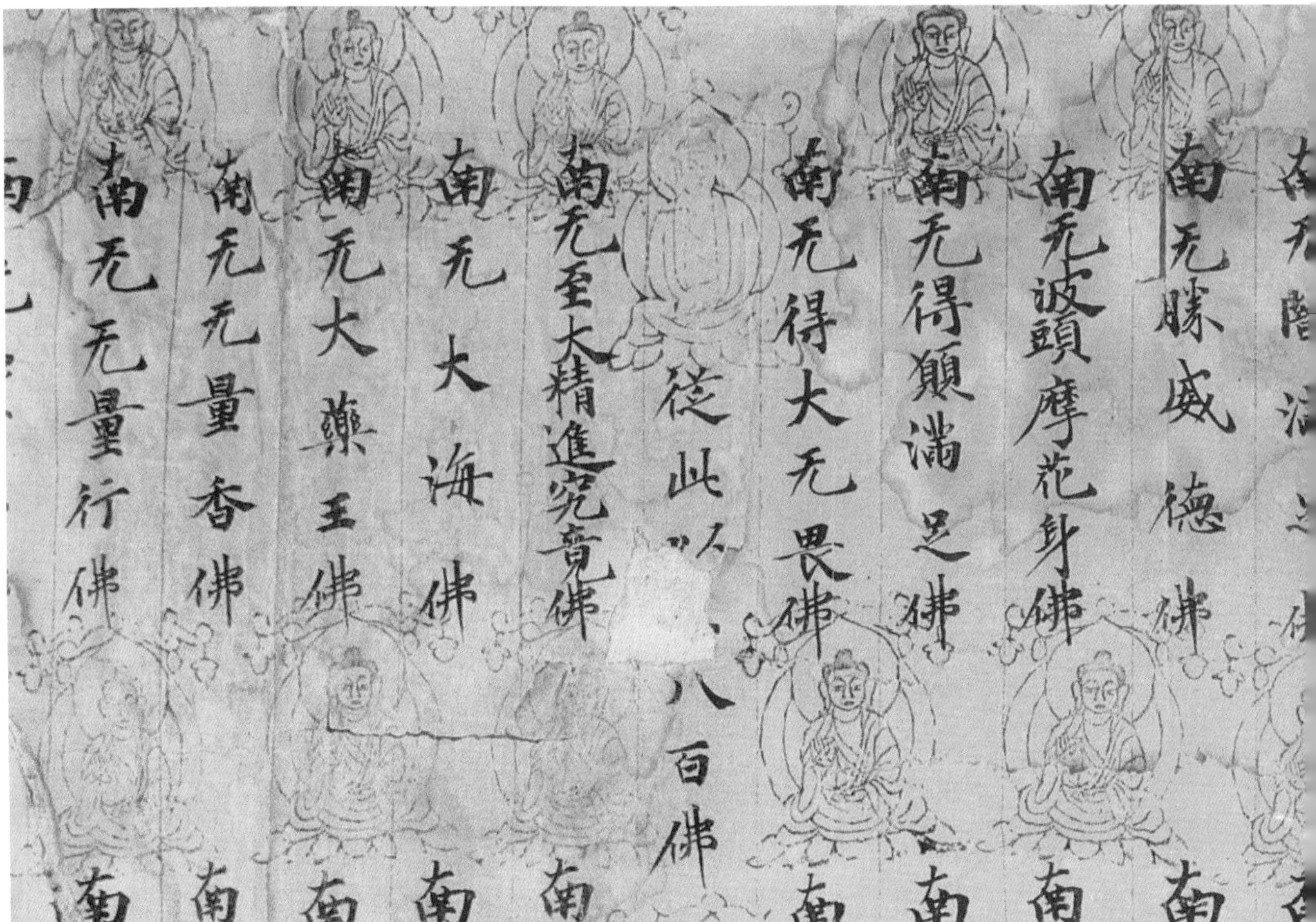
南无勝威德佛
南无波頭摩花身佛
南无得顛湍足佛
南无得大无畏佛
從此以上八百佛
南无至大精進究竟佛
南无大海佛
南无大藥王佛
南无无量香佛
南无无量行佛
南无无垢身佛
南无得无礙佛
南无得普照清淨佛
南无至大佛
南无大境界佛
南无大樂說佛
南无大功德佛
南无无量精進佛
南无无量功德佛

06906 佛說佛名經 唐寫本

卷軸裝。高25.5厘米，長150厘米。一紙長42厘米。存四紙，每紙二十四行，行字不等。烏絲欄。有捺印佛像，卷背雜寫“五佛”。烏絲欄。天津博物館藏。

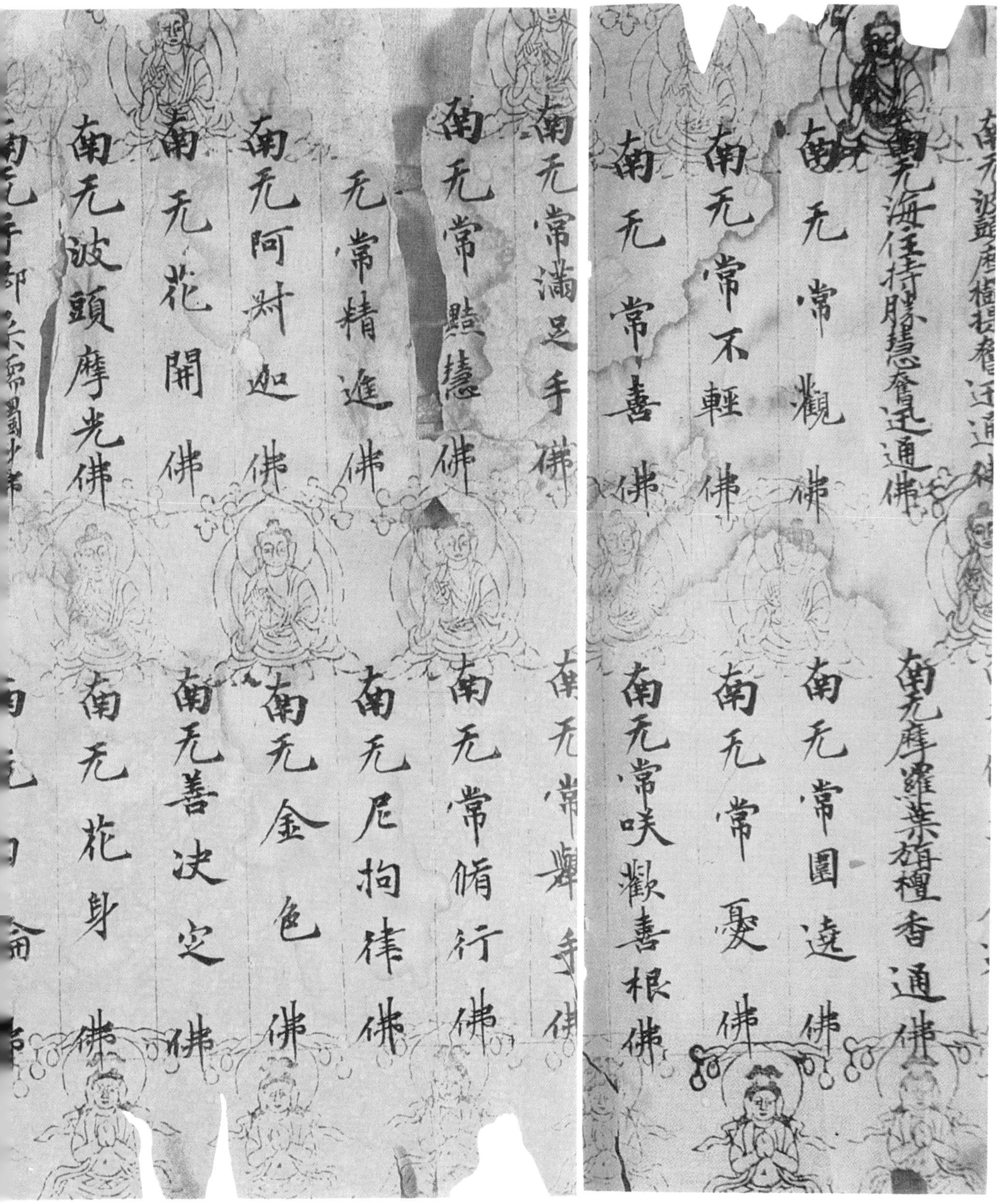
南无波頭摩樹提奮迅通佛
南无海住持勝慧奮迅通佛
南无常觀佛
南无常不輕佛
南无常善佛
南无常滿足手佛
南无常點慧佛
无常精進佛
南无阿対迦佛
南无花開佛
南无波頭摩光佛
南无摩羅葉旃檀香通佛
南无常圓遠佛
南无常憂佛
南无常咲歡善根佛
南无常舉手佛
南无常脩行佛
南无尼拘律佛
南无金色佛
南无善決定佛
南无花身佛

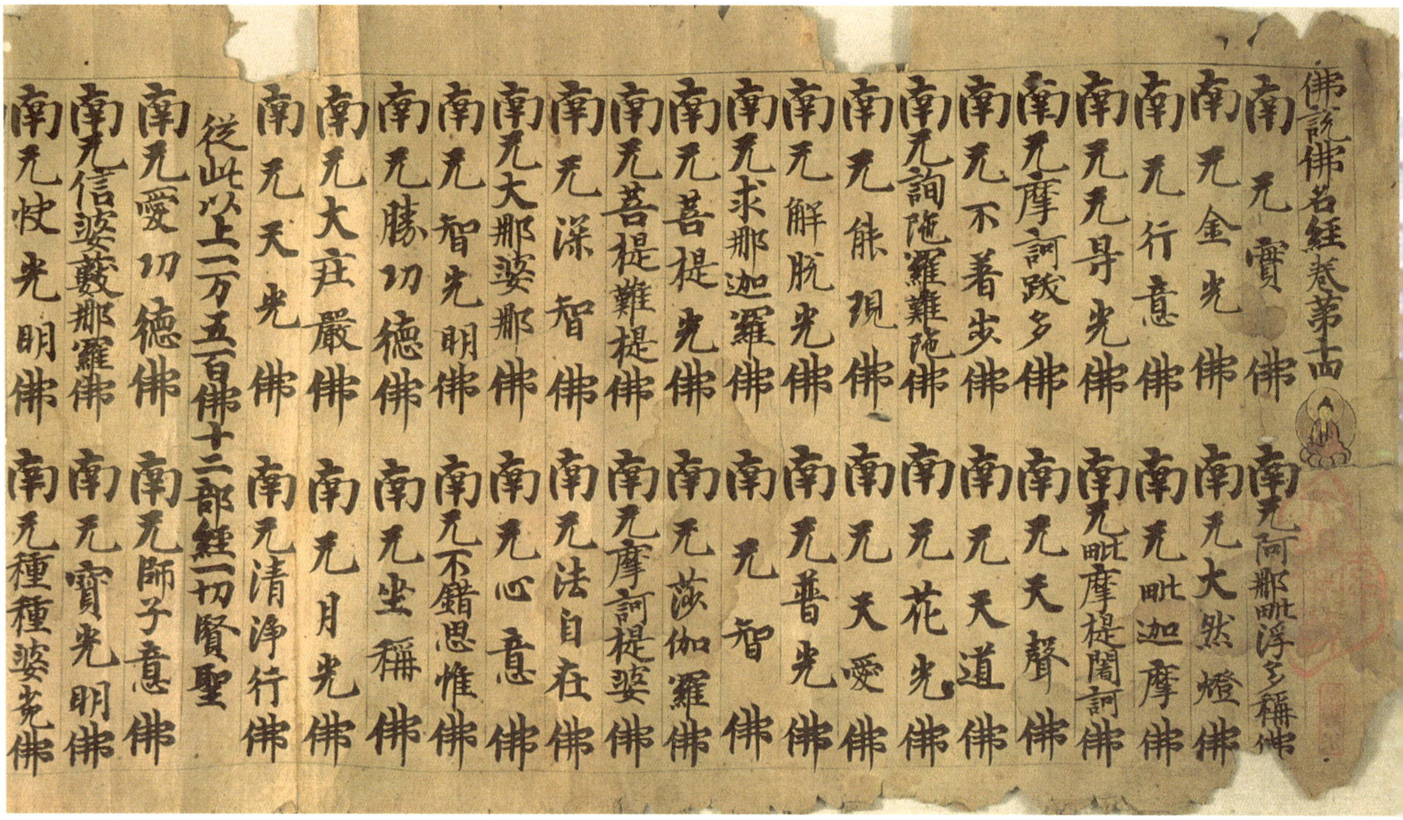

06908 佛說佛名經卷第十四 歸義軍時期寫本

卷軸裝。高32.3厘米，長1747厘米。一紙長44.5厘米。存三十九紙，每紙十九行，行字不等。烏絲欄。周叔弢舊藏。天津博物館藏。

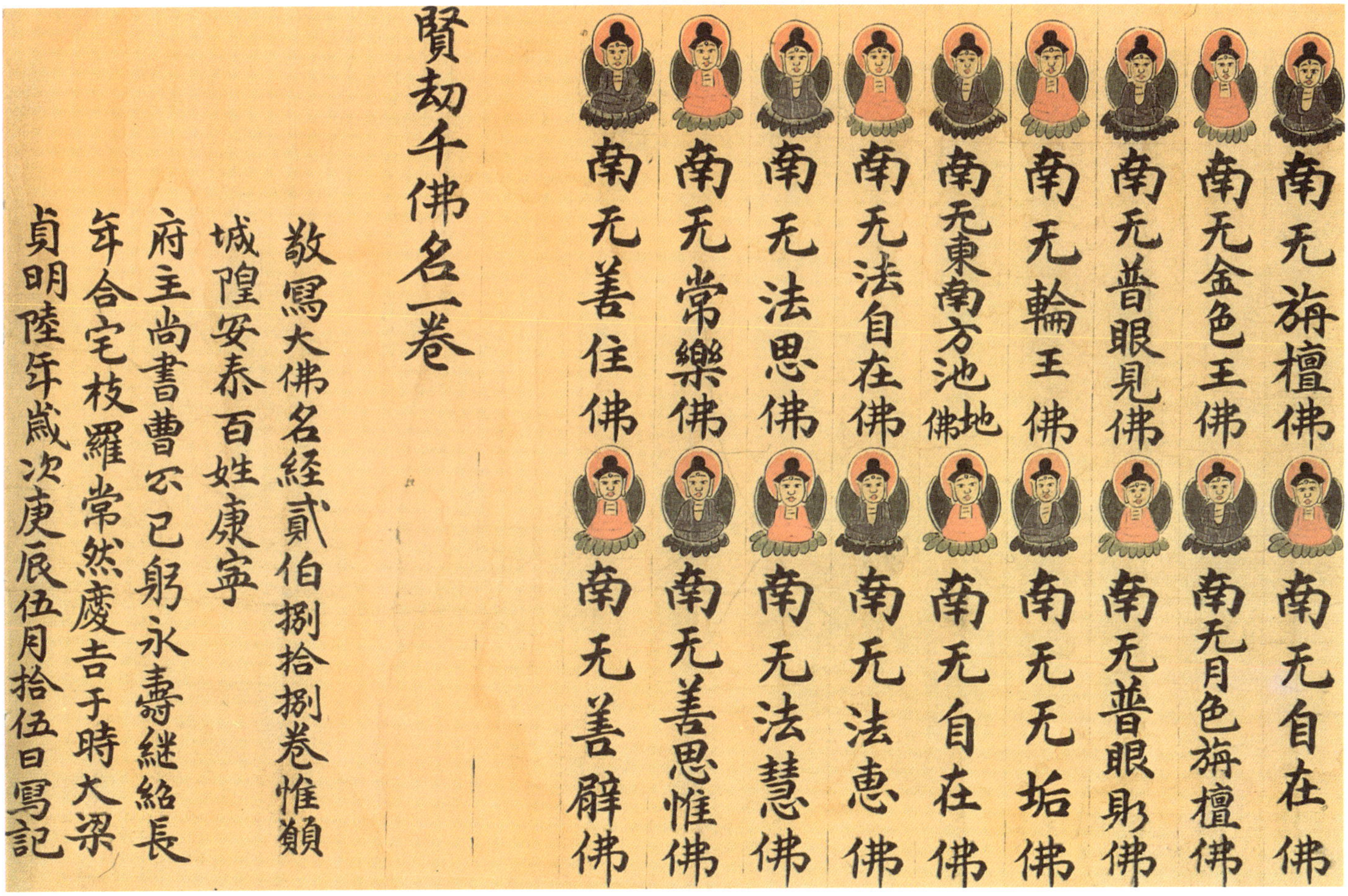

06909 賢劫千佛名經 後梁貞明六年（920）寫本

卷軸裝。高30.8厘米，長310厘米。一紙長61.5厘米。存五紙，每紙二十行，行字不等。每行上下彩繪佛像。烏絲欄。有年款題記。周叔弢舊藏。天津博物館藏。

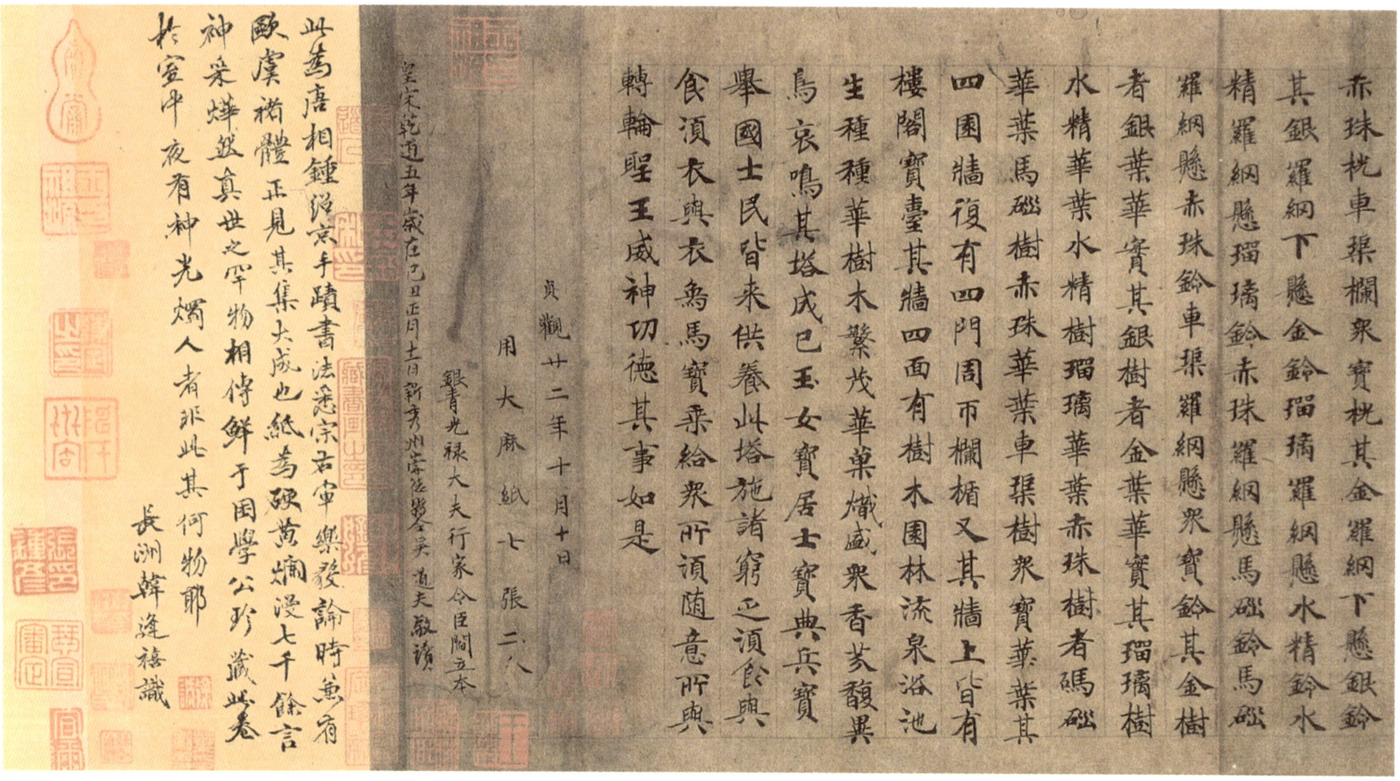

06911 佛說長阿含第四分世記經轉輪聖王品第三 （後秦）釋佛陀耶舍　釋竺佛念譯　唐貞觀二十二年（648）寫本

卷軸裝。高23.5厘米，長289.5厘米。存三紙，一百六十四行，行十七至十八字。有年款題記。有“韓逢禧書畫印”、“岳崧”、“子駿”、“張印鐘彥”、“王印祖源”、“王懿榮”等印。有吳道夫、韓逢禧、張岳崧等跋。天津博物館藏。

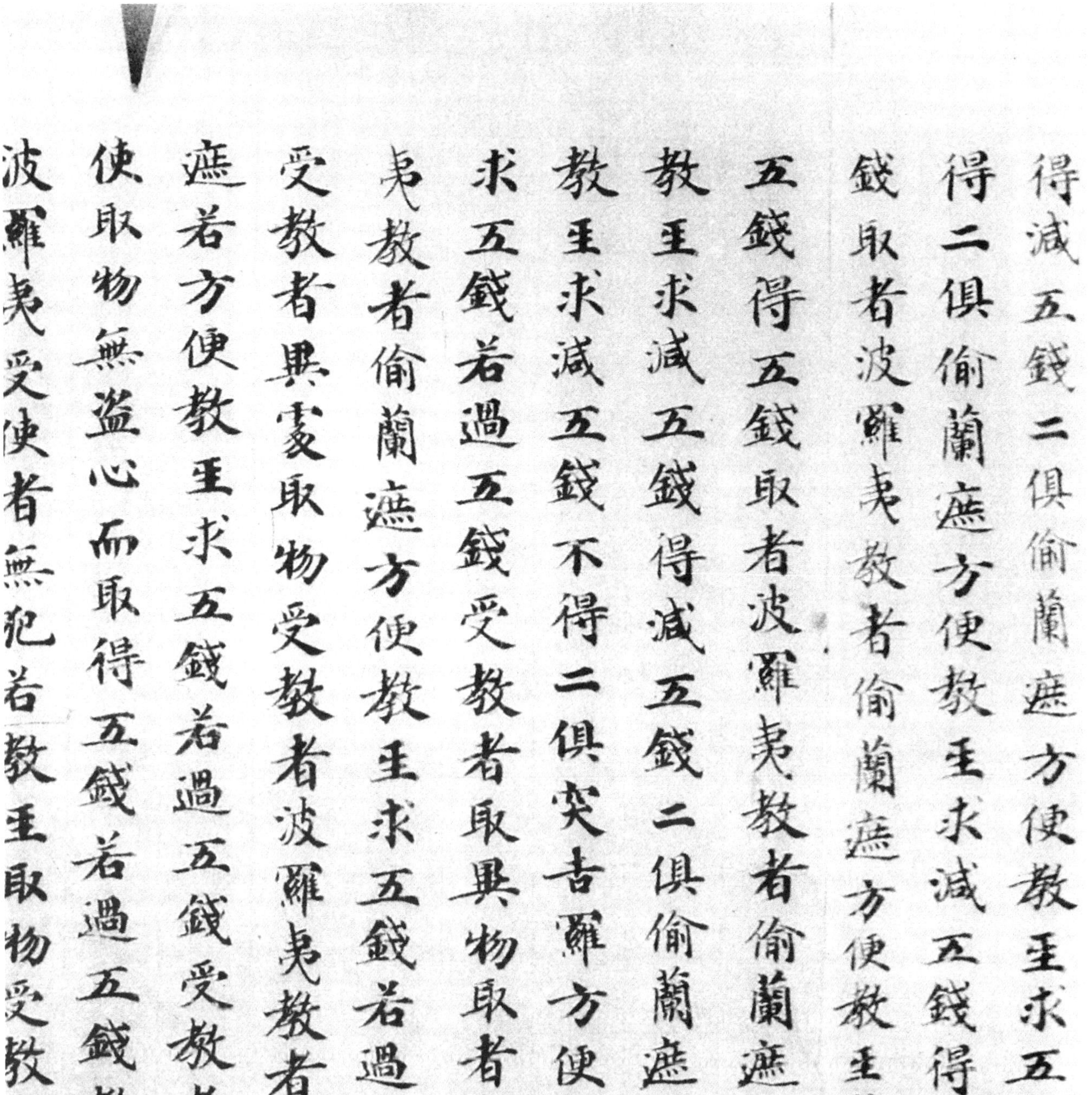

06912 四分律卷第一 唐寫本

卷軸裝。高25.6厘米，長704厘米。一紙長50.2厘米。存十四紙，每紙二十八行，行十七字。烏絲欄。周叔弢舊藏。天津博物館藏。

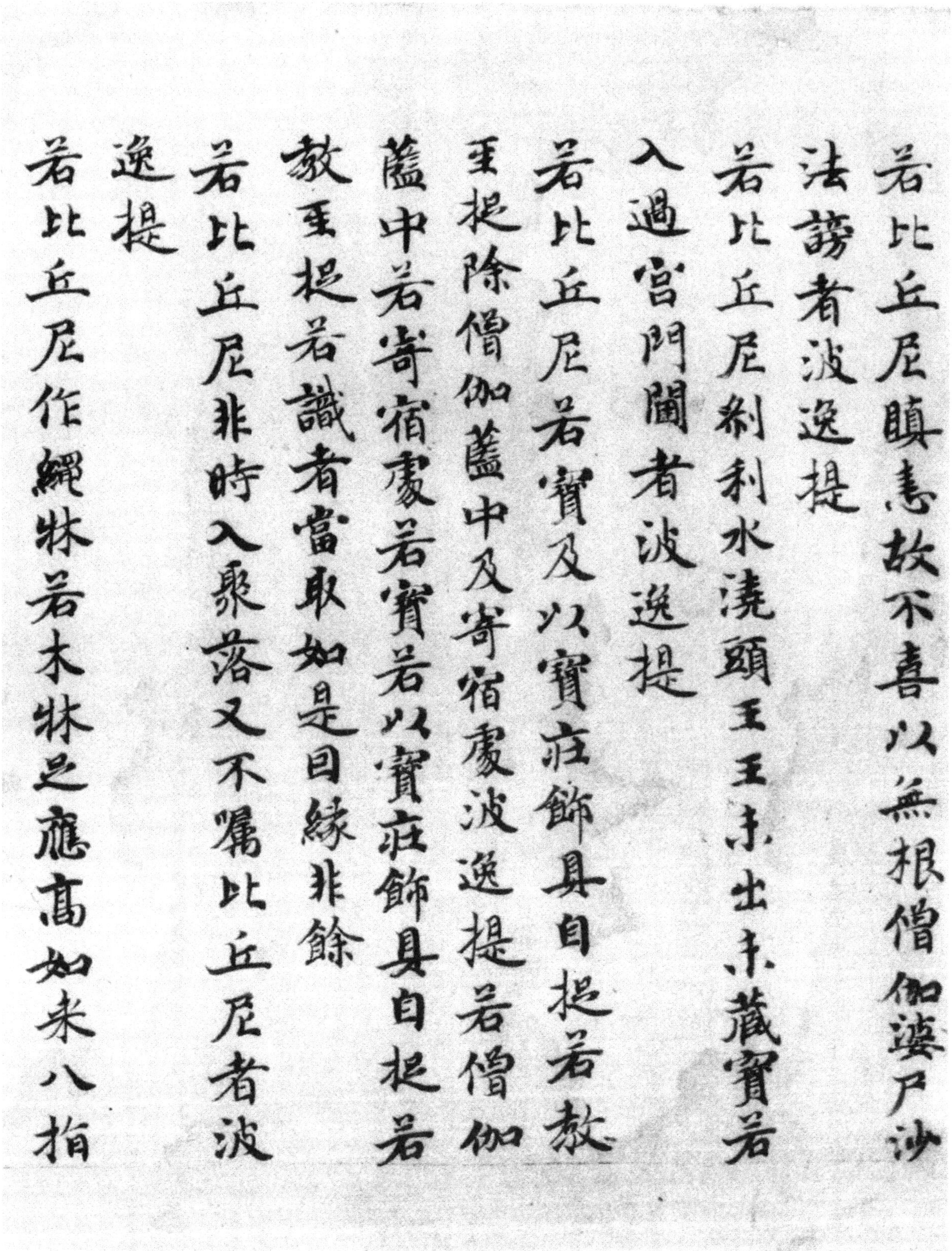
若比丘尼瞋恚故不喜以無根僧伽婆尸沙
法謗者波逸提
若比丘尼剎利水澆頭王王未出未藏寶若
入過宮門閫者波逸提
若比丘尼若寶及以寶莊飾具自捉若教
人捉除僧伽藍中及寄宿處波逸提若僧伽
藍中若寄宿處若寶若以寶莊飾具自捉若
教人捉若識者當取如是因緣非餘
若比丘尼非時入聚落又不囑比丘尼者波
逸提
若比丘尼作繩牀若木牀足應高如來八指

06913 比丘尼四分戒本 唐寫本

卷軸裝。高25.3厘米，長835.5厘米。一紙長50.5厘米。存十八紙，每紙二十八行，行十七字。天津博物館藏。

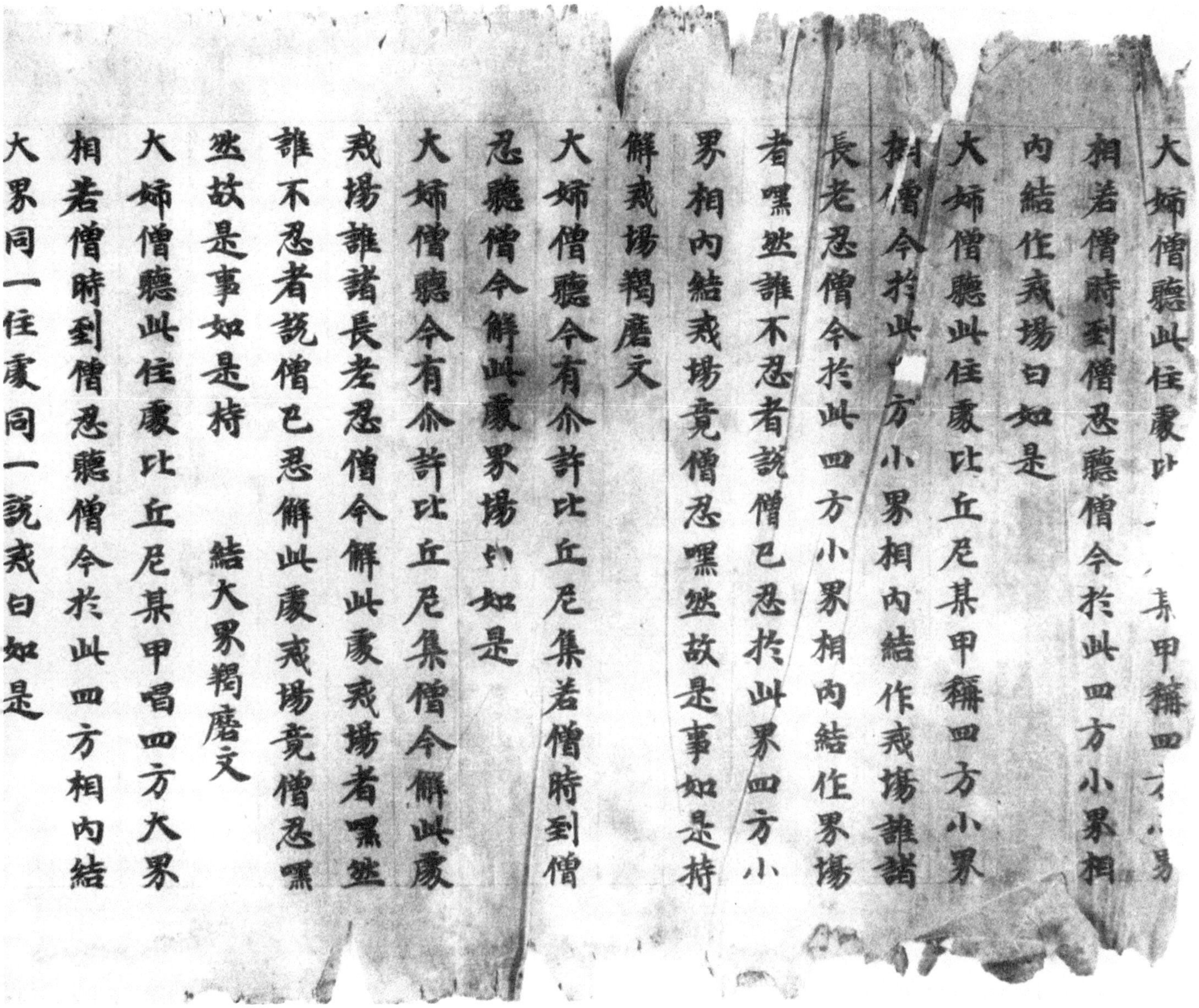
大姊僧聽此住處比[illegible]某甲稱四[illegible]小界
相若僧時到僧忍聽僧今於此四方小界相
內結作戒場白如是
大姊僧聽此住處比丘尼某甲稱四方小界
相僧今於此[illegible]方小界相內結作戒場誰諸
長老忍僧今於此四方小界相內結作界場
者嘿然誰不忍者說僧已忍於此界四方小
界相內結戒場竟僧忍嘿然故是事如是持
解戒場羯磨文
大姊僧聽今有尒許比丘尼集若僧時到僧
忍聽僧今解此處界場[illegible]如是
大姊僧聽今有尒許比丘尼集僧今解此處
戒場誰諸長老忍僧今解此處戒場者嘿然
誰不忍者說僧已忍解此處戒場竟僧忍嘿
然故是事如是持
結大界羯磨文
大姊僧聽此住處比丘尼某甲唱四方大界
相若僧時到僧忍聽僧今於此四方相內結
大界同一住處同一說戒白如是

06915 大戒尼羯磨文　六朝寫本

卷軸裝。高26厘米，長1245厘米。一紙長50.7厘米。存二十五紙，每紙二十八行，行十七字。烏絲欄。周叔弢舊藏。天津博物館藏。

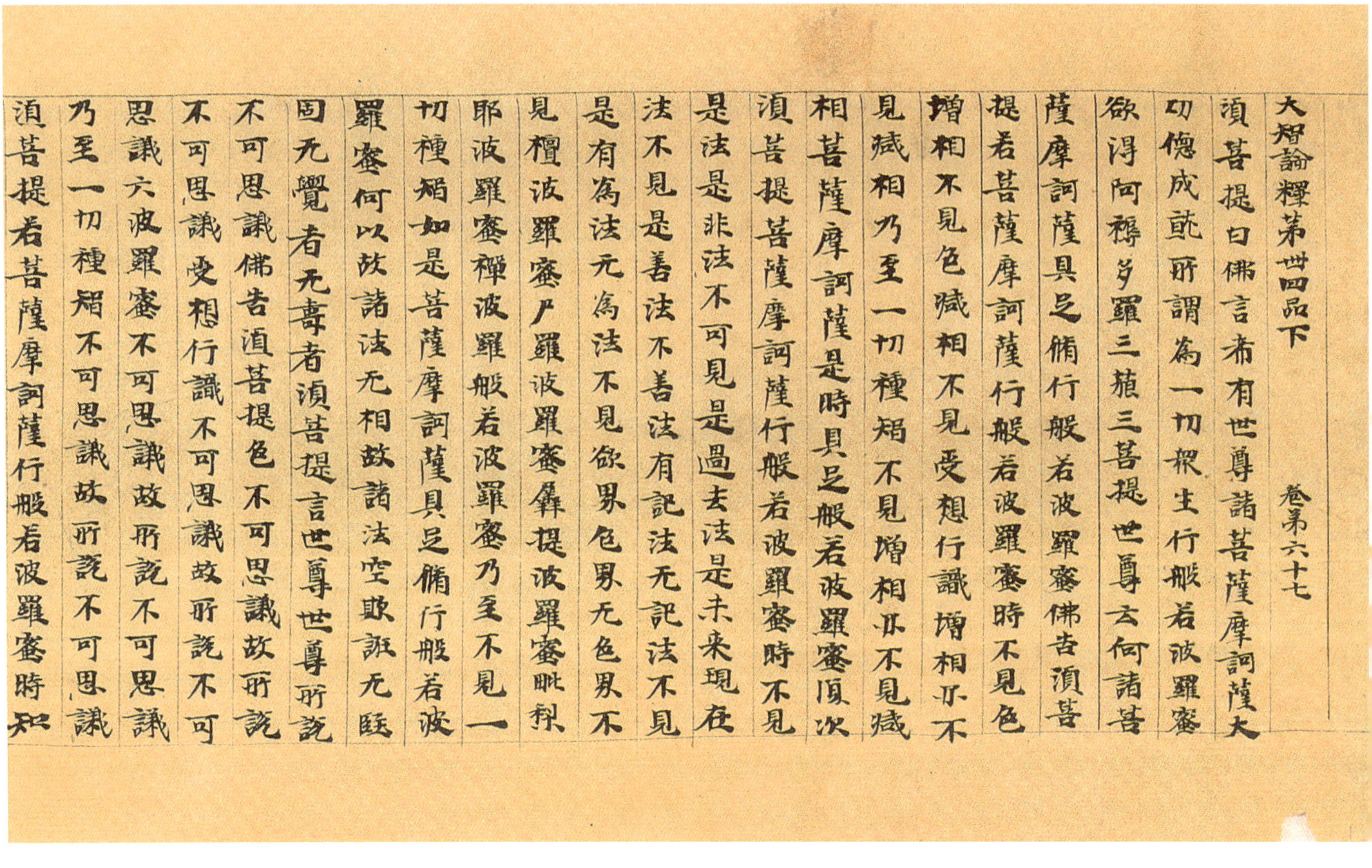
大智論釋第卌四品下　卷第六十七
須菩提白佛言希有世尊諸菩薩摩訶薩大
功德成就所謂為一切衆生行般若波羅蜜
欲得阿耨多羅三藐三菩提世尊云何諸菩
薩摩訶薩具足脩行般若波羅蜜佛告須菩
提若菩薩摩訶薩行般若波羅蜜時不見色
增相不見色減相不見受想行識增相亦不
見減相乃至一切種智不見增相亦不見減
相菩薩摩訶薩是時具足般若波羅蜜復次
須菩提菩薩摩訶薩行般若波羅蜜時不見
是法是非法不可見是過去法是未來現在
法不見是善法不善法有記法无記法不見
是有為法无為法不見欲界色界无色界不
見檀波羅蜜尸羅波羅蜜羼提波羅蜜毗梨
耶波羅蜜禪波羅蜜般若波羅蜜乃至不見一
切種智如是菩薩摩訶薩具足脩行般若波
羅蜜何以故諸法无相故諸法空欺誑无堅
固无覺者无壽者須菩提言世尊所說
不可思議佛告須菩提色不可思議故所說
不可思議受想行識不可思議故所說不可
思議六波羅蜜不可思議故所說不可思議
乃至一切種智不可思議故所說不可思議
須菩提若菩薩摩訶薩行般若波羅蜜時知

06918 大智度論卷第六十七（後秦）釋鳩摩羅什譯　南北朝寫本

卷軸裝。高26厘米，長828厘米。存十八紙，每紙二十九行，行十七字。烏絲欄。有軸。周叔弢舊藏。天津博物館藏。

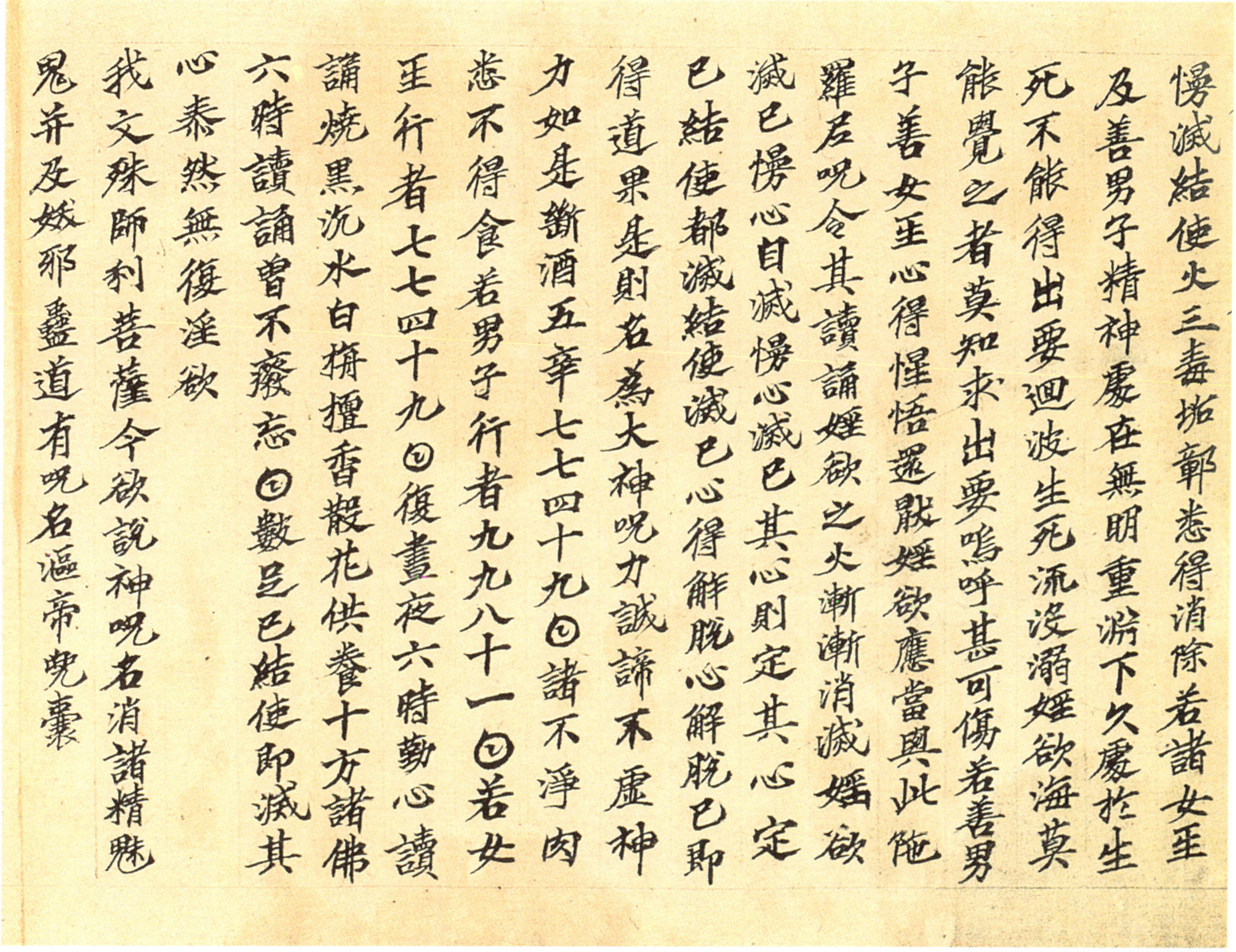
愓滅結使火三毒垢鄣悉得消除若諸女人
及善男子精神處在無明重淵下久處於生
死不能得出要迴波生死流沒溺婬欲海莫
能覺之者莫知求出要嗚呼甚可傷若善男
子善女人心得惺悟還厭婬欲應當與此陁
羅尼呪令其讀誦婬欲之火漸漸消滅婬欲
滅已愓心自滅愓心滅已其心則定其心定
已結使都滅結使滅已心得解脫心解脫已即
得道果是則名為大神呪力誠諦不虛神
力如是斷酒五辛七七四十九日諸不淨肉
悉不得食若男子行者九九八十一日若女
人行者七七四十九日復晝夜六時勤心讀
誦燒黑沉水白栴檀香散花供養十方諸佛
六時讀誦曾不癈忘日數足已結使即滅其
心泰然無復淫欲
我文殊師利菩薩今欲說神呪名消諸精魅
鬼并及婬邪蠱道有呪名漚帝兜囊

06920 七佛所說神咒經卷第二（晉）失譯　唐寫本

卷軸裝。高25.9厘米，長777厘米。一紙長48.5厘米。存十六紙，每紙二十八行，行十六至十七字。烏絲欄。天津博物館藏。

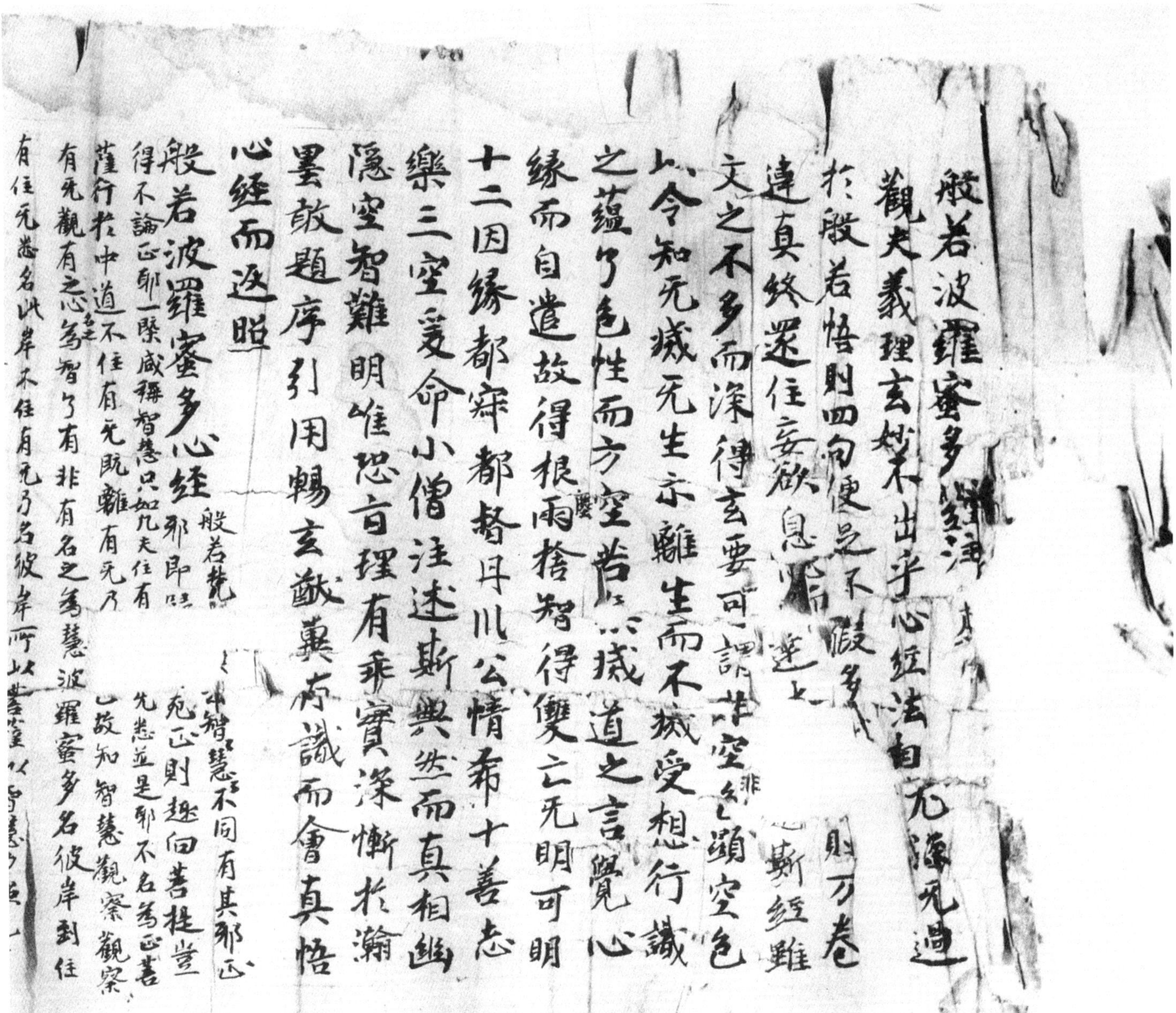
般若波羅蜜多心經注
觀夫義理玄妙不出乎心經法自无[illegible]无邊
於般若悟則四句便足不假多[illegible] 般若万卷
達真終還住妄欲息[illegible]迷 斯經雖
文之不多而深得玄要可謂[illegible]空[illegible]顯空色
以令知无滅无生亦離生而不滅受想行識
之蘊了色性而方空昔[illegible]滅道之言覺心
緣而自遣故得根雨捨智得變亡无明可明
十二因緣都寂都督丹川公情希十善志
樂三空爰命小僧注述斯興然而真相幽
隱空智難明唯恐旨理有乖實深慚於瀚
墨敢題序引用暢玄猷冀存識而會真悟
心經而返照
般若波羅蜜多心經 般若梵[illegible]中智慧不同有其邪正
得不論正邪一槩咸稱智慧只如凡夫住有 邪即[illegible]充正則趣向菩提豈
薩行於中道不住有无既離有无乃 [illegible]悲並是邪不名為正菩
有无觀有之心為智了有非有名之為慧波 心故知智慧觀察觀察
有住无悲名此岸不住有无乃名彼岸所以菩薩以智慧[illegible] 羅蜜多名彼岸到住

06924 般若波羅蜜多心經注 晚唐五代寫本

卷軸裝。高29厘米，長300厘米。一紙長42厘米。存七紙，每紙二十四行，行十五至十六字。烏絲欄。周叔弢舊藏。天津博物館藏。

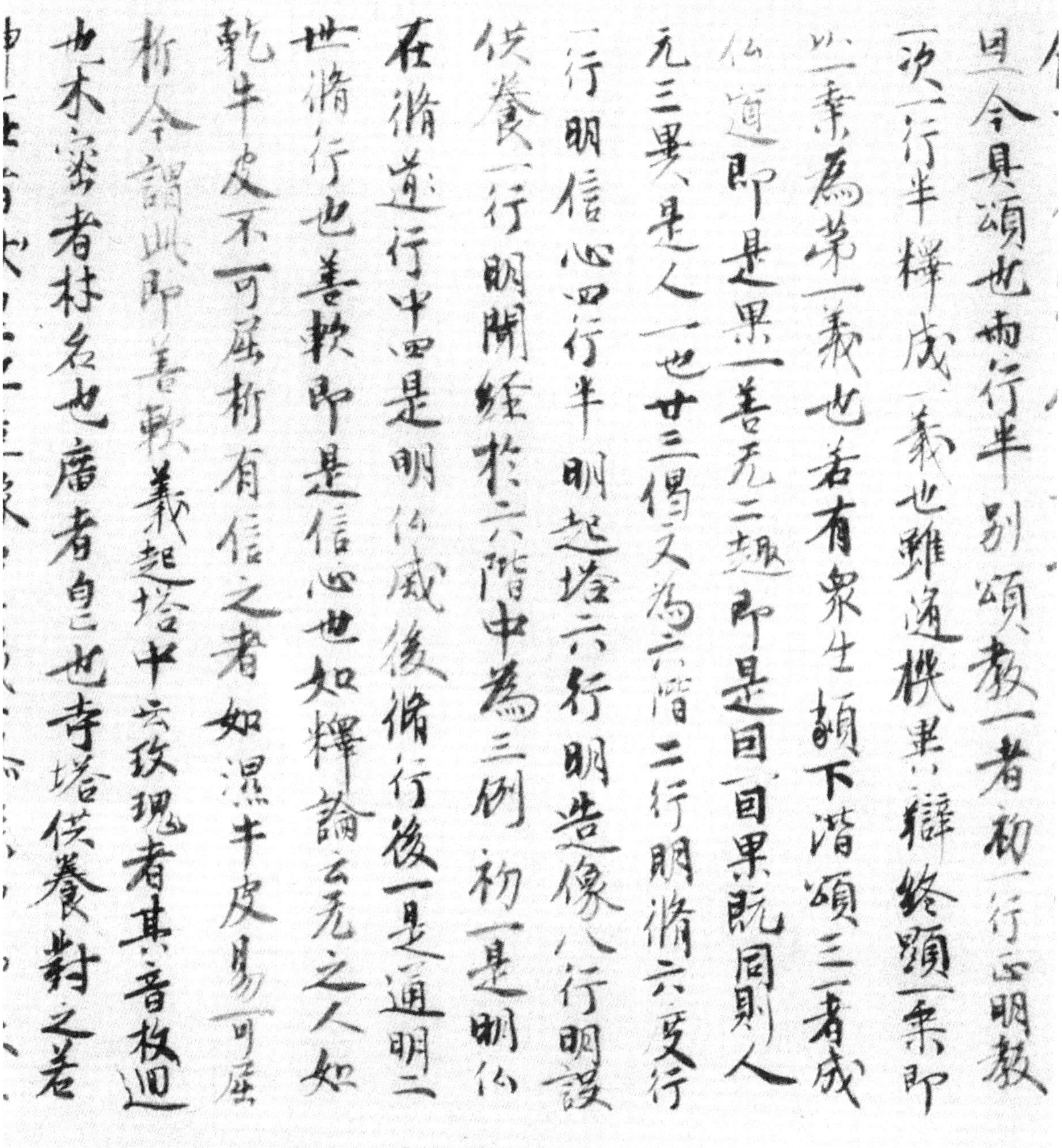
曰今具頌也兩行半別頌教一者初一行正明教
一次一行半釋成一義也雖適機異辯終頌一乘即
以一乘為第一義也若有衆生頓下諸頌三者成
佛道即是果一善无二趣即是回回果既同則人
无三異是人一也廿三偈文為六階二行明脩六度行
一行明信心四行半明起塔六行明造像八行明設
供養一行明聞經於六階中為三例初一是明佛
在脩道行中四是明佛滅後脩行後一是通明二
世脩行也善軟即是信心也如釋論云无之人如
乾牛皮不可屈折有信之者如濕牛皮易可屈
折今謂此即善軟義起塔中云玫瑰者其音枚迴
也木密者木名也廟者皃也寺塔供養對之差

06926 法華經疏 唐寫本

卷軸裝。高27.4厘米，長1415.5厘米。一紙長39厘米。存三十七紙，每紙二十二行，行十七至二十二字。烏絲欄。周叔弢舊藏。天津博物館藏。

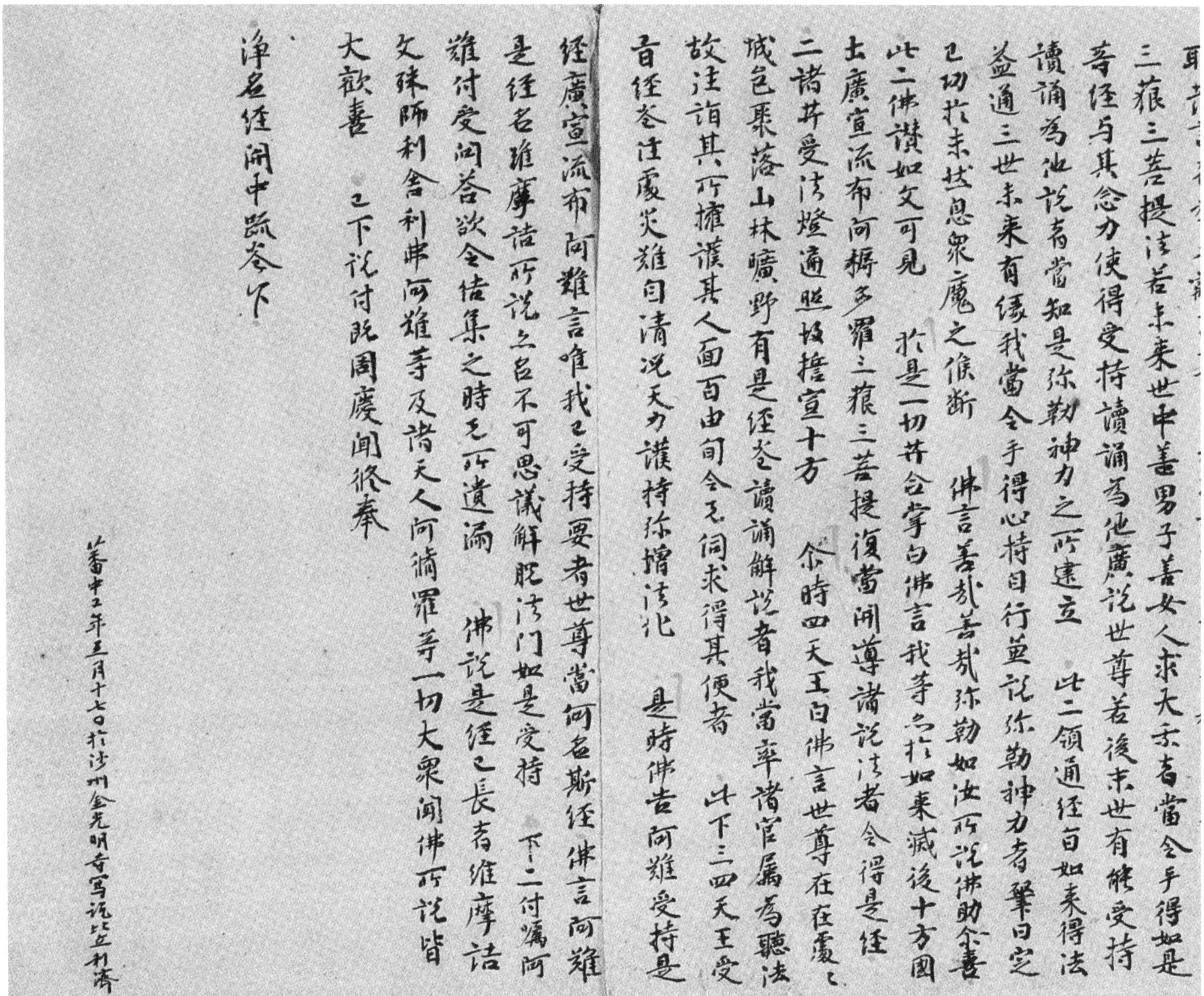
三狼三菩提法若未來世中善男子善女人求大乘者當令手得如是
等經与其念力使得受持讀誦為他廣說世尊若後末世有能受持
讀誦為他說者當知是弥勒神力之所建立　此二領通經自如來得法
益通三世未來有緣我當令手得心持自行並說弥勒神力者筆曰定
已切於末世息衆魔之候断　佛言善哉善哉弥勒如汝所說佛助令喜
此二佛讚如文可見　於是一切菩薩合掌白佛言我等亦於如來滅後十方國
土廣宣流布阿耨多羅三狼三菩提復當開導諸說法者令得是經
二諸菩受法燈通照收攝宣十方　尒時四天王白佛言世尊在在處處
城邑聚落山林曠野有是經卷讀誦解說者我當率諸官屬為聽法
故往詣其所擁護其人面百由旬令無伺求得其便者　此下三四天王受
旨經卷往處災難自清況天力護持弥增法化　是時佛告阿難受持是
經廣宣流布阿難言唯我已受持要者世尊當何名斯經佛言阿難
是經名維摩詰所說亦名不可思議解脱法門如是受持　下二付囑阿
難付受問答欲令結集之時無所遺漏　佛說是經已長者維摩詰
文殊師利舍利弗阿難等及諸天人阿脩羅等一切大衆聞佛所說皆
大歡喜　已下說付既周慶聞修奉
淨名經關中疏卷下
蕃中辛年五月十七日於沙州金光明寺寫記比丘利濟

06933 淨名經集解關中疏卷下 （唐）釋道液撰　吐蕃統治敦煌時期寫本

卷軸裝。高29.5厘米，長1053.5厘米。一紙長43厘米。存二十五紙，七百六十二行，每紙三十行，行字不等。烏絲欄。天津博物館藏。

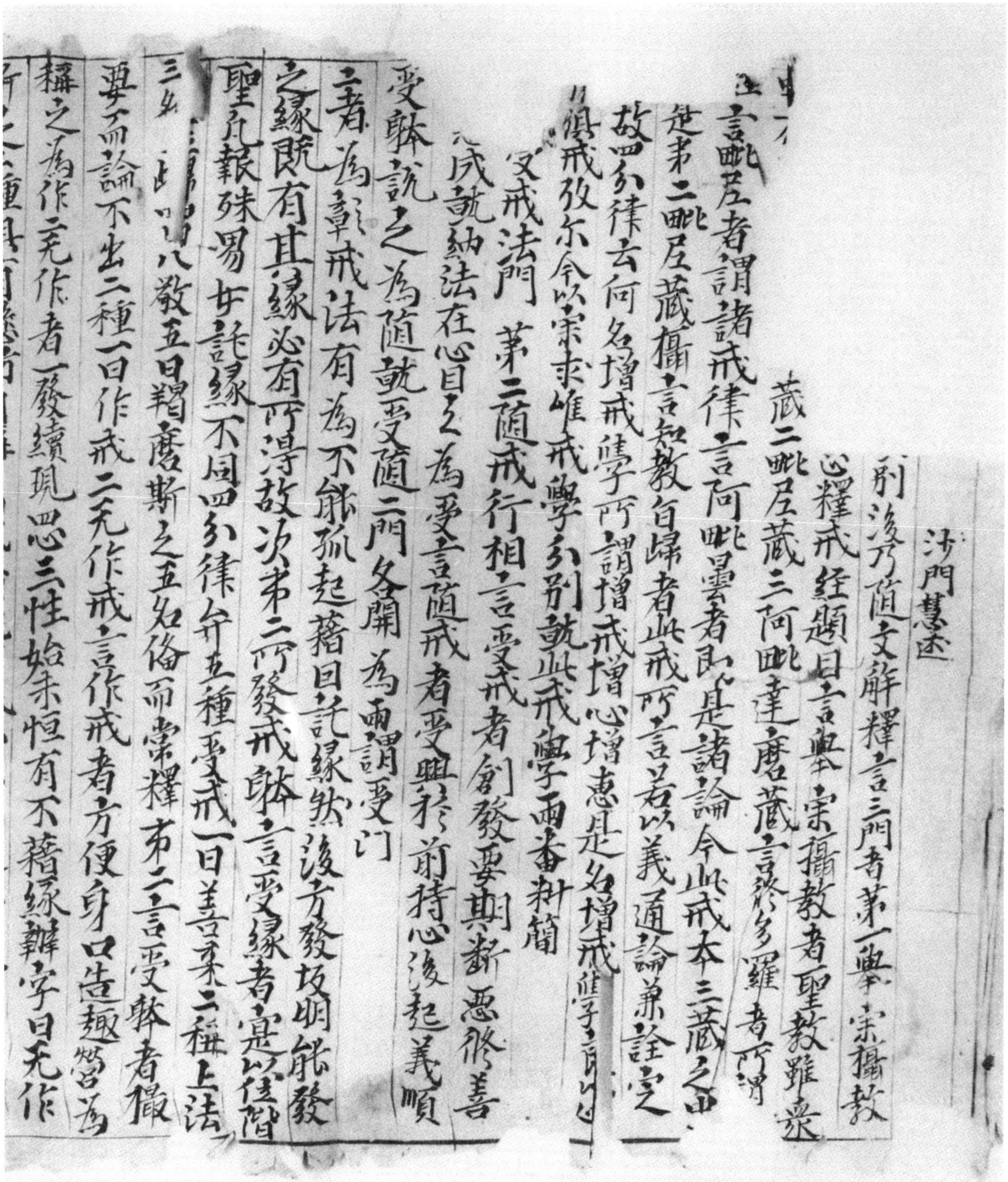

沙門慧述
别後乃隨文解釋言三門者第一舉宗攝教
心釋戒經題目言舉宗攝教者聖教雖殊
藏二毗尼藏三阿毗達磨藏言修多羅者所謂
言毗尼者謂諸戒律言阿毗曇者即是諸論今此戒本三藏之中
是第二毗尼藏攝言知教自歸者此戒所言若以義通論兼詮定
故四分律云何名增戒學所謂增戒增心增慧是名增戒
俱戒然尔今以宗求唯戒學分別就此戒學兩番料簡
受戒法門　第二隨戒行相言受戒者創發要期斷惡修善
成就納法在心目之為受言隨戒者受興於前持心後起義順
受體說之為隨就受隨二門各開為兩謂受門
二者為彰戒法有為不能孤起藉因託緣然後方發故明能發
之緣既有其緣必有所得故次第二所發戒體言受緣者[illegible]以位階
聖凡報殊男女託緣不同四分律弁五種受戒一曰善來二稱上法
三[illegible]八敬五曰羯磨斯之五名備而常釋第二言受體者攝
要而論不出二種一曰作戒二無作戒言作戒者方便身口造趣營為
稱之為作無作者一發續現[illegible]三性始終恒有不藉緣辦字曰無作
[illegible]

06937 四分戒本疏卷第一　五代寫本

卷軸裝。高31.5厘米，長1280厘米。存二十八紙，每紙二十八行，行二十四至二十六字。烏絲欄。周叔弢舊藏。天津博物館藏。

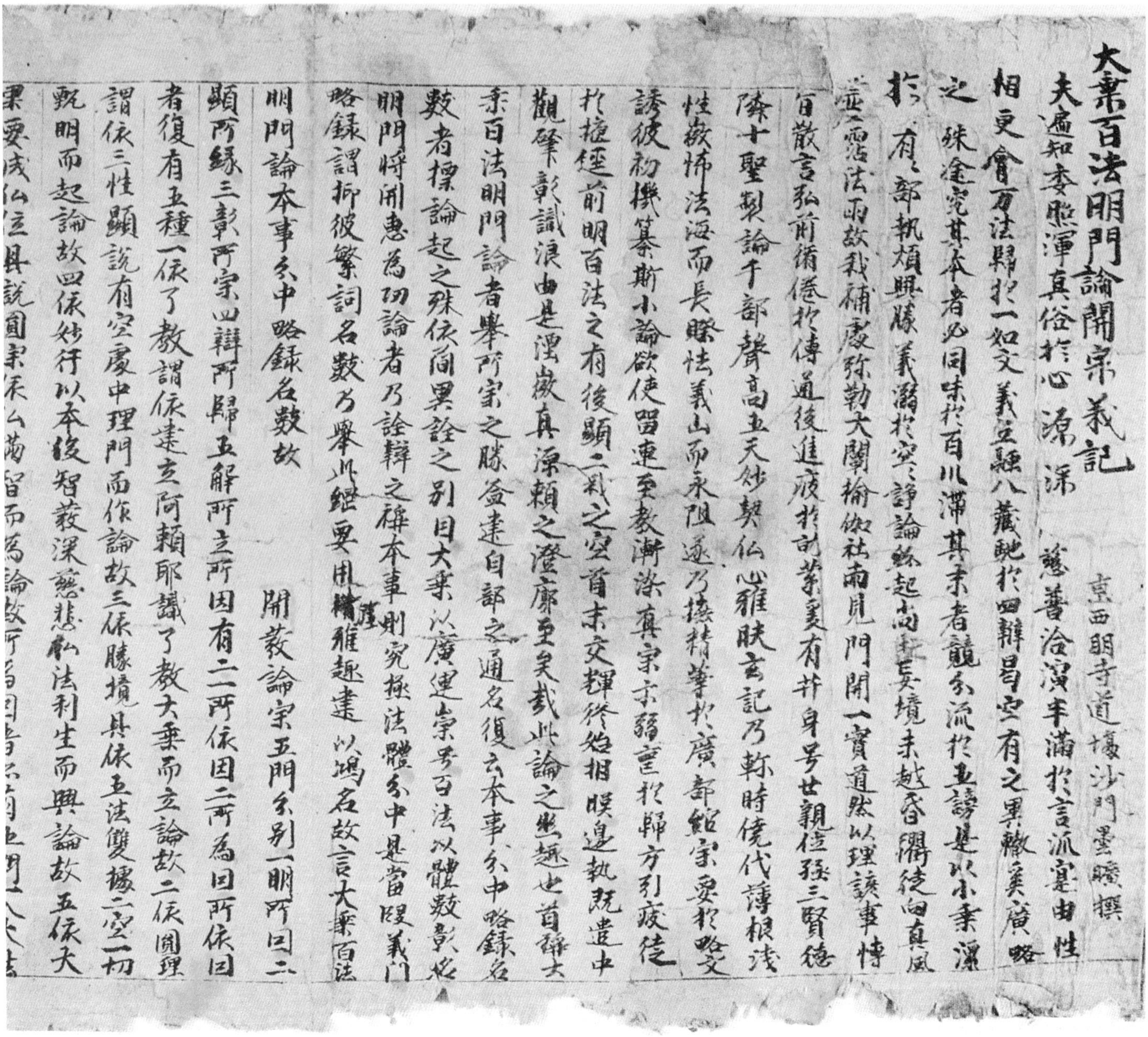

06943 大乘百法明門論開宗義記　五代寫本

卷軸裝。高28.5厘米，長825厘米。一紙長72.8厘米。存十二紙，每紙四十九行，行二十二至二十九字。卷背存《大乘百法明門論開宗義記補記》等四種文獻。烏絲欄。天津博物館藏。

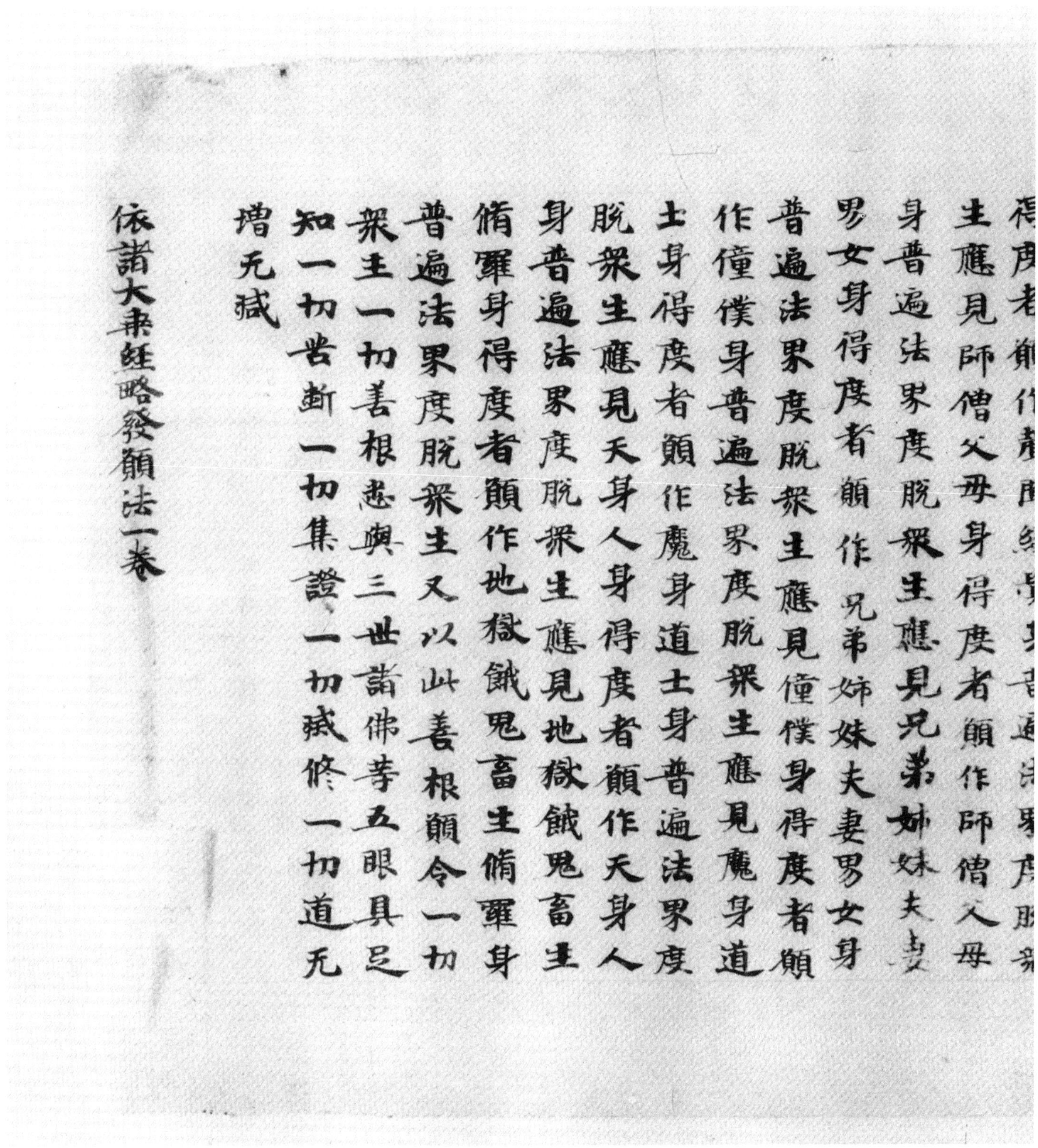

06949 依諸大乘經略發願法 唐寫本

卷軸裝。高26.9厘米，長150厘米。一紙長38.8厘米。存四紙，每紙二十四行，行十七字。烏絲欄。天津博物館藏。

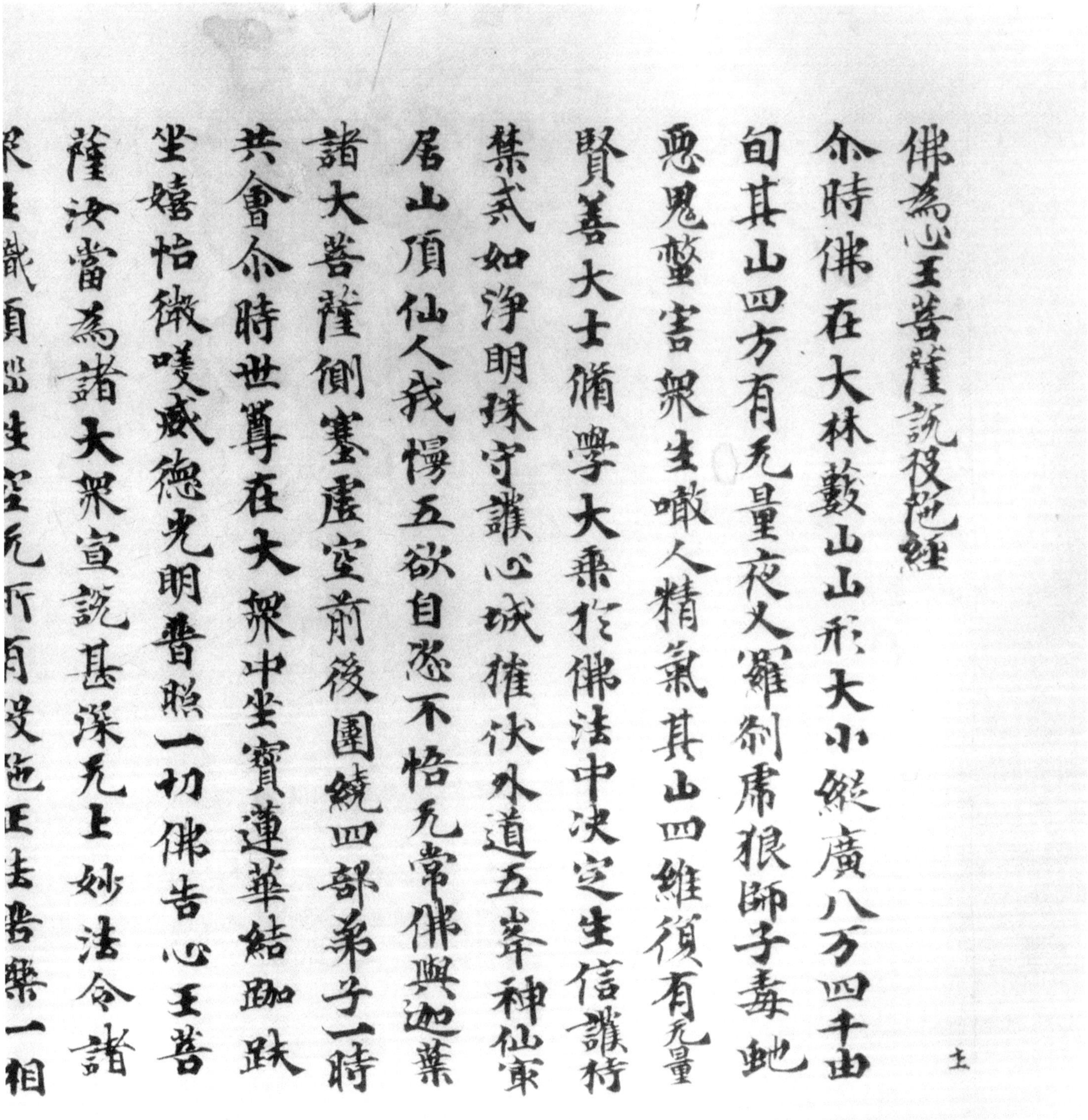

06953 佛為心王菩薩説投陀經 唐寫本

卷軸裝。高25.9厘米，長936厘米。一紙長50.8厘米。存十八紙，每紙二十八行，行十六至二十字。烏絲欄。周叔弢舊藏。天津博物館藏。

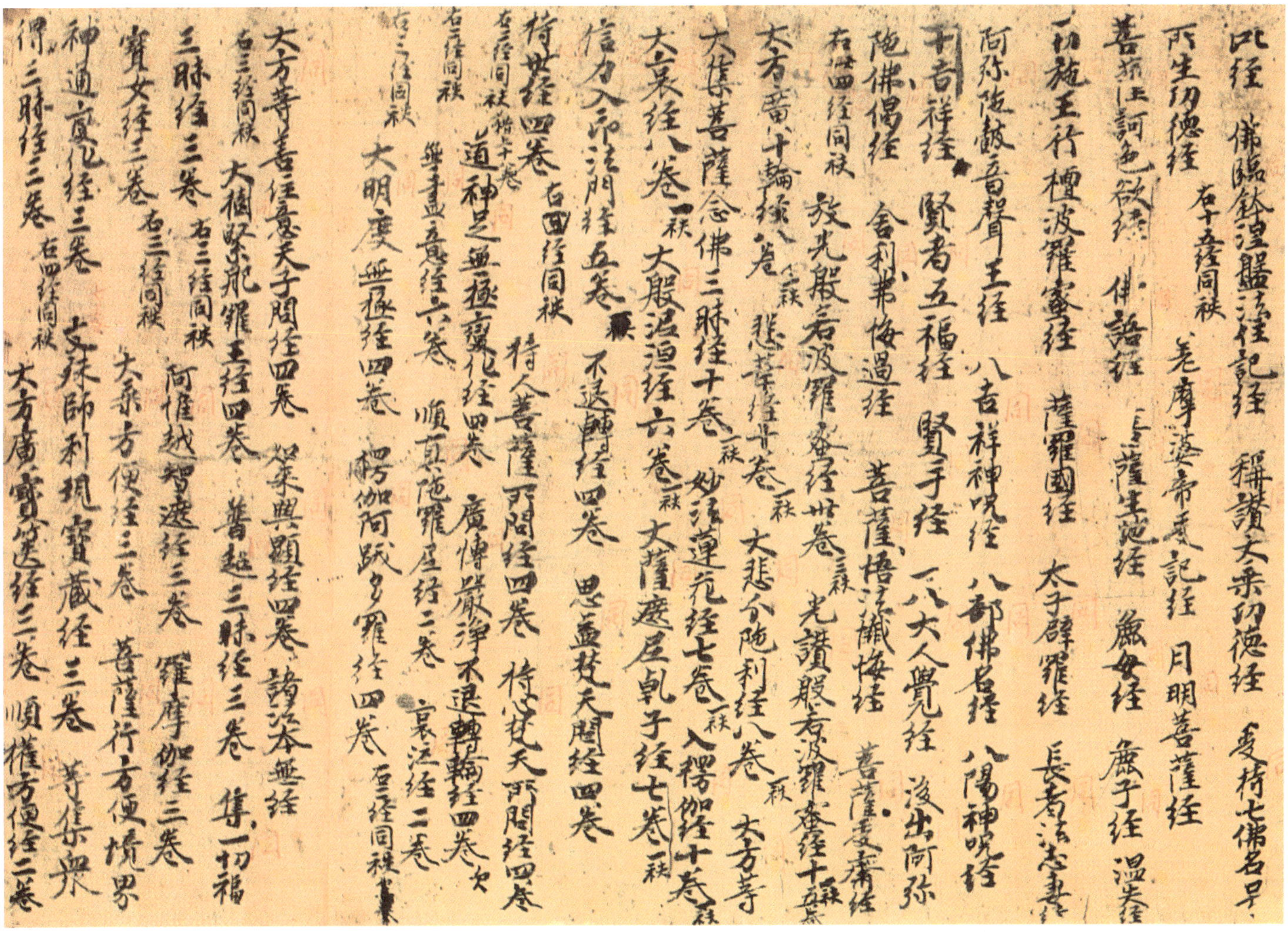
此经　佛臨般涅槃記经　稱讚大乘功德经　受持七佛名号
所生功德经　右十五经同袟　差摩婆帝受記经　月明菩薩经
菩薩訶色欲经　佛語经　菩薩生地经　廒女经　廒子经　温室经
一切施王行檀波羅蜜经　薩羅國经　太子辟羅经　長者法志妻经
阿弥陁鼓音聲王经　八吉祥神呪经　八部佛名经　八陽神呪经
十吉祥经　賢者五福经　賢手经　八大人覺经　後出阿弥
陁佛偈经　舍利弗悔過经　菩薩□法懺悔经　菩薩受齋经
右卌四经同袟　放光般若波羅蜜经卅卷三袟　光讚般若波羅蜜经十卷一袟
大方廣十輪经八卷一袟　悲華经十卷一袟　大悲分陁利经八卷一袟　大方等
大集菩薩念佛三昧经十卷一袟　妙法蓮花经七卷一袟　入楞伽经十卷一袟
大哀经八卷一袟　大般泥洹经六卷一袟　大薩遮尼乾子经七卷一袟
信力入印法門经五卷一袟　不退轉经四卷　思益梵天問经四卷
持世经四卷　右四经同袟　持人菩薩所問经四卷　持心梵天所問经四卷
右三经同袟　道神足無極變化经四卷　廣博嚴淨不退轉輪经四卷
右三经同袟　無盡意经六卷　順真陁羅□经二卷　哀泣经二卷
右三经同袟　大明度無極经四卷　楞伽阿跋多羅经四卷　右三经同袟
大方等善住意天子問经四卷　如来興顯经四卷　諸法本無经
右三经同袟　大樹緊那羅王经四卷　普超三昧经三卷　集一切福
德三昧经三卷　右三经同袟　阿惟越致遮经三卷　羅摩伽经三卷
寶女经三卷　右三经同袟　大乘方便经三卷　菩薩行方便境界
神通變化经三卷　文殊師利現寶藏经三卷　等集衆
德三昧经三卷　右四经同袟　大方廣寶篋经三卷　順權方便经二卷

06957–06959 藏經目　五代寫本

卷軸裝。高28.5厘米，長158.5、30.5、28.5厘米。一紙長40.8厘米。每紙二十二行，行字不等。折疊欄。周叔弢舊藏。天津博物館藏。

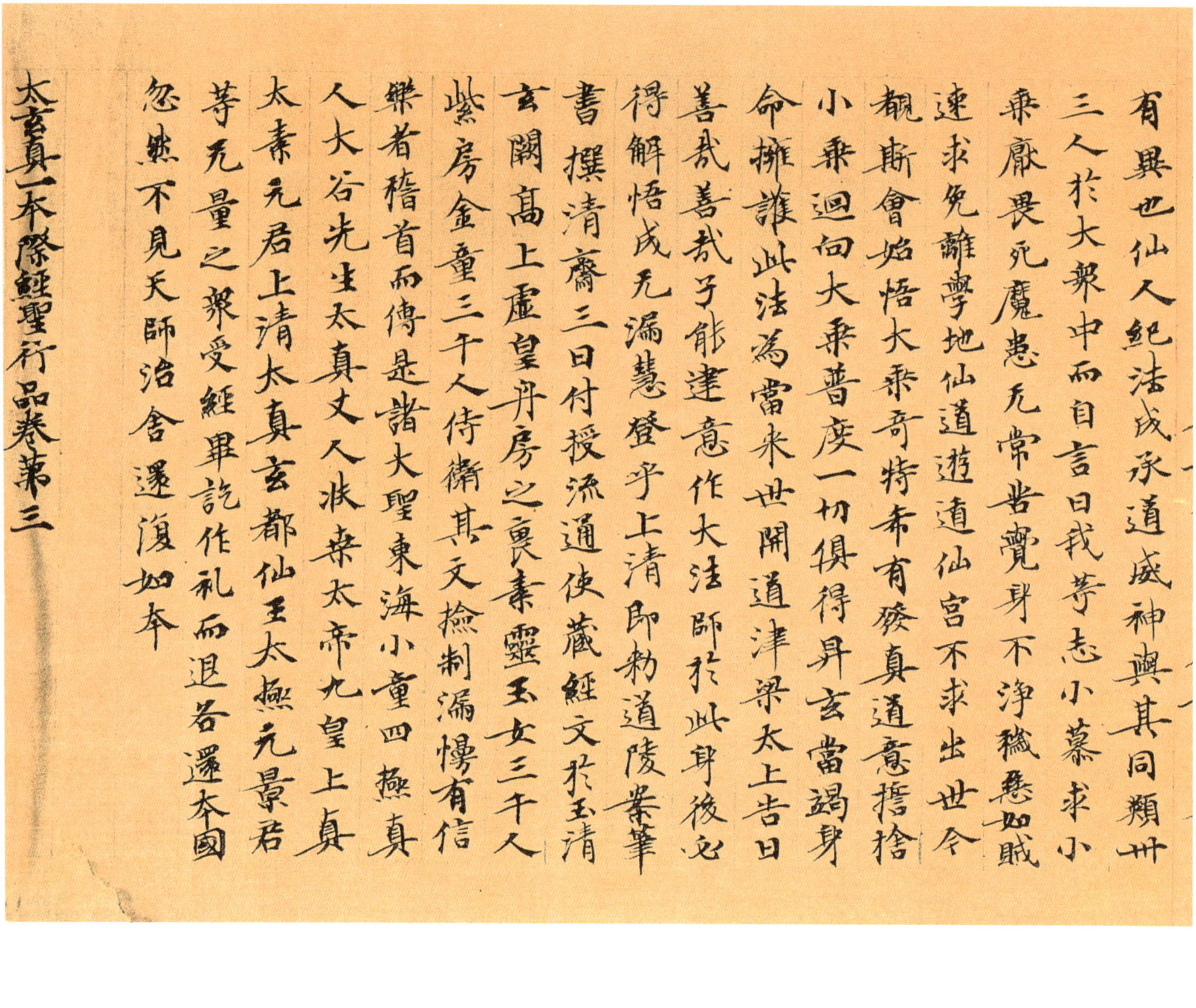
有興世仙人紀法成承道威神與其同類卅
三人於大衆中而自言曰我等志小慕求小
乘厭畏死魔患无常苦覺身不淨穢愁如賊
速求免離學地仙道遊遺仙宮不求出世今
覩斯會始悟大乘竒特希有發真道意誓捨
小乘迴向大乘普度一切俱得昇玄當竭身
命擁護此法為當來世開道津梁太上吉日
善哉善哉子能建意作大法師於此身後必
得解悟成无漏慧登乎上清即勑道陵叅華
書撰清齋三日付授流通使藏經文於玉清
玄闕高上虛皇丹房之裏素靈玉女三千人
紫房金童三千人侍衛其文撿制漏慢有信
樂者稽首而傳是諸大聖東海小童四極真
人大谷先生太真丈人狀桒太帝九皇上真
太素元君上清太真玄都仙王太極元景君
等无量之衆受經畢訖作礼而退各還本國
忽然不見天師治舍還復如本
太玄真一本際經聖行品卷第三

06962 太玄真一本際經卷第三 唐寫本

卷軸裝。高24.7厘米，長310厘米。一紙長46.3厘米。存七紙，每紙二十八行，行十七字。烏絲欄。天津博物館藏。

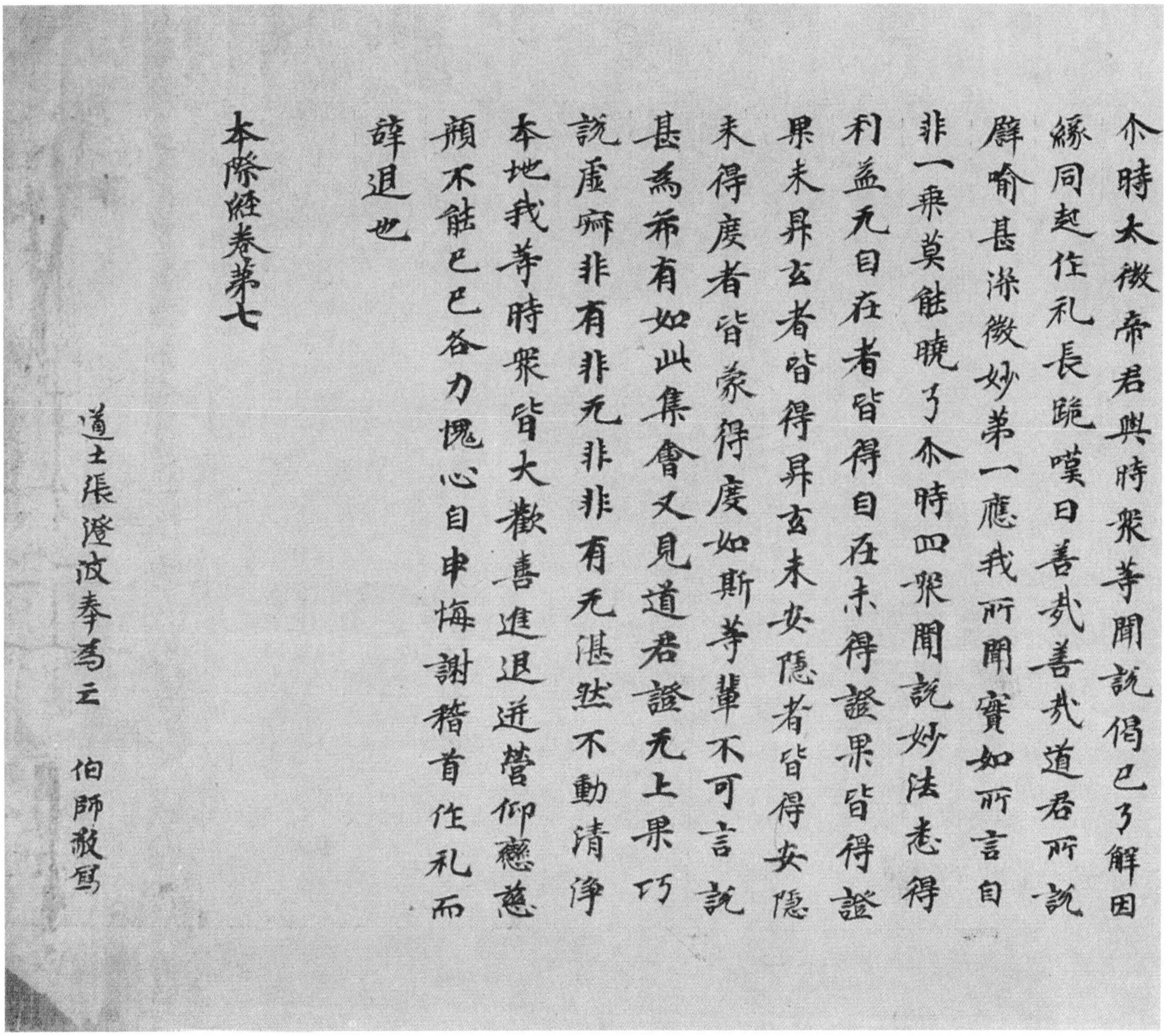
尒時太微帝君與時衆等聞說偈已了解因
緣同起作礼長跪嘆曰善哉善哉道君所說
譬喻甚深微妙第一應我所聞實如所言自
非一乘莫能曉了尒時四衆聞說妙法悉得
利益无自在者皆得自在未得證果皆得證
果未昇玄者皆得昇玄未安隱者皆得安隱
未得度者皆蒙得度如斯等輩不可言說
甚爲希有如此集會又見道君證无上果巧
說虛無非有非无非非有无湛然不動清淨
本地我等時衆皆大歡喜進退逆營仰戀慈
顔不能已已各力愧心自申悔謝稽首作礼而
辭退也

本際經卷第七

道士張澄波奉爲亡　伯師敬寫

06963 太玄真一本際經卷第七　唐寫本

卷軸裝。高26.2厘米，長473.7厘米。一紙長48.7厘米。存十紙，每紙二十八行，行十七字。烏絲欄。周叔弢舊藏。天津博物館藏。

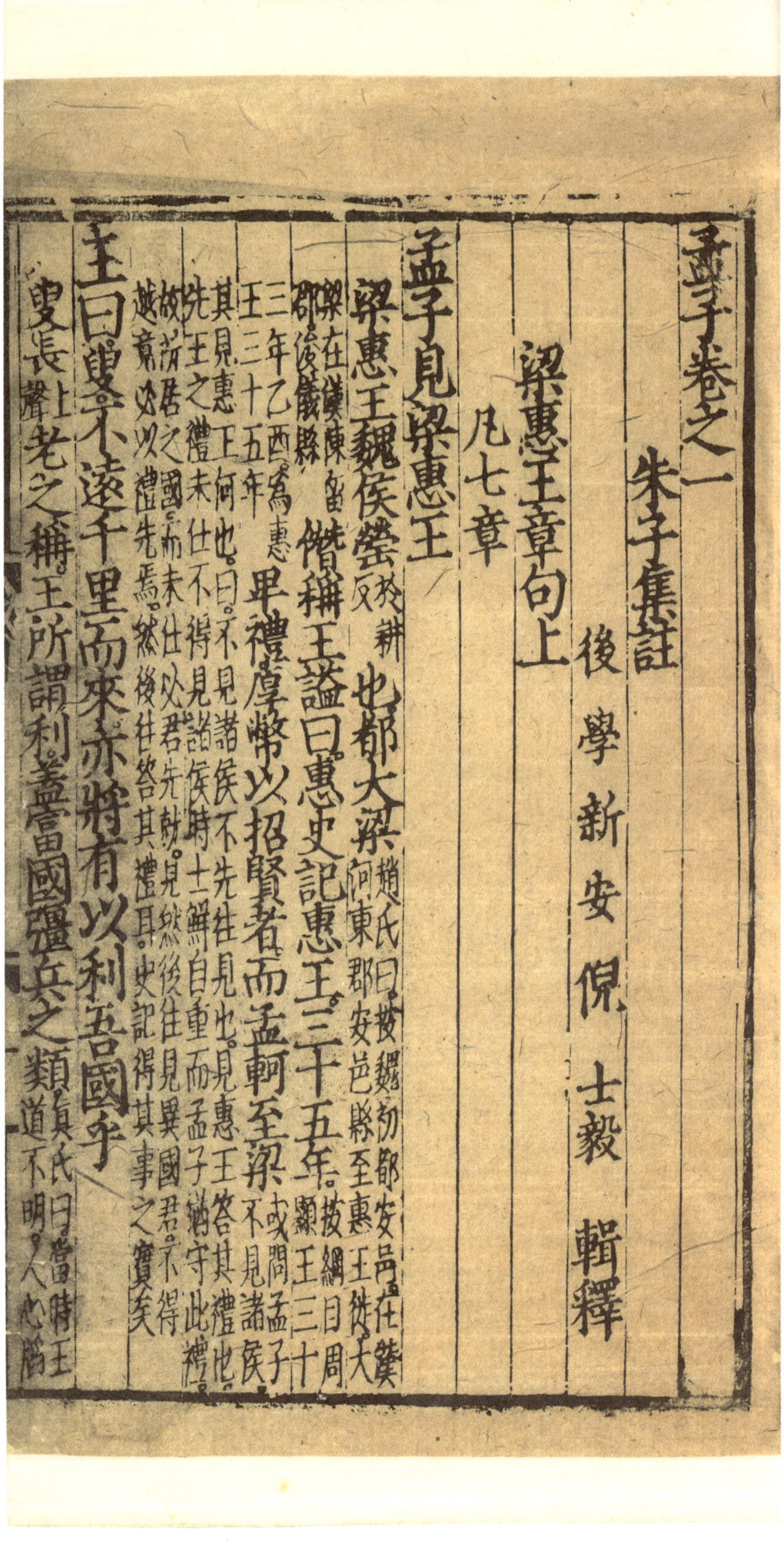
孟子卷之一　朱子集註
後學新安倪士毅輯釋
梁惠王章句上
凡七章
孟子見梁惠王
梁惠王魏侯罃於耕反也都大梁趙氏曰按魏初都安邑在漢河東郡安邑縣至惠王徙大梁梁在漢陳留郡浚儀縣僭稱王謚曰惠史記惠王三十五年按綱目周顯王三十三年乙酉爲惠王三十五年卑禮厚幣以招賢者而孟軻至梁或問孟子不見諸侯其見惠王何也曰不見諸侯不先往見也見惠王答其禮也先王之禮未仕不得見諸侯時士鮮自重而孟子猶守此禮故於所居之國未仕者君先就見然後往見異國君不得越境故以禮先焉然後往答其禮耳史記得其事之實矣
王曰叟不遠千里而來亦將有以利吾國乎
叟長上聲老之稱王所謂利蓋富國彊兵之類真氏曰當時王道不明人心陷

07006　孟子十四卷　（宋）朱熹集注　（元）倪士毅輯釋　元刻明修本

匡高21.3厘米，廣13.9厘米。半葉十三行，行二十四字，小字雙行同，黑口，四周單邊間四周雙邊。天津圖書館藏，存七卷。

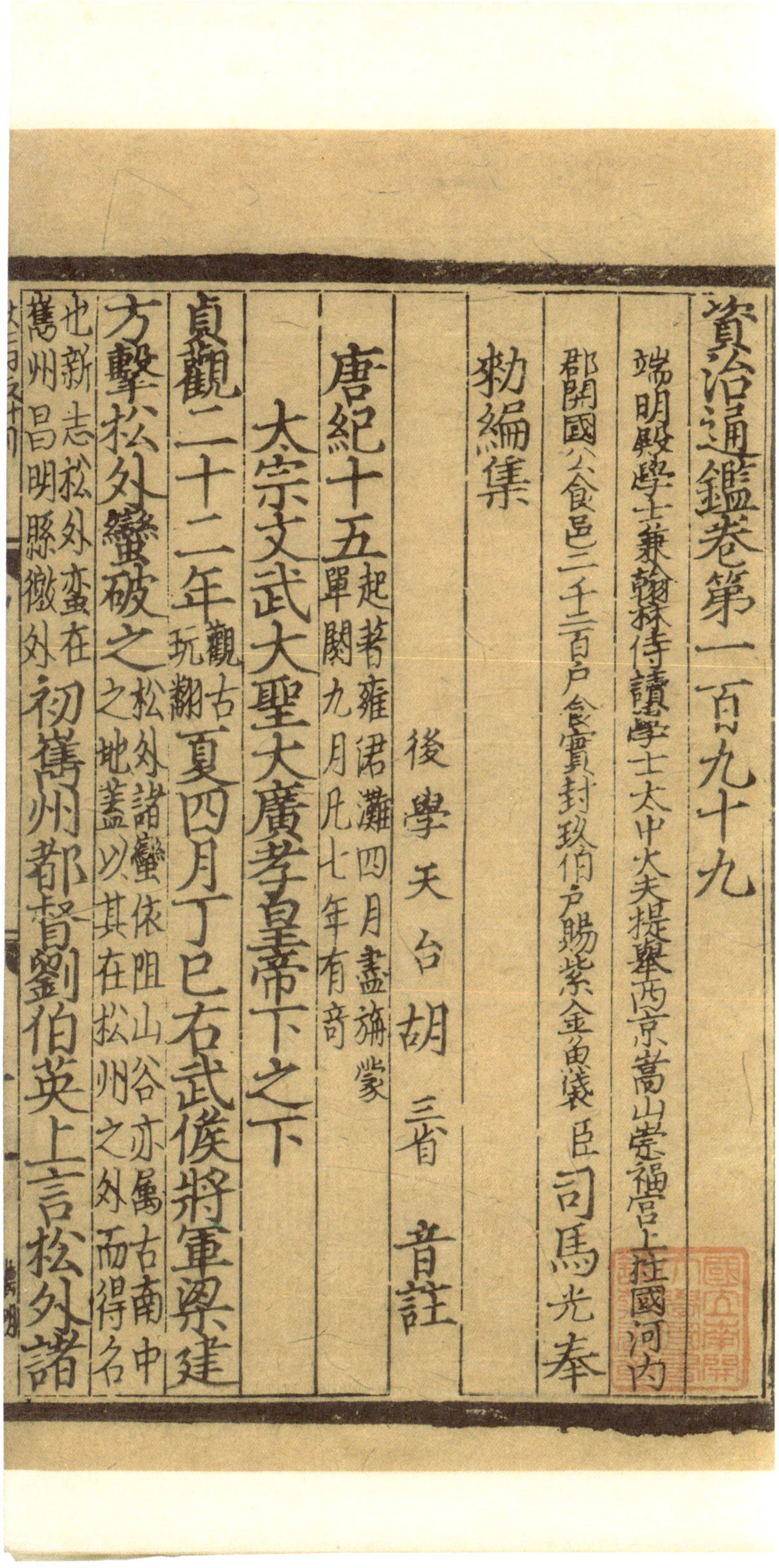
資治通鑑卷第一百九十九
端明殿學士兼翰林侍讀學士太中大夫提舉西京嵩山崇福宮上柱國河内
郡開國公食邑二千六百户食實封玖佰户賜紫金魚袋臣司馬光奉
勑編集
後學天台胡三省音註
唐紀十五起著雍涒灘四月盡旃蒙單閼九月凡七年有奇
太宗文武大聖大廣孝皇帝下之下
貞觀二十二年觀古玩翻夏四月丁巳右武候將軍梁建
方擊松外蠻破之松外諸蠻依阻山谷亦屬古南中之地蓋以其在松州之外而得名
也新志松外蠻在嶲州昌明縣徼外初嶲州都督劉伯英上言松外諸

07073–07083 資治通鑑二百九十四卷 （宋）司馬光撰 （元）胡三省音注 元刻本

匡高21.8厘米，廣14.5厘米。半葉十行，行二十字，小字雙行同，細黑口，四周雙邊。吉林大學圖書館藏，存二十三卷；南開大學圖書館藏，存十四卷；山東省博物館藏，蝴蝶裝，存四卷；吉林省圖書館藏，有“錢受之讀書記”等印，存三卷；天津圖書館藏，存三卷；山東省博物館藏，存一卷；山東省博物館藏，為元刻明修本，存二卷；北京師範大學圖書館藏，元刻明修本，有抄配，存七卷；吉林大學圖書館藏，元刻明修本，存二卷；東北師範大學圖書館藏，為元刻明弘治正德嘉靖遞修本；天津圖書館藏，為元刻明弘治正德嘉靖遞修本，卷一百十二至一百二十一、二百十五至二百三十一配清鄱陽胡氏刻本。

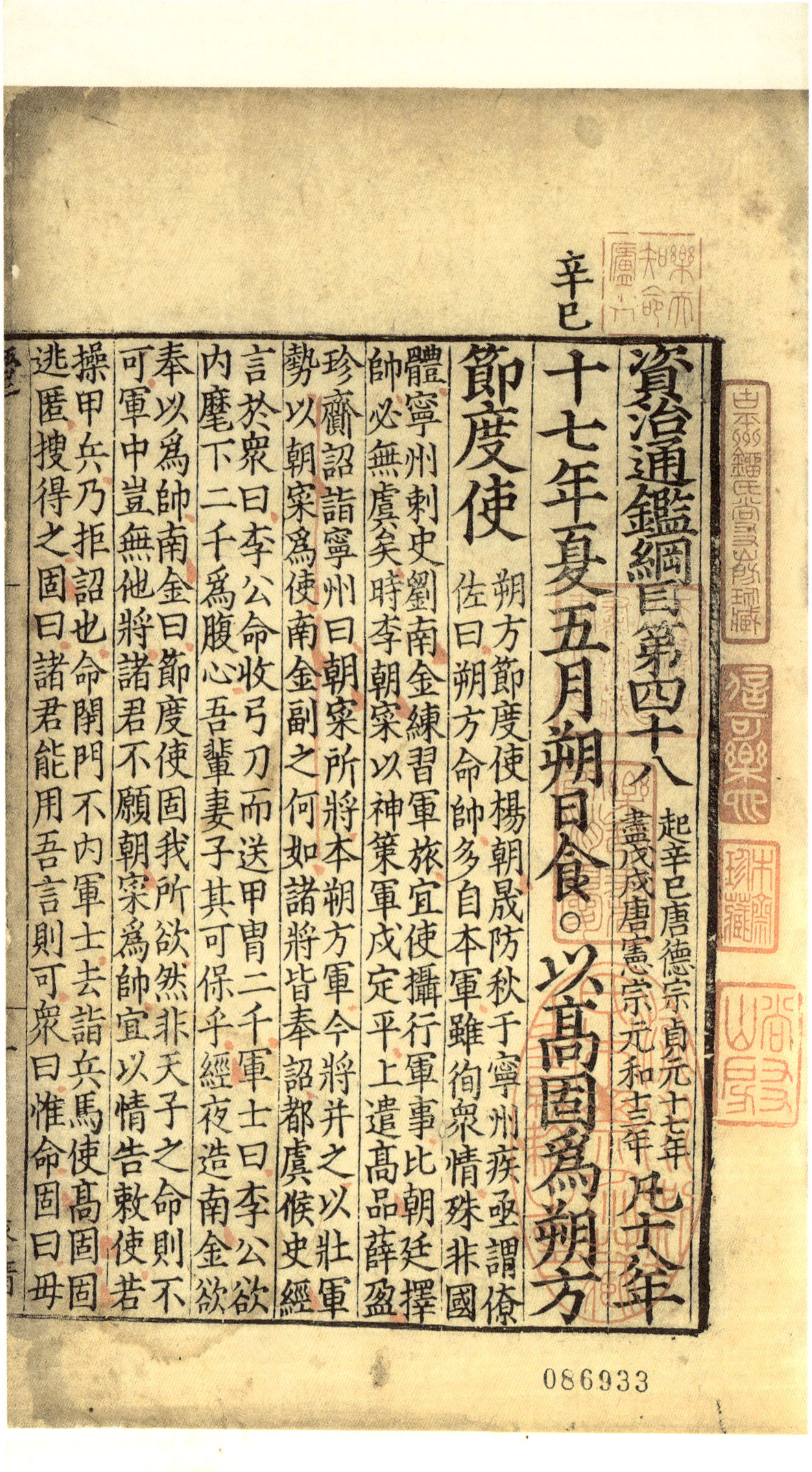

07088、07089 資治通鑑綱目五十九卷 （宋）朱熹撰　宋嘉定十四年（1221）江西刻本

匡高21.6厘米，廣16.1厘米。半葉八行，行十五字，小字雙行二十二字，白口，左右雙邊。吉林省圖書館藏，有“朱昇印信”、“宜爾子孫”等印，存一卷；天津圖書館藏，存一卷。

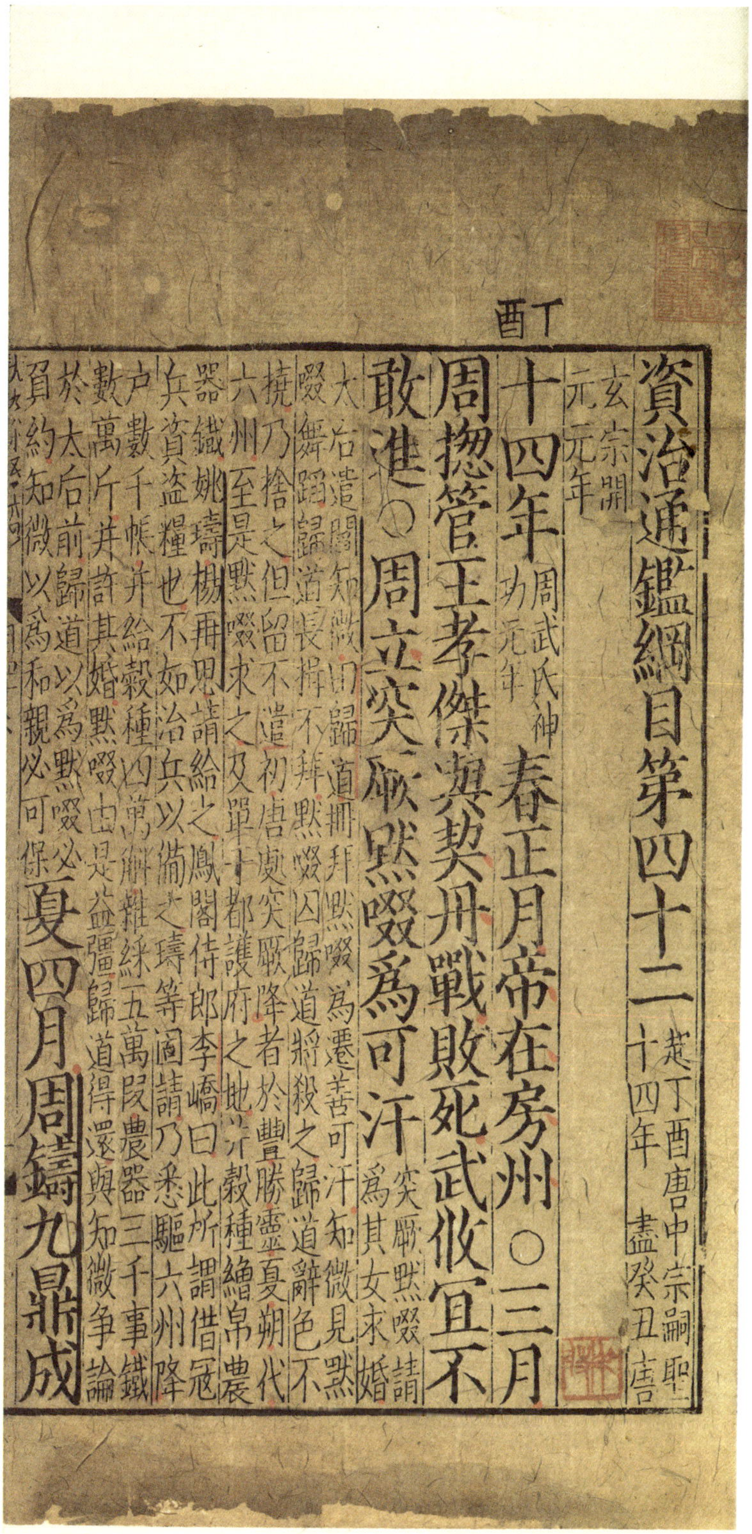
丁酉
資治通鑑綱目第四十二 起丁酉唐中宗嗣聖十四年盡癸丑唐玄宗開元元年
十四年 周武氏神功元年 春正月帝在房州○三月
周摠管王孝傑與契丹戰敗死武攸宜不
敢進○周立突厥默啜爲可汗 突厥默啜請爲其女求婚
太后遣閻知微田歸道冊拜默啜爲遷善可汗知微見默
啜舞蹈歸道長揖不拜默啜囚歸道將殺之歸道辭色不
撓乃捨之但留不遣初唐處突厥降者於豐勝靈夏朔代
六州至是默啜求之及單于都護府之地并穀種繒帛農
器鐵姚璹楊再思請給之鳳閣侍郎李嶠曰此所謂借寇
兵資盜糧也不如治兵以備之璹等固請乃悉驅六州降
戶數千帳并給穀種四萬斛雜綵五萬段農器三千事鐵
數萬斤并許其婚默啜由是益彊歸道得還與知微爭論
於太后前歸道以爲默啜必
負約知微以爲和親必可保 夏四月周鑄九鼎成

07091 資治通鑑綱目五十九卷 （宋）朱熹撰　元刻本

匡高19.7厘米，廣13.1厘米。半葉十行，行十六字，小字雙行二十二字，細黑口，左右雙邊。天津圖書館藏，存一卷。

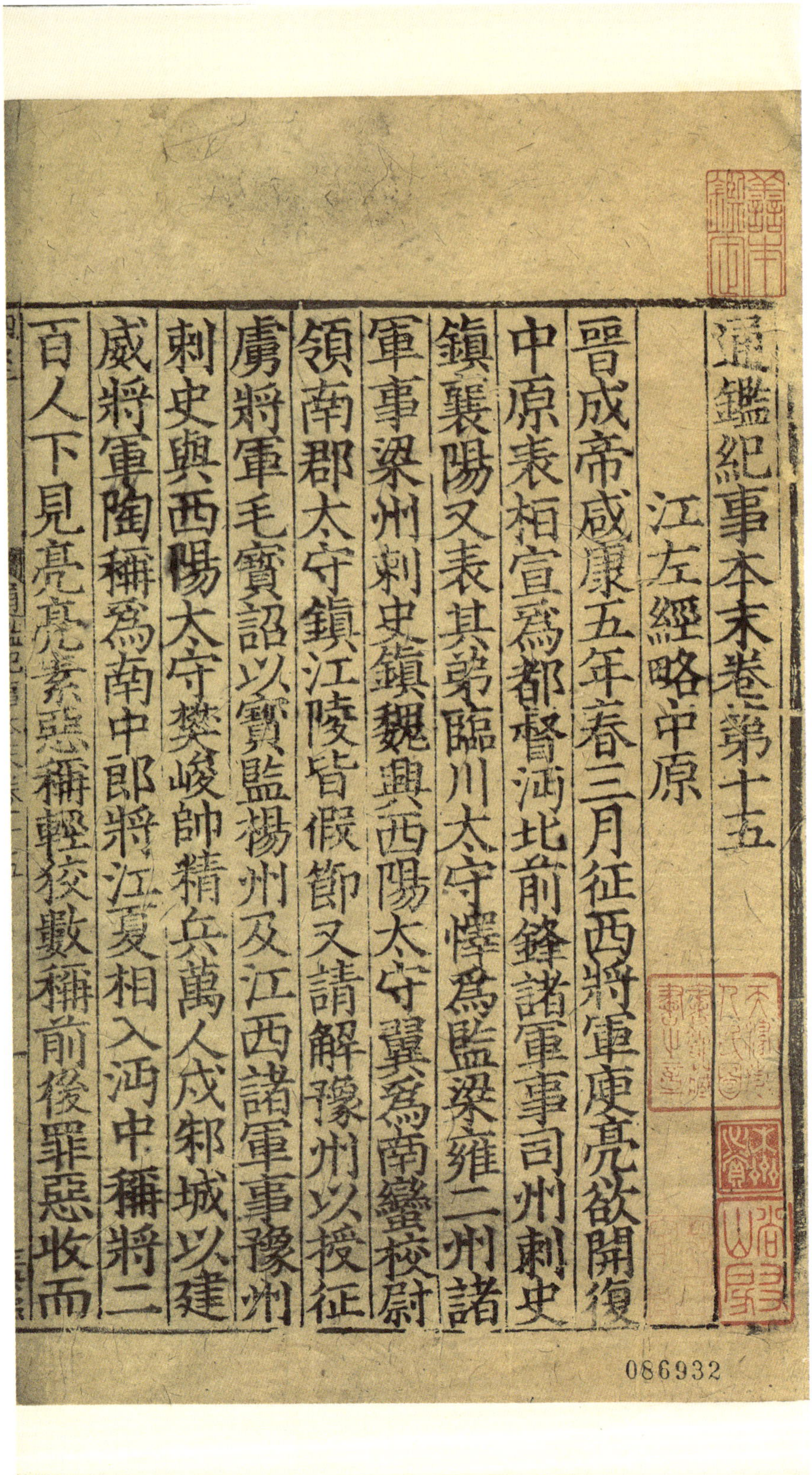
通鑑紀事本末卷第十五

江左經略中原

晉成帝咸康五年春三月征西將軍庾亮欲開復
中原表桓宣爲都督沔北前鋒諸軍事司州刺史
鎮襄陽又表其弟臨川太守懌爲監梁雍二州諸
軍事梁州刺史鎮魏興西陽太守翼爲南蠻校尉
領南郡太守鎮江陵皆假節又請解豫州以授征
虜將軍毛寶詔以寶監揚州及江西諸軍事豫州
刺史與西陽太守樊峻帥精兵萬人戍邾城以建
威將軍陶稱爲南中郎將江夏相入沔中稱將二
百人下見亮亮素惡稱輕狡數稱前後罪惡收而

07095–07099 通鑑紀事本末四十二卷 （宋）袁樞撰　宋寶祐五年（1257）趙與𥲅刻本

匡高25.5厘米，廣19厘米。半葉十一行，行十九字，白口，左右雙邊。天津圖書館藏，存二卷；吉林省圖書館藏，存一卷；南開大學圖書館藏，為元明遞修本；湖南圖書館藏，為元明遞修本，存三十八卷；浙江圖書館藏，為元明遞修本，張廷濟跋，存三十五卷。

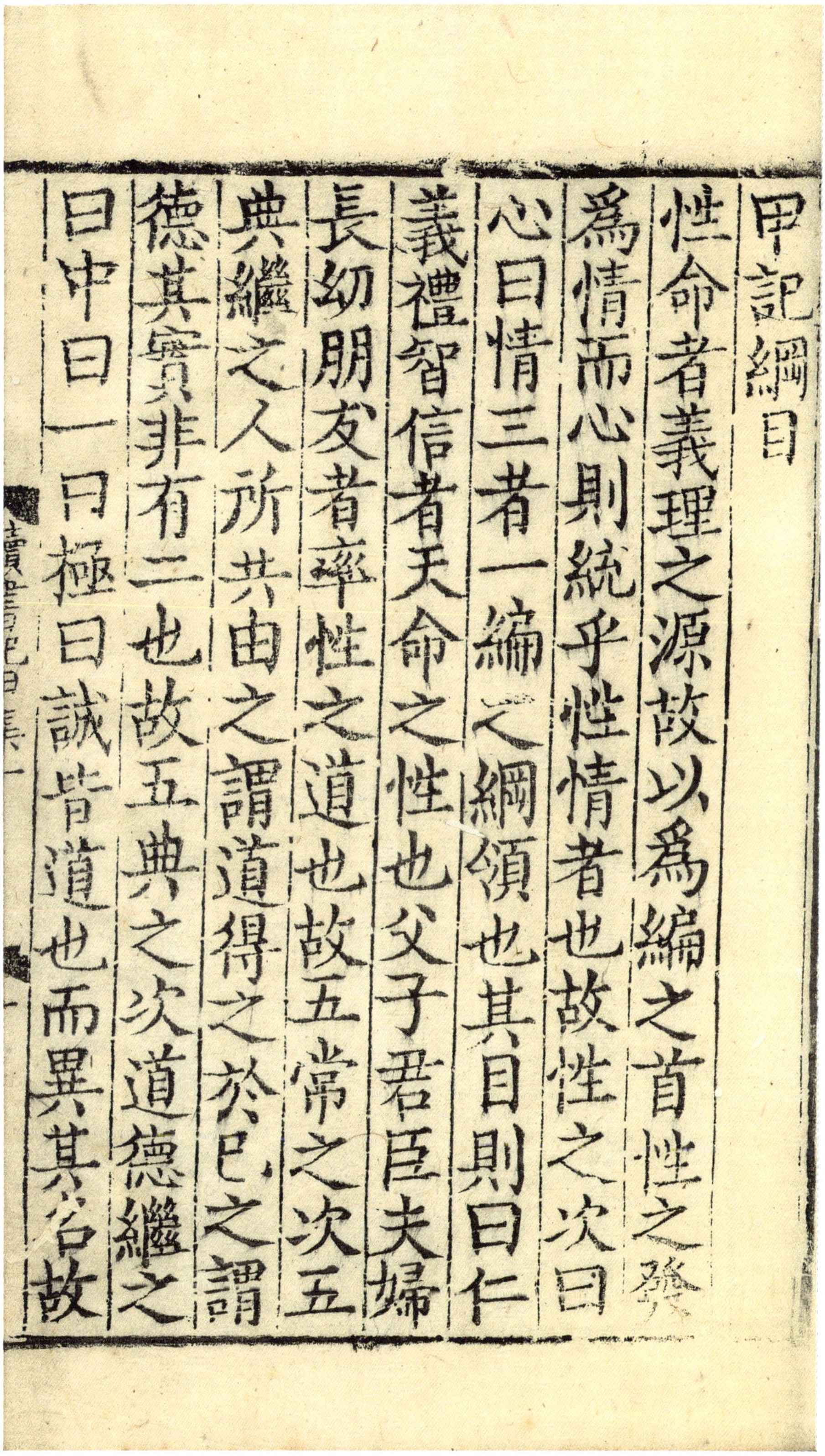
甲記綱目
性命者義理之源故以爲編之首性之發
爲情而心則統乎性情者也故性之次曰
心曰情三者一編之綱領也其目則曰仁
義禮智信者天命之性也父子君臣夫婦
長幼朋友者率性之道也故五常之次五
典繼之人所共由之謂道得之於己之謂
德其實非有二也故五典之次道德繼之
曰中曰一曰極曰誠皆道也而異其名故
讀書記甲集一

07130 西山先生真文忠公讀書記甲集三十七卷 （宋）真德秀撰　宋福州學官刻元明遞修本

匡高21.5厘米，廣15.5厘米。半葉九行，行十六字，小字雙行二十四字，白口，左右雙邊。南開大學圖書館藏。

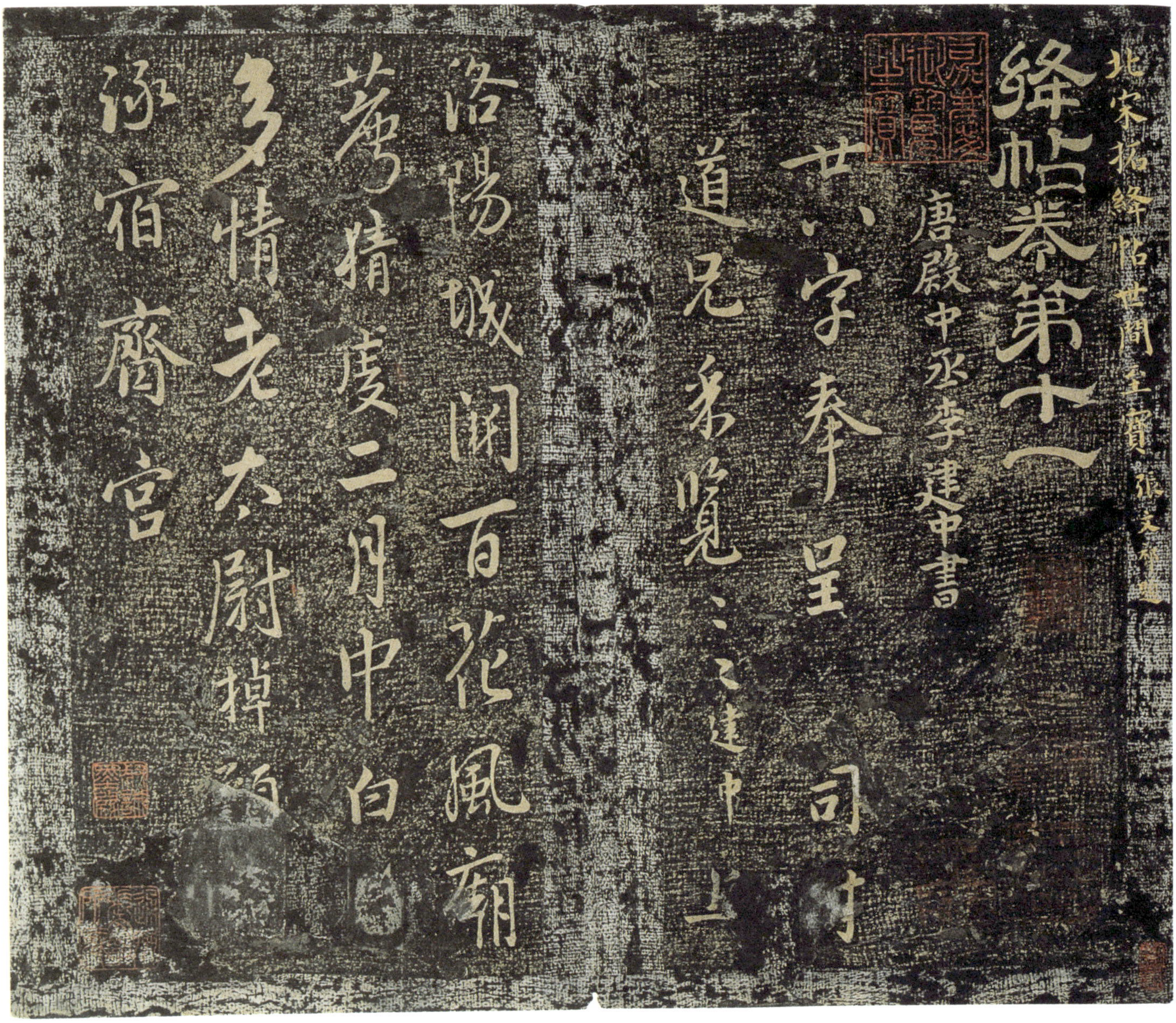

07141 絳帖二十卷 （宋）潘師旦摹　北宋皇祐至嘉祐年間（1049-1063）

刻石　宋拓本

有"嘉慶御覽之寶"、"三希堂精鑒"、"宜子孫"等印。畢沅題簽，莫是龍、朱鼎榮題跋。天津博物館藏，存二卷（十一至十二）。

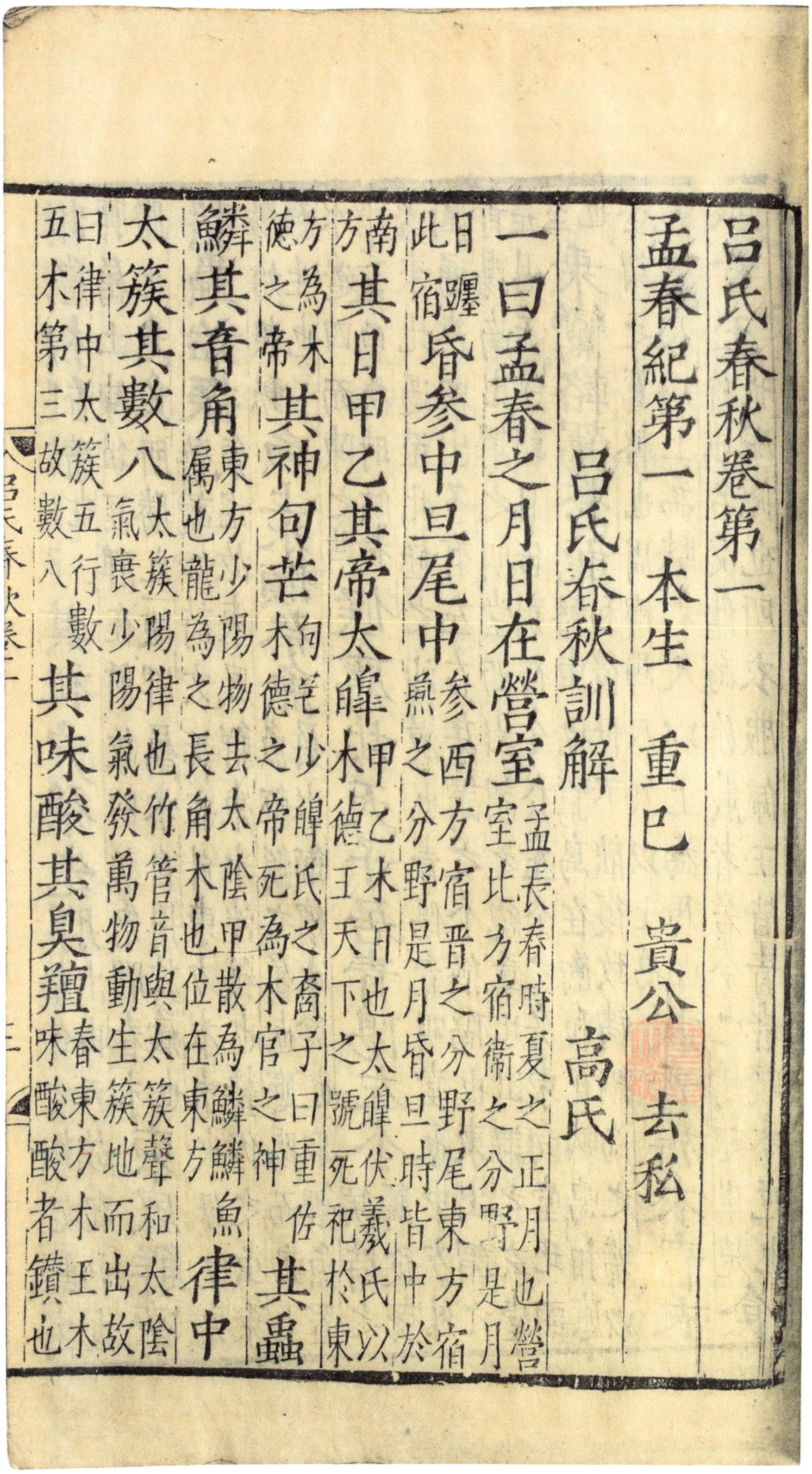

呂氏春秋卷第一

孟春紀第一　本生　重己　貴公　去私

呂氏春秋訓解　高氏

一曰孟春之月日在營室孟長春時夏之正月也營室北方宿衛之分野是月日躔此宿昏參中旦尾中參西方宿晉之分野尾東方宿燕之分野是月昏旦時皆中於南方其日甲乙其帝太皞甲乙木日也太皞伏羲氏以木德王天下之號死祀於東方為木德之帝其神句芒句芒少皞氏之裔子曰重佐木德之帝死為木官之神其蟲鱗其音角東方少陽物去太陰甲散為鱗鱗魚屬也龍為之長角木也位在東方律中太簇其數八太簇陽律也竹管音與太簇聲和太陰氣衰少陽氣發萬物動生簇地而出故曰律中太簇五行數五木第三故數八其味酸其臭羶春東方木王木味酸酸者鑽也

07144、07145　呂氏春秋二十六卷　（漢）高誘注　元至正嘉興路儒學刻明修本

匡高22.6厘米，廣15.3厘米。半葉十行，行二十字，小字雙行同，細黑口，左右雙邊。天津圖書館、四川師範人學圖書館藏。

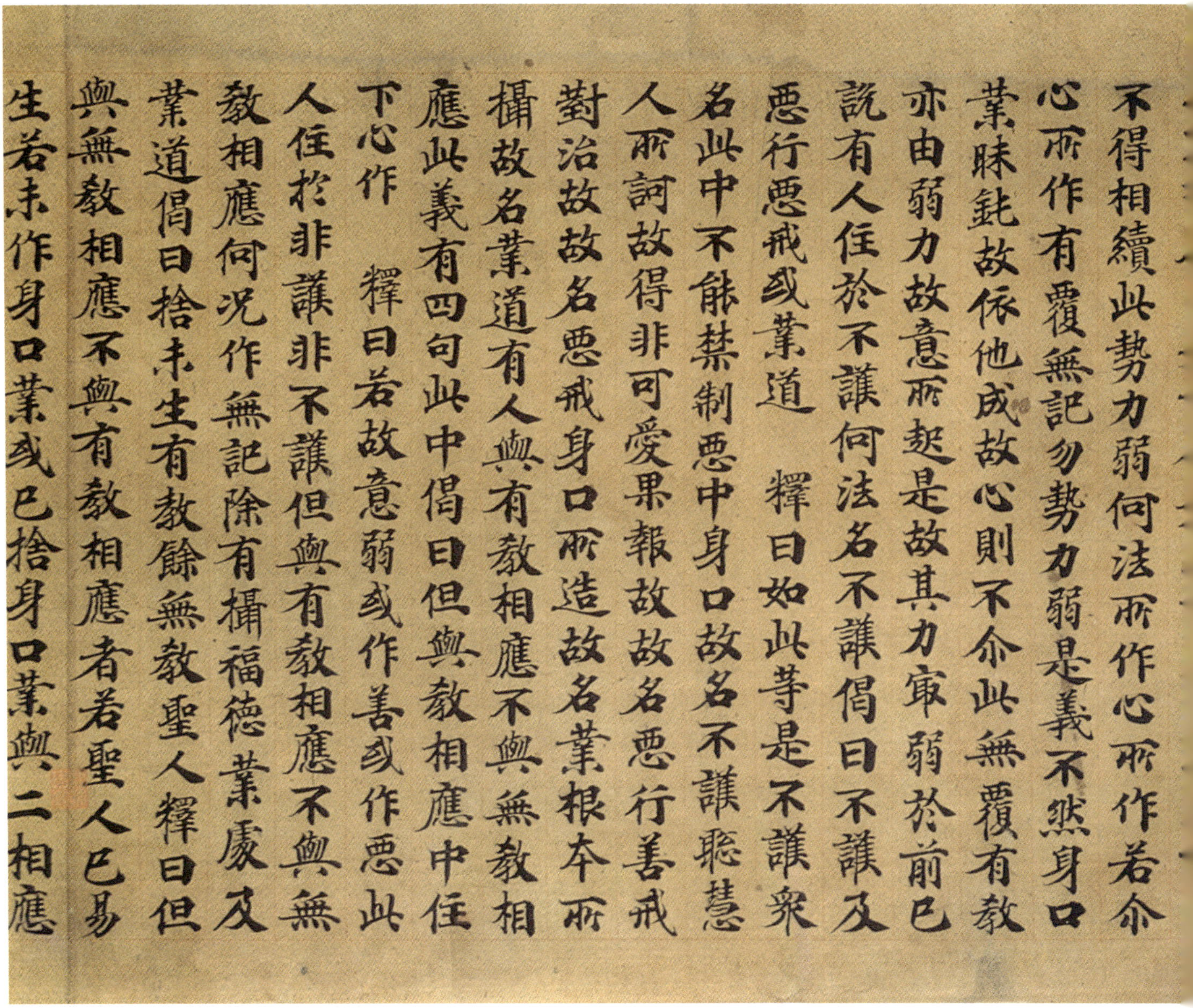
不得相續此勢力弱何法所作心所作若尒
心所作有覆無記劣勢力弱是義不然身口
業昧鈍故依他成故心則不尒此無覆有教
亦由弱力故意所起是故其力審弱於前巳
說有人住於不讓何法名不讓偈曰不讓及
惡行惡戒或業道　釋曰如此等是不讓衆
名此中不能禁制惡中身口故名不讓聽慧
人所訶故得非可愛果報故名惡行善戒
對治故故名惡戒身口所造故名業根本所
攝故名業道有人與有教相應不與無教相
應此義有四句此中偈曰但與教相應中住
下心作　釋曰若故意弱或作善或作惡此
人住於非讓非不讓但與有教相應不與無
教相應何況作無記除有攝福德業處及
業道偈曰捨未生有教餘無教聖人釋曰但
與無教相應不與有教相應者若聖人巳易
生若未作身口業或巳捨身口業與二相應

07155 阿毗達磨俱舍論二十二卷 （陳）釋真諦譯　北宋海鹽縣金粟山廣惠禪院寫大藏本

卷軸裝。高29.2厘米，長1167.2厘米。一紙長60厘米。存二十紙，每紙三十行，行十七字。朱絲欄。千字文帙號為“疲”。有“東海徐元玉父”、“蒙泉”、“心畬鑑定書画珍臧印”、“釣鯨魚父”等印。仇遠、王養度、張度等跋。天津博物館藏，存一卷。

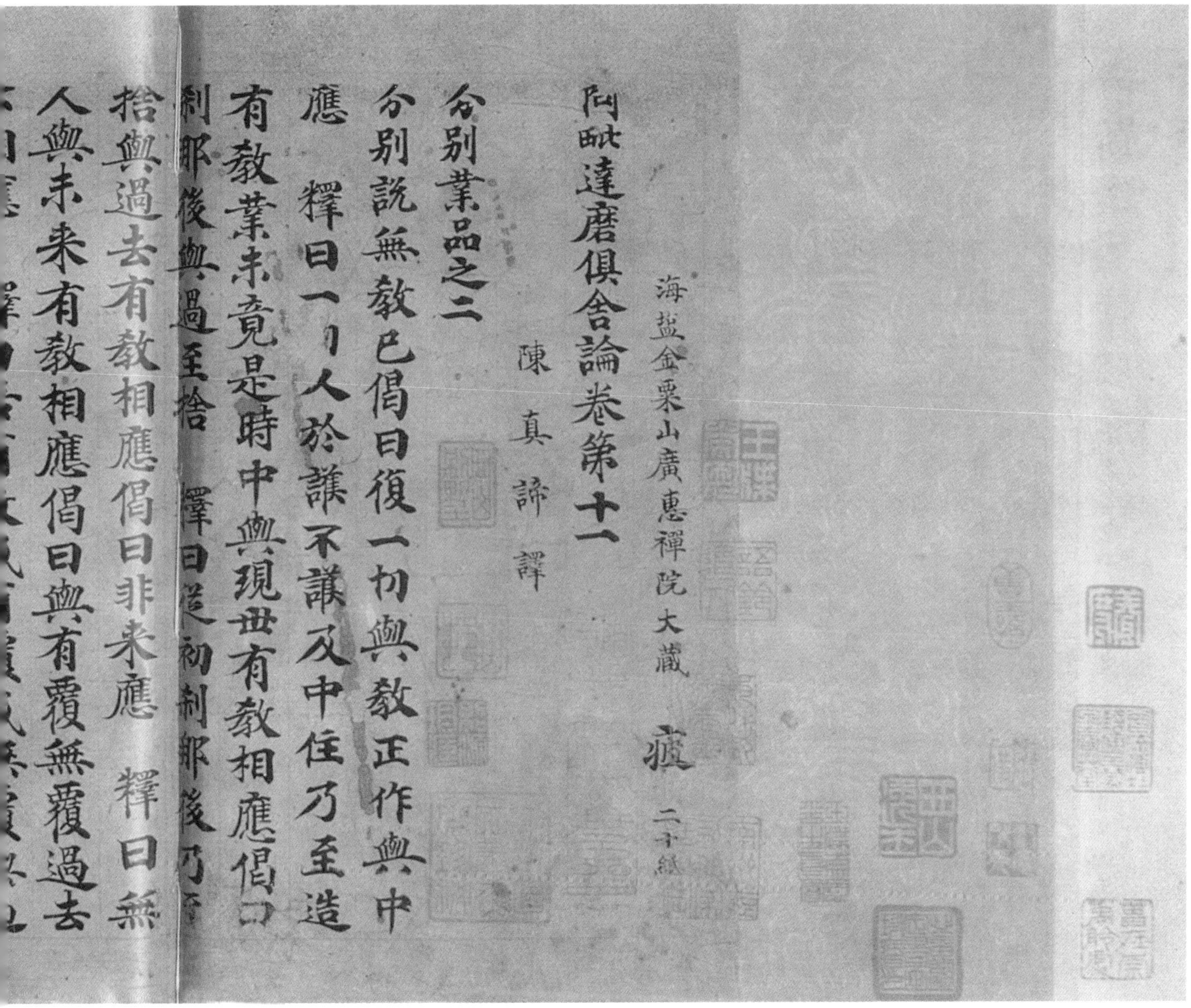
海塩金粟山廣惠禪院大藏　二十紙

阿毗達磨俱舍論卷第十一

陳真諦譯

分別業品之二

分別說無教色偈曰復一切與與教正作與中
應　釋曰一一人於護不護及中住乃至造
有教業未竟是時中與現世有教相應偈曰
剎那後與過至捨　釋曰從初剎那後乃至
捨與過去有教相應偈曰非未應　釋曰無
人與未來有教相應偈曰與有覆無覆過去

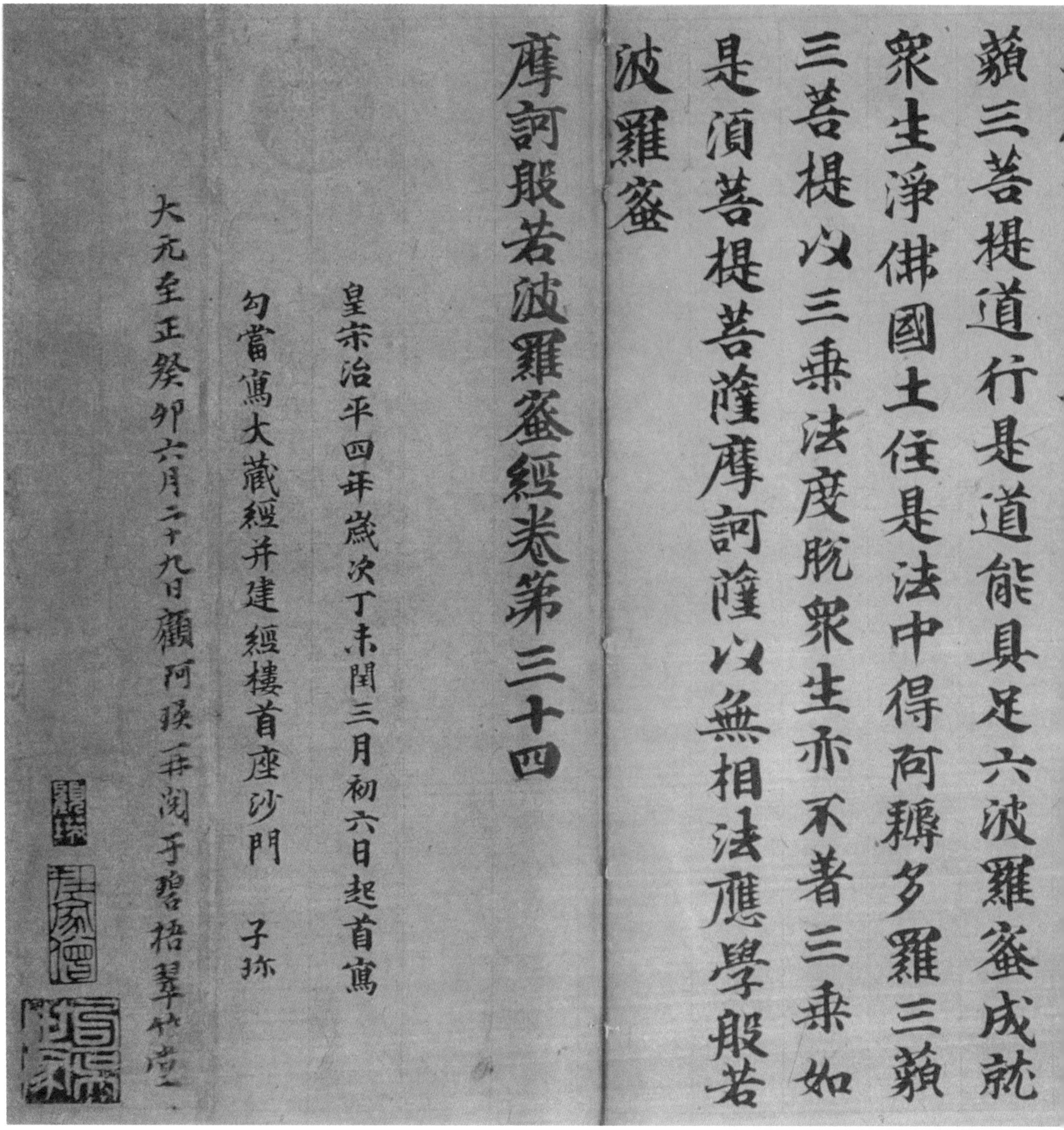
藐三菩提道行是道能具足六波羅蜜成就
衆生淨佛國土住是法中得阿耨多羅三藐
三菩提以三乘法度脫衆生亦不著三乘如
是須菩提菩薩摩訶薩以無相法應學般若
波羅蜜
摩訶般若波羅蜜經卷第三十四
皇宋治平四年歲次丁未閏三月初六日起首寫
勾當寫大藏經并建經樓首座沙門　子孫
大元至正癸卯六月二十九日顧阿瑛拜閱于碧梧翠竹堂

07156 摩訶般若波羅蜜經四十卷 （後秦）釋鳩摩羅什譯　北宋治平四年（1067）崑山縣景德寺寫大藏本

卷軸裝。高31.3厘米，長696厘米。一紙長58厘米。存十二紙，每紙二十八行，行十七字。朱絲欄。千字文帙號爲“河”。有“乾隆御覽之寶”、“太上皇帝之寶”、“嘉慶御覽之寶”、“秘殿珠林”、“宣統御覽之寶”、“三希堂精鑑璽”、“周暹”等印。顧阿瑛跋。天津博物館藏，存一卷。

若諸法無相無分別云何說是善是不善是
有漏是無漏是世間是出世間是有爲是無
爲須菩提於汝意云何諸法實相中有法可
說是善是不善乃至是有爲是無爲是須陁
洹果乃至阿羅漢果是辟支佛是菩薩是阿
耨多羅三藐三菩提不世尊不可說也須菩
提以是因緣故當知一切法無相無分別無
生無定不可示須菩提我本行菩薩道時亦
無有法可得性若色若受想行識乃至若有
爲若無爲須陁洹果乃至阿耨多羅三藐三
菩提如是須菩提菩薩摩訶薩行般若波羅
蜜從初發意乃至阿耨多羅三藐三菩提應

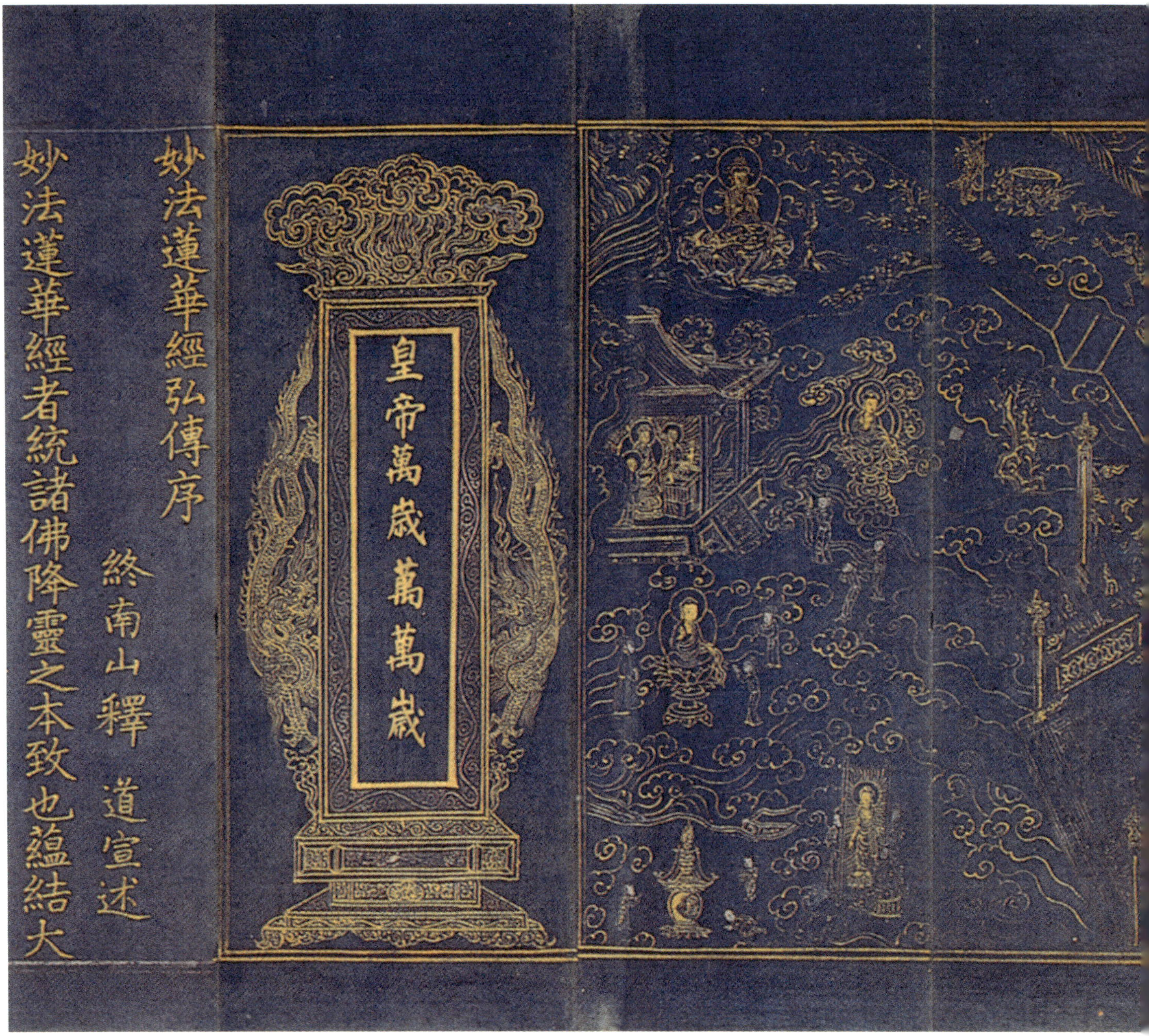

07178 妙法蓮華經七卷 （後秦）釋鳩摩羅什譯　元金銀寫本

經折裝。匡高24.7厘米，廣11.2厘米。半葉五行，行十七字，上下單邊。有扉畫。有惟一等題識、題詩。天津博物館藏。

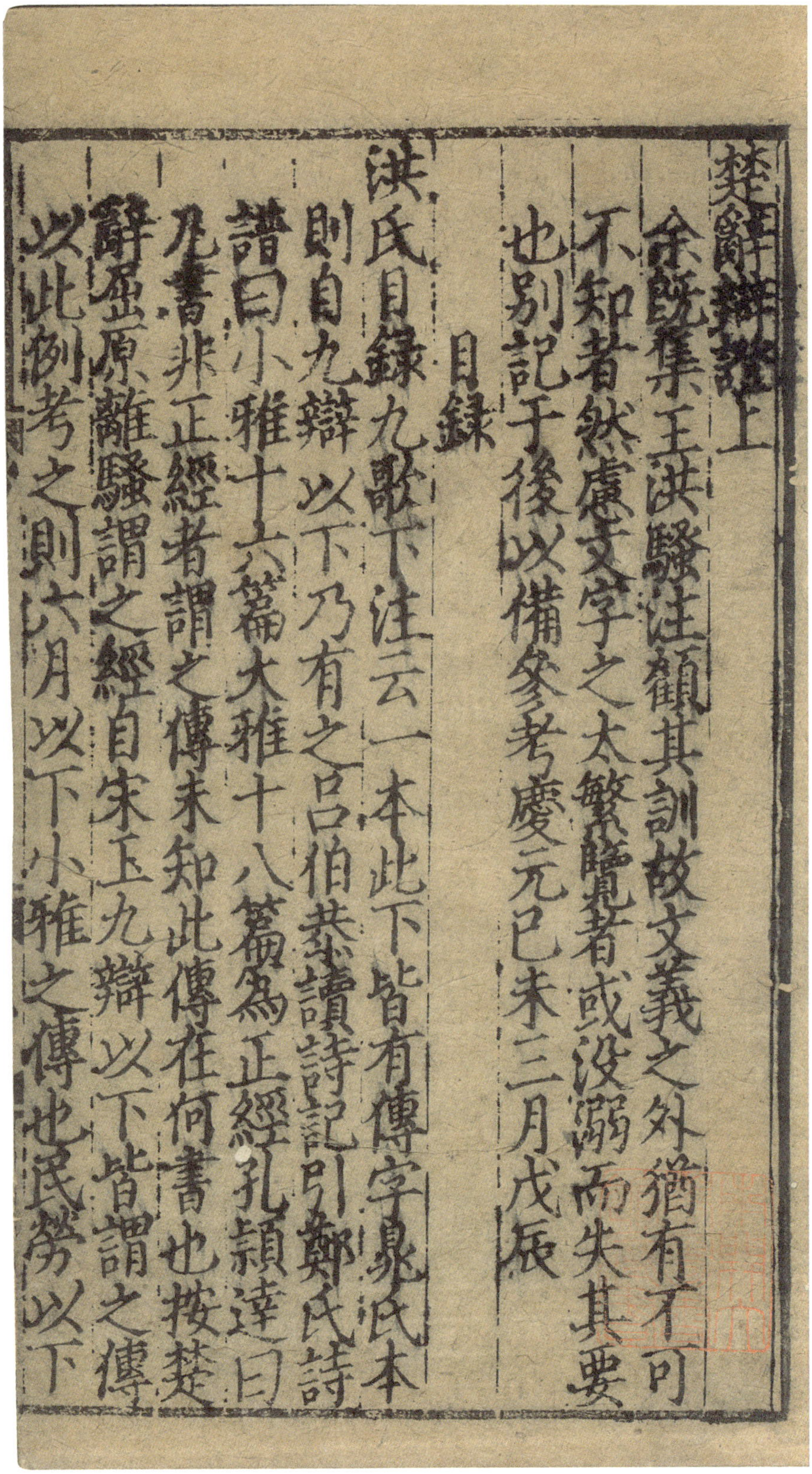
楚辭辯證上
余既集王洪騷注顧其訓故文義之外猶有不可
不知者然慮文字之太繁覽者或没溺而失其要
也别記于後以備參考慶元己未三月戊辰
目録
洪氏目録九歌下注云一本此下皆有傳字晁氏本
則自九辯以下乃有之呂伯恭讀詩記引鄭氏詩
譜曰小雅十六篇大雅十八篇為正經孔頴達曰
凡書非正經者謂之傳未知此傳在何書也按楚
辭屈原離騷謂之經自宋玉九辯以下皆謂之傳
以此例考之則六月以下小雅之傳也民勞以下

07201 楚辭辯證二卷後語六卷 （宋）朱熹撰　元刻本

匡高20.2厘米，廣12.5厘米。半葉十一行，行二十字，小字雙行二十四字，黑口，左右雙邊。南開大學圖書館藏。

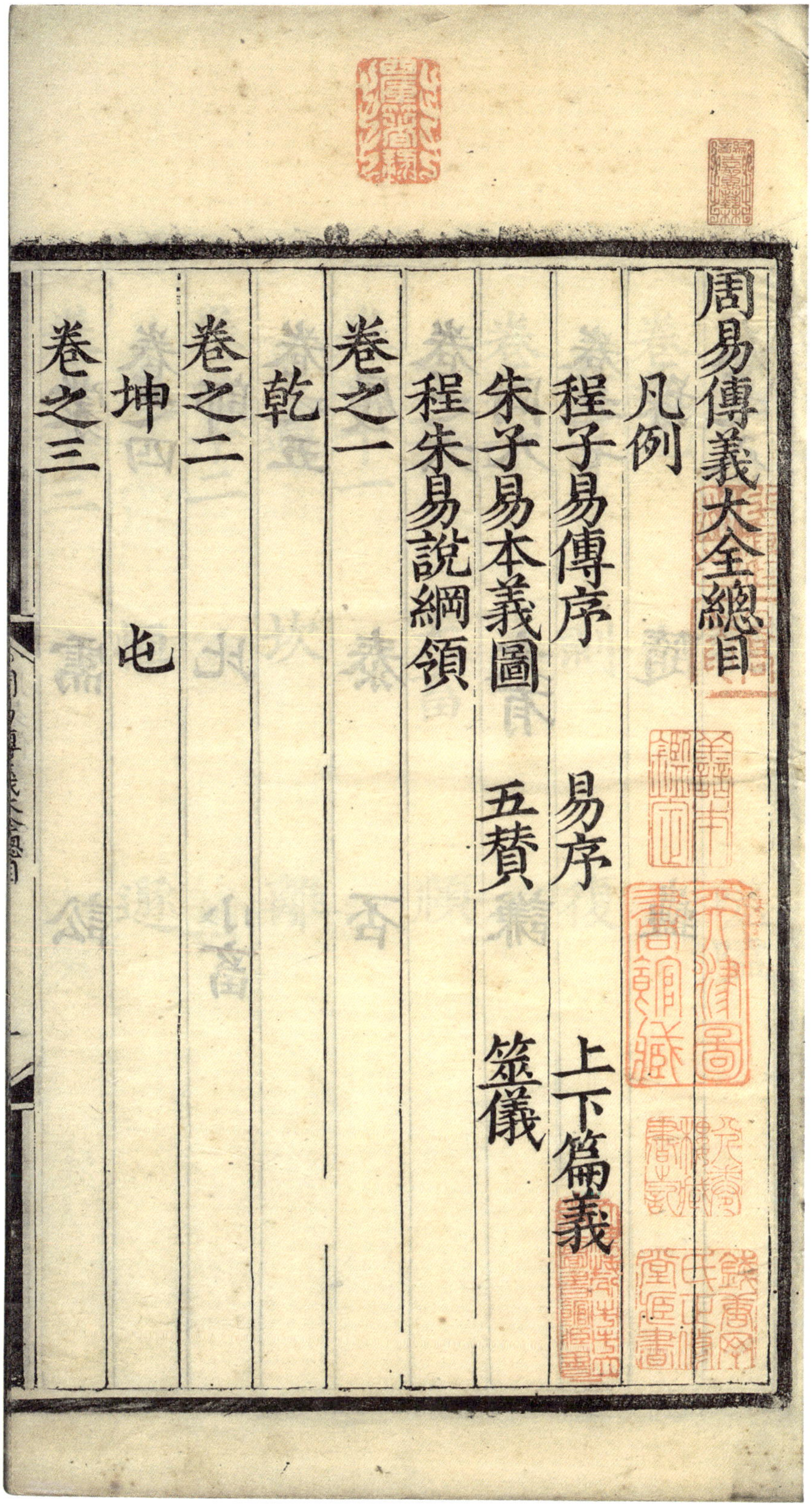
周易傳義大全總目
凡例
程子易傳序　易序　上下篇義
朱子易本義圖　五贊　筮儀
程朱易說綱領
卷之一
乾
卷之二
坤
卷之三

07251　五經四書大全一百七十五卷　（明）胡廣等輯　明内府刻本

匡高27厘米，廣18厘米。半葉十行，行二十二字，小字雙行同，黑口，四周雙邊。有“錢唐丁氏正修堂藏書”、“八千卷樓藏書之記”等印。天津圖書館藏。

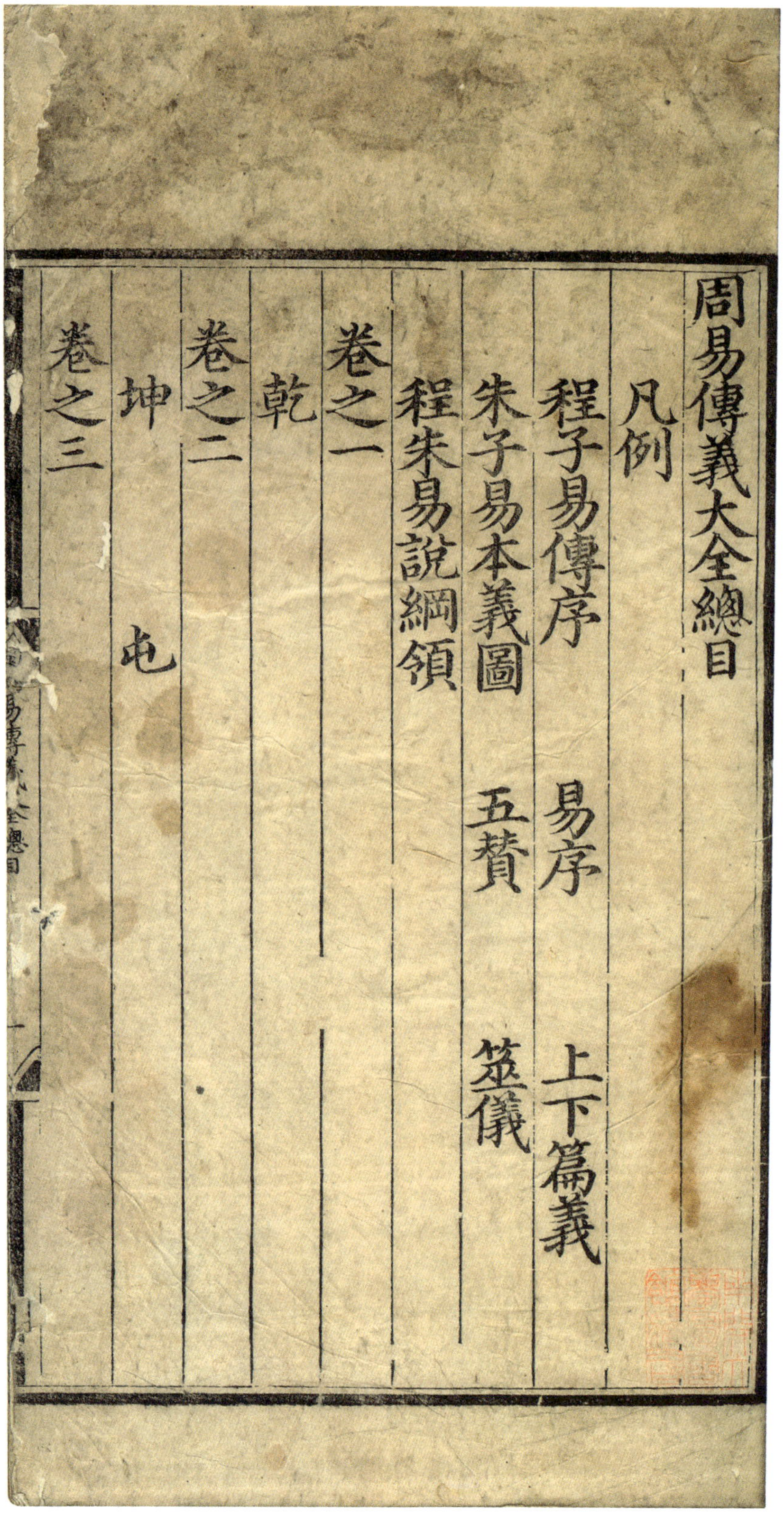
周易傳義大全總目
凡例
程子易傳序　易序　上下篇義
朱子易本義圖　五贊　筮儀
程朱易說綱領
卷之一
乾
卷之二
坤　屯
卷之三

07252 五經大全一百三十五卷 （明）胡廣等輯　明內府刻本

匡高27厘米，廣18厘米。半葉十行，行二十二字，小字雙行同，黑口，四周雙邊。南開大學圖書館藏，存一百十五卷。

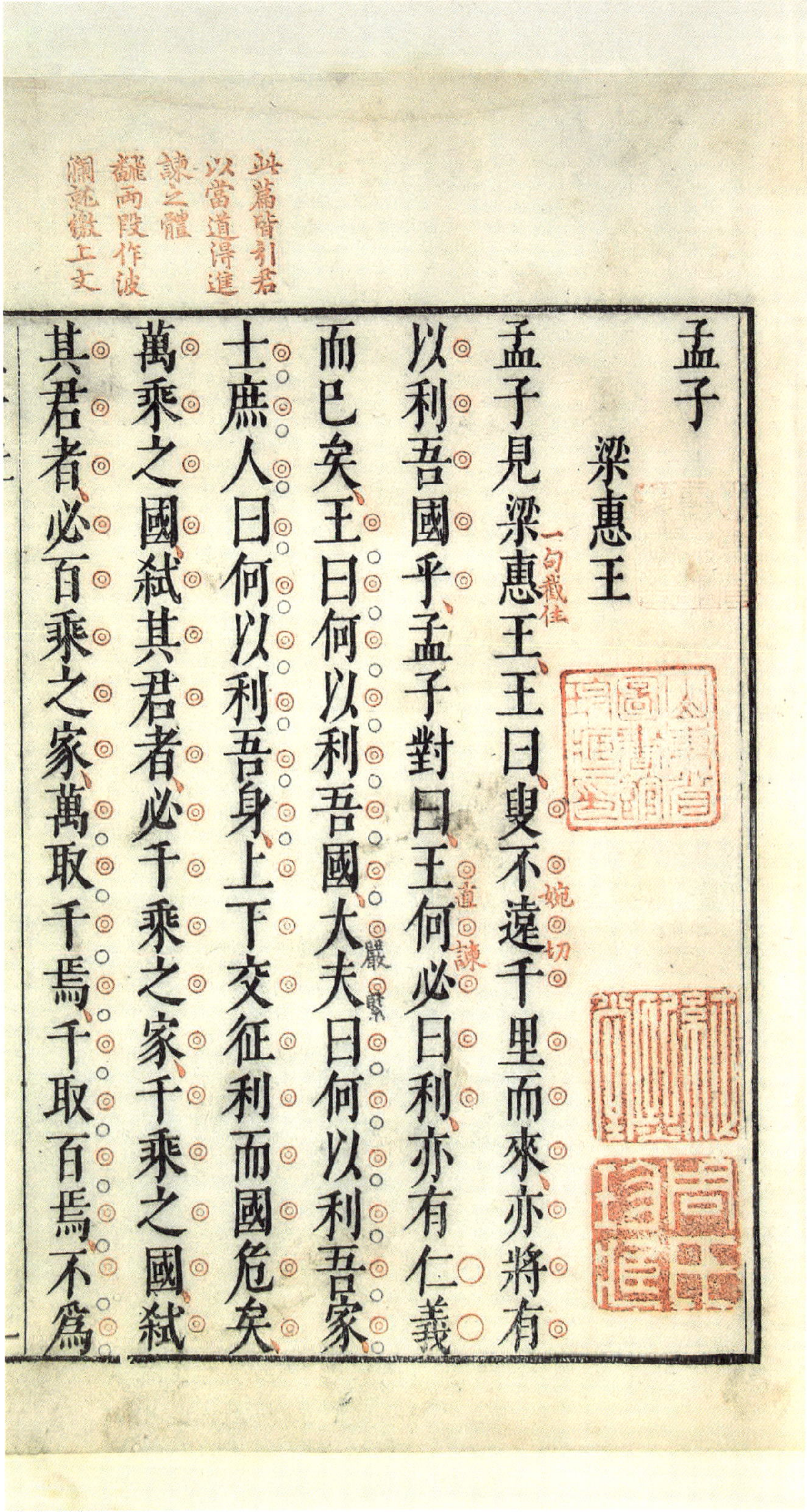
此篇皆引君以當道浔進諫之體離兩段作波瀾就繳上文

孟子

梁惠王

孟子見梁惠王王曰叟不遠千里而來亦將有以利吾國乎孟子對曰王何必曰利亦有仁義而已矣王曰何以利吾國大夫曰何以利吾家士庶人曰何以利吾身上下交征利而國危矣萬乘之國弑其君者必千乘之家千乘之國弑其君者必百乘之家萬取千焉千取百焉不爲

一句截住　婉切　直諫　嚴緊

07257、07258 三經評注五卷　明萬曆閔齊伋刻三色套印本

匡高20.8厘米，廣15.3厘米。半葉八行，行十八字，白口，左右雙邊。天津圖書館、山東省圖書館藏。

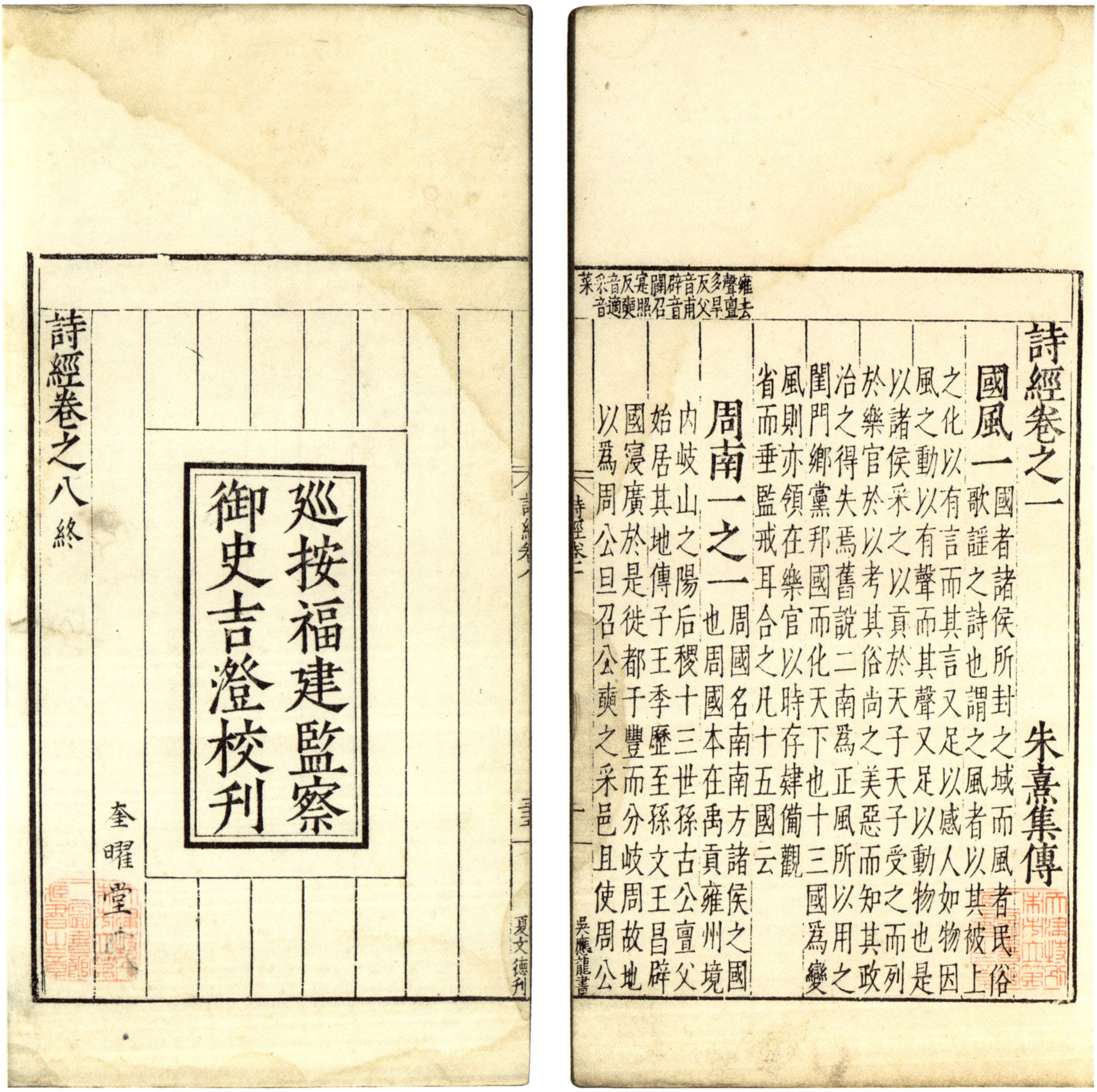

07291 詩經集傳八卷 （宋）朱熹撰　明嘉靖吉澄刻本

匡高20.5厘米，廣14.4厘米。半葉九行，行十七字，小字雙行同，白口，左右雙邊。天津圖書館藏。

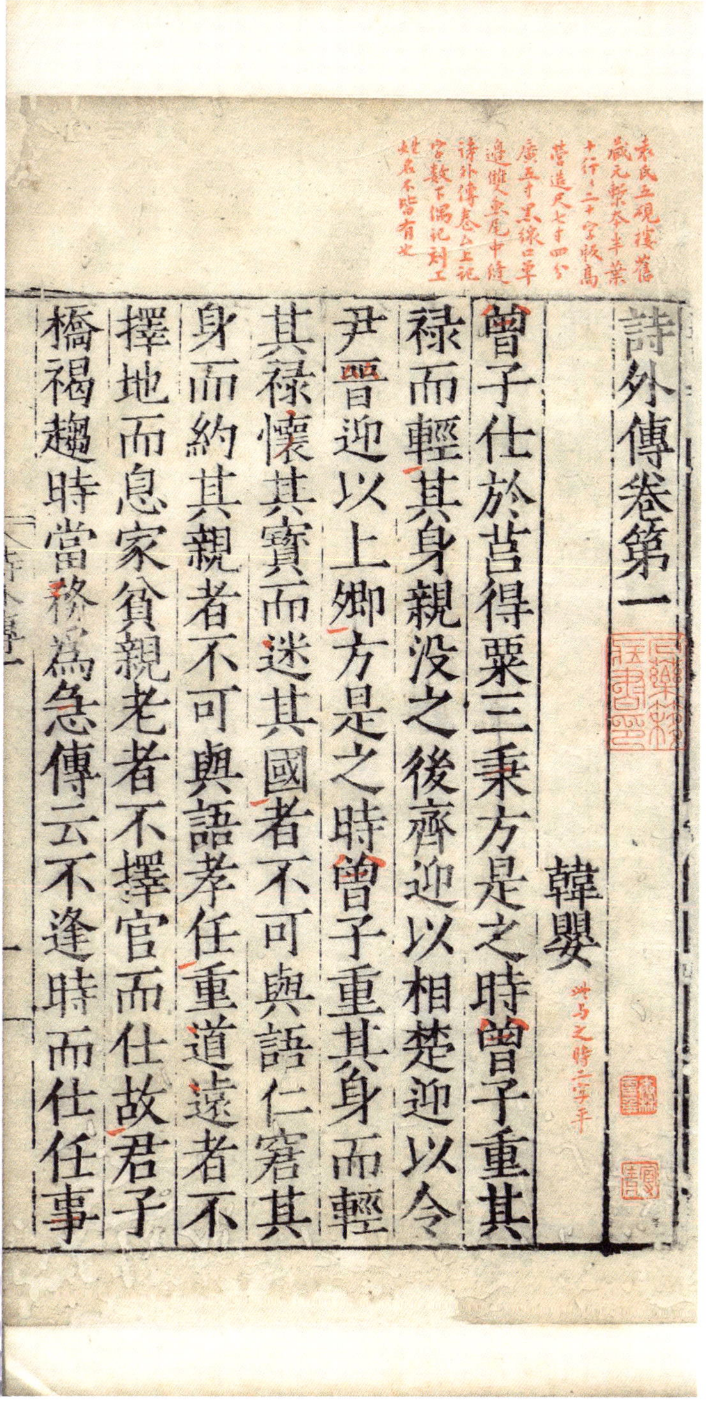
袁氏五硯樓舊藏元槧本半葉十行行二十字版高營造尺七寸四分廣五寸黑線口單邊雙魚尾中縫詩外傳卷幾上記字數下偶記刻工姓名不皆有也

詩外傳卷第一

韓嬰

曾子仕於莒得粟三秉方是之時曾子重其禄而輕其身親沒之後齊迎以相楚迎以令尹晉迎以上卿方是之時曾子重其身而輕其禄懷其寶而迷其國者不可與語仁窘其身而約其親者不可與語孝任重道遠者不擇地而息家貧親老者不擇官而仕故君子橋褐趨時當務為急傳云不逢時而仕任事

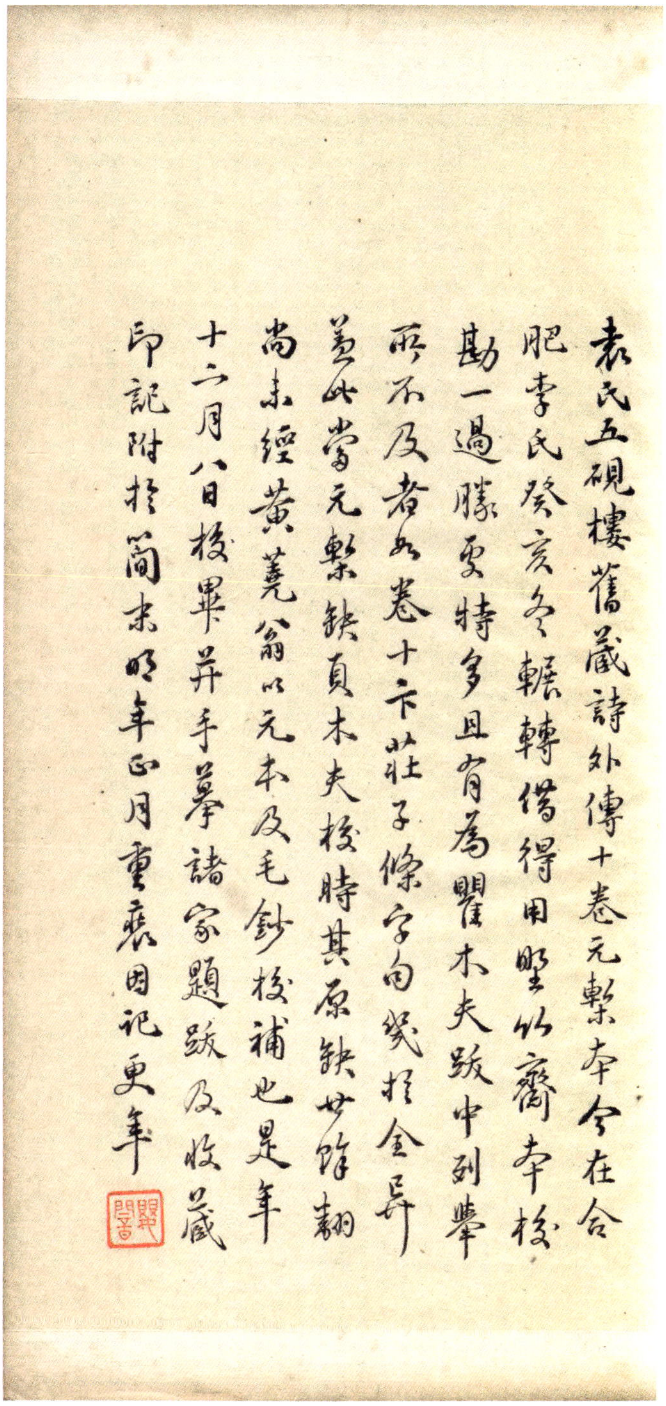
袁氏五硯樓舊藏詩外傳十卷元槧本今在合肥李氏癸亥冬輾轉借得用野竹齋本校勘一過勝處特多且有為瞿木夫跋中列舉所不及者如卷十末莊子條字句幾於全異並此當元槧缺頁木夫校時其原缺無從翻尚未經黃蕘翁以元本及毛鈔校補也是年十二月八日校畢并手摹諸家題跋及收藏印記附於簡末明年正月重裱因記更年

07307 詩外傳十卷 （漢）韓嬰撰　明嘉靖刻本

匡高20厘米，廣14厘米。半葉九行，行十七字，白口，左右雙邊。有“秦更年”等印。秦更年校並跋。南開大學圖書館藏。

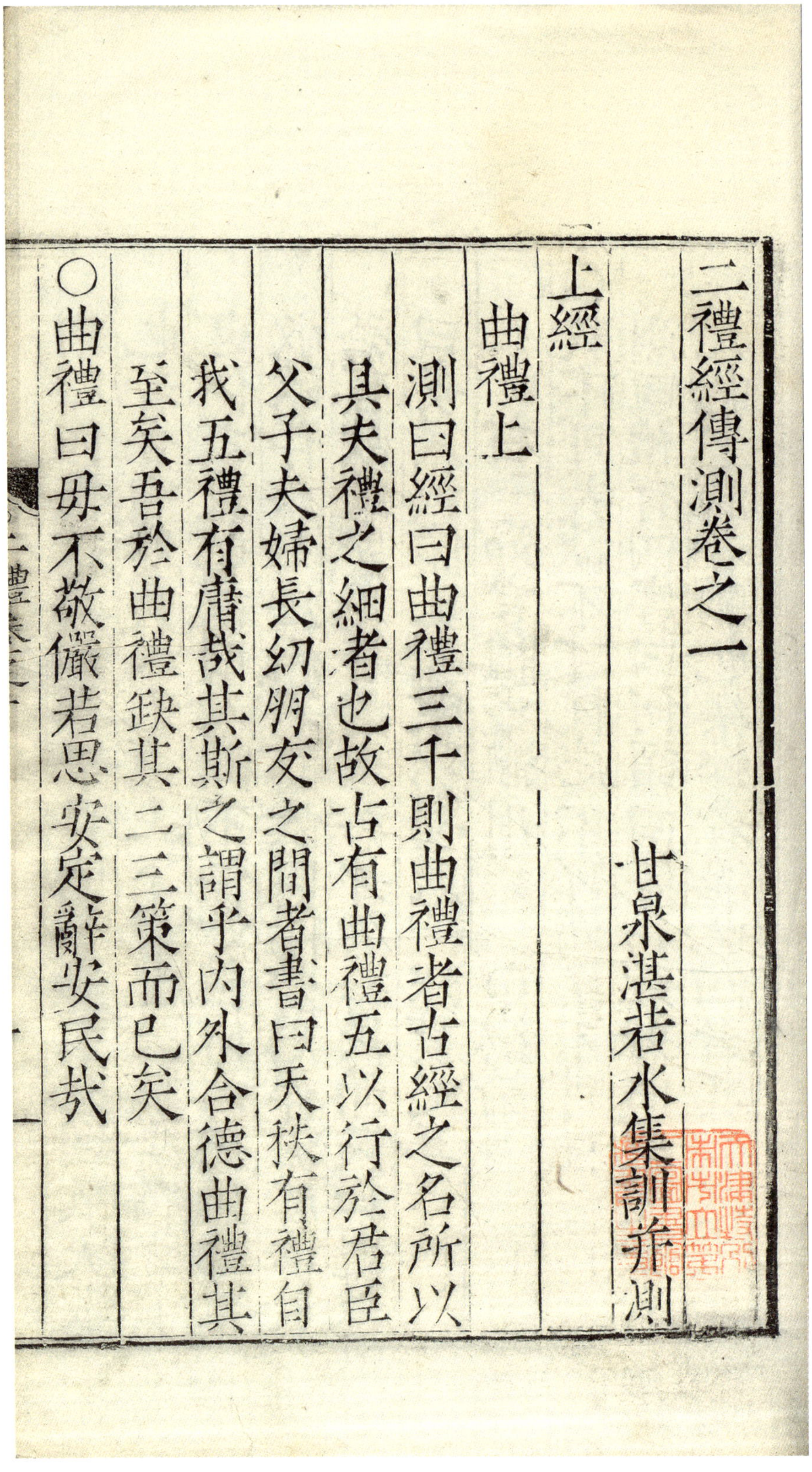

二禮經傳測卷之一

甘泉湛若水集訓并測

上經

曲禮上

測曰經曰曲禮三千則曲禮者古經之名所以具夫禮之細者也故古有曲禮五以行於君臣父子夫婦長幼朋友之間者書曰天秩有禮自我五禮有庸哉其斯之謂乎内外合德曲禮其至矣吾於曲禮鈌其二三策而已矣

○曲禮曰毋不敬儼若思安定辭安民哉

07343 二禮經傳測六十八卷纂議一卷 （明）湛若水撰　明嘉靖刻本

匡高20.9厘米，廣14.8厘米。半葉十行，行二十字，小字雙行同，白口，四周雙邊。天津圖書館藏。

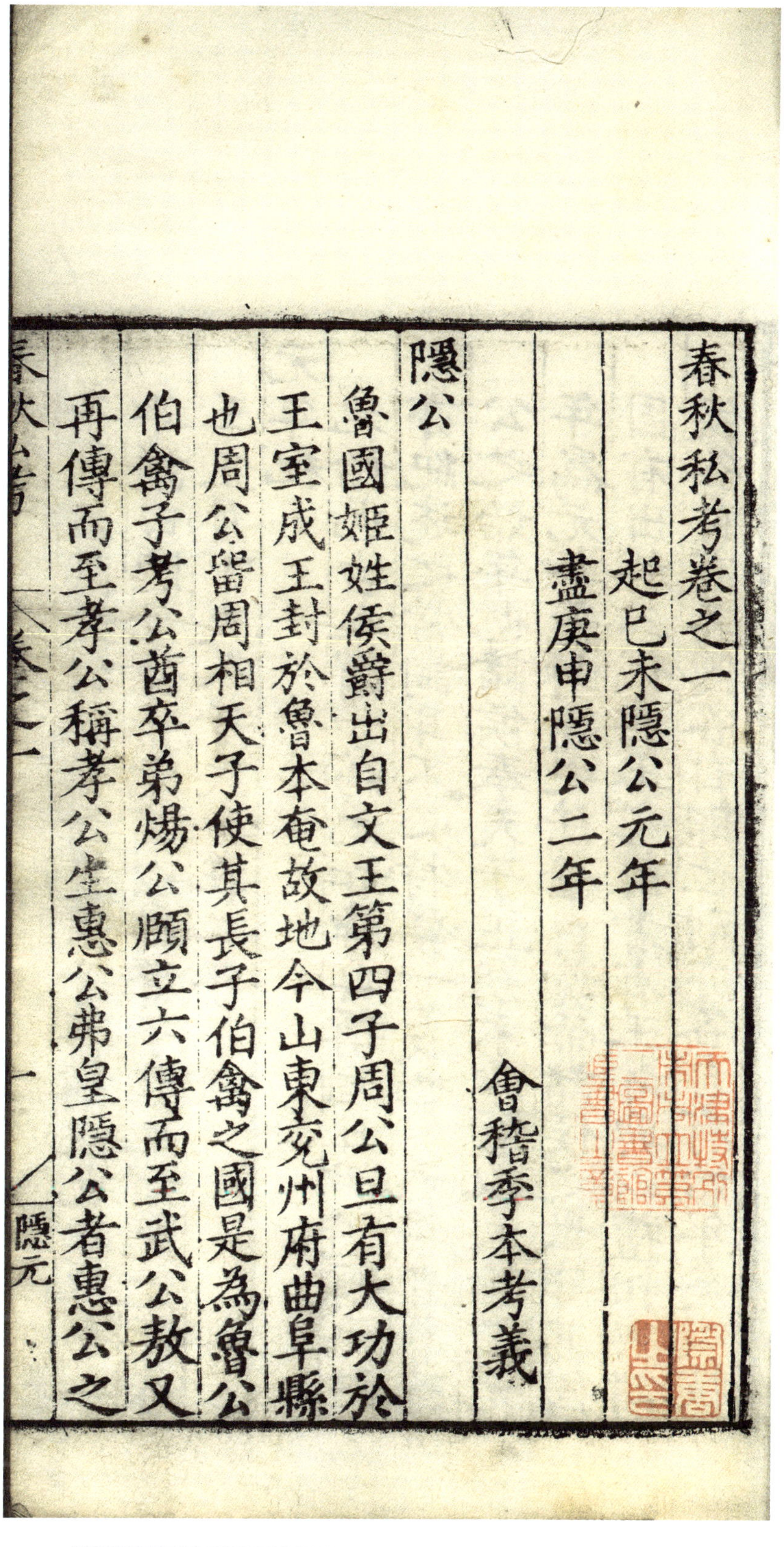

春秋私考卷之一

起己未隱公元年

盡庚申隱公二年

會稽季本考義

隱公

魯國姬姓侯爵出自文王第四子周公旦有大功於王室成王封於魯本奄故地今山東兗州府曲阜縣也周公留周相天子使其長子伯禽之國是為魯公伯禽子考公酋卒弟煬公熙立六傳而至武公敖又再傳而至孝公稱孝公生惠公弗皇隱公者惠公之

春秋私考　卷之一　一　隱元

07382 春秋私考三十六卷首一卷 （明）季本撰　明嘉靖刻本

匡高19厘米，廣12.9厘米。半葉十行，行二十一字，小字雙行同，白口，左右雙邊。天津圖書館藏。

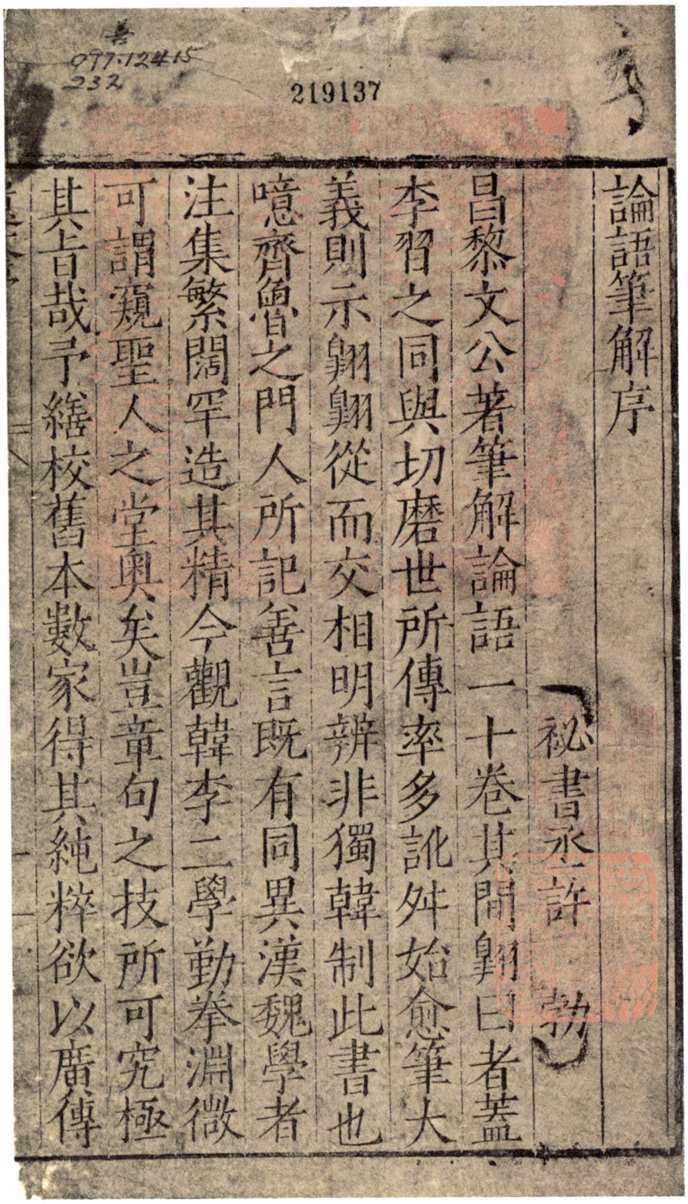

論語筆解序
昌黎文公著筆解論語一十卷其間翱曰者蓋
李習之同與切磨世所傳率多訛舛始愈筆大
義則示翱翱從而交相明辨非獨韓制此書也
噫齊魯之門人所記善言既有同異漢魏學者
注集繁闊罕造其精今觀韓李二學勤拳淵微
可謂窺聖人之堂奧矣豈章句之技所可究極
其旨哉予繕校舊本數家得其純粹欲以廣傳
祕書丞許勃

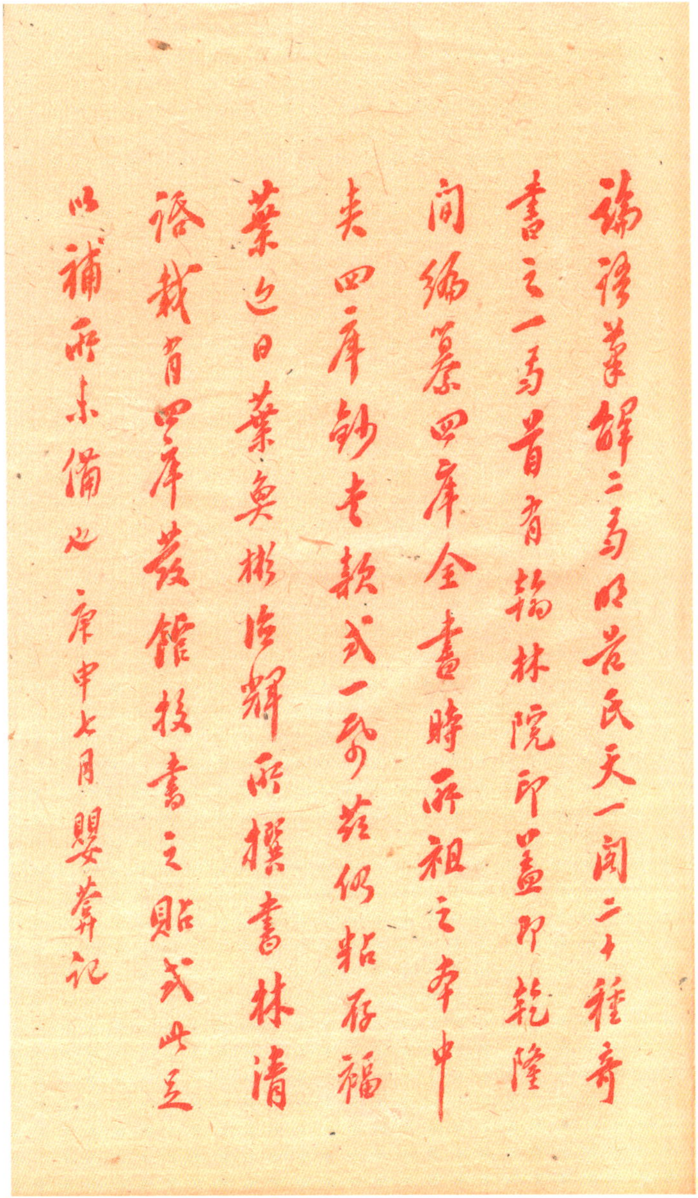
論語筆解二卷明范氏天一閣二十種奇
書之一為首有翰林院印蓋即乾隆
間編纂四庫全書時所祖之本中
夾四庫鈔書款式一紙茲仍粘存福
葉近日葉奐彬德輝所撰書林清
話載有四庫發館校書之貼式此足
以補所未備也 庚申七月嬰闇記

07390 論語筆解二卷 （唐）韓愈　李翱撰　明嘉靖范氏天一閣刻本[四庫進呈本]

匡高20.5厘米，廣14.5厘米。半葉九行，行十八字，小字雙行同，白口，左右雙邊。有“翰林院印”、“古潭州袁臥雪廬收藏”、“嬰闇秦氏藏書”等印。秦更年跋。南開大學圖書館藏。

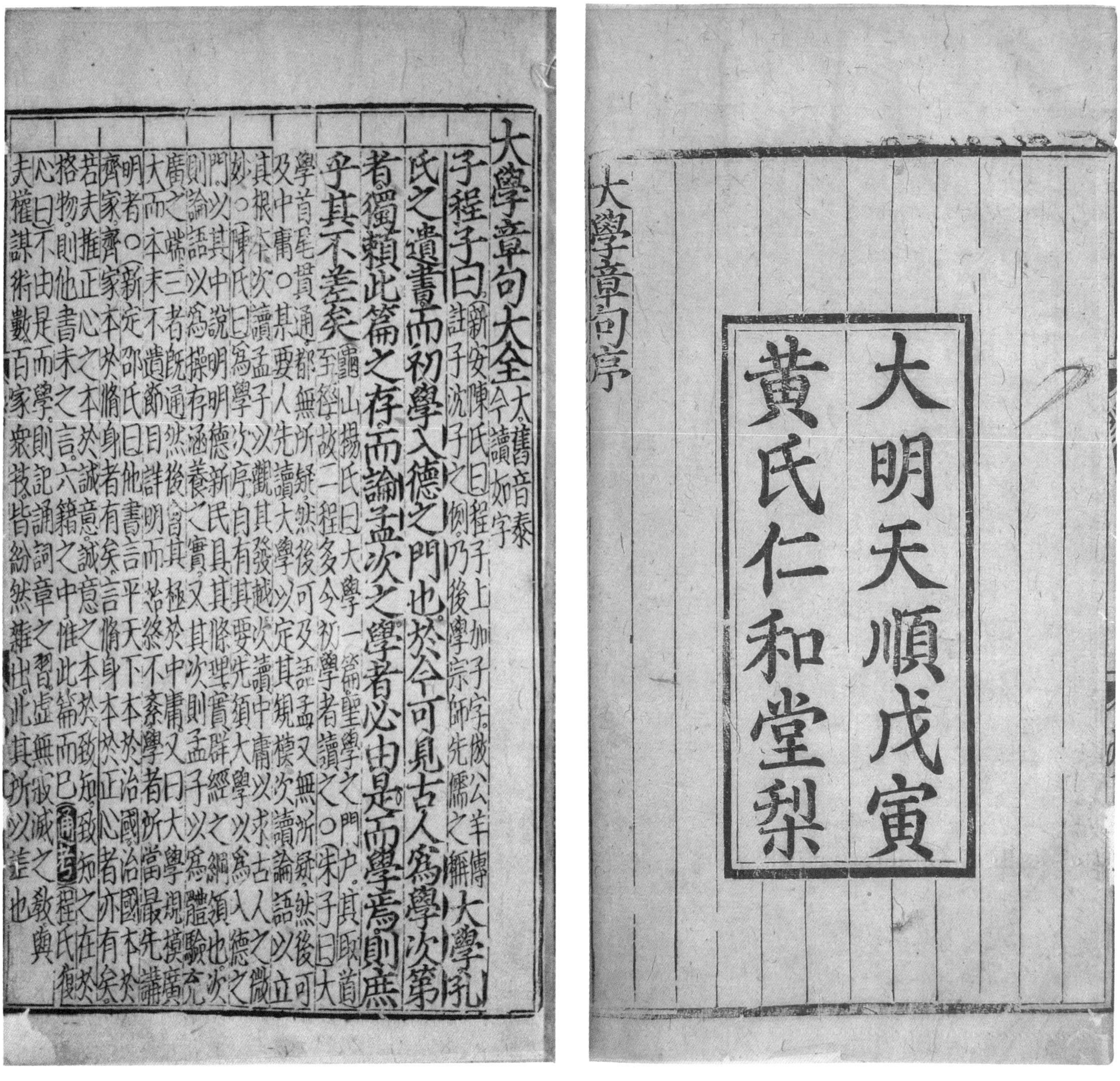

07406、07407　四書集註大全四十三卷　（明）胡廣等輯　明天順二年（1458）黃氏仁和堂刻本

匡高22.1厘米，廣13.4厘米。半葉十二行，行二十三字，小字雙行同，黑口，四周雙邊。天津圖書館藏，存五卷；浙江圖書館藏，存三卷。

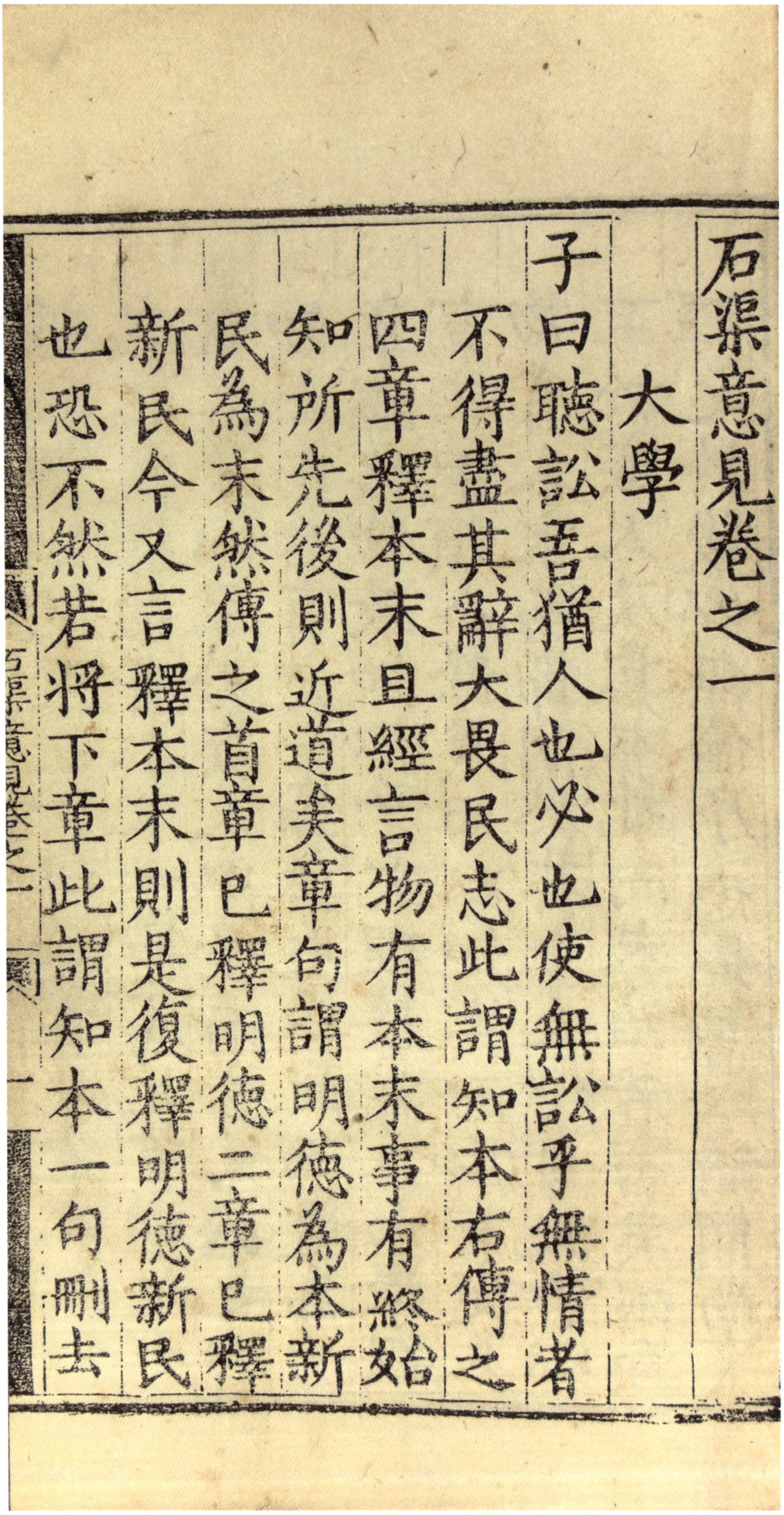

石渠意見卷之一

大學

子曰聽訟吾猶人也必也使無訟乎無情者
不得盡其辭大畏民志此謂知本右傳之
四章釋本末且經言物有本末事有終始
知所先後則近道矣章句謂明德為本新
民為末然傳之首章已釋明德二章已釋
新民今又言釋本末則是復釋明德新民
也恐不然若將下章此謂知本一句刪去

石渠意見卷之一　一

07420、07421　石渠意見四卷拾遺二卷補缺一卷玩易意見二卷　（明）王恕撰　明正德刻本

匡高20.3厘米，廣13.5厘米。半葉九行，石渠意見行十七字，其餘行二十字，黑口，四周雙邊。吉林省圖書館藏；天津師範大學圖書館藏。

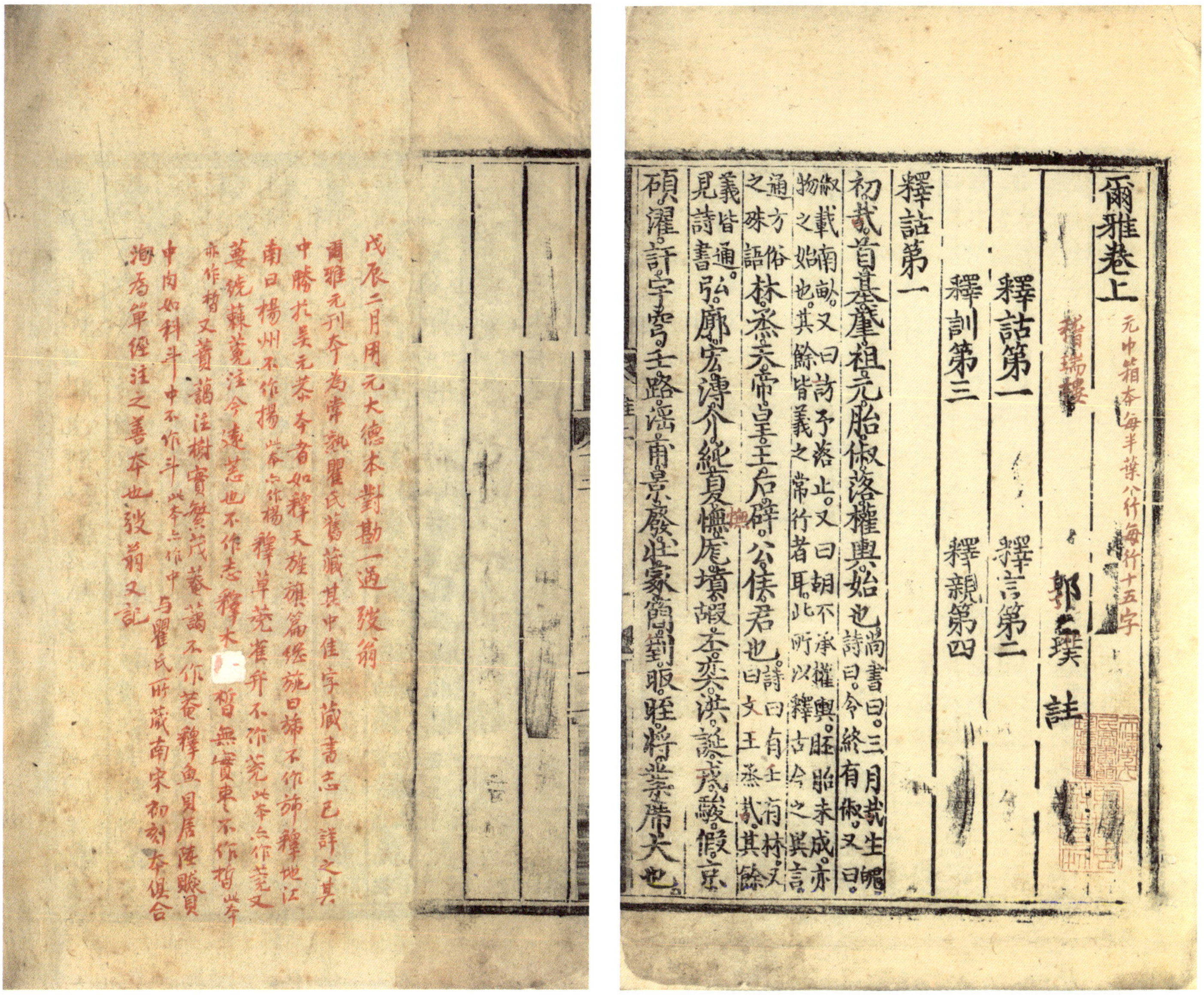

07424 爾雅三卷 （晉）郭璞注 **音釋三卷** 明景泰七年（1456）馬諒刻本

匡高21.1厘米，廣15.5厘米。半葉十行，行二十三字，小字雙行同，黑口，四周雙邊。有“曾在周叔弢處”等印。周叔弢校並跋。天津圖書館藏。

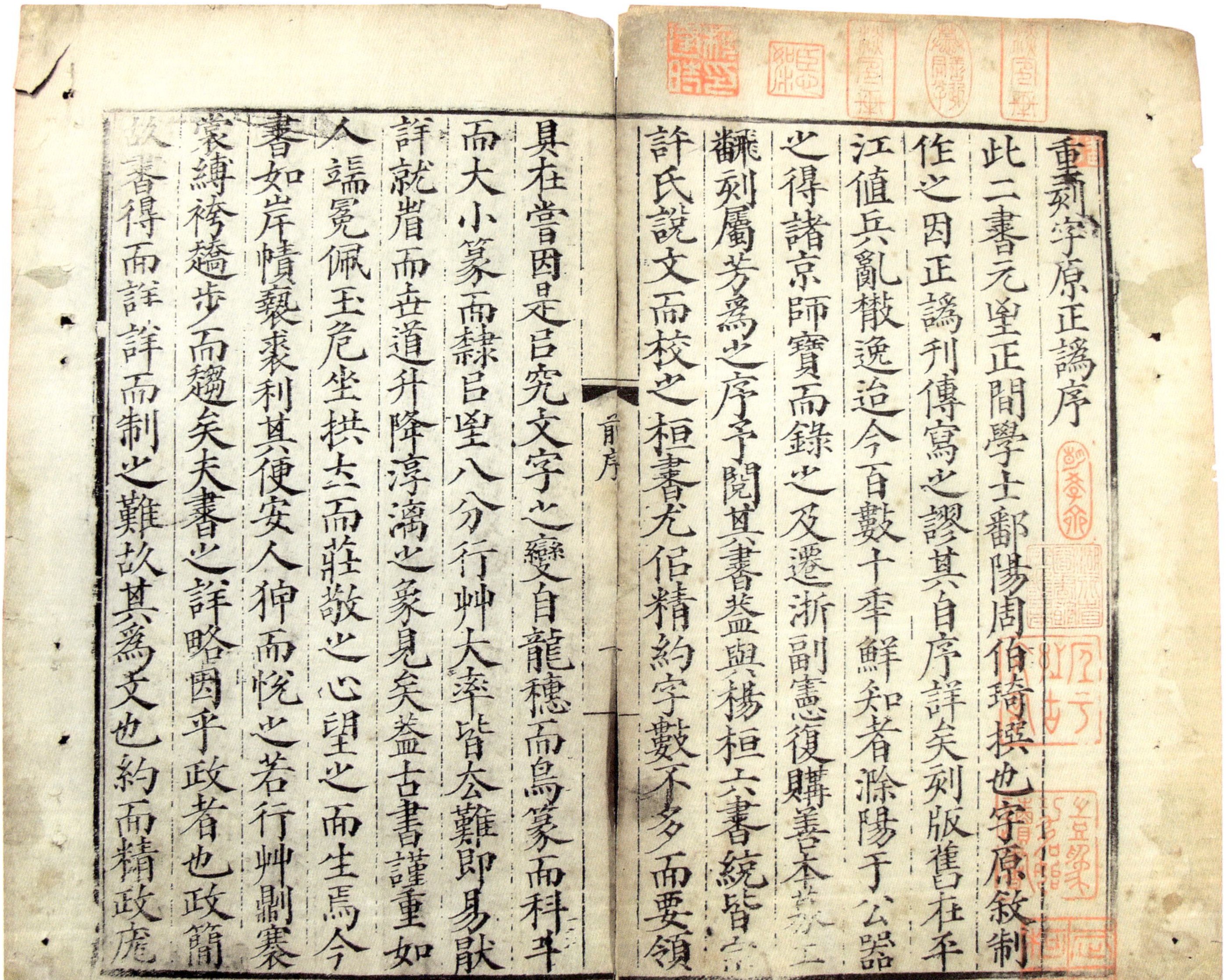

07446、07447 說文字原一卷 （元）周伯琦撰　明嘉靖元年（1522）于鏊刻本

匡高25厘米，廣15.3厘米。半葉五行，行字不等，黑口，左右雙邊。天津圖書館藏，有“南陵徐乃昌審定善本”、“乃昌校讀”等印；湖北省圖書館藏。

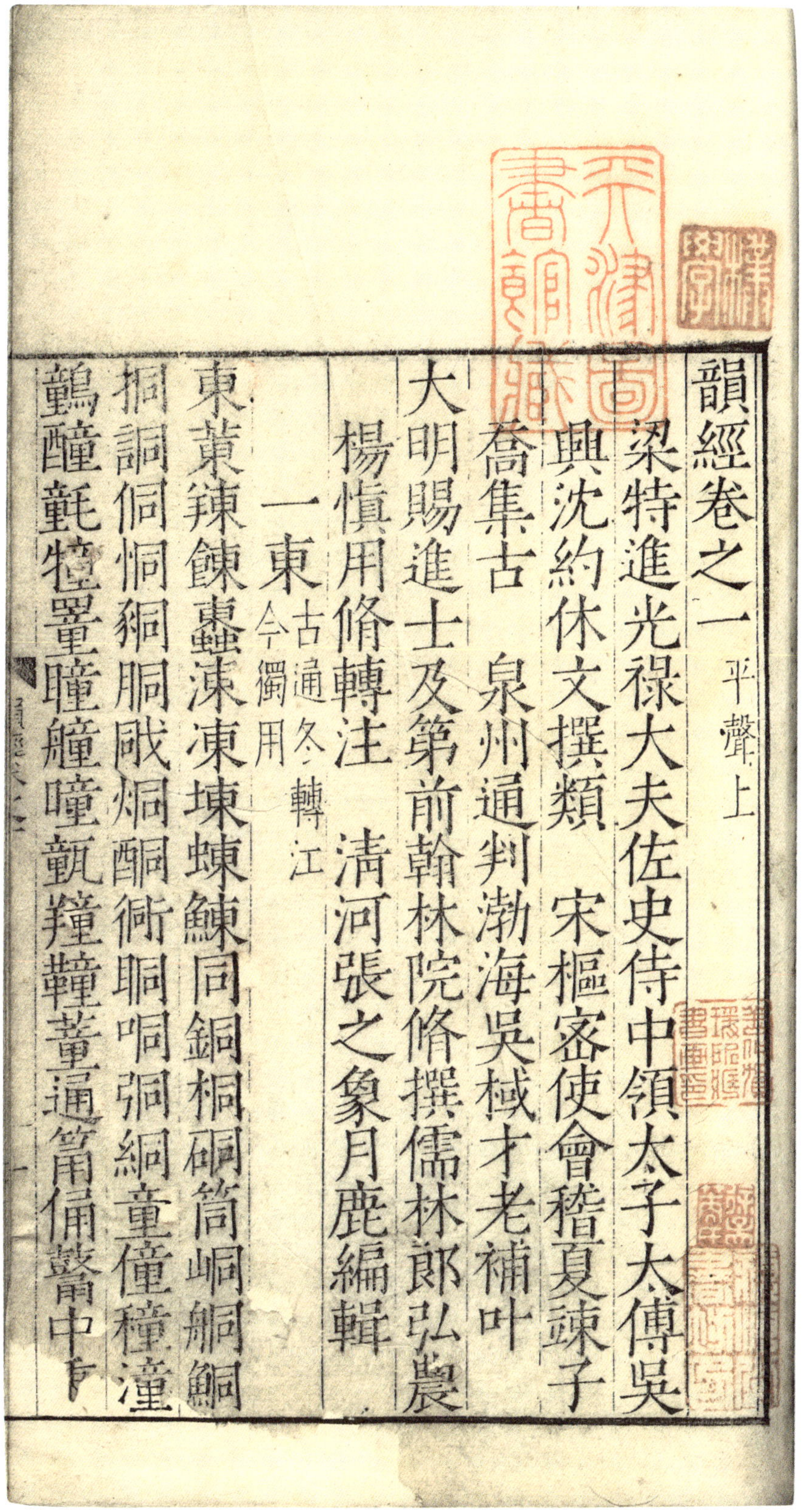

07467 韻經五卷 （明）張之象撰　明嘉靖十八年（1539）長水書院刻本

匡高17.3厘米，廣12.5厘米。半葉十行，行十八字，白口，左右雙邊。天津圖書館藏。

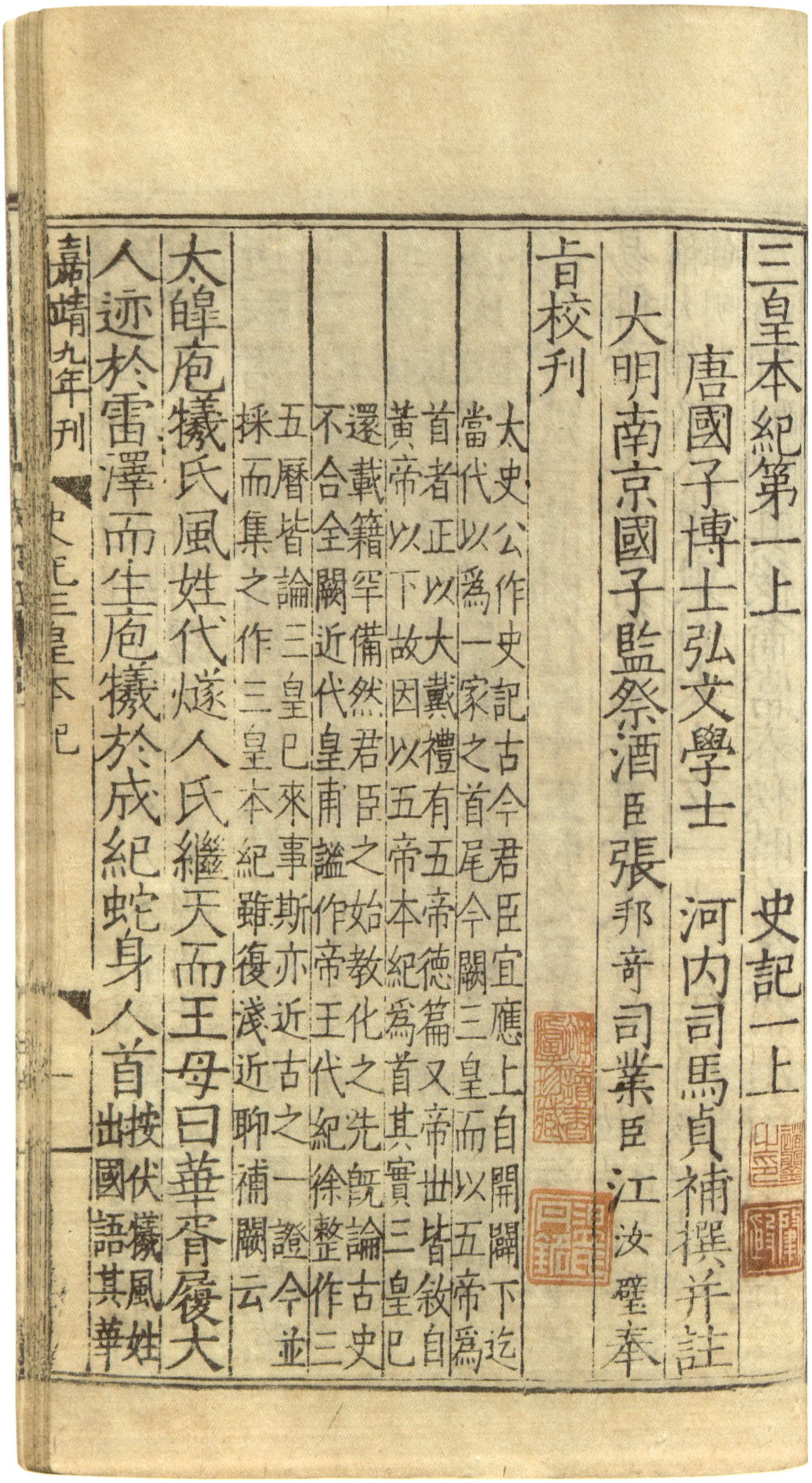
三皇本紀第一上　史記一上
唐國子博士弘文學士　河内司馬貞補撰并註
大明南京國子監祭酒臣張邦奇司業臣江汝璧奉
旨校刊
太史公作史記古今君臣宜應上自開闢下迄當代以爲一家之首尾今闕三皇而以五帝爲首者正以大戴禮有五帝德篇又帝世皆叙自黄帝以下故因以五帝本紀爲首其實三皇巳還載籍罕備然君臣之始教化之先旣論古史不合全闕近代皇甫謐作帝王代紀徐整作三五曆皆論三皇巳來事斯亦近古之一證今並採而集之作三皇本紀雖復淺近聊補闕云
太皡庖犧氏風姓代燧人氏繼天而王母曰華胥履大
人迹於雷澤而生庖犧於成紀蛇身人首按伏犧風姓出國語其華
嘉靖九年刊　史記三皇本紀　一

07484-07487 史記一百三十卷（漢）司馬遷撰　（南朝宋）裴駰集解　（唐）司馬貞索隱　（唐）張守節正義　明嘉靖八至九年（1529-1530）南京國子監刻本

匡高22.3厘米，廣15.3厘米。半葉十行，行二十一字，小字雙行同，細黑口，四周雙邊。華南師範大學圖書館、天津圖書館、西安碑林博物館、南京圖書館藏。

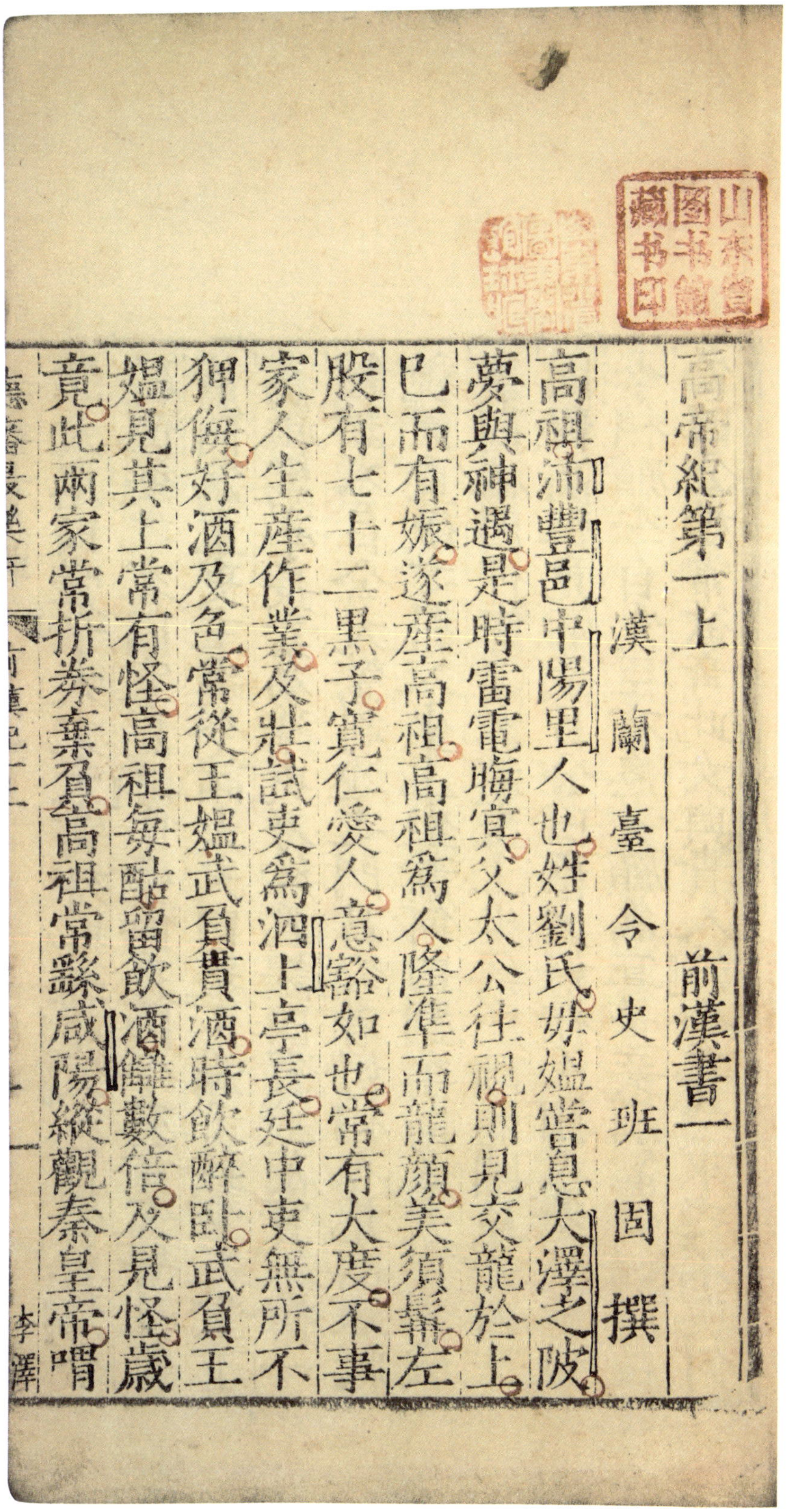
高帝紀第一上　　前漢書一
漢　蘭　臺　令　史　班　固　撰
高祖沛豐邑中陽里人也姓劉氏母媪嘗息大澤之陂夢與神遇是時雷電晦冥父太公往視則見交龍於上已而有娠遂產高祖高祖為人隆準而龍顏美須髯左股有七十二黑子寬仁愛人意豁如也常有大度不事家人生產作業及壯試吏為泗上亭長廷中吏無所不狎侮好酒及色常從王媪武負貰酒時飲醉臥武負王媪見其上常有怪高祖每酤留飲酒讎數倍及見怪歲竟此兩家常折券棄責高祖常繇咸陽縱觀秦皇帝喟

07507-07511　前漢書一百卷　（漢）班固撰　（唐）顔師古注　明德藩最樂軒刻本

匡高20.1厘米，廣14.5厘米。半葉十行，行二十一字，小字雙行同，白口，左右雙邊。南開大學圖書館藏；山東省圖書館藏，有“青蓮館”、“白霖嚴氏家藏”等印；山東省圖書館藏；吉林大學圖書館藏，有“巴陵方氏碧琳琅館珍藏古刻善本之印”、“方家書庫”、“巴陵方氏功惠柳橋甫印”、“碧琳琅館珍藏”等印；南京圖書館藏，卷一至五配清抄本。

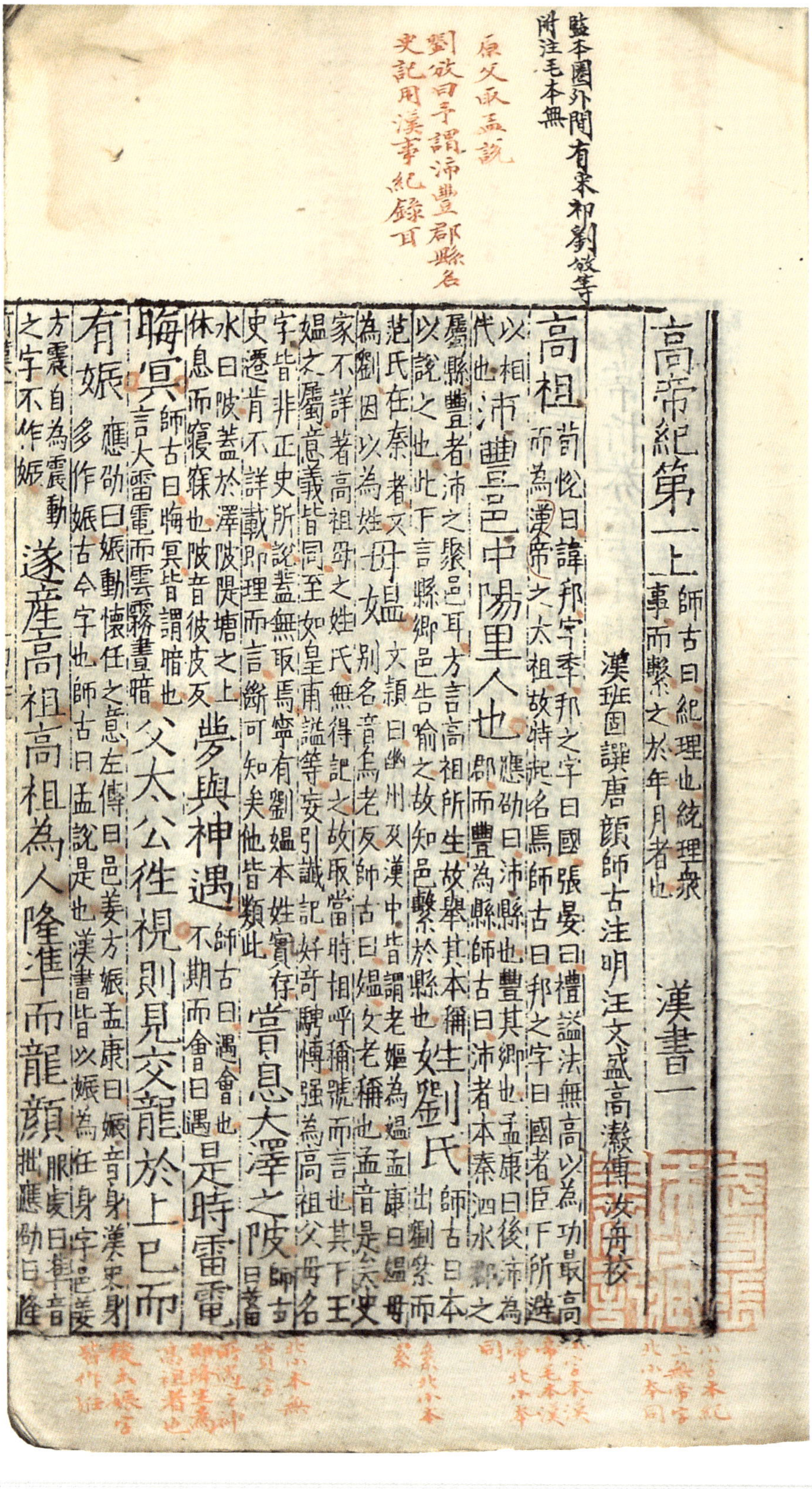

07517-07521 漢書一百卷 （漢）班固撰 （唐）顔師古注 明嘉靖汪文盛等刻本

匡高18.9厘米，廣13.4厘米。半葉十二行，行二十二字，小字雙行二十八字，白口，左右雙邊。南京圖書館藏，卷四十六至五十二配清抄本，佚名録何焯批校並跋；山東省博物館藏，何焯校，存二卷；天津圖書館藏，為二十八年（1549）周采等重修本；山東省博物館藏，為二十八年（1549）周采等重修本，姚輿批校，黃丕烈跋；南京圖書館藏，為二十八年（1549）周采等重修本，丁丙跋。

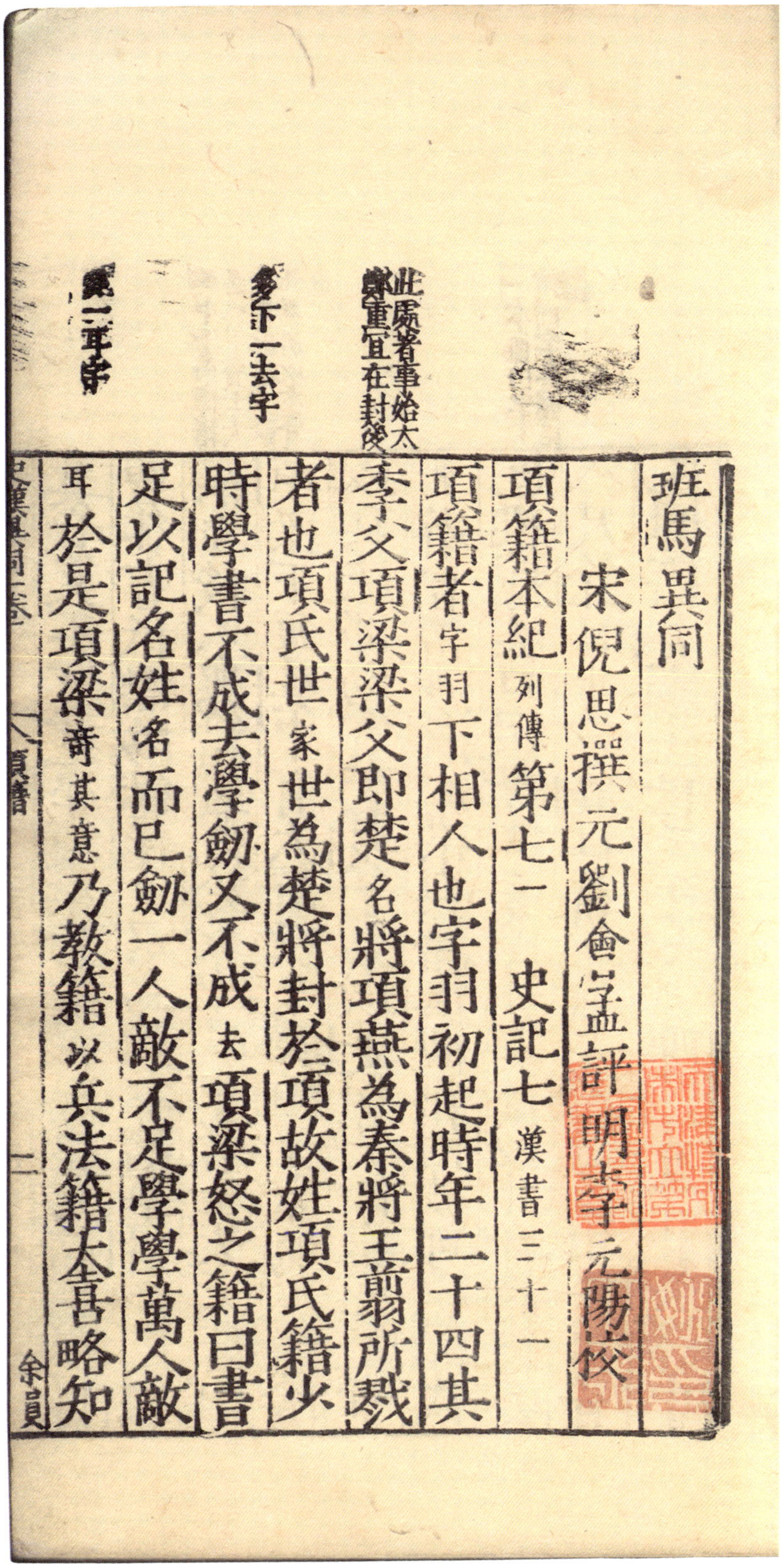

07525–07527　班馬異同三十五卷　（宋）倪思撰　（宋）劉辰翁評　明嘉靖十六年（1537）李元陽刻本

匡高17.1厘米，廣12.9厘米。半葉九行，行十九字，白口，左右雙邊。天津圖書館、浙江大學圖書館、湖北省圖書館藏。

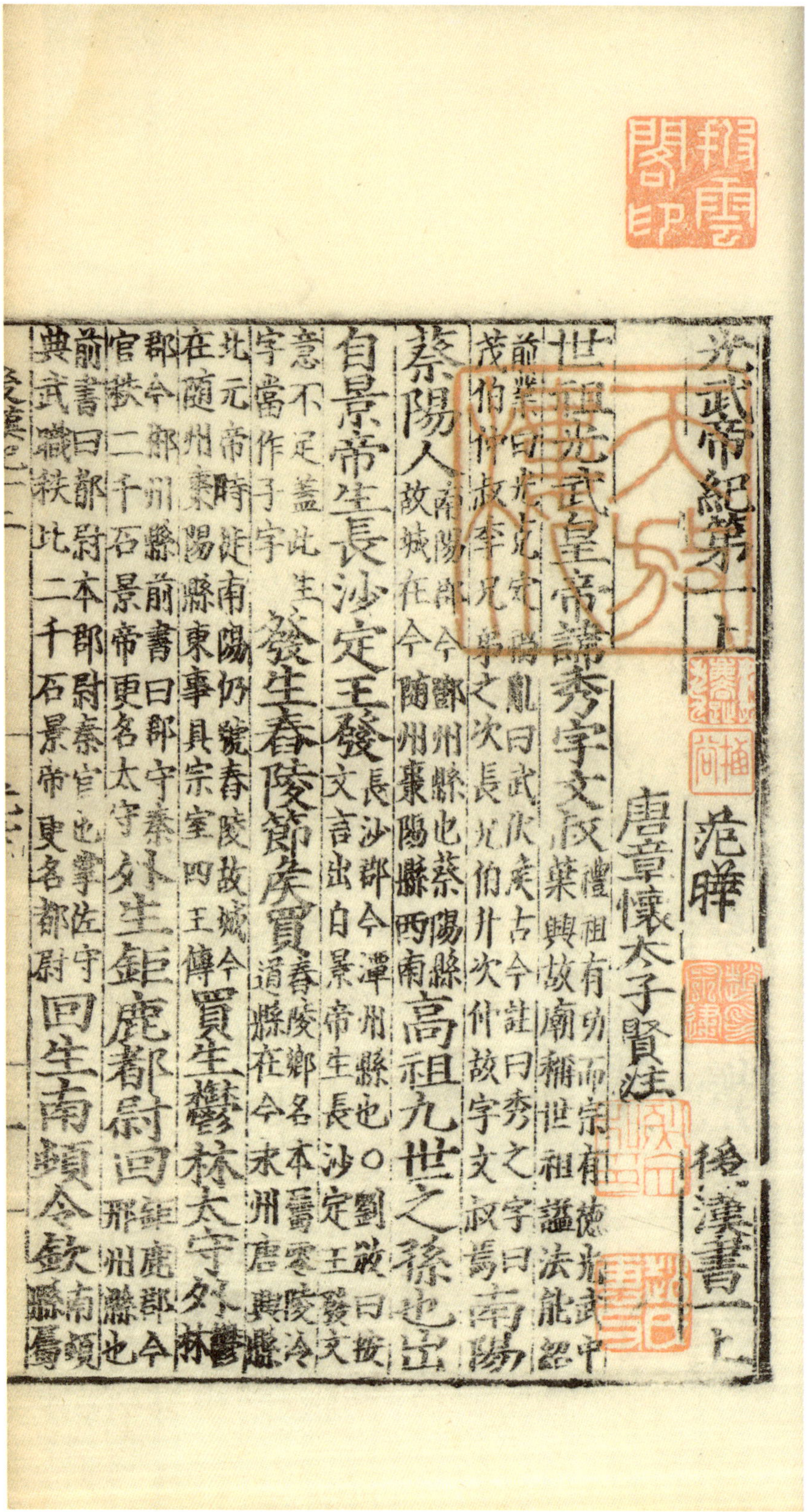
光武帝紀第一上　范曄　後漢書一上
唐章懷太子賢注
世祖光武皇帝諱秀字文叔禮祖有功而宗有德光武中興故廟稱世祖謚法能紹前業曰光克定禍亂曰武伏侯古今注曰秀之字曰茂伯仲叔季兄弟之次長兄伯升次仲故字文叔焉南陽蔡陽人南陽郡今鄧州縣也蔡陽縣故城在今隨州棗陽縣西南高祖九世之孫也出自景帝生長沙定王發長沙郡今潭州縣也○劉攽曰按文言出自景帝生長沙定王發文意不足蓋此生字當作子字發生舂陵節侯買舂陵鄉名本屬零陵冷道縣在今永州唐興縣北元帝時徙南陽仍號舂陵故城今在隨州棗陽縣東事具宗室四王傳買生鬱林太守外鬱林郡今鬱州縣前書曰郡守秦官秩二千石景帝更名太守外生鉅鹿都尉回鉅鹿郡今邢州縣也前書曰郡尉秦官也掌佐守典武職秩比二千石景帝更名都尉回生南頓令欽南頓縣屬汝南

07528 後漢書九十卷（南朝宋）范曄撰（唐）李賢注　**志三十卷**（晉）司馬彪撰（梁）劉昭注　明刻嘉靖十六年（1537）廣東崇正書院重修本

匡高19.1厘米，廣14厘米。半葉十行，行二十二字，小字雙行同，白口，左右雙邊。天津圖書館藏。

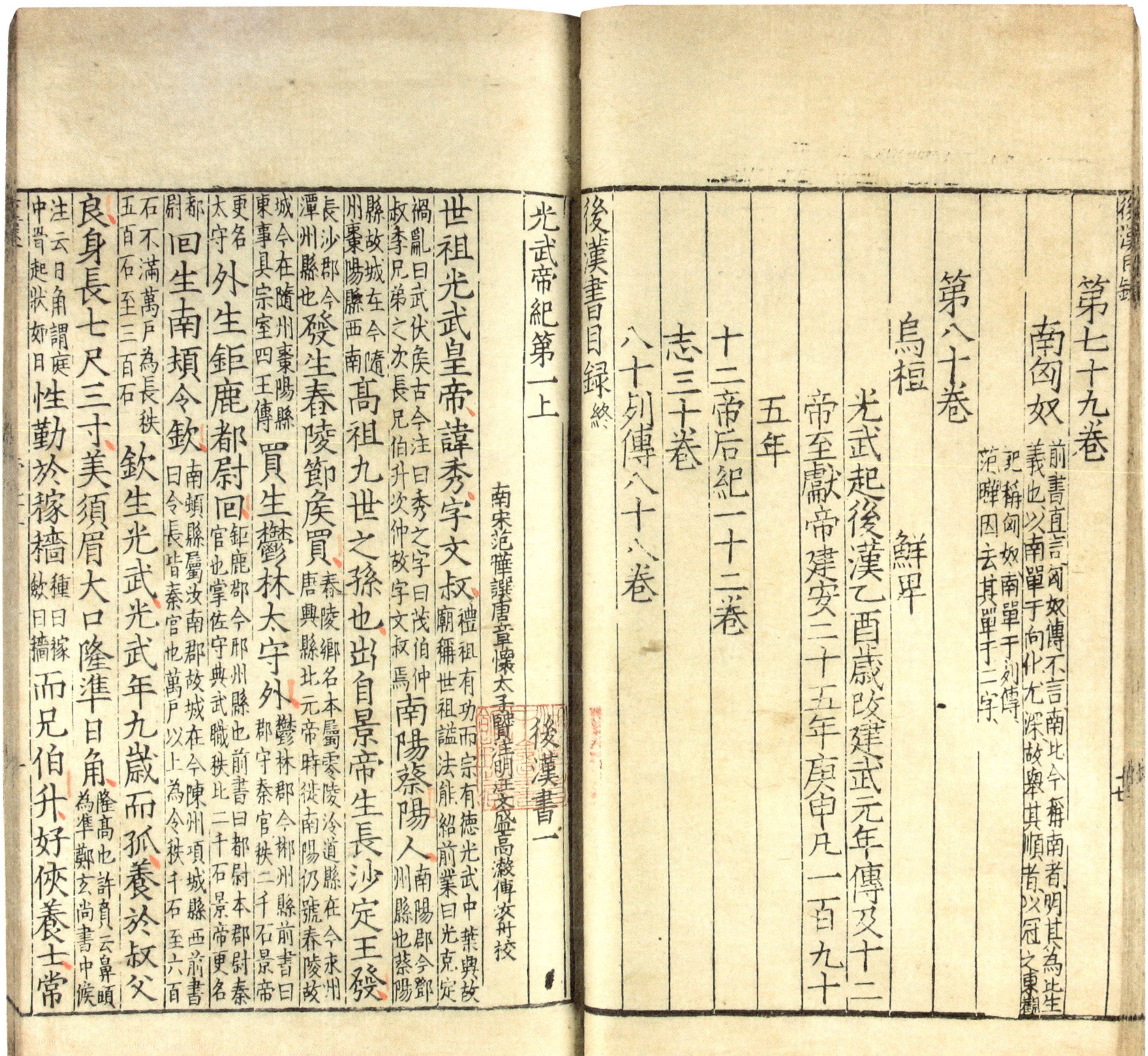

第七十九卷
南匈奴 前書直言匈奴傳不言南北今稱南者明其為北生義也以南單于向化尤深故舉其順者以冠之東觀記稱匈奴南單于列傳范曄因去其單于二字
第八十卷
烏桓　鮮卑
光武起後漢乙酉歲改建武元年傳及十二
帝至獻帝建安二十五年庚申凡一百九十
五年
十二帝后紀一十二卷
志三十卷
八十列傳八十八卷
後漢書目録終

光武帝紀第一上　後漢書一
南宋范曄撰唐章懷太子賢注明汪文盛高瀔傅汝舟校
世祖光武皇帝諱秀字文叔禮祖有功而宗有德光武中興故廟稱世祖謚法能紹前業曰光克定禍亂曰武伏侯古今注曰秀之字曰茂伯仲叔季兄弟之次長兄伯升次仲故字文叔焉南陽蔡陽人南陽郡今鄧州縣也蔡陽縣故城在今隨州棗陽縣西南高祖九世之孫也出自景帝生長沙定王發長沙郡今潭州縣也發生舂陵節侯買舂陵鄉名本屬零陵泠道縣在今永州唐興縣北元帝時徙南陽仍號舂陵故城在今隨州棗陽縣東事具宗室四王傳買生鬱林太守外鬱林郡今郡守秦官秩二千石景帝更名太守外生鉅鹿都尉回鉅鹿郡今邢州縣也前書曰都尉本郡尉秦官也掌佐守典武職秩比二千石景帝更名都尉回生南頓令欽南頓縣屬汝南郡故城在今陳州項城縣西前書曰令長皆秦官也萬戶以上為令秩千石至六百石不滿萬戶為長秩五百石至三百石欽生光武光武年九歲而孤養於叔父良身長七尺三寸美須眉大口隆準日角隆高也許負云鼻頭為準鄭玄尚書中候注云日角謂庭中骨起狀如日性勤於稼穡種曰稼斂曰穡而兄伯升好俠養士常

07529-07534 後漢書九十卷 （南朝宋）范曄撰 （唐）李賢注 **志三十卷** （晉）司馬彪撰 （梁）劉昭注 明嘉靖汪文盛等刻本

匡高19厘米，廣13厘米。半葉十二行，行二十二字，小字雙行二十八字，白口，左右雙邊。湖南圖書館藏，有"荊州田氏藏書之印"、"島田氏圖書記"等印；浙江圖書館藏；南京圖書館藏，丁丙跋；華東師範大學圖書館藏，有"杭州王氏九峰舊廬藏書之章"等印，鄧邦述跋；吉林大學圖書館、天津圖書館藏，為二十八年（1549）周采等重修本。

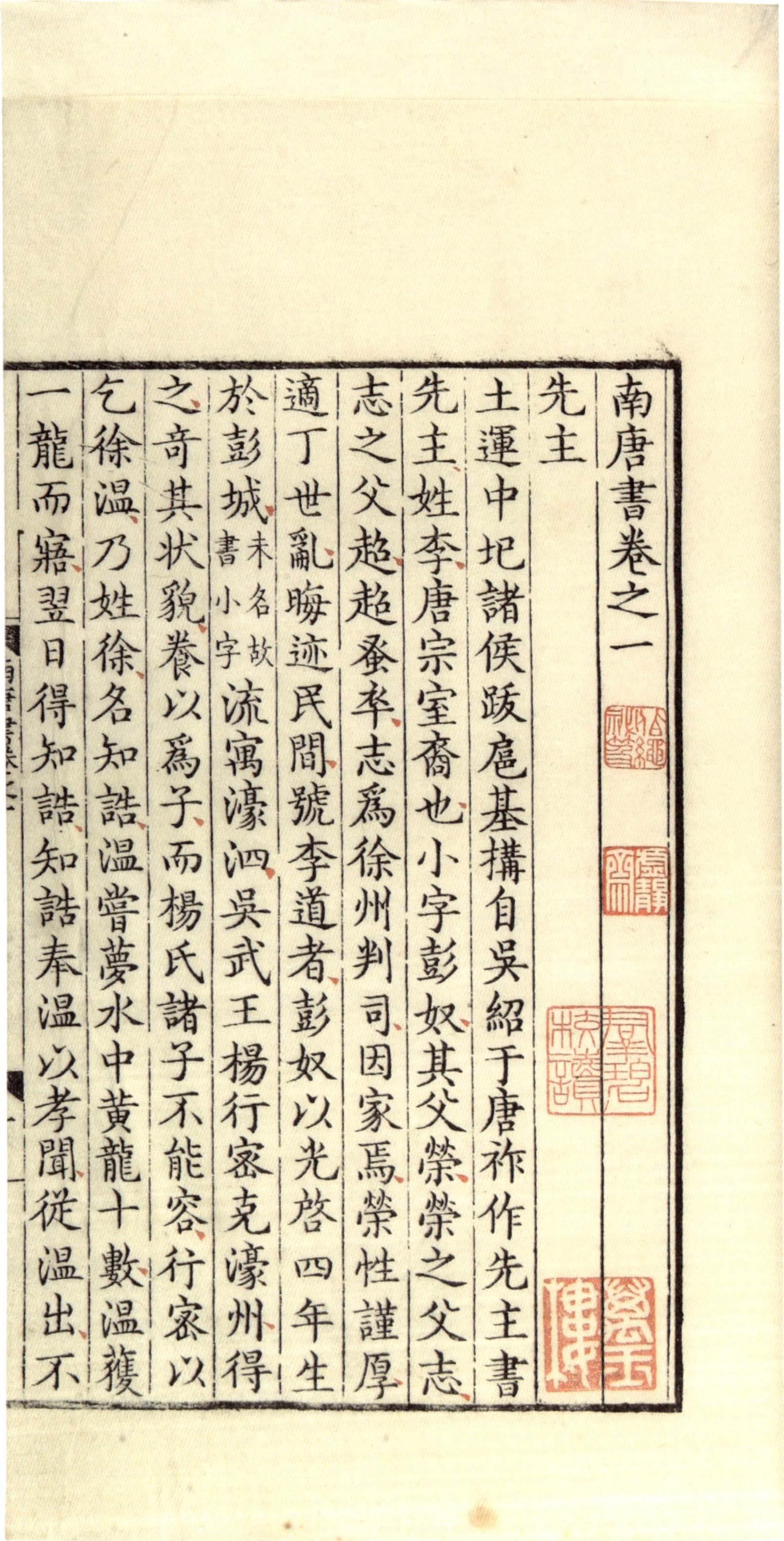
南唐書卷之一

先主

土運中圮諸侯跋扈基搆自吳紹于唐祚作先主書

先主姓李唐宗室裔也小字彭奴其父榮榮之父志志之父超超蚤卒志爲徐州判司因家焉榮性謹厚適丁世亂晦迹民間號李道者彭奴以光啓四年生於彭城（未名故書小字）流寓濠泗吳武王楊行密克濠州得之奇其狀貌養以爲子而楊氏諸子不能容行密以乞徐温乃姓徐名知誥温嘗夢水中黃龍十數温獲一龍而寤翌日得知誥知誥奉温以孝聞從温出不

07547-07554 南唐書三十卷 （宋）馬令撰　明嘉靖二十九年（1550）顧汝達刻本

匡高18.9厘米，廣12.5厘米。半葉十行，行二十字，小字雙行同，白口，左右雙邊。北京師範大學圖書館藏，有“君山遺品”、“君山修史在韓”、“馬毅”、“萬玉樓”等印；華東師範大學圖書館藏；吉林大學圖書館藏，有“皇二子”、“祝昭聲章”、“李文駒藏書印”、“漢鹿齋金石書畫印”、“穉萇過眼等印記”等印；吉林省圖書館藏，“孫印星衍”、“伯淵家藏”、“張政審定”等印；天津圖書館、南京圖書館藏；國家圖書館藏，鄧邦述跋；南京圖書館藏，為重修本，葉恭焕跋。

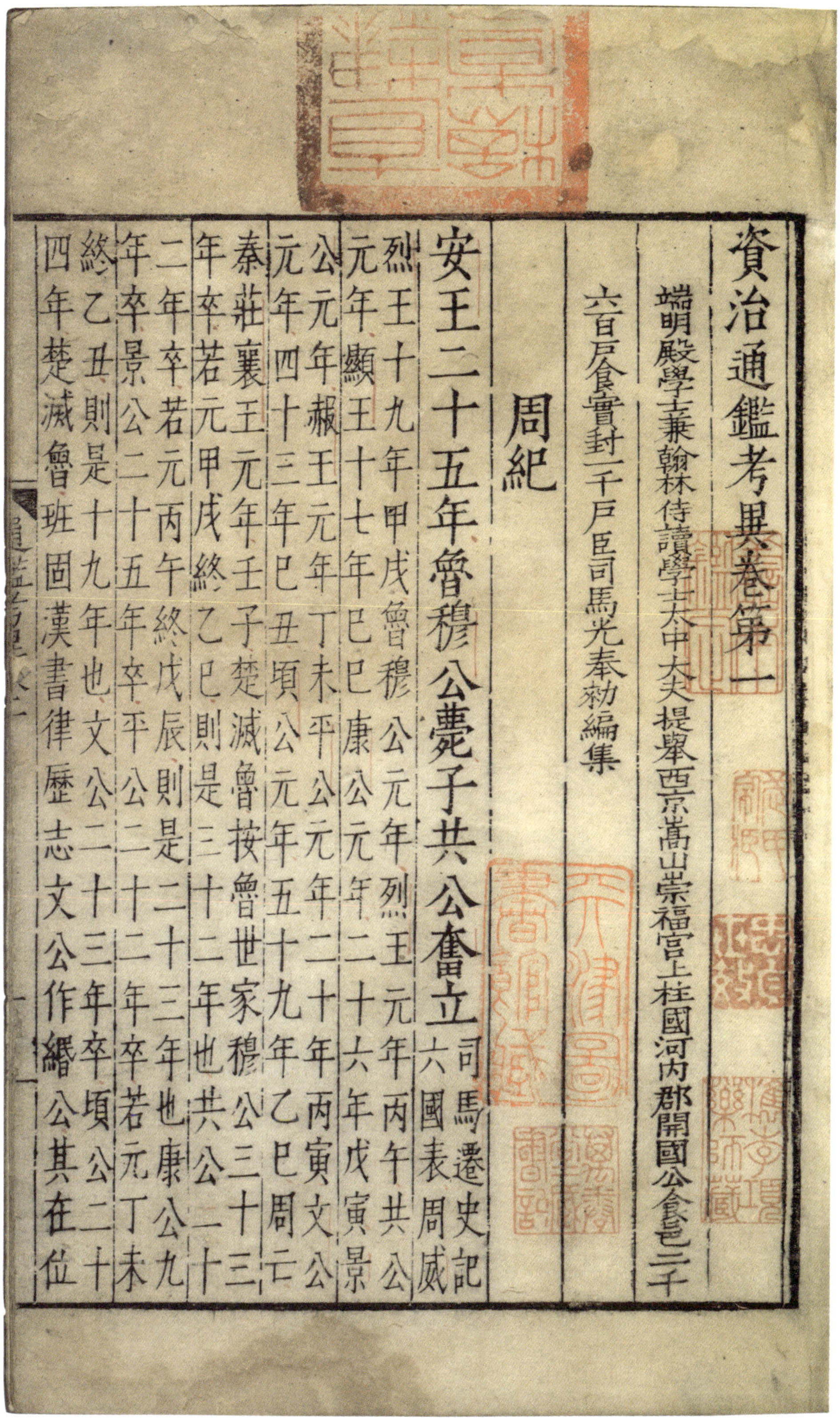
資治通鑑考異卷第一
端明殿學士兼翰林侍讀學士太中大夫提舉西京嵩山崇福宮上柱國河內郡開國公食邑二千
六百戶食實封一千戶臣司馬光奉勑編集
周紀
安王二十五年魯穆公薨子共公奮立 司馬遷史記六國表周威
烈王十九年甲戌魯穆公元年烈王元年丙午共公
元年顯王十七年己巳康公元年二十六年戊寅景
公元年赧王元年丁未平公元年二十年丙寅文公
元年四十三年己丑頃公元年五十九年乙巳周亡
秦莊襄王元年壬子楚滅魯按魯世家穆公三十三
年卒若元甲戌終乙巳則是三十二年也共公二十
二年卒若元丙午終戊辰則是二十三年也康公九
年卒景公二十五年卒平公二十二年卒若元丁未
終乙丑則是十九年也文公二十三年卒頃公二十
四年楚滅魯班固漢書律歷志文公作緡公其在位

07597-07600 資治通鑑考異三十卷 （宋）司馬光撰　明嘉靖二十三至二十四年（1544-1545）孔天胤刻本

匡高20.6厘米，廣15.3厘米。半葉十行，行二十字，小字雙行同，白口，左右雙邊。合肥工業大學圖書館、天津圖書館、雲南省圖書館藏；浙江大學圖書館藏，存二十七卷。

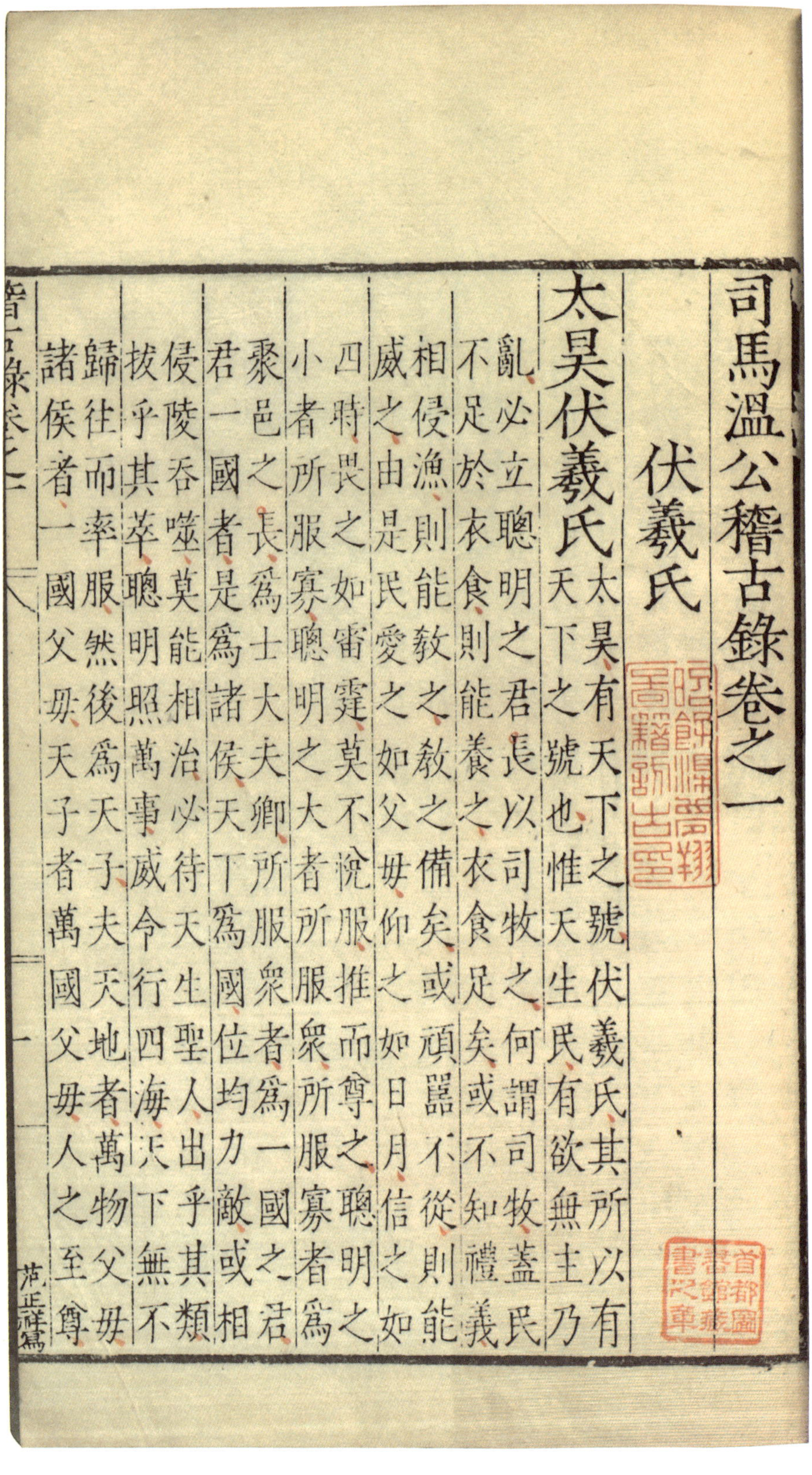

司馬溫公稽古録卷之一

伏羲氏

太昊伏羲氏 太昊有天下之號伏羲氏其所以有天下之號也惟天生民有欲無主乃

亂必立聰明之君長以司牧之何謂司牧蓋民
不足於衣食則能養之衣食足矣或不知禮義
相侵漁則能敎之敎之備矣或頑嚚不從則能
威之由是民愛之如父母仰之如日月信之如
四時畏之如雷霆莫不悅服推而尊之聰明之
小者所服寡聰明之大者所服衆所服寡者爲
衆邑之長爲士大夫卿所服衆者爲一國之君
君一國者是爲諸侯天下爲國位均力敵或相
侵陵吞噬莫能相治必待天生聖人出乎其類
拔乎其萃聰明照萬事威令行四海天下無不
歸往而率服然後爲天子夫天地者萬物父母
諸侯者一國父母天子者萬國父母人之至尊

稽古録卷之一　一　范正鑴

07604、07605 司馬溫公稽古録二十卷 （宋）司馬光撰　明范氏天一閣刻本

匡高20.5厘米，廣15.6厘米。半葉九行，行十九字，小字雙行同，白口，四周單邊。南開大學圖書館藏；首都圖書館藏，有“昭餘渠夢翔圖籍訪古印”等印。

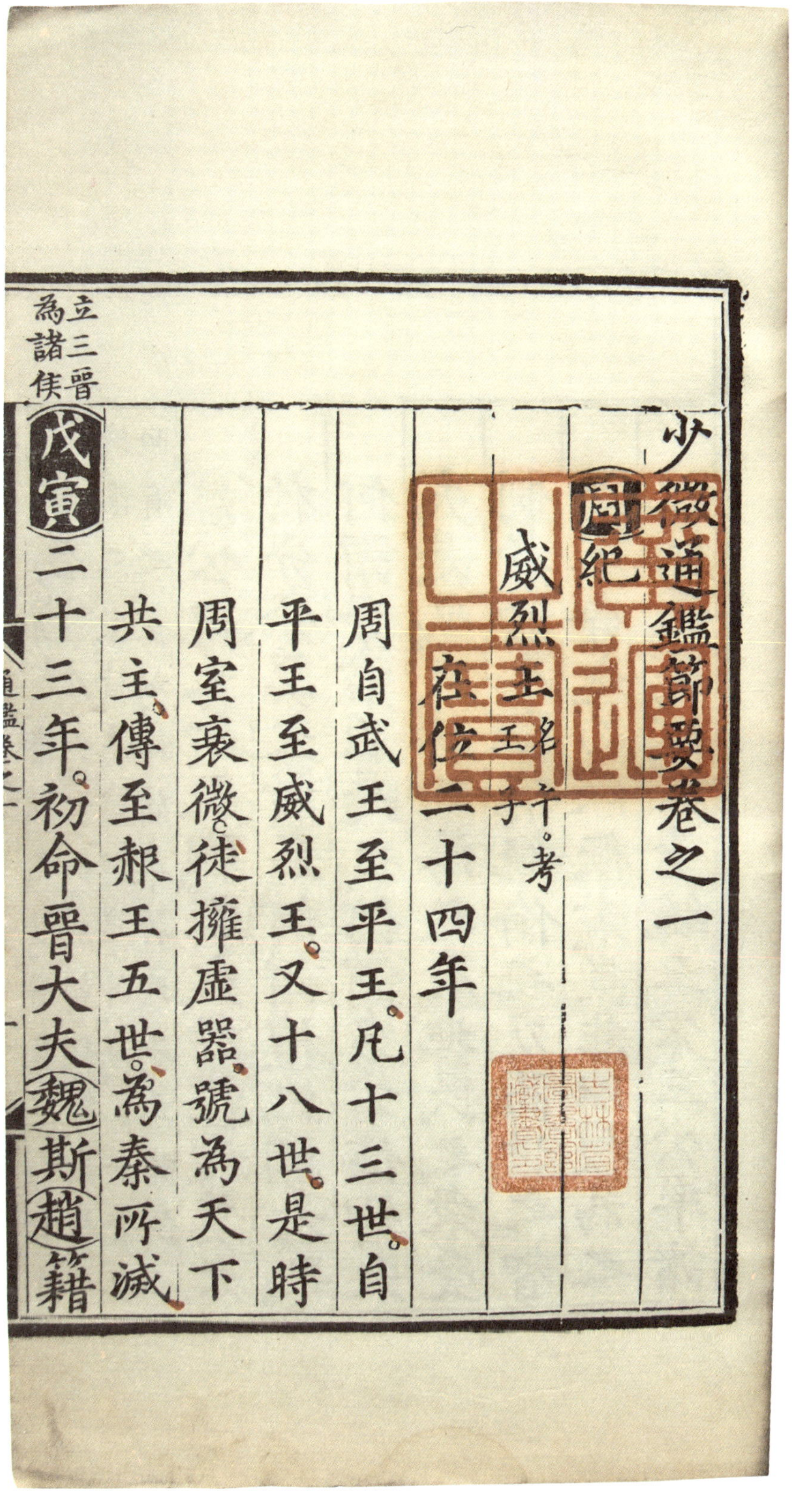
少微通鑑節要卷之一
周紀
威烈王 名午考王子
在位二十四年
周自武王至平王凡十三世自
平王至威烈王又十八世是時
周室衰微徒擁虛器號為天下
共主傳至赧王五世為秦所滅
戊寅 二十三年初命晉大夫魏斯趙籍
立三晉 為諸侯

07609-07611 少微通鑑節要五十卷 （宋）汀贊撰　明正德九年（1514）司禮監刻本

匡高22.5厘米，廣15.2厘米。半葉九行，行十五字，小字雙行同，黑口，四周雙邊。吉林省圖書館藏；天津圖書館藏，存四十八卷；山西省祁縣圖書館藏，有外紀四卷資治通鑑節要續編三十卷，存七十七卷。

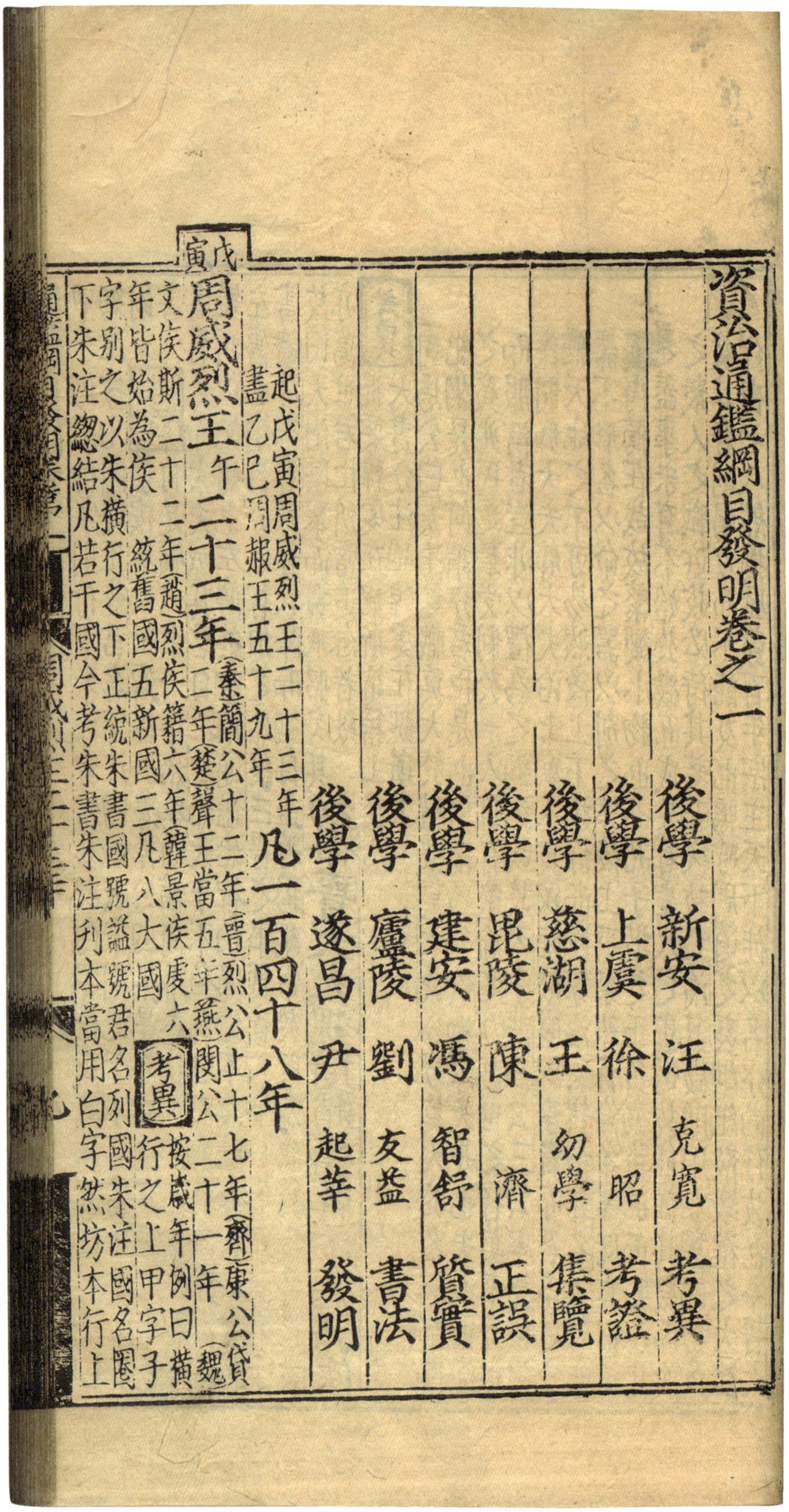

07644、07645 資治通鑑綱目發明五十九卷 （宋）朱熹撰 （宋）尹起莘發明 （元）劉友益書法 （元）汪克寬考異 （元）徐昭文考證 （元）王幼學集覽 （明）陳濟正誤 （明）馮智舒質實 明弘治十四年（1501）日新堂刻本

匡高20.4厘米，廣12.8厘米。半葉十二行，行二十六字，小字雙行同，黑口，四周雙邊。有“皇明弘治辛酉歲書林日新堂刊行”牌記。吉林省圖書館、天津圖書館藏。

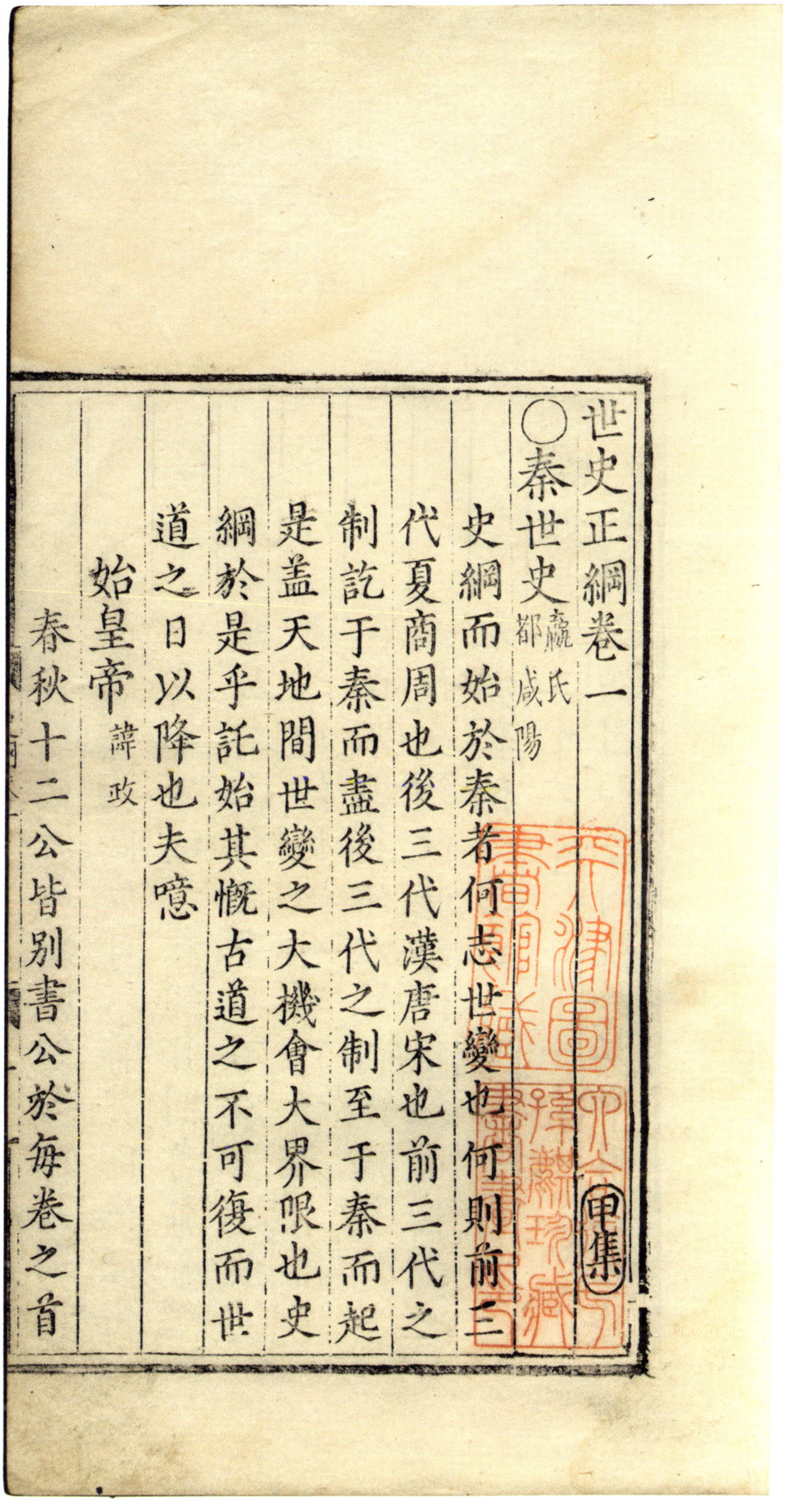
世史正綱卷一

○秦世史 嬴氏 都咸陽

史綱而始於秦者何志世變也何則前三代夏商周也後三代漢唐宋也前三代之制訖于秦而盡後三代之制至于秦而起是蓋天地間世變之大機會大界限也史綱於是乎託始其慨古道之不可復而世道之日以降也夫噫

始皇帝 諱政

春秋十二公皆別書公於每卷之首

07680 世史正綱三十二卷 （明）丘濬撰　明嘉靖四十二年（1563）孫應鰲刻本

匡高18.7厘米，廣12.3厘米。半葉十行，行十八字，黑口，四周雙邊。天津圖書館藏。

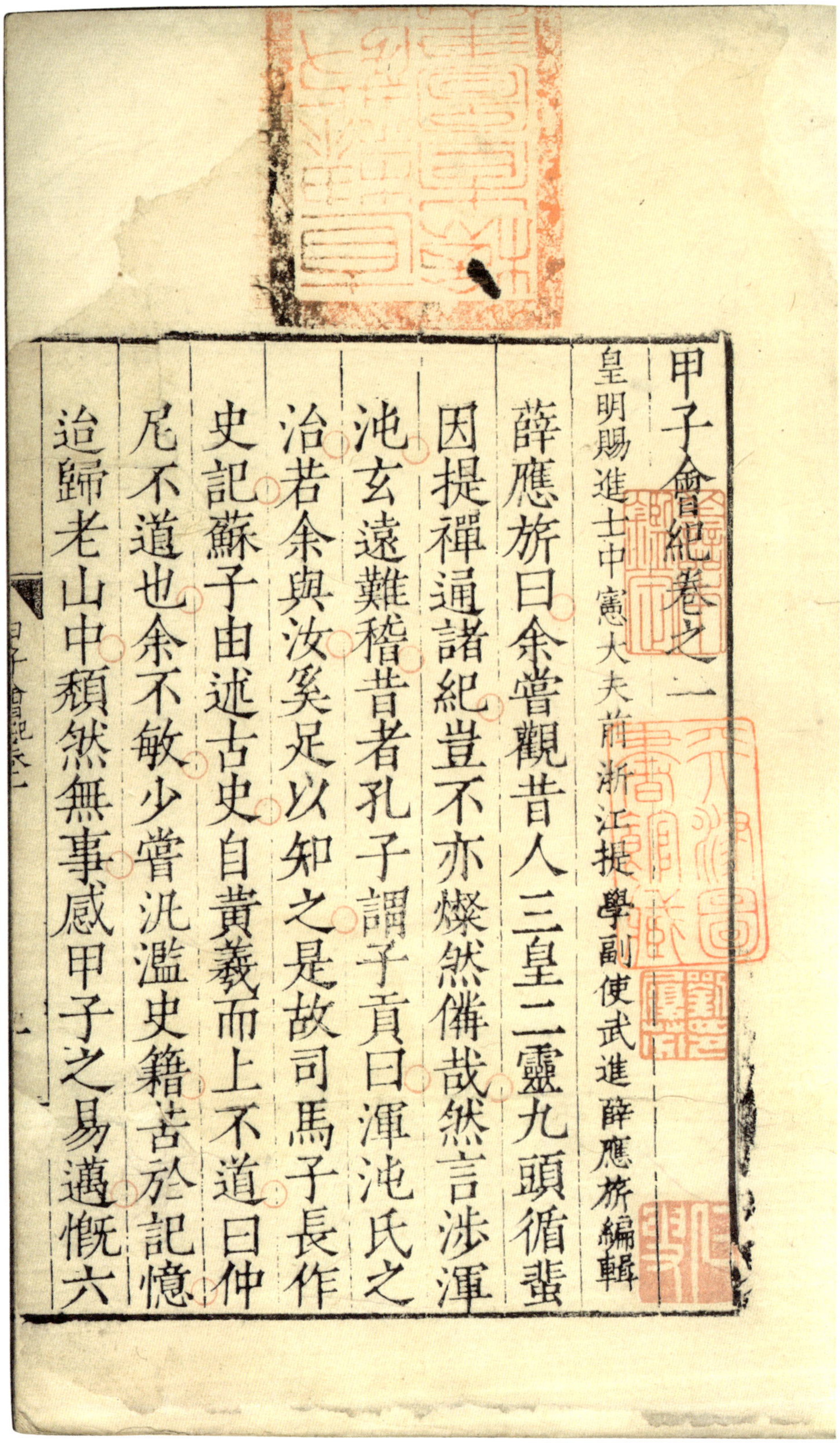
甲子會紀卷之一
皇明賜進士中憲大夫前浙江提學副使武進薛應旂編輯
薛應旂曰余嘗觀昔人三皇二靈九頭循蜚
因提禪通諸紀豈不亦燦然備哉然言涉渾
沌玄遠難稽昔者孔子謂子貢曰渾沌氏之
治若余與汝奚足以知之是故司馬子長作
史記蘇子由述古史自黄羲而上不道曰仲
尼不道也余不敏少嘗汎濫史籍苦於記憶
迨歸老山中頽然無事感甲子之易邁慨六

07683、07684 甲子會紀五卷 （明）薛應旂撰 明嘉靖三十八年（1559）玄津草堂刻本

匡高18.3厘米，廣13.7厘米。半葉九行，行十八字，白口，四周單邊。吉林大學圖書館藏，有“嘉靖戊午秋刻于玄津草堂” 署記；天津圖書館藏。

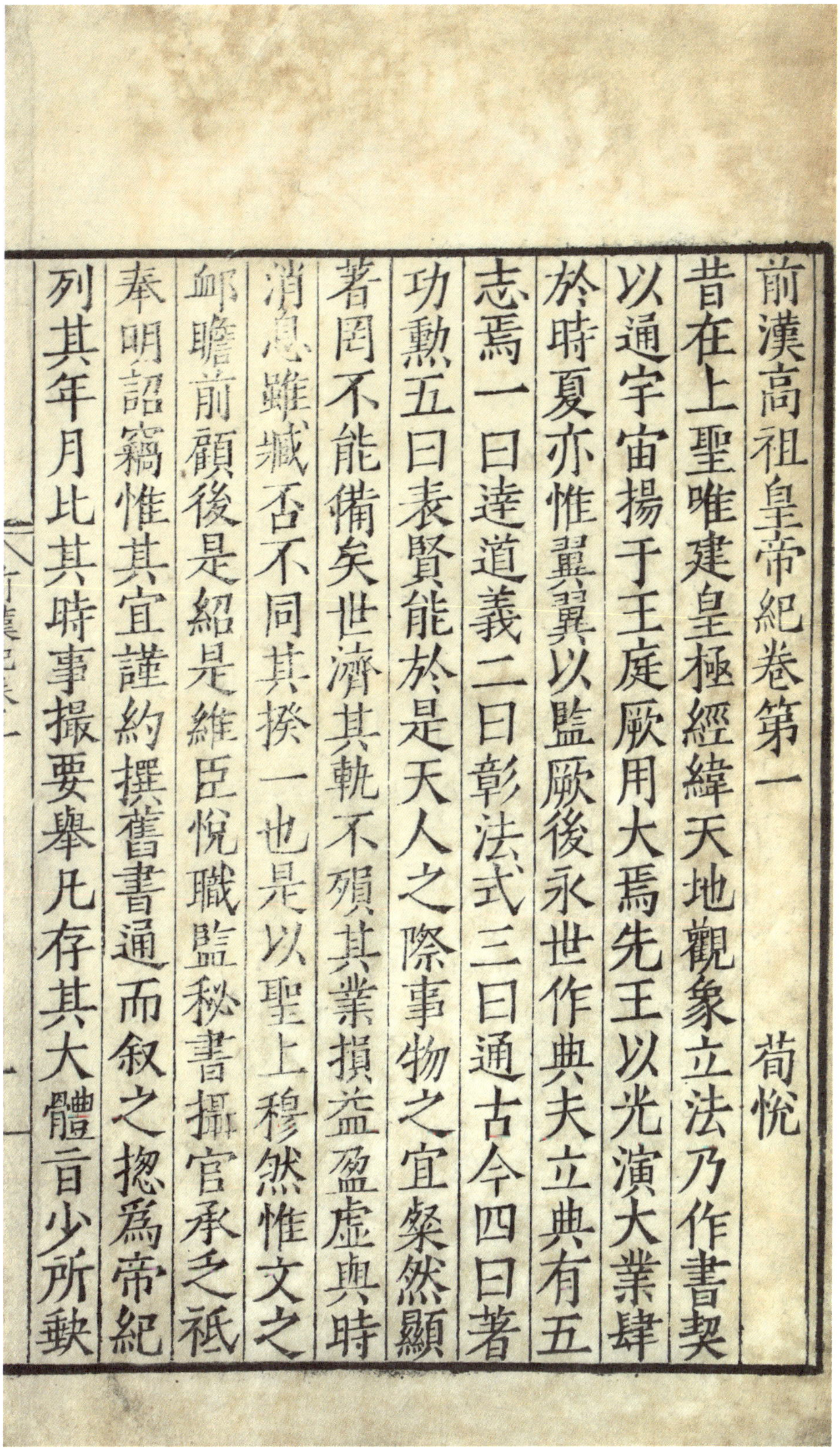
前漢高祖皇帝紀卷第一　荀悅
昔在上聖唯建皇極經緯天地觀象立法乃作書契
以通宇宙揚于王庭厥用大焉先王以光演大業肆
於時夏亦惟翼翼以監厥後永世作典夫立典有五
志焉一曰達道義二曰彰法式三曰通古今四曰著
功勲五曰表賢能於是天人之際事物之宜粲然顯
著罔不能備矣世濟其軌不殞其業損益盈虛與時
消息雖臧否不同其揆一也是以聖上穆然惟文之
卹瞻前顧後是紹是維臣悅職監秘書攝官承乏祇
奉明詔竊惟其宜謹約撰舊書通而叙之揔爲帝紀
列其年月比其時事撮要舉凡存其大體旨少所缺

07687-07695　兩漢紀六十卷　明嘉靖二十七年（1548）黄姬水刻本

匡高19.3厘米，廣14.7厘米。半葉十一行，行二十字，白口，左右雙邊。哈爾濱市圖書館、華東師範大學圖書館藏；吉林大學圖書館有“震粹”、“如皋祝壽慈藏書印”、“漢鹿齋金石書畫印”等印；天津圖書館、重慶圖書館、南京圖書館藏；山東省圖書館藏，前漢紀卷十至十五配清抄本；浙江大學圖書館藏，前漢紀卷一至三、後漢紀卷二十五至三十抄配；江蘇省常熟市圖書館藏，存四十八卷。

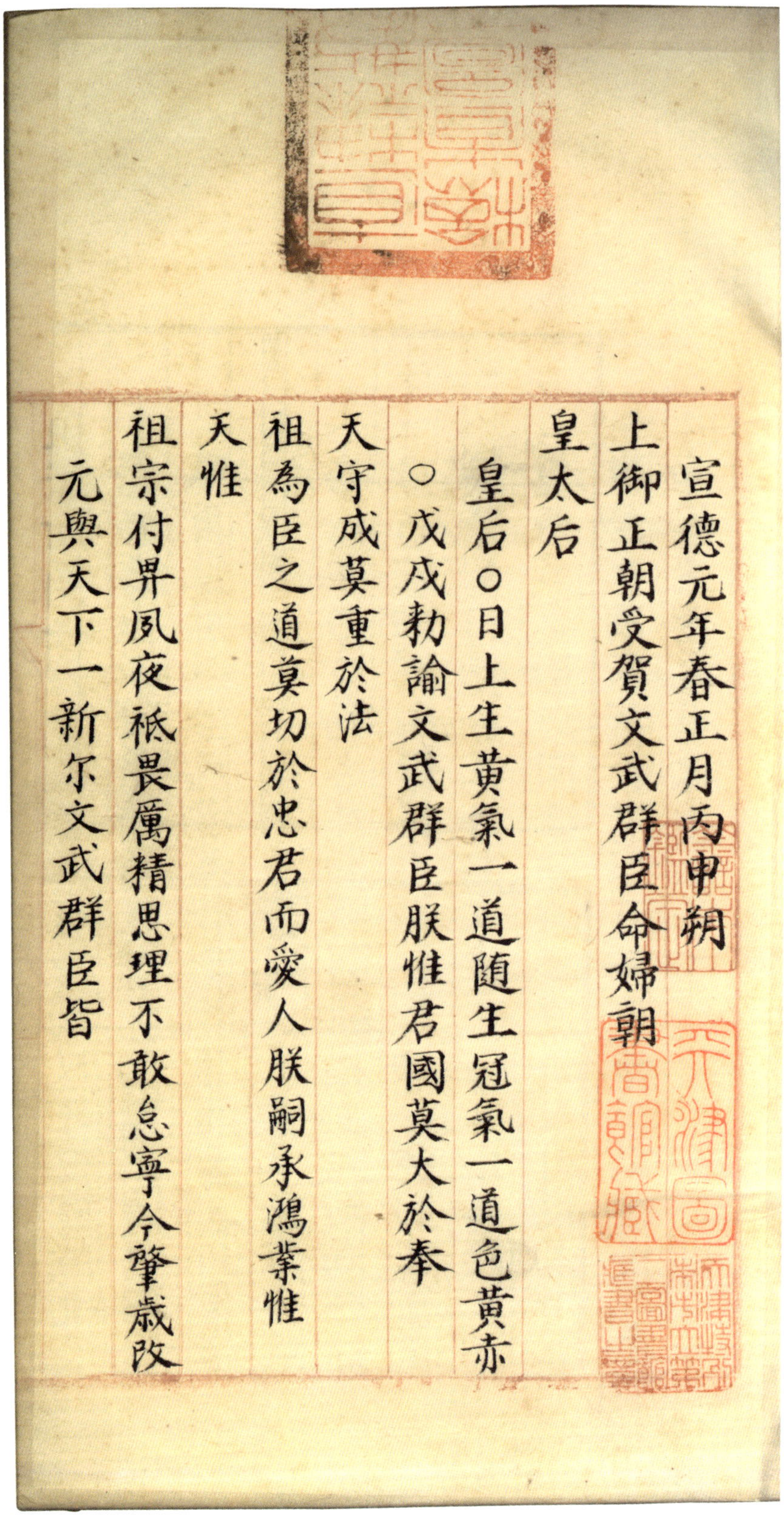
宣德元年春正月丙申朔
上御正朝受賀文武群臣命婦朝
皇太后
皇后○日上生黄氣一道随生冠氣一道色黄赤
○戊戌勅諭文武群臣朕惟君國莫大於奉
天守成莫重於法
祖為臣之道莫切於忠君而愛人朕嗣承鴻業惟
天惟
祖宗付畀夙夜祗畏厲精思理不敢怠寧今肇歲改
元與天下一新尓文武群臣皆

07714 大明宣宗章皇帝實録不分卷 （明）張輔　楊士奇等纂修　明抄本

匡高20.1厘米，廣15.7厘米。半葉十行，行二十字，白口，紅格，四周單邊。天津圖書館藏，存明宣德元年至十年。

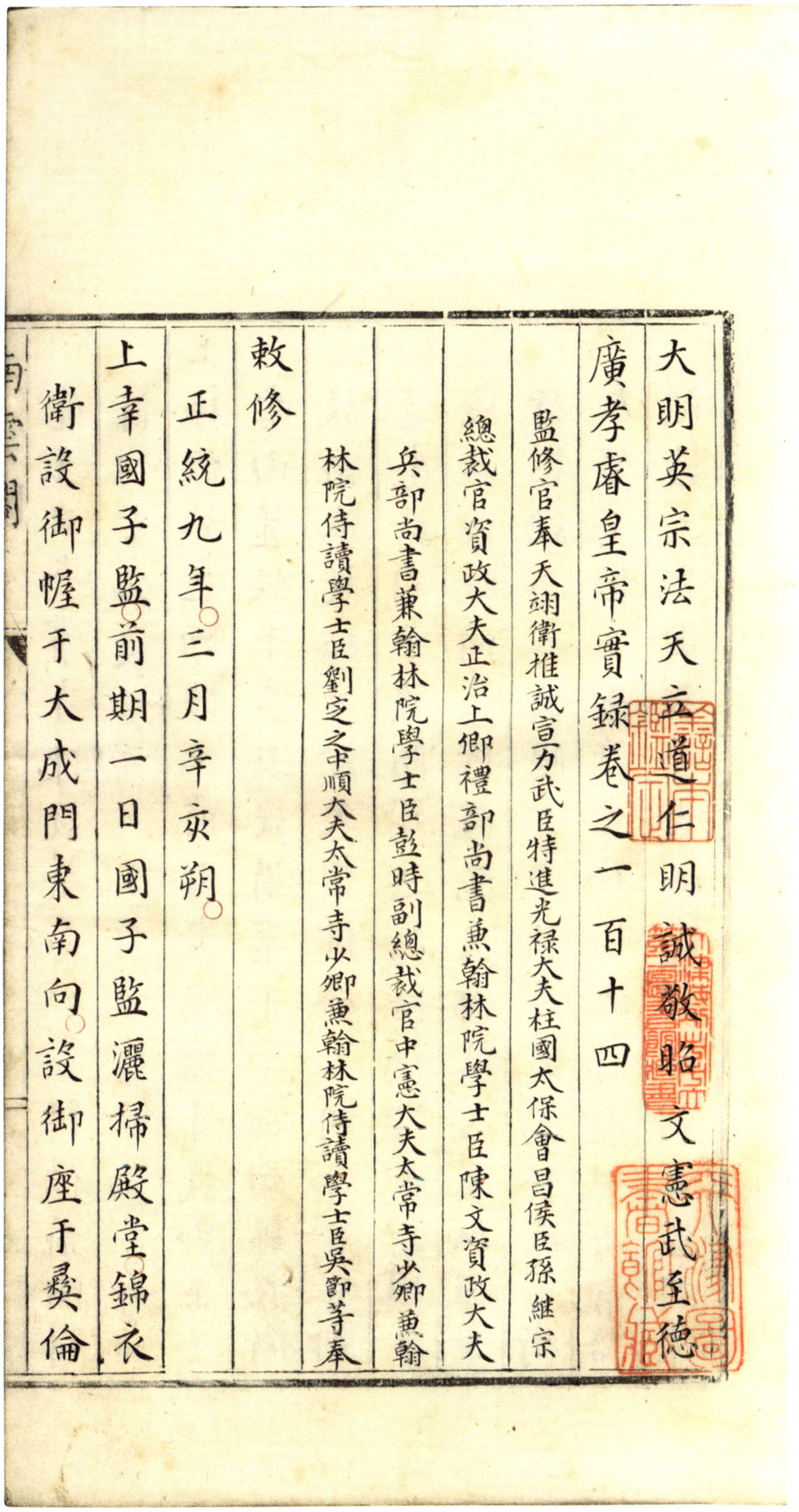
大明英宗法天立道仁明誠敬昭文憲武至德
廣孝睿皇帝實録卷之一百十四
監修官奉天翊衛推誠宣力武臣特進光禄大夫柱國太保會昌侯臣孫繼宗
總裁官資政大夫正治上卿禮部尚書兼翰林院學士臣陳文資政大夫
兵部尚書兼翰林院學士臣彭時副總裁官中憲大夫太常寺少卿兼翰
林院侍讀學士臣劉定之中順大夫太常寺少卿兼翰林院侍讀學士臣吳節等奉
敕修
正統九年三月辛亥朔
上幸國子監前期一日國子監灑掃殿堂錦衣
衛設御幄于大成門東南向設御座于彛倫

07716 大明英宗睿皇帝實録三百六十一卷 （明）孫繼宗　陳文等纂修　明南雲閣抄本

匡高23.6厘米，廣16.3厘米。半葉十行，行十八字，白口，藍格，四周雙邊。天津圖書館藏，存五十九卷。

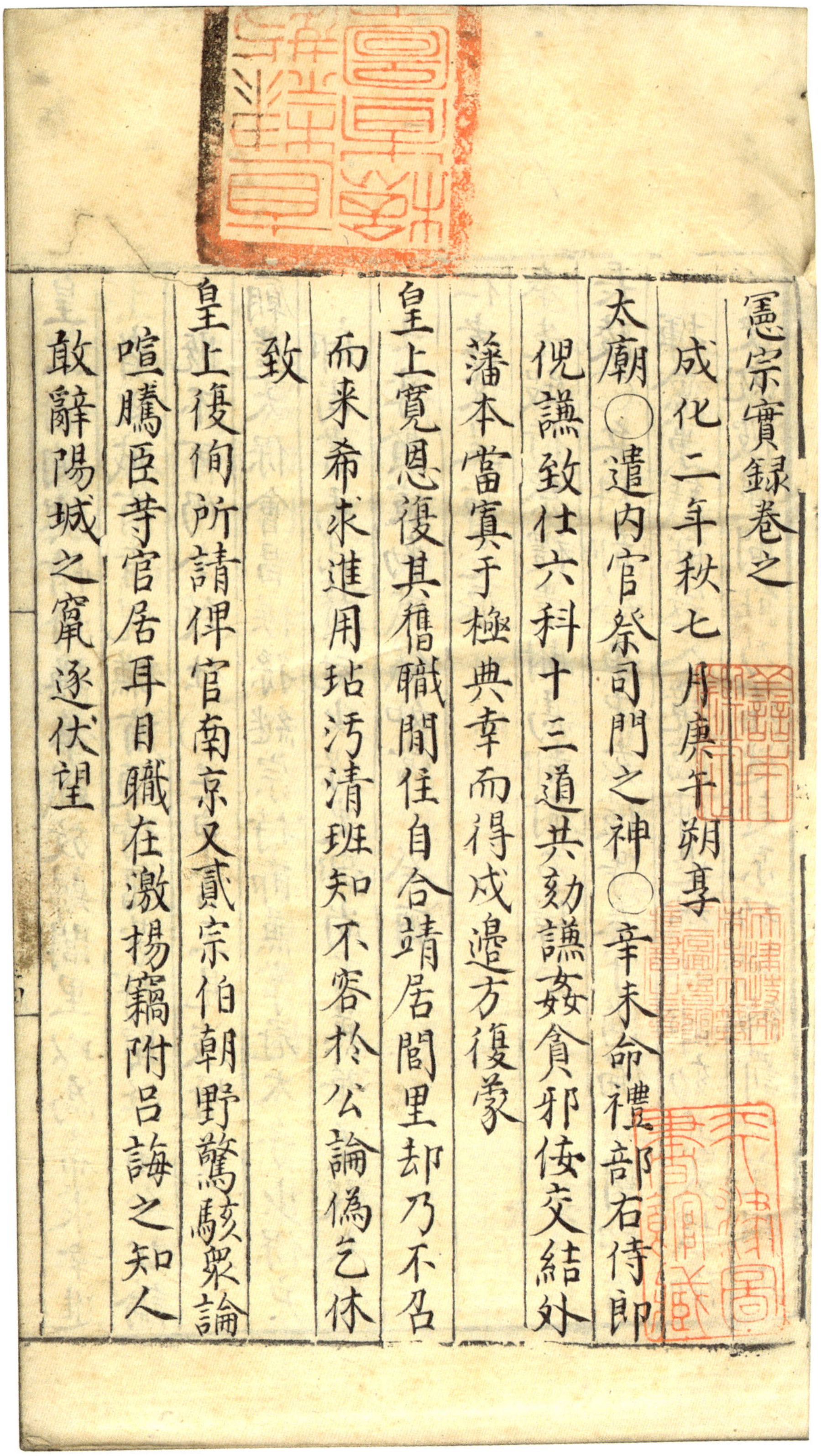
憲宗實録卷之
成化二年秋七月庚午朔享
太廟◯遣內官祭司門之神◯辛未命禮部右侍郎
倪謙致仕六科十三道共劾謙姦貪邪佞交結外
藩本當寘于極典幸而得戍邊方復蒙
皇上寬恩復其舊職閒住自合靖居閭里却乃不召
而来希求進用玷污清班知不容於公論偽乞休
致
皇上復徇所請俾官南京又貳宗伯朝野驚駭衆論
喧騰臣等官居耳目職在激揚竊附呂誨之知人
敢辭陽城之竄逐伏望

07717 大明憲宗純皇帝實録不分卷 （明）張懋　劉吉等纂修　明抄本

匡高21.1厘米，廣16.5厘米。半葉十一行，行二十字，白口，四周單邊。天津圖書館藏，存成化二年七月至八年十二月、九年七月至二十三年八月。

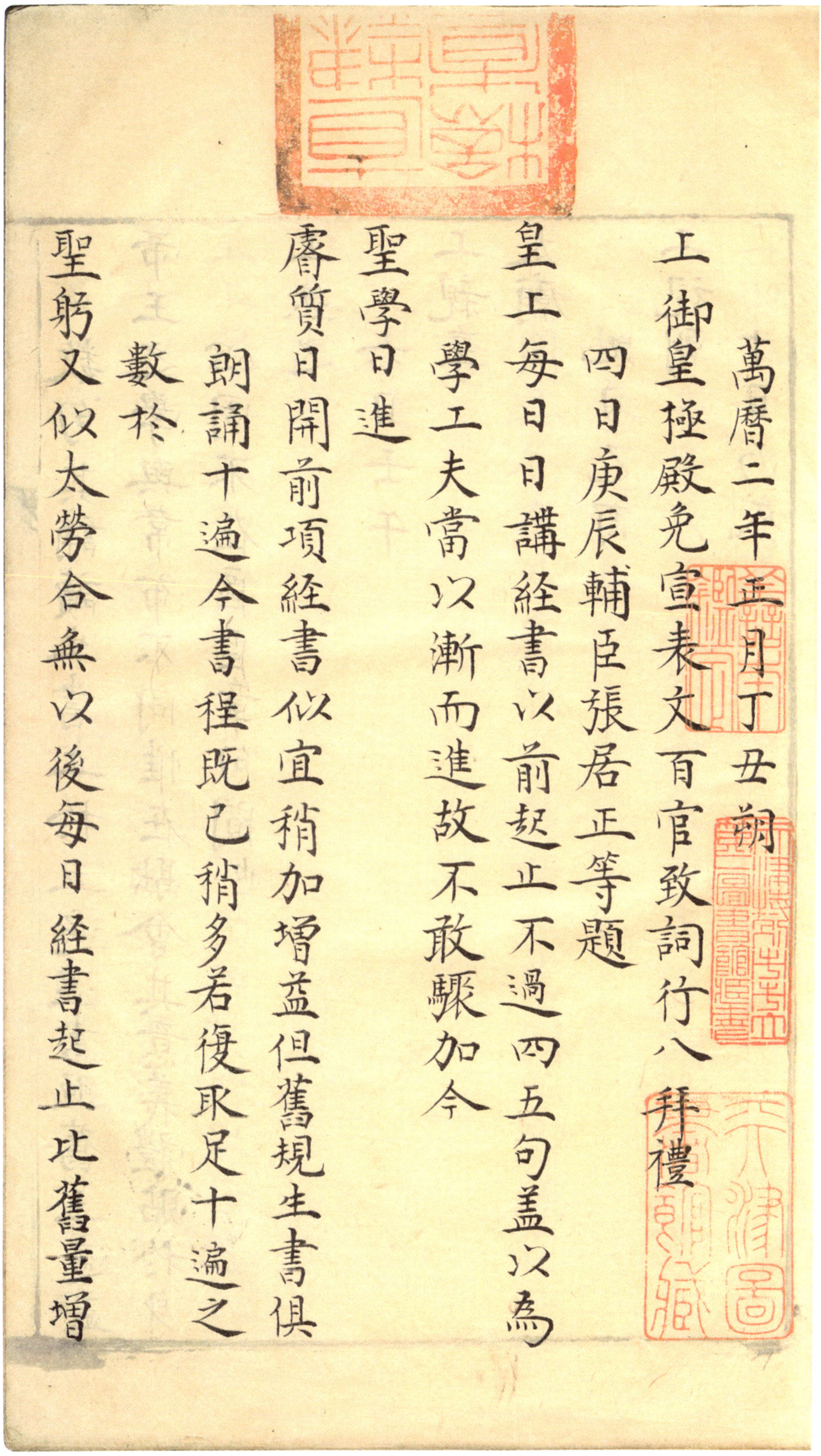
萬曆二年正月丁丑朔
上御皇極殿免宣表文百官致詞行八拜禮
四日庚辰輔臣張居正等題
皇上每日日講經書以前起止不過四五句葢以為
學工夫當以漸而進故不敢驟加今
聖學日進
睿質日開前項經書似宜稍加增益但舊規生書俱
朗誦十遍今書程既已稍多若復取足十遍之
數於
聖躬又似太勞合無以後每日經書起止比舊量增

07719 萬曆起居注不分卷 明抄本（萬曆元年及校勘記配民國抄本）

匡高20.8厘米，廣14.9厘米。半葉十行，行二十字，白口，四周單邊。天津圖書館藏，存萬曆元至十二年、十四至三十二年、三十四至三十八年、四十一年、四十三年。

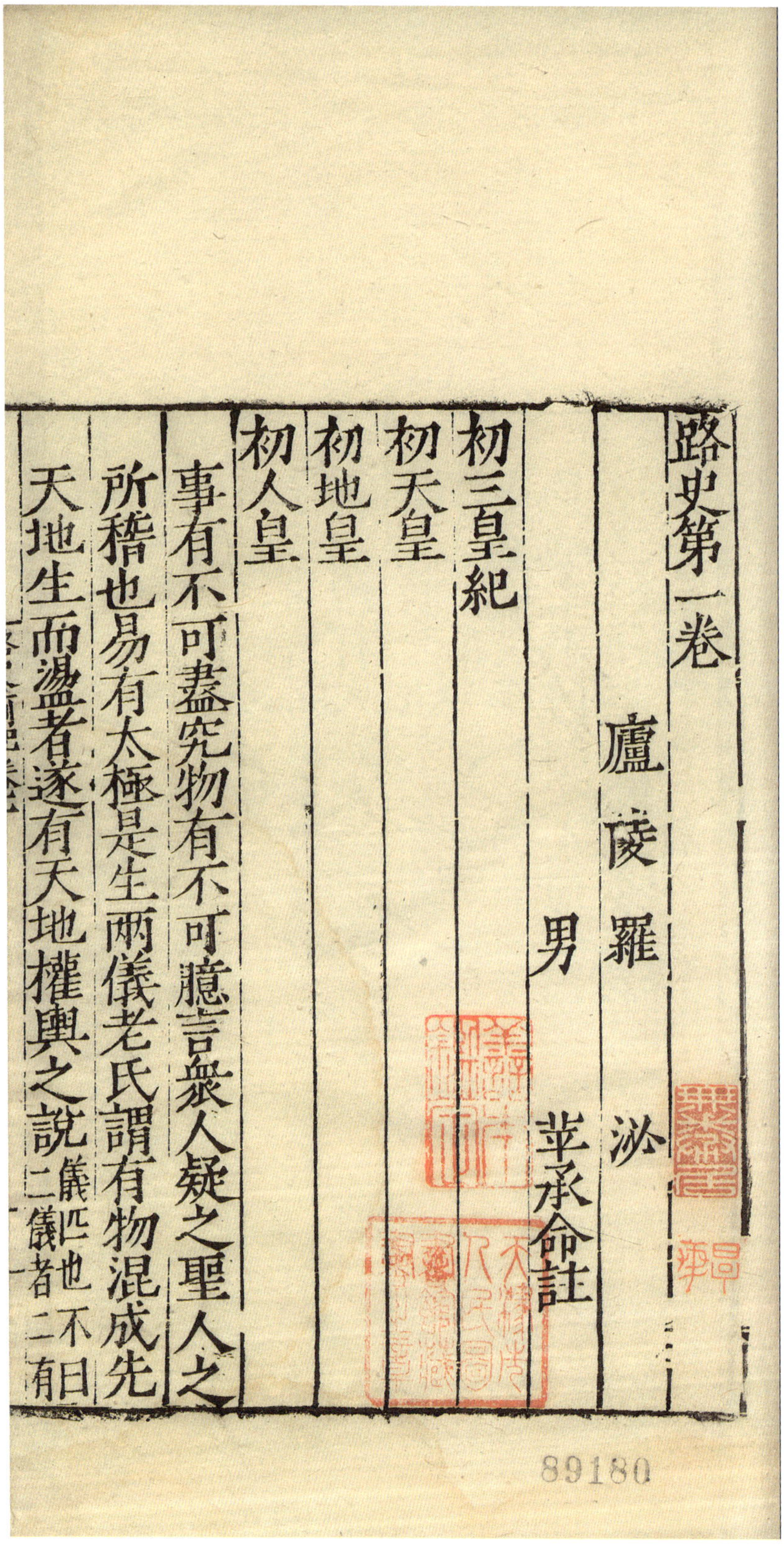
路史第一卷
廬陵羅泌
男 苹承命註
初三皇紀
初天皇
初地皇
初人皇
事有不可盡究物有不可臆言衆人疑之聖人之
所稽也易有太極是生兩儀老氏謂有物混成先
天地生而溢者遂有天地權輿之説儀匹也不曰二儀者二有

07726-07729 路史四十七卷 （宋）羅泌撰　明嘉靖洪楩刻本

匡高18厘米，廣13.6厘米。半葉十行，行二十字，小字雙行同，白口，四周單邊。江西省圖書館藏二部；首都圖書館、天津圖書館藏。

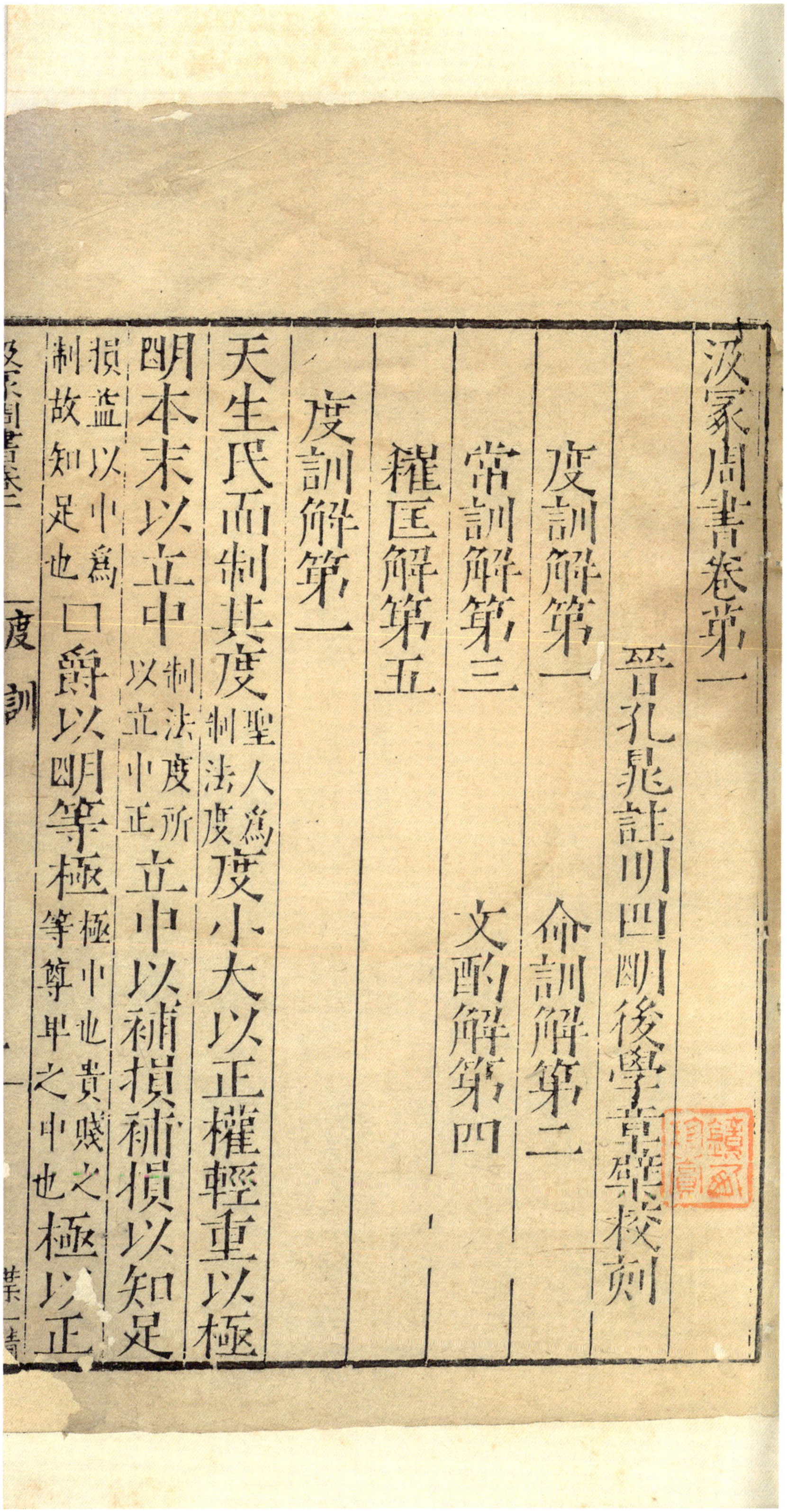
汲冢周書卷第一

晉孔晁註　明四明後學章檗校刻

度訓解第一　命訓解第二

常訓解第三　文酌解第四

糴匡解第五

度訓解第一

天生民而制其度聖人為制法度度小大以正權輕重以極明本末以立中制法度所以立中正立中以補損補損以知足損益以中為制故知足也□爵以明等極極中也貴賤之等尊卑之中也極以正

汲冢周書卷一　度訓　一

07730 汲冢周書十卷　（晉）孔晁注　明嘉靖二十二年（1543）章檗刻本

匡高18.3厘米，廣13.9厘米。半葉九行，行二十字，小字雙行同，白口，左右雙邊。天津圖書館藏。

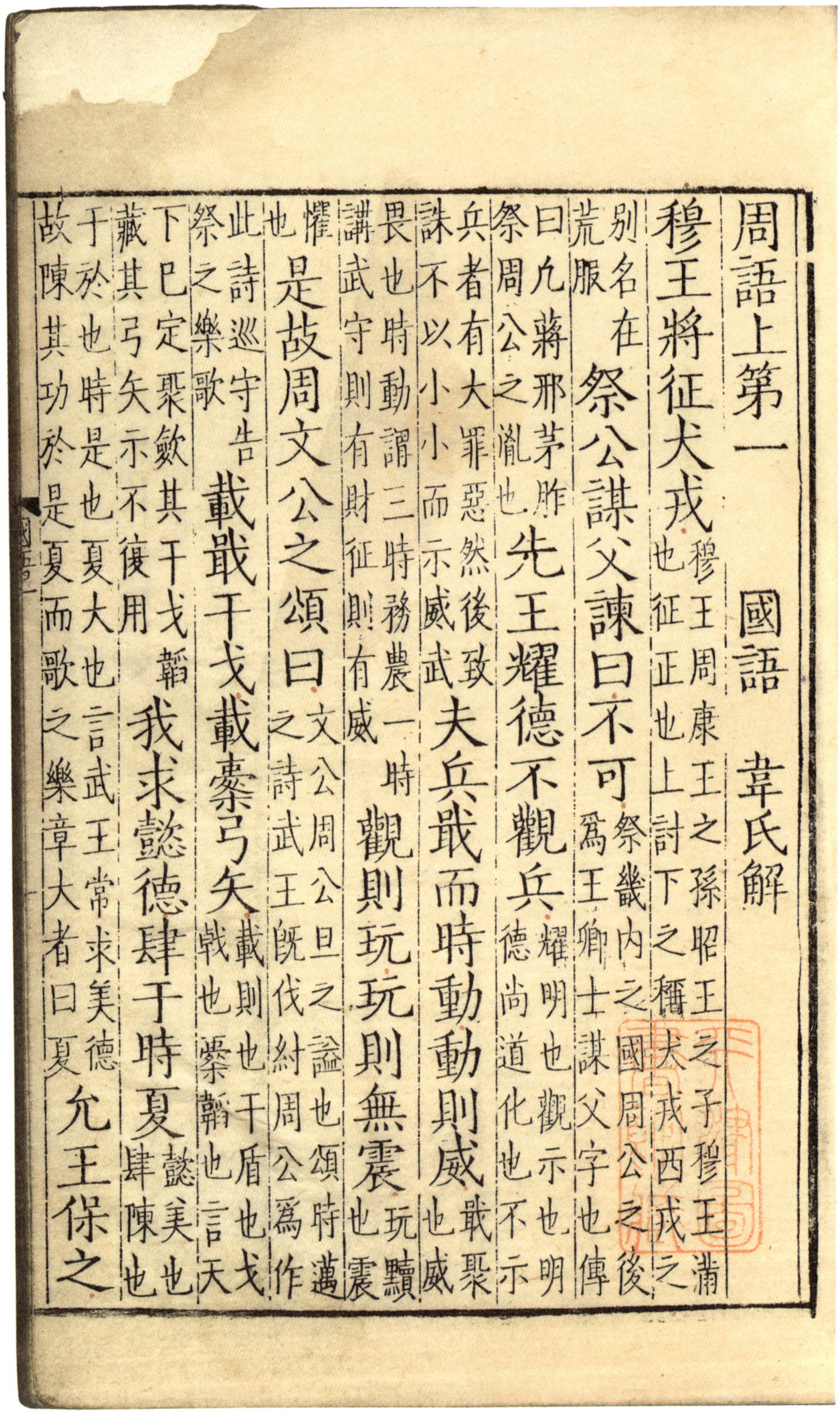
周語上第一　國語　韋氏解
穆王將征犬戎穆王周康王之孫昭王之子穆王滿也征正也上討下之稱犬戎西戎之别名在荒服祭公謀父諫曰不可祭畿內之國周公之後爲王卿士謀父字也傳曰凡蔣邢茅胙祭周公之胤也先王耀德不觀兵耀明也觀示也明德尚道化也不示兵者有大罪惡然後致誅不以小小而示威武夫兵戢而時動動則威戢聚也威畏也時動謂三時務農一時講武守則有財征則有威觀則玩玩則無震玩黷也震懼也是故周文公之頌曰文公周公旦之謚也頌時邁之詩武王既伐紂周公爲作此詩巡守告祭之樂歌載戢干戈載櫜弓矢載則也干盾也戈戟也櫜韜也言天下已定聚斂其干戈韜藏其弓矢示不復用我求懿德肆于時夏懿美也肆陳也于也時是也夏大也言武王常求美德故陳其功於是夏而歌之樂章大者曰夏允王保之

07732-07734 國語二十一卷　（三國吴）韋昭注　明嘉靖七年（1528）

金李澤遠堂刻本

匡高22.1厘米，廣16厘米。半葉十行，行二十字，小字雙行同，白口，左右雙邊。天津圖書館藏；江西省圖書館藏，存十四卷；華東師範大學圖書館藏，存九卷。

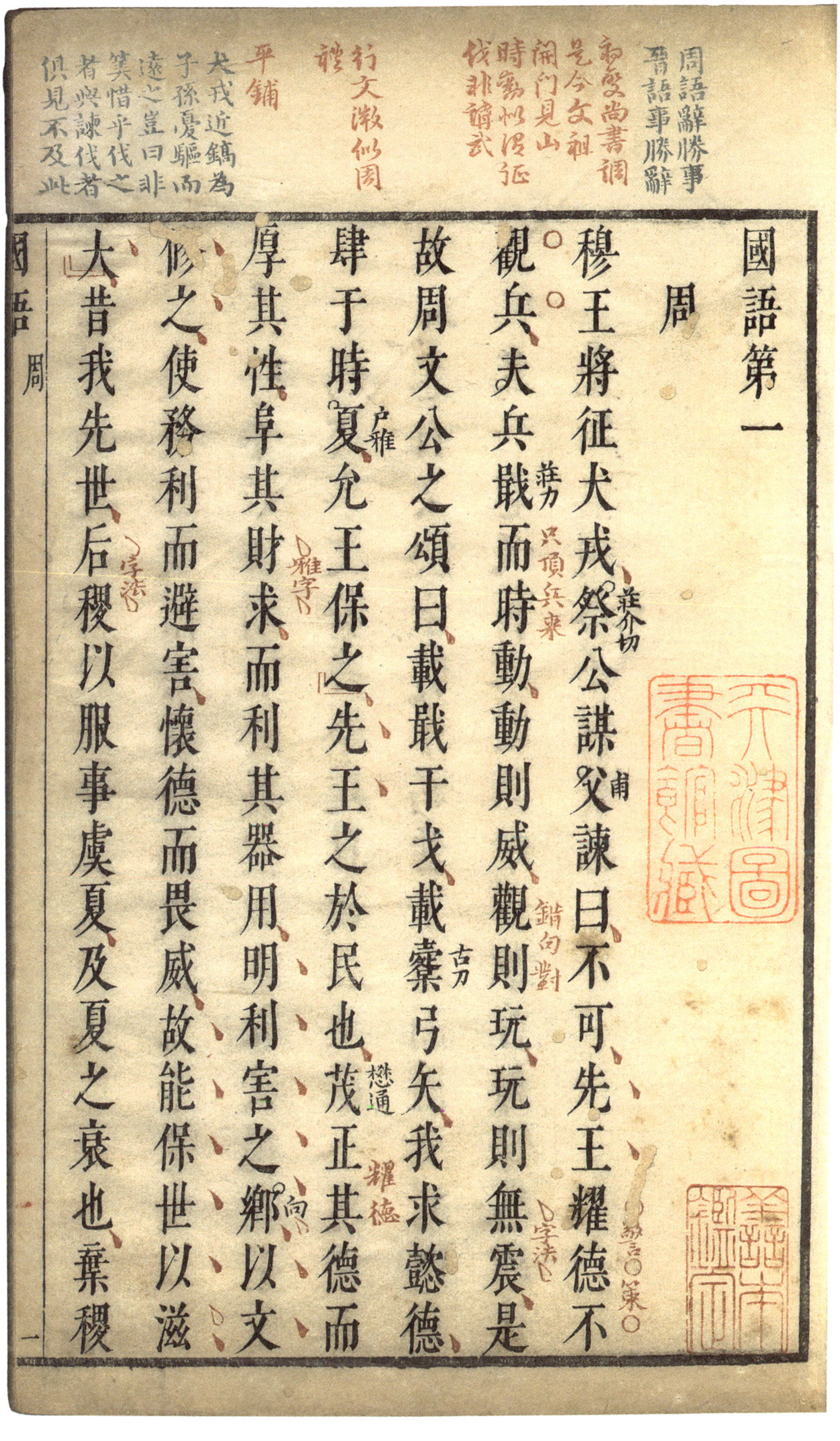
國語第一
周
穆王將征犬戎祭公謀父諫曰不可先王耀德不
觀兵夫兵戢而時動動則威觀則玩玩則無震是
故周文公之頌曰載戢干戈載櫜弓矢我求懿德
肆于時夏允王保之先王之於民也茂正其德而
厚其性阜其財求而利其器用明利害之鄉以文
修之使務利而避害懷德而畏威故能保世以滋
大昔我先世后稷以服事虞夏及夏之衰也棄稷
國語　周　一

07739、07740 國語九卷 （明）閔齊伋裁注　明萬曆四十七年（1619）閔齊伋刻三色套印本

匡高21.3厘米，廣15.7厘米。半葉九行，行十九字，小字双行同，白口，四周單邊。天津圖書館藏；吉林大學圖書館藏，有“張氏家印”、“東藩珍藏”等印，張東藩跋。

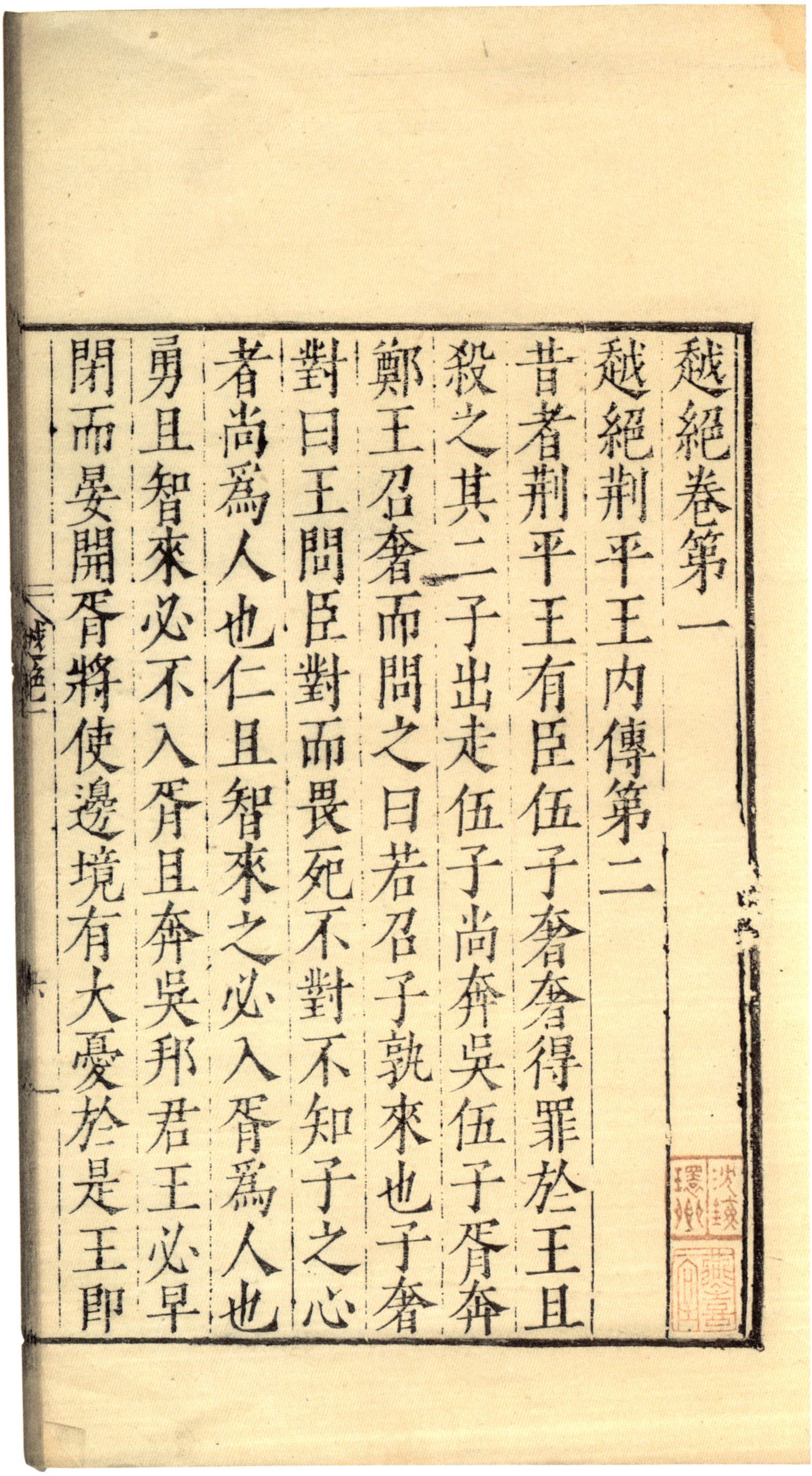

越絕卷第一

越絕荊平王內傳第二

昔者荊平王有臣伍子奢奢得罪於王且殺之其二子出走伍子尚奔吳伍子胥奔鄭王召奢而問之曰若召子孰來也子奢對曰王問臣對而畏死不對不知子之心者尚爲人也仁且智來之必入胥爲人也勇且智來必不入胥且奔吳邪君王必早閉而晏開胥將使邊境有大憂於是王即

越絕一

07750 越絶書十五卷 （漢）袁康撰　明嘉靖二十四年（1545）孔天胤刻本

匡高19厘米，廣13.8厘米。半葉九行，行十六字，白口，左右雙邊。天津圖書館藏。

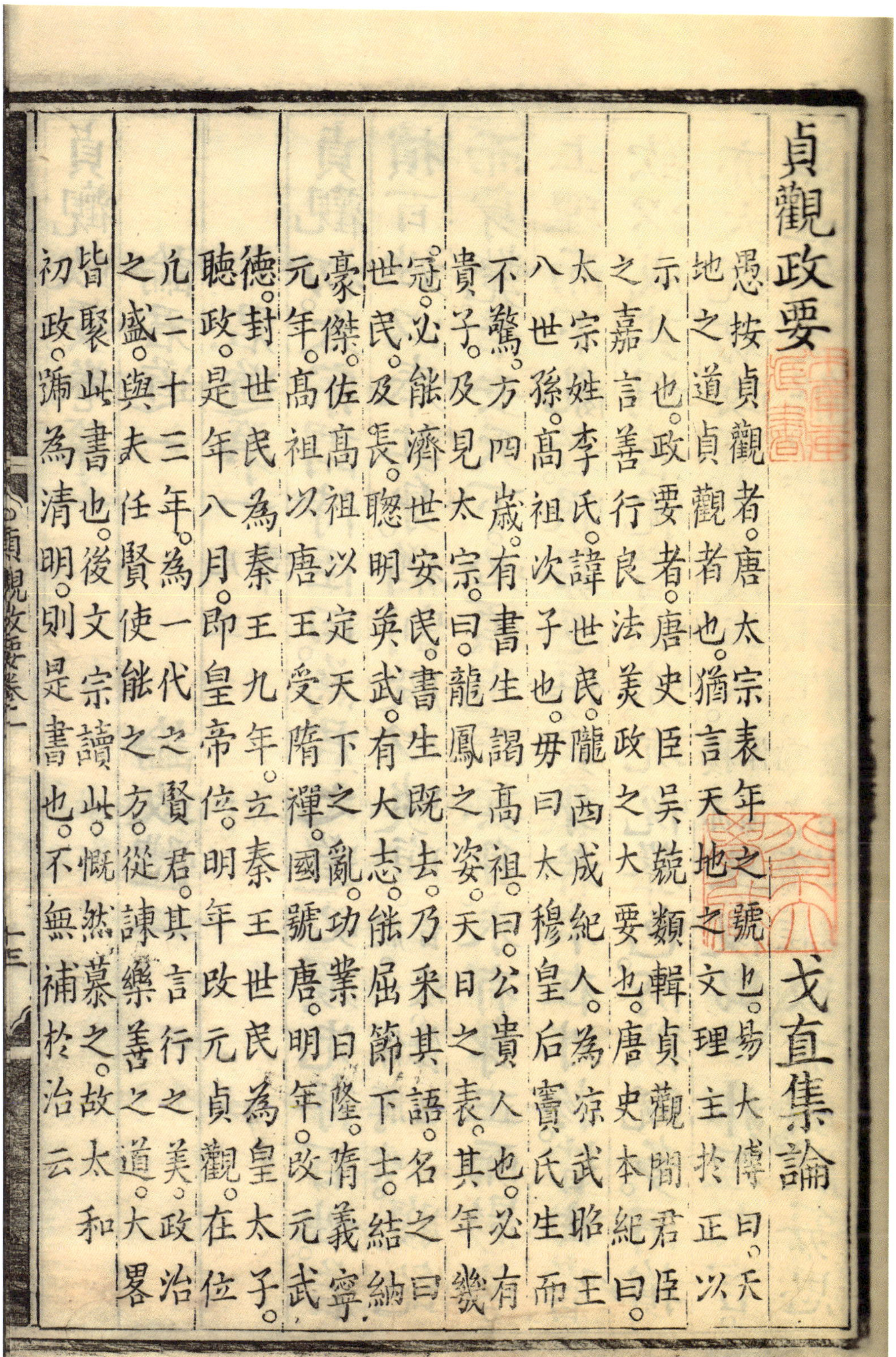

07756-07760 貞觀政要十卷　（唐）吴兢撰　（元）戈直集論　明成化十二年（1476）崇府刻本

匡高26.5厘米，廣18.8厘米。半葉十行，行二十字，小字雙行同，黑口，四周雙邊。山東省圖書館藏；北京大學圖書館藏，有“麐嘉館印”、“木犀軒藏書”等印；廣東省立中山圖書館藏，有“江甯陳氏閒源樓經籍記”、“楚寶堂藏書印”、“閒源樓藏書記”等印，有“成化丙申崇府重刊”牌記；河北大學圖書館、天津圖書館藏。

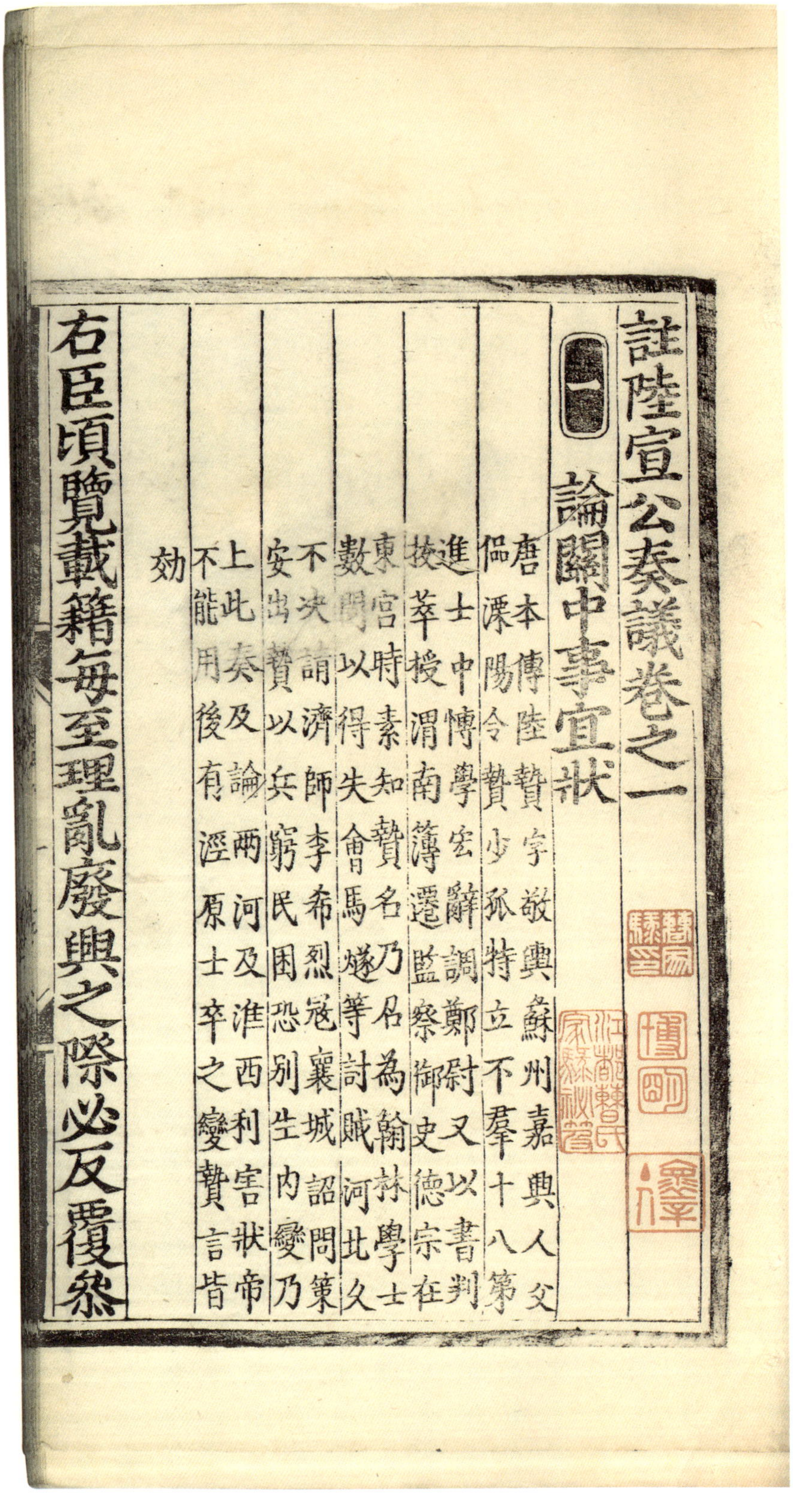

註陸宣公奏議卷之一

一 論關中事宜狀

唐本傳陸贄字敬輿蘇州嘉興人父侃溧陽令贄少孤特立不羣十八第進士中博學宏辭調鄭尉又以書判拔萃授渭南簿遷監察御史德宗在東宮時素知贄名乃召為翰林學士數問以得失會馬燧等討賊河北久不決請濟師李希烈寇襄城詔問策安出贄以兵窮民困恐別生內變乃上此奏及論兩河及淮西利害狀帝不能用後有涇原士卒之變贄言皆効

右臣頃覽載籍每至理亂廢興之際必反覆參

07800 註陸宣公奏議十五卷 （唐）陸贄撰 （宋）郎曄注 明弘治七年（1494）林符刻本

匡高21.9厘米，廣13.6厘米。半葉九行，行十八字，黑口，四周雙邊。天津圖書館藏。

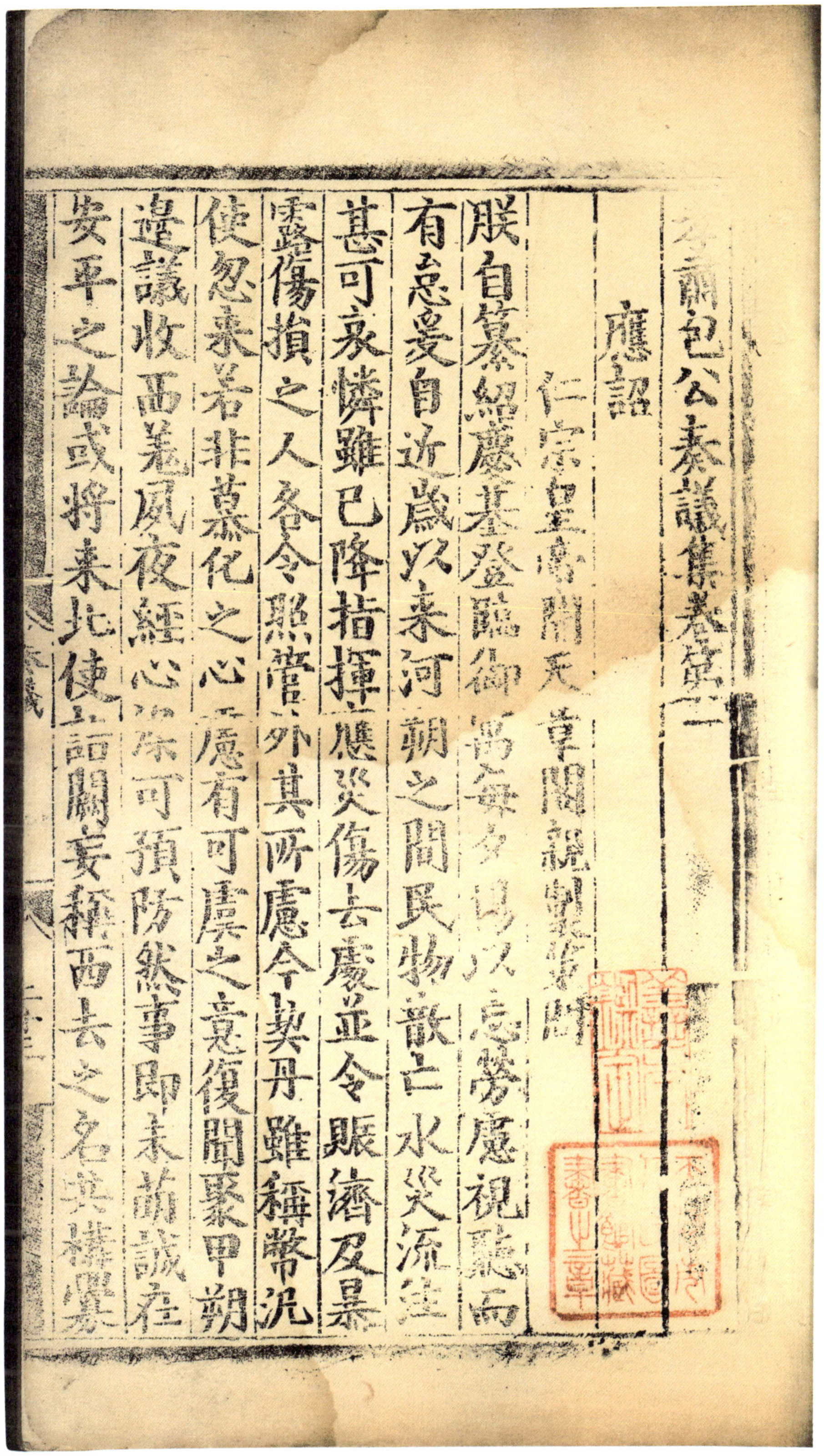
孝肅包公奏議集卷第二
應詔
仁宗皇帝開天章閣親製策問
朕自纂紹慶基登臨御㝢每夕惕以思勞慮視聽而
有慼憂自近歲以来河朔之間民物散亡水災流行
甚可哀憐雖已降指揮應災傷去處並令賑濟及暴
露傷損之人各令照管外其所慮今契丹雖稱幣況
使忽来若非慕化之心而慮有可虞之意復聞聚甲朔
邊議收西羌夙夜經心深宗可預防然事即未萌議在
安平之論或將来北使至語闕妄稱西去之名宜講禦

07802 孝肅包公奏議集十卷（宋）包拯撰 **附録一卷** 明弘治五年（1492）合肥縣刻本

匡高22.3厘米，廣13.4厘米。半葉十行，行二十字，黑口，四周雙邊。天津圖書館藏，存四卷。

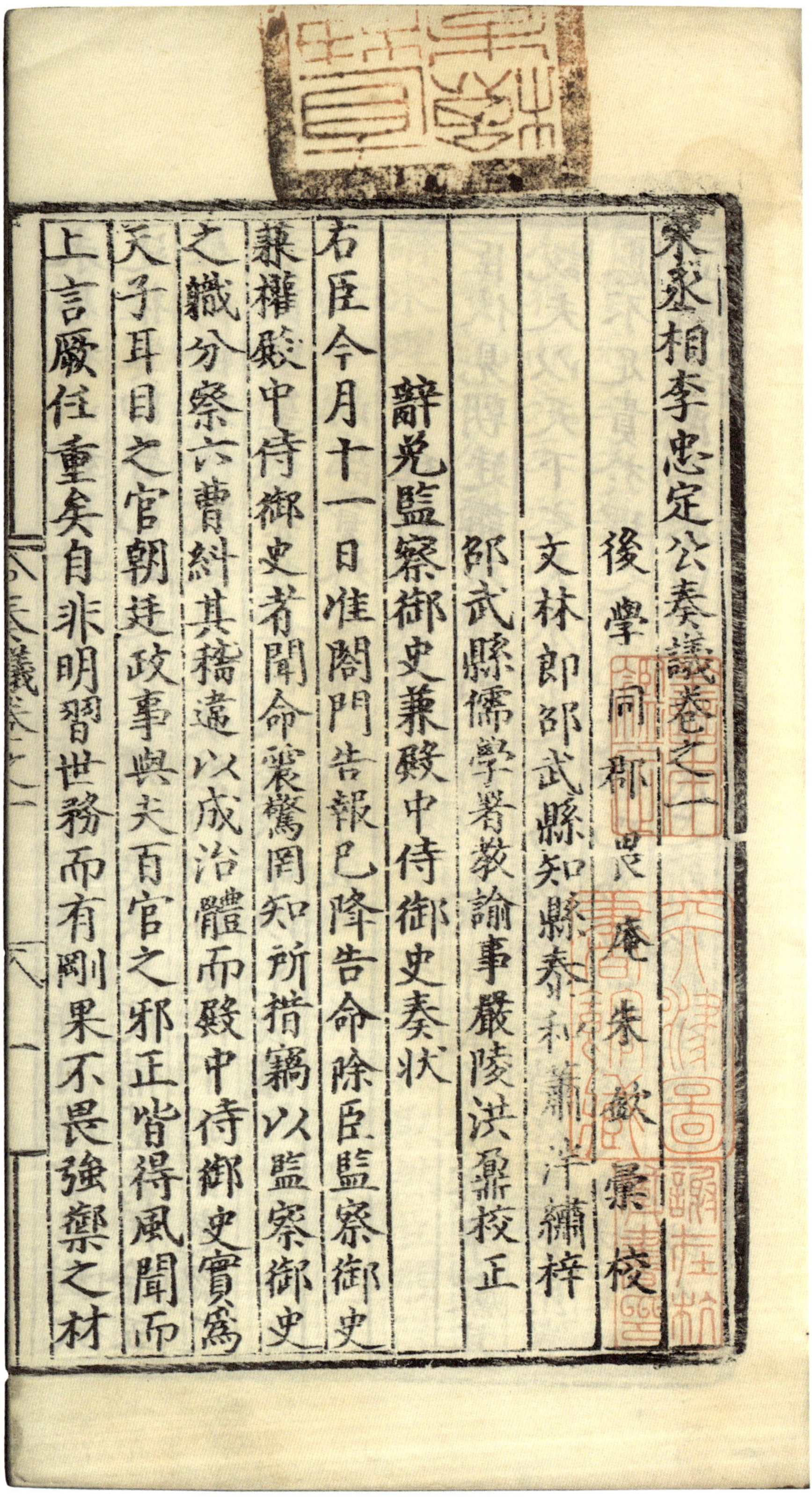

宋丞相李忠定公奏議卷之一
後學同郡畏菴朱　歆彙校
文林郎邵武縣知縣泰和蕭泮繡梓
邵武縣儒學署教諭事嚴陵洪鼐校正

辭免監察御史兼殿中侍御史奏狀
右臣今月十一日准閤門告報已降告命除臣監察御史
兼權殿中侍御史者聞命震驚罔知所措竊以監察御史
之職分察六曹糾其稽違以成治體而殿中侍御史實為
天子耳目之官朝廷政事與夫百官之邪正皆得風聞而
上言厥任重矣自非明習世務而有剛果不畏強禦之材

07806、07807　宋丞相李忠定公奏議六十九卷附録九卷　（宋）李綱撰　明正德十一年（1516）胡文靜、蕭泮刻本

匡高20厘米，廣12厘米。半葉十行，行二十二字，細黑口，四周雙邊。天津圖書館、吉林大學圖書館藏。

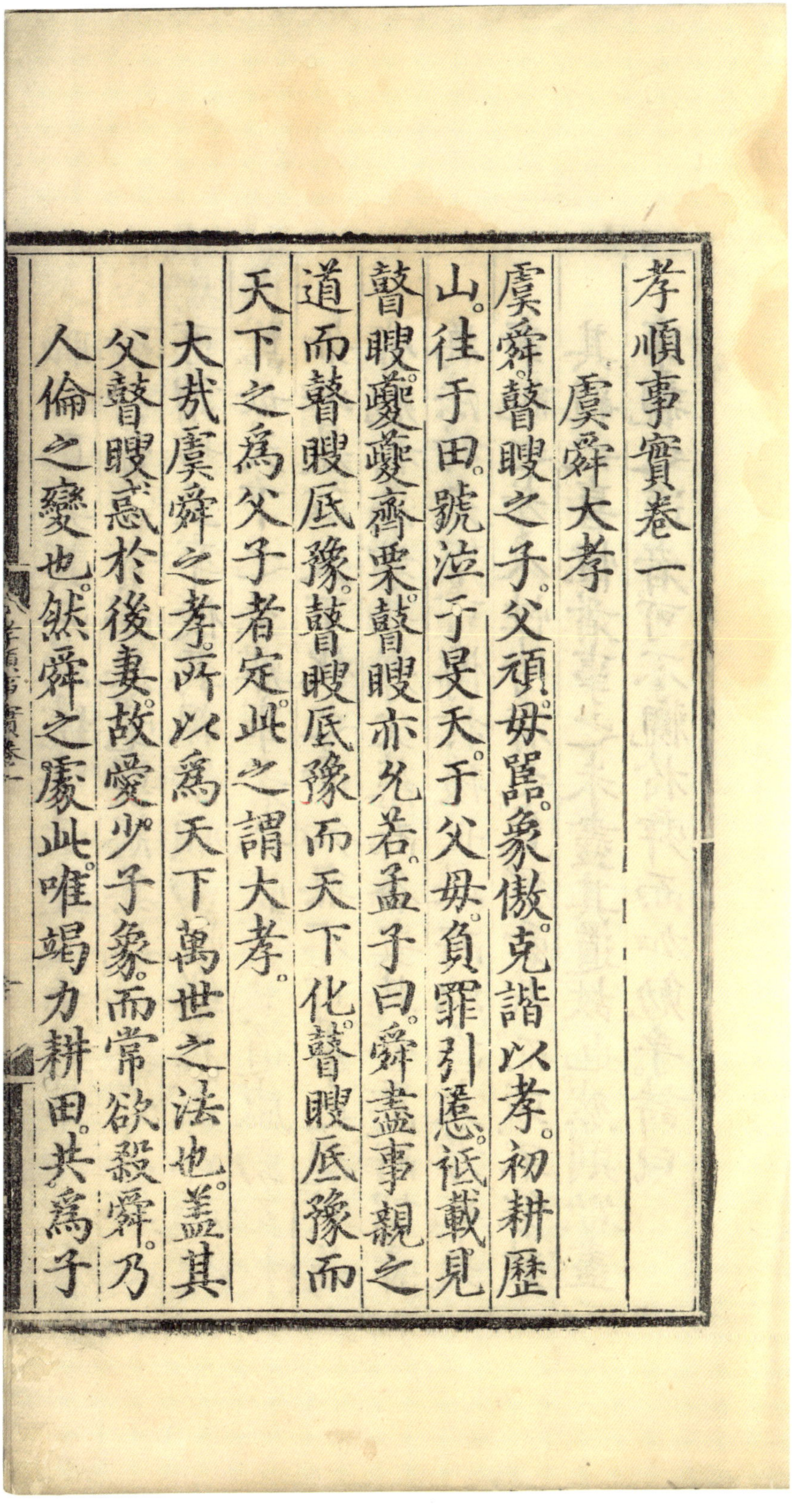

孝順事實卷一

虞舜大孝

虞舜瞽瞍之子。父頑。母嚚。象傲。克諧以孝。初耕歷山。往于田。號泣于旻天。于父母負罪引慝。祗載見瞽瞍。夔夔齊栗。瞽瞍亦允若。孟子曰。舜盡事親之道而瞽瞍厎豫。瞽瞍厎豫而天下化。瞽瞍厎豫而天下之爲父子者定。此之謂大孝。

大哉虞舜之孝。所以爲天下萬世之法也。蓋其父瞽瞍惑於後妻。故愛少子象。而常欲殺舜。乃人倫之變也。然舜之處此。唯竭力耕田。共爲子

07823-07825 孝順事實十卷 （明）成祖朱棣撰　明永樂十八年（1420）內府刻本

匡高27厘米，廣18厘米。半葉十行，行十九字，黑口，四周雙邊。北京大學圖書館藏一部；天津圖書館藏。

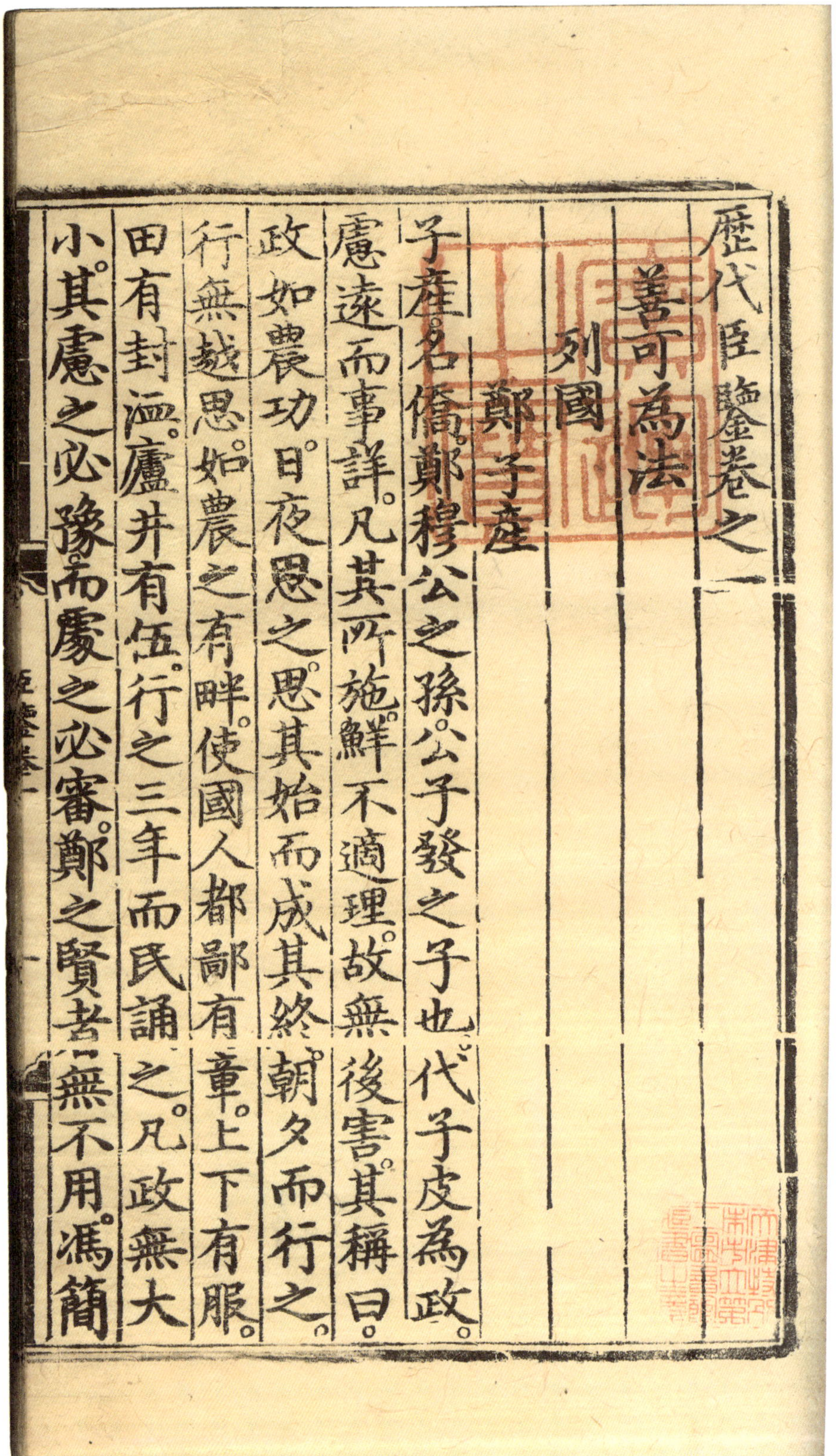

歷代臣鑒卷之一

善可爲法

列國

鄭子産

子産名僑。鄭穆公之孫，公子發之子也。代子皮爲政。慮遠而事詳。凡其所施，鮮不適理。故無後害。其稱曰：政如農功，日夜思之，思其始而成其終，朝夕而行之，行無越思，如農之有畔。使國人都鄙有章，上下有服，田有封洫，廬井有伍。行之三年而民誦之。凡政無大小，其慮之必豫，而慮之必審。鄭之賢者無不用。馮簡

07826-07830 歷代臣鑒三十七卷 （明）宣宗朱瞻基撰　明宣德元年（1426）内府刻本

匡高26.6厘米，廣18.2厘米。半葉十行，行二十字，黑口，四周雙邊。福建師範大學圖書館藏；復旦大學圖書館藏，包背裝，有“廣運之寶”、“閩戴成芬芷農圖籍”等印；國家圖書館藏；吉林大學圖書館藏，有“衍聖公書畫印”、“繩齋”等印；天津圖書館藏。

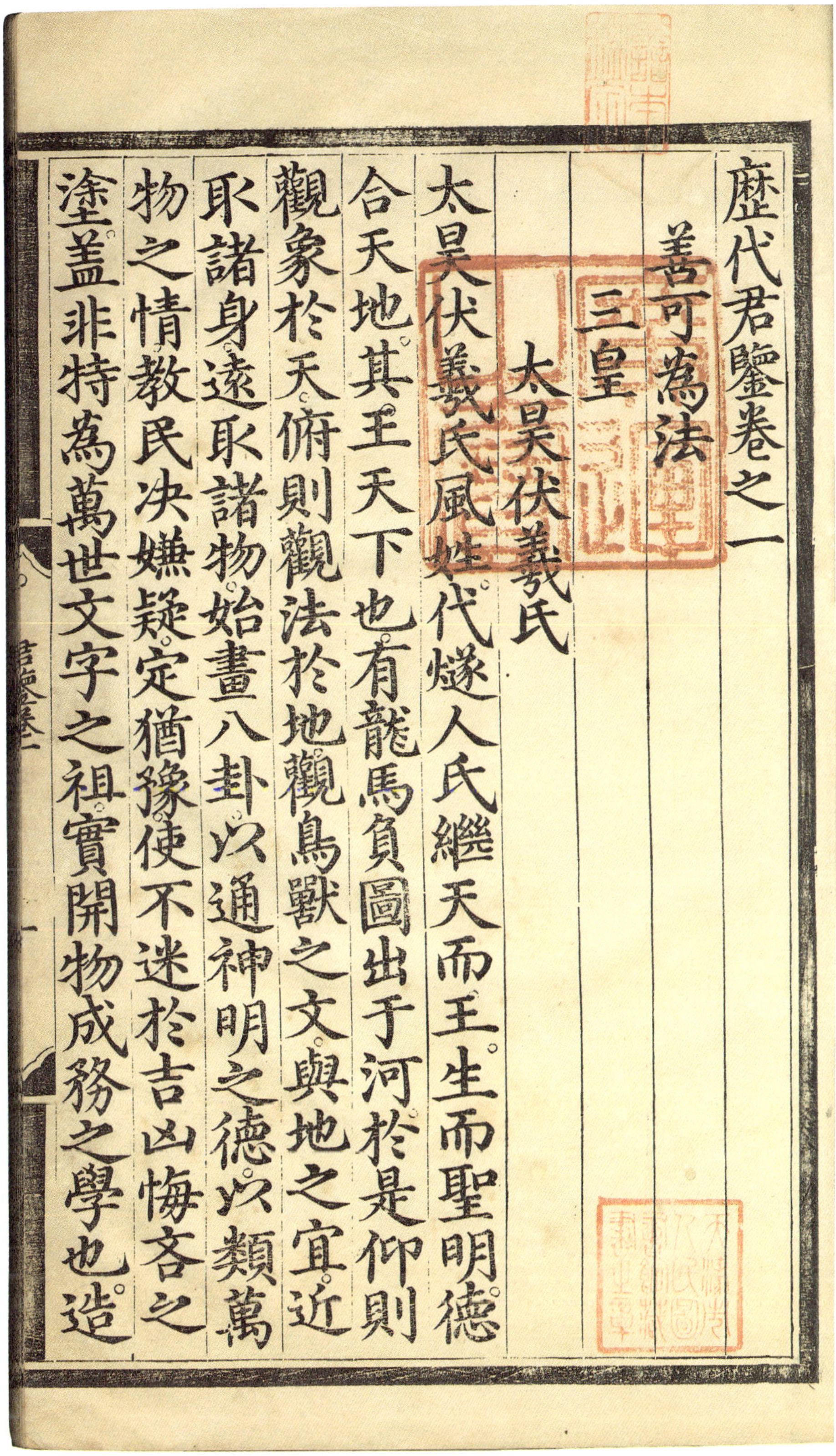
歷代君鑑卷之一
善可為法
三皇
太昊伏羲氏
太昊伏羲氏風姓代燧人氏繼天而王生而聖明德合天地其王天下也有龍馬負圖出于河於是仰則觀象於天俯則觀法於地觀鳥獸之文與地之宜近取諸身遠取諸物始畫八卦以通神明之德以類萬物之情教民決嫌疑定猶豫使不迷於吉凶悔吝之塗盖非特為萬世文字之祖實開物成務之學也造

07831–07834 歷代君鑑五十卷 （明）代宗朱祁鈺撰　明景泰四年（1453）內府刻本

匡高27.4厘米，廣18.1厘米。半葉十行，行二十字，黑口，四周雙邊。國家圖書館藏，有“廣運之寶”、“天禄琳琅”等印；吉林大學圖書館藏，有“廣運之寶”等印；天津圖書館、中共中央黨校圖書館藏。

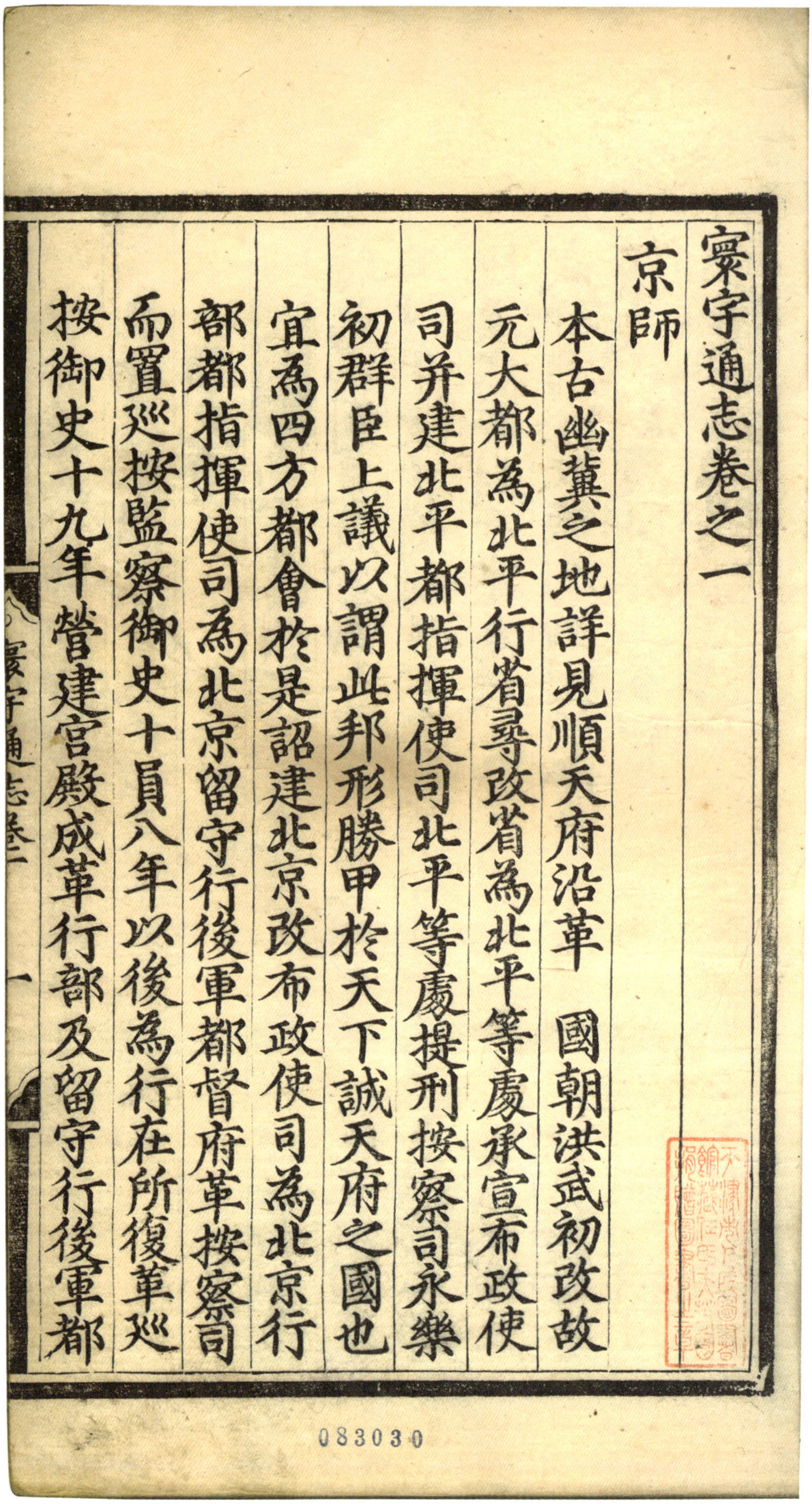

07939 寰宇通志一百十九卷 （明）陳循　彭時等纂修　明景泰刻本

匡高27.5厘米，廣17.4厘米。半葉十行，行二十二字，黑口，四周雙邊。天津圖書館藏。

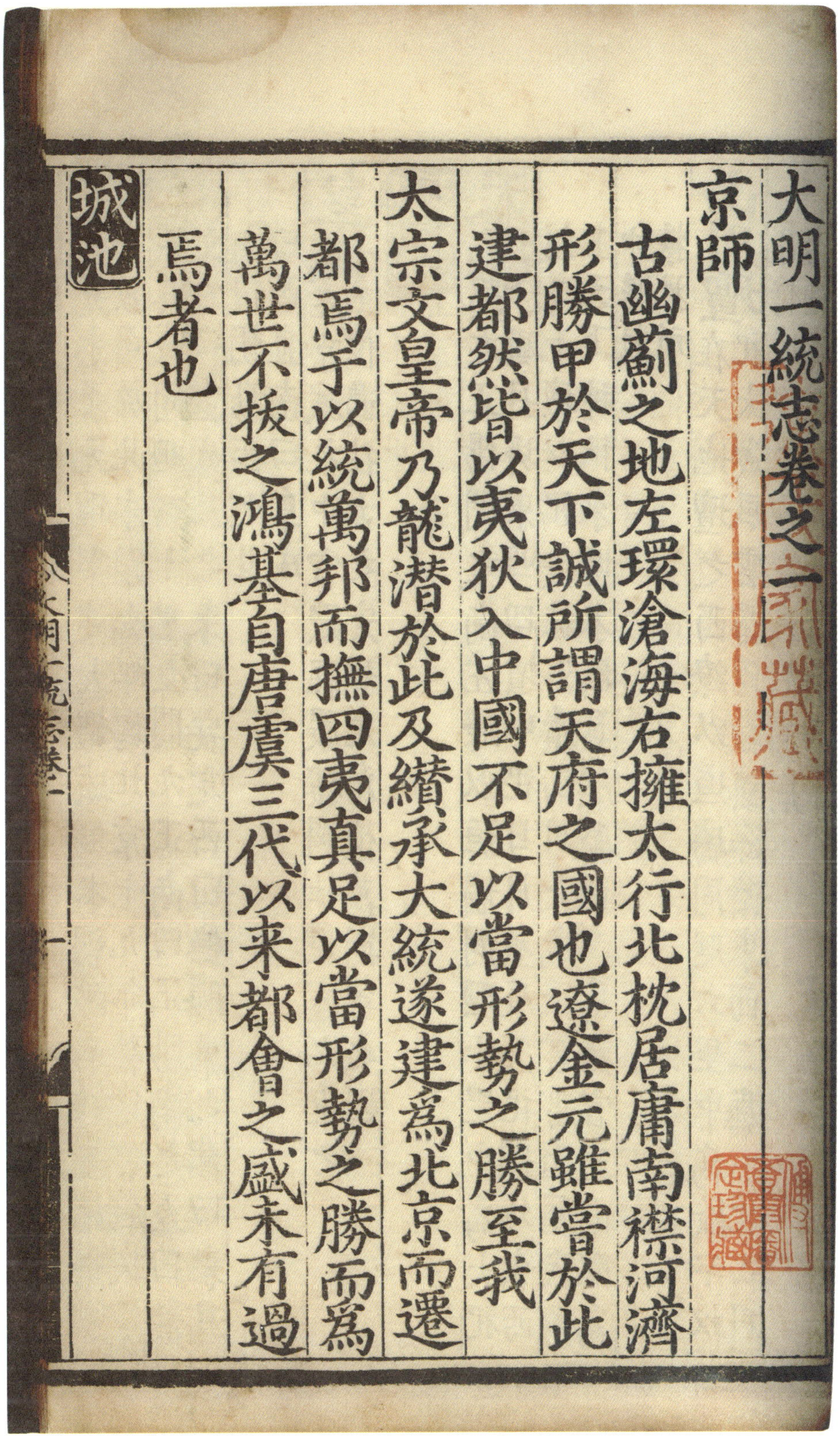
大明一統志卷之一
京師
古幽薊之地左環滄海右擁太行北枕居庸南襟河濟形勝甲於天下誠所謂天府之國也遼金元雖嘗於此建都然皆以夷狄入中國不足以當形勢之勝至我
太宗文皇帝乃龍潛於此及纘承大統遂建爲北京而遷都焉于以統萬邦而撫四夷真足以當形勢之勝而爲萬世不拔之鴻基自唐虞三代以来都會之盛未有過焉者也
城池

07940-07945 大明一統志九十卷 （明）李賢　萬安等纂修　明天順五年（1461）內府刻本

匡高26.8厘米，廣17.9厘米。半葉十行，行二十二字，小字雙行同，黑口，四周雙邊。南京圖書館藏；遼寧省圖書館藏，包背裝；天津圖書館、廣東省立中山圖書館藏；廣東省立中山圖書館藏，卷四至五抄配；廣東省立中山圖書館藏，卷十九至二十、二十六至二十七、二十九、三十一、三十四至三十五、七十四至七十六抄配，存七十五卷。

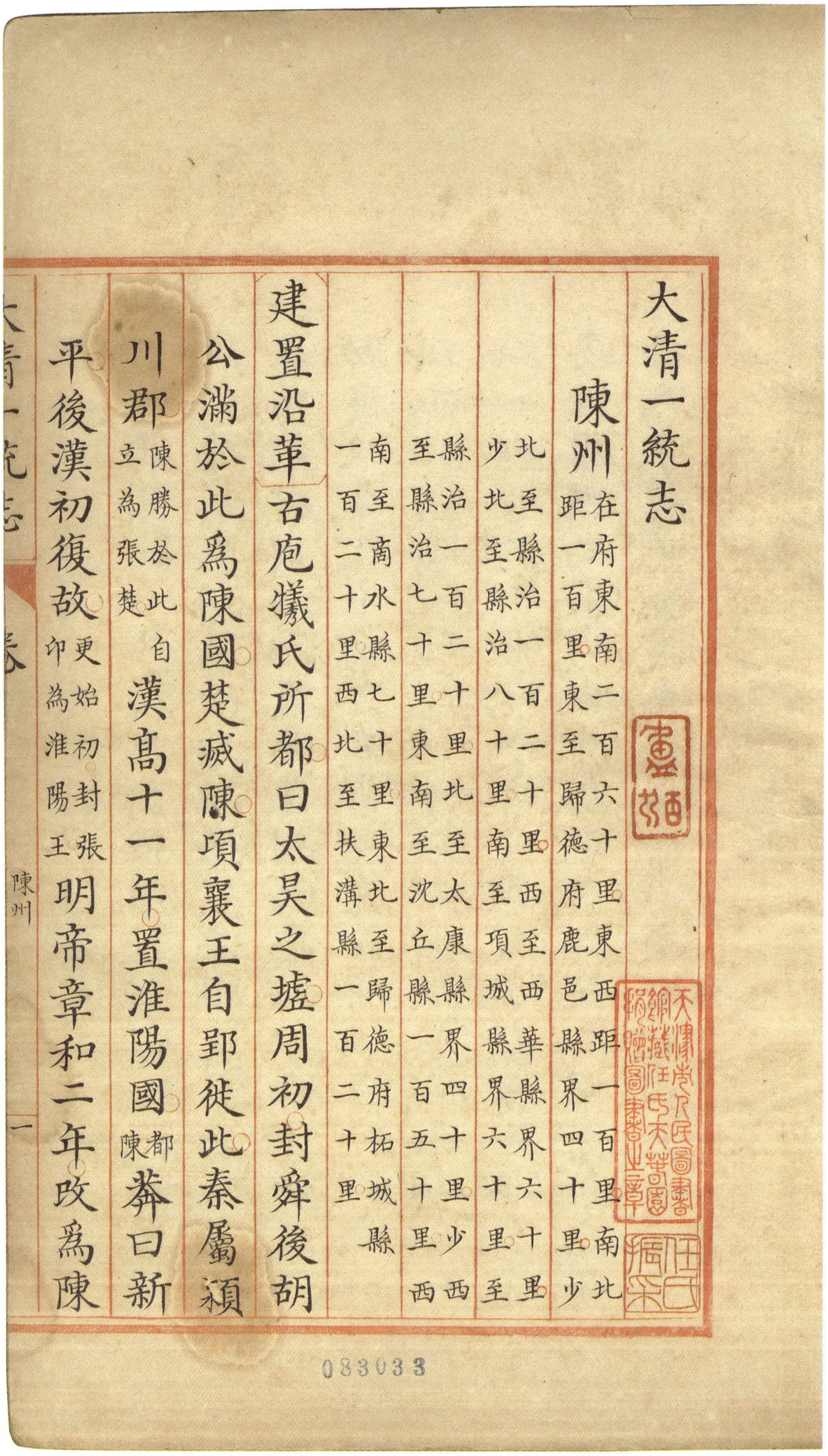

07951 大清一統志不分卷 （清）蔣廷錫　王安國等纂修　清康熙内府抄本

匡高23.4厘米，廣16厘米。半葉九行，行二十一字，白口，紅格，四周雙邊。天津圖書館藏，存河南開封府屬五册、彰德府屬二册，湖北荊州府屬三册、襄陽府屬二册、鄖陽府屬一册。

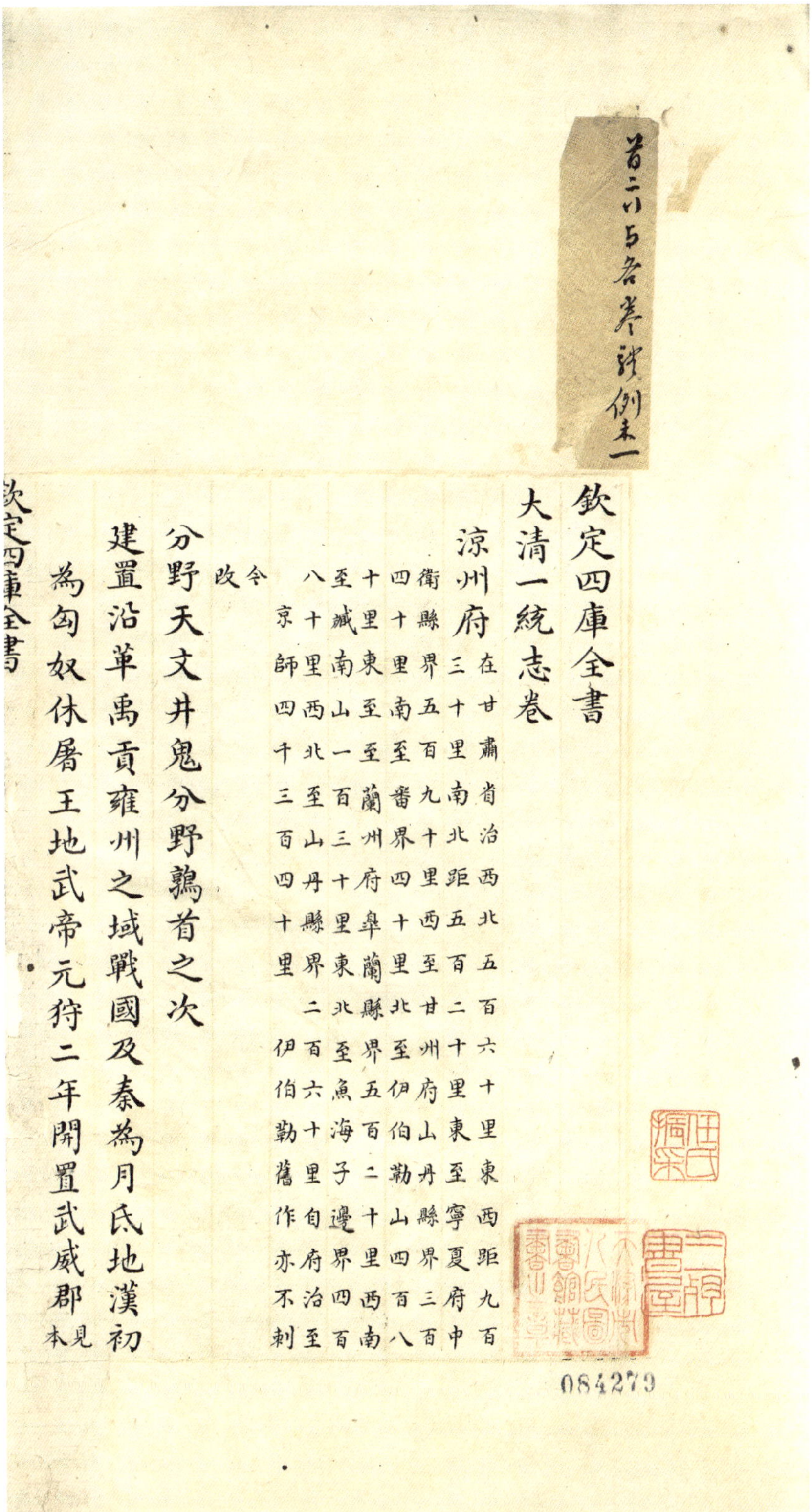

07952 大清一統志不分卷 （清）蔣廷錫　王安國等纂修　清乾隆内府抄本

匡高21.6厘米，廣15.5厘米。半葉十行，行二十一字，小字雙行同，白口，左右雙邊。天津圖書館藏，存甘肅涼州府一冊。

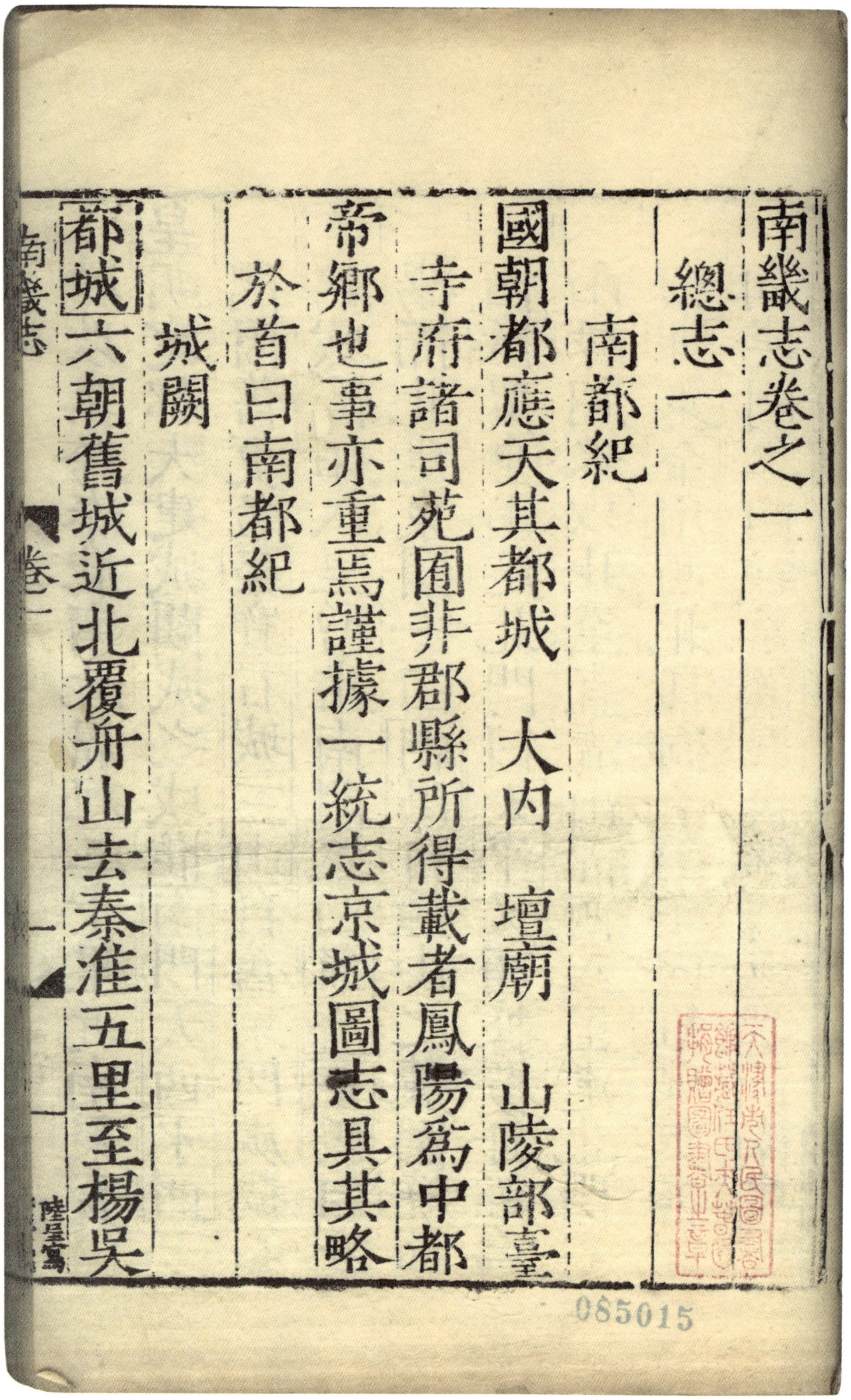
南畿志卷之一
總志一
南都紀
國朝都應天其都城　大内　壇廟　山陵部臺
寺府諸司苑囿非郡縣所得載者鳳陽爲中都
帝鄉也事亦重焉謹據一統志京城圖志具其略
於首曰南都紀
城闕
都城　六朝舊城近北覆舟山去秦淮五里至楊吳
南畿志　卷一　一　陸呈寫

07978 [嘉靖]南畿志六十四卷　（明）聞人詮　陳沂纂修　明嘉靖刻本

匡高21.2厘米，廣16.2厘米。半葉九行，行十九字，小字雙行同，白口，左右雙邊。天津圖書館藏。

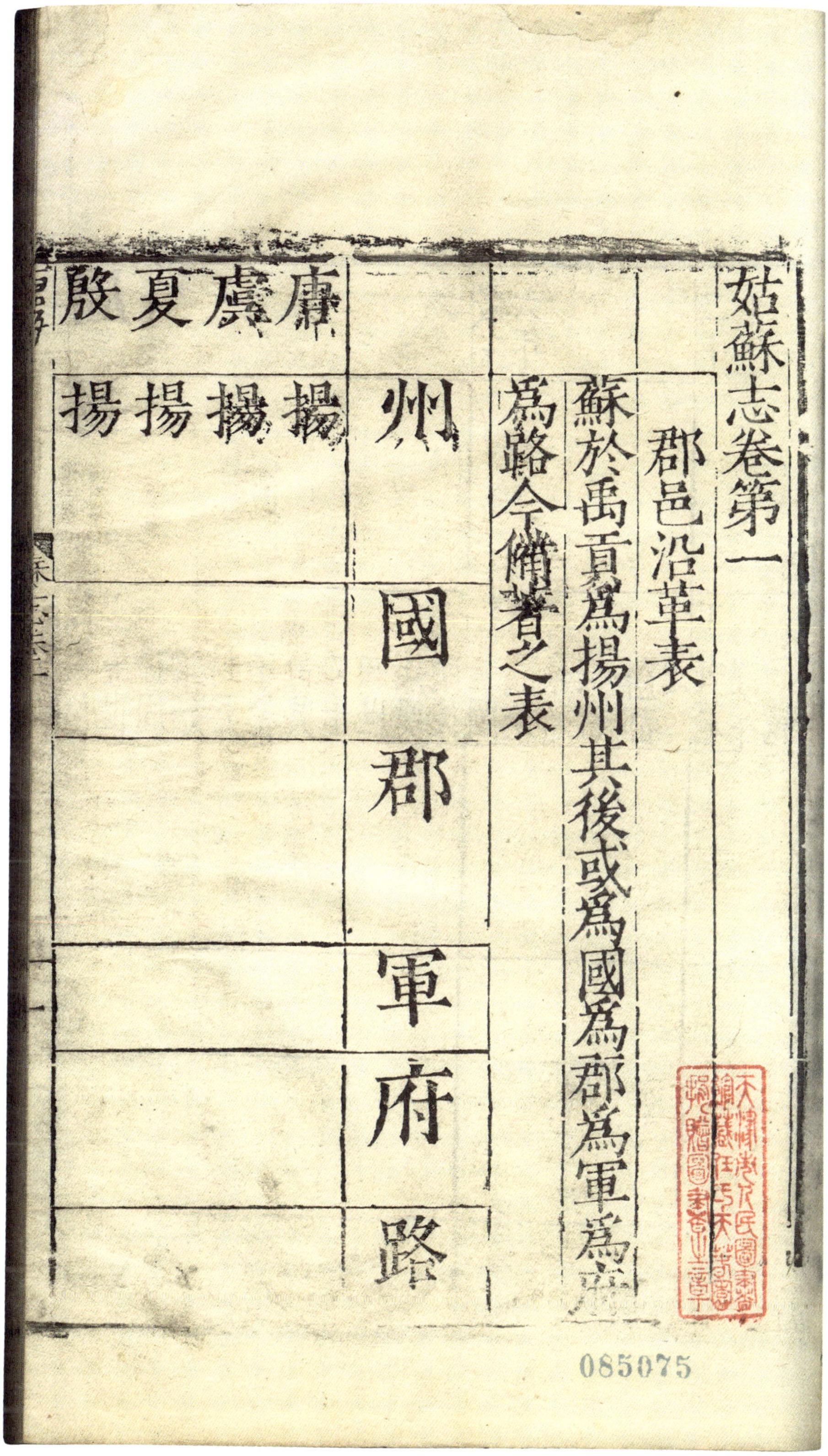

姑蘇志卷第一

郡邑沿革表

蘇於禹貢爲揚州其後或爲國爲郡爲軍爲府爲路今備著之表

	州	國	郡	軍	府	路
唐	揚					
虞	揚					
夏	揚					
殷	揚					

07981 [正德]姑蘇志六十卷 （明）林世遠　王鏊等纂修　明正德元年（1506）刻十四年（1519）增修本

匡高22.2厘米，廣16.2厘米。半葉十行，行二十字，小字雙行同，白口，左右雙邊。天津圖書館藏。

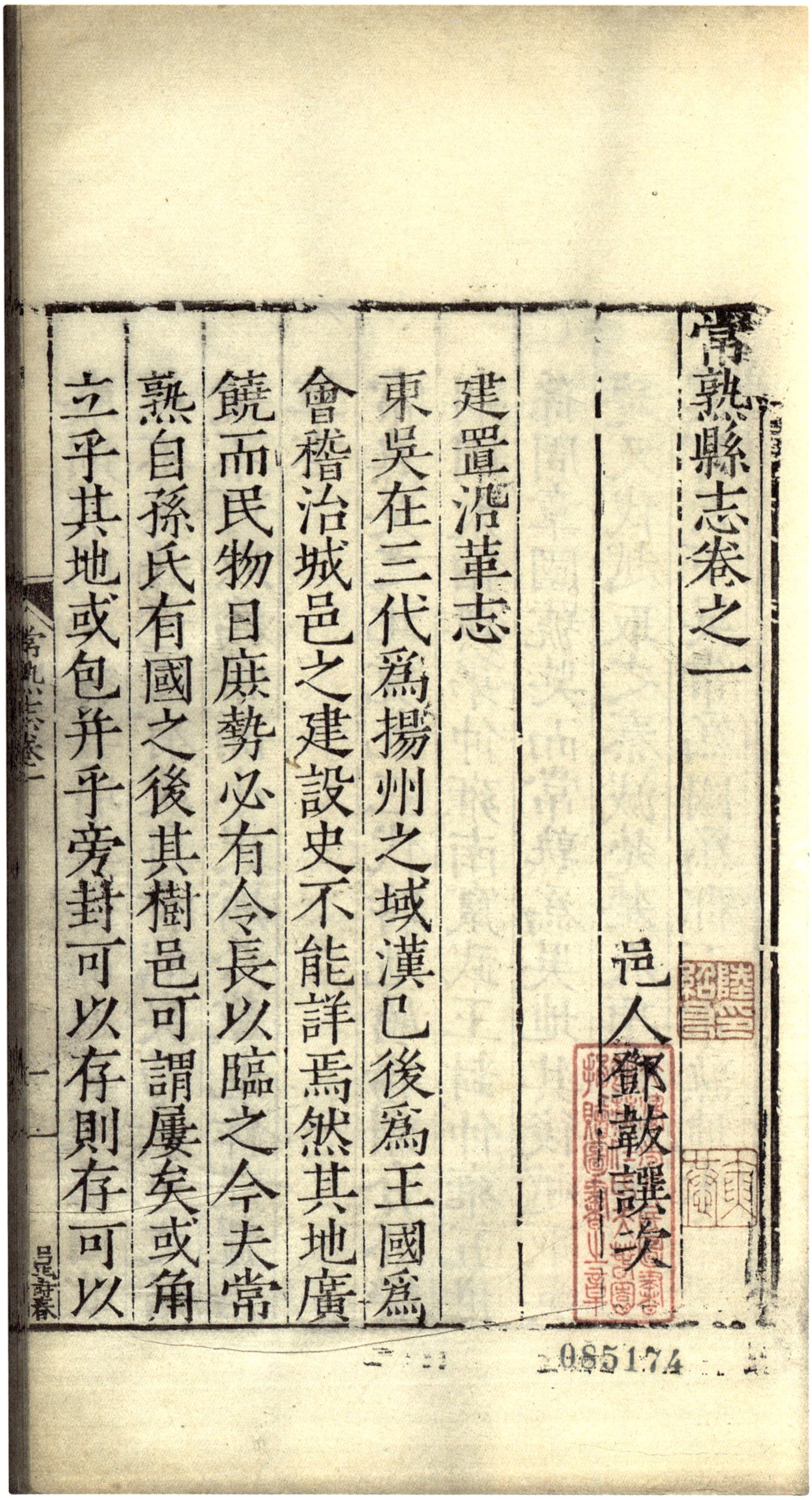

常熟縣志卷之一

邑人鄧韍譔次

建置沿革志

東吳在三代爲揚州之域漢已後爲王國爲會稽治城邑之建設史不能詳焉然其地廣饒而民物日庶勢必有令長以臨之今夫常熟自孫氏有國之後其樹邑可謂屢矣或角立乎其地或包并乎旁封可以存則存可以

07983 [嘉靖]常熟縣志十三卷 （明）馮汝弼　鄧韍纂修　明嘉靖刻本

匡高19.1厘米，廣14.3厘米。半葉九行，行十八字，白口，左右雙邊。天津圖書館藏。

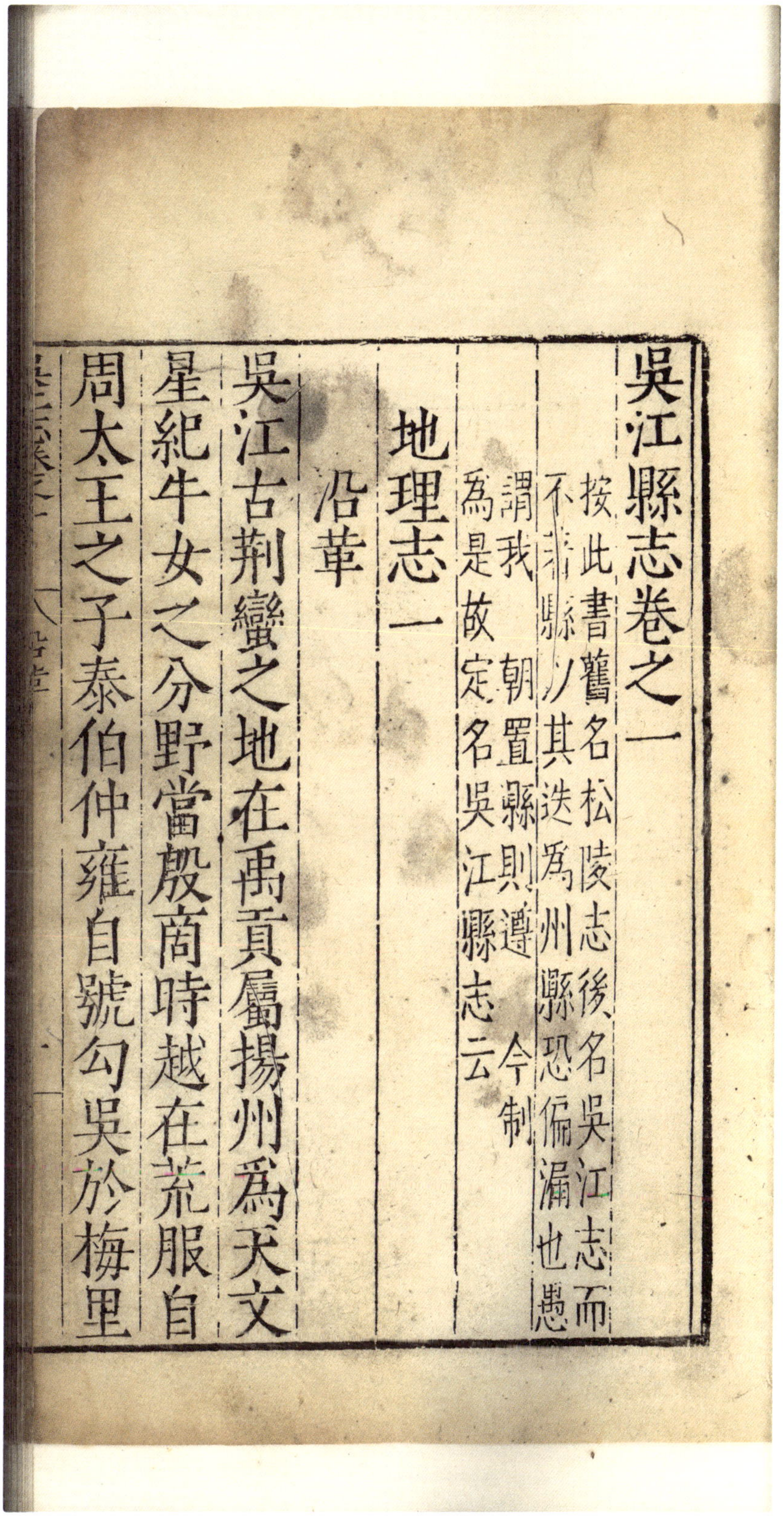

吳江縣志卷之一

按此書舊名松陵志後名吳江志而不著縣乃其迭為州縣恐偏漏也愚謂我　朝置縣則遵　今制為是故定名吳江縣志云

地理志一

沿革

吳江古荆蠻之地在禹貢屬揚州為天文星紀牛女之分野當殷商時越在荒服自周太王之子泰伯仲雍自號勾吳於梅里

07984 [嘉靖]吳江縣志二十八卷首一卷 （明）曹一麟　徐師曾纂修　明嘉靖刻本

匡高20厘米，廣13.2厘米。半葉八行，行十六字，小字雙行同，白口，左右雙邊。天津圖書館藏。

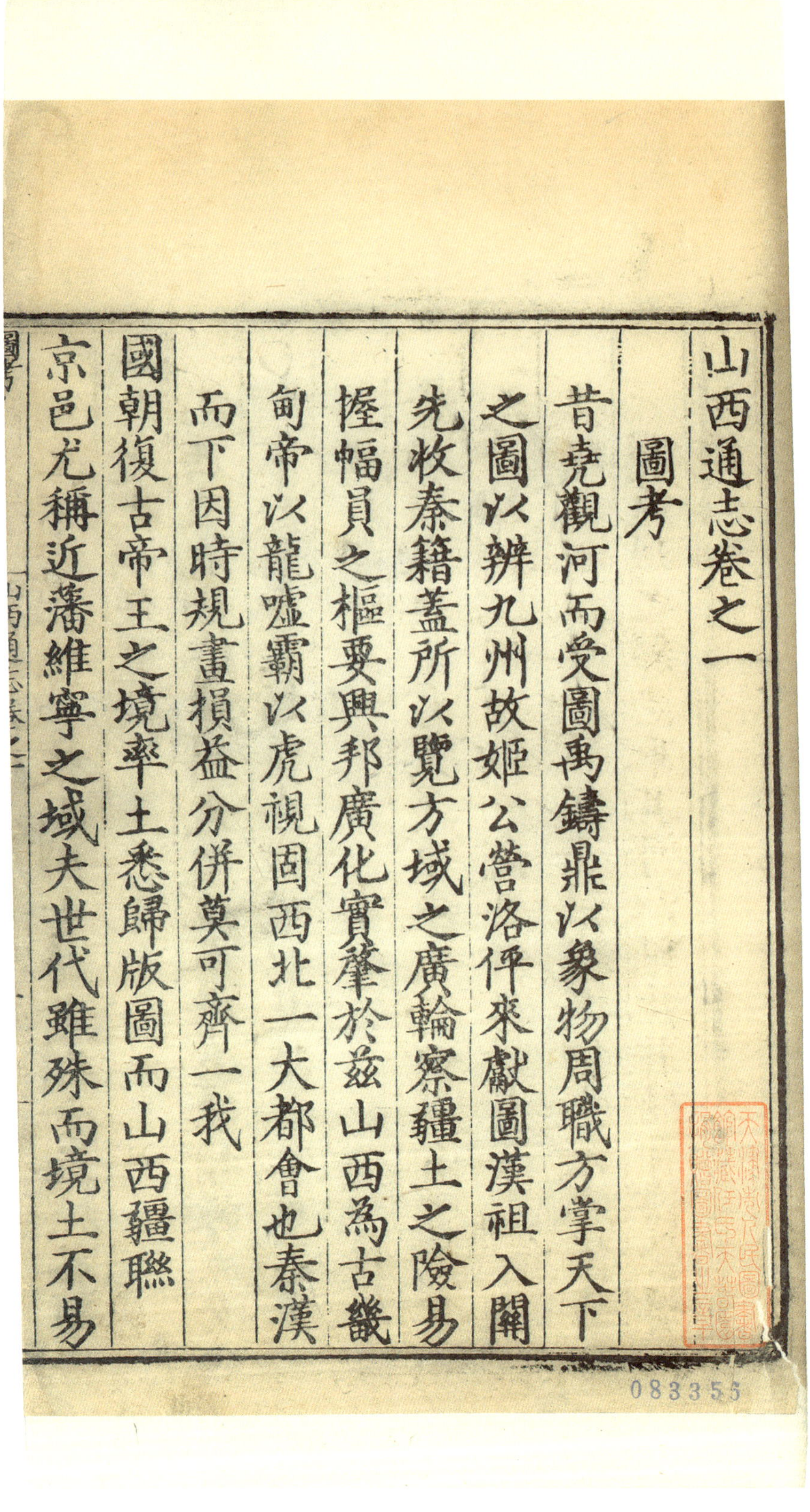
山西通志卷之一

圖考

昔堯觀河而受圖禹鑄鼎以象物周職方掌天下之圖以辨九州故姬公營洛伻來獻圖漢祖入關先收秦籍蓋所以覽方域之廣輪察疆土之險易握幅員之樞要興邦廣化實肇於茲山西為古畿甸帝以龍噓霸以虎視固西北一大都會也秦漢而下因時規畫損益分併莫可齊一我

國朝復古帝王之境率土悉歸版圖而山西疆聯

京邑尤稱近藩維寧之域夫世代雖殊而境土不易

07988、07989 [嘉靖]山西通志三十二卷 （明）楊宗氣　周斯盛纂修　明嘉靖刻本

匡高22.5厘米，廣16.5厘米。半葉十行，行二十字，白口，四周雙邊。天津圖書館藏；河南省圖書館藏，存二十四卷。

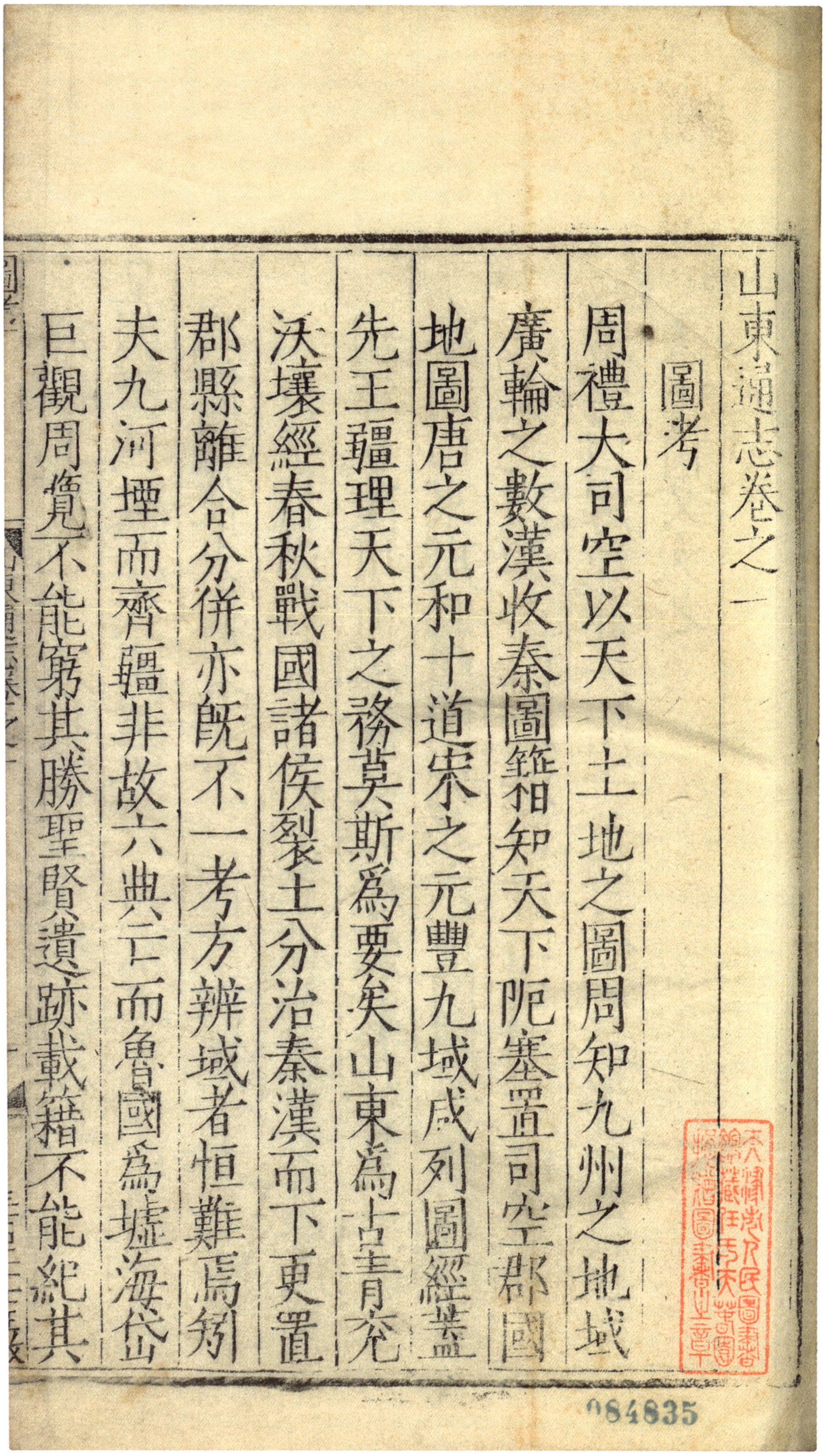
山東通志卷之一
圖考
周禮大司空以天下土地之圖周知九州之地域
廣輪之數漢收秦圖籍知天下阨塞置司空郡國
地圖唐之元和十道宋之元豐九域咸列圖經蓋
先王疆理天下之務莫斯爲要矣山東爲古青兗
沃壤經春秋戰國諸侯裂土分治秦漢而下更置
郡縣離合分併亦既不一考方辨域者恒難焉矧
夫九河堙而齊疆非故六典亡而魯國爲墟海岱
巨觀周覽不能窮其勝聖賢遺跡載籍不能紀其

07990、07991 [嘉靖]山東通志四十卷 （明）陸釴等纂修　明嘉靖刻本

匡高23.2厘米，廣16.7厘米。半葉十行，行二十字，小字雙行同，白口，四周雙邊。河北大學圖書館藏；天津圖書館藏，為萬曆增修本。

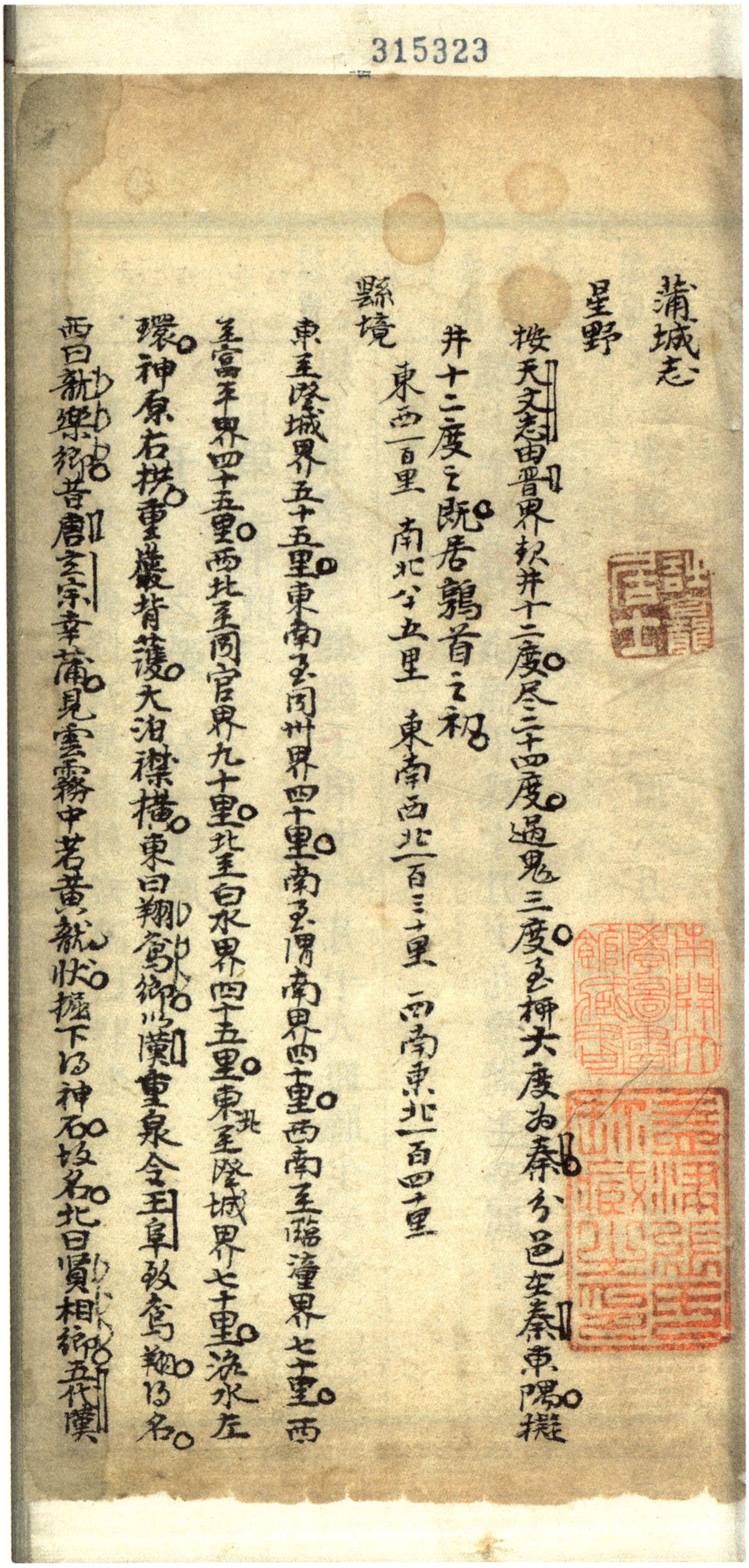

07999 [康熙]蒲城志不分卷 不著撰人 稿本

十行三十四至三十八字不等，無格，佚名批註。南開大學圖書館藏。

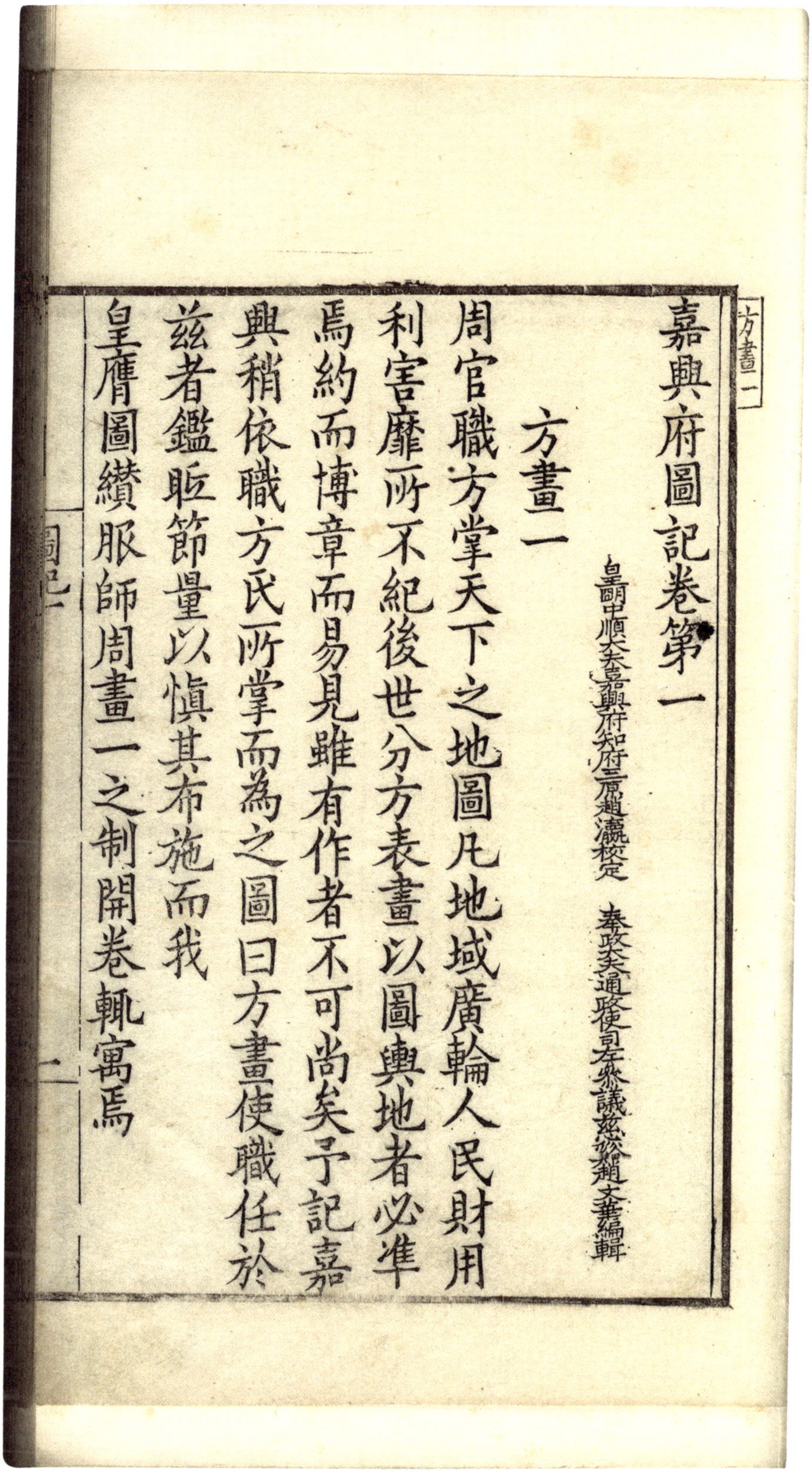

方畫一

嘉興府圖記卷第一

皇明中順大夫嘉興府知府三原趙瀛校定　奉政大夫通政使司左參議慈谿趙文華編輯

方畫一

周官職方掌天下之地圖凡地域廣輪人民財用
利害靡所不紀後世分方表畫以圖輿地者必準
焉約而博章而易見雖有作者不可尚矣予記嘉
興稍依職方氏所掌而為之圖曰方畫使職任於
茲者鑑眂節量以慎其布施而我
皇膺圖纘服師周畫一之制開卷輒寓焉

圖記一　二

08011 [嘉靖]嘉興府圖記二十卷 （明）趙瀛　趙文華纂修　明嘉靖刻本

匡高20.4厘米，廣14厘米。半葉九行，行十九字，白口，左右雙邊。天津圖書館藏。

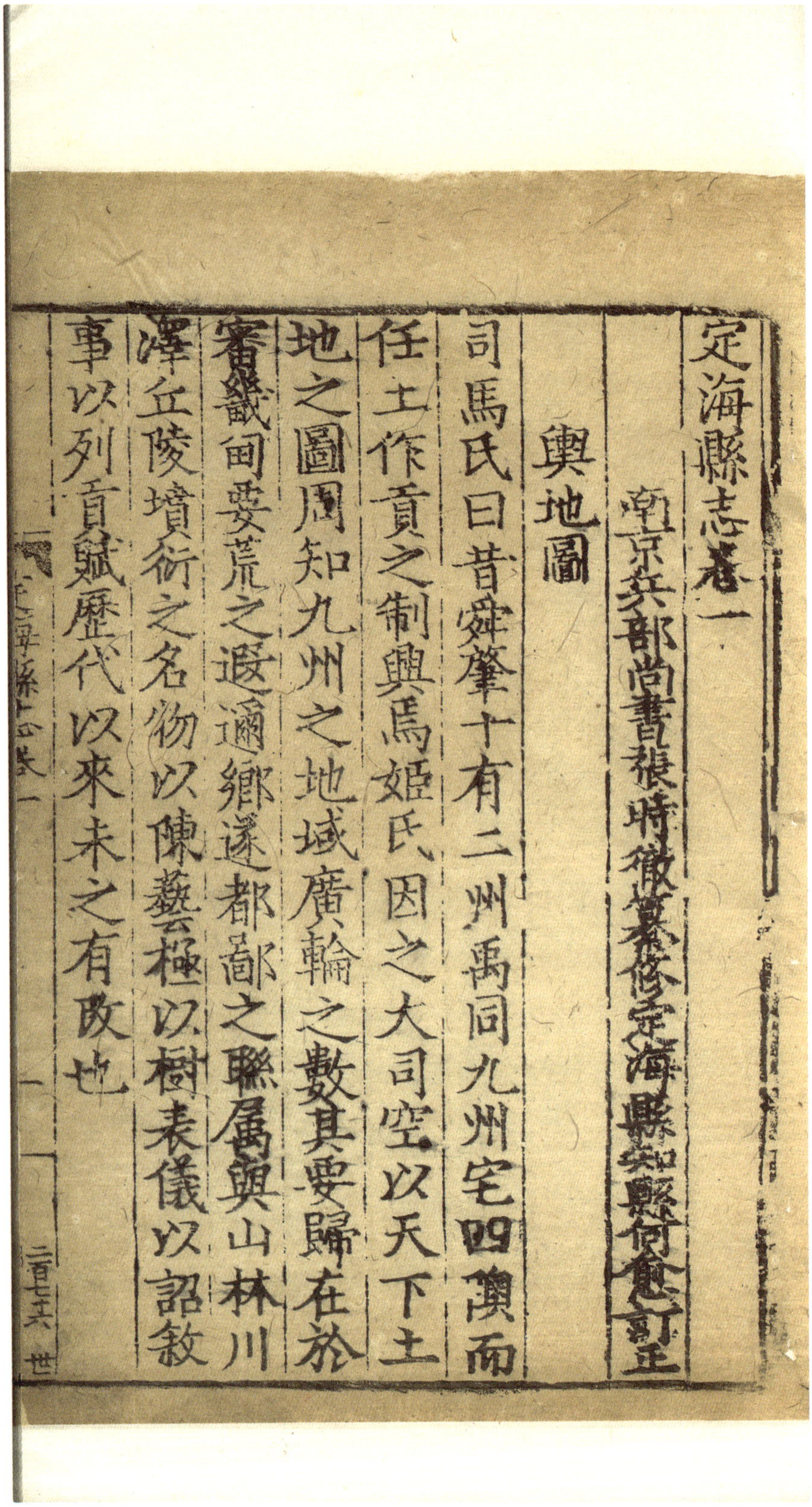

定海縣志卷一

南京兵部尚書張時徹纂修定海縣知縣何愈訂正

輿地圖

司馬氏曰昔舜肇十有二州禹同九州宅四隩而任土作貢之制與馬姬氏因之大司空以天下土地之圖周知九州之地域廣輪之數其要歸在於審畿甸要荒之遐邇鄉遂都鄙之聯屬與山林川澤丘陵墳衍之名物以陳藝極以樹表儀以詔敘事以列貢賦歷代以來未之有改也

08015 [嘉靖]定海縣志十三卷（明）何愈　張時徹等纂修　明嘉靖刻本

匡高20.6厘米，廣14.1厘米。半葉九行，行十九字，小字雙行同，白口，左右雙邊。天津圖書館藏。

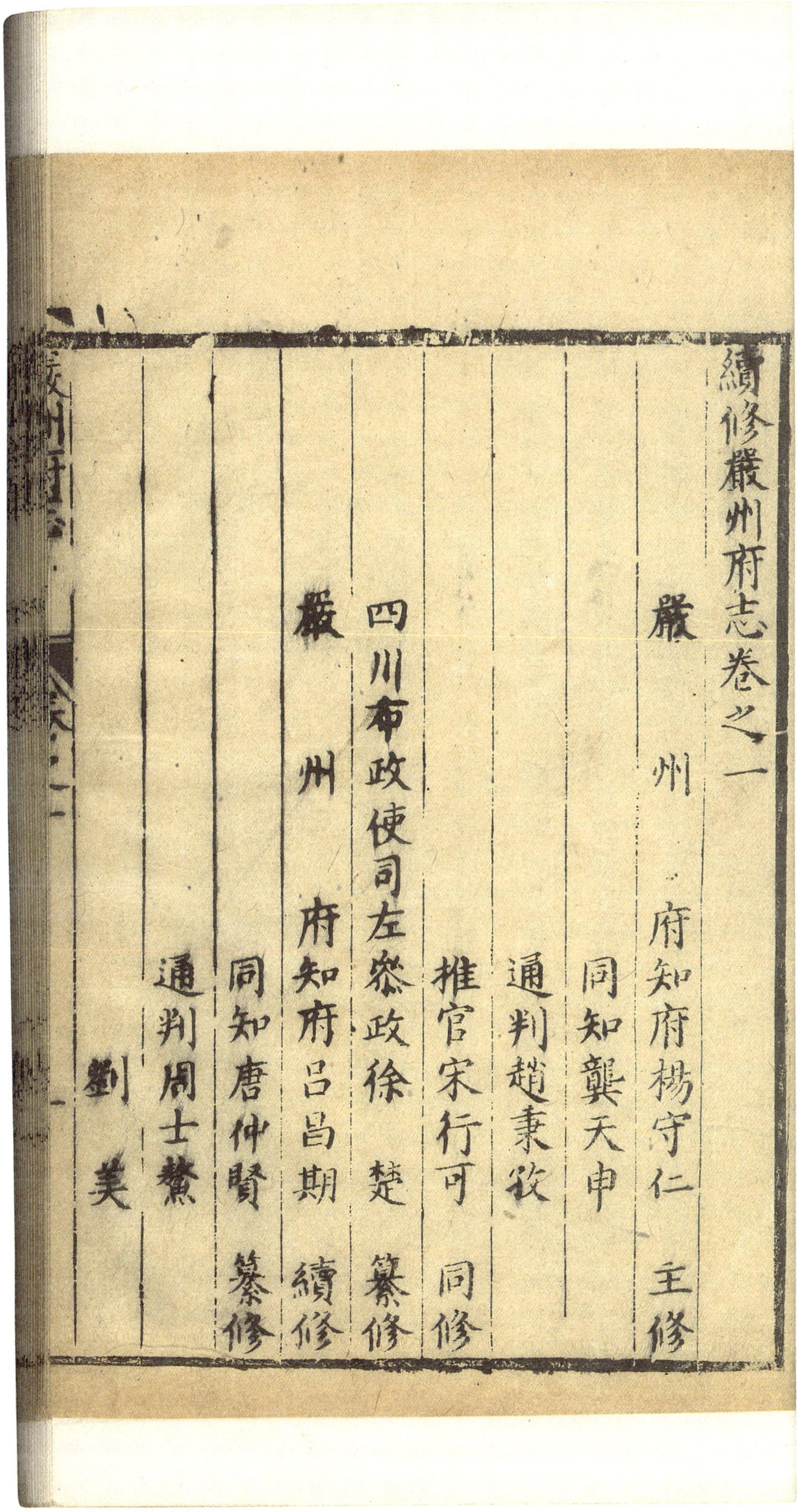
續修嚴州府志卷之一
嚴　州　府知府楊守仁　主修
同知龔天申
通判趙秉毅
推官宋行可　同修
四川布政使司左參政徐　楚　纂修
嚴　州　府知府呂昌期　續修
同知唐仲賢　纂修
通判周士鰲
劉　美

08016 [萬曆]續修嚴州府志二十四卷 （明）楊守仁　徐楚纂修　（明）呂昌期　余炳然續修　明萬曆刻本

匡高19.5厘米，廣13.7厘米。半葉十行，行二十字，白口，四周單邊。天津圖書館藏。

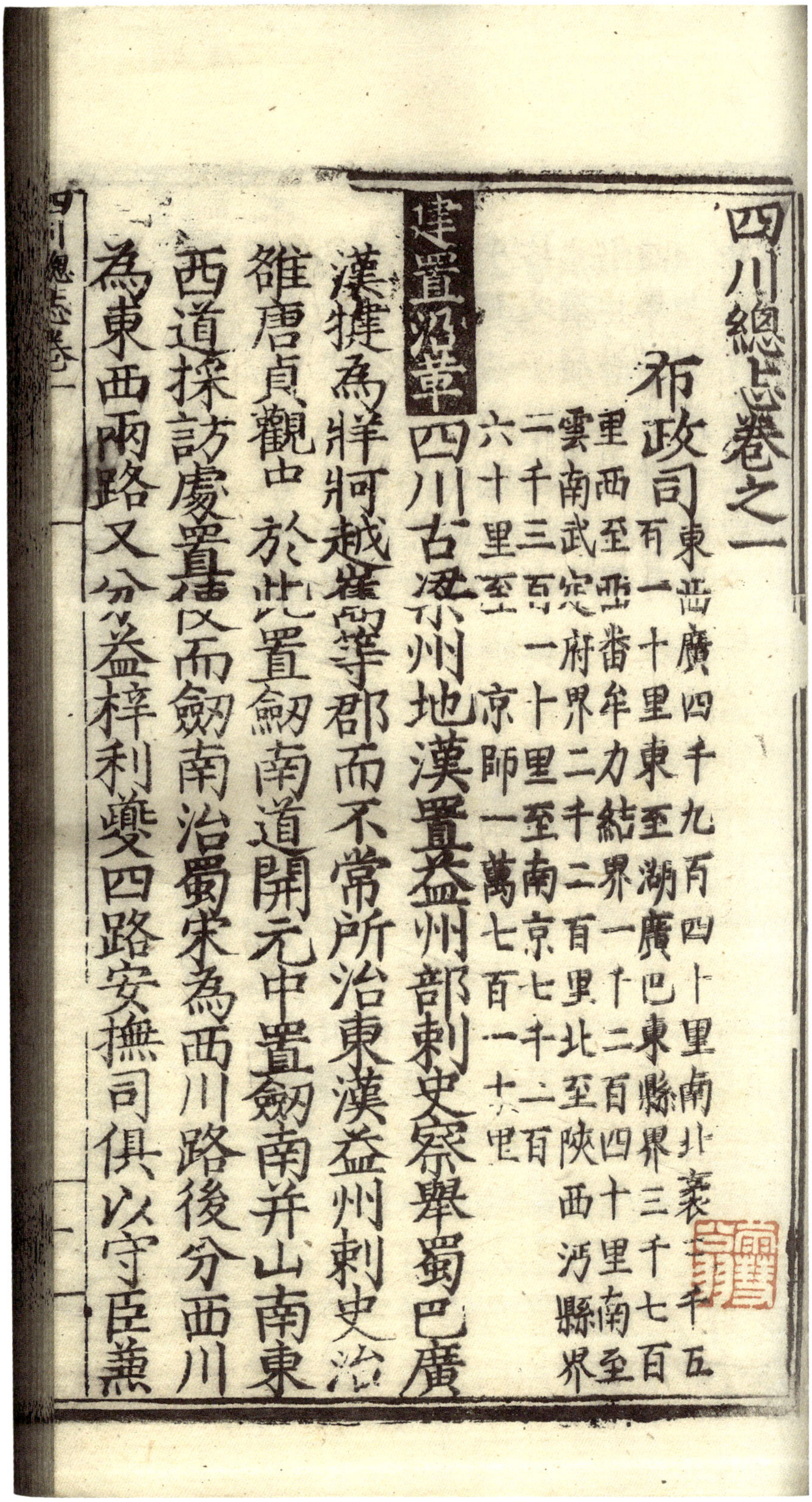
四川總志卷之一

布政司東西廣四千九百四十里南北袤三千五百一十里東至湖廣巴東縣界三千七百里西至西番牟力結界一千二百四十里南至雲南武定府界二千二百里北至陝西沔縣界二千三百一十里至南京七千二百六十里至京師一萬七百一十六里

建置沿革 四川古梁州地漢置益州部刺史察舉蜀巴廣漢犍為牂牁越嶲等郡而不常所治東漢益州刺史治雒唐貞觀中於此置劍南道開元中置劍南并山南東西道採訪處置使而劍南治蜀宋為西川路後分西川為東西兩路又分益梓利夔四路安撫司俱以守臣兼

四川總志卷一

08020 [嘉靖]四川總志八十卷 （明）劉大謨　王元正等纂修　明嘉靖刻本

匡高24厘米，廣15.3厘米。半葉九行，行二十二字，小字雙行同，白口，四周雙邊。天津圖書館藏。

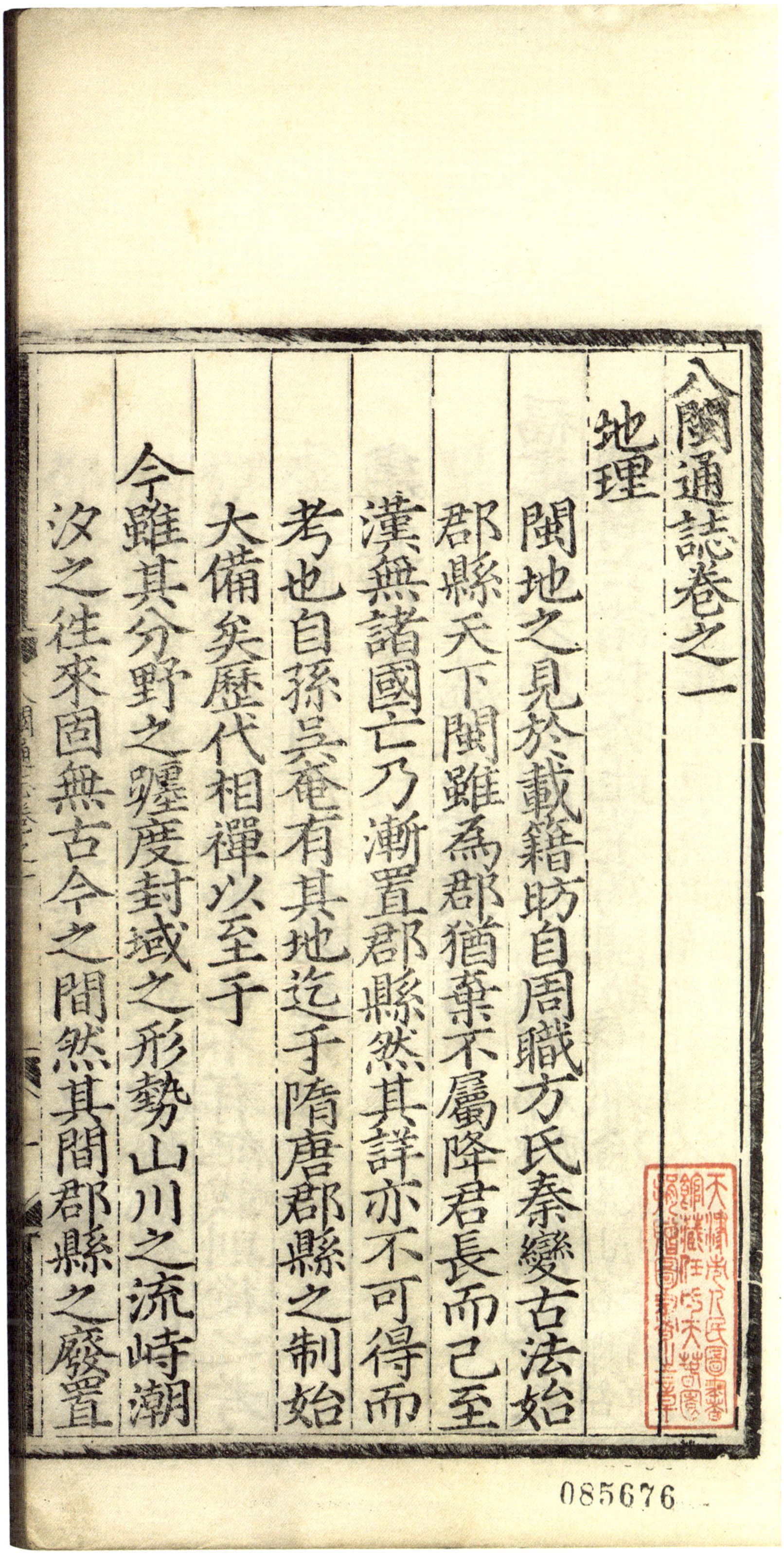
八閩通誌卷之一

地理

閩地之見於載籍昉自周職方氏秦變古法始
郡縣天下閩雖爲郡猶棄不屬降君長而已至
漢無諸國亡乃漸置郡縣然其詳亦不可得而
考也自孫吴奄有其地迄于隋唐郡縣之制始
大備矣歷代相禪以至于
今雖其分野之躔度封域之形勢山川之流峙潮
汐之往來固無古今之間然其間郡縣之廢置

08021 [弘治]八閩通誌八十七卷 （明）陳道　黄仲昭纂修　明弘治刻本

匡高22厘米，廣14.6厘米。半葉九行，行二十一字，小字雙行同，黑口，四周雙邊。天津圖書館藏。

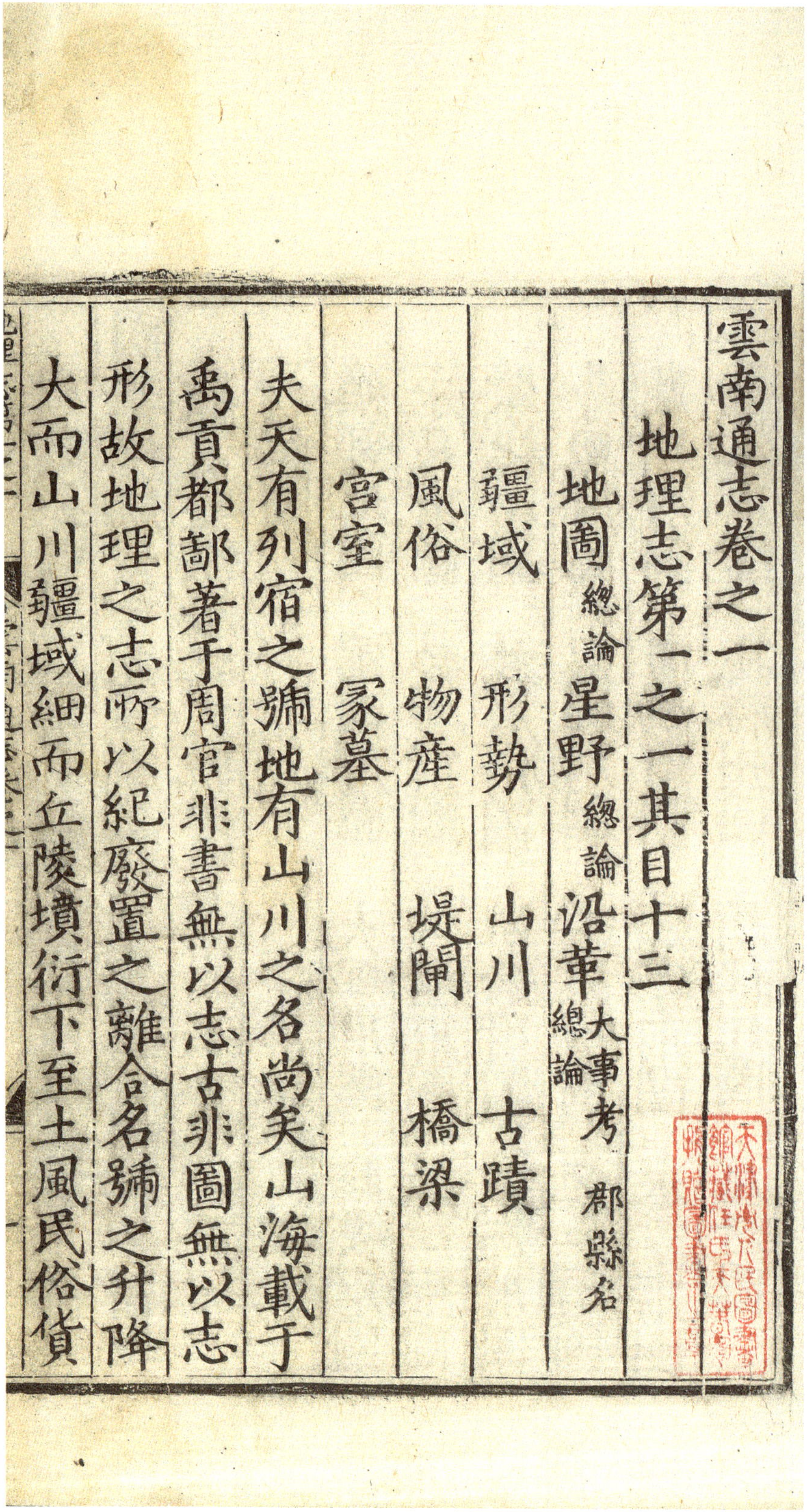

雲南通志卷之一

地理志第一之一其目十三

地圖總論 星野總論 沿革總論 大事考 郡縣名

疆域 形勢 山川 古蹟

風俗 物産 堤閘 橋梁

宮室 冢墓

夫天有列宿之躔地有山川之名尚矣山海載于禹貢都鄙著于周官非書無以志古非圖無以志形故地理之志所以紀廢置之離合名躔之升降大而山川疆域細而丘陵墳衍下至土風民俗貨

08029 [隆慶]雲南通志十七卷 （明）鄒應龍　李元陽纂修　明萬曆刻本

匡高22.2厘米，廣15.9厘米。半葉十行，行二十字，小字雙行同，白口，四周雙邊。有“任氏振采”、“鳳苞”等印。天津圖書館藏。

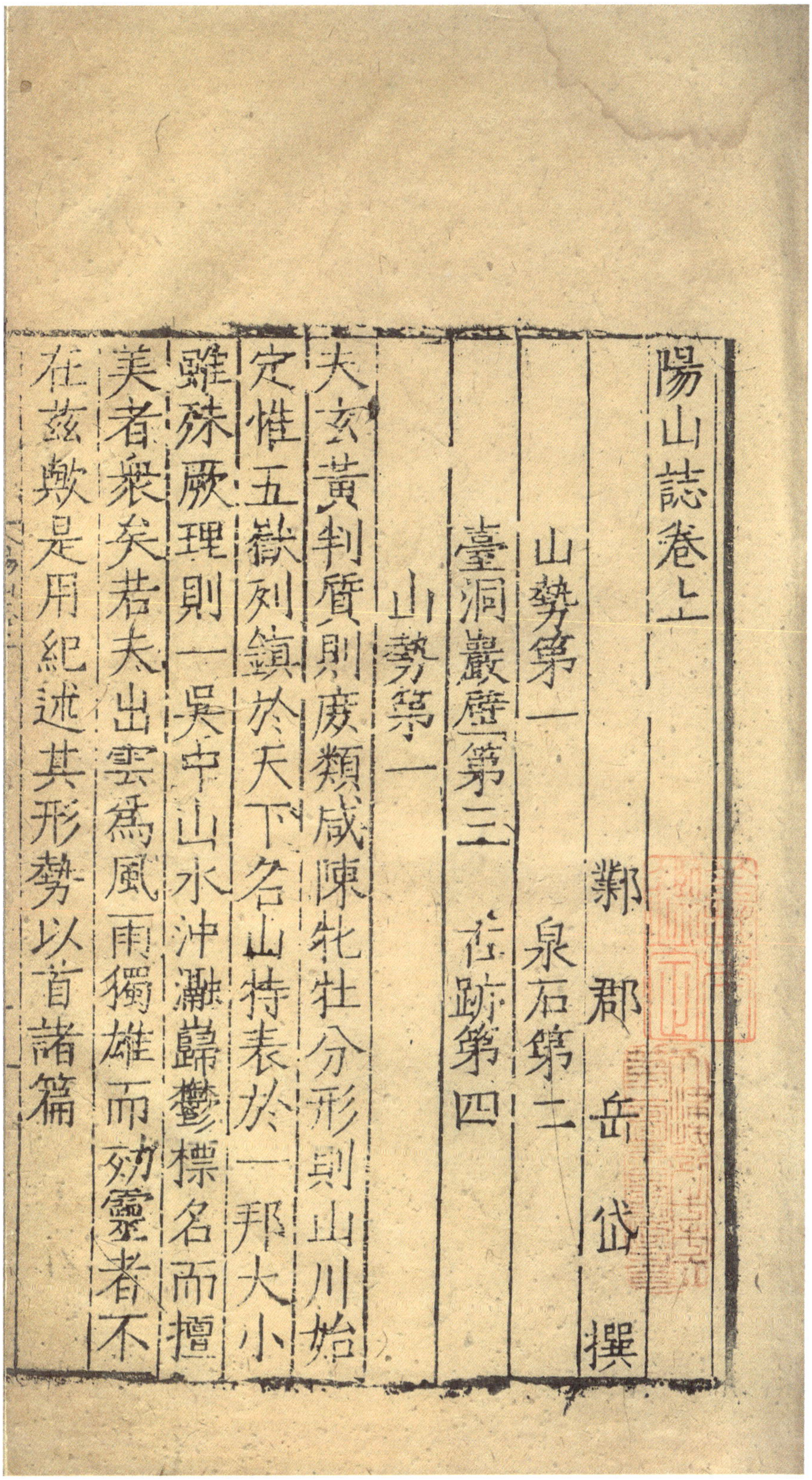
陽山誌卷上
鄴郡岳岱撰
山勢第一　泉石第二
臺洞巖壑第三　古跡第四
山勢第一
夫玄黃判質則庶類咸陳牝牡分形則山川始定惟五嶽列鎮於天下名山特表於一邦大小雖殊厥理則一吳中山水沖澥巋鬱標名而擅美者衆矣若夫出雲爲風雨獨雄而效靈者不在茲歟是用紀述其形勢以首諸篇

08038 陽山誌三卷 （明）岳岱撰　明嘉靖九年（1530）顧元慶刻本

匡高17.8厘米，廣12.4厘米。半葉十行，行十八字，白口，左右雙邊。天津圖書館藏。

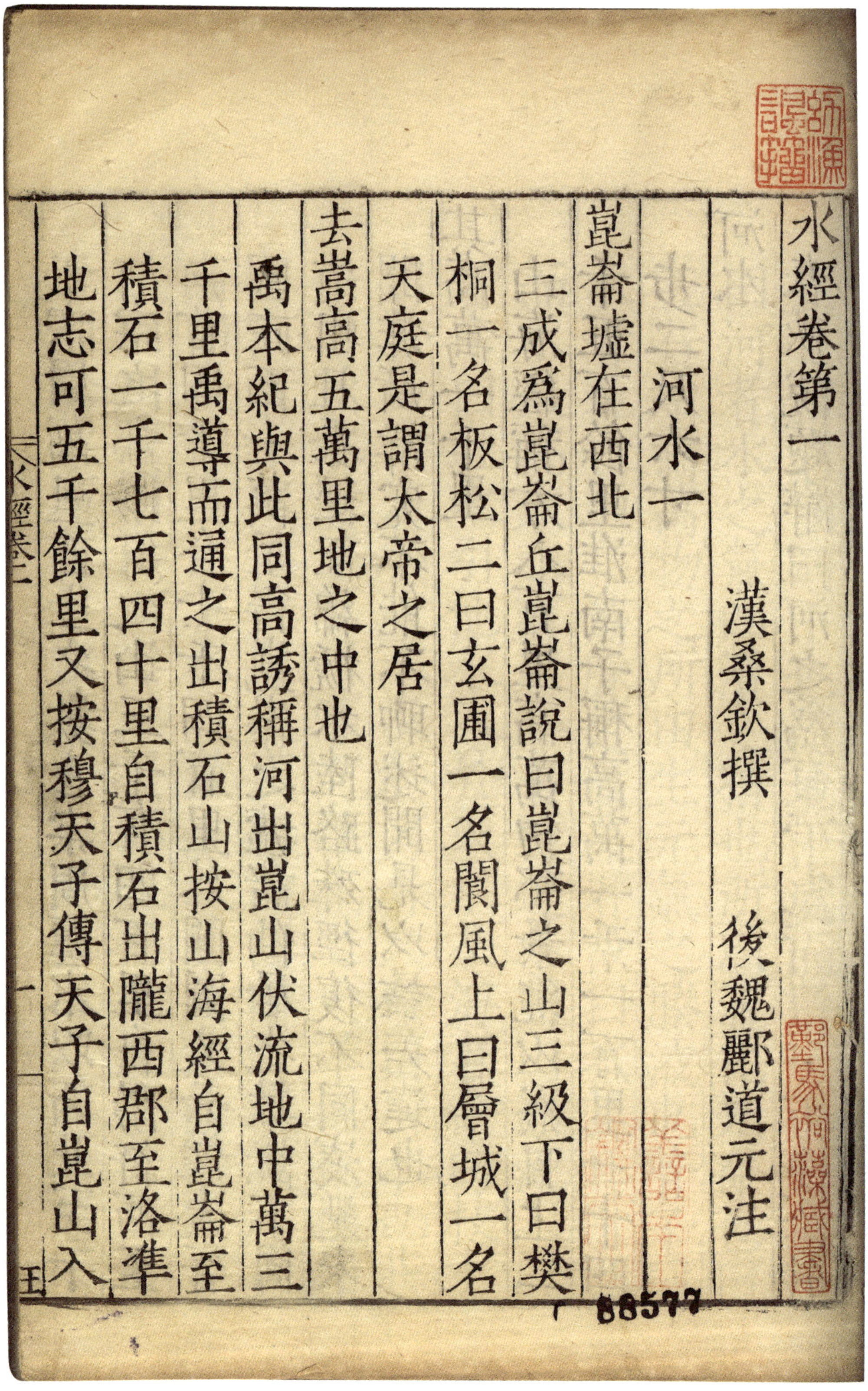
水經卷第一

漢桑欽撰　後魏酈道元注

河水一

崑崙墟在西北

三成爲崑崙丘崑崙說曰崑崙之山三級下曰樊桐一名板松二曰玄圃一名閬風上曰層城一名天庭是謂太帝之居

去嵩高五萬里地之中也

禹本紀與此同高誘稱河出崑山伏流地中萬三千里禹導而通之出積石山按山海經自崑崙至積石一千七百四十里自積石出隴西郡至洛準地志可五千餘里又按穆天子傳天子自崑山入

水經卷一　一　王

08047-08049 水經注四十卷　（北魏）酈道元撰　明嘉靖十三年（1534）黃省曾刻本

匡高20.7厘米，廣16 厘米。半葉十二行，行二十字，白口，左右雙邊。天津圖書館、中國書店藏；國家圖書館藏，卷一至三抄配，錢允治校跋，黃丕烈跋，韓應陛校跋並録馮夢禎題識。

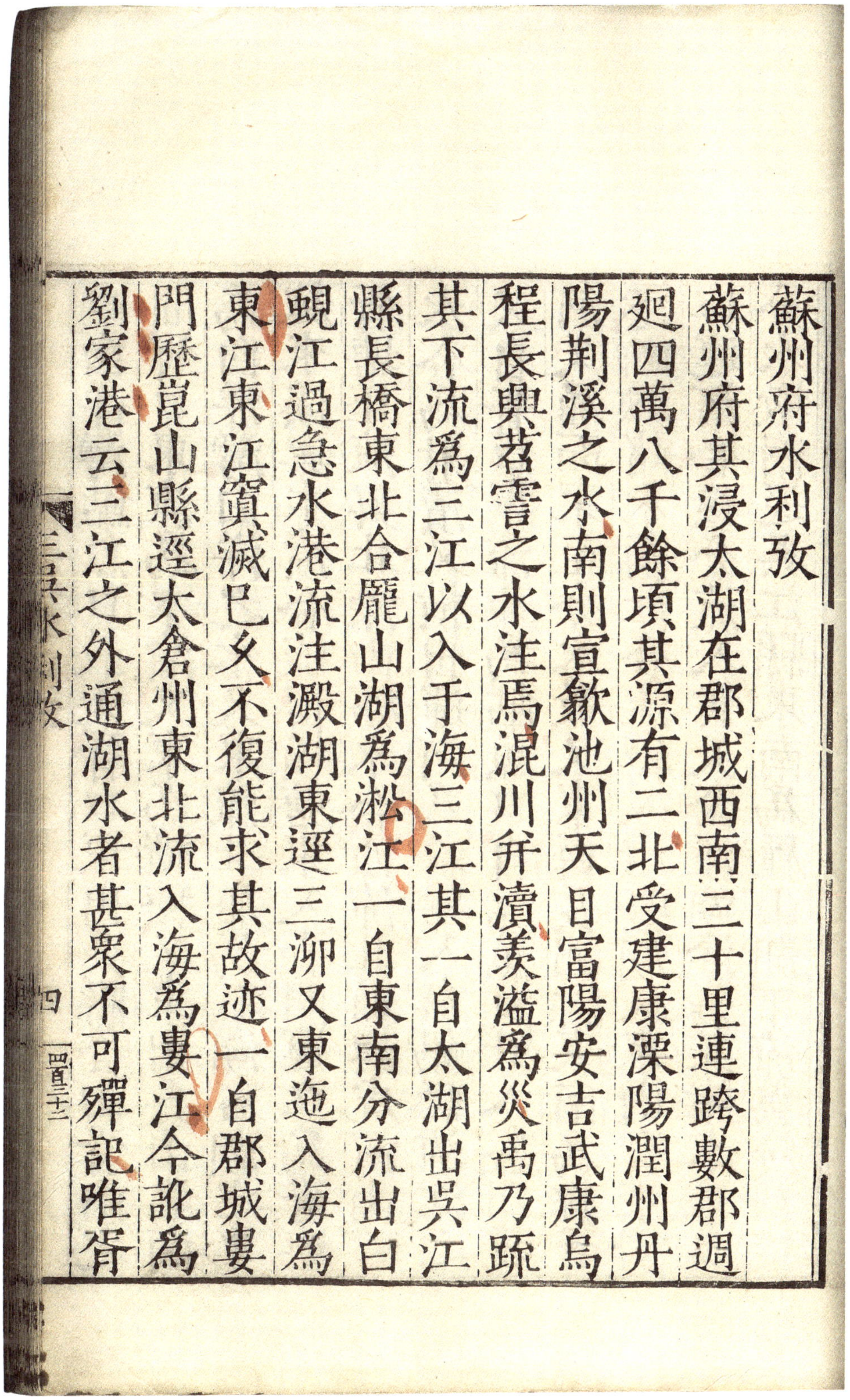

蘇州府水利攷

蘇州府其浸太湖在郡城西南三十里連跨數郡週廻四萬八千餘頃其源有二北受建康溧陽潤州丹陽荆溪之水南則宣歙池州天目富陽安吉武康烏程長興苕霅之水注焉混川并瀆羨溢爲災禹乃疏其下流爲三江以入于海三江其一自太湖出吳江縣長橋東北合龐山湖爲淞江一自東南分流出白蜆江過急水港流注澱湖東逕三泖又東迤入海爲東江東江寘滅已久不復能求其故迹一自郡城婁門歷崑山縣逕太倉州東北流入海爲婁江今訛爲劉家港云三江之外通湖水者甚衆不可殫記唯胥

三吳水利攷　四

08070　三吳水利圖攷四卷蘇松常鎮水利圖一卷　（明）呂光洵撰　明嘉靖四十年（1561）刻本

匡高23厘米，廣13.5厘米。半葉十一行，行二十字，白口，左右雙邊。天津圖書館藏。

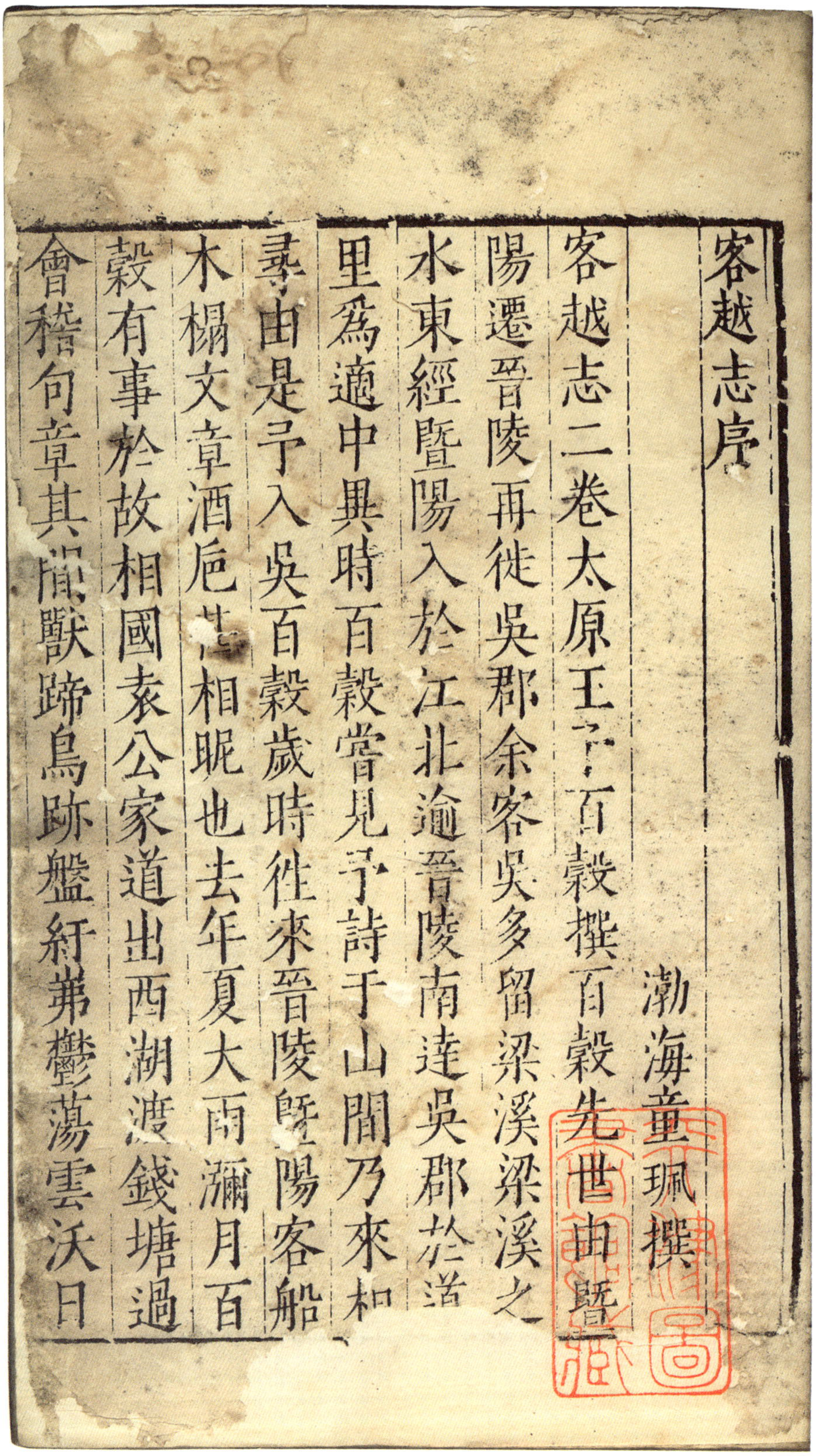
客越志序

渤海童珮撰

客越志二卷太原王子百穀撰百穀先世由暨
陽遷晉陵再徙吳郡余客吳多留梁溪梁溪之
水東經暨陽入於江北逾晉陵南達吳郡於諸
里爲適中異時百穀嘗見予詩于山間乃來和
尋由是予入吳百穀歲時往來晉陵暨陽客船
木榻文章酒巵共相昵也去年夏大雨瀰月百
穀有事於故相國袁公家道出西湖渡錢塘過
會稽句章其間獸蹄鳥跡盤紆茀鬱蕩雲沃日

08079 客越志二卷 （明）王穉登撰　明隆慶元年（1567）吳氏薫䟽齋刻本

匡高17.6厘米，廣12.5厘米。半葉十行，行十八字，白口，左右雙邊。有“延陵吳氏薫䟽齋雕”牌記。天津圖書館藏。

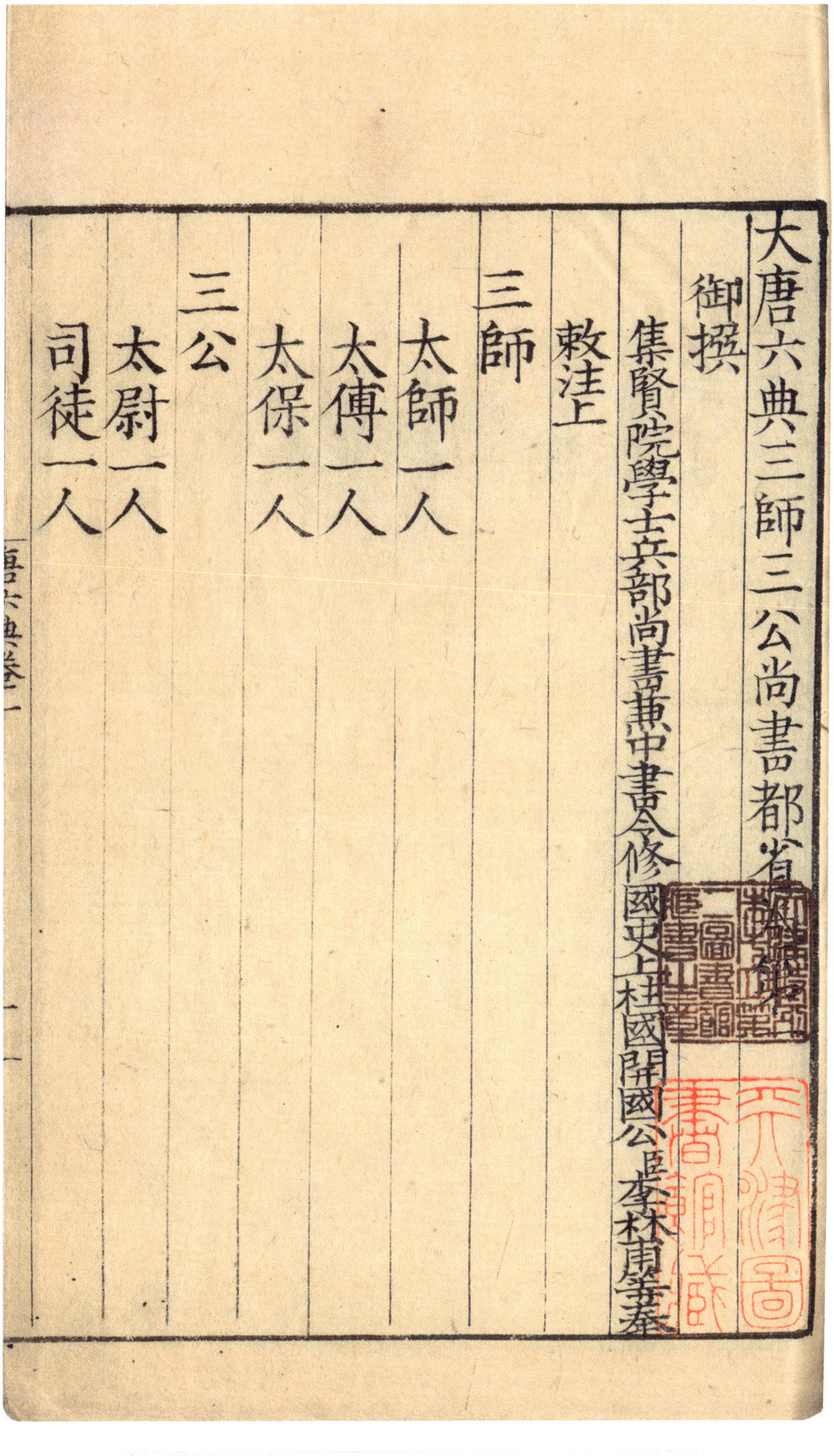
大唐六典三師三公尚書都省卷第一

御撰

集賢院學士兵部尚書兼中書令修國史上柱國開國公臣李林甫等奉

敕注上

三師

太師一人

太傅一人

太保一人

三公

太尉一人

司徒一人

唐六典卷一　一

08088、08089　大唐六典三十卷　（唐）玄宗李隆基撰　（唐）李林甫等注　明嘉靖二十三年（1544）浙江按察司刻本

匡高20.1厘米，廣14.7厘米。半葉十一行，行二十字，白口，四周單邊。天津圖書館、重慶圖書館藏。

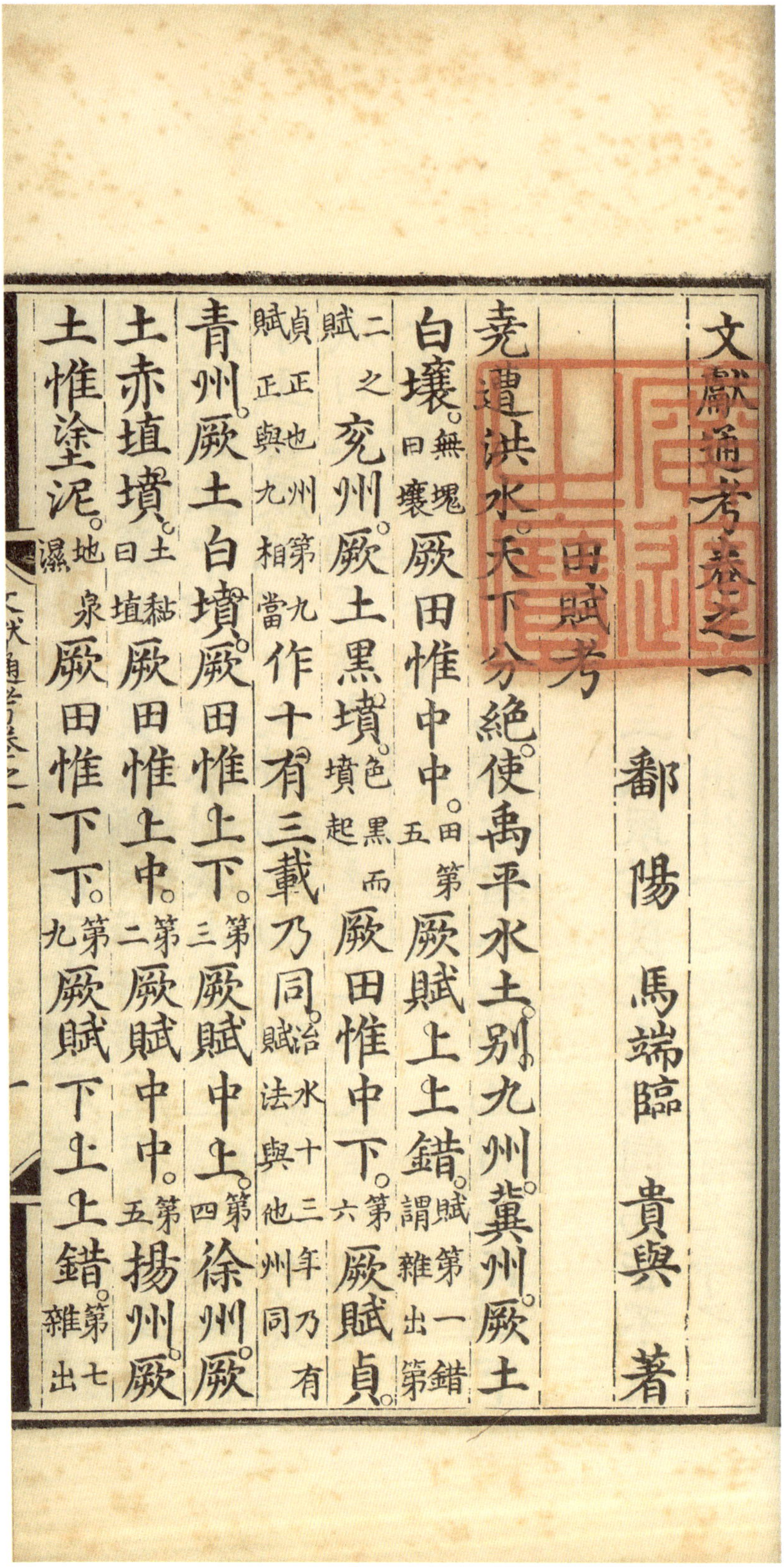
文獻通考卷之一
鄱陽 馬端臨 貴與 著
田賦考
堯遭洪水天下分絶使禹平水土别九州冀州厥土白壤。無塊曰壤厥田惟中中。第五厥賦上上錯。賦第一錯謂雜出第二之賦兗州厥土黑墳。色黑而墳起厥田惟中下。第六厥賦貞。賦貞正也九州第九賦正與九州相當作十有三載乃同。治水十三年乃有賦法與他州同青州厥土白墳。厥田惟上下。第三厥賦中上。第四徐州厥土赤埴墳。土黏曰埴厥田惟上中。第二厥賦中中。第五揚州厥土惟塗泥。地泉濕厥田惟下下。第九厥賦下上上錯。第七雜出

08106-08110 文獻通考三百四十八卷 （元）馬端臨撰 明嘉靖三年（1524）司禮監刻本

匡高25.5厘米，廣17.5厘米。半葉十行，行二十字，小字雙行同，黑口，四周雙邊。故宮博物院藏；黑龍江大學圖書館藏，“廣運之寶”、“靜齋”、“御史大夫”等印；吉林大學圖書館、上海師範大學圖書館、天津圖書館藏。

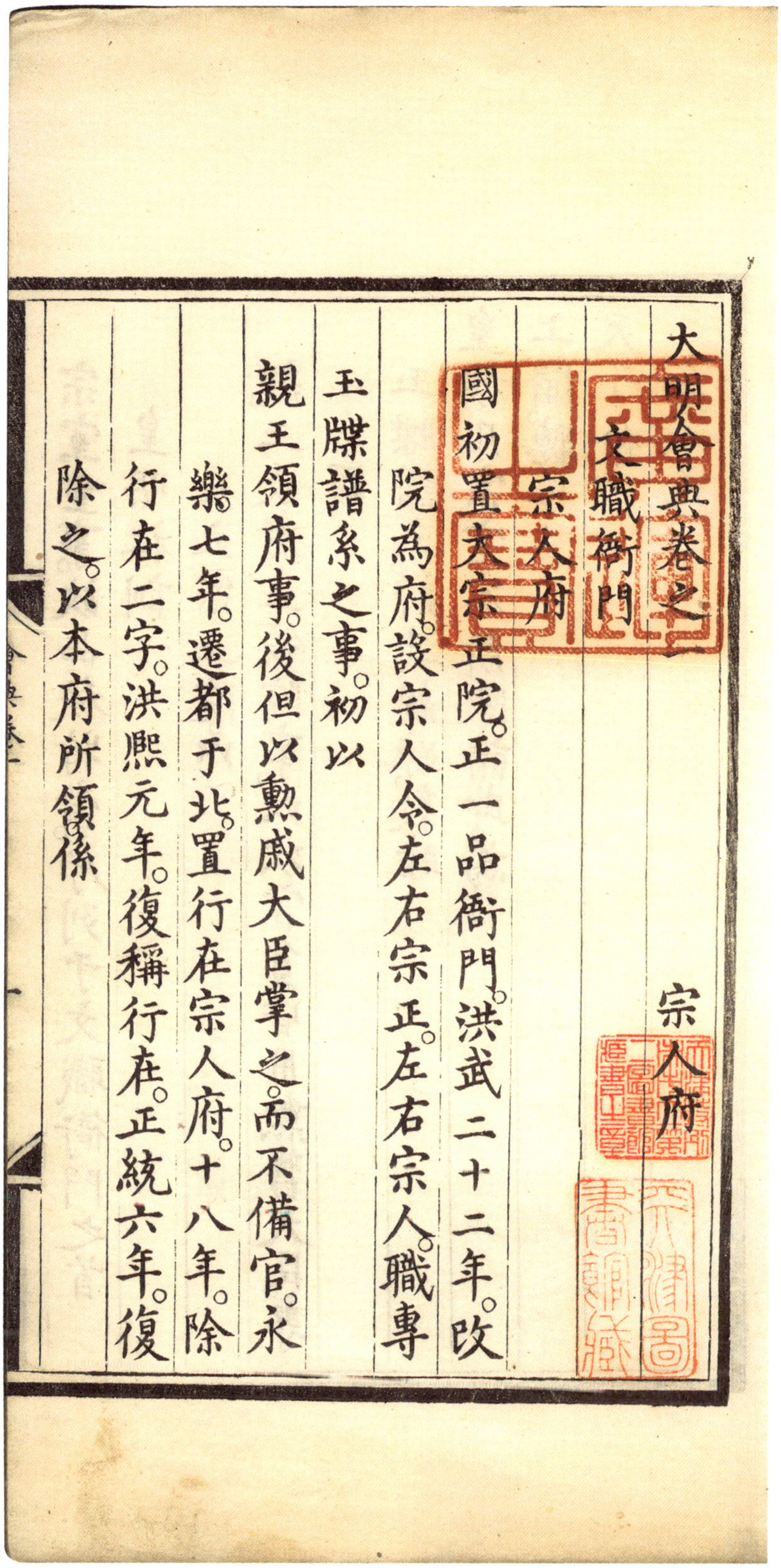
大明會典卷之一　　宗人府
文職衙門
宗人府
國初置大宗正院。正一品衙門。洪武二十二年。改
院為府。設宗人令。左右宗正。左右宗人。職專
玉牒譜系之事。初以
親王領府事。後但以勳戚大臣掌之。而不備官。永
樂七年。遷都于北。置行在宗人府。十八年。除
行在二字。洪熙元年。復稱行在。正統六年。復
除之。以本府所領係

08117、08118　大明會典一百八十卷　（明）徐溥等纂修　明正德六年（1511）司禮監刻本

匡高26厘米，廣18厘米。半葉十行，行二十字，黑口，四周雙邊。遼寧省圖書館藏，"廣運之寶"、"真州吴氏有福讀書堂藏書"；天津圖書館藏。

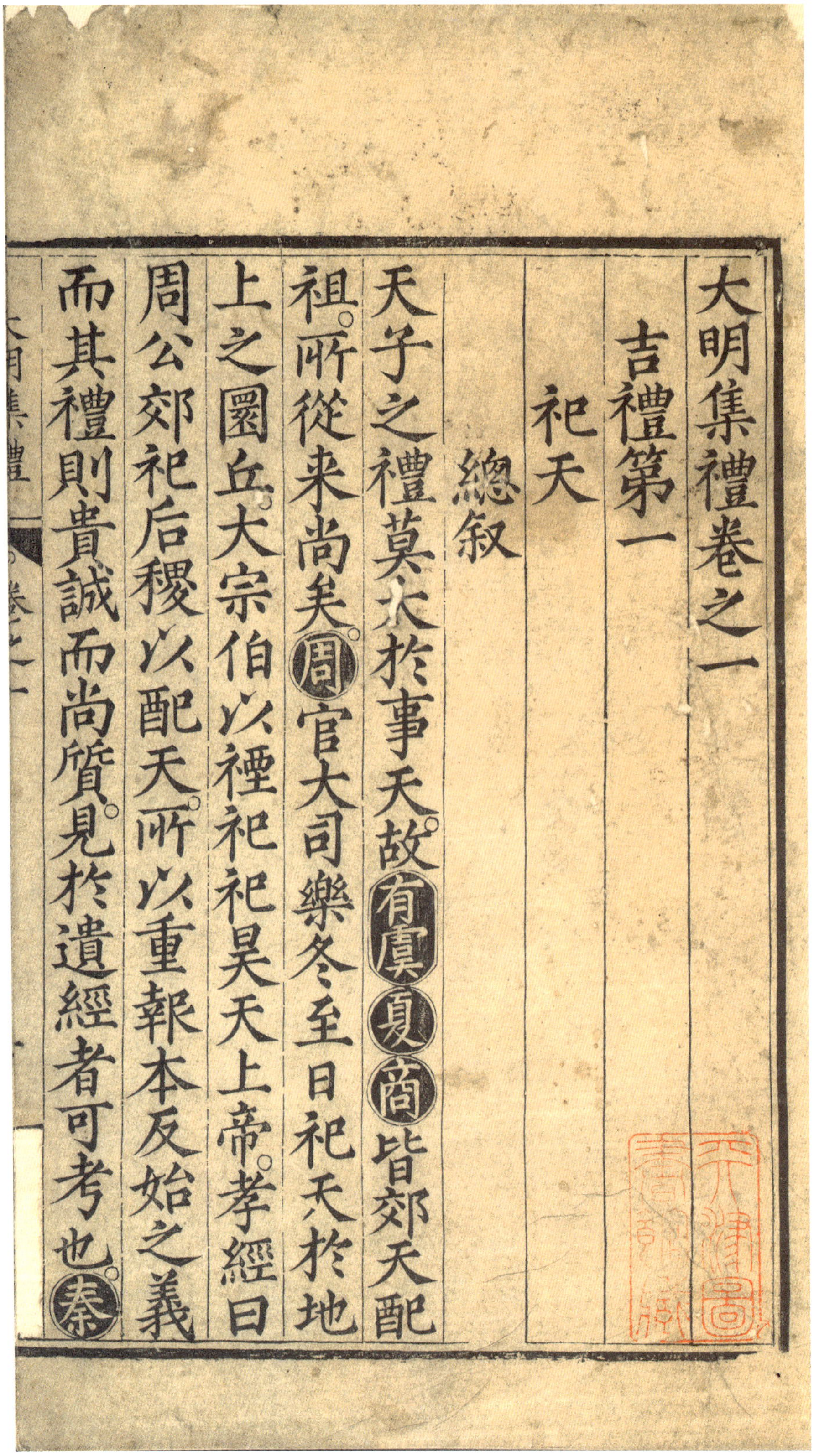
大明集禮卷之一

吉禮第一

祀天

總叙

天子之禮莫大於事天故有虞夏商皆郊天配祖所從來尚矣周官大司樂冬至日祀天於地上之圜丘大宗伯以禋祀祀昊天上帝孝經曰周公郊祀后稷以配天所以重報本反始之義而其禮則貴誠而尚質見於遺經者可考也秦

08122-08124 大明集禮五十三卷 （明）徐一夔　梁寅等撰　明嘉靖九年（1530）内府刻本

匡高24.5厘米，廣17厘米。半葉九行，行十八字，白口，四周雙邊。天津圖書館藏；遼寧省圖書館藏，有“眞州吴氏有福讀書堂藏書”；南京圖書館藏，丁丙跋。

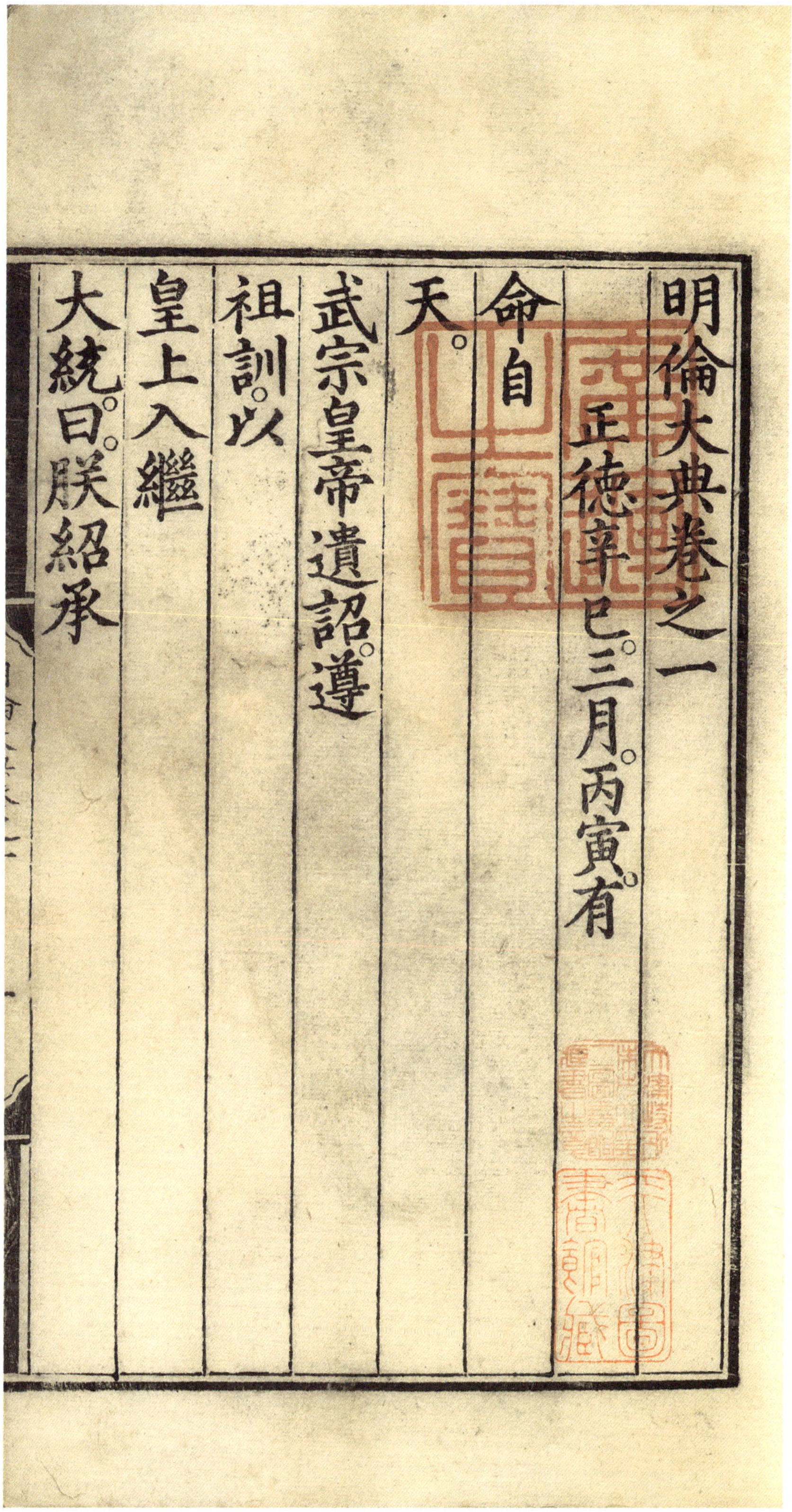
明倫大典卷之一
正德辛巳三月丙寅有
命自
天
武宗皇帝遺詔遵
祖訓以
皇上入繼
大統曰朕紹承

08127、08128 明倫大典二十四卷 （明）楊一清　熊浹等纂修　明嘉靖七年（1528）内府刻本

匡高27.2厘米，廣18.1厘米。半葉八行，行十八字，黑口，四周雙邊。河北大學圖書館藏，有“欽文之璽”、“廣運之寶”、“都門正雅堂經藏書籍印”、“李宗侗藏書”等印；天津圖書館藏。

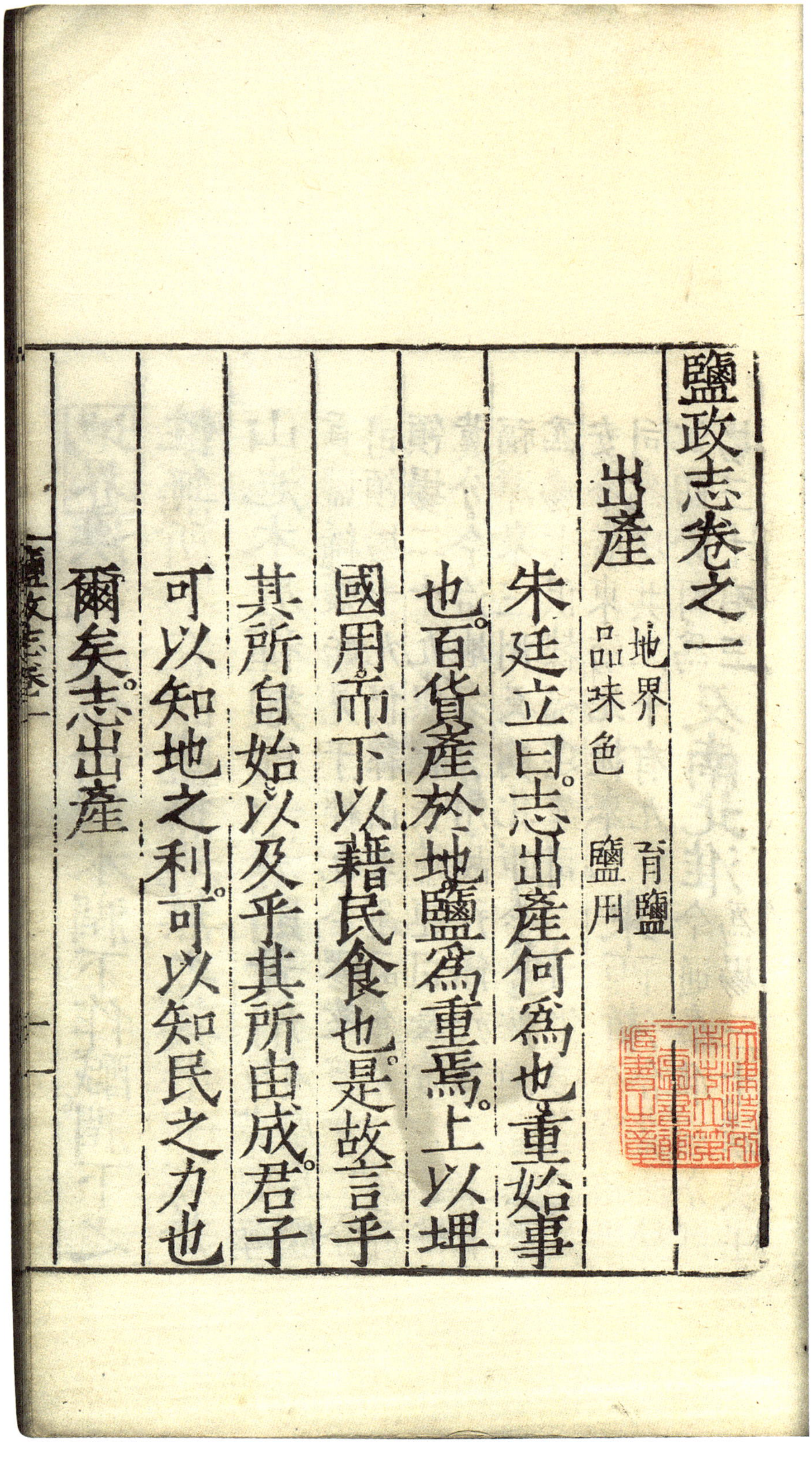
鹽政志卷之一

出產　地界　有鹽　品味色　鹽用

朱廷立曰。志出產何爲也。重始事也。百貨產於地。鹽爲重焉。上以埤國用。而下以藉民食也。是故言乎其所自始。以及乎其所由成。君子可以知地之利。可以知民之力也爾矣。志出產

鹽政志卷一

08131、08132 鹽政志十卷（明）朱廷立等撰　明嘉靖刻本

匡高18.1厘米，廣14.7厘米。半葉八行，行十七字，小字雙行同，白口，四周單邊。天津圖書館、浙江圖書館藏。

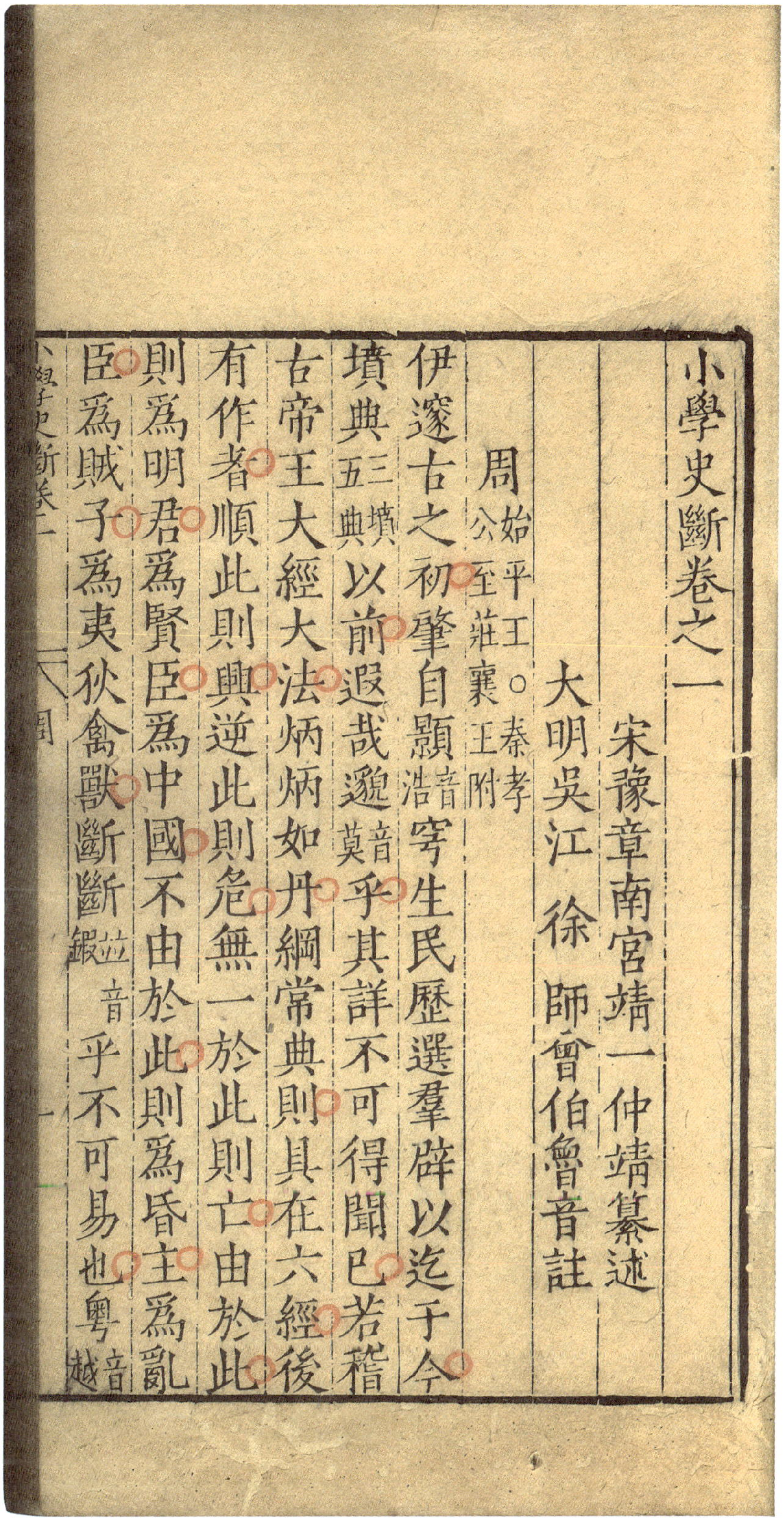
小學史斷卷之一
宋豫章南宮靖一仲靖纂述
大明吳江 徐 師曾伯魯音註
周 始平王。秦孝公至莊襄王附
伊邃古之初肇自顥音浩穹生民歷選羣辟以迄于今
墳典三墳五典以前遐哉邈音莫乎其詳不可得聞已若稽
古帝王大經大法炳炳如丹綱常典則具在六經後
有作者順此則興逆此則危無一於此則亡由於此
則爲明君爲賢臣爲中國不由於此則爲昏主爲亂
臣爲賊子爲夷狄禽獸斷斷並音鍛乎不可易也粵音越
小學史斷卷一 周 一

08183 小學史斷四卷 （宋）南宮靖一撰 **前編一卷續編一卷** （明）徐師曾撰 明嘉靖刻本

匡高18厘米，廣12.3厘米。半葉十行，行二十字，小字雙行同，白口，左右雙邊。大津圖書館藏。

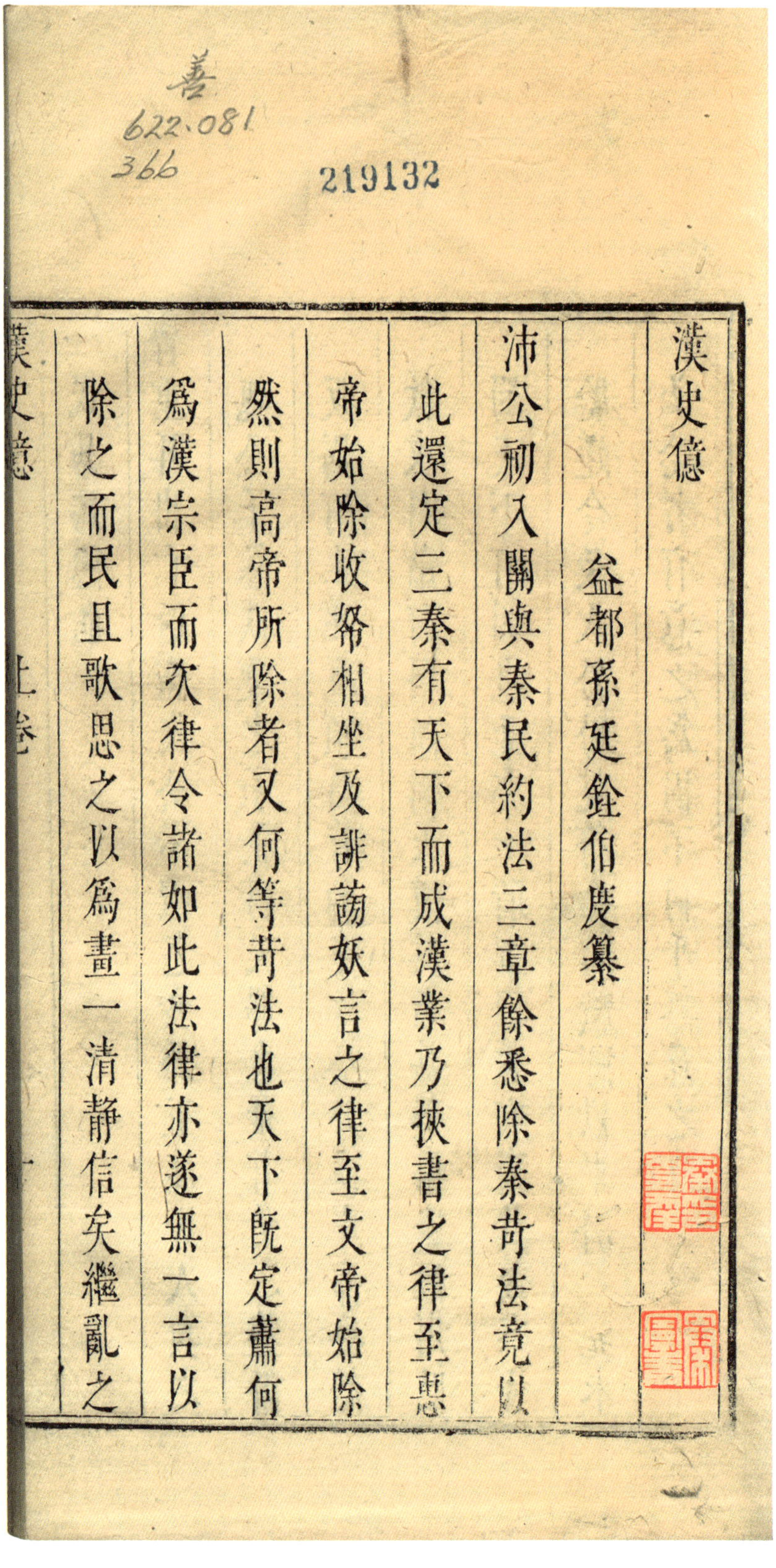

漢史億
益都孫廷銓伯度纂
沛公初入關與秦民約法三章餘悉除秦苛法竟以此還定三秦有天下而成漢業乃挾書之律至惠帝始除收帑相坐及誹謗妖言之律至文帝始除然則高帝所除者又何等苛法也天下既定蕭何爲漢宗臣而次律令諸如此法律亦遂無一言以除之而民且歌思之以爲畫一清靜信矣繼亂之

漢史億　上卷　一

08188 漢史億二卷 （清）孫廷銓撰　清康熙刻本

匡高17.5厘米，廣11厘米。半葉八行，行二十字，白口，四周雙邊。閻若璩跋。南開大學圖書館藏。

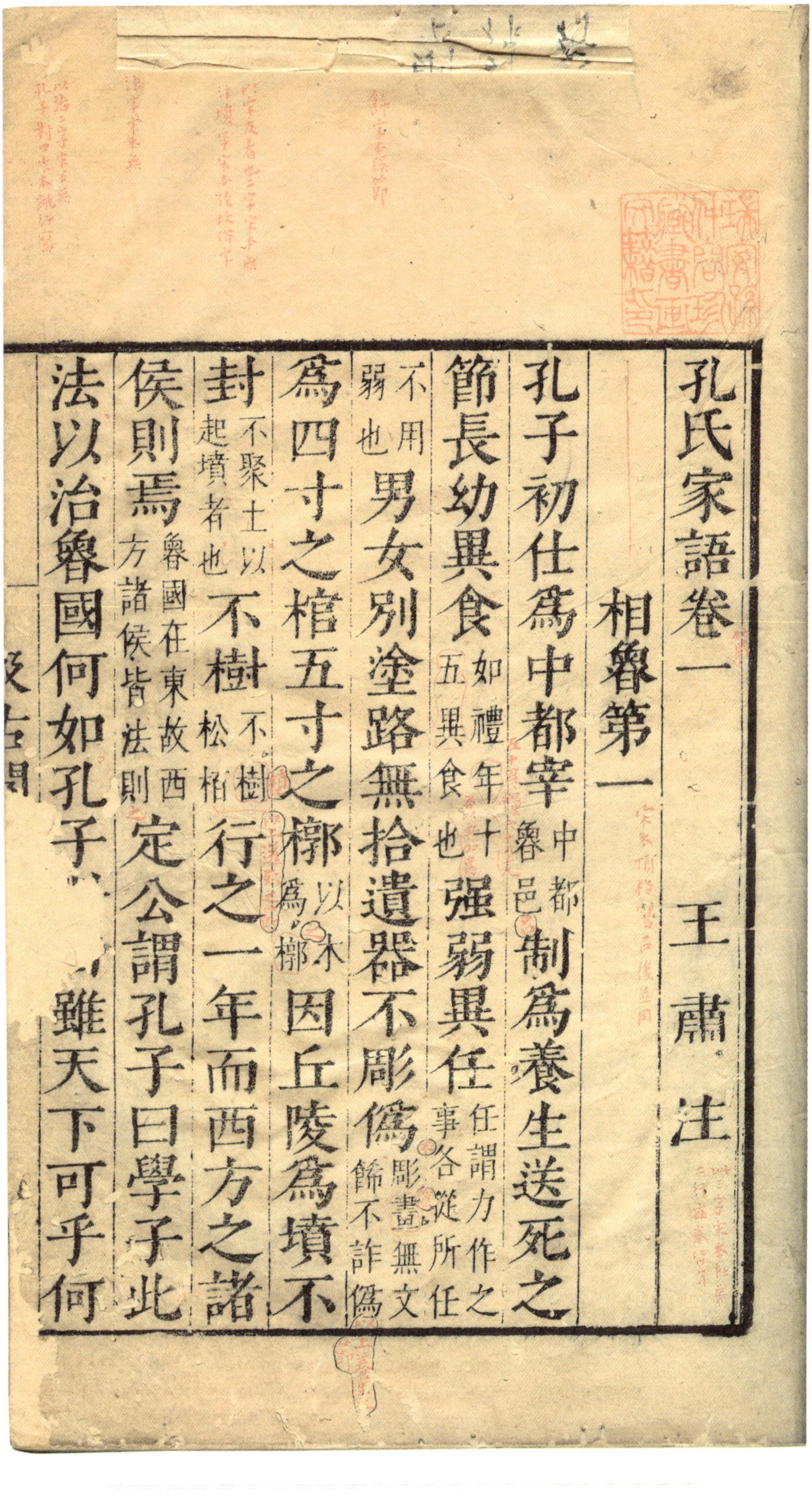
孔氏家語卷一　王肅注

相魯第一

孔子初仕爲中都宰（中都魯邑）制爲養生送死之節長幼異食（如禮年十五異食也）强弱異任（任謂力作之事各從所任不用弱也）男女別塗路無拾遺器不彫僞（彫畫無文飾不詐僞）爲四寸之棺五寸之槨（以木爲槨）因丘陵爲墳不封（不聚土以起墳者也）不樹（不樹松栢）行之一年而西方之諸侯則焉（魯國在東故西方諸侯皆法則之）定公謂孔子曰學子此法以治魯國何如孔子[illegible]雖天下可乎何

08207、08208 孔子家語十卷　題（魏）王肅注　明崇禎毛氏汲古閣刻本

匡高17.7厘米，廣13.6厘米。半葉九行，行十七字，小字雙行同，白口，左右雙邊。浙江大學圖書館藏，孫詒讓校並跋；南開大學圖書館藏，葉德輝跋。

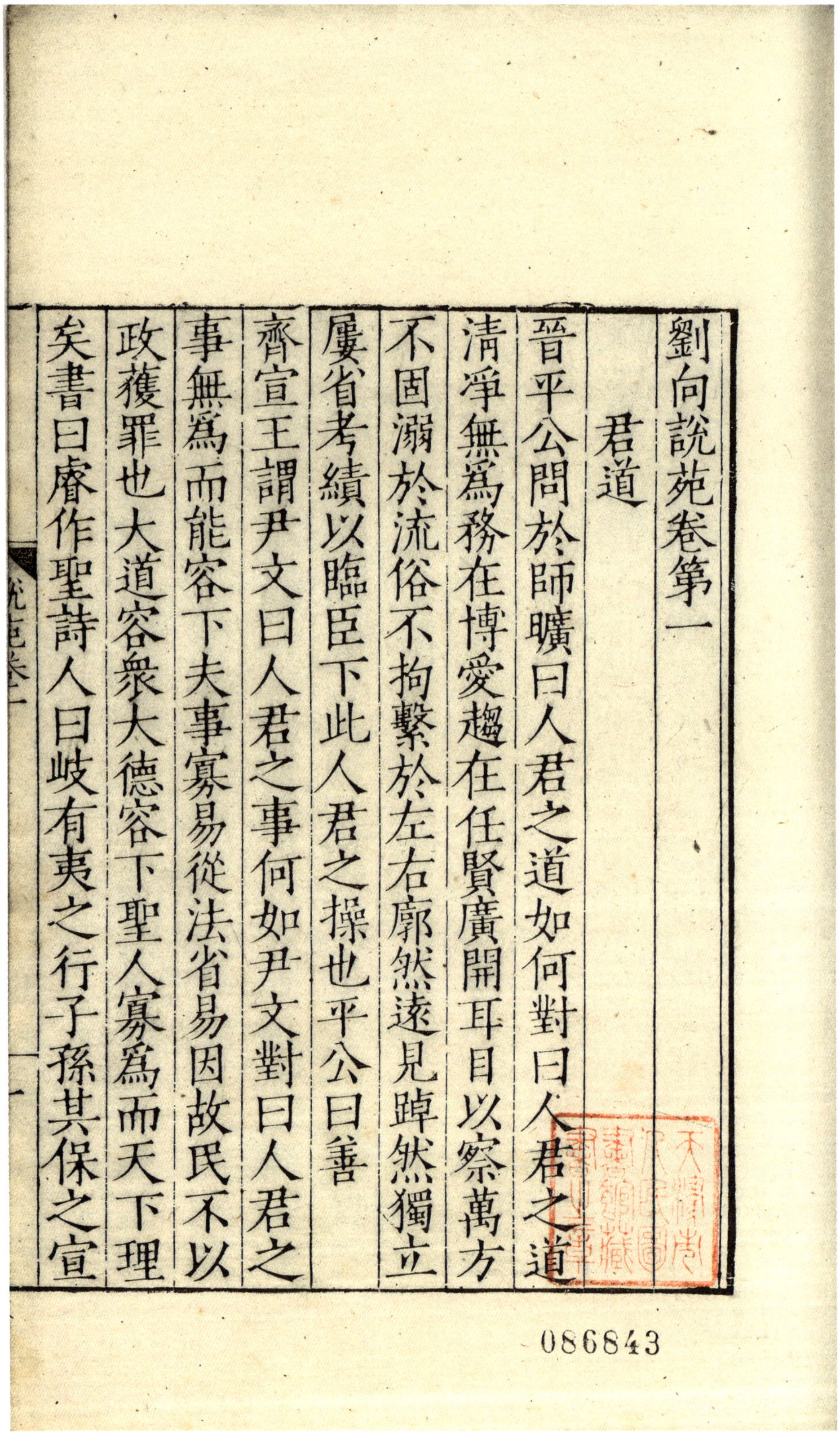

劉向說苑卷第一

君道

晉平公問於師曠曰人君之道如何對曰人君之道清淨無爲務在博愛趨在任賢廣開耳目以察萬方不固溺於流俗不拘繫於左右廓然遠見踔然獨立屢省考績以臨臣下此人君之操也平公曰善

齊宣王謂尹文曰人君之事何如尹文對曰人君之事無爲而能容下夫事寡易從法省易因故民不以政獲罪也大道容衆大德容下聖人寡爲而天下理矣書曰睿作聖詩人曰岐有夷之行子孫其保之宣

說苑卷一　一

08228 重刻說苑新序三十卷 （漢）劉向撰　明嘉靖二十六年（1547）何良俊刻本

匡高19.2厘米，廣14.5厘米。半葉十行，行二十字，白口，左右雙邊。天津圖書館藏。

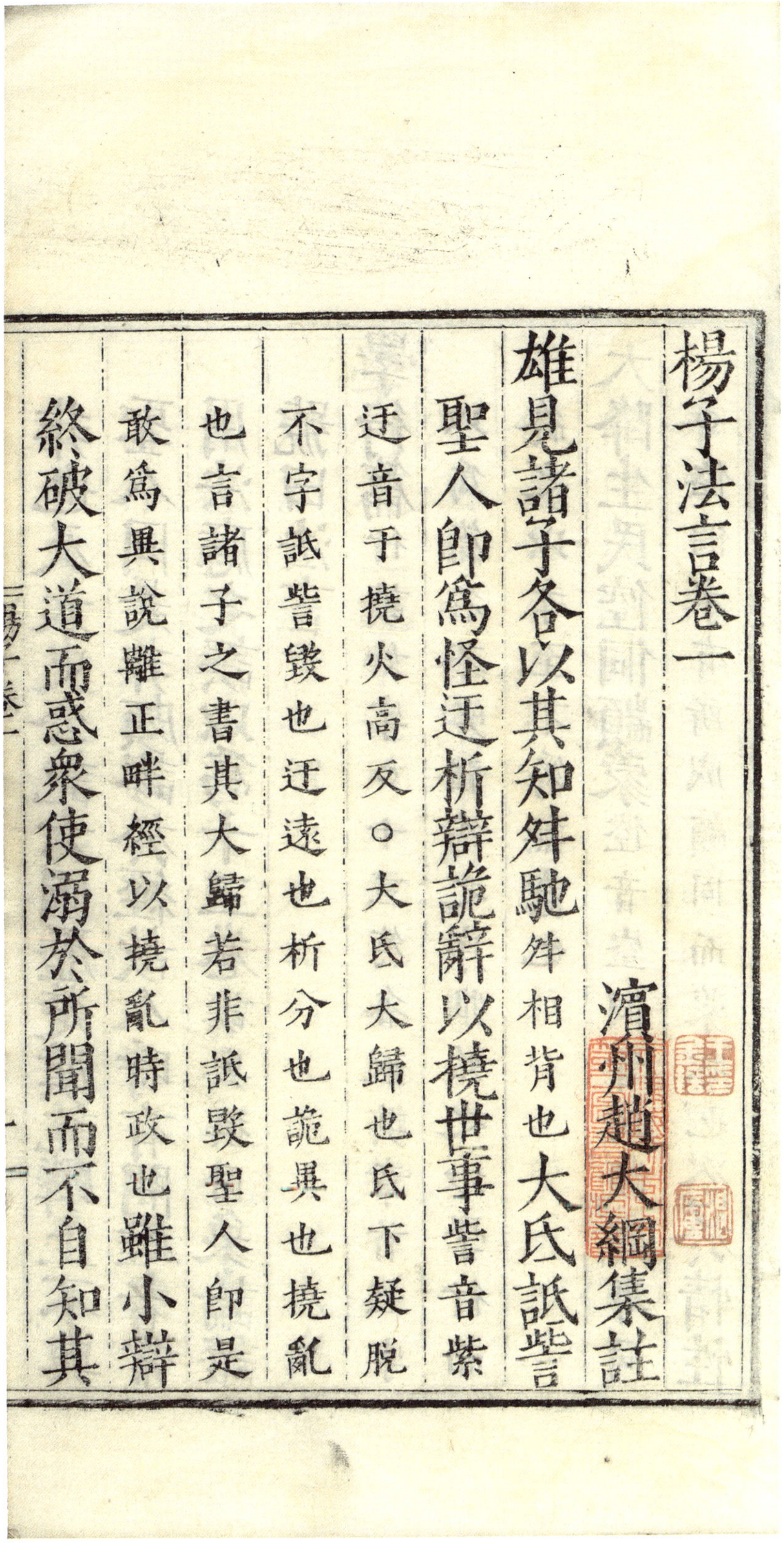
揚子法言卷一
濵州趙大綱集註
雄見諸子各以其知舛馳舛相背也大氐詆訾
聖人卽爲怪迂析辯詭辭以撓世事訾音紫
迂音于撓火高反○大氐大歸也氐下疑脫
不字詆訾毀也迂遠也析分也詭異也撓亂
也言諸子之書其大歸若非詆毀聖人卽是
敢爲異說離正畔經以撓亂時政也雖小辯
終破大道而惑衆使溺於所聞而不自知其

08243 揚子法言十卷 （漢）揚雄撰 （明）趙大綱集注 明隆慶二年（1568）崔近思刻本

匡高20.9厘米，廣14.8厘米。半葉九行，行十七至十八字，白口，四周雙邊。天津圖書館藏。

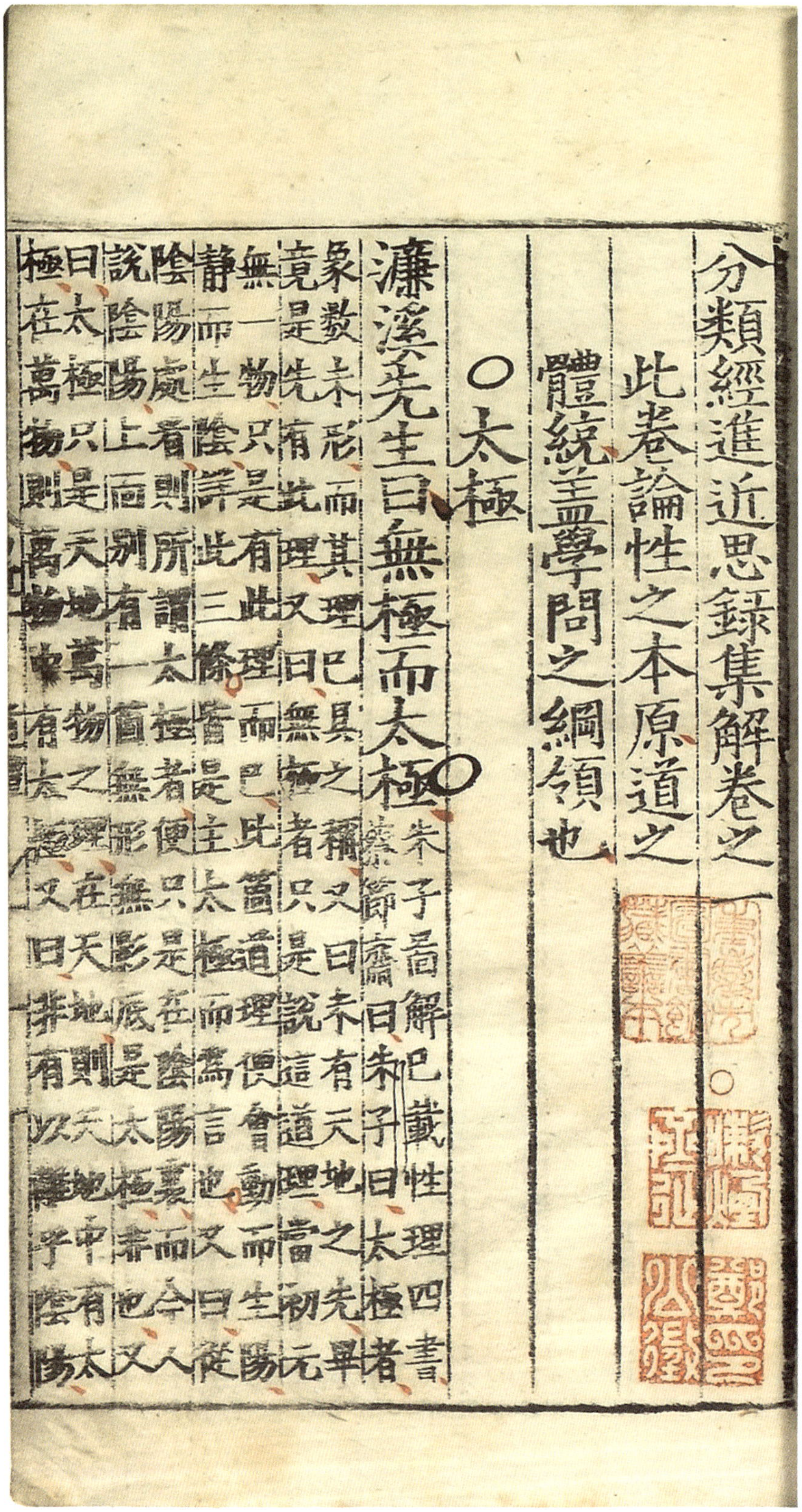

08257-08259 分類經進近思録集解十四卷 （宋）葉采撰　明嘉靖十七年（1538）劉仕賢刻本

匡高17.2厘米，廣13.7厘米。半葉九行，行二十字，小字雙行同，黑口，四周單邊。天津圖書館、大連圖書館、重慶圖書館藏。

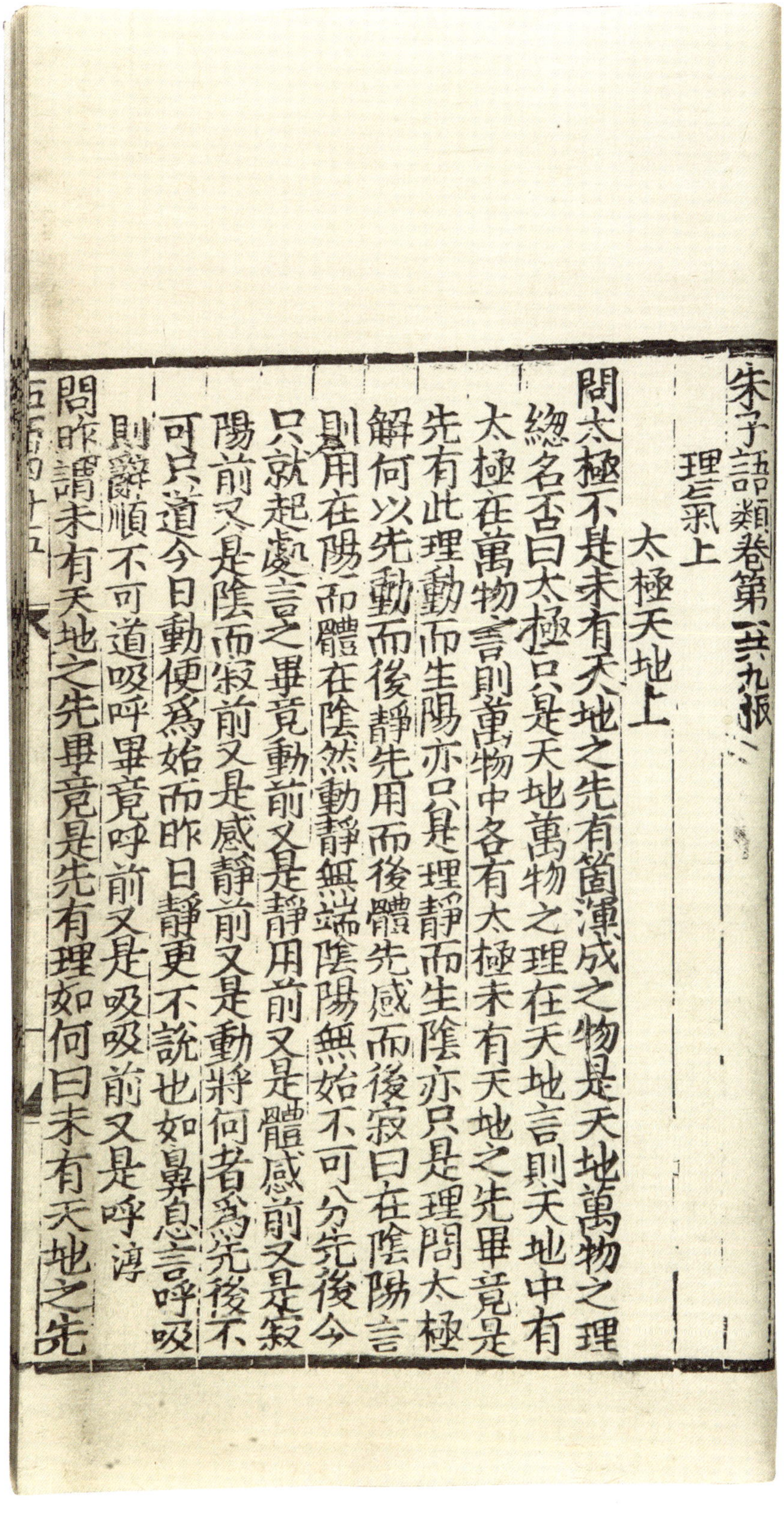

朱子語類卷第一 共九張

理氣上

太極天地上

問太極不是未有天地之先有箇渾成之物是天地萬物之理總名否曰太極只是天地萬物之理在天地言則天地中有太極在萬物言則萬物中各有太極未有天地之先畢竟是先有此理動而生陽亦只是理靜而生陰亦只是理問太極解何以先動而後靜先用而後體先感而後寂曰在陰陽言則用在陽而體在陰然動靜無端陰陽無始不可分先後今只就起處言之畢竟動前又是靜用前又是體感前又是寂陽前又是陰而寂前又是感靜前又是動將何者爲先後不可只道今日動便爲始而昨日靜更不説也如鼻息言呼吸則辭順不可道吸呼畢竟呼前又是吸吸前又是呼淳

問昨謂未有天地之先畢竟是先有理如何曰未有天地之先

08266、08267 朱子語類一百四十卷 （宋）黎靖德輯　明成化九年（1473）陳煒刻本

匡高20.1厘米，廣15.8厘米。半葉十四行，行二十四字，小字雙行同，白口，左右雙邊。國家圖書館、天津圖書館藏。

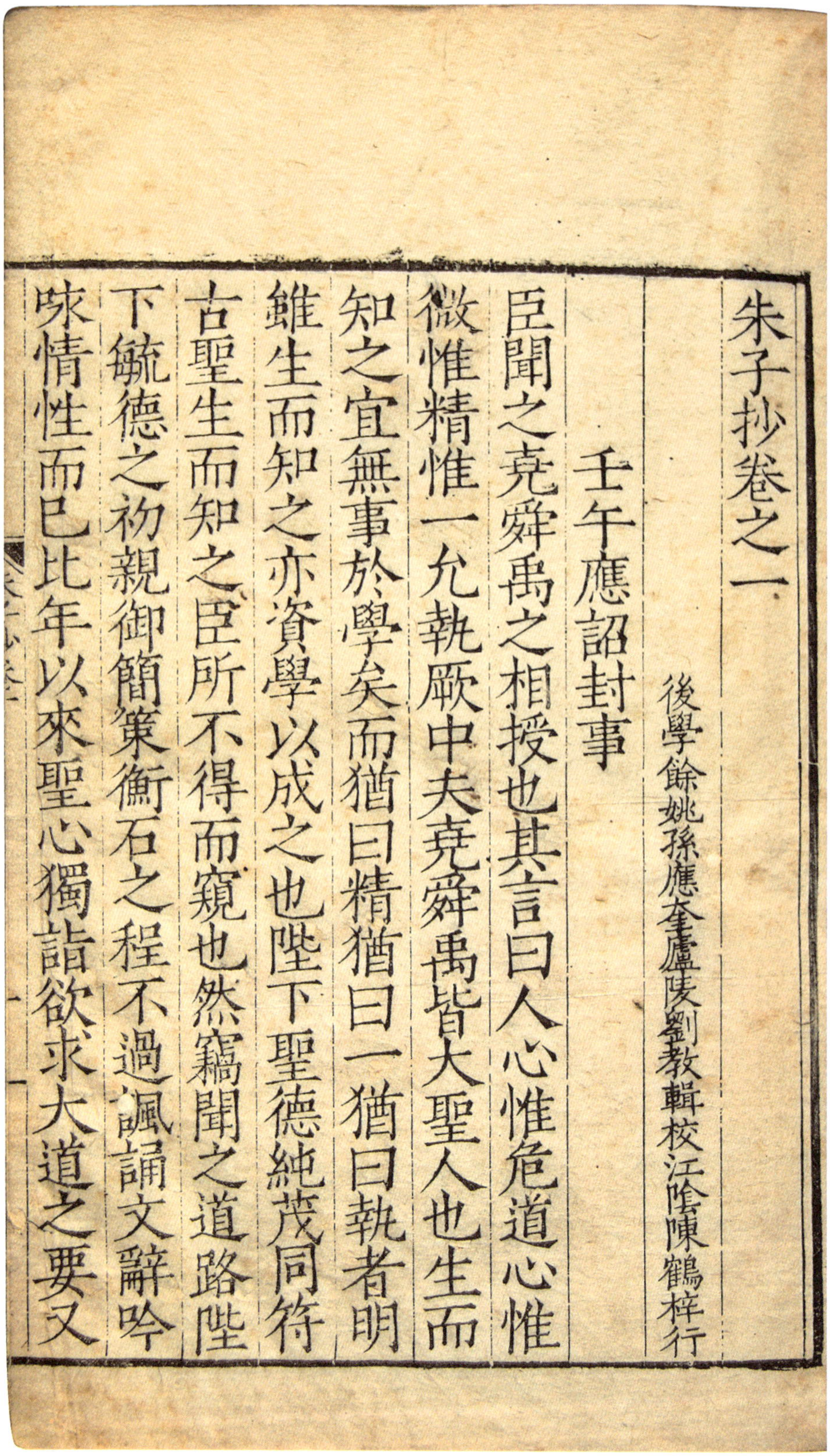
朱子抄卷之一

後學餘姚孫應奎廬陵劉教輯校江陰陳鶴梓行

壬午應詔封事

臣聞之堯舜禹之相授也其言曰人心惟危道心惟
微惟精惟一允執厥中夫堯舜禹皆大聖人也生而
知之宜無事於學矣而猶曰精猶曰一猶曰執者明
雖生而知之亦資學以成之也陛下聖德純茂同符
古聖生而知之臣所不得而窺也然竊聞之道路陛
下毓德之初親御簡策衡石之程不過諷誦文辭吟
咏情性而已比年以來聖心獨詣欲求大道之要又

08269 朱子抄十卷 （明）孫應奎　劉教輯　明嘉靖十八年（1539）陳鶴刻本

匡高18.7厘米，廣14.2厘米。半葉十行，行二十字，白口，左右雙邊。天津師範大學圖書館藏。

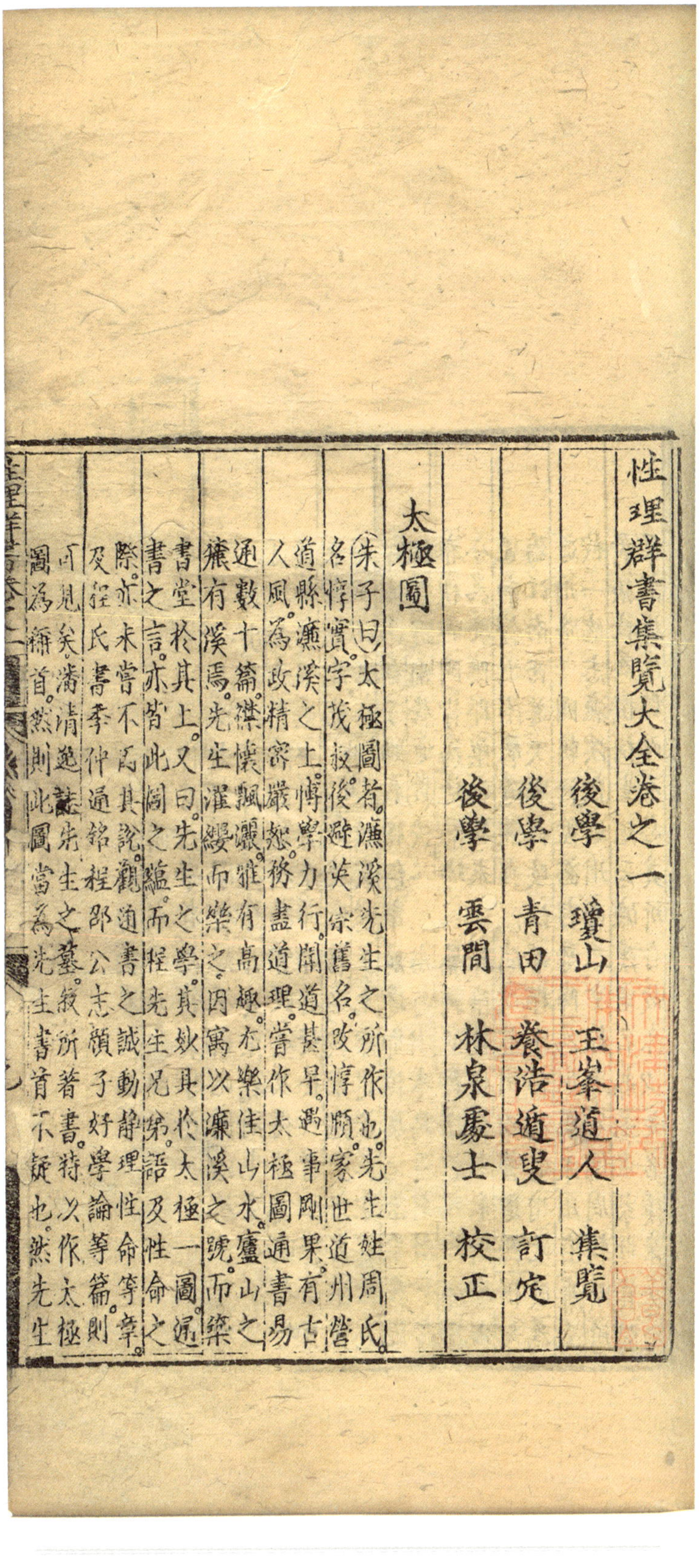

08309 性理群書集覽大全七十卷　題玉峰道人輯　明正德六年（1511）宗德書堂刻本

匡高13.4厘米，廣9.8厘米。半葉十一行，行二十二字，小字雙行同，上白口下黑口，四周雙邊。有“正德辛未宗德書堂鼎新刊行”牌記。天津圖書館藏。

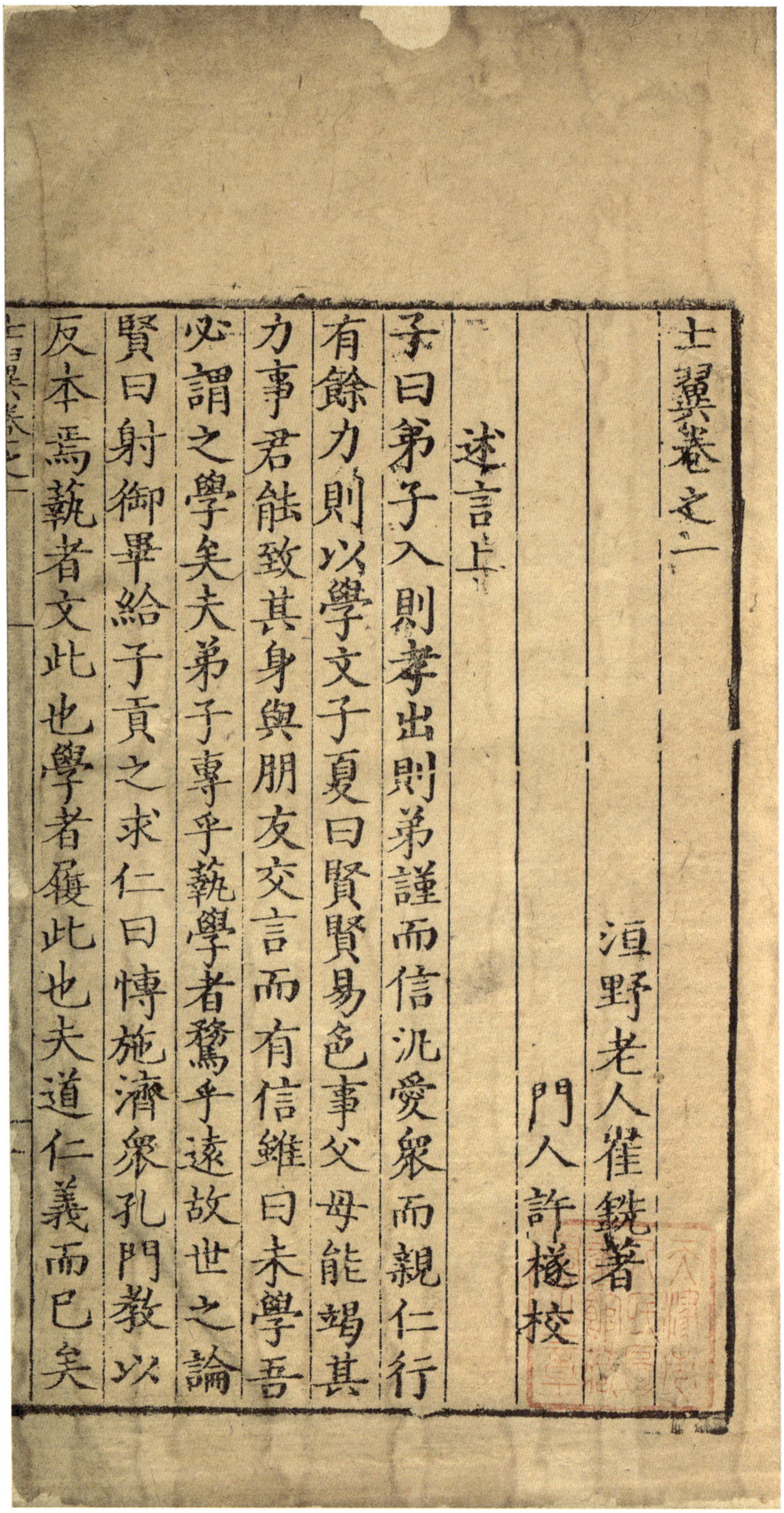
士翼卷之一
洹野老人崔銑著
門人許檖校
述言上
子曰弟子入則孝出則弟謹而信汎愛衆而親仁行有餘力則以學文子夏曰賢賢易色事父母能竭其力事君能致其身與朋友交言而有信雖曰未學吾必謂之學矣夫弟子專乎執學者騖乎遠故世之論賢曰射御畢給子貢之求仁曰博施濟衆孔門教以反本焉執者文此也學者篤此也夫道仁義而已矣

08323 士翼四卷 （明）崔銑撰　明嘉靖十四年（1535）刻本

匡高15.6厘米，廣13.2厘米。半葉十行，行二十字，小字雙行同，白口，四周單邊。天津圖書館藏。

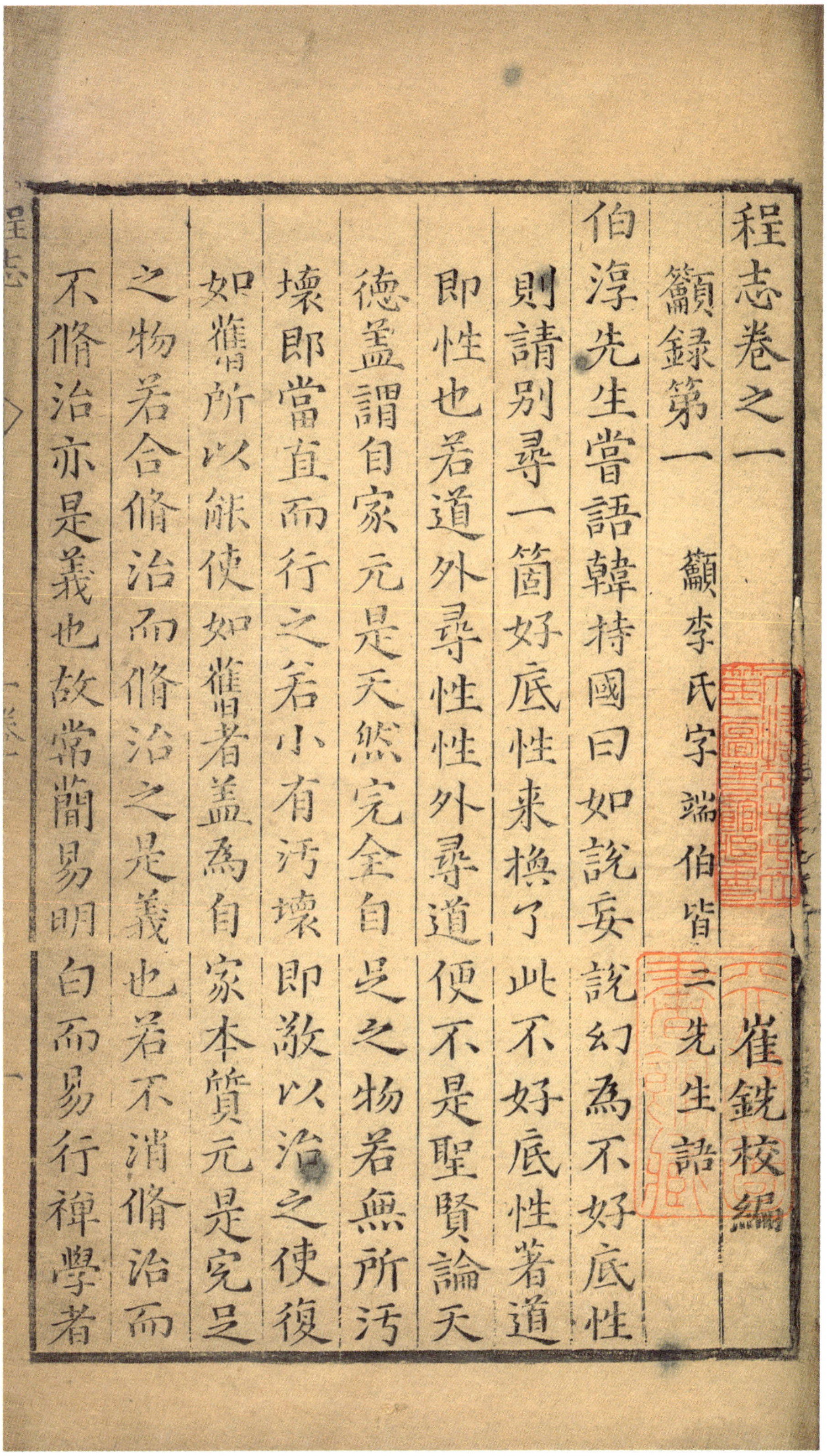

程志卷之一　崔銑校編

籲録第一　籲李氏字端伯皆二先生語

伯淳先生嘗語韓持國曰如說妄說幻為不好底性則請別尋一箇好底性來換了此不好底性著道即性也若道外尋性性外尋道便不是聖賢論天德蓋謂自家元是天然完全自足之物若無所汚壞即當直而行之若小有汚壞即敬以治之使復如舊所以能使如舊者蓋為自家本質元是完足之物若合脩治而脩治之是義也若不消脩治而不脩治亦是義也故常簡易明白而易行禪學者

程志　卷一　一

08324-08326　程志十卷　（明）崔銑撰　明嘉靖刻本

匡高20.4厘米，廣13.5厘米。半葉十行，行二十字，白口，四周單邊。天津圖書館、河北大學圖書館、蘇州圖書館藏。

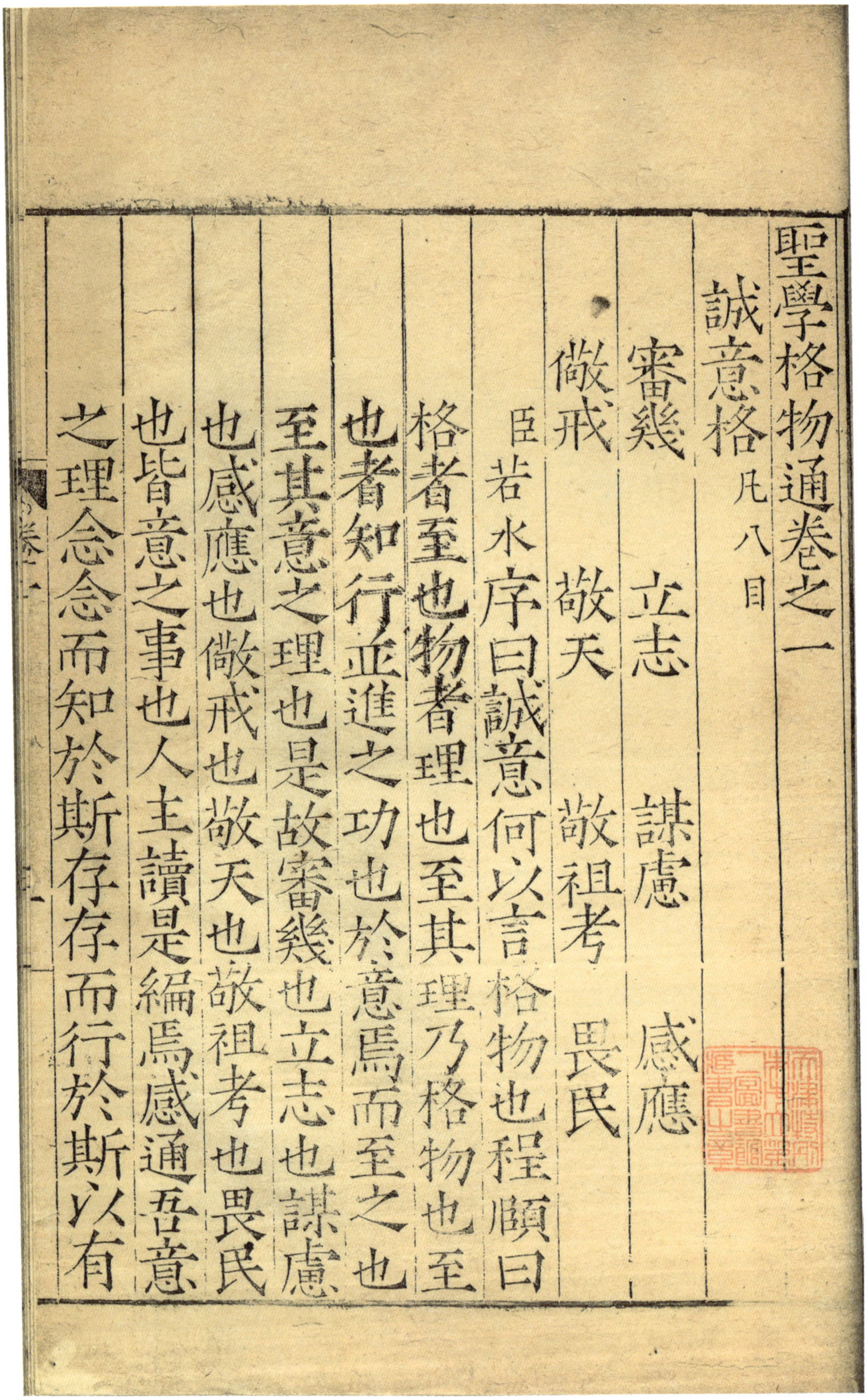

08327-08329 聖學格物通一百卷 （明）湛若水撰　明嘉靖十二年（1533）陳陸刻本

匡高25.5厘米，廣19.7厘米。半葉十一行，行十九字，白口，左右雙邊。中共中央黨校圖書館、天津圖書館、廈門市圖書館藏。

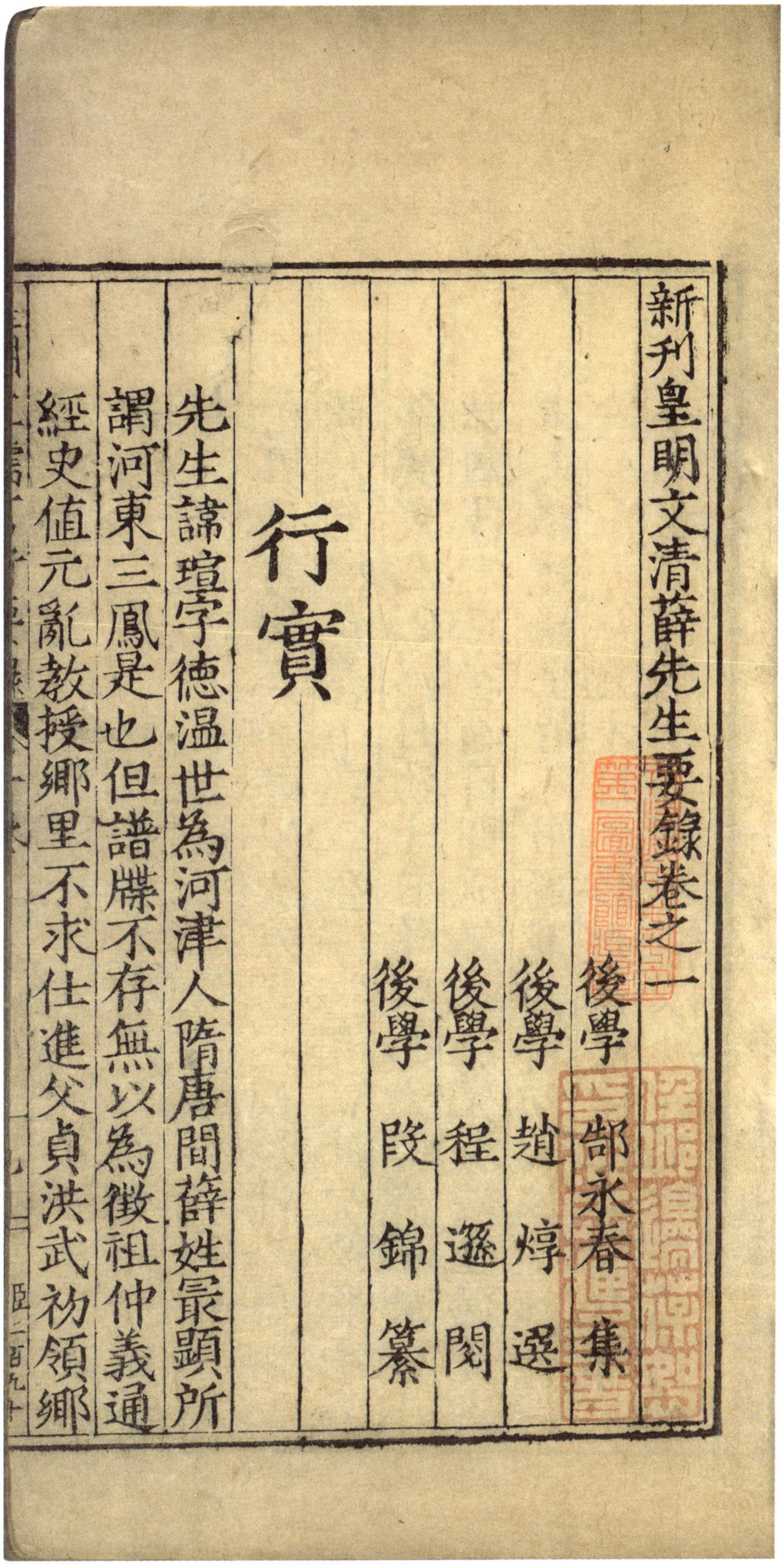

新刊皇明文清薛先生要錄卷之一

後學　郜永春　集

後學　趙焞　選

後學　程遜　閱

後學　段錦　纂

行實

先生諱瑄字德溫世為河津人隋唐間薛姓最顯所謂河東三鳳是也但譜牒不存無以為徵祖仲義通經史值元亂教授鄉里不求仕進父貞洪武初領鄉

08337 皇明三儒言行要錄十四卷（明）郜永春等輯　明隆慶二年（1568）刻本

匡高20.3厘米，廣12.6厘米。半葉十行，行二十二字，白口，四周雙邊。天津圖書館藏。

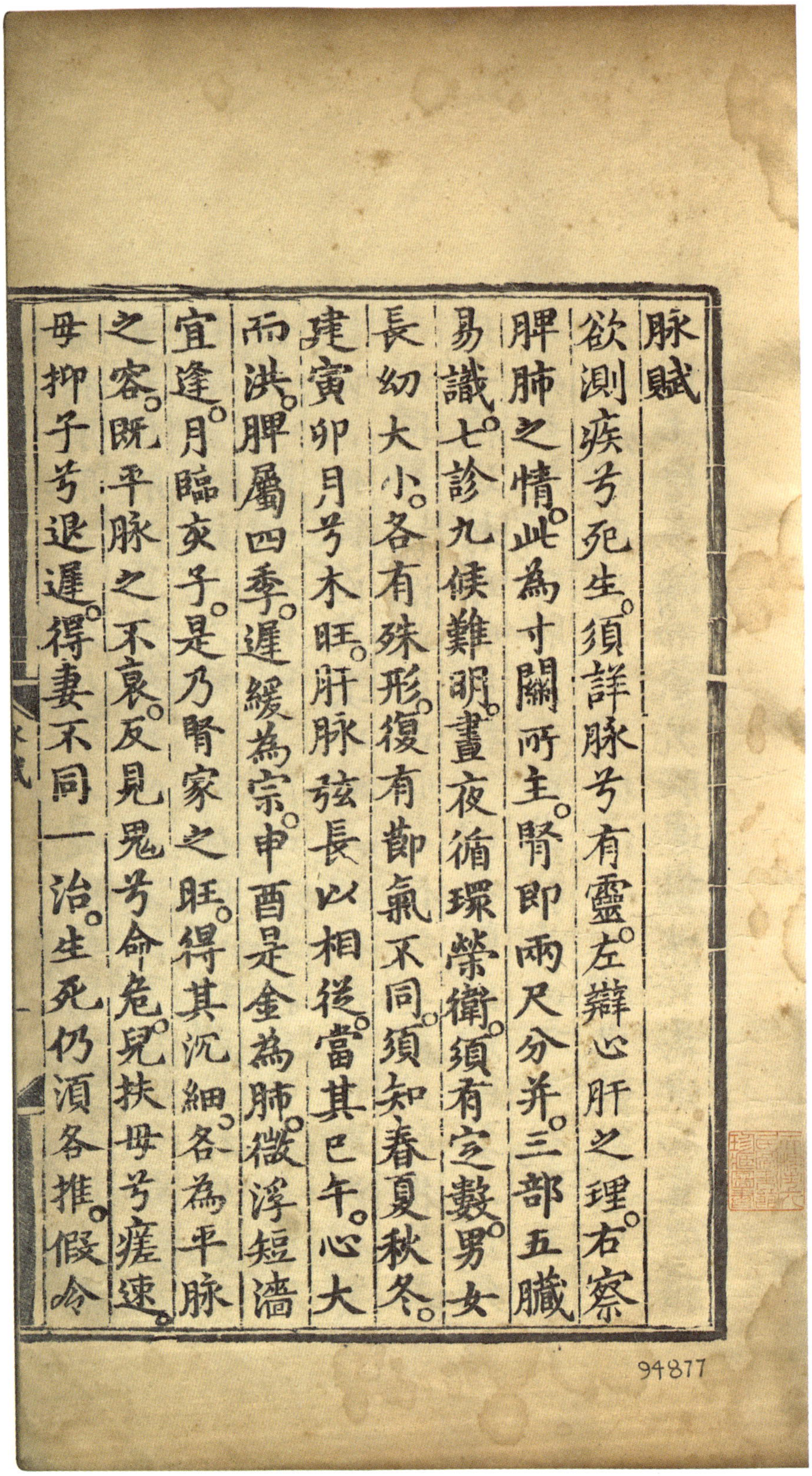
脉賦
欲測疾兮死生。須詳脉兮有靈。左辯心肝之理。右察
脾肺之情。此為寸關所主。腎即兩尺分并。三部五臟
易識。七診九候難明。晝夜循環榮衛。須有定數。男女
長幼大小。各有殊形。復有節氣不同。須知春夏秋冬。
建寅卯月兮木旺。肝脉弦長以相從。當其巳午。心大
而洪。脾屬四季。遲緩為宗。申酉是金為肺。微浮短濇
宜逢。月臨亥子。是乃腎家之旺。得其沉細。各為平脉
之容。既平脉之不衰。反見鬼兮命危。兒扶母兮瘥速。
母抑子兮退遲。得妻不同一治。生死仍須各推。假令

94877

08366、08367 醫要集覽九種九卷 明刻本

匡高24.7厘米，廣17.6厘米。半葉十行，行二十字，黑口，四周雙邊。天津圖書館、北京中醫藥大學圖書館藏。

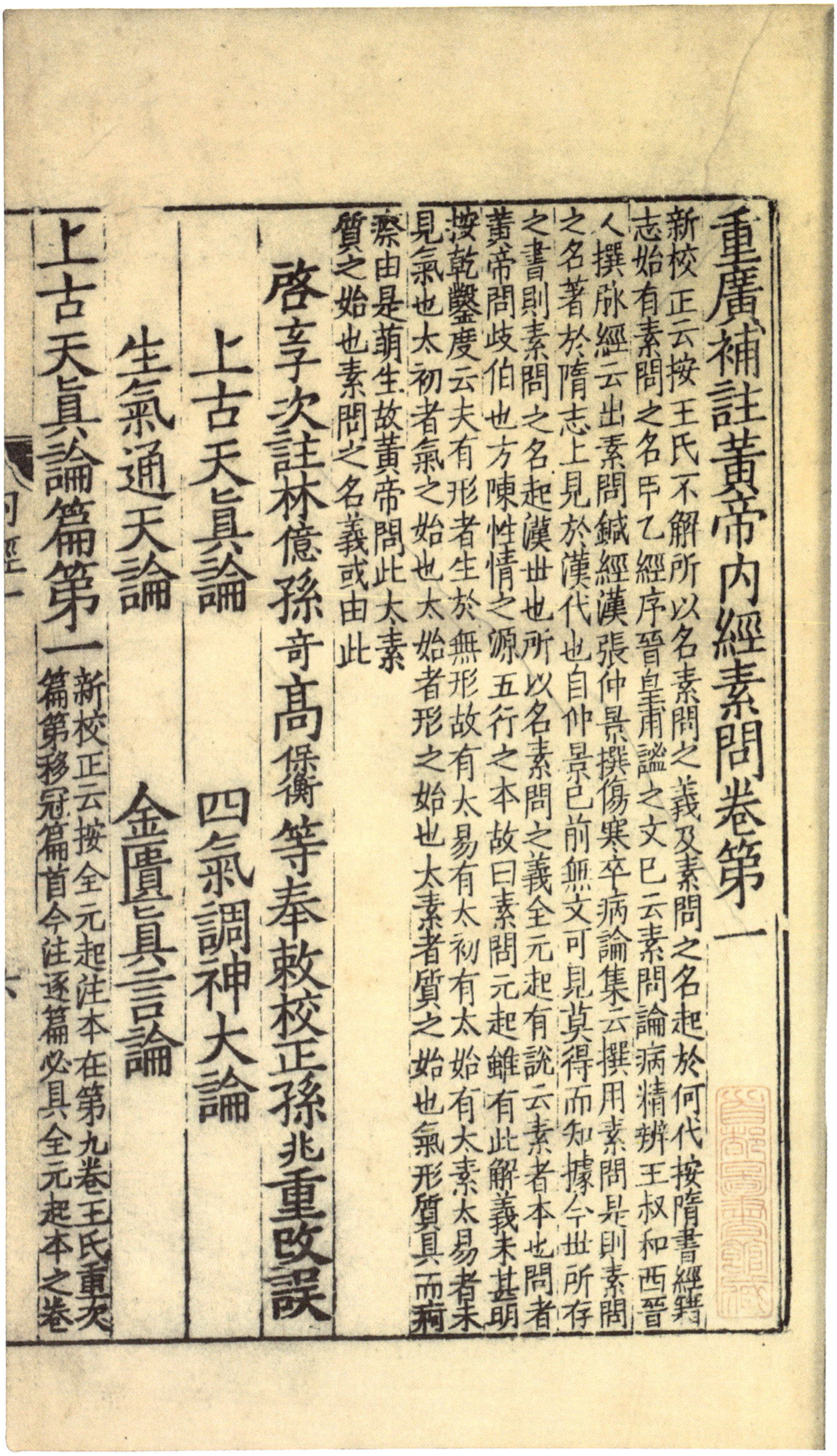

重廣補註黃帝內經素問卷第一

新校正云按王氏不解所以名素問之義及素問之名起於何代按隋書經籍志始有素問之名甲乙經序晉皇甫謐之文已云素問論病精辨王叔和西晉人撰脉經云出素問鍼經漢張仲景撰傷寒卒病論集云撰用素問是則素問之名著於隋志上見於漢代也自仲景已前無文可見莫得而知據今世所存之書則素問之名起漢世也所以名素問之義全元起有說云素者本也問者黃帝問岐伯也方陳性情之源五行之本故曰素問元起雖有此解義未甚明按乾鑿度云夫有形者生於無形故有太易有太初有太始有太素太易者未見氣也太初者氣之始也太始者形之始也太素者質之始也氣形質具而痾瘵由是萌生故黃帝問此太素質之始也素問之名義或由此

啓玄子次註林億孫奇高保衡等奉敕校正孫兆重改誤

上古天眞論　四氣調神大論

生氣通天論　金匱眞言論

上古天眞論篇第一 新校正云按全元起注本在第九卷王氏重次篇第移冠篇首今注逐篇必具全元起本之卷

08372–08374 重廣補註黃帝内經素問二十四卷 （唐）王冰注 （宋）林億等校正 （宋）孫兆改誤 明嘉靖二十九年（1550）顧從德影宋刻本

匡高21.9厘米，廣15.6厘米。半葉十行，行二十字，小字雙行三十字，白口，左右雙邊。首都圖書館、無錫市圖書館、天津中醫藥大學圖書館藏。

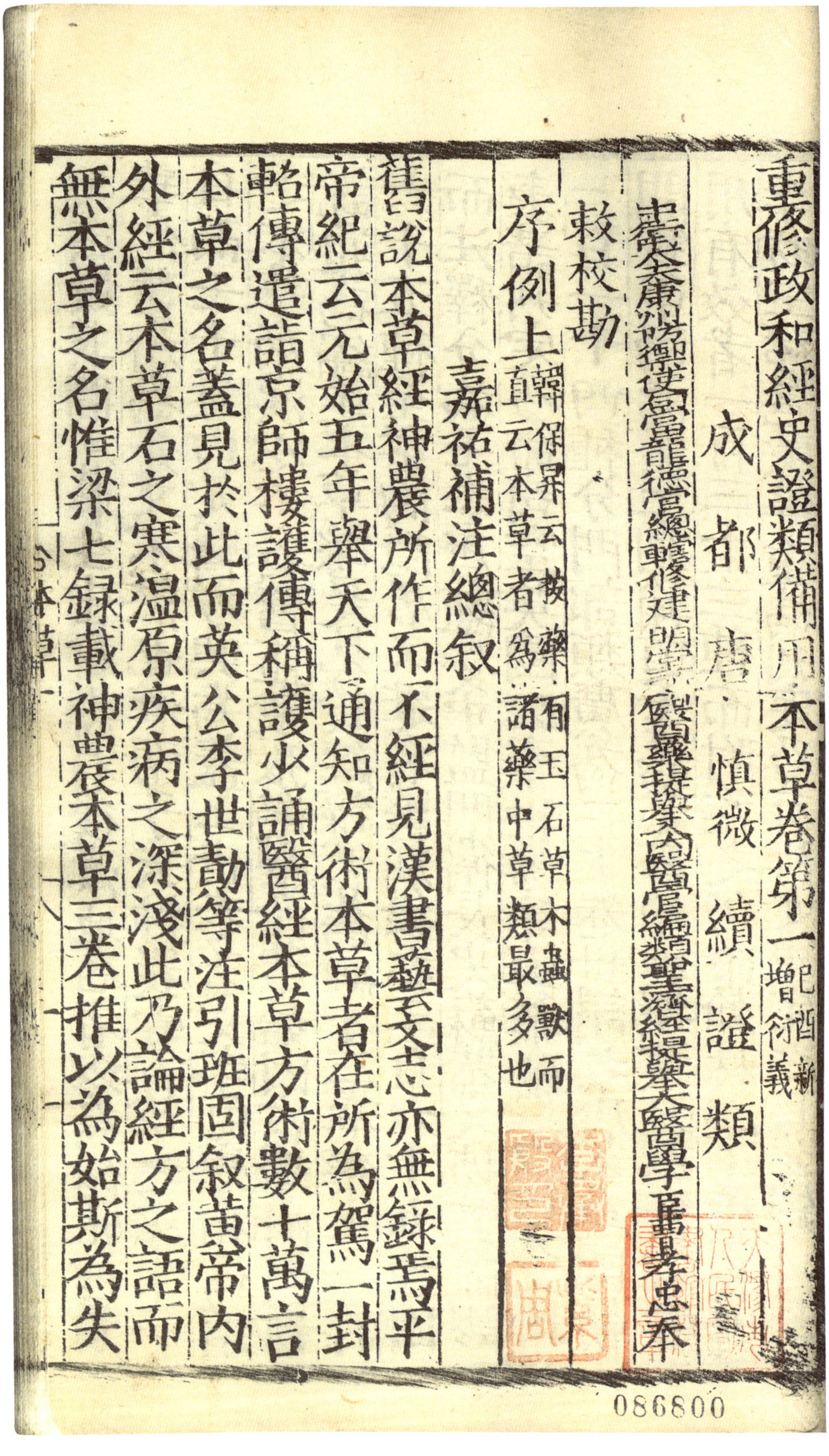

08378、08379 重修政和經史證類備用本草三十卷 （宋）唐慎微撰 （宋）寇宗奭衍義 明嘉靖十六年（1537）楚府崇本書院刻本

匡高26厘米，廣17.1厘米。半葉十二行，行二十三字，小字雙行同，白口，四周單邊。有“嘉靖丁酉孟春月吉楚府崇本書院重刊”牌記。天津圖書館藏；吉林省圖書館藏，有抄配。

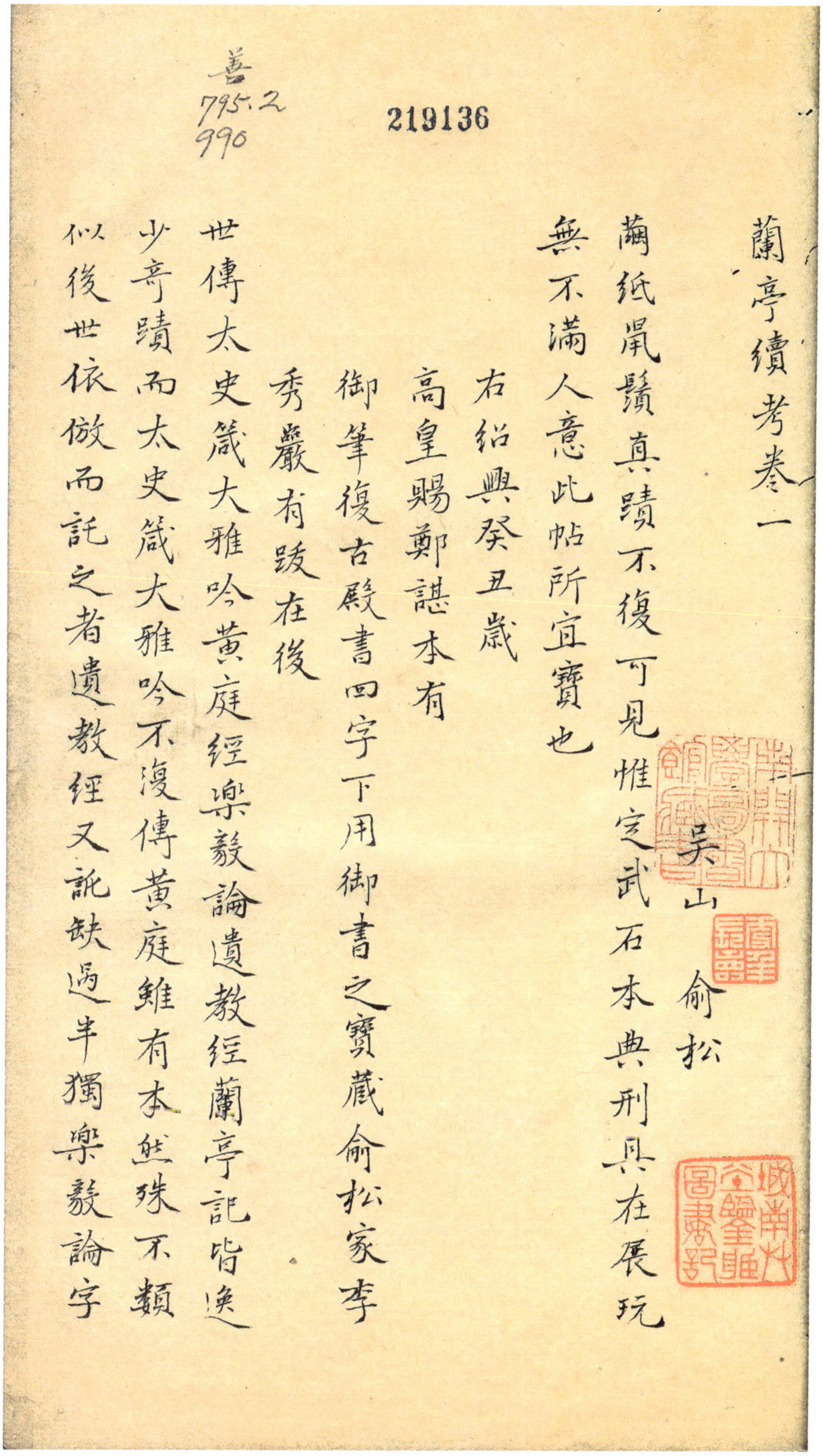

蘭亭續考卷一

吳山　俞松

繭紙鼠鬚真蹟不復可見惟定武石本典刑具在展玩
無不滿人意此帖所宜寶也

右紹興癸丑歲
高皇賜鄭諶本有
御筆復古殿書四字下用御書之寶藏俞松家李
秀巖有䟦在後

世傳太史箴大雅吟黃庭經樂毅論遺教經蘭亭記皆逸
少竒蹟而太史箴大雅吟不復傳黃庭雖有本然殊不類
似後世依倣而託之者遺教經又訛缺過半獨樂毅論字

08450　蘭亭續考二卷　（宋）俞松輯　清抄本

半葉十一行，行二十二字。有“城南草堂鑒藏圖書記”、“更年”等印。秦更年跋。南開大學圖書館藏。

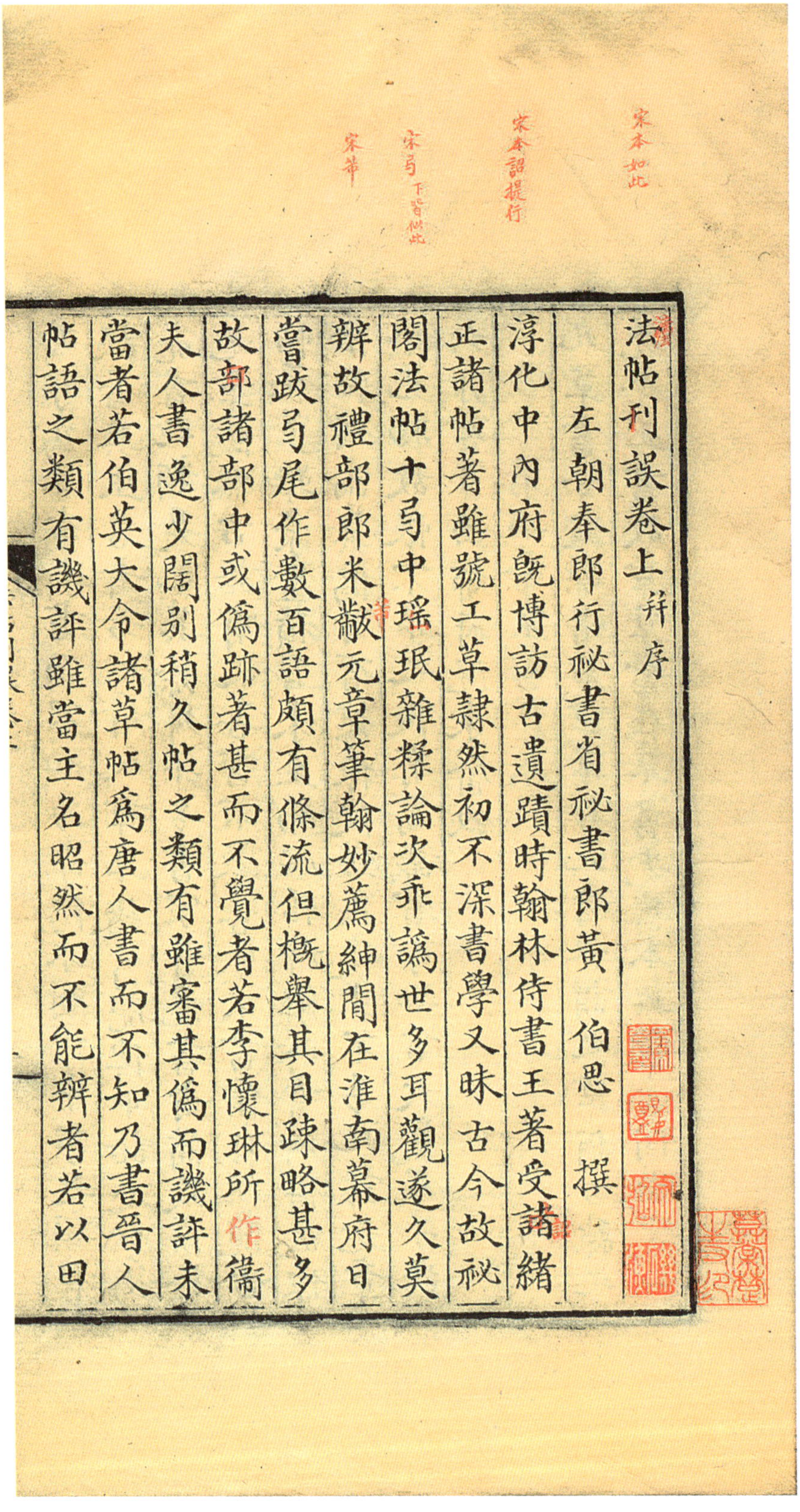

08455 法帖刊誤二卷 （宋）黃伯思撰　清抄本

匡高19.5厘米，廣13.5厘米。半葉十一行，行二十一字，白口，四周雙邊。盧文弨校，秦更年跋。南開大學圖書館藏。

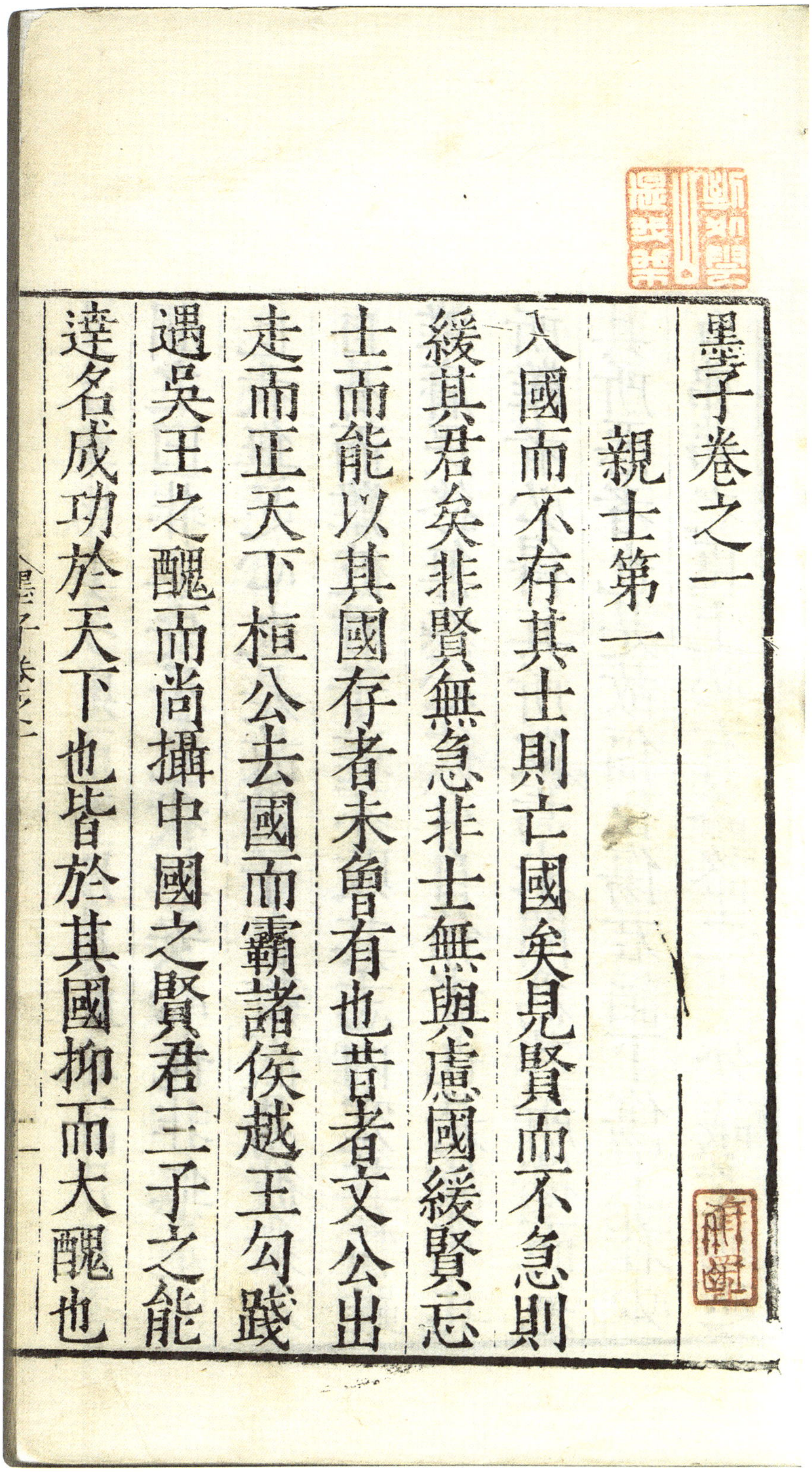
墨子卷之一

親士第一

入國而不存其士則亡國矣見賢而不急則

緩其君矣非賢無急非士無與慮國緩賢忘

士而能以其國存者未曾有也昔者文公出

走而正天下桓公去國而霸諸侯越王勾踐

遇吳王之醜而尚攝中國之賢君三子之能

達名成功於天下也皆於其國抑而大醜也

墨子卷之一

08490、08491 墨子十五卷 明嘉靖江藩刻本

匡高19.2厘米，廣13.6厘米。半葉八行，行十七字，白口，四周單邊。天津圖書館藏；武漢大學圖書館藏，有抄配。

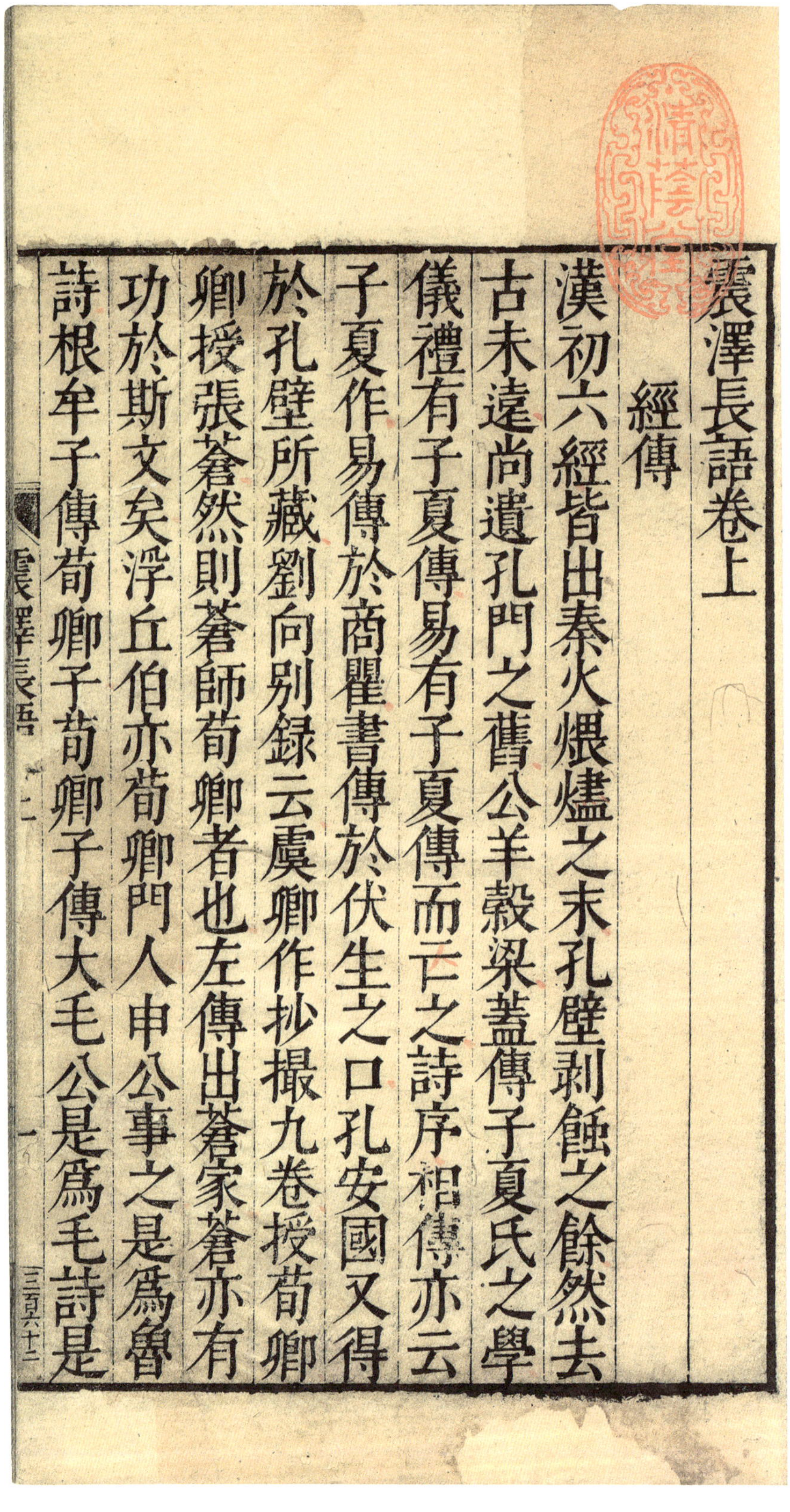
震澤長語卷上
經傳
漢初六經皆出秦火煨燼之末孔壁剥蝕之餘然去
古未遠尚遺孔門之舊公羊穀梁盖傳子夏氏之學
儀禮有子夏傳易有子夏傳而亡之詩序相傳亦云
子夏作易傳於商瞿書傳於伏生之口孔安國又得
於孔壁所藏劉向別録云虞卿作抄撮九卷授荀卿
卿授張蒼然則蒼師荀卿者也左傳出蒼家蒼亦有
功於斯文矣浮丘伯亦荀卿門人申公事之是爲魯
詩根牟子傳荀卿子荀卿子傳大毛公是爲毛詩是

08504 震澤長語二卷 （明）王鏊撰　明萬曆刻本

匡高22.5厘米，廣14厘米。半葉十行，行二十字，白口，四周單邊。有“清蔭堂”等印。王仁俊批校。南開大學圖書館藏。

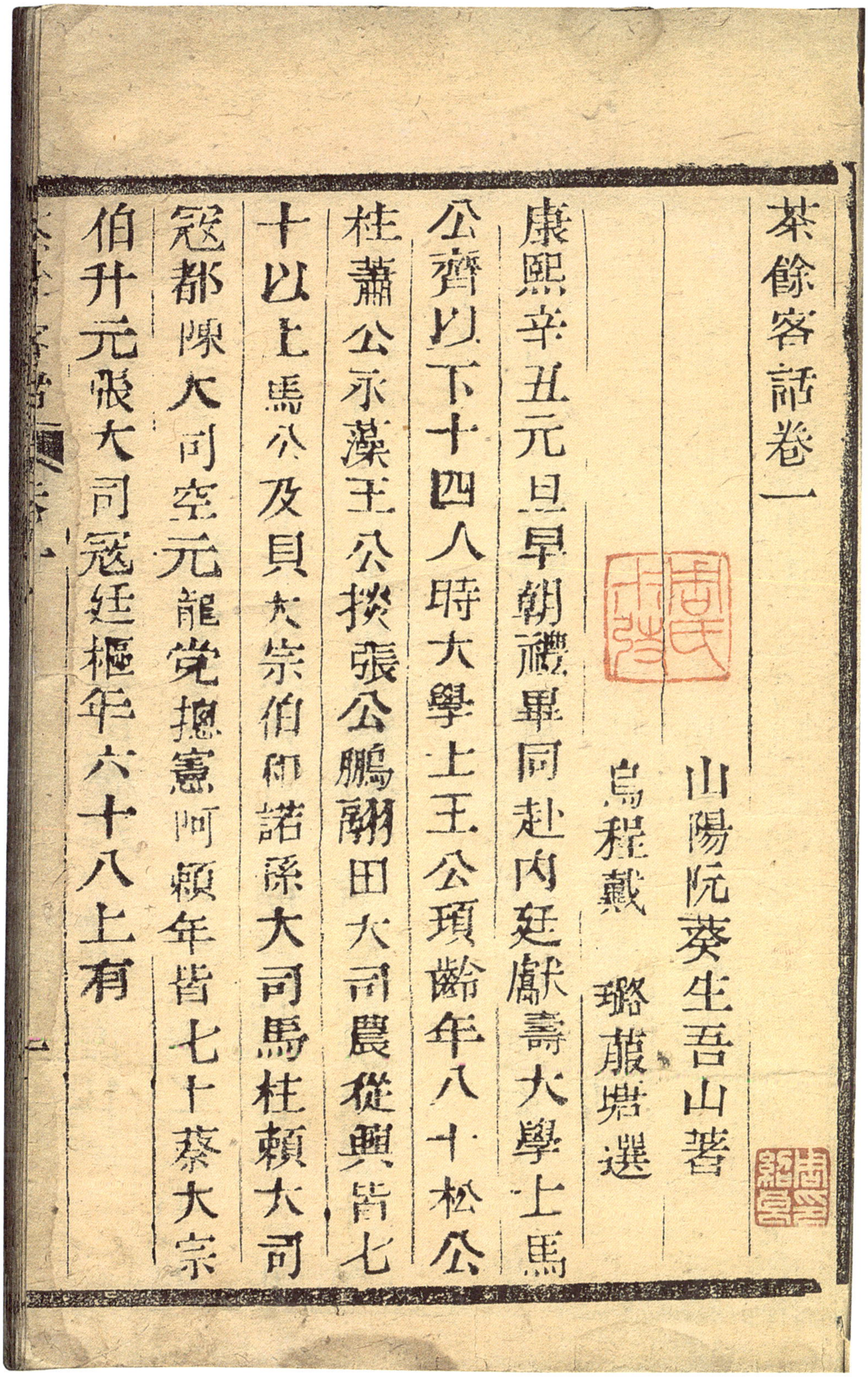
茶餘客話卷一
山陽阮葵生吾山著
烏程戴　璐菔塘選
康熙辛丑元旦早朝禮畢同赴內廷獻壽大學士馬
公齊以下十四人時大學士王公頊齡年八十松公
柱蕭公永藻王公掞張公鵬翮田大司農從典皆七
十以上馬公及貝太宗伯和諾孫大司馬柱賴大司
寇都陳大司空元龍覺揔憲阿額年皆七十蔡大宗
伯升元張大司寇廷樞年六十八上有

08512 茶餘客話十二卷 （清）阮葵生撰 （清）戴璐輯 清乾隆五十八年（1793）七録齋活字印本

匡高14.5厘米，廣10.2厘米。半葉九行，行二十字，白口，四周單邊。有“周氏叔弢”等印。天津圖書館藏。

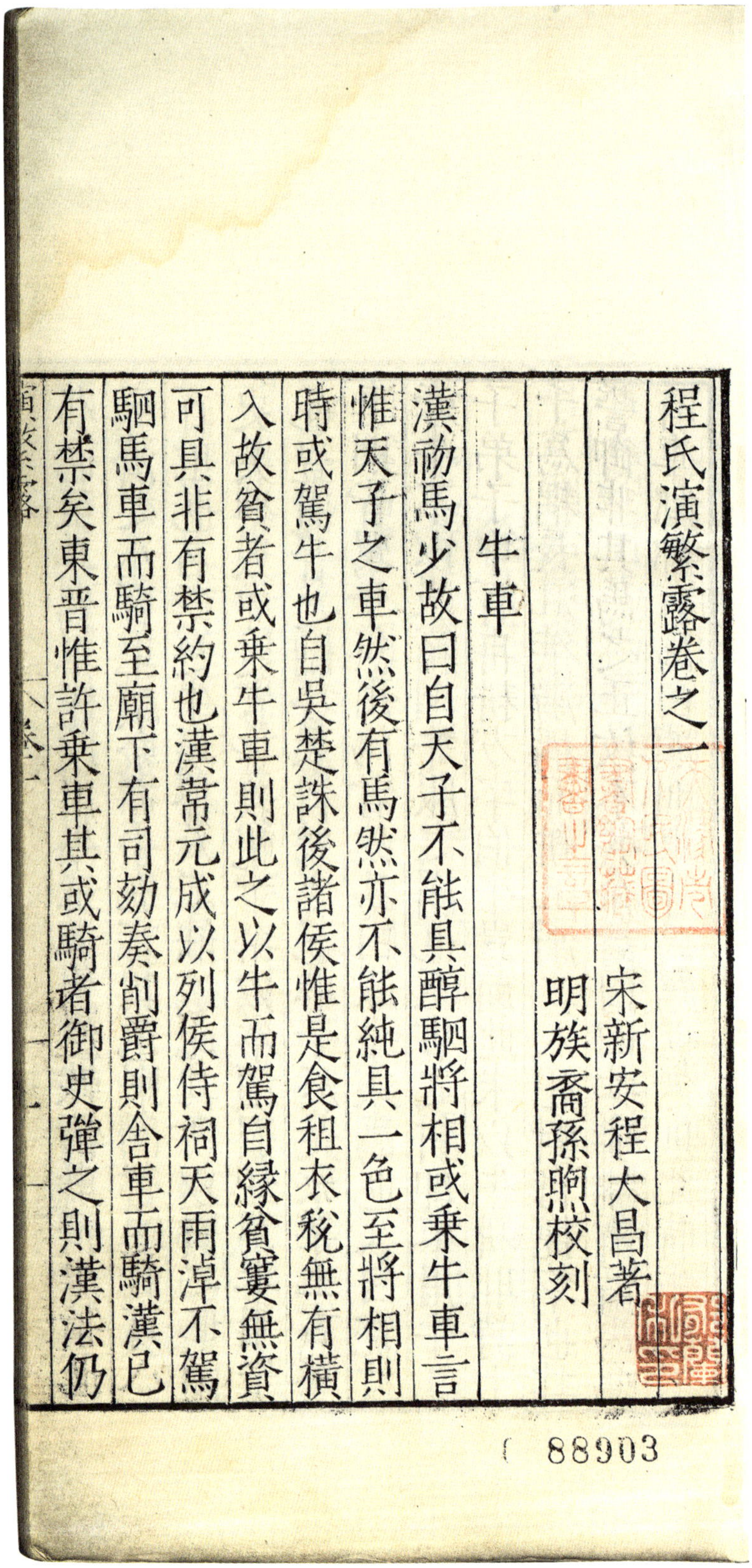
程氏演繁露卷之一
宋新安程大昌著
明族裔孫煦校刻
牛車
漢初馬少故曰自天子不能具醇駟將相或乘牛車言惟天子之車然後有馬然亦不能純具一色至將相則時或駕牛也自吳楚誅後諸侯惟是食租衣税無有橫入故貧者或乘牛車則此之以牛而駕自緣貧窶無資可具非有禁約也漢甞元成以列侯侍祠天雨淖不駕駟馬車而騎至廟下有司劾奏削爵則舍車而騎漢已有禁矣東晉惟許乘車其或騎者御史彈之則漢法仍

08516 程氏演繁露十六卷續集六卷 （宋）程大昌撰　明嘉靖三十年（1551）程煦刻本

匡高18.1厘米，廣12.8厘米。半葉十一行，行二十一字，白口，左右雙邊。

天津圖書館藏。

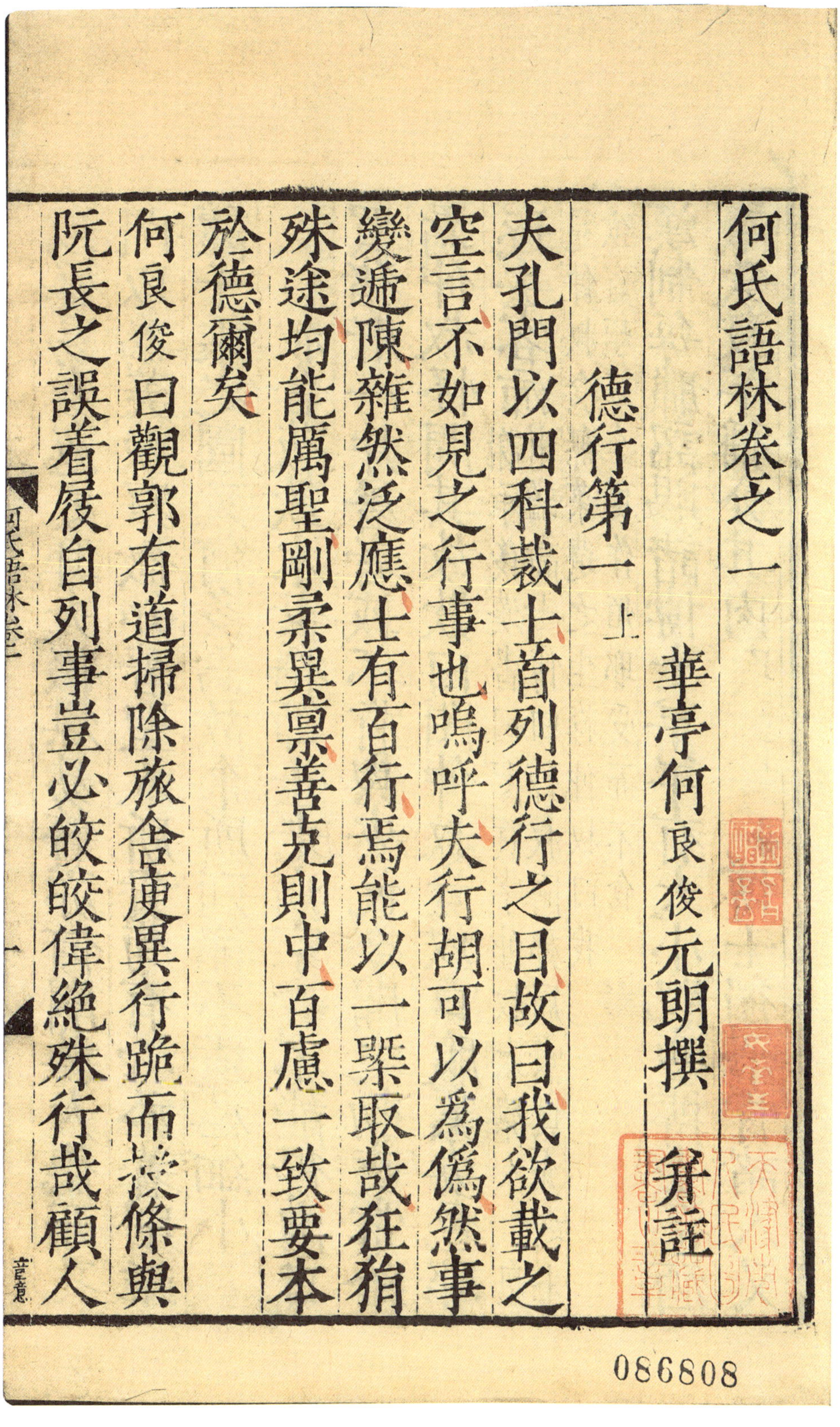
何氏語林卷之一
華亭何良俊元朗撰　并註
德行第一上
夫孔門以四科裁士首列德行之目故曰我欲載之空言不如見之行事也嗚呼夫行胡可以爲偽然事變遞陳雜然泛應士有百行焉能以一槩取哉狂狷殊途均能厲聖剛柔異禀善克則中百慮一致要本於德爾矣
何良俊曰觀郭有道掃除旅舍庚異行跪而授條與阮長之誤着屐自列事豈必皎皎偉絶殊行哉顧人
何氏語林卷一　一

08537-08541　何氏語林三十卷　（明）何良俊撰　明嘉靖二十九年（1550）何氏清森閣刻本

匡高20.7厘米，廣15.3厘米。半葉十行，行二十字，小字雙行同，白口，左右雙邊。有“嘉靖庚戌華亭柘湖何氏繙經堂雕梓”、“清森閣雕梓”等牌記。天津圖書館、石家莊市圖書館、蘇州圖書館、杭州圖書館、湖南省社會科學院圖書館藏。

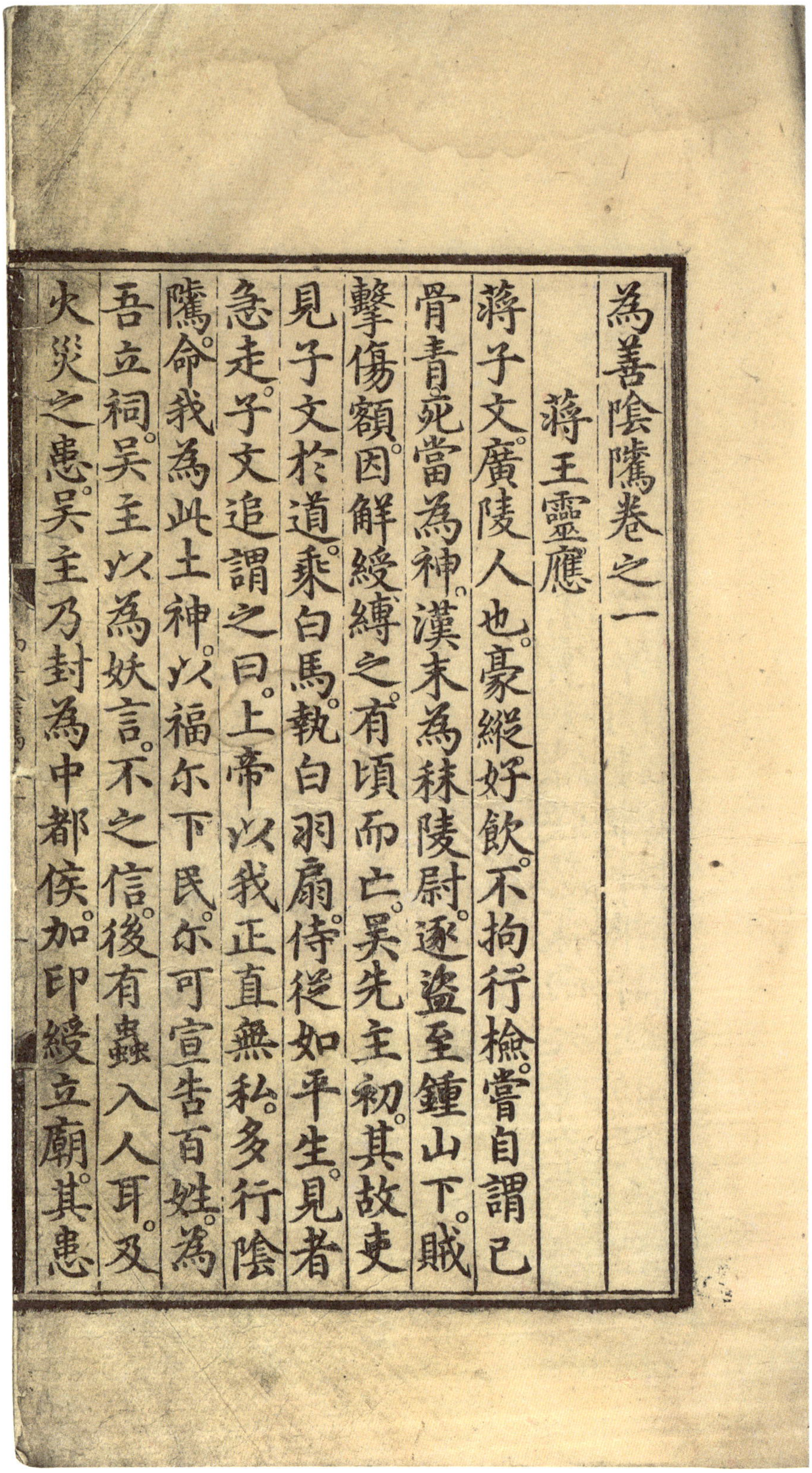
為善陰隲卷之一
蔣王靈應
蔣子文廣陵人也豪縱好飲不拘行檢嘗自謂已骨青死當為神漢末為秣陵尉逐盜至鍾山下賊擊傷額因解綬縛之有頃而亡吴先主初其故吏見子文於道乘白馬執白羽扇侍從如平生見者急走子文追謂之曰上帝以我正直無私多行陰隲命我為此土神以福尔下民尔可宣告百姓為吾立祠吴主以為妖言不之信後有蟲入人耳及火災之患吴主乃封為中都侯加印綬立廟其患

08556 為善陰騭十卷 （明）成祖朱棣撰　明永樂十七年（1419）内府刻本

匡高27.8厘米，廣17.8厘米。半葉十行，行十九字，黑口，四周雙邊。天津圖書館藏。

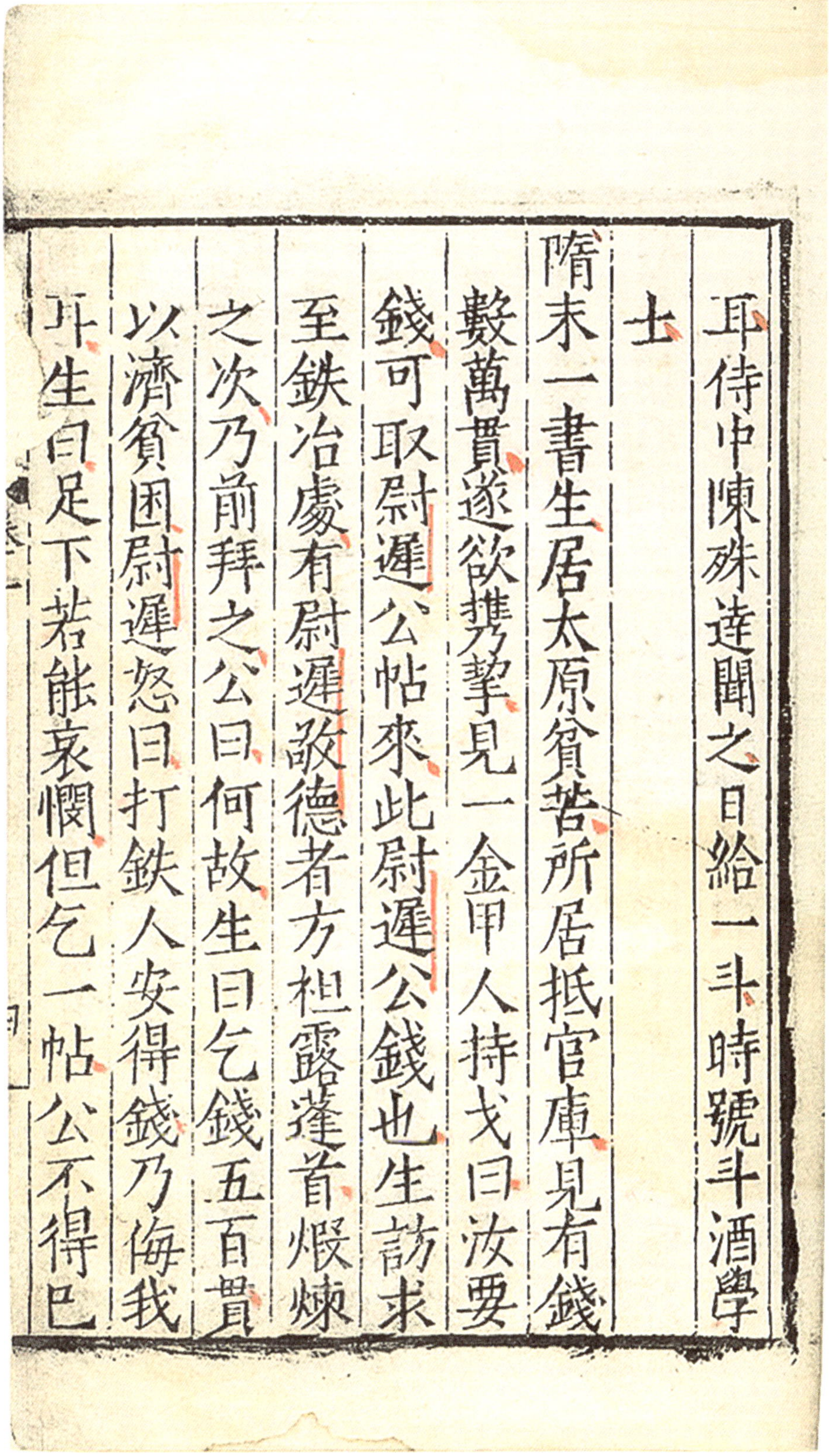
耳侍中陳殊達聞之日給一斗時號斗酒學
士
隋末一書生居太原貧苦所居抵官庫見有錢
數萬貫遂欲携挈見一金甲人持戈曰汝要
錢可取尉遲公帖來此尉遲公錢也生訪求
至鉄冶處有尉遲敬德者方袒露蓬首煅煉
之次乃前拜之公曰何故生曰乞錢五百貫
以濟貧困尉遲怒曰打鉄人安得錢乃侮我
耳生曰足下若能哀憫但乞一帖公不得巳

08558 談資四卷 （明）秦鳴雷撰　明嘉靖刻本

匡高19厘米，廣13.5厘米。半葉九行，行十八字，白口，左右雙邊。南開大學圖書館藏。

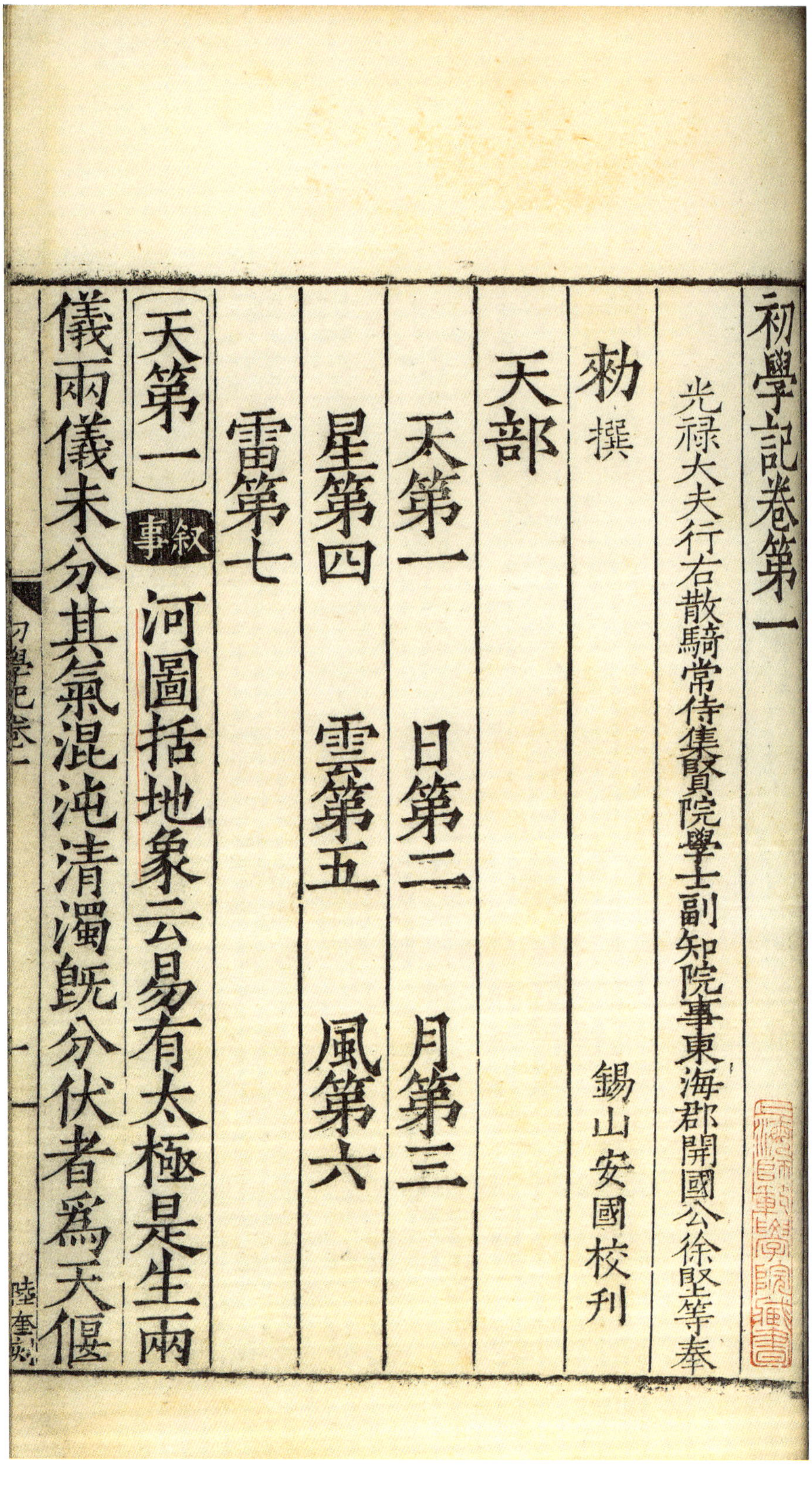
初學記卷第一
光禄大夫行右散騎常侍集賢院學士副知院事東海郡開國公徐堅等奉
勑撰
錫山安國校刊
天部
天第一　日第二　月第三
星第四　雲第五　風第六
雷第七
天第一　叙事
河圖括地象云易有太極是生兩
儀兩儀未分其氣混沌清濁既分伏者爲天偃
初學記卷一　一　陸奎刻

08574-08578 初學記三十卷 （唐）徐堅等輯　明嘉靖十年（1531）安國桂坡館刻本

匡高20.8厘米，廣16.5厘米。半葉九行，行十八字，小字雙行二十四字，白口，左右雙邊。上海師範大學圖書館、天津圖書館、吉林省社會科學院圖書館、陝西理工學院圖書館藏；國家圖書館藏，傅增湘跋並臨嚴可均校跋。

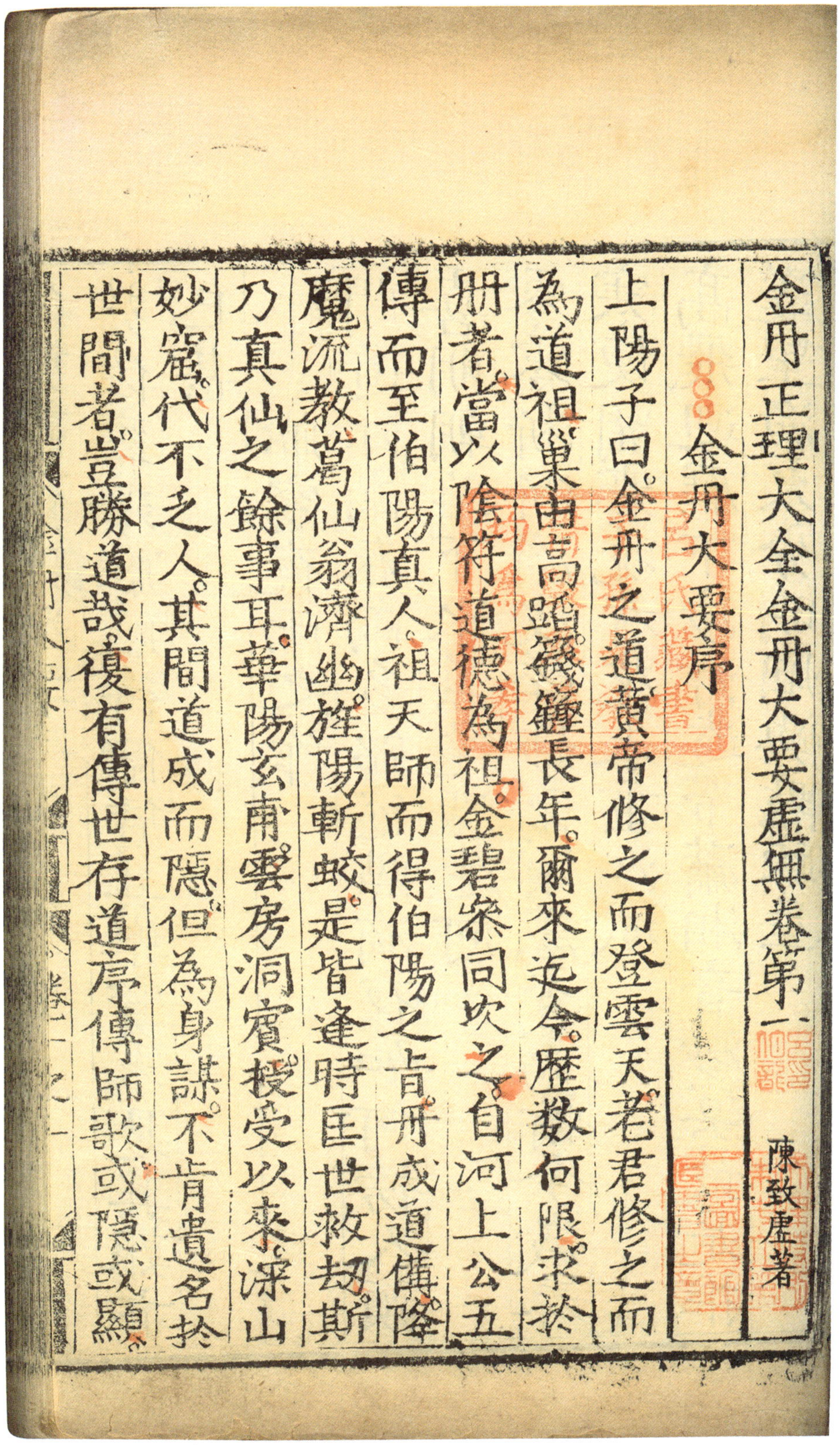
金丹正理大全金丹大要虛無卷第一
陳致虛著
金丹大要序
上陽子曰金丹之道黃帝修之而登雲天老君修之而
爲道祖巢由高蹈籛鏗長年爾來迄今歷數何限求於
册者當以陰符道德爲祖金碧參同次之自河上公五
傳而至伯陽真人祖天師而得伯陽之旨丹成道備降
魔流教葛仙翁濟幽旌陽斬蛟是皆逢時匡世救刼斯
乃真仙之餘事耳華陽玄甫雲房洞賓授受以來深山
妙窟代不乏人其間道成而隱但爲身謀不肯遺名於
世間者豈勝道哉復有傳世存道序傳師歌或隱或顯

08631 金丹正理大全四十二卷 明嘉靖十七年（1538）周藩刻本

匡高19.6厘米，廣13.3厘米。半葉十行，行二十一字，小字雙行同，黑口，四周雙邊。天津圖書館藏。

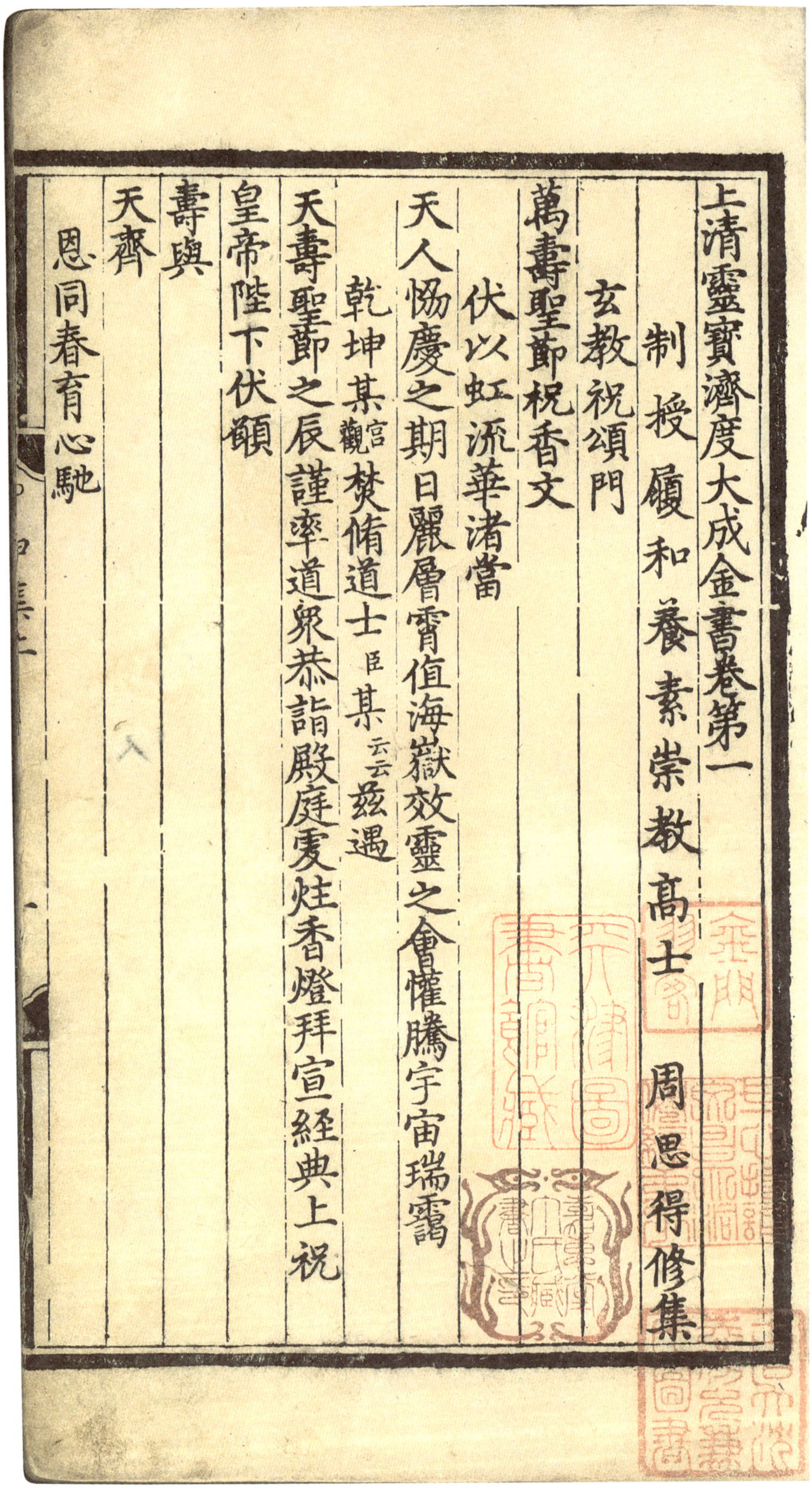
上清靈寶濟度大成金書卷第一
制授顧和養素崇教高士　周思得修集
玄教祝頌門
萬壽聖節祝香文
伏以虹流華渚當
天人協慶之期日麗層霄值海嶽效靈之會懽騰宇宙瑞靄
乾坤某宮觀焚脩道士臣某云云茲遇
天壽聖節之辰謹率道衆恭詣殿庭爇炷香燈拜宣經典上祝
皇帝陛下伏願
壽與
天齊
恩同春育心馳

08637-08639　上清靈寶濟度大成金書四十卷　（明）周思得輯　明宣德七年（1432）楊震宗刻本

匡高23.7厘米，廣14.9厘米。半葉十二行，行二十五字，黑口，四周雙邊。

北京大學圖書館、天津圖書館、無錫市圖書館藏。

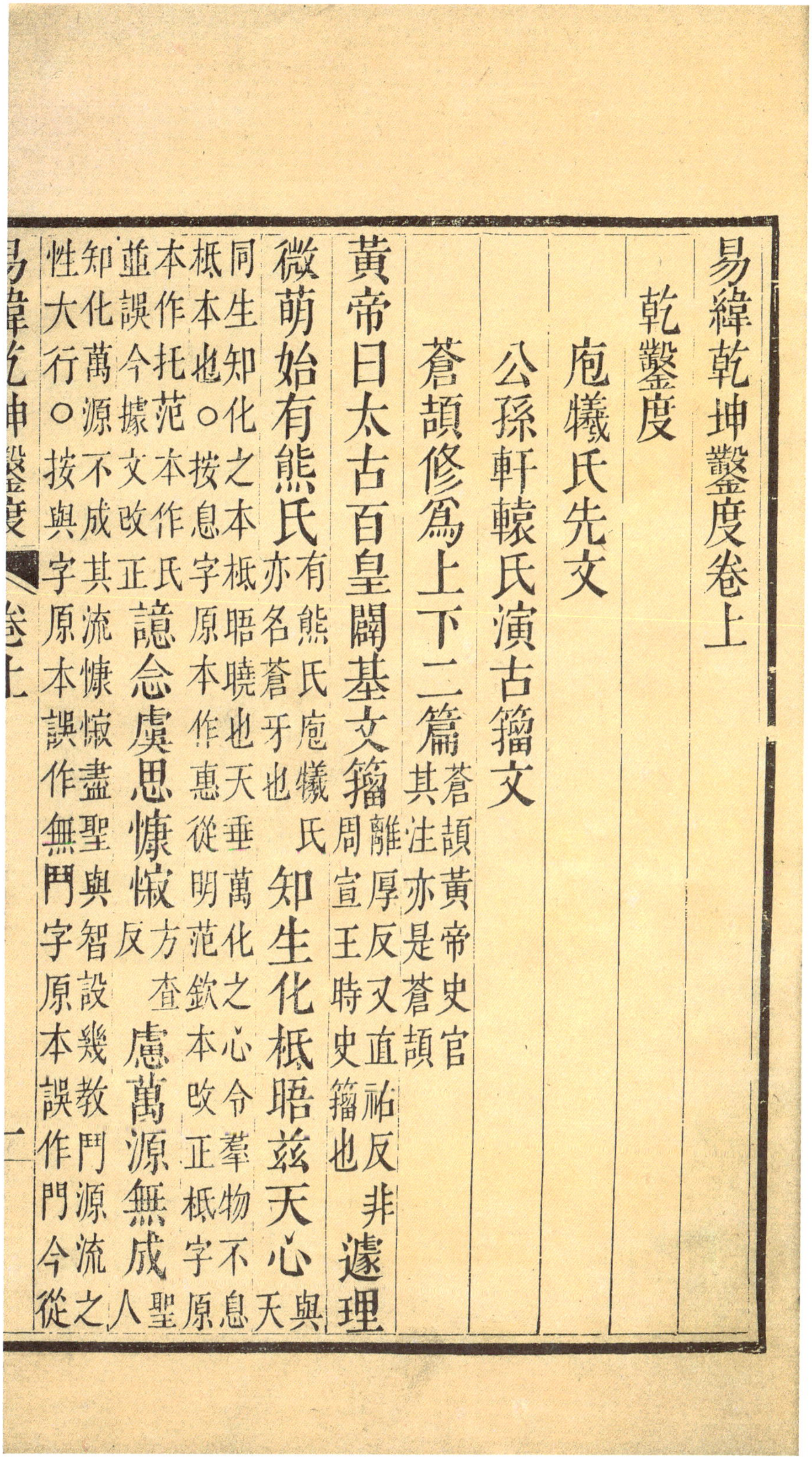
易緯乾坤鑿度卷上
乾鑿度
庖犧氏先文
公孫軒轅氏演古籀文
蒼頡修爲上下二篇（蒼頡黃帝史官其注亦是蒼頡）
黃帝曰太古百皇闢基文籀（離厚反又直祐反周宣王時史籀也）非遽理
微萌始有熊氏（有熊氏庖犧氏亦名蒼牙也）知生化柢晤茲天心（與天
同生知化之本柢晤曉也天垂萬化之心令羣物不息柢本也○按息字原本作惠從明范欽本改正柢字原
本作托范本作氏並誤今據文改正）譩念虞思慊慊（方查反）慮萬源無成（聖人
知化萬源不成其流慊愹盡聖與智設幾教門源流之性大行○按與字原本誤作無門字原本誤作門今從）
易緯乾坤鑿度　卷上　二

08645　武英殿聚珍版書一百三十八種二千四百十六卷　清乾隆武英殿活字印本〔易緯、漢宮舊儀、魏鄭公諫續録、帝範注清乾隆三十八年武英殿刻本〕

匡高19.4厘米，廣12.6厘米。半葉九行或十行，行二十一字，小字雙行同，白口，四周雙邊。天津圖書館藏。

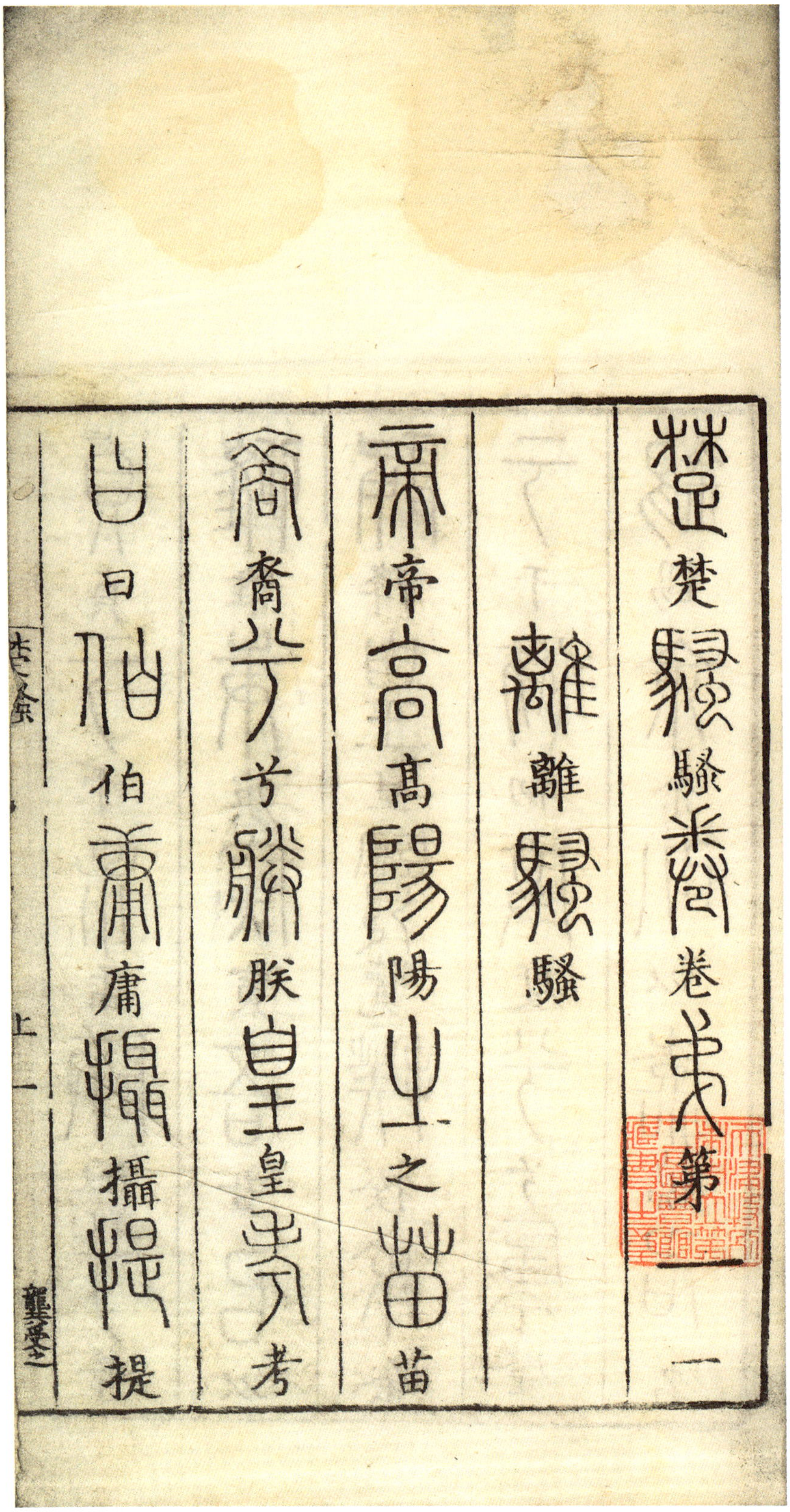

08649 楚騷五卷 （楚）屈原撰 **附録一卷** （漢）司馬遷撰　明正德十五年（1520）熊宇刻篆字本

匡高19.4厘米，廣14.7厘米。半葉五行，行十字，白口，四周單邊。天津圖書館藏。

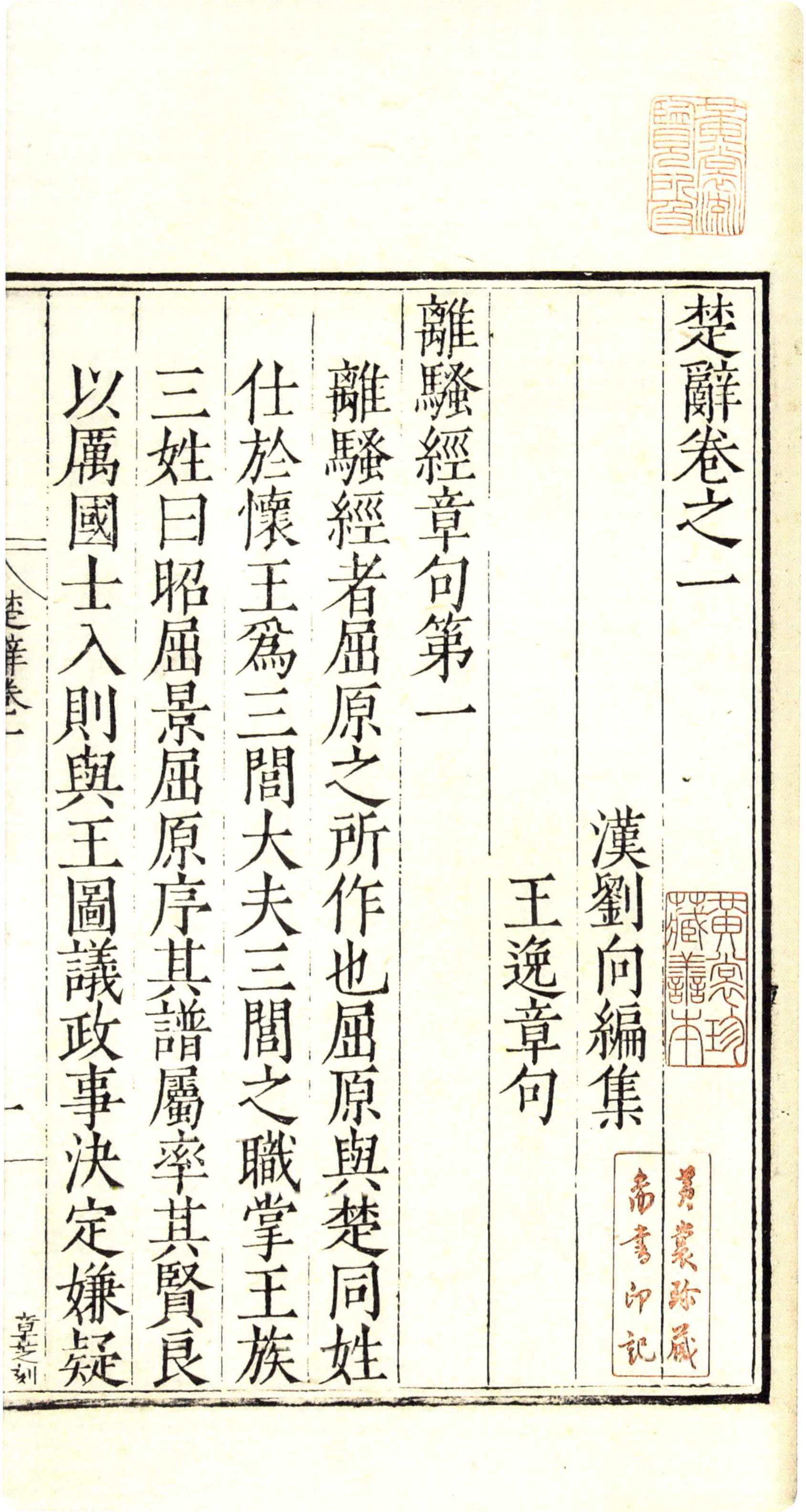

楚辭卷之一

漢劉向編集

王逸章句

離騷經章句第一

離騷經者屈原之所作也屈原與楚同姓仕於懷王爲三閭大夫三閭之職掌王族三姓曰昭屈景屈原序其譜屬率其賢良以厲國士入則與王圖議政事決定嫌疑

楚辭卷一　一

08653-08657 楚辭章句十七卷（漢）王逸撰　**疑字直音補一卷**　明隆慶五年（1571）豫章夫容館刻本

匡高20.4厘米，廣14.3厘米。半葉八行，行十七字，小字雙行同，白口，四周雙邊。江西省圖書館藏。吉林大學圖書館、天津圖書館藏，爲明隆慶五年（1571）豫章夫容館刻重修本；江西省圖書館藏另一部，爲天啓三年（1623）叢桂堂重修本；江西省圖書館藏另一部，爲隆慶五年（1571）豫章大容館刻重修本。

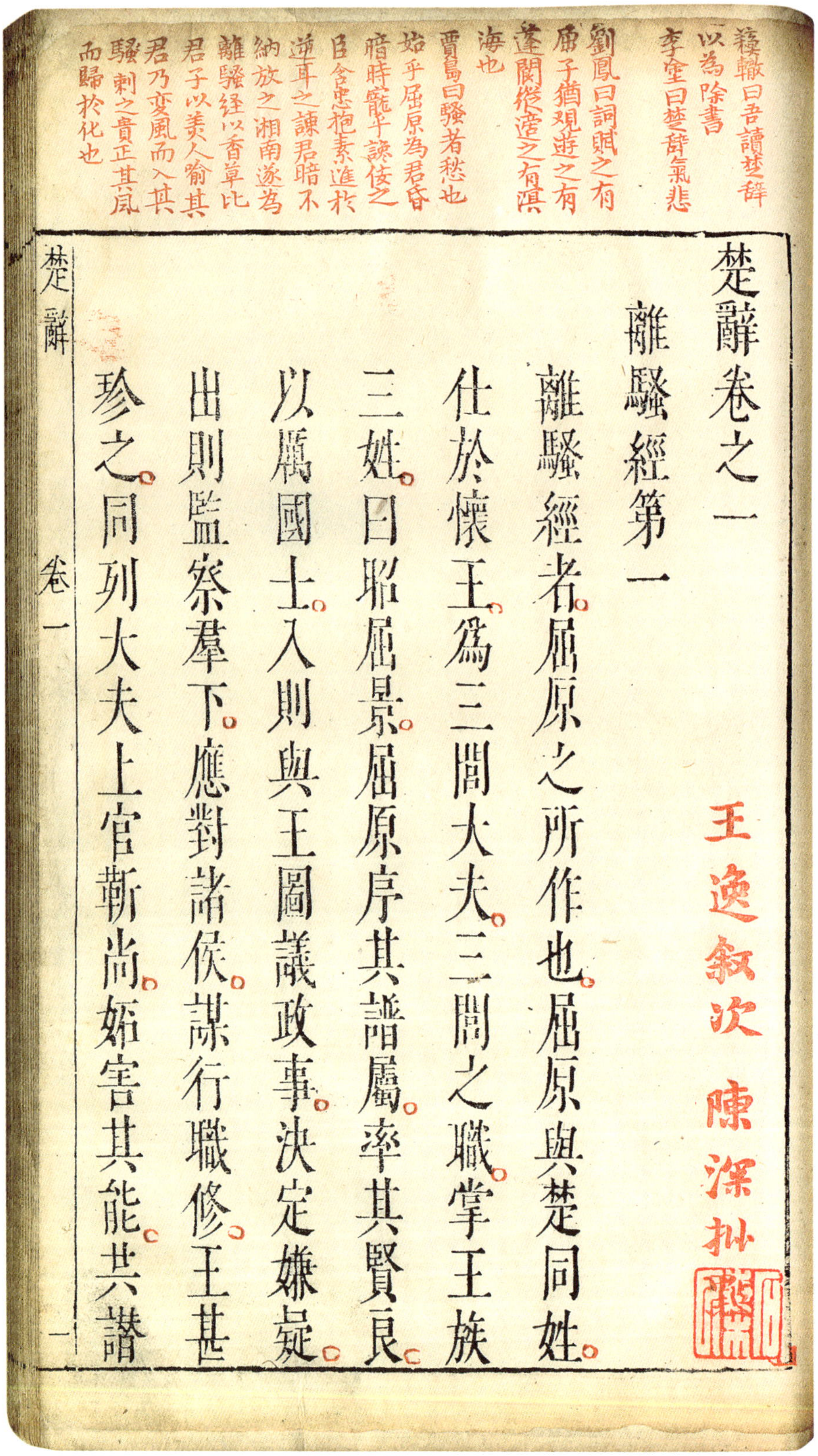
蘇轍曰吾讀楚辭以為除書
李奎曰楚辭氣悲
劉鳳曰詞賦之有屈子猶觀遊之有蓬閬從遊之有溟海也
賈島曰騷者愁也始乎屈原為君昏暗時寵乎讒佞之臣含忠抱素進於逆耳之諫君暗不納放之湘南遂為離騷経以香草比君子以美人喻其君乃变風而入其騷刺之貴正其風而歸於化也

楚辭卷之一
離騷經第一
王逸叙次　陳深批
離騷經者。屈原之所作也。屈原與楚同姓。仕於懷王。爲三閭大夫。三閭之職。掌王族三姓。曰昭屈景。屈原序其譜屬。率其賢良。以厲國士。入則與王圖議政事。決定嫌疑。出則監察羣下。應對諸侯。謀行職修。王甚珍之。同列大夫上官靳尚妬害其能。共譖

楚辭　卷一　一

08659、08660 楚辭十七卷 （宋）洪興祖 （明）劉鳳等注 （明）陳深批點 **附錄一卷** 明凌毓枏刻朱墨套印本

匡高21.5厘米，廣14厘米。半葉八行，行十八字，白口，四周單邊。天津圖書館藏；安徽省圖書館藏，有“章伯鈞”、“李建生”等印。

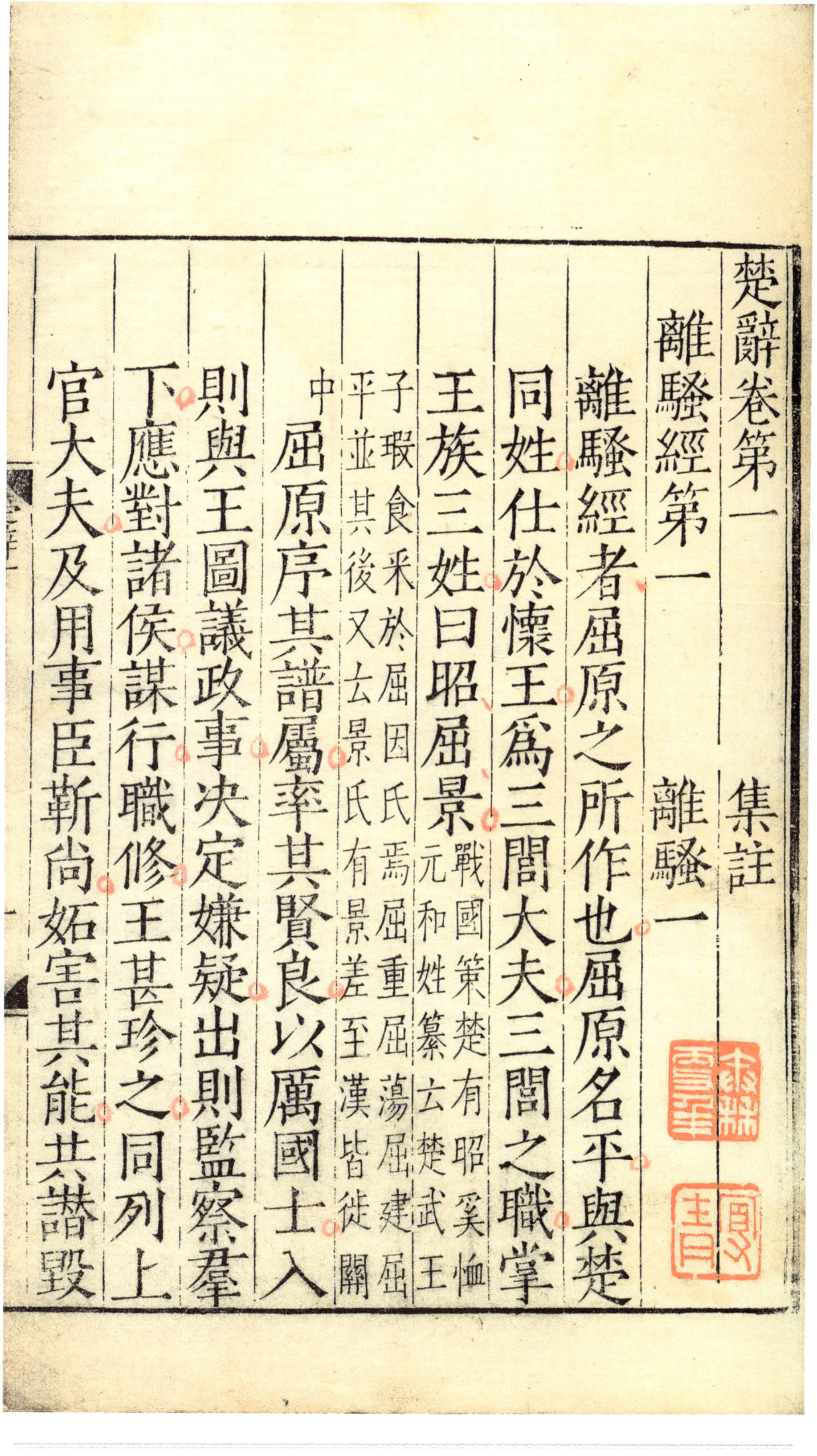

楚辭卷第一　集註

離騷經第一　離騷一

離騷經者屈原之所作也屈原名平與楚同姓仕於懷王爲三閭大夫三閭之職掌王族三姓曰昭屈景戰國策楚有昭奚恤元和姓纂云楚武王子瑕食采於屈因氏焉屈重屈蕩屈建屈平並其後又云景氏有景差至漢皆徙關中屈原序其譜屬率其賢良以厲國士入則與王圖議政事決定嫌疑出則監察羣下應對諸侯謀行職修王甚珍之同列上官大夫及用事臣靳尚妬害其能共譖毀

08662-08665　楚辭集註八卷辯證二卷後語六卷　（宋）朱熹撰　**反離騷一卷**　（漢）揚雄撰　明嘉靖十四年（1535）袁褧刻本

匡高20厘米，廣15.4厘米。半葉十行，行十八字，小字雙行同，白口，左右雙邊。浙江大學圖書館藏；武漢圖書館藏，存十六卷；陝西省圖書館藏，存十四卷；南開大學圖書館藏，無反離騷一卷，秦更年校幷跋。

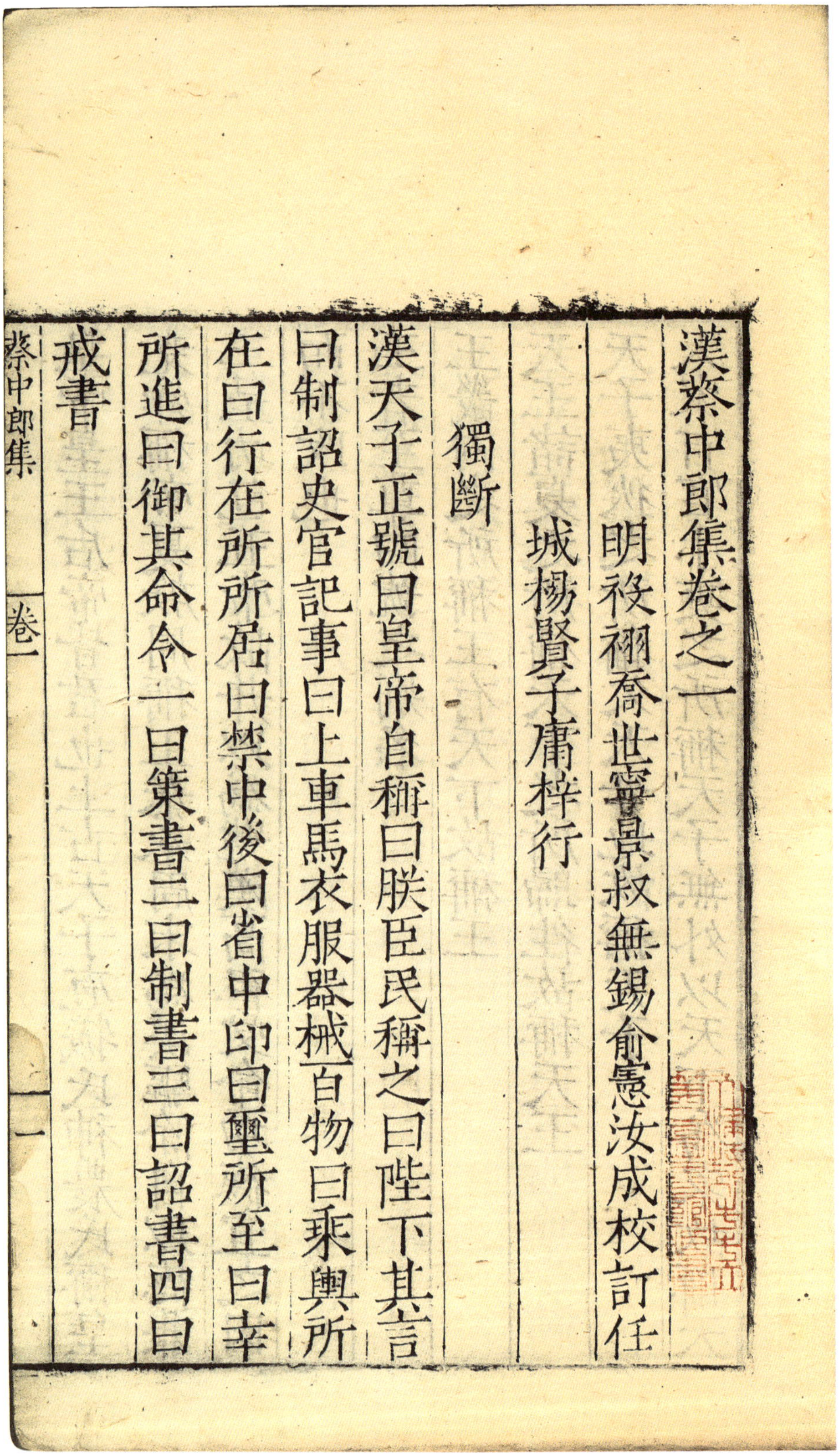
漢蔡中郎集卷之一
明祋祤裔世寧景叔無錫俞憲汝成校訂任
城楊賢子庸梓行
獨斷
漢天子正號曰皇帝自稱曰朕臣民稱之曰陛下其言
曰制詔史官記事曰上車馬衣服器械百物曰乘輿所
在曰行在所所居曰禁中後曰省中印曰璽所至曰幸
所進曰御其命令一曰策書二曰制書三曰詔書四曰
戒書
蔡中郎集　卷一　一

08667-08669 漢蔡中郎集六卷 （漢）蔡邕撰　明嘉靖二十七年（1548）楊賢刻本

匡高19.9厘米，廣14.6厘米。半葉九行，行二十一字，白口，四周單邊。吉林大學圖書館藏，有“陽湖陶氏涉園所有書籍之記”等印；天津圖書館藏；中共北京市委圖書館藏，有“紅薇館藏書記”、“曾在潜樓”、“西泠許氏珍藏金石書畫之印”、“瘦篁過眼”等印。

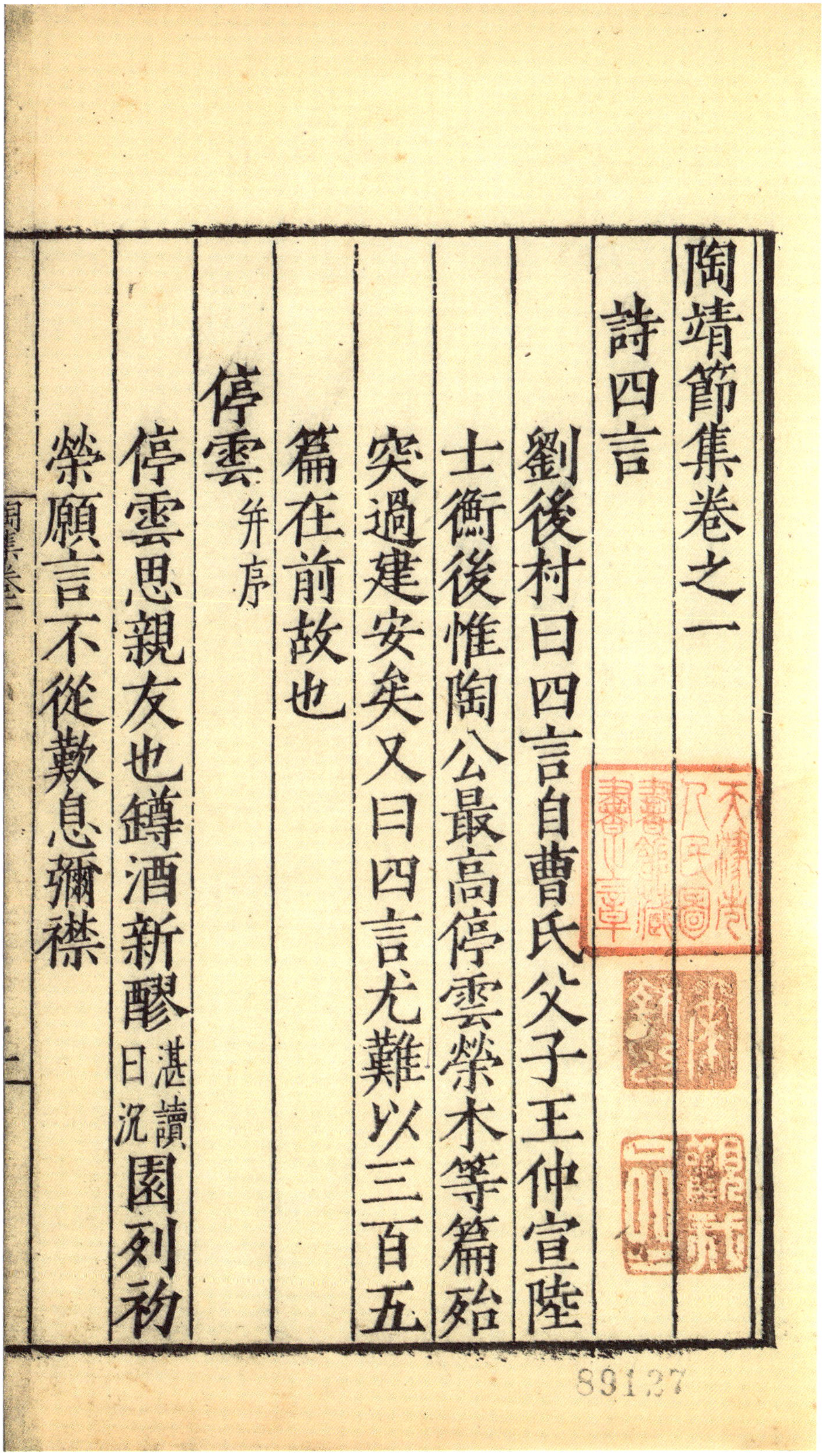
陶靖節集卷之一
詩四言
劉後村曰四言自曹氏父子王仲宣陸士衡後惟陶公最高停雲榮木等篇殆突過建安矣又曰四言尤難以三百五篇在前故也
停雲 并序
停雲思親友也罇酒新醪 湛讀 日沉 園列初榮願言不從歎息彌襟
陶集卷一 一

08676 陶靖節集十卷 （晉）陶潛撰 （宋）湯漢等箋注 **總論一卷** 明嘉靖二十五年（1546）蔣孝刻本

匡高20厘米，廣13.9厘米。半葉九行，行十八字，白口，左右雙邊。天津圖書館藏。

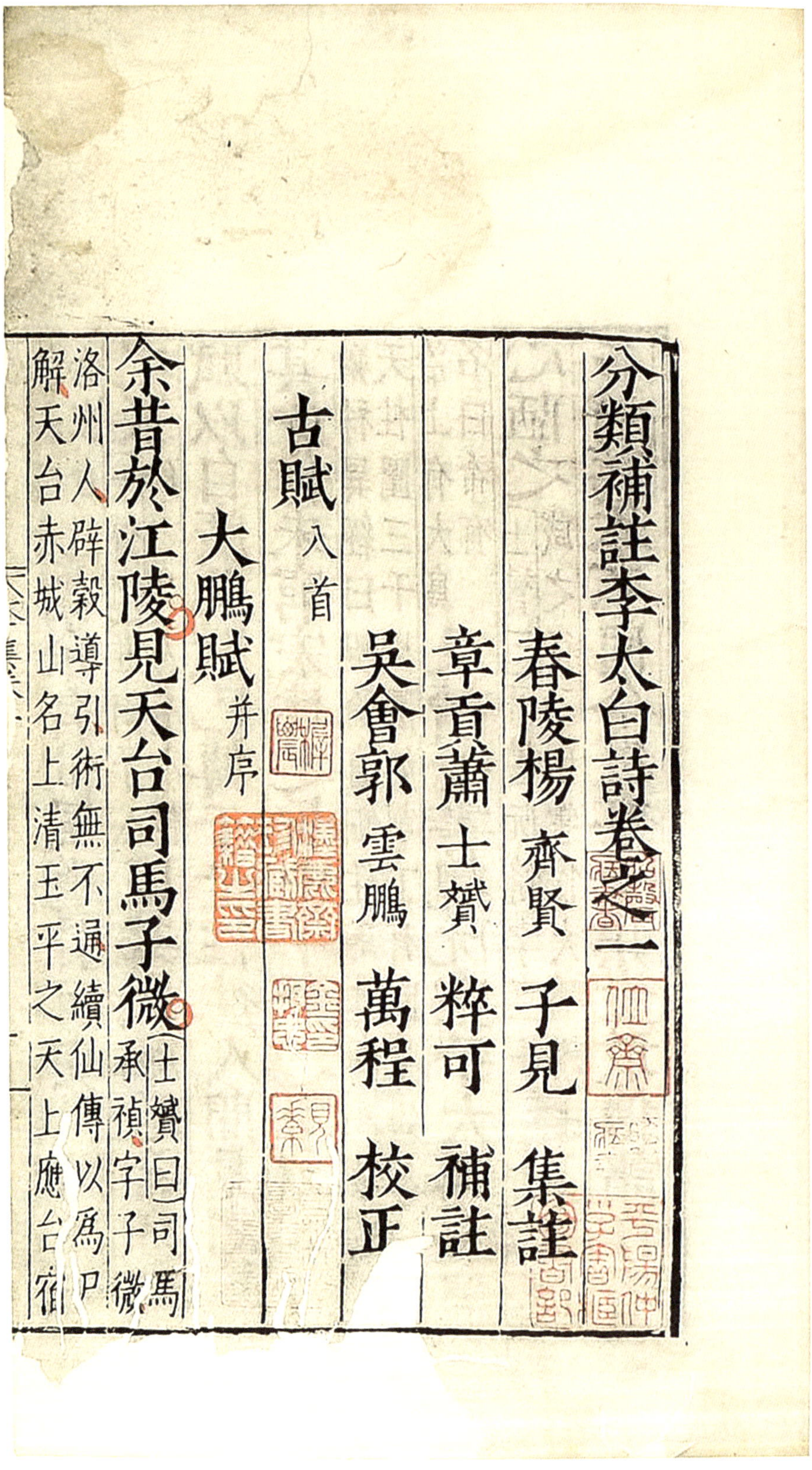
分類補註李太白詩卷之一
春陵楊齊賢子見集註
章貢蕭士贇粹可補註
吳會郭雲鵬萬程校正
古賦八首
大鵬賦并序
余昔於江陵見天台司馬子微（士贇曰司馬承禎字子微
洛州人辟穀導引術無不通遁續仙傳以爲尸
解天台赤城山名上清玉平之天上應台宿

08699-08701 分類補註李太白詩二十五卷 （唐）李白撰 （宋）楊齊賢集注 （元）蕭士贇補注 **分類編次李太白文五卷** （唐）李白撰　明嘉靖二十二年（1543）郭雲鵬寶善堂刻本

匡高20.1厘米，廣13.3厘米。半葉八行，行十七字，小字雙行同，白口，左右雙邊。有“嘉靖癸卯春元月寶善堂梓行”牌記。天津圖書館、吉林大學圖書館、重慶市北碚圖書館藏。

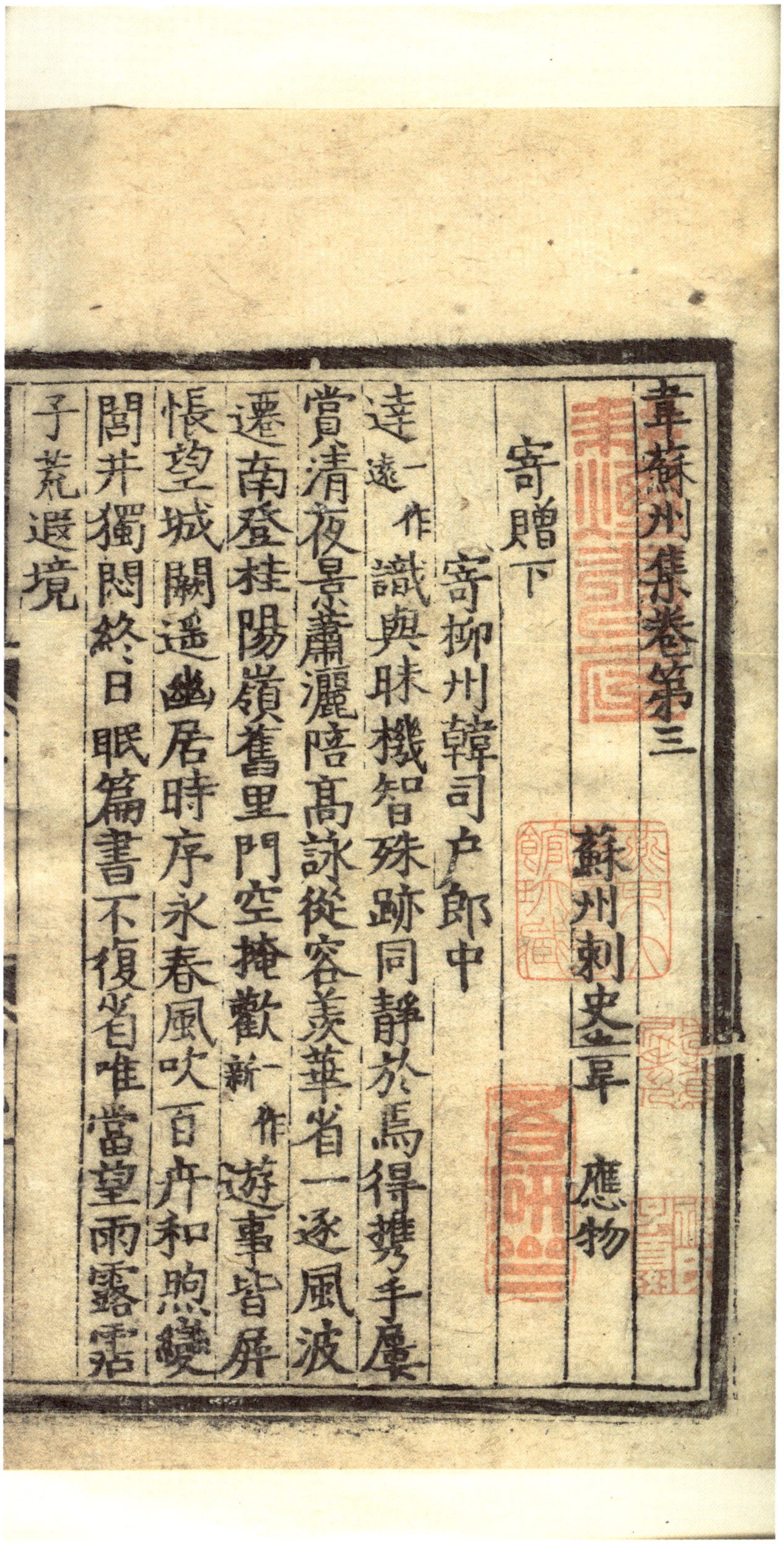
韋蘇州集卷第三
蘇州刺史韋　應物
寄贈下
寄柳州韓司户郎中
達一作遠識與昧機智殊跡同靜於焉得攜手屢
賞清夜景蕭灑陪高詠從容羨華省一逐風波
遷南登桂陽嶺舊里門空掩歡一作新遊事皆屏
悵望城闕遥幽居時序永春風吹百卉和煦變
閭井獨悶終日眠篇書不復省唯當望雨露霑
子荒遐境

08706-08708　韋蘇州集十卷拾遺一卷　（唐）韋應物撰　明弘治九年（1496）李瀚、劉玘刻本

匡高18.9厘米，廣13.1厘米。半葉十行，行十八字，黑口，四周雙邊。天津圖書館藏；北京大學圖書館藏，卷前序、目録及卷一部分抄配；北京大學圖書館藏另一部，爲明修本。

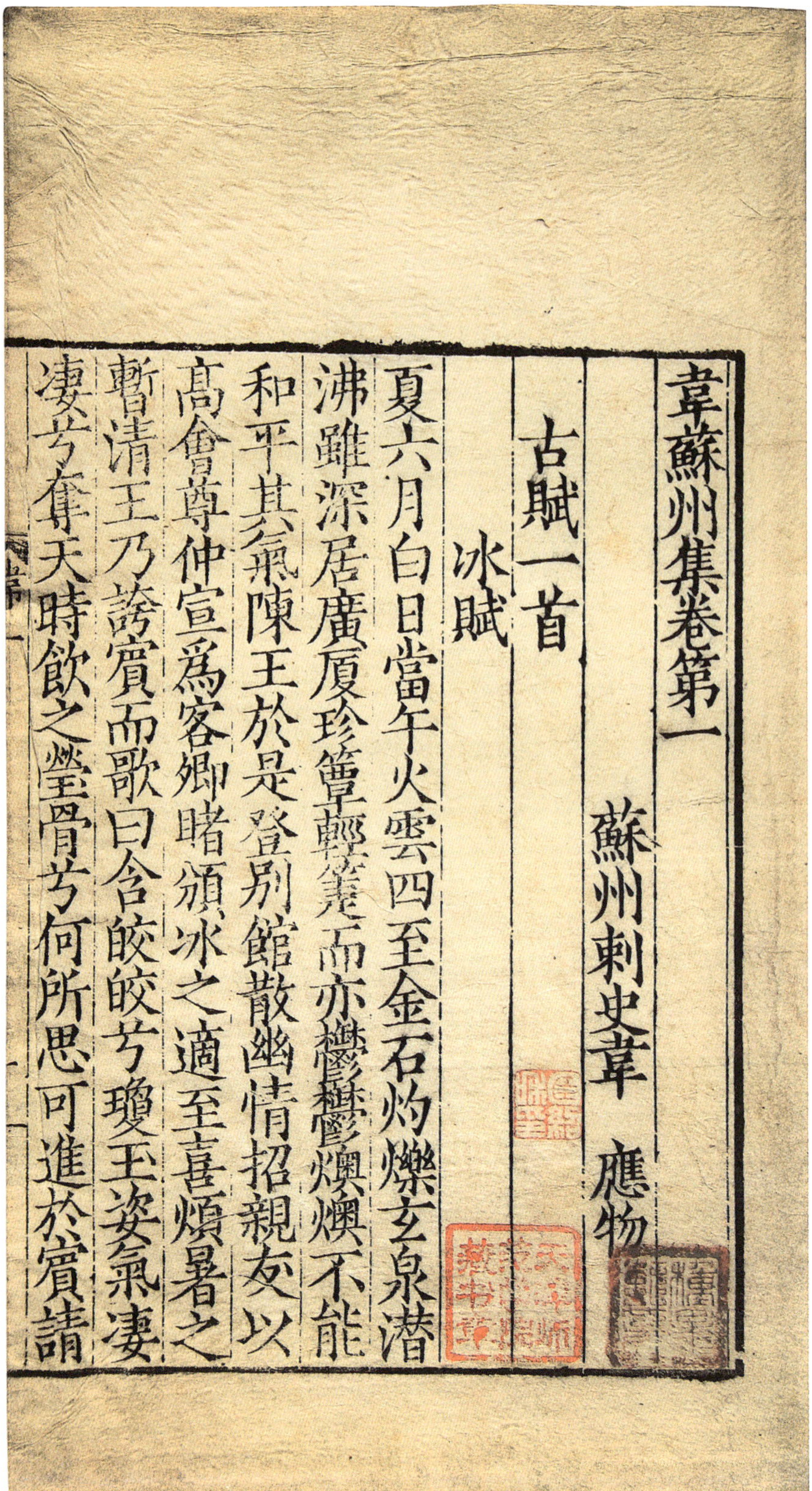
韋蘇州集卷第一
蘇州刺史韋　應物
古賦一首
冰賦
夏六月白日當午火雲四至金石灼爍玄泉潛
沸雖深居廣厦珍簟輕箑而亦鬱鬱燠燠不能
和平其氣陳王於是登別館散幽情招親友以
高會尊仲宣爲客卿睹頒冰之適至喜煩暑之
暫清王乃誇賓而歌曰含皎皎兮瓊玉姿氣凄
凄兮奪天時飲之瑩骨兮何所思可進於賓請

08709 韋蘇州集十卷拾遺一卷 （唐）韋應物撰　明刻本

匡高17.2厘米，廣12.7厘米。半葉十行，行十八字，白口，左右雙邊。有“臣紹和印”、“曾在周叔弢處”等印。天津師範大學圖書館藏。

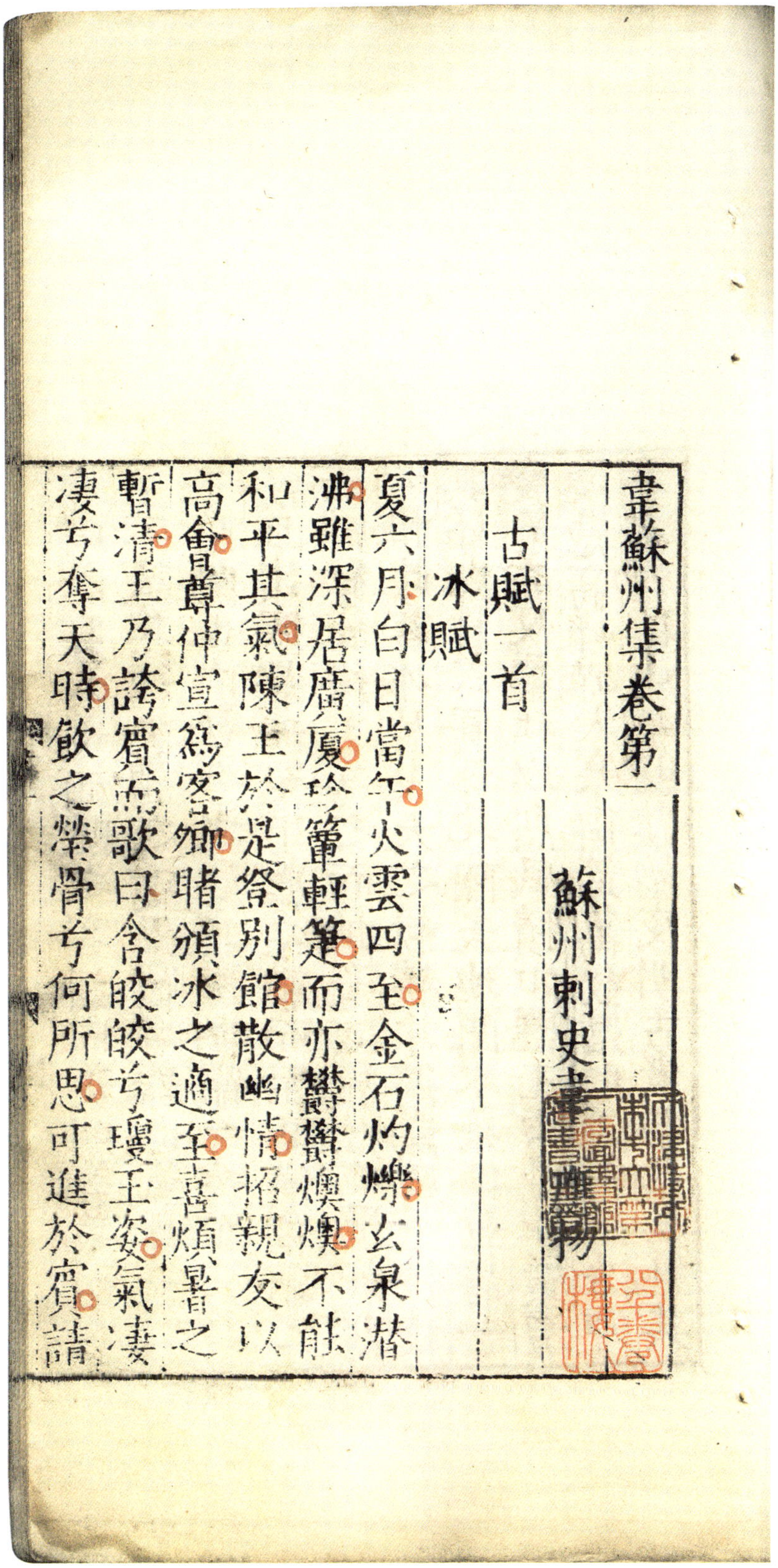

韋蘇州集卷第一

蘇州刺史韋應物

古賦一首

冰賦

夏六月白日當午火雲四至金石灼爍玄泉潛沸雖深居廣廈珍簟輕箑而亦鬱鬱燠燠不能和平其氣陳王於是登别館散幽情招親友以高會尊仲宣爲客卿睹頒冰之適至喜煩暑之暫清王乃誇賓而歌曰含皎皎兮瓊玉姿氣凄凄兮奪天時飲之榮骨兮何所思可進於賓請

08711 韋蘇州集十卷拾遺一卷（唐）韋應物撰　明刻本

匡高17.5厘米，廣12.4厘米。半葉十行，行十八字，白口，四周單邊。有“八千卷樓”等印。天津圖書館藏。

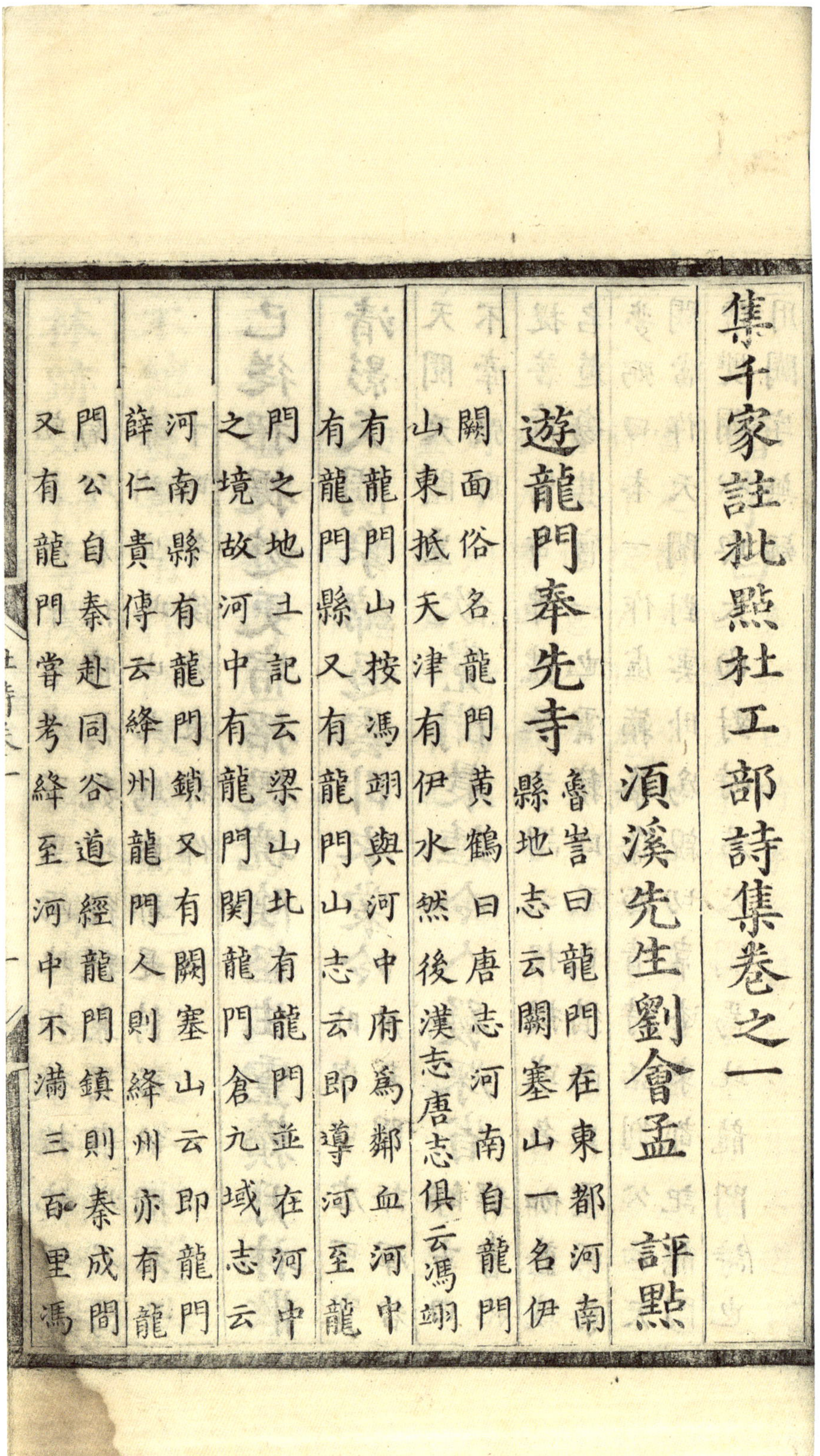
集千家註批點杜工部詩集卷之一
須溪先生劉會孟　評點
遊龍門奉先寺
魯旹曰龍門在東都河南
縣地志云闕塞山一名伊
闕面俗名龍門黃鶴曰唐志河南自龍門
山東抵天津有伊水然後漢志唐志俱云馮翊
有龍門山按馮翊與河中府爲鄜血河中
有龍門縣又有龍門山志云即導河至龍
門之地土記云梁山北有龍門並在河中
之境故河中有龍門関龍門倉九域志云
河南縣有龍門鎖又有闕塞山云即龍門
薛仁貴傳云絳州龍門人則絳州亦有龍
門公自秦赴同谷道經龍門鎮則秦成間
又有龍門嘗考絳至河中不滿三百里馮

08727 集千家註批點杜工部詩集二十卷（唐）杜甫撰　（宋）黃鶴補注　（宋）劉辰翁批點　**年譜一卷**　明嘉靖八年（1529）朱邦薴懋德堂刻本
匡高25.5厘米，廣19.2厘米。半葉八行，行十八字，黑口，四周雙邊。天津圖書館藏。

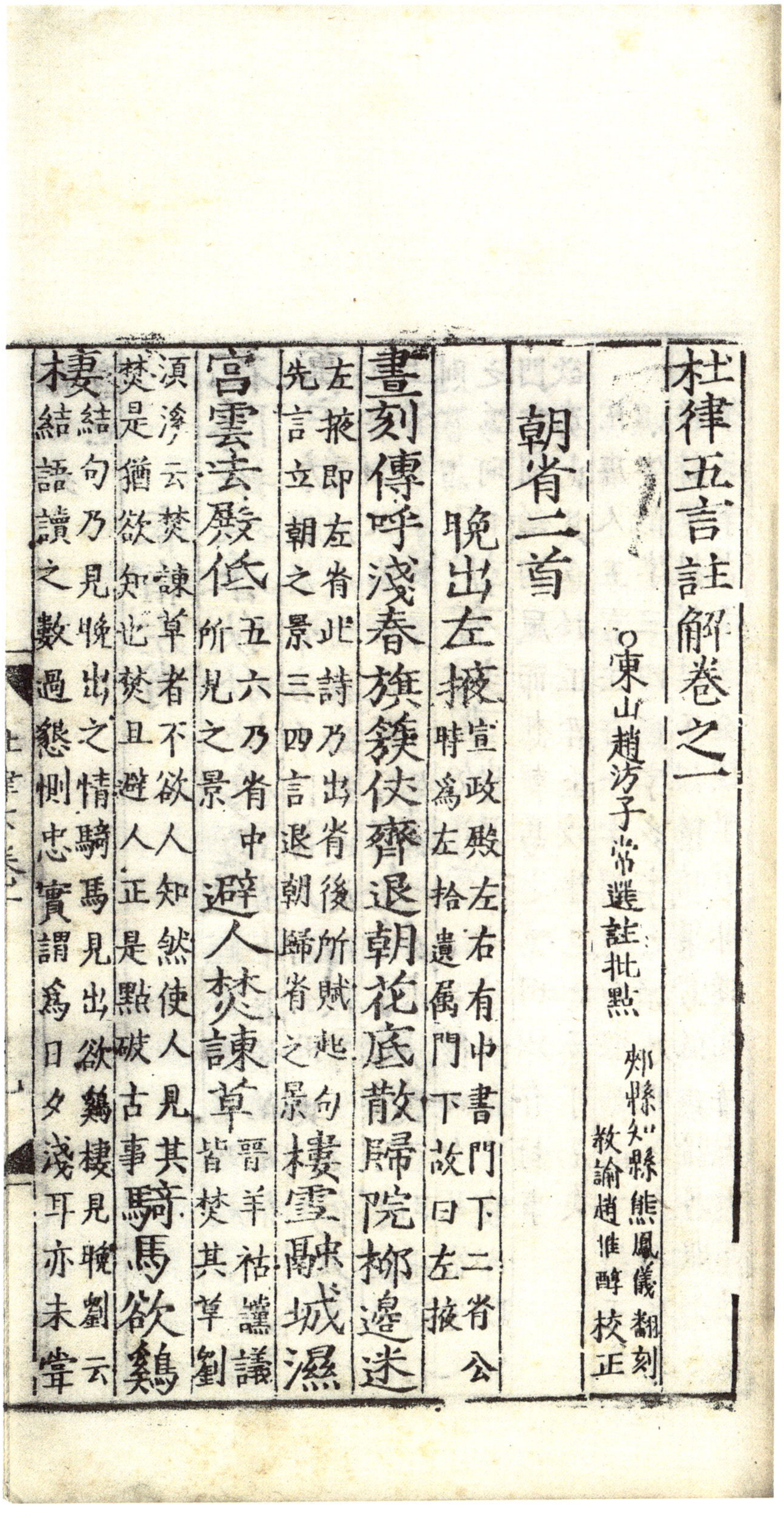

杜律五言註解卷之一

東山趙汸子常選註批點

郟縣知縣熊鳳儀翻刻
教諭趙惟醇校正

朝省二首

晚出左掖宣政殿左右有中書門下二省公時爲左拾遺屬門下故曰左掖

晝刻傳呼淺春旗簇仗齊退朝花底散歸院柳邊迷左掖即左省此詩乃出省後所賦起句先言立朝之景三四言退朝歸省之景樓雪融城濕宮雲去殿低五六乃省中所見之景避人焚諫草晉羊祜讜議皆焚其草劉須溪云焚諫草者不欲人知然使人見其焚是猶欲知也焚且避人正是點破古事騎馬欲鷄棲結句乃見晚出之情騎馬見出欲鷄棲見晚劉云結語讀之數過懇惻忠實謂爲日夕淺耳亦未嘗

08733 杜律二註四卷 明嘉靖二十六年（1547）郟縣退省堂刻本

匡高20.5厘米，廣14厘米。半葉九行，行二十字，小字雙行同，白口，四周單邊。有“嘉靖丁未秋九月刻干郟縣之退省堂”牌記。天津圖書館藏。

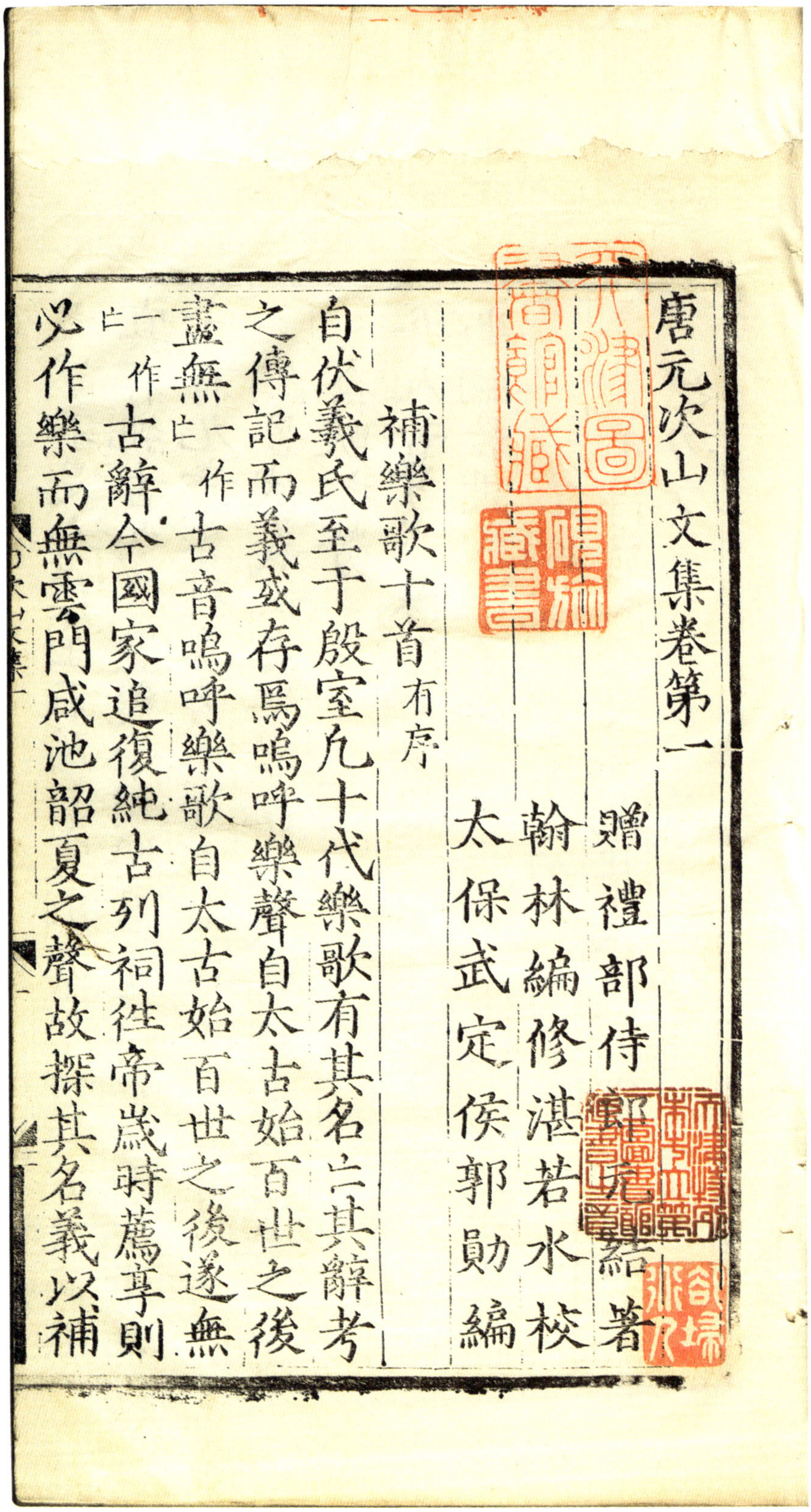
唐元次山文集卷第一
贈禮部侍郎元結著
翰林編修湛若水校
太保武定侯郭勛編
補樂歌十首有序
自伏羲氏至于殷室凡十代樂歌有其名亡其辭考
之傳記而義或存焉嗚呼樂聲自太古始百世之後
盡無亡一作古音嗚呼樂歌自太古始百世之後遂無
亡一作古辭今國家追復純古列祠往帝歲時薦享則
必作樂而無雲門咸池韶夏之聲故探其名義以補

08740 唐元次山文集十卷拾遺一卷 （唐）元結撰　明嘉靖刻萬曆十一年（1583）夏鏜重修本

匡高20.7厘米，廣13.8厘米。半葉十行，行二十字，黑口，四周雙邊。天津圖書館藏。

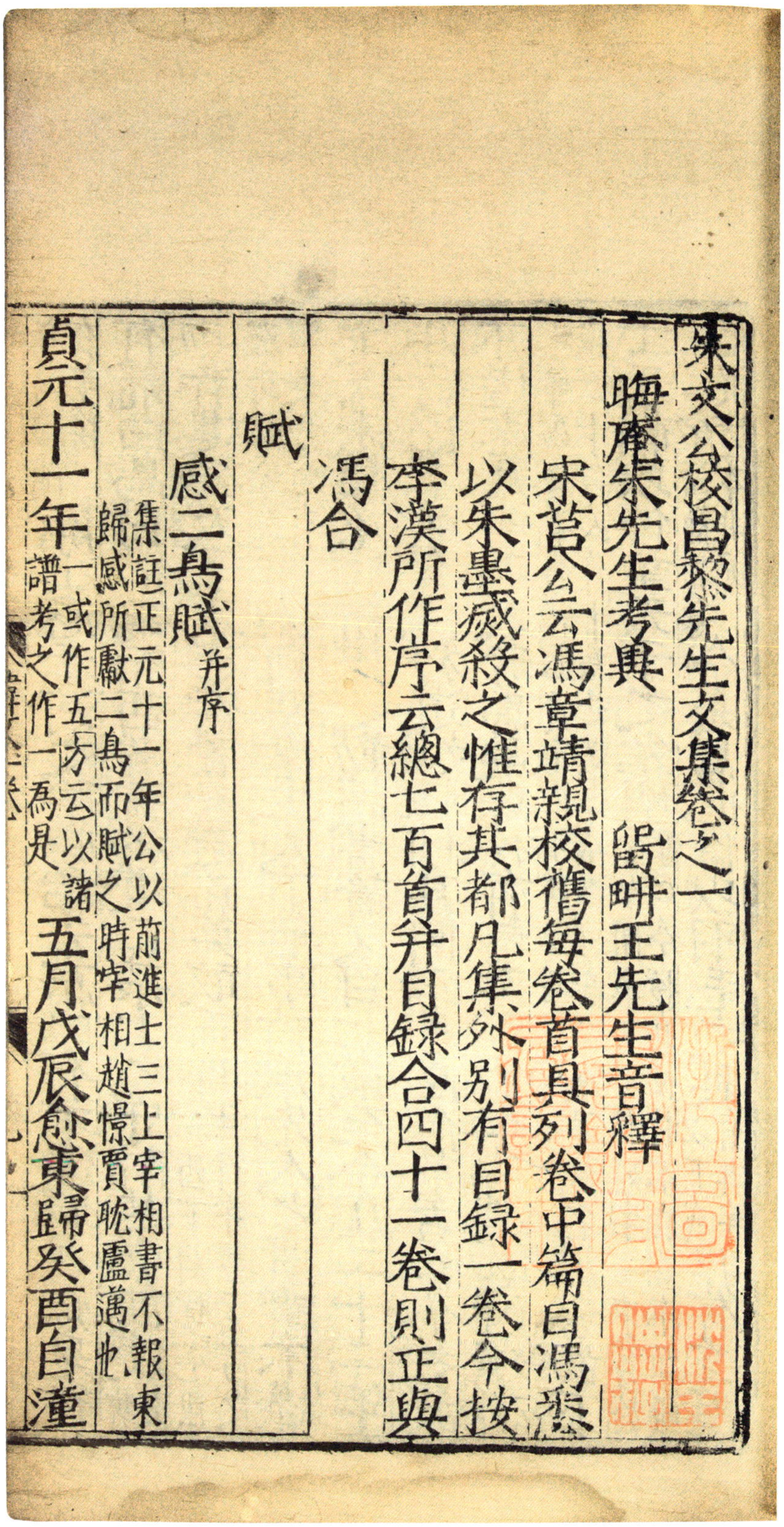
朱文公校昌黎先生文集卷之一
晦庵朱先生考異　留畊王先生音釋
宋莒公云馮章靖親校舊每卷首具列卷中篇目馮悉以朱墨滅殺之惟存其都凡集外別有目録一卷今按李漢所作序云總七百首并目録合四十一卷則正與馮合
賦
感二鳥賦并序
集註正元十一年公以前進士三上宰相書不報東歸感所獻二鳥而賦之時宰相趙憬賈耽盧邁也
貞元十一年一或作五方云以諸譜考之作一為是五月戊辰愈東歸癸酉自潼

08758、08759　朱文公校昌黎先生文集四十卷外集十卷遺文一卷（唐）韓愈撰（宋）朱熹考异（宋）王伯大音釋　**傳一卷**　明嘉靖十三年（1534）安正書堂刻本

匡高18.8厘米，廣12.9厘米。半葉十行，行二十四字，小字雙行同，白口，四周雙邊。浙江圖書館、天津圖書館藏。

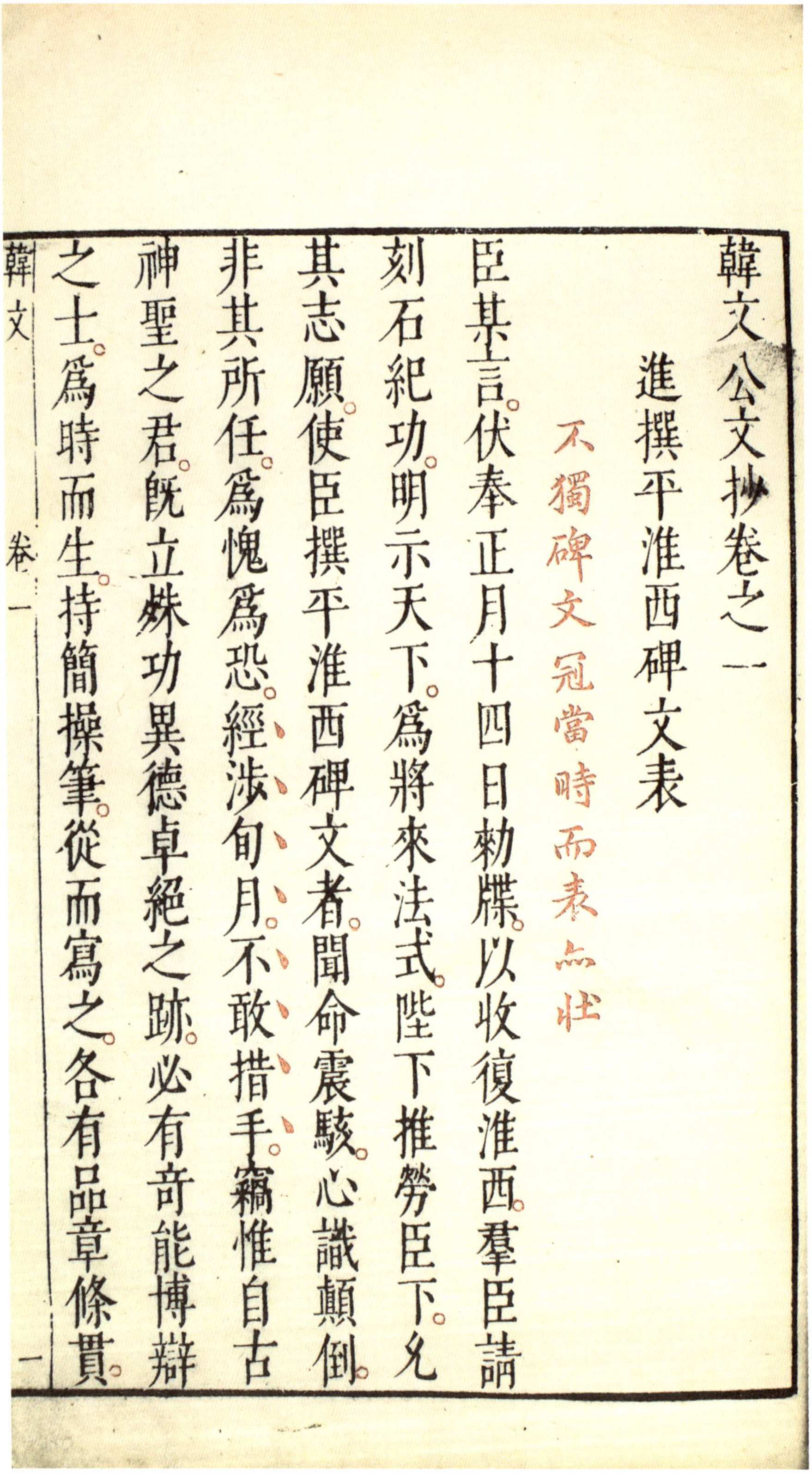

韓文公文抄卷之一

進撰平淮西碑文表

不獨碑文冠當時而表亦壯

臣某言伏奉正月十四日勑牒以收復淮西羣臣請刻石紀功明示天下爲將來法式陛下推勞臣下允其志願使臣撰平淮西碑文者聞命震駭心識顛倒非其所任爲愧爲恐經涉旬月不敢措手竊惟自古神聖之君既立殊功異德卓絕之跡必有奇能博辯之士爲時而生持簡操筆從而寫之各有品章條貫

韓文　卷一　一

08764-08766　韓文公文抄十六卷　（唐）韓愈撰　（明）茅坤評　明刻朱墨套印本

匡高20.9厘米，廣13.9厘米。半葉九行，行二十字，白口，四周單邊。故宫博物院、天津圖書館、東北師範大學圖書館藏。

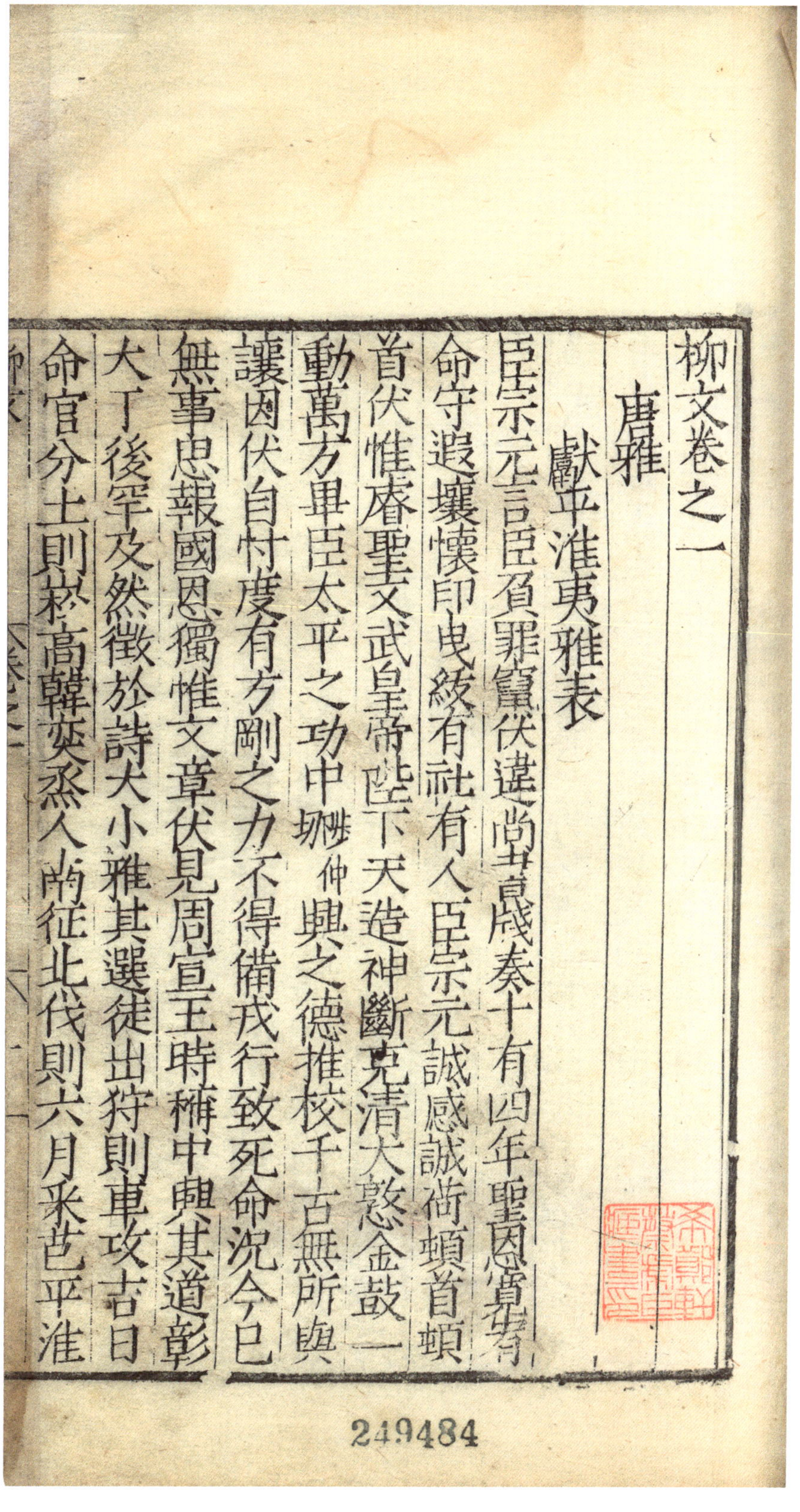
柳文卷之一
唐雅
獻平淮夷雅表
臣宗元言臣負罪竄伏違尚書歲奏十有四年聖恩寬容
命守遐壤懷印曳紱有社有人臣宗元誠感誠荷頓首頓
首伏惟睿聖文武皇帝陛下天造神斷克清大憝金鼓一
動萬方畢臣太平之功中興之德推校千古無所與
讓困伏自忖度有方剛之力不得備戎行致死命況今已
無事忠報國恩獨惟文章伏見周宣王時稱中興其道彰
大丁後罕及然徵於詩大小雅其選徒出狩則車攻吉日
命官分土則崧高韓奕烝人南征北伐則六月采芑平淮

08768、08769 柳文四十三卷別集二卷外集二卷 （唐）柳宗元撰 **附録一卷後録一卷** 明嘉靖二十八年（1549）王士翹刻三十一年（1552）朱有孚續刻本

匡高18.8厘米，廣12.3厘米。半葉十一行，行二十二字，白口，左右雙邊。

天津圖書館藏；柳州市博物館藏，存四十八卷。

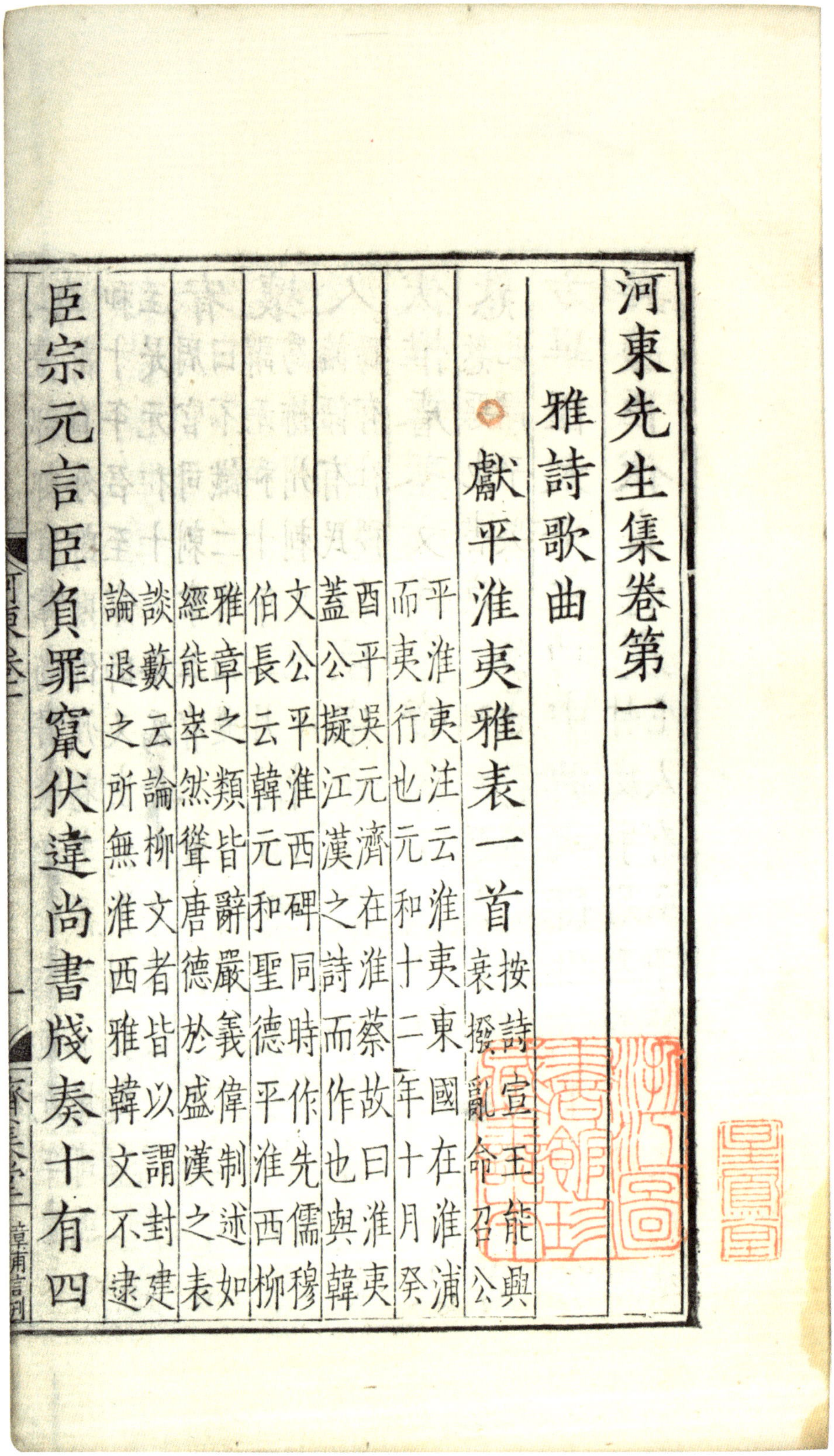
河東先生集卷第一
雅詩歌曲
獻平淮夷雅表一首按詩宣王能與衰撥亂命召公
平淮夷注云淮夷東國在淮浦
而夷行也元和十二年十月癸
西平吳元濟在淮蔡故曰淮夷
蓋公擬江漢之詩而作也與韓
文公平淮西碑同時作先儒穆
伯長云韓元和聖德平淮西柳
雅章之類皆辭嚴義偉制述如
經能崒然聳唐德於盛漢之表
談藪云論柳文者皆以謂封建
論退之所無淮西雅韓文不逮
臣宗元言臣負罪竄伏違尚書箋奏十有四

08770-08780 河東先生集四十五卷外集二卷龍城録二卷 （唐）柳宗元撰 （宋）廖瑩中校正 **附録二卷傳一卷** 明郭雲鵬濟美堂刻本

匡高20厘米，廣13.6厘米。半葉九行，行十七字，小字雙行同，細黑口，四周雙邊。有“東吳郭雲鵬校壽梓”牌記。吉林大學圖書館、天津圖書館藏；浙江圖書館藏三部；浙江省義烏市圖書館、石家莊市圖書館、重慶市北碚圖書館藏；遼寧省圖書館藏三部。

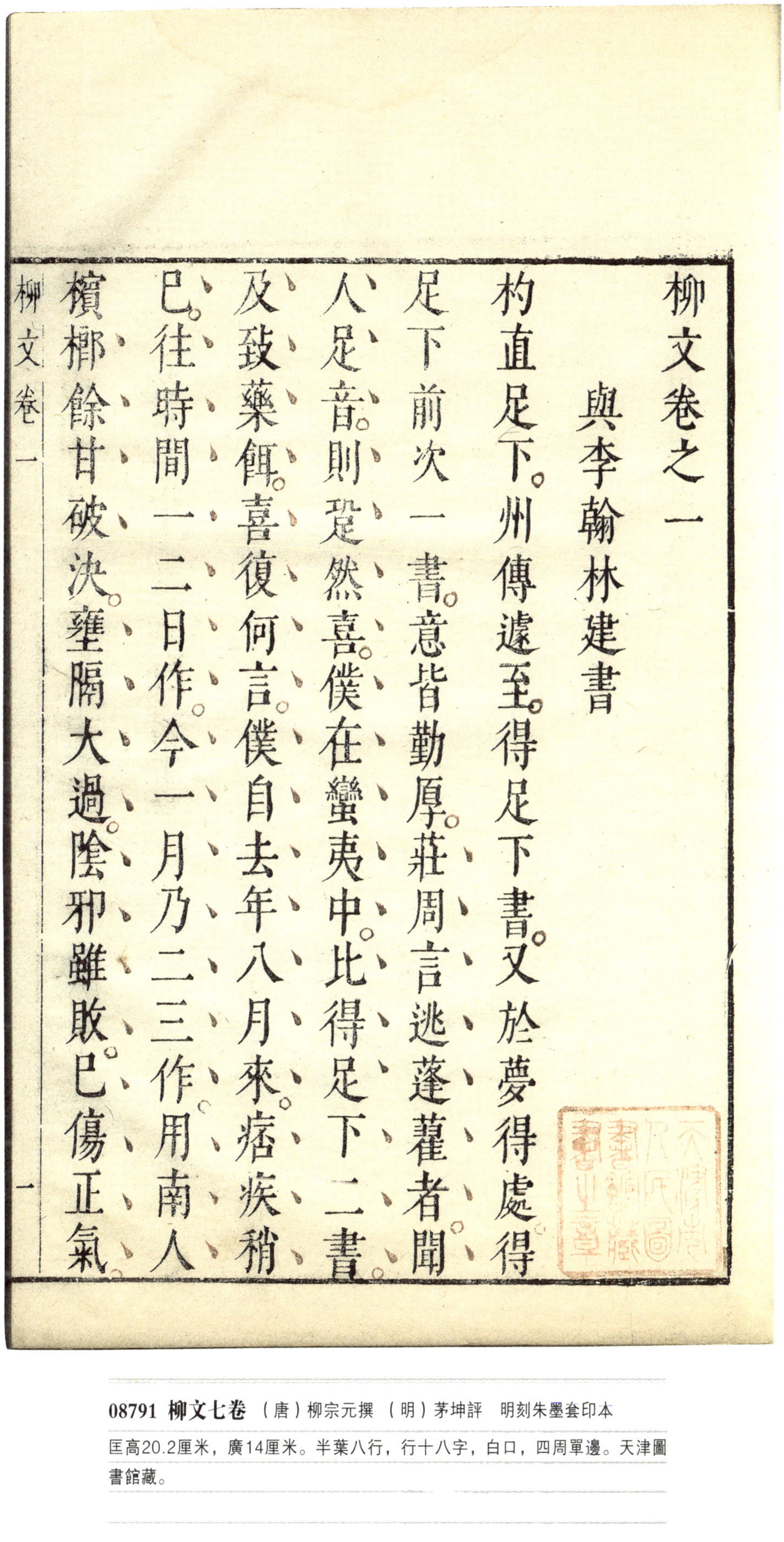
柳文卷之一

與李翰林建書

杓直足下州傳遽至得足下書又於夢得處得足下前次一書意皆勤厚莊周言逃蓬藋者聞人足音則跫然喜僕在蠻夷中比得足下二書及致藥餌喜復何言僕自去年八月來痞疾稍已往時間一二日作今一月乃二三作用南人檳榔餘甘破決壅隔大過陰邪雖敗已傷正氣

柳文卷一　一

08791 柳文七卷 （唐）柳宗元撰　（明）茅坤評　明刻朱墨套印本

匡高20.2厘米，廣14厘米。半葉八行，行十八字，白口，四周單邊。天津圖書館藏。

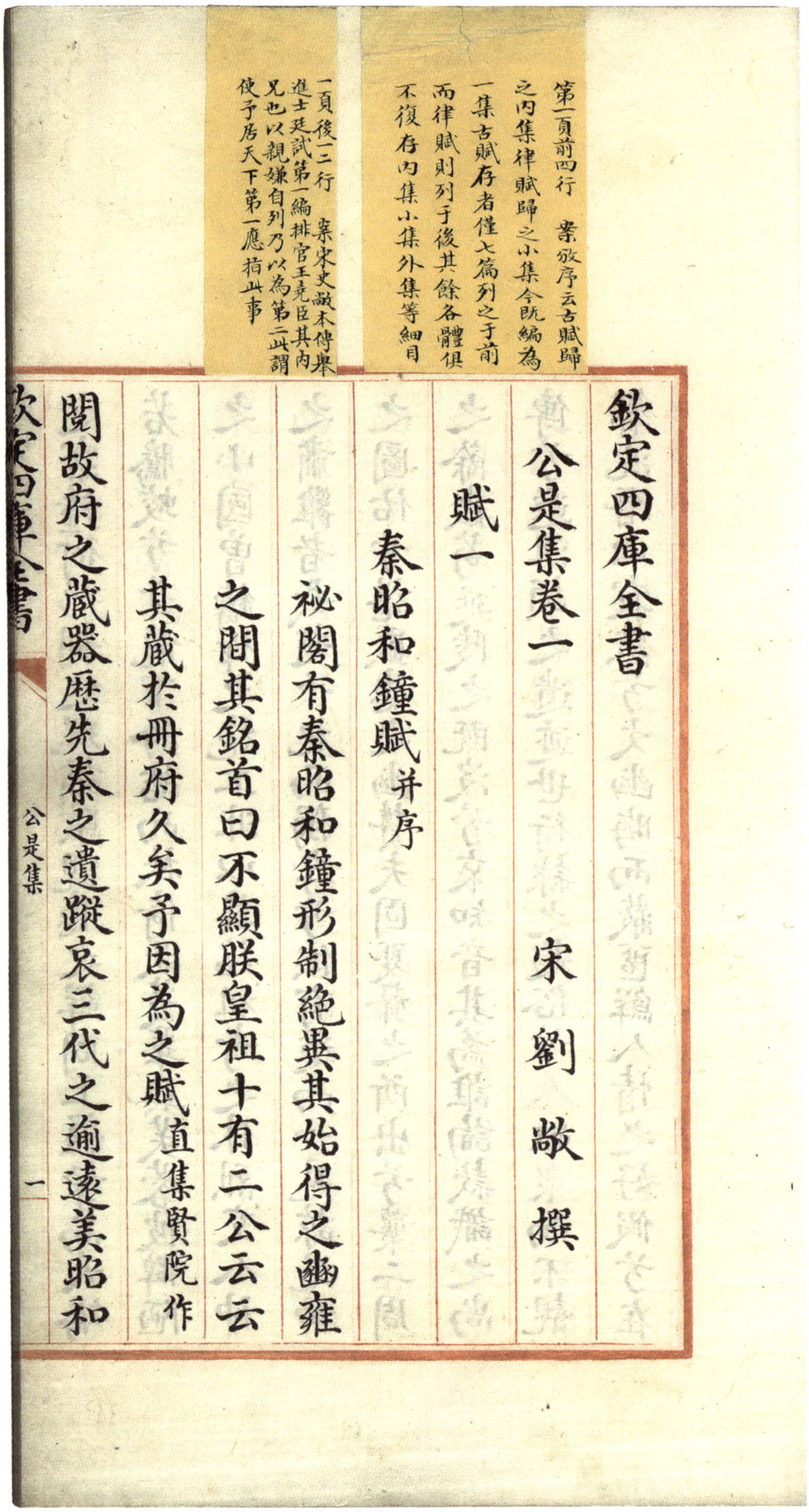
第一頁前四行　案敞序云古賦歸之內集律賦歸之小集今既編為一集古賦存者僅七篇列之于前而律賦則列于後其餘各體俱不復存內集小集外集等細目

一頁後一二行　案宋史敞本傳舉進士廷試第一編排官王堯臣其內兄也以親嫌自列乃以為第二此謂使予居天下第一應指此事

欽定四庫全書

公是集卷一　宋　劉敞　撰

賦一

秦昭和鐘賦并序

祕閣有秦昭和鐘形制絕異其始得之幽雍之閒其銘首曰不顯朕皇祖十有二公云云其藏於冊府久矣予因為之賦直集賢院作

閱故府之藏器歷先秦之遺蹤哀三代之逾遠美昭和

欽定四庫全書　公是集　一

08831 公是集五十四卷　（宋）劉敞撰　清四庫全書館抄本

匡高22.2厘米，廣15.2厘米。半葉八行，行二十一字，紅格，白口，四周雙邊。天津圖書館藏。

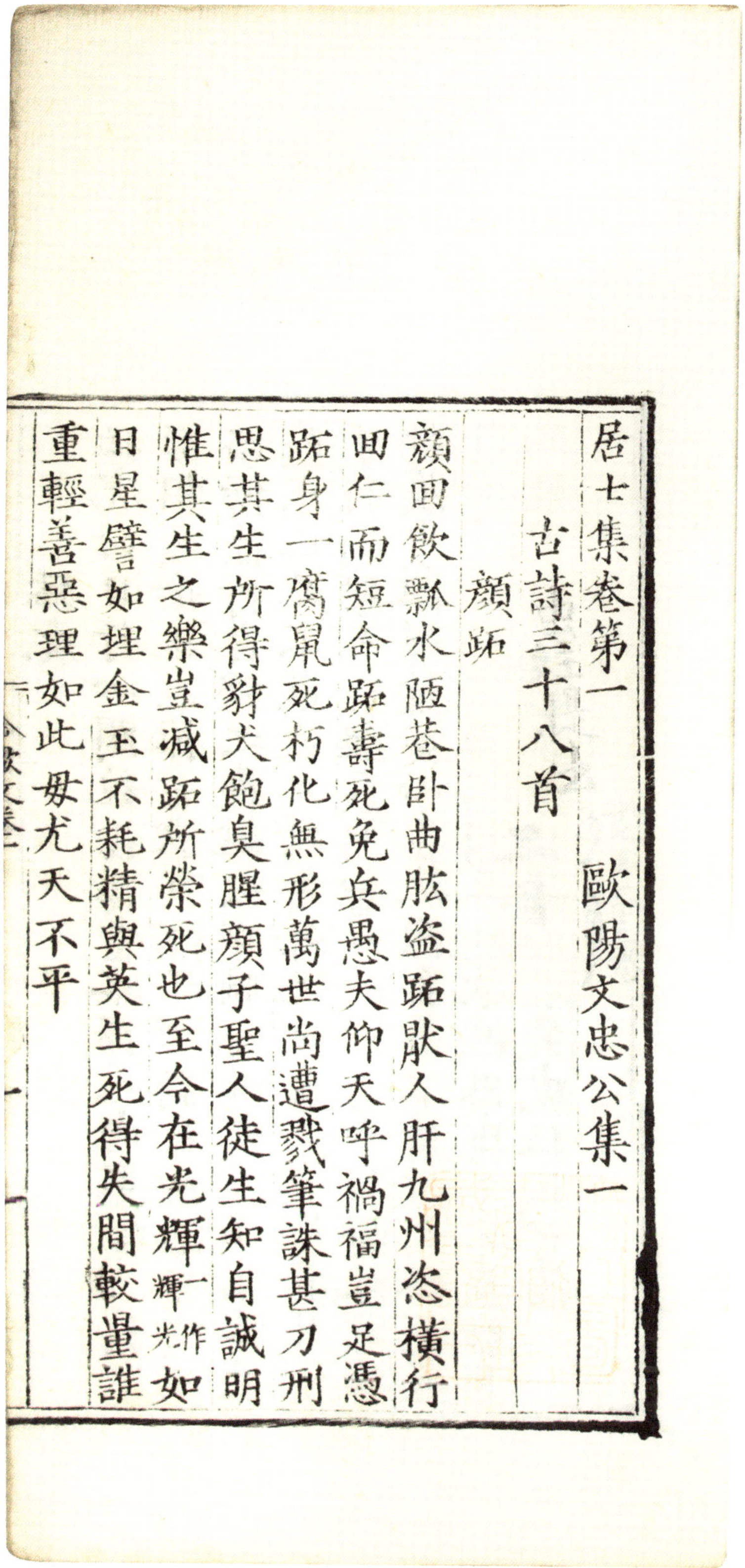
居士集卷第一　　歐陽文忠公集一
古詩三十八首
顔跖
顔回飲瓢水陋巷卧曲肱盜跖饜人肝九州恣横行
回仁而短命跖壽死免兵愚夫仰天呼禍福豈足憑
跖身一腐鼠死朽化無形萬世尚遭戮筆誅甚刀刑
思其生所得豺犬飽臭腥顔子聖人徒生知自誠明
惟其生之樂豈減跖所榮死也至今在光輝一作輝光如
日星譬如埋金玉不耗精與英生死得失間較量誰
重輕善惡理如此毋尤天不平

08845、08846 歐陽文忠公集一百五十三卷（宋）歐陽修撰　**年譜一卷**（宋）胡柯撰　**附録六卷**　明正德七年（1512）劉喬刻嘉靖十六年（1537）季本、詹治重修三十九年（1560）何遷遞修本

匡高20厘米，廣13.2厘米。半葉十行，行二十字，白口，四周雙邊。天津圖書館藏；浙江圖書館藏，存一百五十九卷。

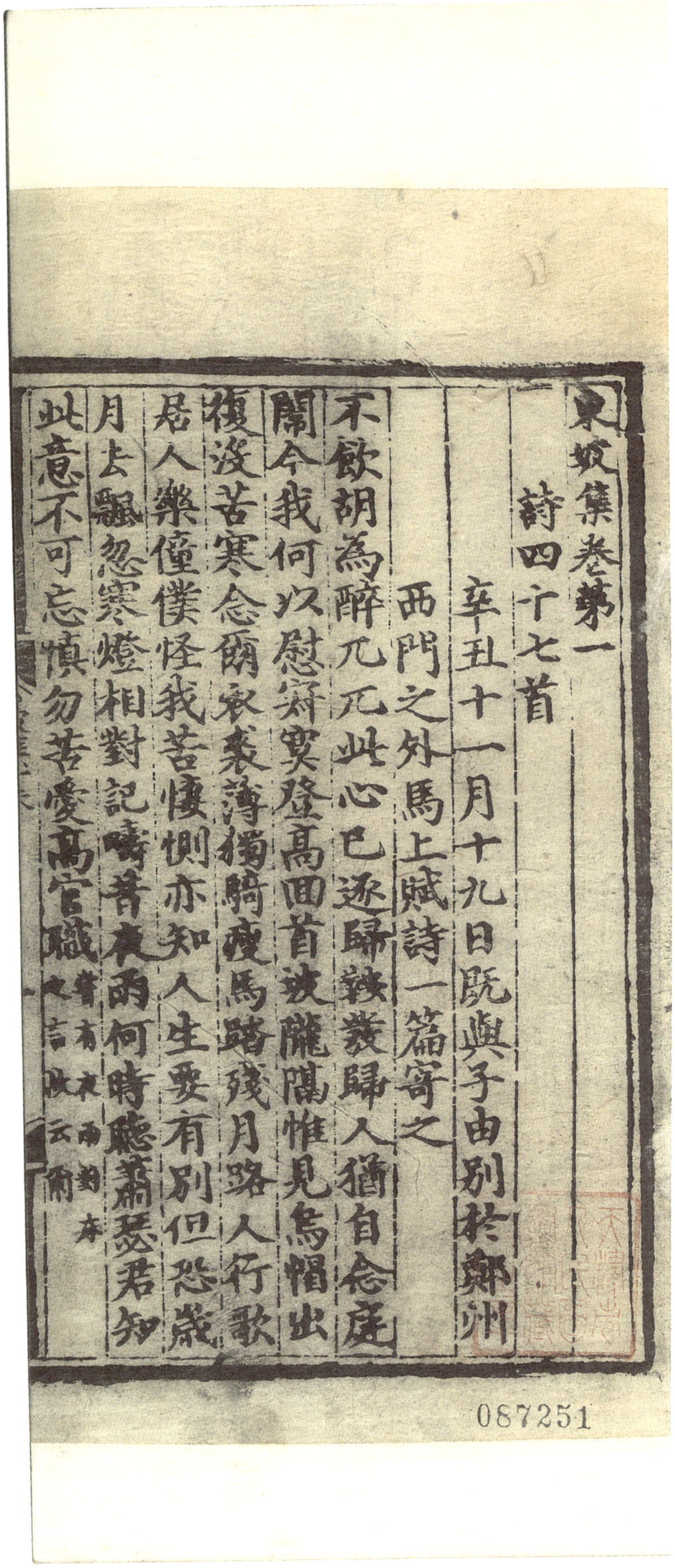
東坡集卷第一

詩四十七首

辛丑十一月十九日既與子由別於鄭州

西門之外馬上賦詩一篇寄之

不飲胡為醉兀兀此心已逐歸鞍發歸人猶自念庭闈今我何以慰寂寞登高回首坡隴隔惟見烏帽出復沒苦寒念爾衣裘薄獨騎瘦馬踏殘月路人行歌居人樂僮僕怪我苦悽惻亦知人生要有別但恐歲月去飄忽寒燈相對記疇昔夜雨何時聽蕭瑟君知此意不可忘慎勿苦愛高官職嘗有夜雨對牀之言故云爾

08859 東坡集四十卷後集二十卷奏議十五卷内制集十卷樂語一卷外制集三卷應詔集十卷續集十二卷 （宋）蘇軾撰 **年譜一卷** （宋）王宗稷撰 明成化四年（1468）程宗刻本

匡高20.2厘米，廣13厘米。半葉十行，行二十字，小字雙行同，黑口，四周雙邊。天津圖書館藏。

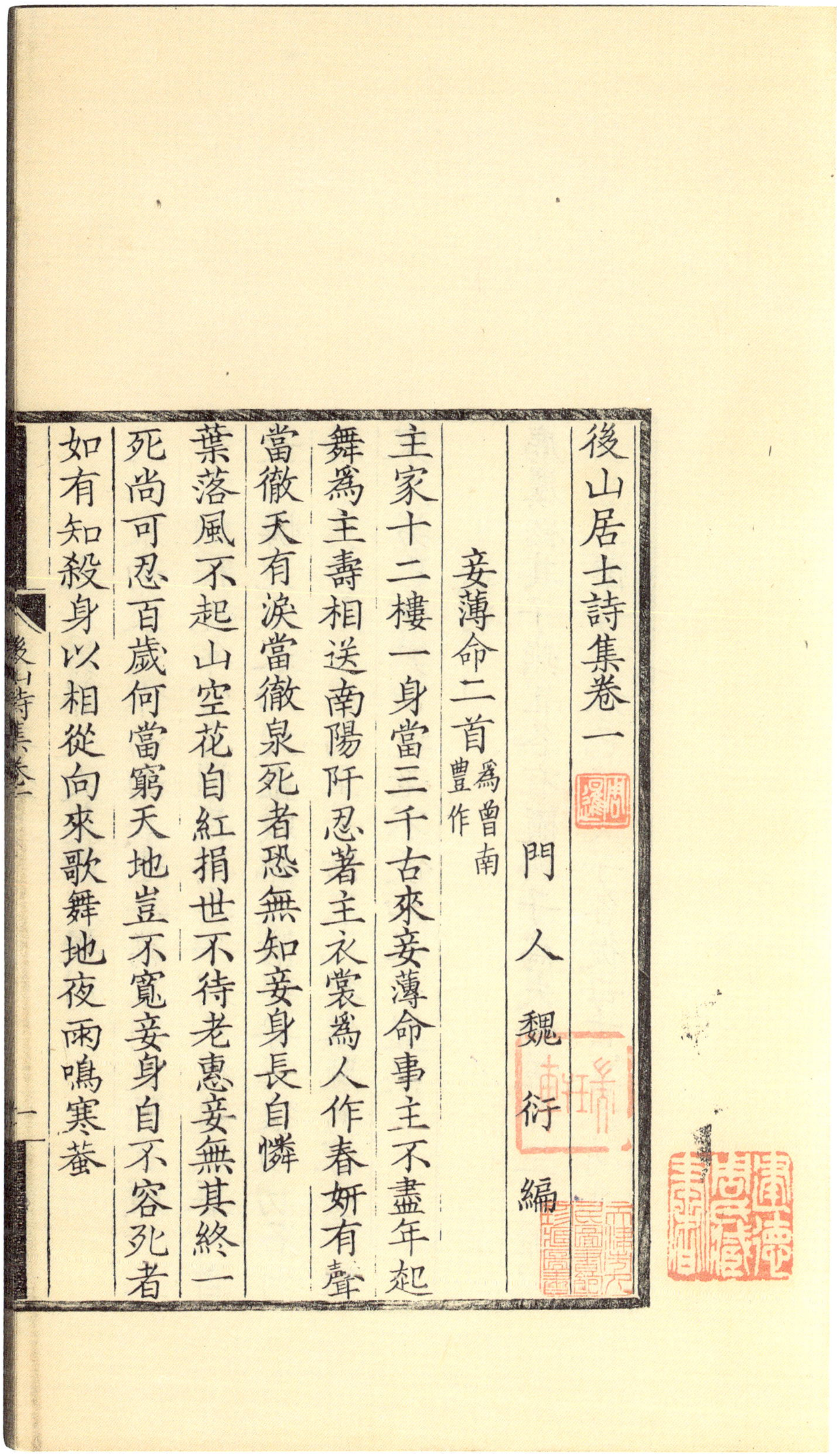
後山居士詩集卷一

門人魏衍編

妾薄命二首 爲曾南豐作

主家十二樓一身當三千古來妾薄命事主不盡年起舞爲主壽相送南陽阡忍著主衣裳爲人作春妍有聲當徹天有淚當徹泉死者恐無知妾身長自憐

葉落風不起山空花自紅捐世不待老惠妾無其終一死尚可忍百歲何當窮天地豈不寬妾身自不容死者如有知殺身以相從向來歌舞地夜雨鳴寒蛩

後山詩集卷一　一

08885　後山居士詩集六卷逸詩五卷詩餘一卷　（宋）陳師道撰　清雍正三年（1725）陳唐活字印本

匡高17.5厘米，廣12.4厘米。半葉九行，行二十一字，黑口，左右雙邊。周叔弢題識。天津圖書館藏。

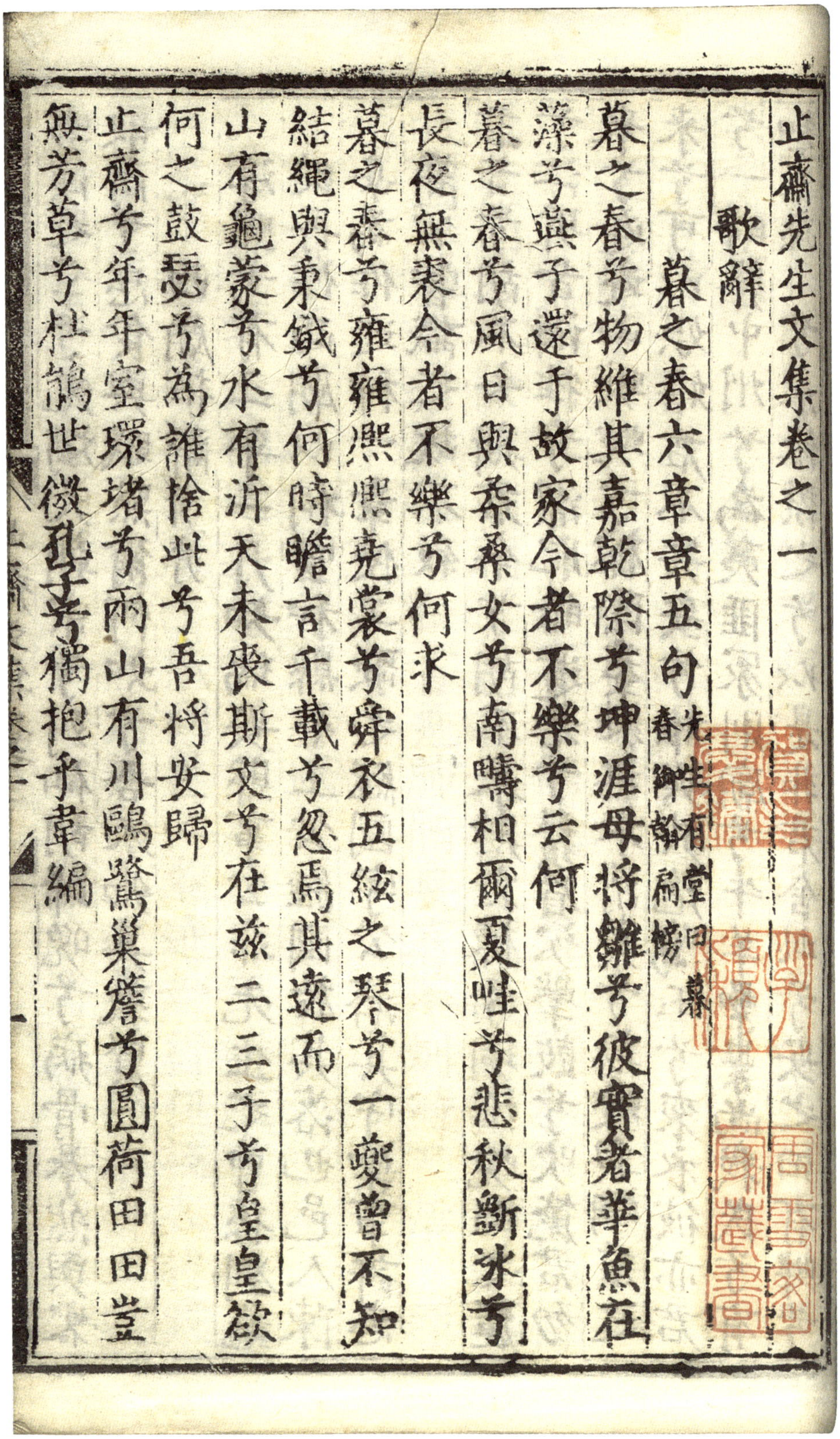
止齋先生文集卷之一

歌辭

暮之春六章章五句 先生有堂曰暮春御筆扁榜

暮之春兮物維其嘉乾際兮坤涯毋將雛兮彼實者華魚在藻兮與子還于故家今者不樂兮云何

暮之春兮風日與柔桑女兮南疇相爾夏畦兮悲秋斷冰兮長夜無衾今者不樂兮何求

暮之春兮雍雍熈熈堯裳兮舜衣五絃之琴兮一夔曾不知結繩與秉鉞兮何時瞻言千載兮忽焉其遠而

山有龜蒙兮水有沂天未喪斯文兮在玆二三子兮皇皇欲何之鼓瑟兮為誰捨此兮吾將安歸

止齋兮年年室環堵兮兩山有川鷗鷺巢譽兮圓荷田田豈無芳草兮杜鵑世微孔子兮獨抱乎韋編

08921-08925 止齋先生文集五十二卷 （宋）陳傅良撰 **附録一卷** 明正德元年（1506）林長繁刻本

匡高21.3厘米，廣14厘米。半葉十三行，行二十三字，黑口，四周雙邊。雲南大學圖書館藏，有“郭恩孚印”、“蓉汀”等印；吉林大學圖書館、天津圖書館、浙江省瑞安市文物館、南京圖書館藏。

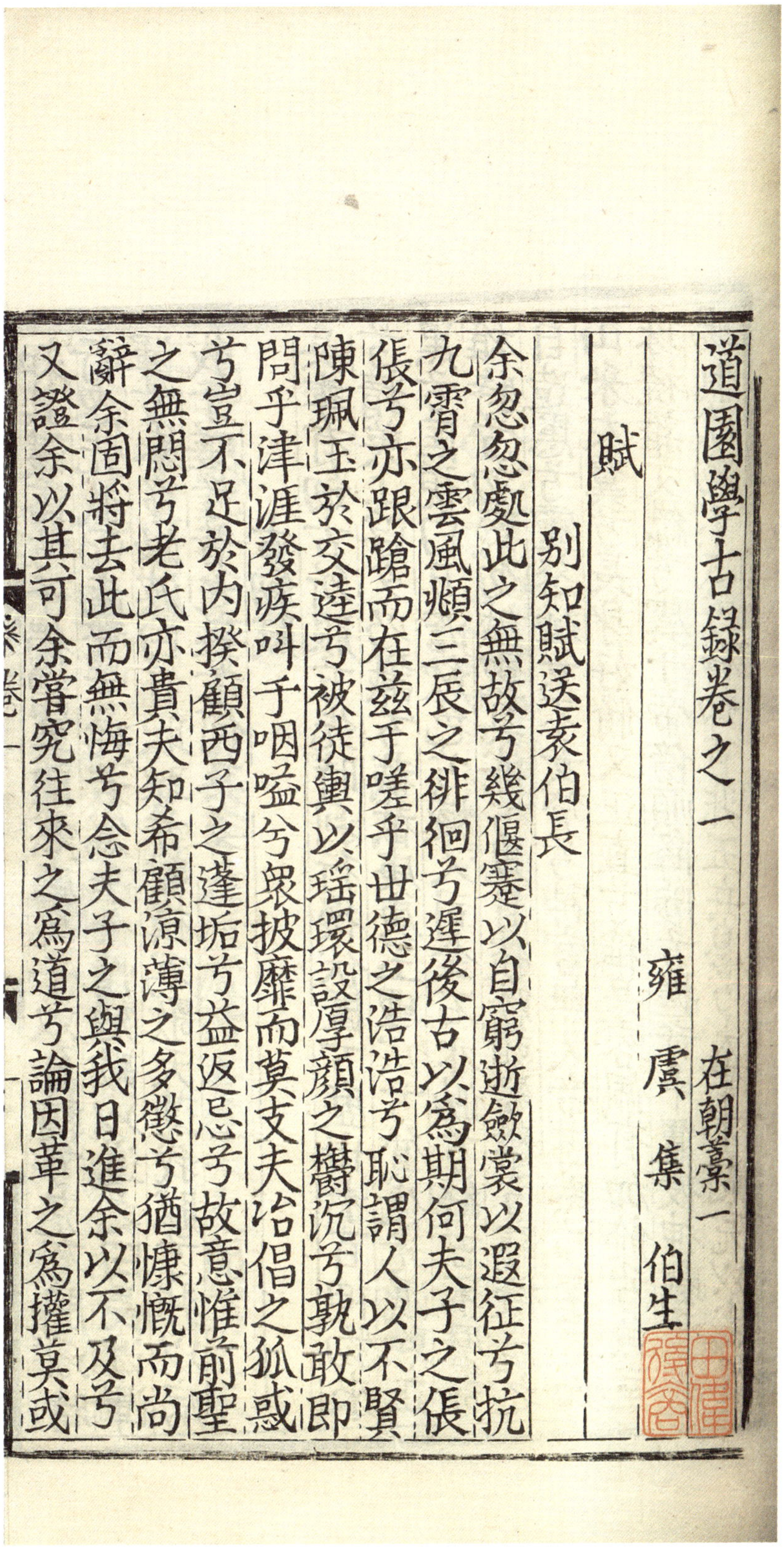
道園學古録卷之一　　在朝稾一

雍　虞　集　伯生

賦

別知賦送袁伯長

余忽忽處此之無故兮幾偃蹇以自窮逝斂裳以遐征兮抗九霄之雲風頫三辰之徘徊兮遲後古以爲期何夫子之倀倀兮亦跟蹌而在茲于嗟乎世德之浩浩兮恥謂人以不賢陳珮玉於交逵兮被徒輿以瑤環設厚顏之欝沉兮孰敢即問乎津涯發疾吽于咽嗌兮衆披靡而莫支夫冶倡之狐惑兮豈不足於内揆顧西子之蓬垢兮益返忌兮故意惟前聖之無悶兮老氏亦貴夫知希顧涼薄之多懲兮猶慷慨而尚辭余固將去此而無悔兮念夫子之與我日進余以不及兮又證余以其可余嘗究往來之爲道兮論因革之爲權莫或

08983-08986 道園學古録五十卷（元）虞集撰　明景泰七年（1456）鄭達、黃仕達刻本

匡高19.6厘米，廣13厘米。半葉十三行，行二十三字，黑口，四周雙邊。山西師範大學圖書館、江蘇省常熟市博物館、東北師範大學圖書館藏；天津圖書館藏，張金吾跋、朱昂之題款。

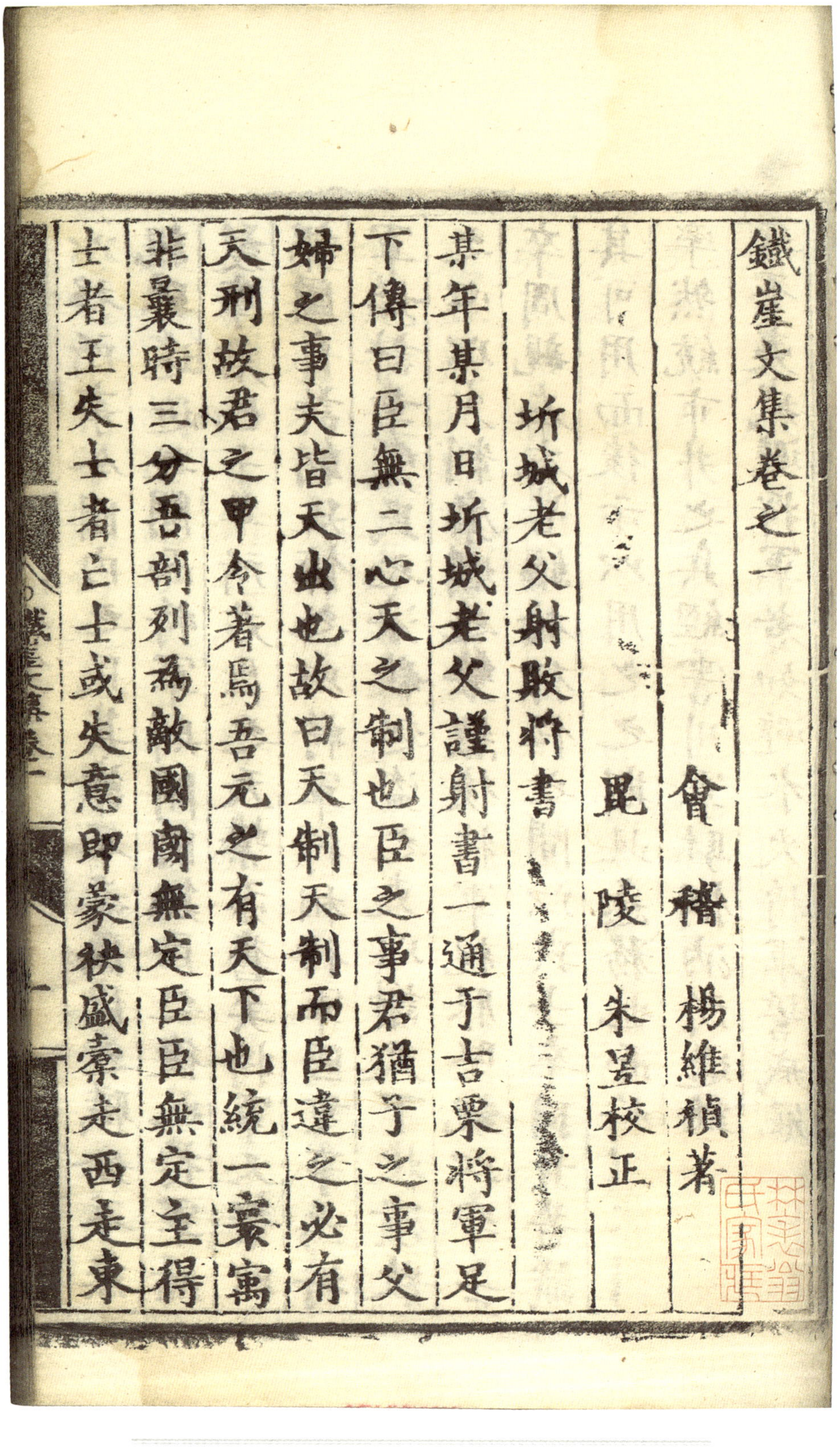
鐵崖文集卷之一
會稽　楊維禎著
毘陵　朱昱校正
圻城老父射敗將書
某年某月日圻城老父謹射書一通于吉粟將軍足
下傳曰臣無二心天之制也臣之事君猶子之事父
婦之事夫皆天也故曰天制天制而臣違之必有
天刑故君之甲令著焉吾元之有天下也統一寰寓
非曩時三分吾剖列爲敵國無定臣臣無定主得
士者王失士者亡士或失意即蒙袂盛槖走西走東

09003-09006 鐵崖文集五卷（元）楊維禎撰　明弘治十四年（1501）馮允中刻本

匡高20.4厘米，廣14.9厘米。半葉十行，行二十字，黑口，四周雙邊。天津圖書館、江蘇省常熟市博物館藏；國家圖書館藏，陳鱣跋；吉林大學圖書館藏，有“羅振玉”、“羅叔言”等印，羅振玉跋。

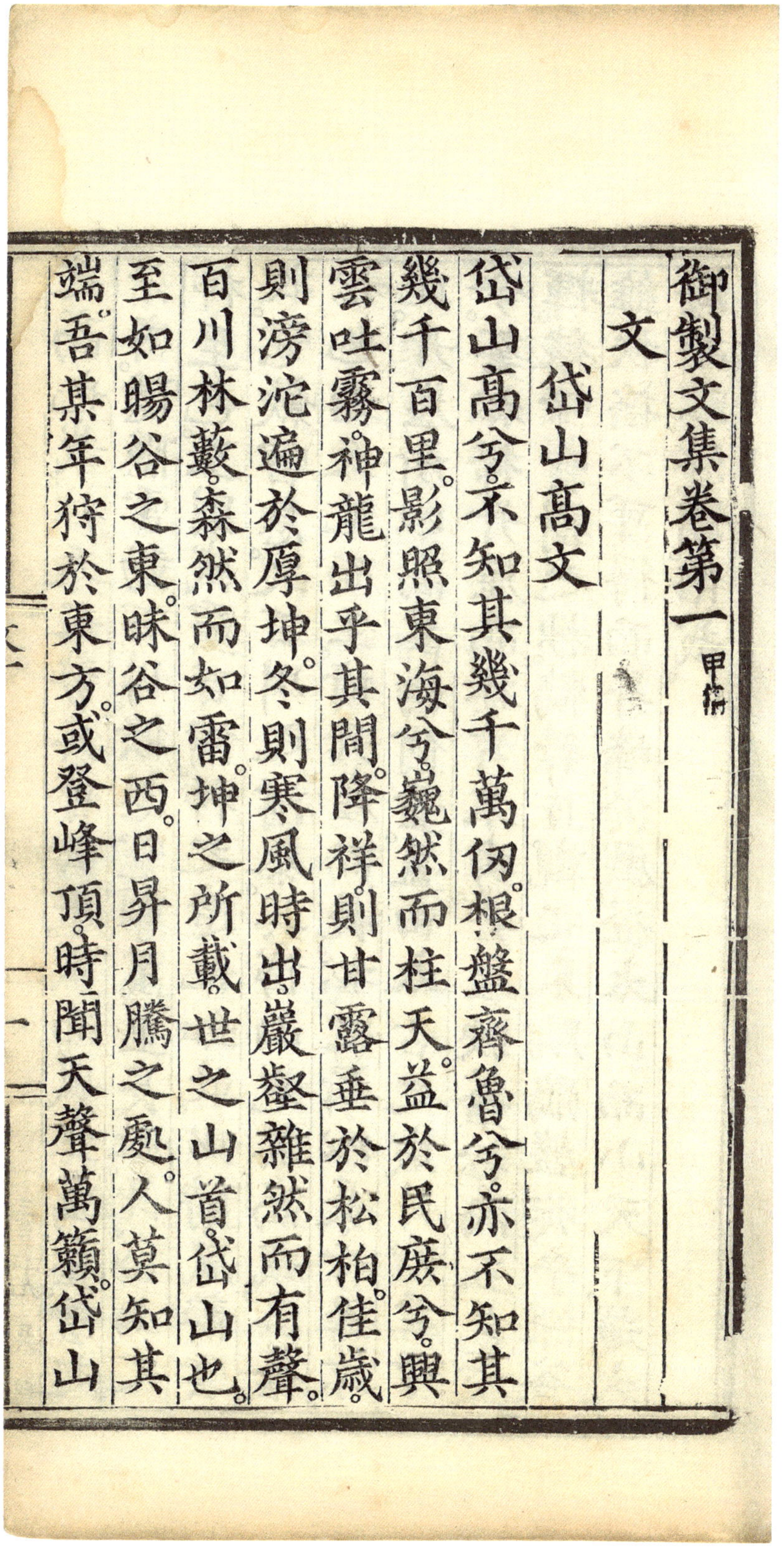
御製文集卷第一 甲

文

岱山高文

岱山高兮不知其幾千萬仞根盤齊魯兮亦不知其
幾千百里影照東海兮巍然而柱天益於民庶兮興
雲吐霧神龍出乎其間降祥則甘露垂於松柏佳歲
則滂沱遍於厚坤冬則寒風時出巖壑雜然而有聲
百川林藪森然而如雷坤之所載世之山首岱山也
至如暘谷之東昧谷之西日昇月騰之處人莫知其
端吾某年狩於東方或登峰頂時聞天聲萬籟岱山

09008 御製文集四集三十卷 （明）太祖朱元璋撰　明初刻本

匡高27厘米，廣17.5厘米。半葉十行，行二十字，黑口，四周雙邊。南開大學圖書館藏。

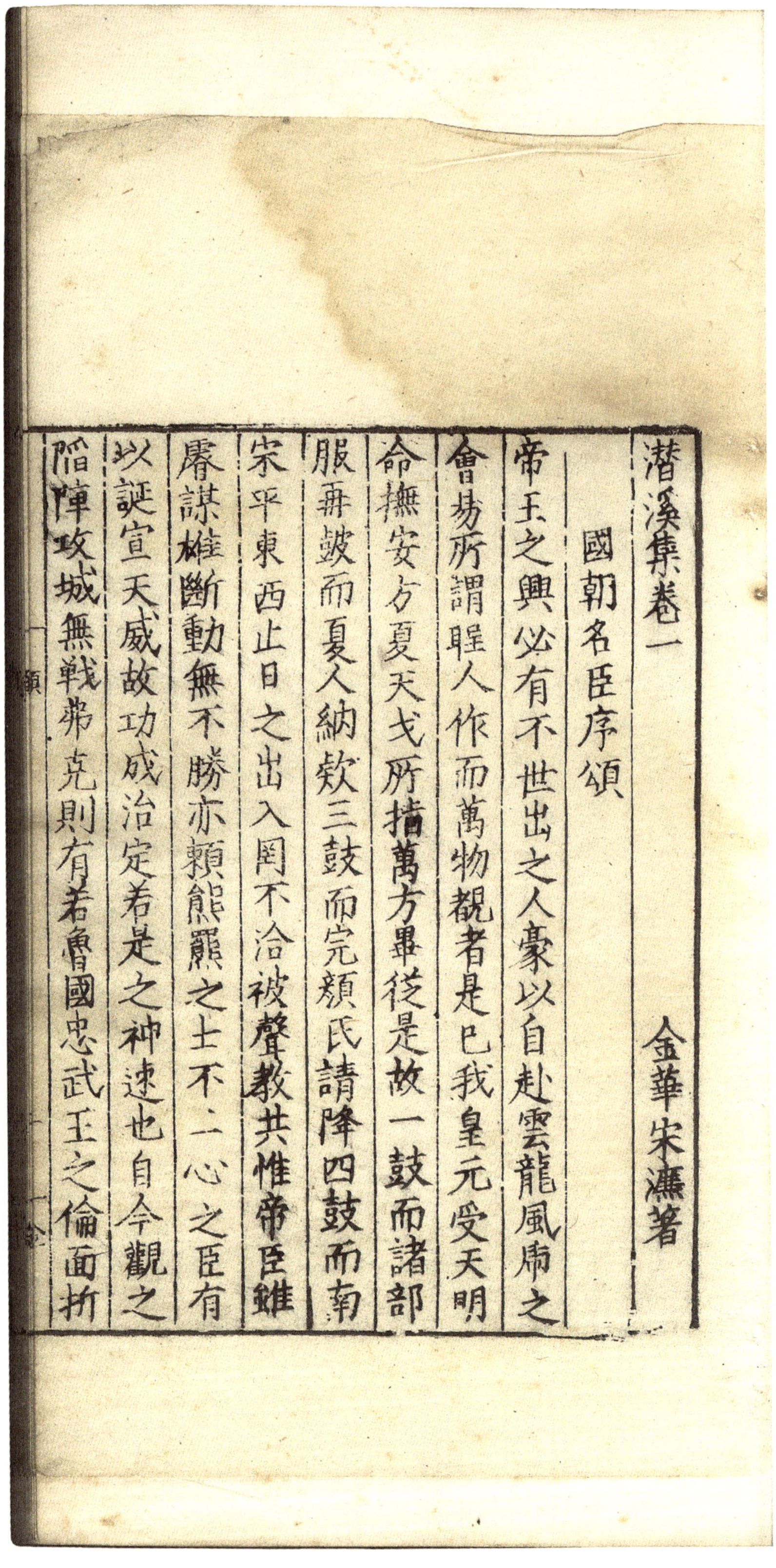

潛溪集卷一

國朝名臣序頌　　金華宋濂著

帝王之興必有不世出之人豪以自赴雲龍風虎之會易所謂聖人作而萬物覩者是已我皇元受天明命撫安方夏天戈所指萬方畢從是故一鼓而諸部服再鼓而夏人納欵三鼓而完顏氏請降四鼓而南宋平東西止日之出入罔不洽被聲教共惟帝臣雖廟謀帷斷動無不勝亦賴熊羆之士不二心之臣有以誕宣天威故功成治定若是之神速也自今觀之陷陣攻城無戰弗克則有若魯國忠武王之倫面折

09018 潛溪集八卷 （明）宋濂撰 **附錄一卷** 明嘉靖十五年（1536）徐嵩、溫秀刻本

匡高18.7厘米，廣13.8厘米。半葉十行，行二十字，白口，四周單邊。天津圖書館藏。

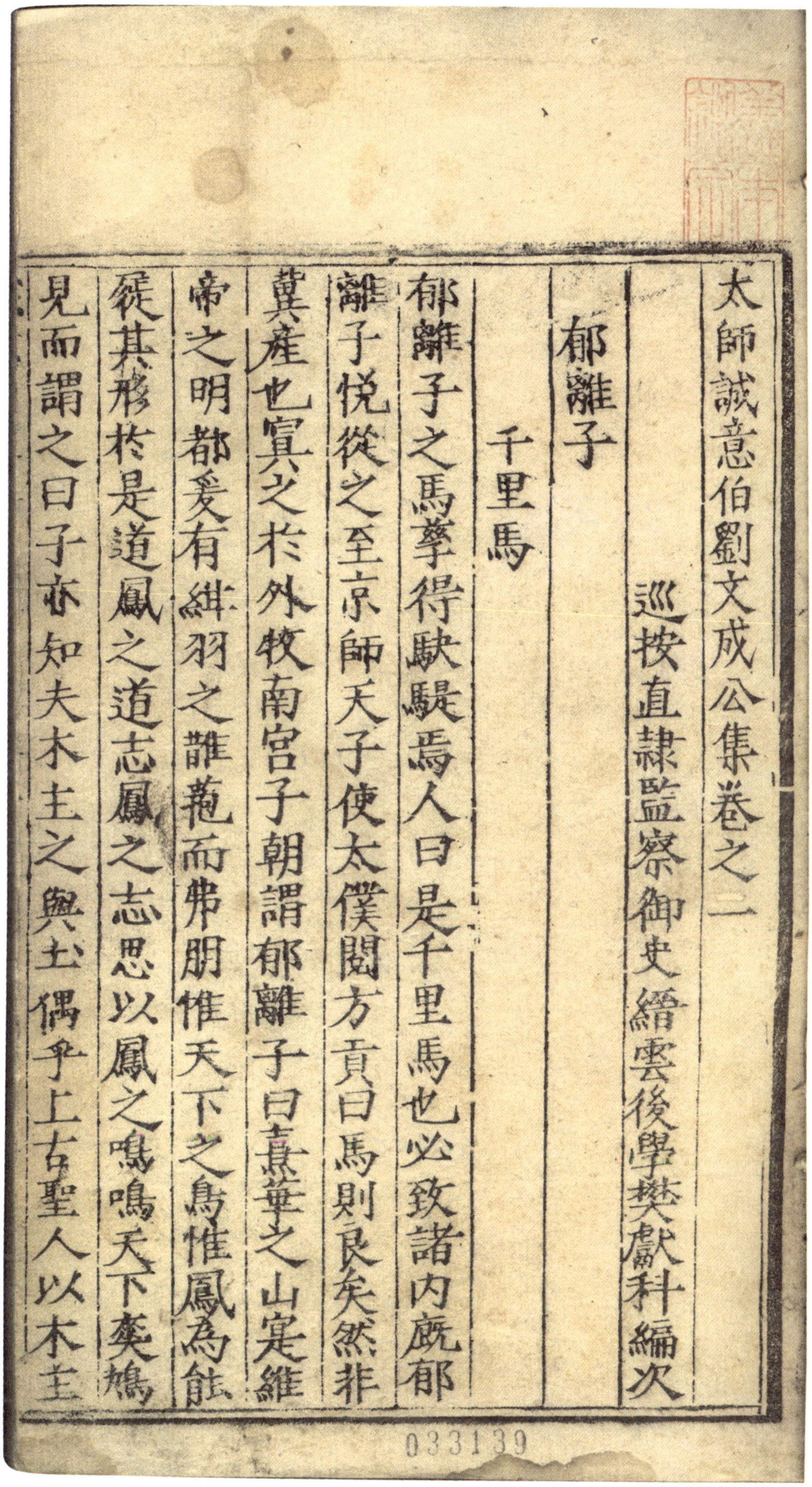
太師誠意伯劉文成公集卷之二
巡按直隸監察御史缙雲後學樊獻科編次
郁離子
千里馬
郁離子之馬孳得駃騠焉人曰是千里馬也必致諸内廐郁離子悅從之至京師天子使太僕閱方貢曰馬則良矣然非冀産也寘之於外牧南宫子朝謂郁離子曰熏華之山寔維帝之明都爰有綷羽之誰菴而弗朋惟天下之鳥惟鳳爲能馴其形於是道鳳之道志鳳之志思以鳳之鳴鳴天下奚鳩見而謂之曰子亦知夫木主之與土偶乎上古聖人以木主

09022 太師誠意伯劉文成公集十八卷 （明）劉基撰　明嘉靖三十五年（1556）樊獻科、于德昌刻本

匡高21厘米，廣14厘米。半葉十行，行二十三字，白口，四周雙邊。天津圖書館藏。

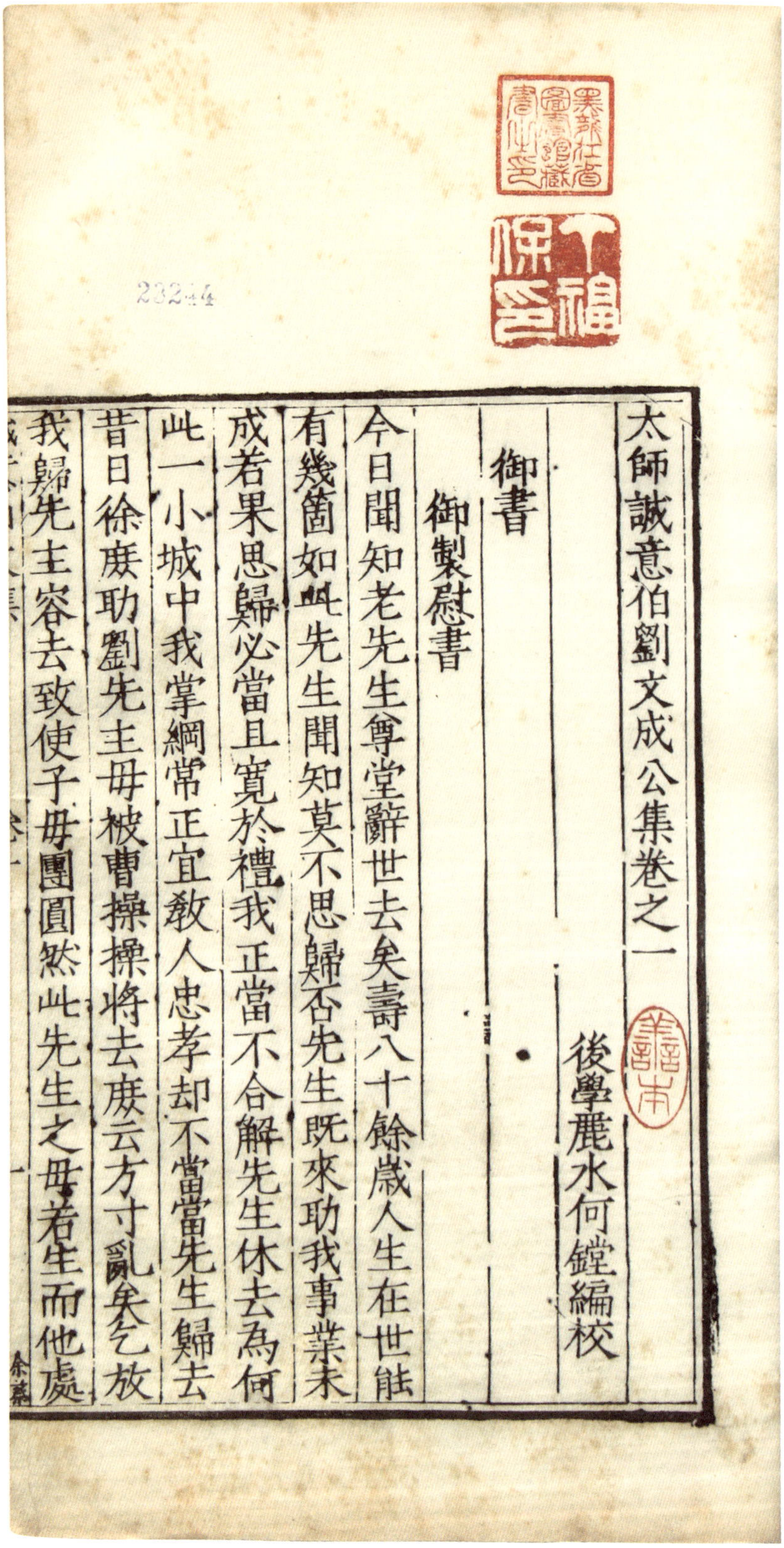
太師誠意伯劉文成公集卷之一
後學麗水何鏜編校
御書
御製慰書
今日聞知老先生尊堂辭世去矣壽八十餘歲人生在世能
有幾箇知此先生聞知莫不思歸否先生既來助我事業未
成若果思歸必當且寬於禮我正當不合解先生休去為何
此一小城中我掌綱常正宜教人忠孝却不當留先生歸去
昔日徐庶助劉先主母被曹操操將去庶云方寸亂矣乞放
我歸先主容去致使子母團圓然此先生之母若生而他處

09023、09024 太師誠意伯劉文成公集二十卷 （明）劉基撰　明隆慶六年（1572）謝廷杰、陳烈刻本

匡高20.4厘米，廣14.5厘米。半葉十行，行二十三字，白口，四周雙邊。天津圖書館藏；黑龍江省圖書館藏，有“丁福保四十後讀書記”等印。

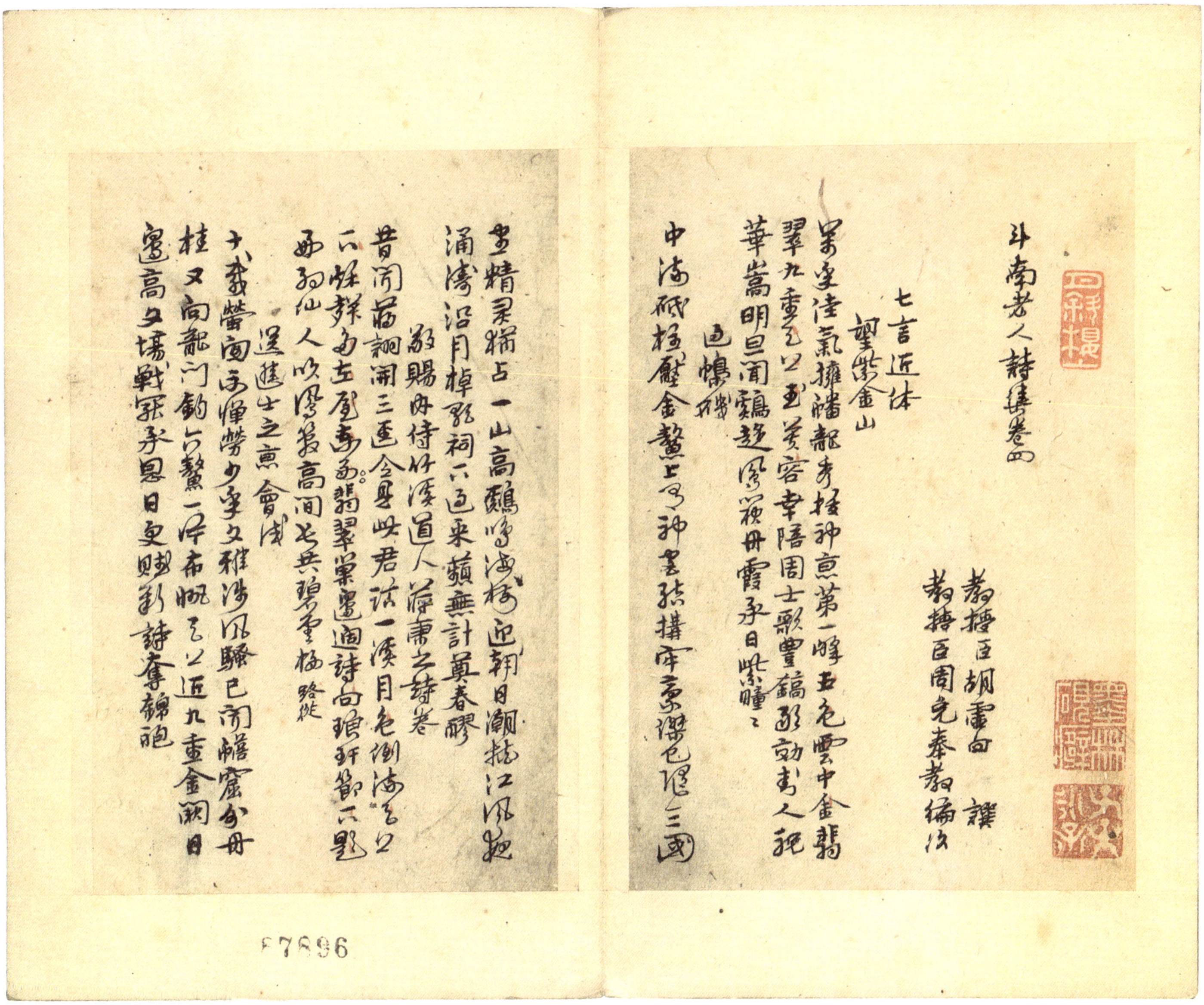

09039 斗南老人詩集四卷 （明）胡奎撰　明姚綬抄本

有“項元汴印”、“墨林之印”、“退密”、“彝”、“尊”等印。天津圖書館藏。

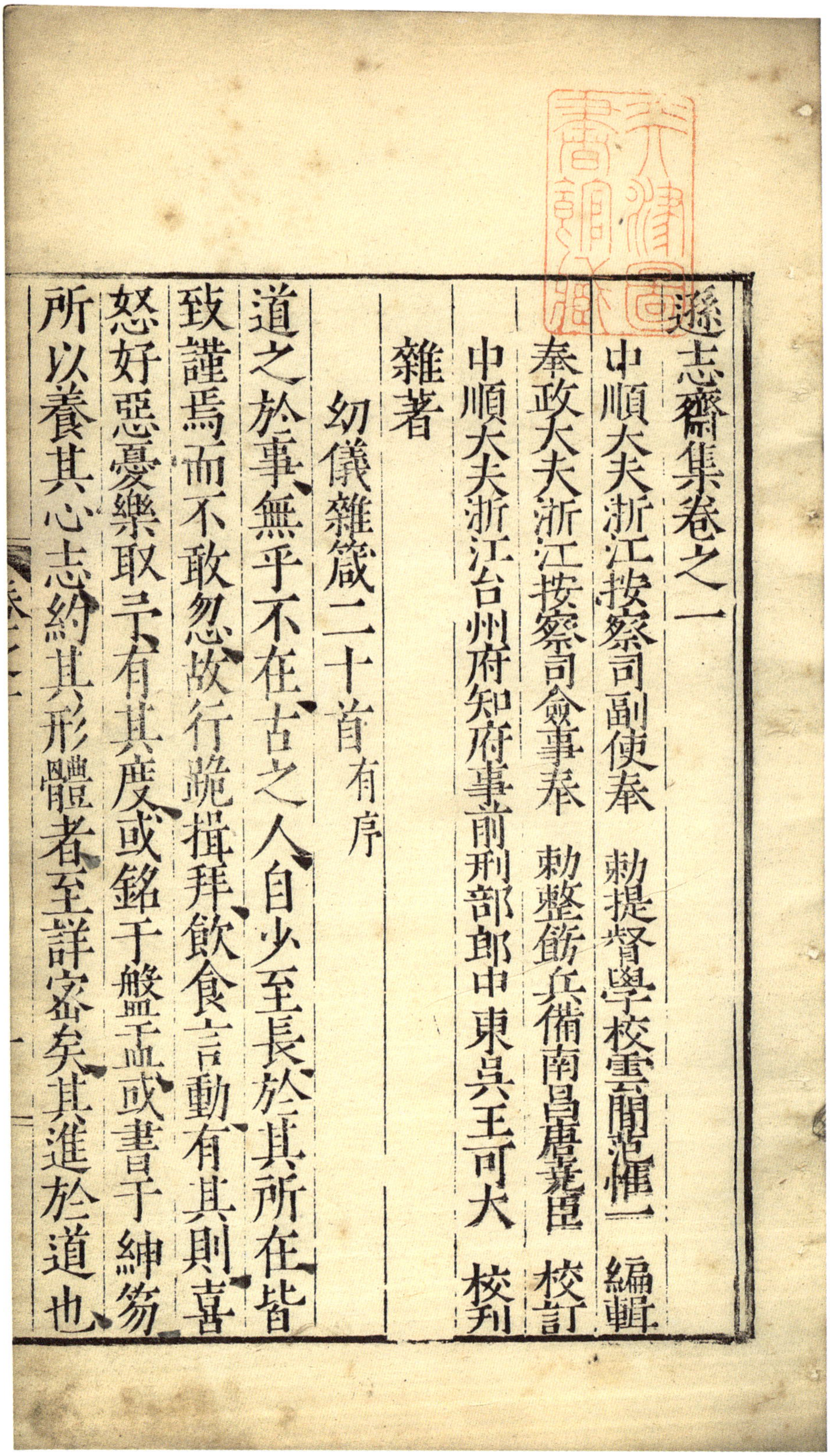

遜志齋集卷之一

中順大夫浙江按察司副使奉　勑提督學校雲間范惟一　編輯

奉政大夫浙江按察司僉事奉　勑整飭兵備南昌唐堯臣　校訂

中順大夫浙江台州府知府事前刑部郎中東吳王可大　校刊

雜著

幼儀雜箴二十首有序

道之於事無乎不在古之人自少至長於其所在皆致謹焉而不敢忽故行跪揖拜飲食言動有其則喜怒好惡憂樂取予有其度或銘于盤盂或書于紳笏所以養其心志約其形體者至詳密矣其進於道也

09044 遜志齋集二十四卷（明）方孝孺撰　**附録一卷**　明嘉靖四十年（1561）王可大刻本

匡高19.9厘米，廣14.5厘米。半葉十行，行二十字，白口，左右雙邊。天津圖書館藏。

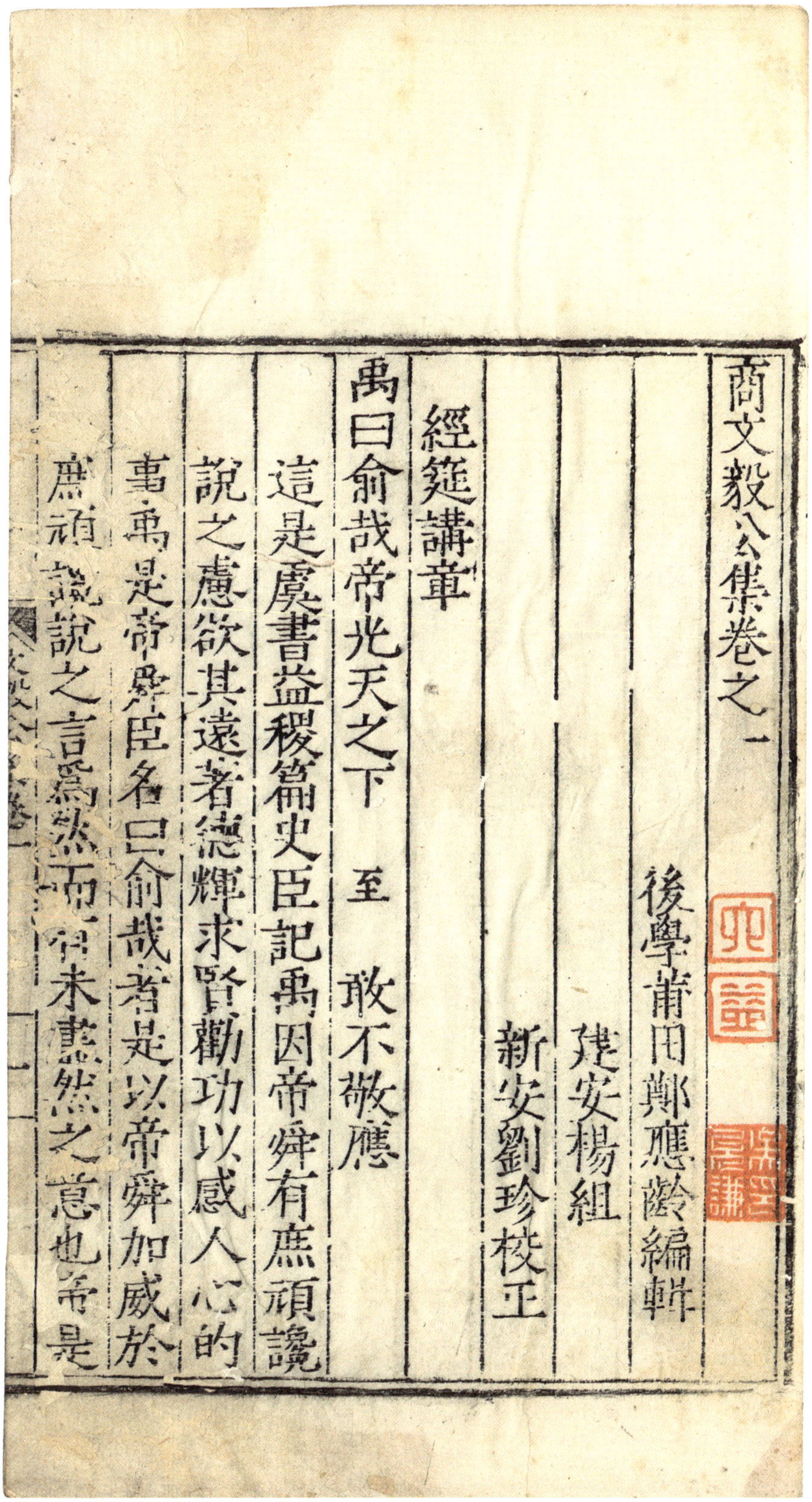

商文毅公集卷之一

後學莆田鄭應齡編輯

建安楊組

新安劉珍校正

經筵講章

禹曰俞哉帝光天之下　至　敢不敬應

這是虞書益稷篇史臣記禹因帝舜有庶頑讒

說之處欲其遠著德輝求賢勸功以感人心的

事禹是帝舜臣名曰俞哉者是以帝舜加威於

庶頑讒說之言為然而有未盡然之意也帝是

09056、09057　商文毅公集十一卷　（明）商輅撰　明隆慶六年（1572）鄭應齡刻本

匡高18.8厘米，廣14.5厘米。半葉十行，行二十字，白口，四周雙邊。天津圖書館、南京圖書館藏。

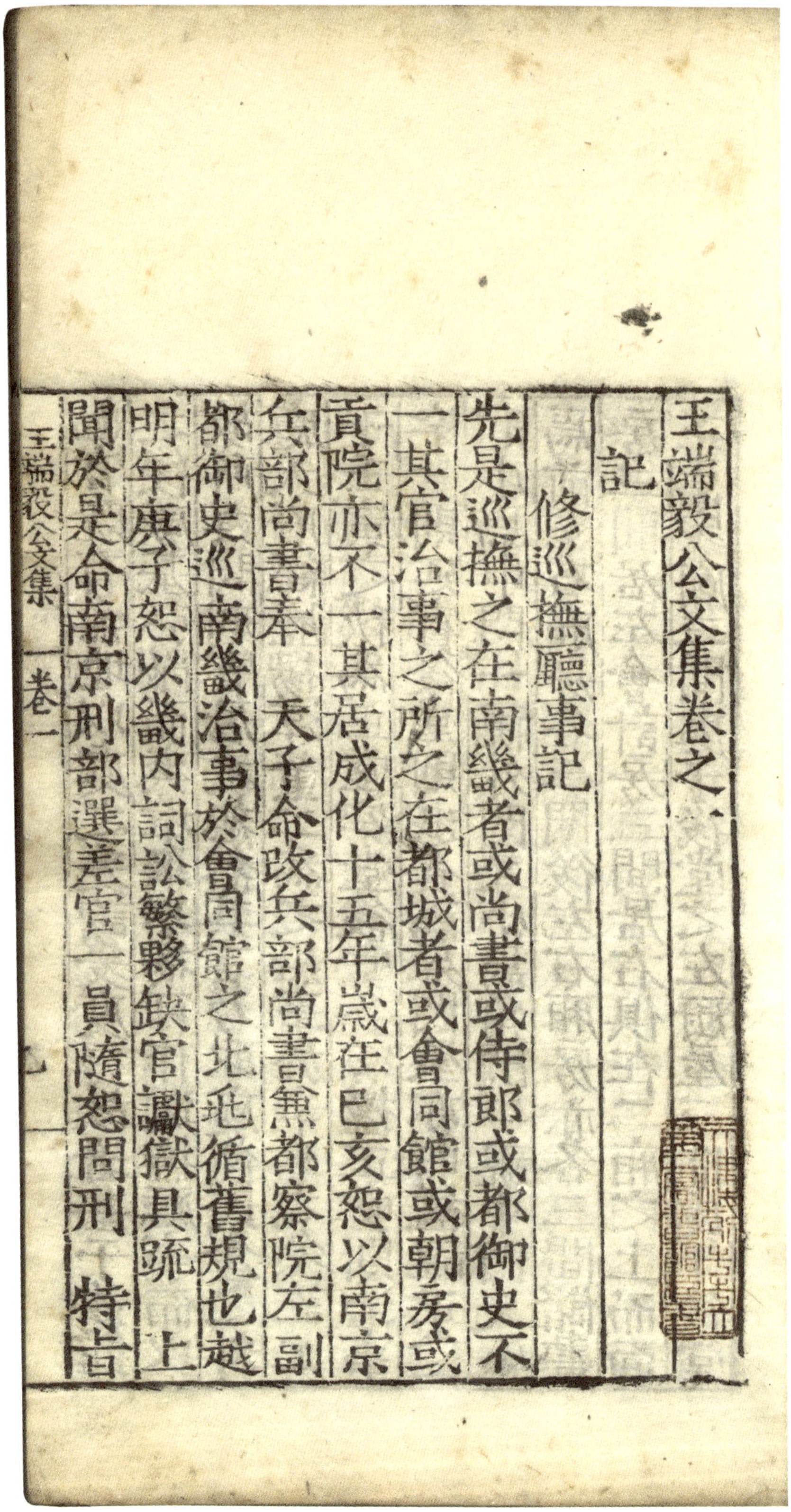
王端毅公文集卷之一

記

修巡撫聽事記

先是巡撫之在南畿者或尚書或侍郎或都御史不一其官治事之所之在都城者或會同館或朝房或貢院亦不一其居成化十五年歲在己亥恕以南京兵部尚書奉　天子命改兵部尚書兼都察院左副都御史巡南畿治事於會同館之北屯循舊規也越明年庚子恕以畿內詞訟繁夥缺官讞獄具疏　上聞於是命南京刑部選差官一員隨恕問刑　特旨

王端毅公文集　卷一　一

09060 王端毅公文集九卷 （明）王恕撰　明嘉靖三十一年（1552）喬世寧刻本

匡高19厘米，廣13.2厘米。半葉十行，行二十字，白口，四周單邊。天津圖書館藏。

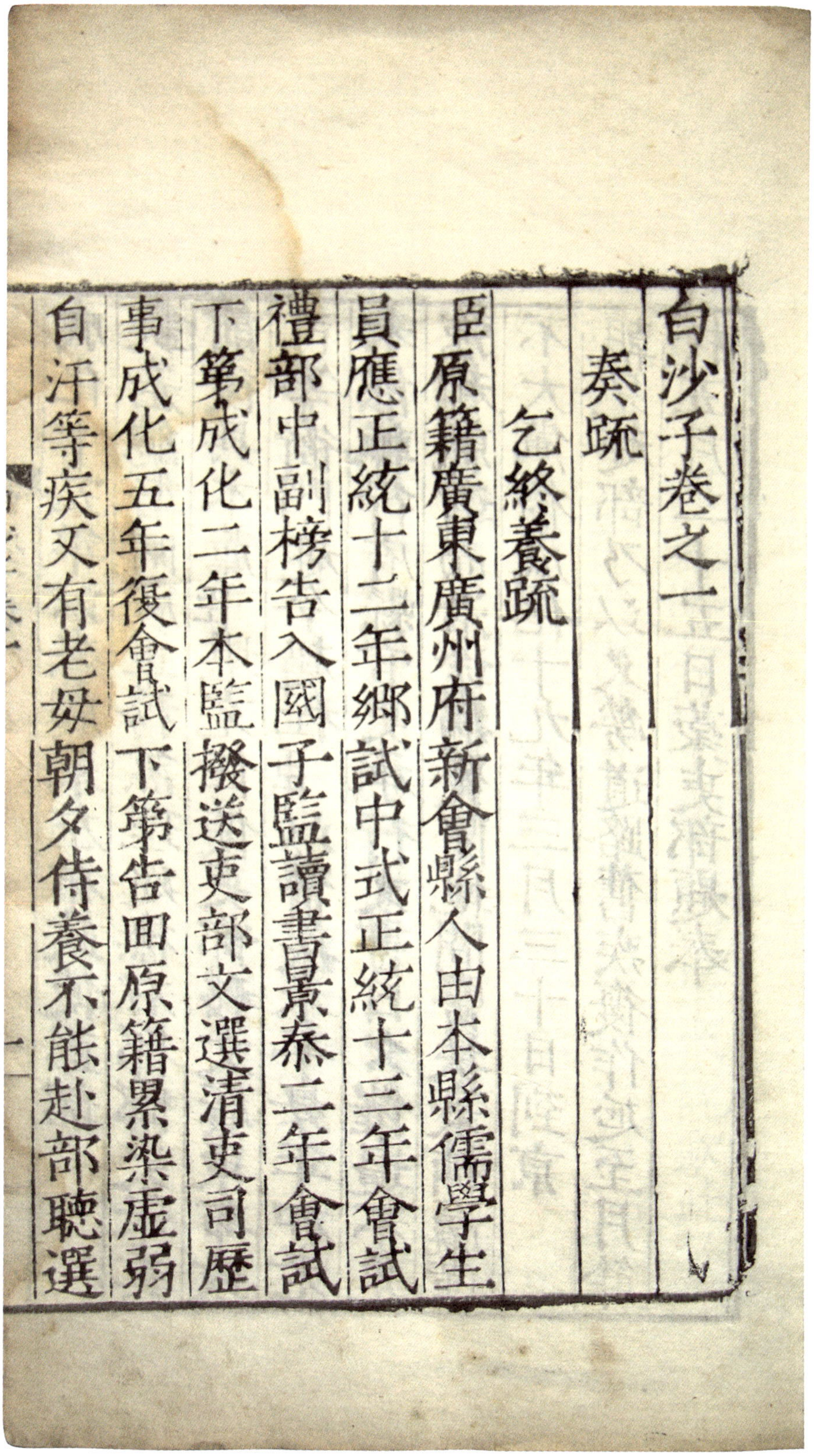

白沙子卷之一

奏疏

乞終養疏

臣原籍廣東廣州府新會縣人由本縣儒學生員應正統十二年鄉試中式正統十三年會試禮部中副榜告入國子監讀書景泰二年會試下第成化二年本監撥送吏部文選清吏司歷事成化五年復會試下第告回原籍累染虛弱自汗等疾又有老母朝夕侍養不能赴部聽選

09061 白沙子八卷 （明）陳獻章撰　明嘉靖十二年（1533）卞萊刻本

匡高18.5厘米，廣14.1厘米。半葉九行，行十八字，小字雙行同，白口，左右雙邊。天津師範大學圖書館藏。

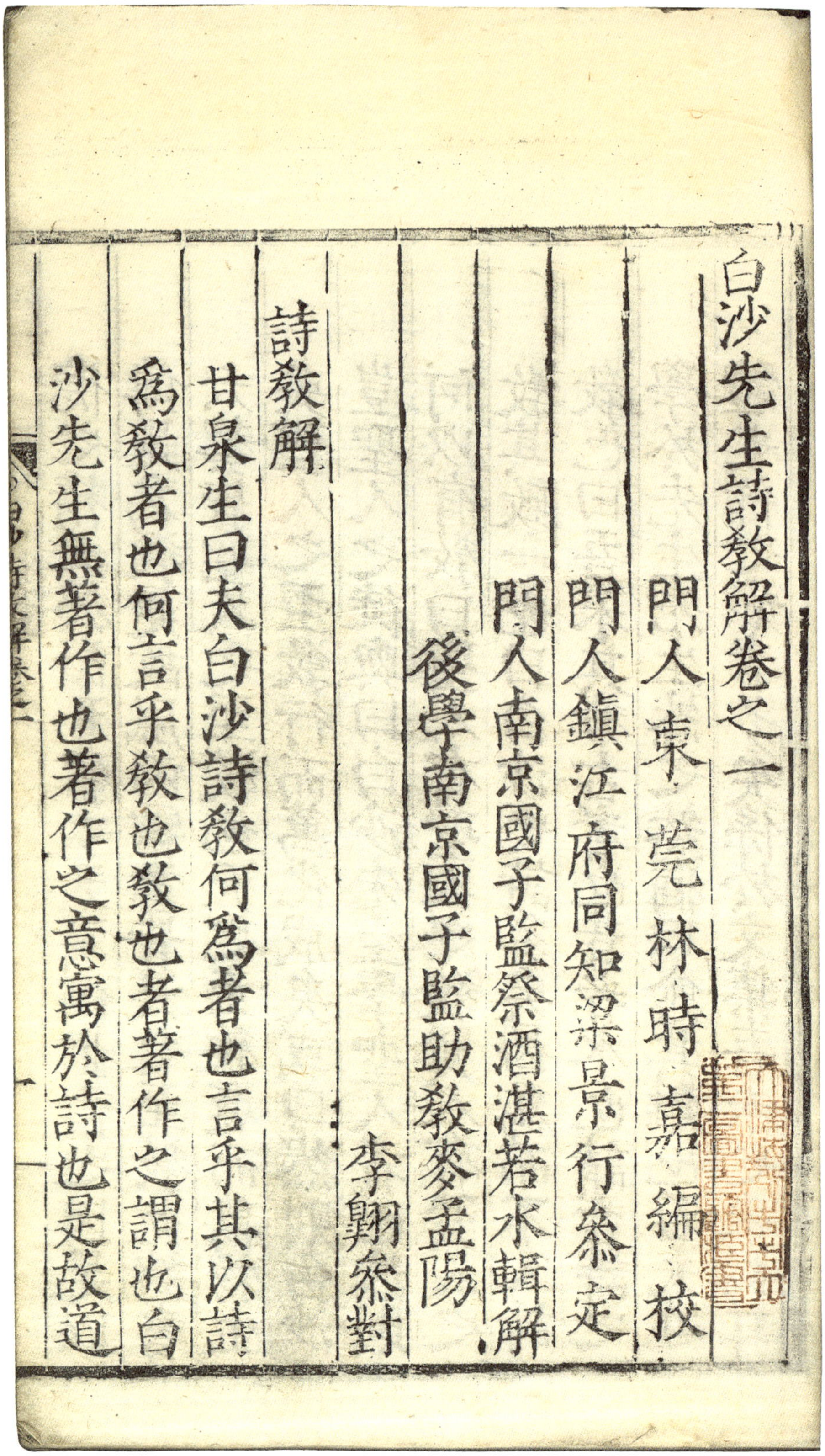

白沙先生詩教解卷之一

門人東莞林時嘉編校

門人鎮江府同知梁景行參定

門人南京國子監祭酒湛若水輯解

後學南京國子監助教麥孟陽

李翺參對

詩教解

甘泉生曰夫白沙詩教何爲者也言乎其以詩爲教者也何言乎教也教也者著作之謂也白沙先生無著作也著作之意寓於詩也是故道

09062 白沙先生詩教解十五卷 （明）陳獻章撰 （明）湛若水輯解 明嘉靖馬崧刻本

匡高19.2厘米，廣13.8厘米。半葉十行，行二十字，白口，左右雙邊。天津圖書館藏。

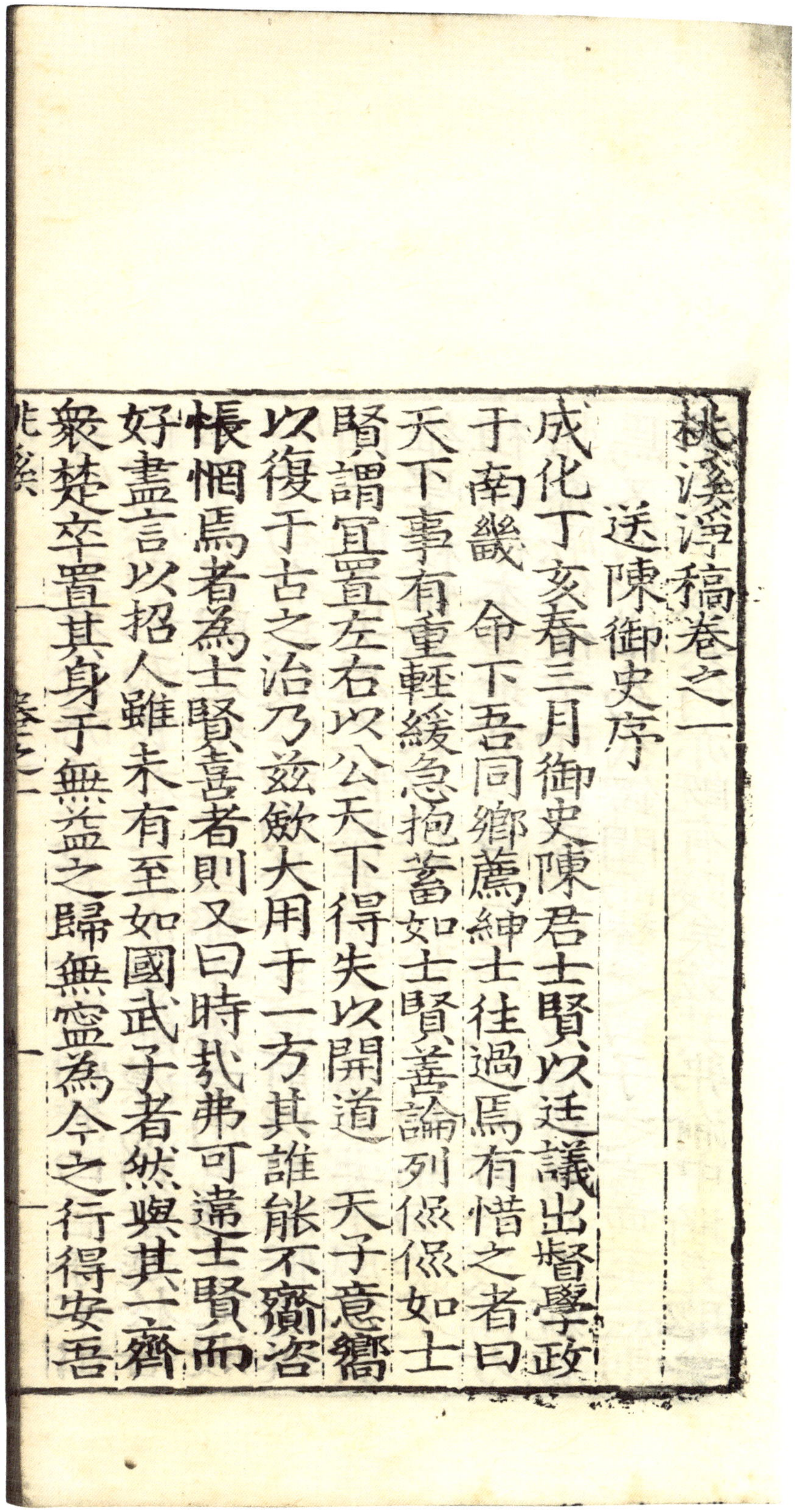

桃溪淨稿卷之一

送陳御史序

成化丁亥春三月御史陳君士賢以廷議出督學政于南畿　命下吾同鄉薦紳士往過焉有惜之者曰天下事有重輕緩急抱蓄如士賢善論列偲偲如士賢謂冝置左右以公天下得失以開道　天子意嚮以復于古之治乃兹歛大用于一方其誰能不齎咨悵惘焉者為士賢喜者則又曰時哉弗可遠士賢而好盡言以招人雖未有至如國武子者然與其一齊衆楚卒置其身于無益之歸無寧為今之行得安吾

桃溪　卷之一　一

09071 桃溪淨稿文集三十九卷詩集四十五卷（明）謝鐸撰　明刻本

匡高18厘米，廣13.2厘米。半葉十行，行二十字，白口，四周單邊。天津圖書館藏。

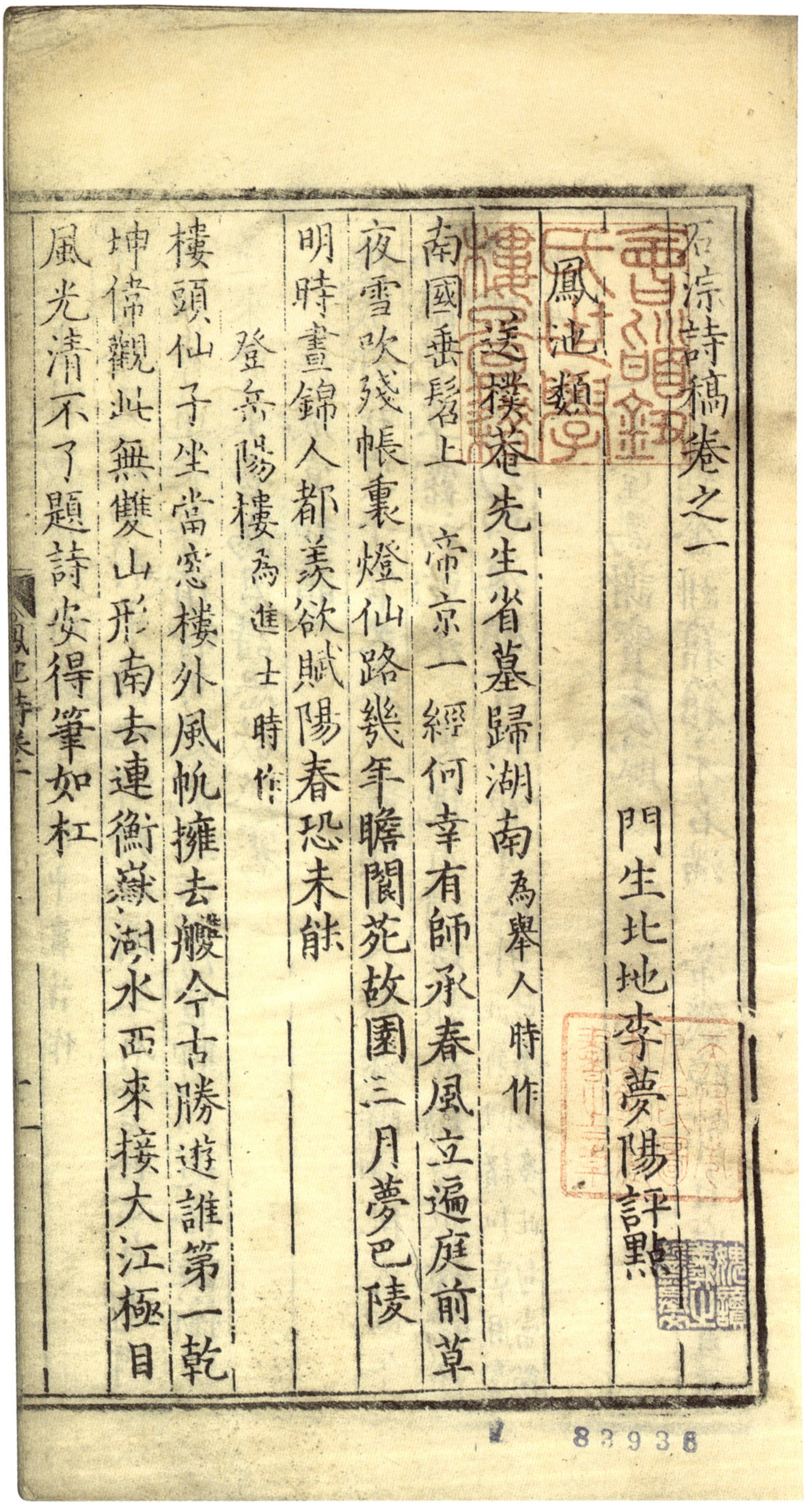
石淙詩稿卷之一

門生北地李夢陽評點

鳳池類

送樸菴先生省墓歸湖南 為舉人時作

南國垂髫召上帝京一經何幸有師承春風立遍庭前草夜雪吹殘帳裏燈仙路幾年瞻閬苑故園三月夢巴陵明時畫錦人都羨欲賦陽春恐未能

登岳陽樓 為進士時作

樓頭仙子坐當窗樓外風帆擁去艭今古勝遊誰第一乾坤偉觀此無雙山形南去連衡嶽湖水西來接大江極目風光清不了題詩安得筆如杠

09089 石淙詩稿十九卷 （明）楊一清撰　明嘉靖刻本

匡高22厘米，廣13.5厘米。半葉十一行，行二十二字，小字雙行同，白口，四周雙邊。天津圖書館藏。

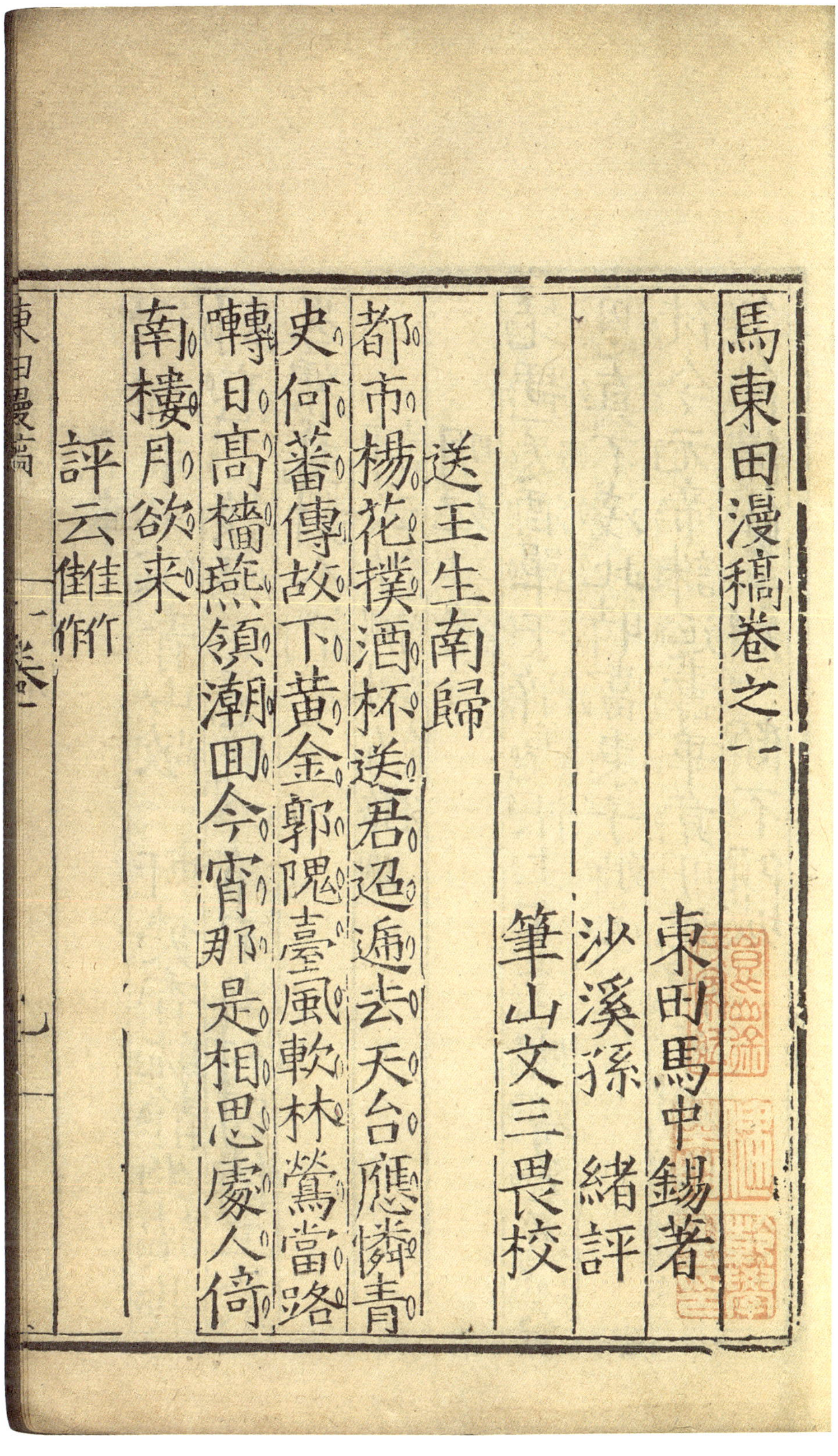

09092–09094　馬東田漫稿六卷　（明）馬中錫撰　（明）孫緒評　明嘉靖十七年（1538）文三畏刻本

匡高17.9厘米，廣13.4厘米。半葉十行，行十七字，白口，四周雙邊。天津圖書館、浙江大學圖書館藏；首都圖書館藏，有“鄧尉徐氏藏書”、“北平孔德學校之章”等印。

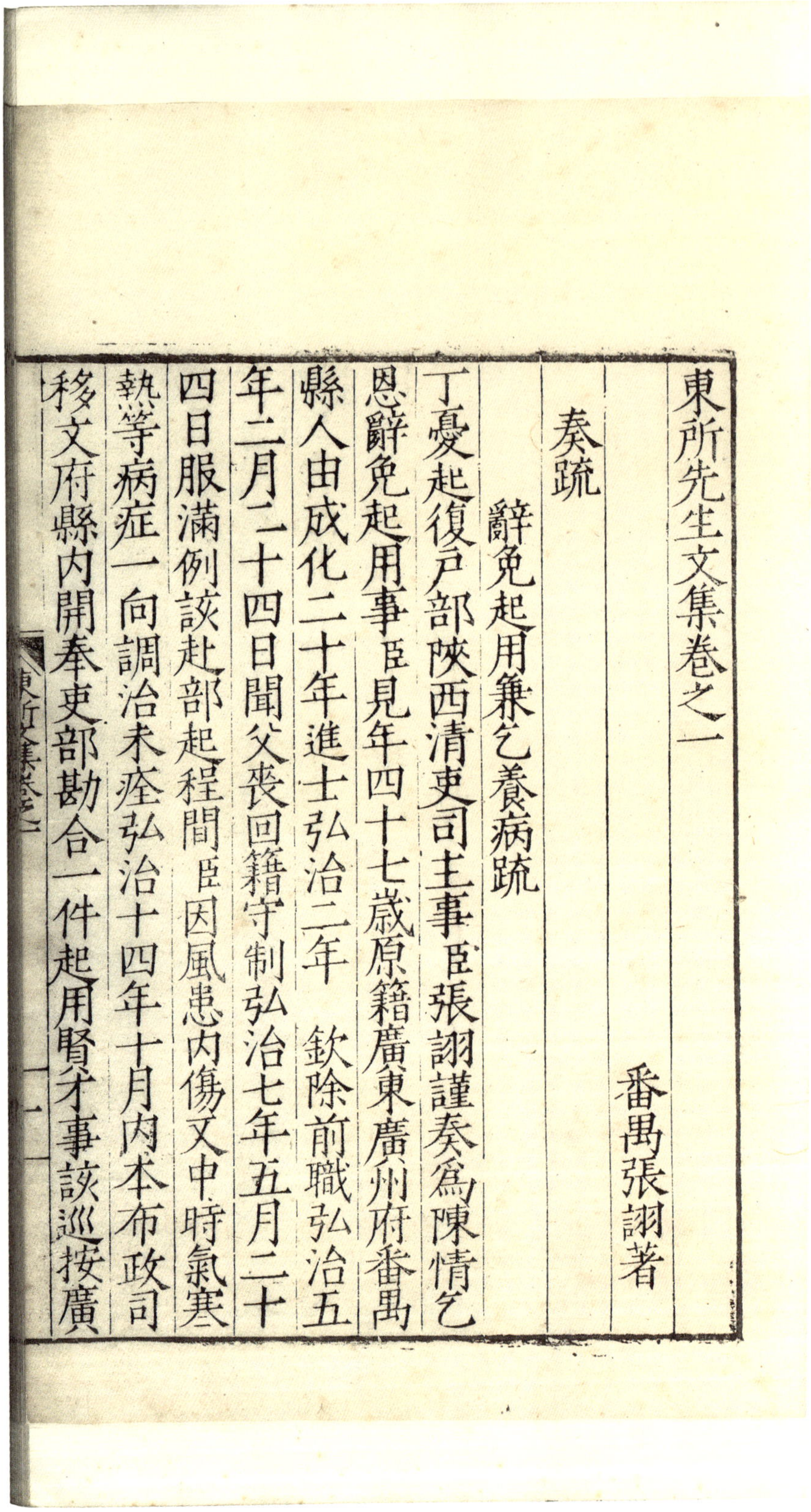

東所先生文集卷之一

番禺張詡著

奏疏

辭免起用兼乞養病疏

丁憂起復戶部陝西清吏司主事臣張詡謹奏爲陳情乞
恩辭免起用事臣見年四十七歲原籍廣東廣州府番禺
縣人由成化二十年進士弘治二年　欽除前職弘治五
年二月二十四日聞父喪回籍守制弘治七年五月二十
四日服滿例該赴部起程間臣因風患内傷又中時氣寒
熱等病症一向調治未痊弘治十四年十月内本布政司
移文府縣内開奉吏部勘合一件起用賢才事該巡按廣

東所文集卷之一　一

09097 東所先生文集十三卷 （明）張詡撰　明嘉靖三十年（1551）張希舉刻本

匡高19.2厘米，廣14.7厘米。半葉十一行，行二十二字，白口，四周單邊。

天津圖書館藏。

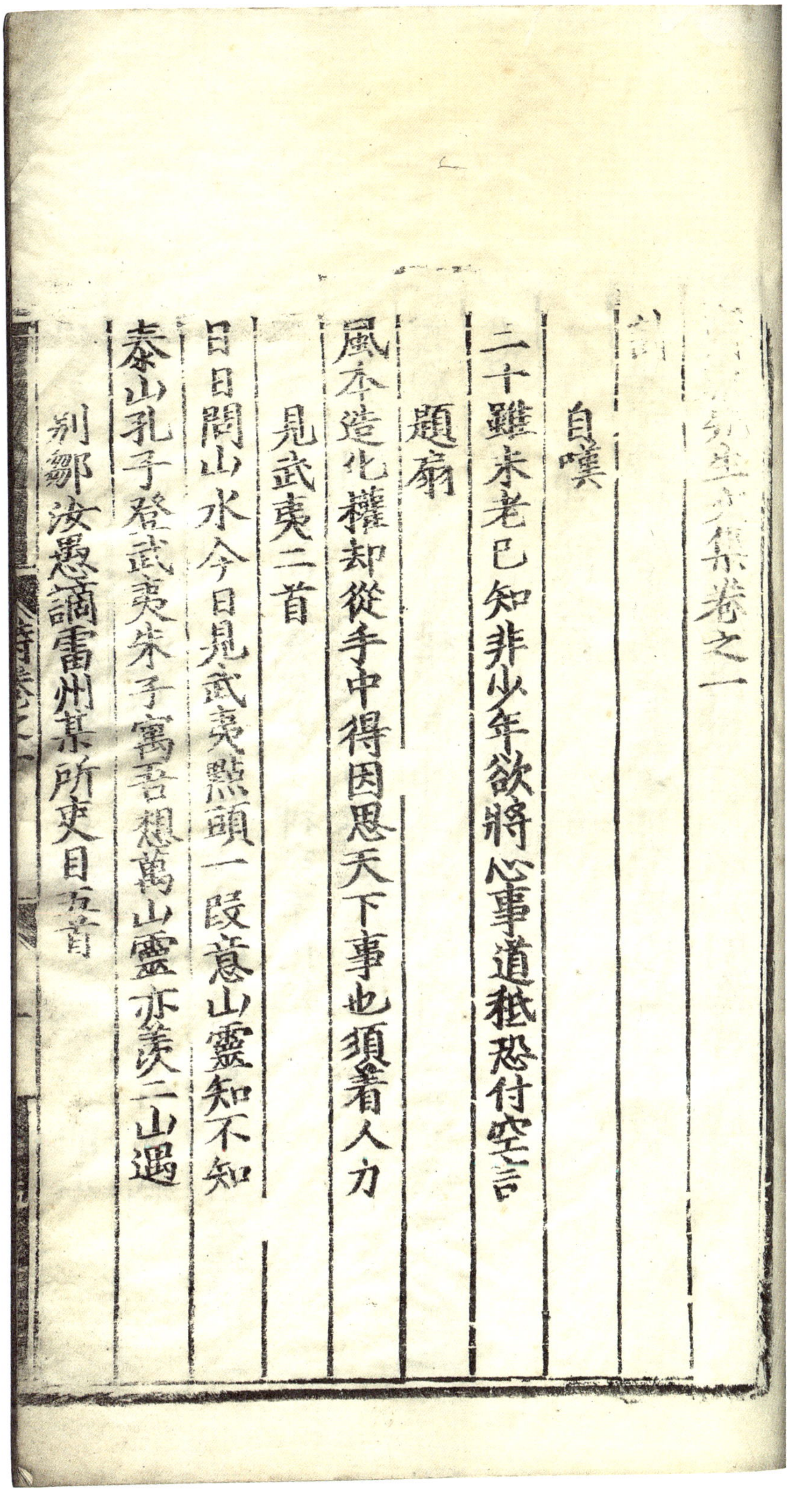
虛齋蔡先生文集卷之一
詩
自嘆
二十雖未老已知非少年欲將心事道秪恐付空言
題扇
風本造化權却從手中得因思天下事也須着人力
見武夷二首
日日問山水今日見武夷點頭一叚意山靈知不知
泰山孔子登武夷朱子寓吾想萬山靈亦羨二山遇
别鄒汝愚謫雷州某所吏目五首

09098 虛齋蔡先生文集五卷 （明）蔡清撰　明正德十六年（1521）葛志貞刻遞修本

匡高21.9厘米，廣14.5厘米。半葉十行，行二十四字，黑口，四周雙邊。天津圖書館藏。

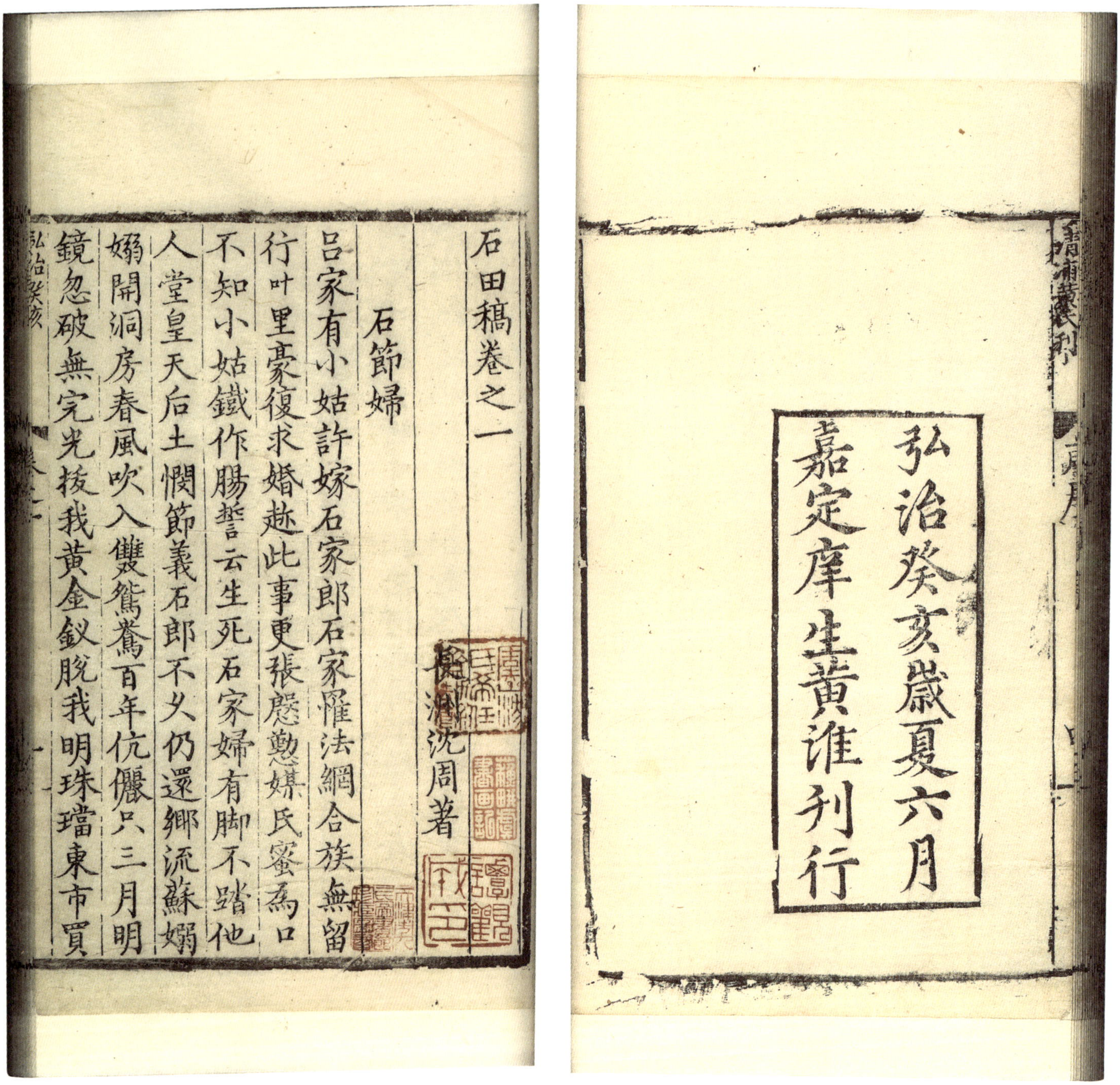

09102 石田稿三卷 （明）沈周撰　明弘治十六年（1503）黃淮集義堂刻本

匡高22.9厘米，廣14.3厘米。半葉九行，行十九字，白口，左右雙邊。有“弘治癸亥歲夏六月嘉定庠生黃淮刊行”牌記。天津圖書館藏。

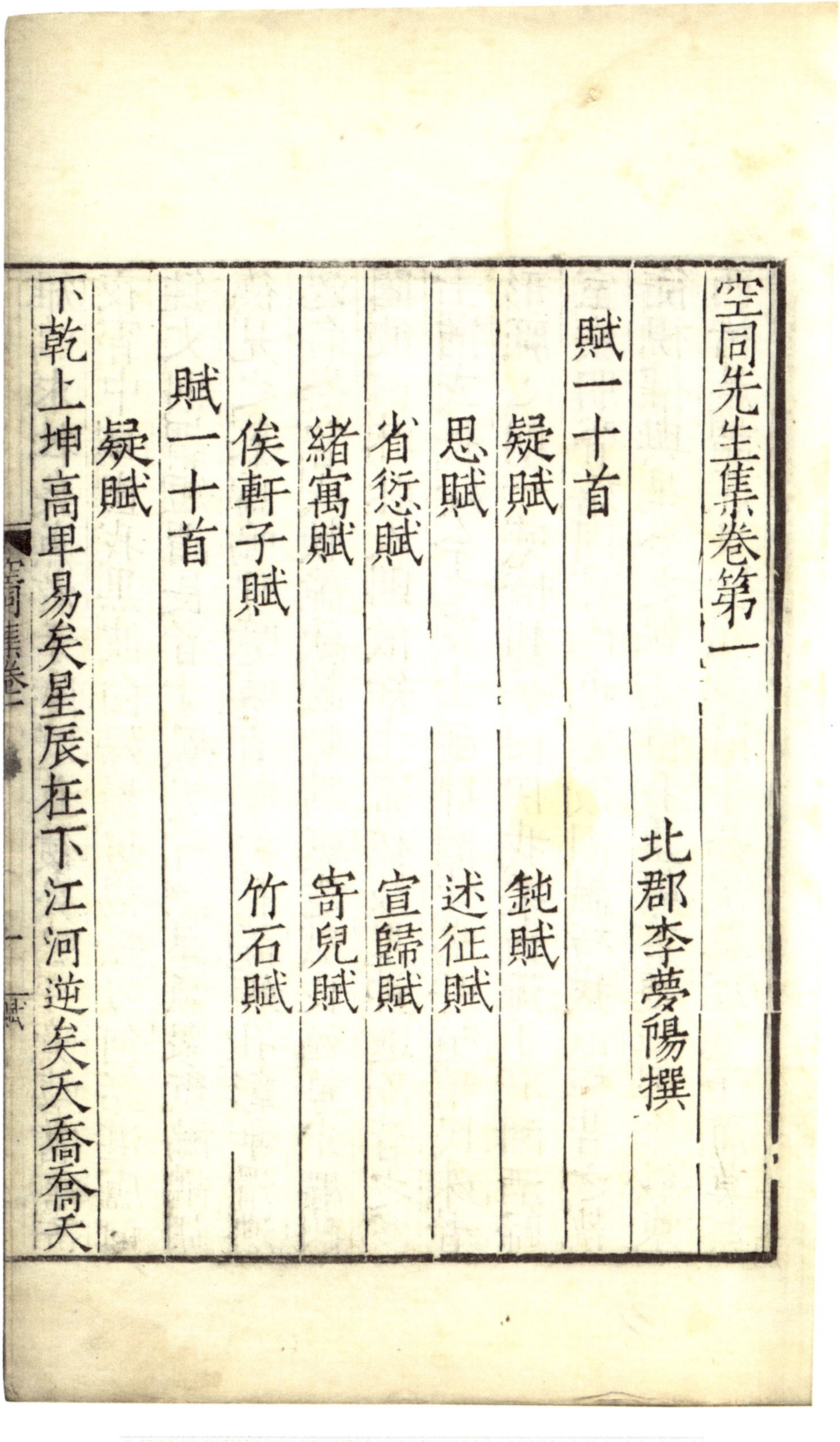
空同先生集卷第一　北郡李夢陽撰

賦一十首

疑賦　鈍賦

思賦　述征賦

省愆賦　宣歸賦

緒寓賦　寄兒賦

俟軒子賦　竹石賦

賦一十首

疑賦

下乾上坤高卑易矣星辰在下江河逆矣天喬喬天

空同集卷一　一　賦

09109-09112　空同先生集六十三卷　（明）李夢陽撰　明嘉靖刻本

匡高19.1厘米，廣15.6厘米。半葉十一行，行二十字，白口，左右雙邊。廣東省立中山圖書館藏，有“梁梅珍藏”、“中行獨得齋”等印；常州市圖書館藏；湖北省圖書館藏，有“曾在張春霆處”等印；天津圖書館藏。

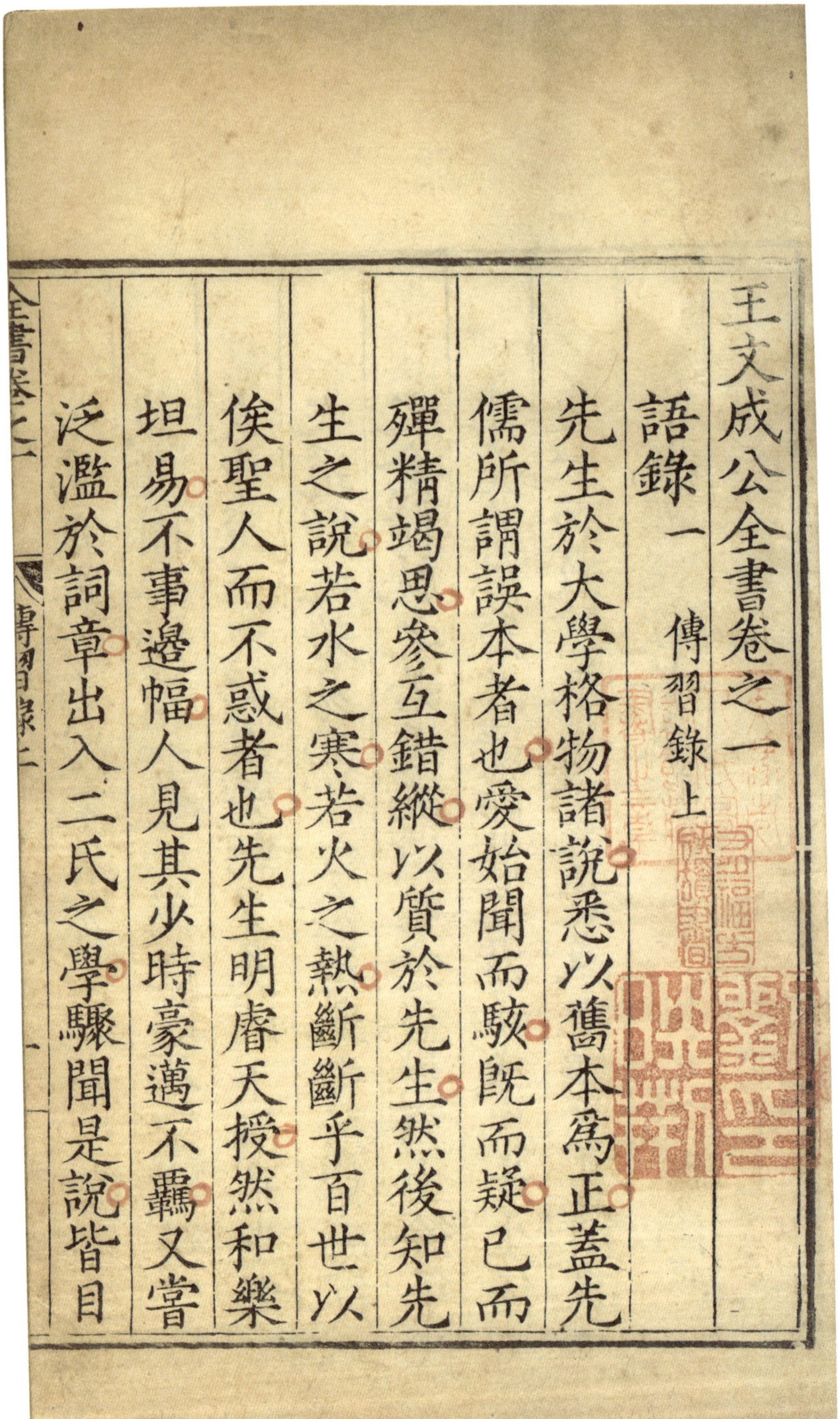
王文成公全書卷之一
語錄一　傳習錄上
先生於大學格物諸説悉以舊本爲正蓋先
儒所謂誤本者也愛始聞而駭既而疑已而
殫精竭思參互錯縱以質於先生然後知先
生之説若水之寒若火之熱斷斷乎百世以
俟聖人而不惑者也先生明睿天授然和樂
坦易不事邊幅人見其少時豪邁不羈又嘗
泛濫於詞章出入二氏之學驟聞是説皆目
全書卷之一　傳習錄上　一

09125　王文成公全書三十八卷　（明）王守仁撰　明隆慶六年（1572）謝廷傑刻本

匡高19厘米，廣14厘米。半葉九行，行十九字，白口，四周雙邊。天津圖書館藏。

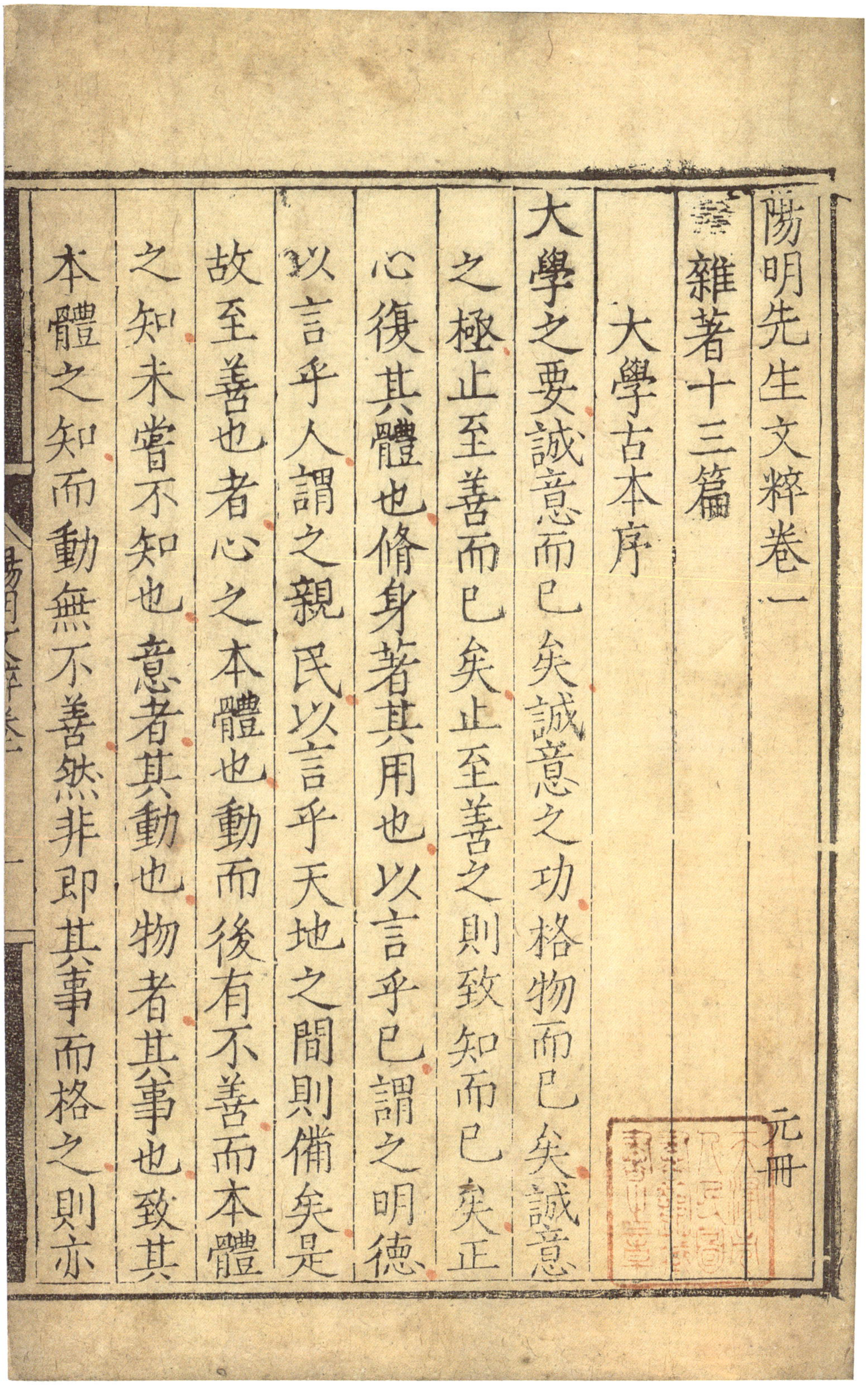

陽明先生文粹卷一

雜著十三篇

大學古本序

大學之要誠意而已矣誠意之功格物而已矣誠意之極止至善而已矣止至善之則致知而已矣正心復其體也脩身著其用也以言乎已謂之明德以言乎人謂之親民以言乎天地之間則備矣是故至善也者心之本體也動而後有不善而本體之知未嘗不知也意者其動也物者其事也致其本體之知而動無不善然非即其事而格之則亦

元冊

陽明文粹卷一　一

09126 陽明先生文粹十一卷 （明）王守仁撰 （明）宋儀望輯 明嘉靖三十六年（1557）孫昭大梁書院刻本

匡高21.8厘米，廣16.5厘米。半葉十行，行二十字，黑口，四周雙邊。天津圖書館藏。

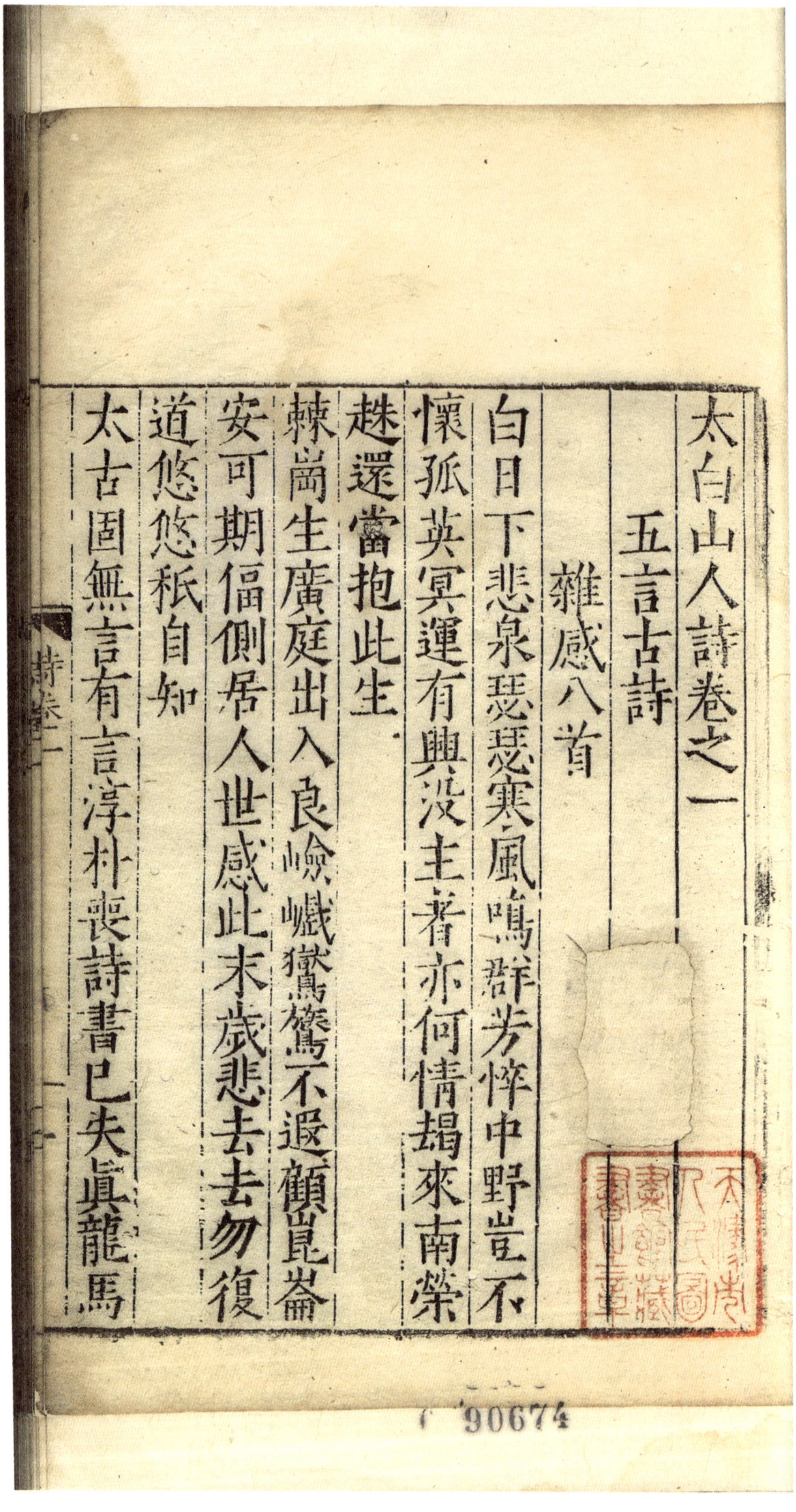

09163 太白山人詩五卷（明）孫一元撰 **附録一卷** 明嘉靖刻本

匡高19.6厘米，廣13.6厘米。半葉十行，行十七字，白口，左右雙邊。天津圖書館藏。

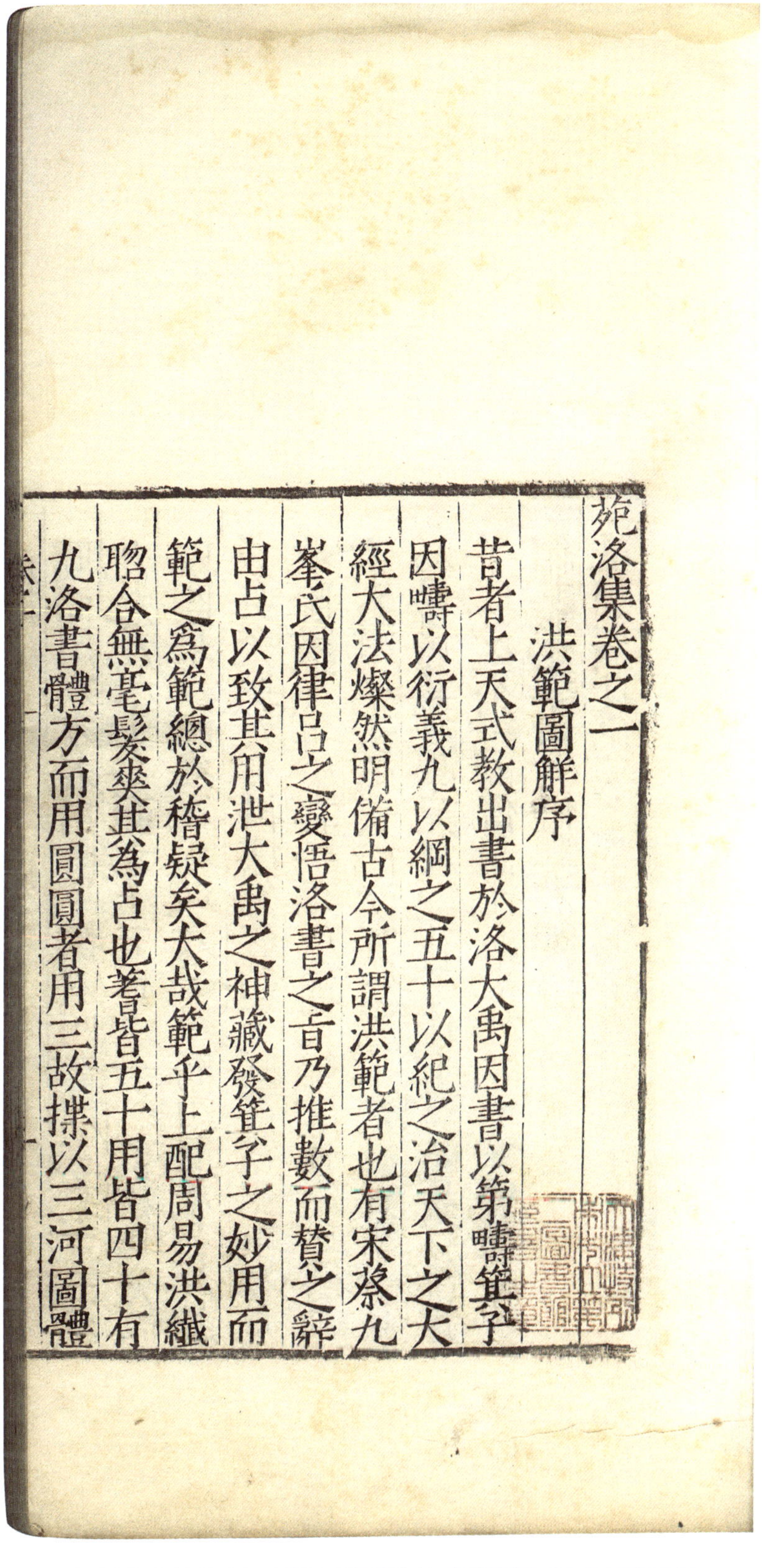
苑洛集卷之一
洪範圖解序
昔者上天式教出書於洛大禹因書以第疇箕子
因疇以衍義九以綱之五十以紀之治天下之大
經大法燦然明備古今所謂洪範者也有宋蔡九
峯氏因律呂之變悟洛書之旨乃推數而賛之辭
由占以致其用泄大禹之神藏發箕子之妙用而
範之為範總於稽疑矣大哉範乎上配周易洪纖
聦合無毫髮爽其為占也蓍皆五十用皆四十有
九洛書體方而用圓圓者用三故揲以三河圖體

09164 苑洛集二十二卷 （明）韓邦奇撰　明嘉靖三十一年（1552）刻本

匡高17.8厘米，廣12.5厘米。半葉十行，行二十字，白口，四周單邊。天津圖書館藏。

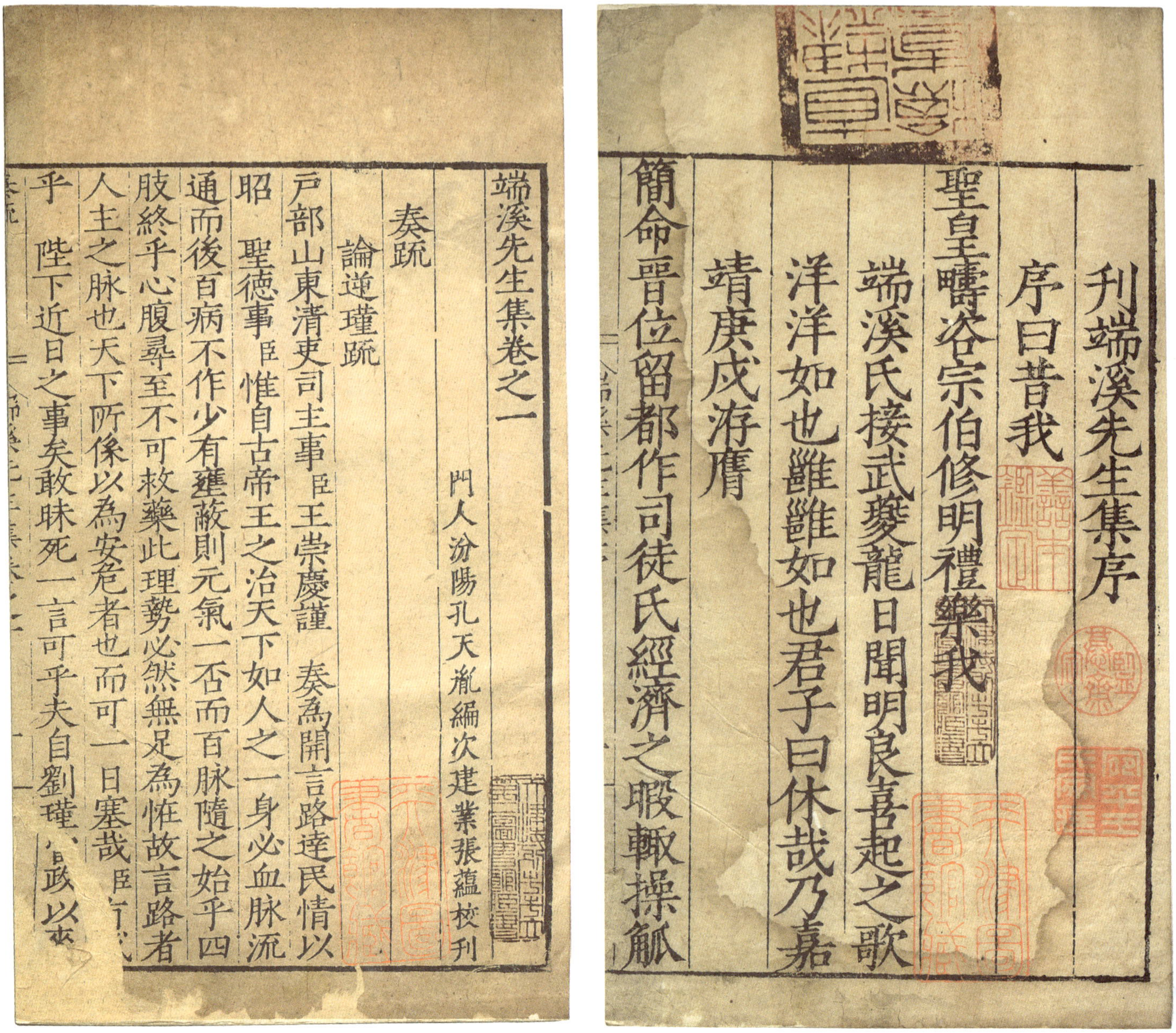
刊端溪先生集序
序曰昔我
聖皇疇咨宗伯修明禮樂我
端溪氏接武夔龍日聞明良喜起之歌
洋洋如也雝雝如也君子曰休哉乃嘉
靖庚戌洊膺
簡命晉位留都作司徒氏經濟之暇輒操觚

端溪先生集卷之一
門人汾陽孔天胤編次 建業張蘊校刊
奏疏
論逆瑾疏
戶部山東清吏司主事臣王崇慶謹 奏為開言路達民情以
昭
聖德事臣惟自古帝王之治天下如人之一身必血脈流
通而後百病不作少有壅蔽則元氣一否而百脈隨之始乎四
肢終乎心腹尋至不可救藥此理勢必然無足為恠故言路者
人主之脉也天下所係以為安危者也而可一日塞哉臣
乎
陛下近日之事矣敢昧死一言可乎夫自劉瑾八虎以

09165 端溪先生集八卷 （明）王崇慶撰　明嘉靖三十一年（1552）張蘊刻本

匡高20厘米，廣13.5厘米。半葉十行，行二十四字，白口，四周單邊。有"慕齋鑒定"、"宛平王氏家藏"等印。天津圖書館藏。

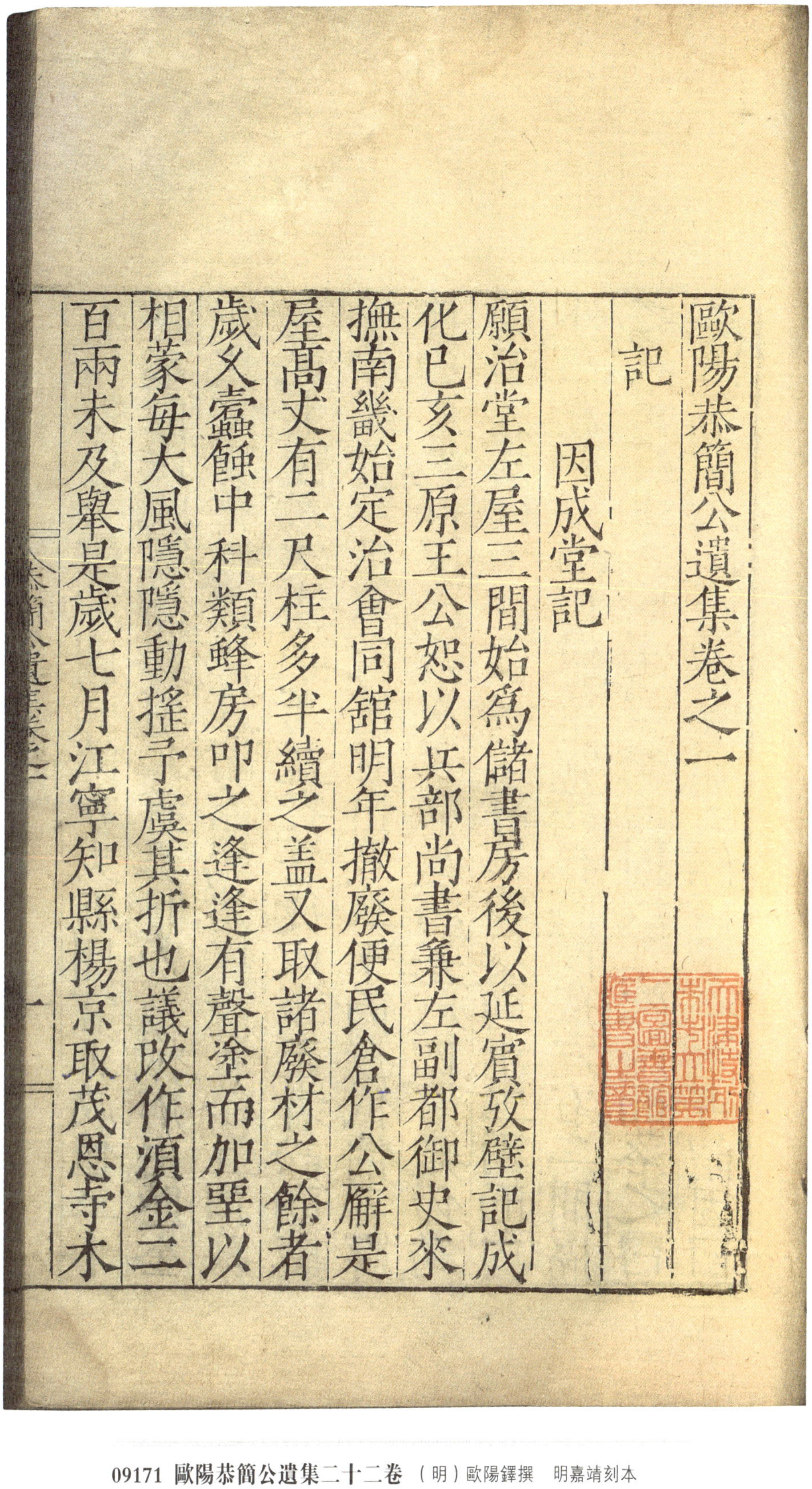
歐陽恭簡公遺集卷之一

記

因成堂記

願治堂左屋三間始爲儲書房後以延賓致壁記成化已亥三原王公恕以兵部尚書兼左副都御史來撫南畿始定治會同館明年撤廢便民倉作公廨是屋高丈有二尺柱多半續之盖又取諸廢材之餘者歲久蠹蝕中科類蜂房叩之逢逢有聲塗而加墍以相蒙每大風隱隱動揺予虞其折也議改作須金二百兩未及舉是歲七月江寧知縣楊京取茂恩寺木

恭簡公遺集卷之一　一

09171 歐陽恭簡公遺集二十二卷（明）歐陽鐸撰　明嘉靖刻本

匡高19厘米，廣13.5厘米。半葉十行，行二十字，白口，四周單邊。天津圖書館藏。

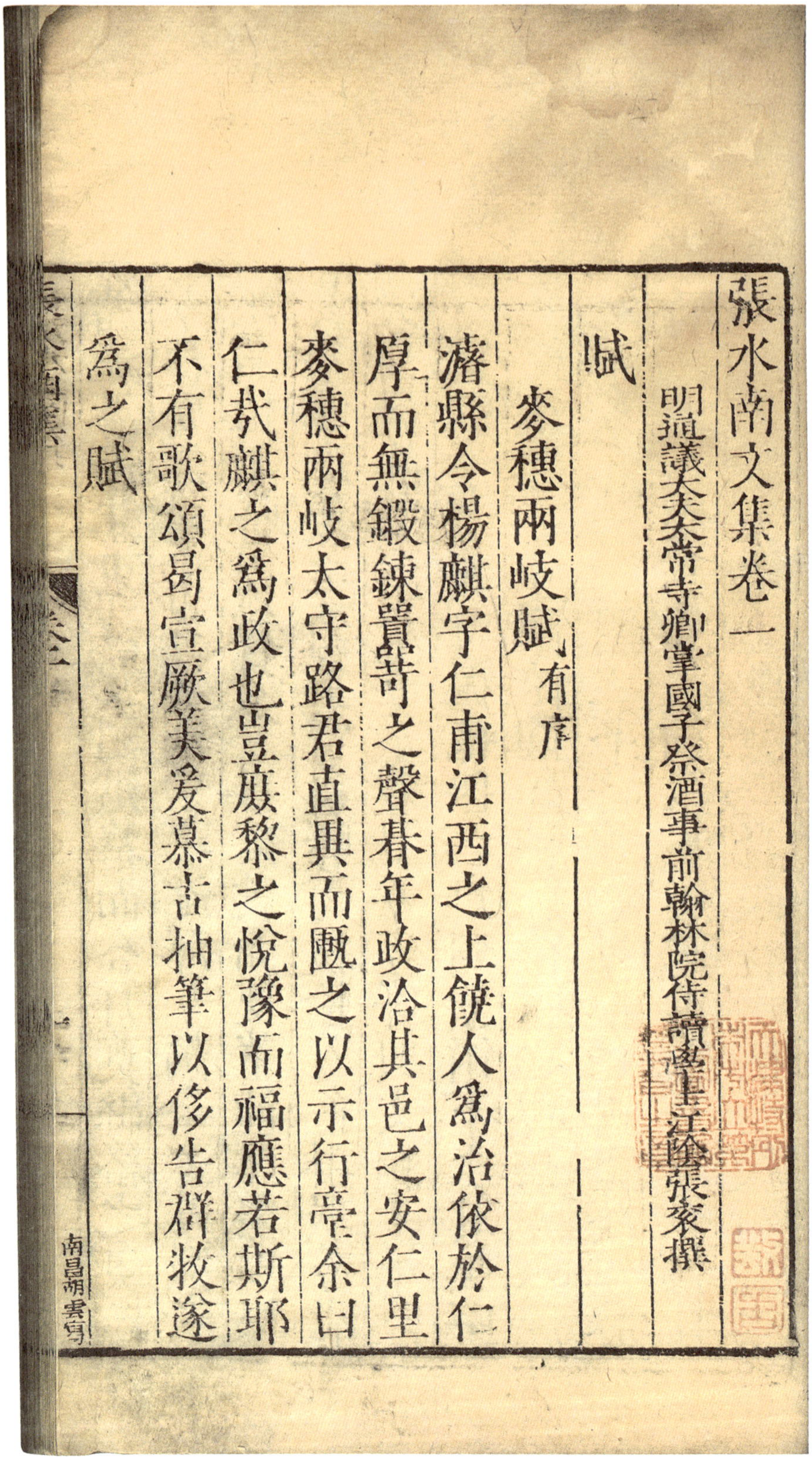

張水南文集卷一

明通議大夫太常寺卿掌國子祭酒事前翰林院侍讀學士江陰張袞撰

賦

麥穗兩岐賦有序

濬縣令楊麒字仁甫江西之上饒人爲治依於仁厚而無鍛鍊囂苛之聲朞年政洽其邑之安仁里麥穗兩岐太守路君直異而匭之以示行亭余曰仁哉麒之爲政也豈庶黎之悅豫而福應若斯耶不有歌頌曷宣厥美爰慕古抽筆以侈告羣牧遂爲之賦

張水南集　卷一

南昌胡雲寫

09189 張水南文集十一卷（明）張袞撰　明隆慶刻本

匡高19.8厘米，廣13厘米。半葉十行，行二十字，白口，四周單邊。天津圖書館藏。

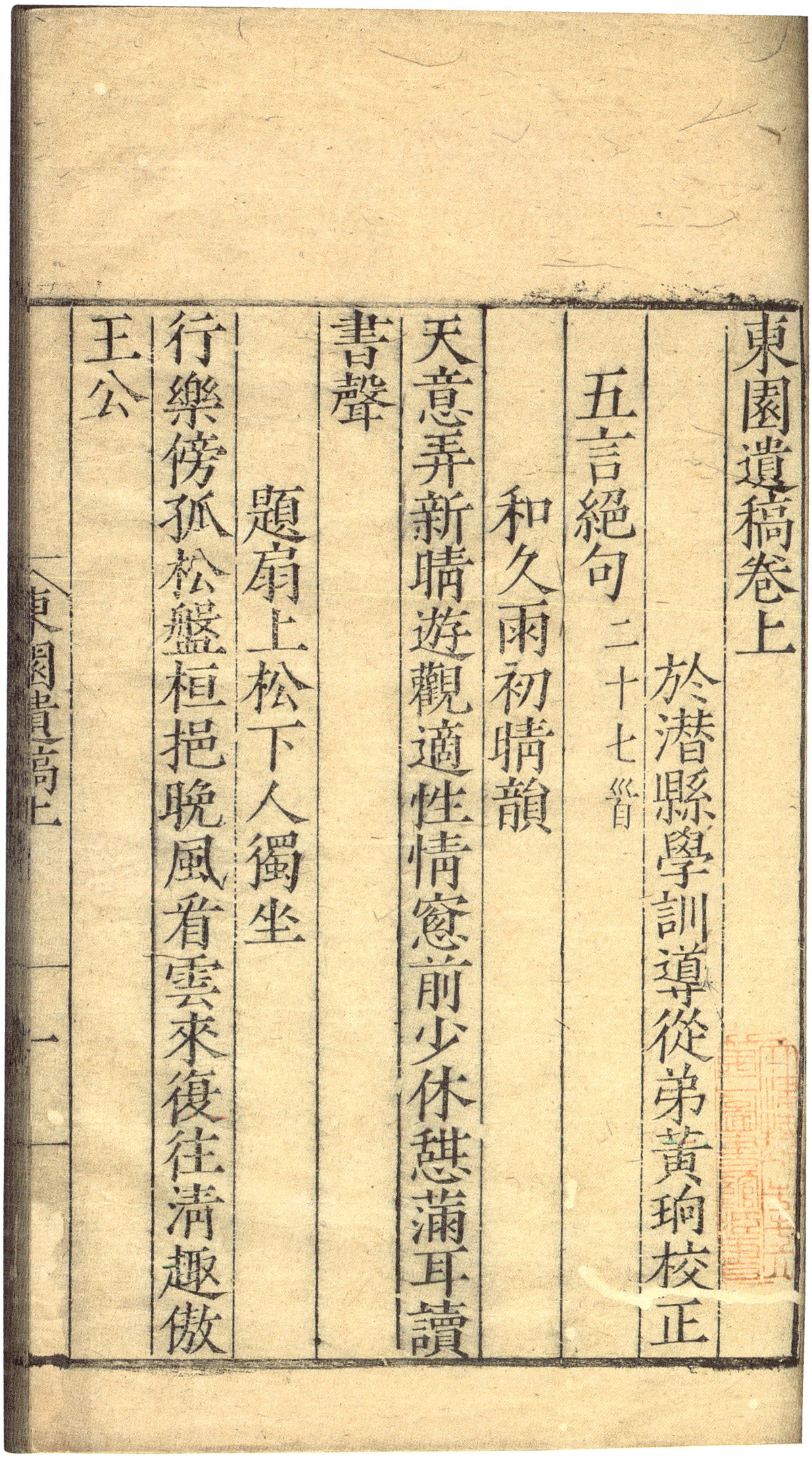

東園遺稿卷上

於潛縣學訓導從弟黃珣校正

五言絕句 二十七首

和久雨初晴韻

天意弄新晴遊觀適性情窻前少休憩蒲耳讀書聲

題扇上松下人獨坐

行樂傍孤松盤桓挹晚風看雲來復往清趣傲王公

東園遺稿上 一

09195 東園遺稿二卷 （明）黃璽撰 明嘉靖刻本

匡高17.7厘米，廣13.3厘米。半葉九行，行十八字，白口，四周單邊。天津圖書館藏。

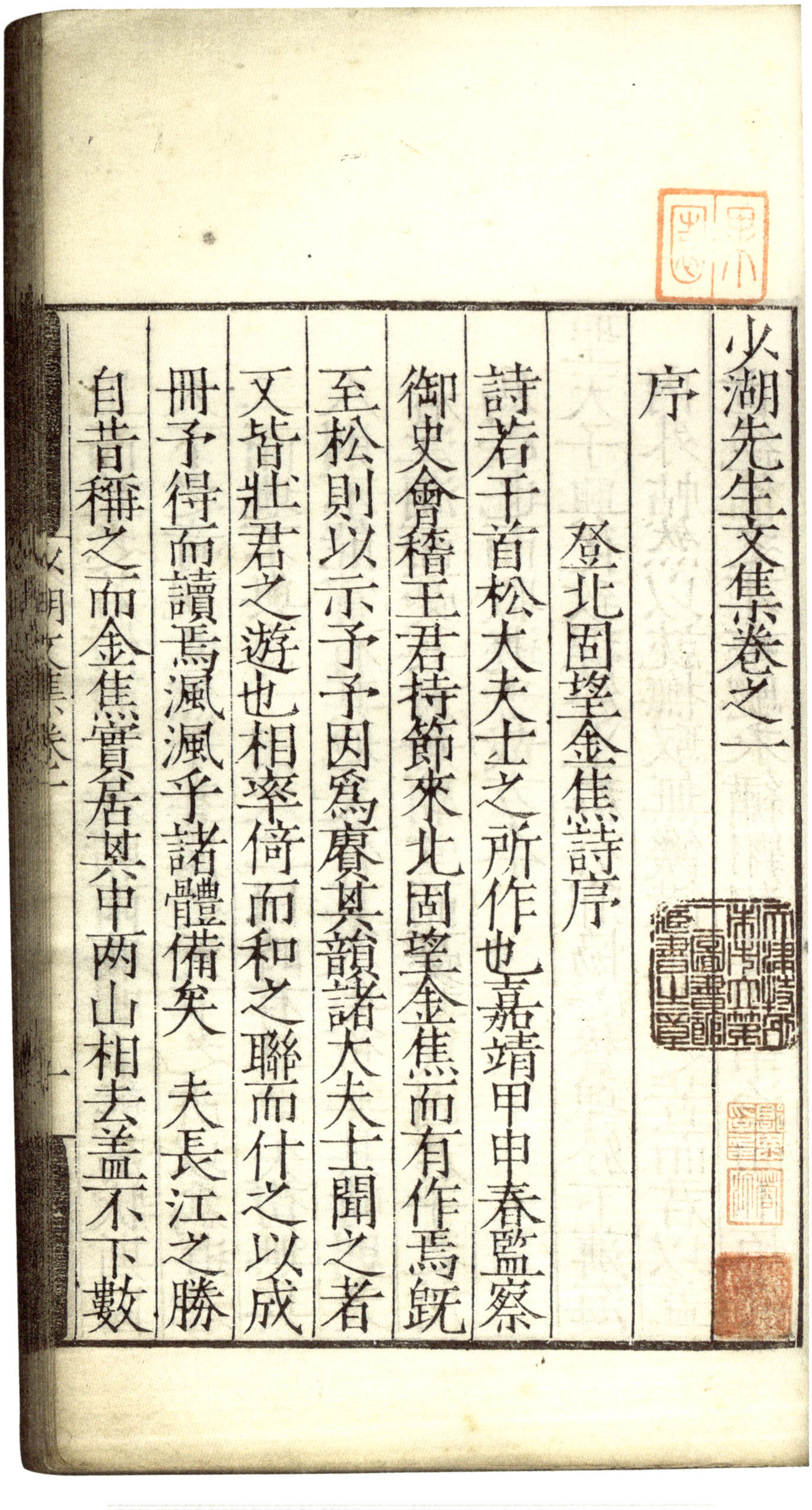

09197 少湖先生文集七卷 （明）徐階撰　明嘉靖三十六年（1557）宿應麟刻本

匡高19.6厘米，廣14.5厘米。半葉九行，行二十字，黑口，四周單邊。天津圖書館藏。

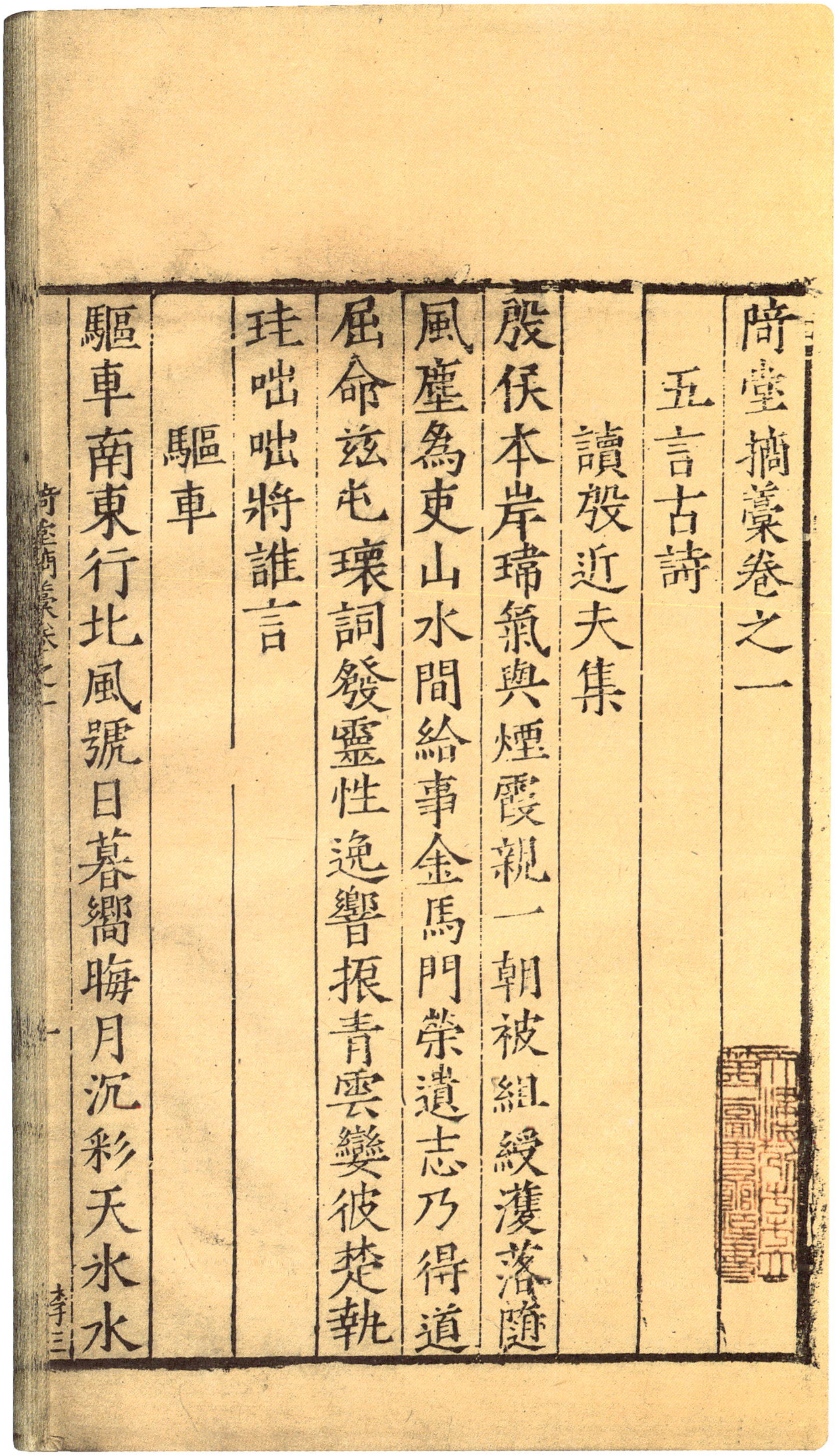

陭堂摘藳卷之一

五言古詩

讀殷近夫集

殷侯本岸幘氣與煙霞親一朝被組綬濩落隨風塵為吏山水間給事金馬門榮遺志乃得道屈命玆屯瓌詞發靈性逸響振青雲變彼楚執珪咄咄將誰言

驅車

驅車南東行北風號日暮嚮晦月沉彩天冰水

陭堂摘藳卷之一　一　李三

09216　陭堂摘藳十六卷　（明）許應元撰　明嘉靖四十年（1561）李金、黄中等刻本

匡高19.2厘米，廣13.1厘米。半葉九行，行十八字，白口，四周單邊。天津圖書館藏，存六卷。

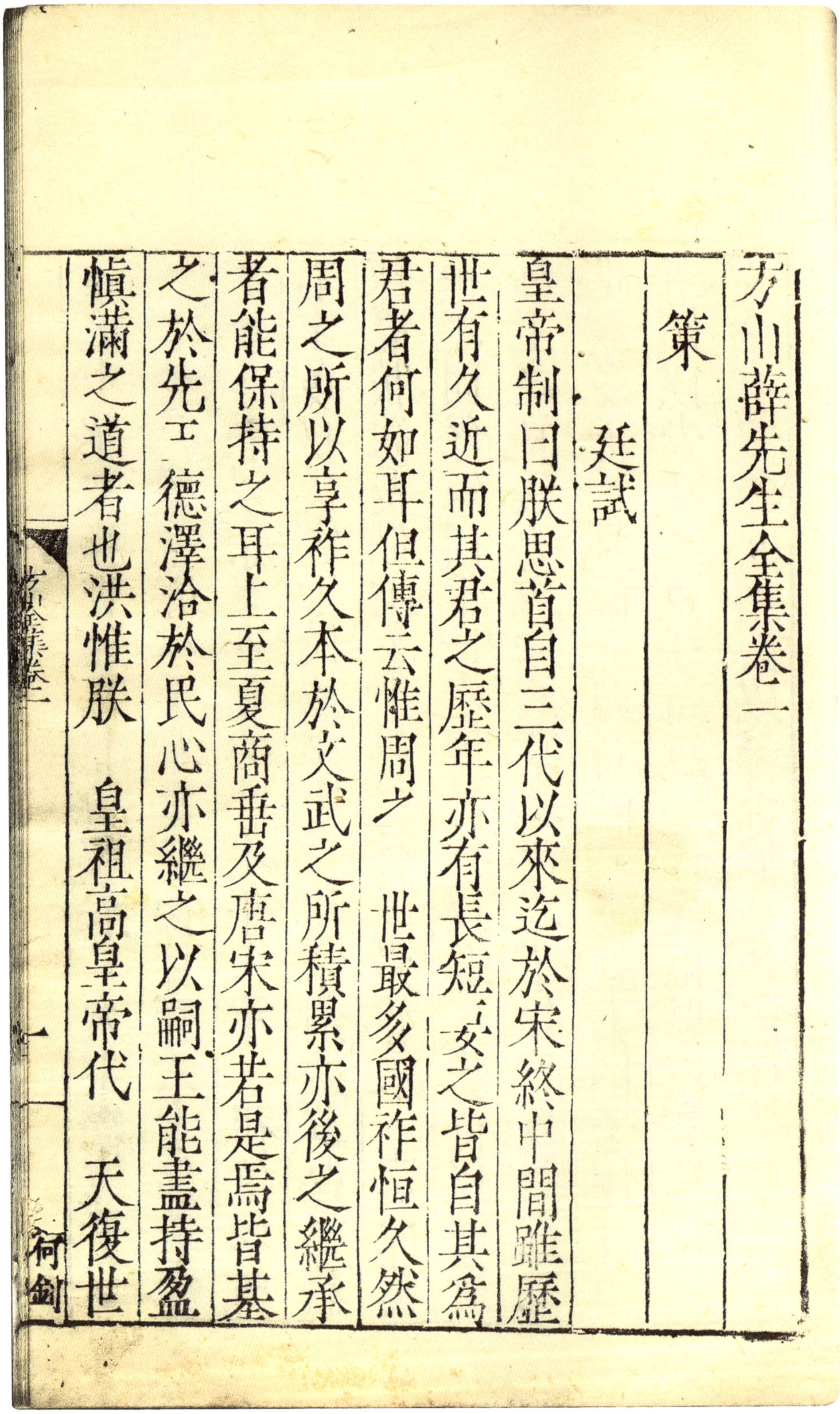
方山薛先生全集卷一

策

廷試

皇帝制曰朕思自三代以來迄於宋終中間雖歷

世有久近而其君之歷年亦有長短要之皆自其爲

君者何如耳但傳云惟周之 世最多國祚恒久然

周之所以享祚久本於文武之所積累亦後之繼承

者能保持之耳上至夏商垂及唐宋亦若是焉皆基

之於先王德澤洽於民心亦繼之以嗣王能盡持盈

愼滿之道者也洪惟朕 皇祖高皇帝代 天復世

方山薛集卷一　一

09221 方山薛先生全集六十八卷 （明）薛應旂撰　明嘉靖刻本

匡高19.5厘米，廣14.3厘米。半葉十行，行二十字，白口，四周單邊。天津圖書館藏。

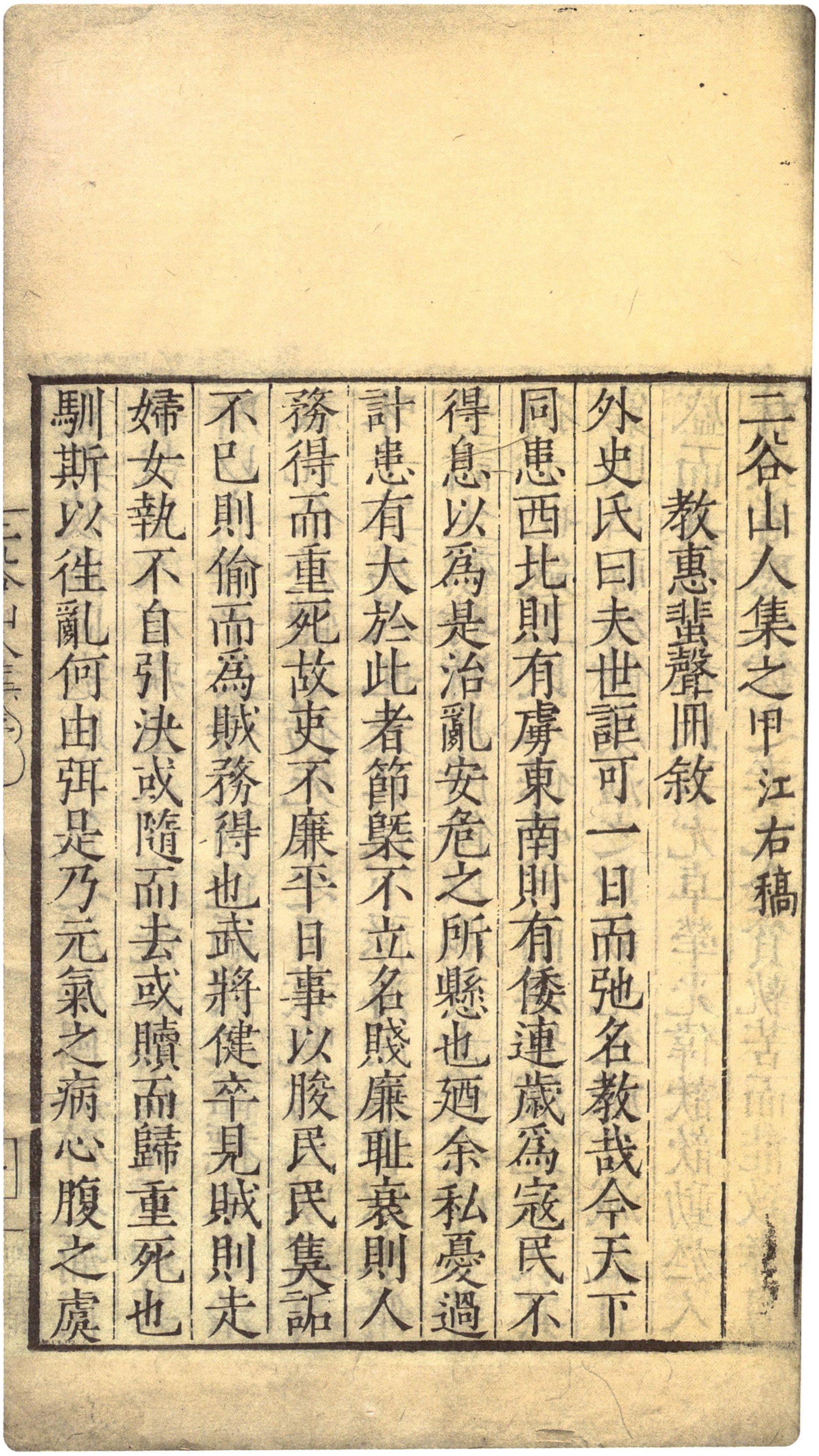

二谷山人集之甲　江右稿

教惠蜚聲冊敘

外史氏曰夫世詎可一日而弛名教哉今天下同患西北則有虜東南則有倭連歲爲寇民不得息以爲是治亂安危之所懸也廼余私憂過計患有大於此者節槩不立名賤廉耻衰則人務得而重死故吏不廉平日事以朘民民集詬不已則偷而爲賊務得也武將健卒見賊則走婦女執不自引決或隨而去或贖而歸重死也馴斯以往亂何由弭是乃元氣之病心腹之虞

09224　二谷山人集十卷　（明）侯一元撰　明嘉靖刻本

匡高15.2厘米，廣10.6厘米。半葉十行，行十八字，白口，四周單邊。天津圖書館藏。

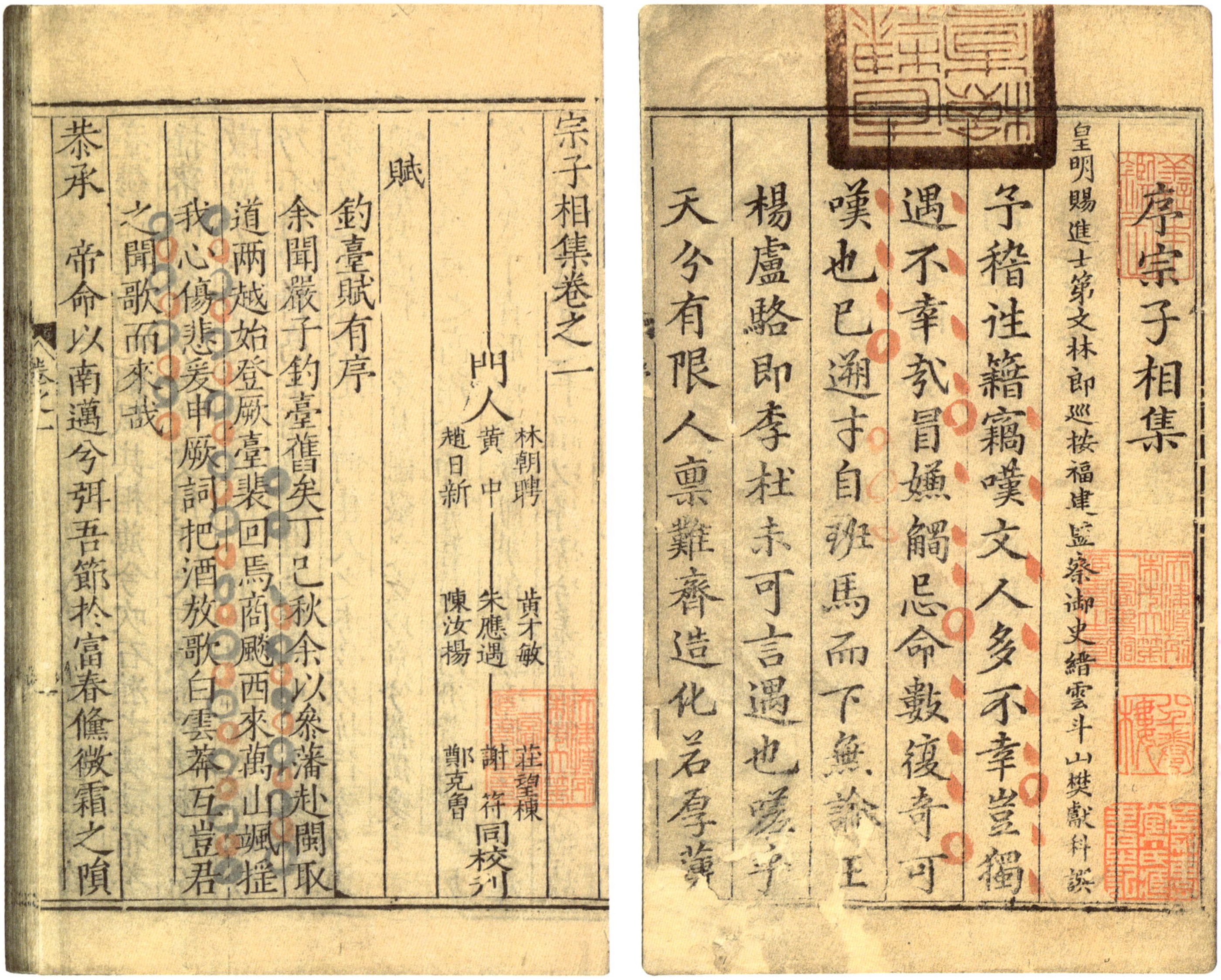

序宗子相集
皇明賜進士第文林郎巡按福建監察御史縉雲斗山樊獻科譔
予稽往籍竊嘆文人多不幸豈獨
遇不幸哉冒嬾觸忌命數復奇可
嘆也已遡寸自班馬而下無論王
楊盧駱即李杜未可言遇也嗟乎
天分有限人禀難齊造化若辱薄

宗子相集卷之一
門人 林朝聘 黄才敏 莊望棟
黄中 朱應遇 謝符 同校刊
趙日新 陳汝揚 鄭克曾
賦
釣臺賦有序
余聞嚴子釣臺舊矣丁巳秋余以參藩赴閩取
道兩越始登厥臺裴回馬商颷西來萬山颯搖
我心傷悲爰申厥詞把酒放歌白雲萃互豈君
之聞歌而來哉
恭承 帝命以南邁兮弭吾節於富春儵微霜之隕

09230、09231 宗子相集八卷 （明）宗臣撰　明嘉靖三十九年（1560）林朝聘、黄中等刻本

匡高19.6厘米，廣13.9厘米。半葉十行，行二十字，白口，四周雙邊。首都圖書館藏，有“許世章”、“京江燕翼堂錢氏藏書”等印；天津圖書館藏，有“嘉惠堂丁氏藏書印記”等印。

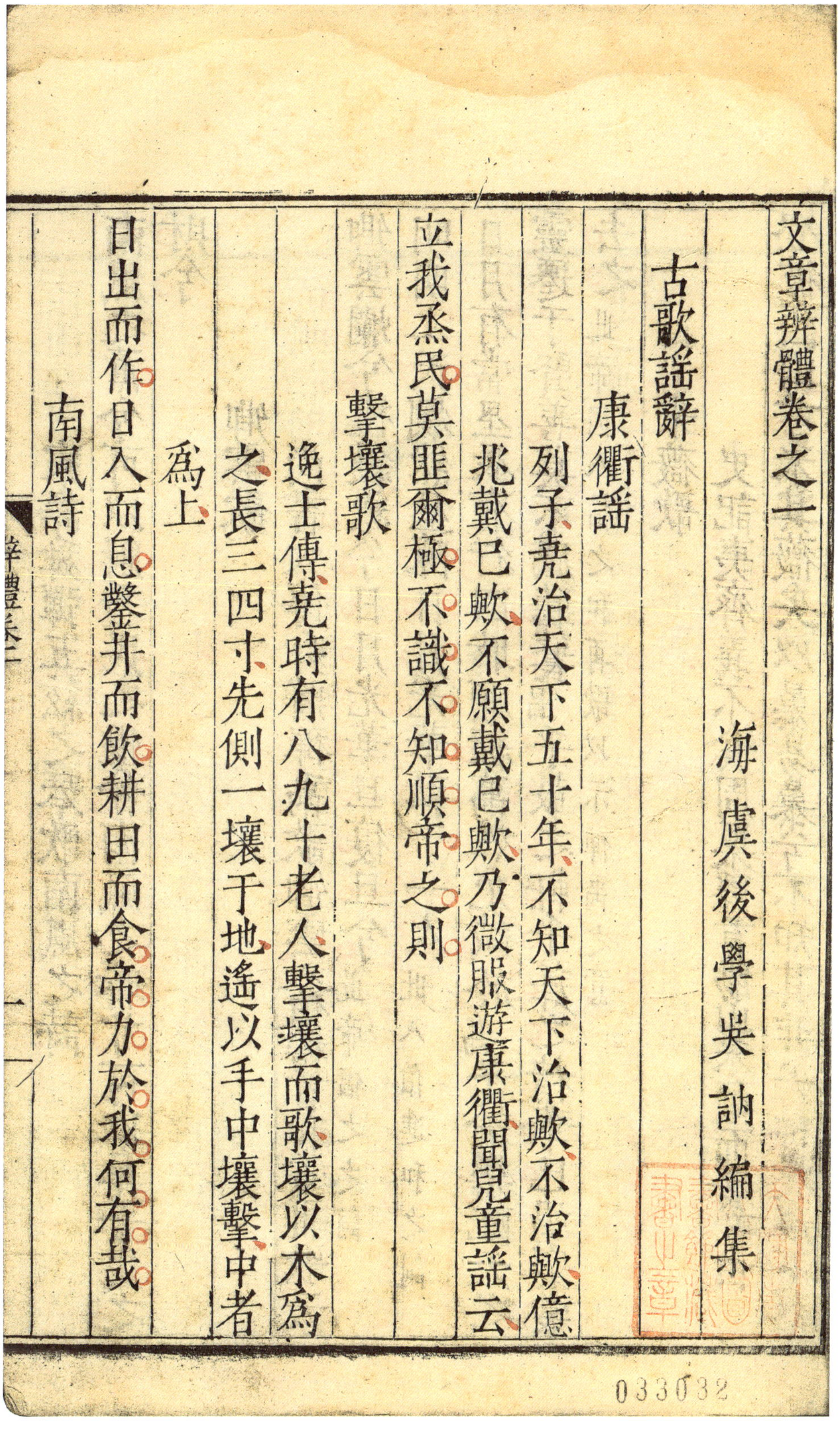

09433 文章辨體五十卷外集五卷總論一卷 （明）吴訥輯　明嘉靖三十四年（1555）徐洛刻本

匡高22.4厘米，廣16.4厘米。半葉十三行，行二十四字，白口，四周雙邊。

天津圖書館藏。

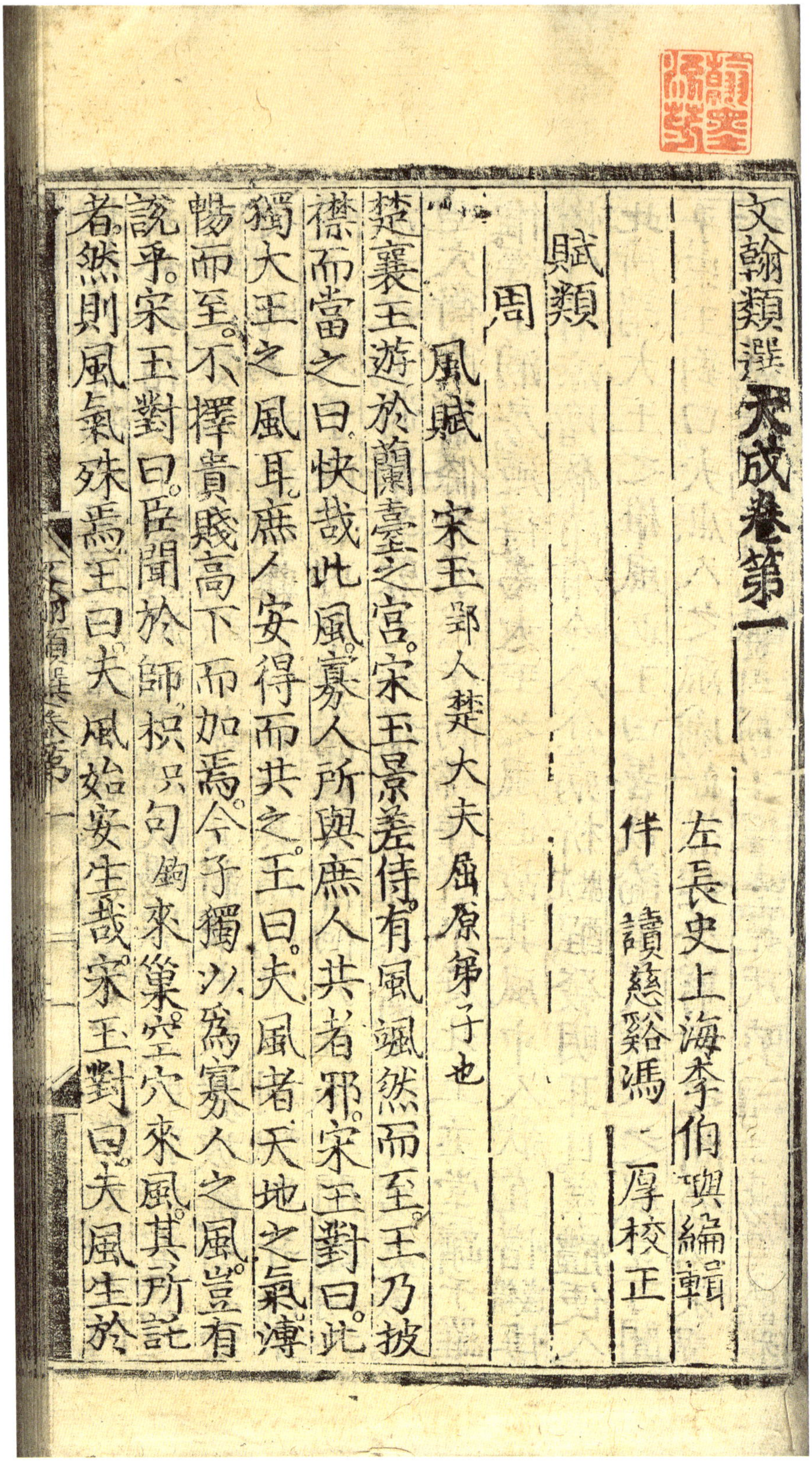
文翰類選大成卷第一
左長史上海李伯璵編輯
伴讀慈谿馮　厚校正
賦類
周
風賦　宋玉郢人楚大夫屈原弟子也
楚襄王游於蘭臺之宮宋玉景差侍有風颯然而至王乃披
襟而當之曰快哉此風寡人所與庶人共者邪宋玉對曰此
獨大王之風耳庶人安得而共之王曰夫風者天地之氣溥
暢而至不擇貴賤高下而加焉今子獨以爲寡人之風豈有
說乎宋玉對曰臣聞於師枳句來巢空穴來風其所託
者然則風氣殊焉王曰夫風始安生哉宋玉對曰夫風生於

09434、09435　文翰類選大成一百六十三卷　（明）李伯璵　馮厚輯

明成化八年（1472）淮府刻弘治十四年（1501）嘉靖二十五年（1546）遞修本

匡高23.2厘米，廣15.4厘米。半葉十二行，行二十三字，黑口，四周雙邊。

天津圖書館藏；大連圖書館藏，卷一百六十至一百六十一配明抄本。

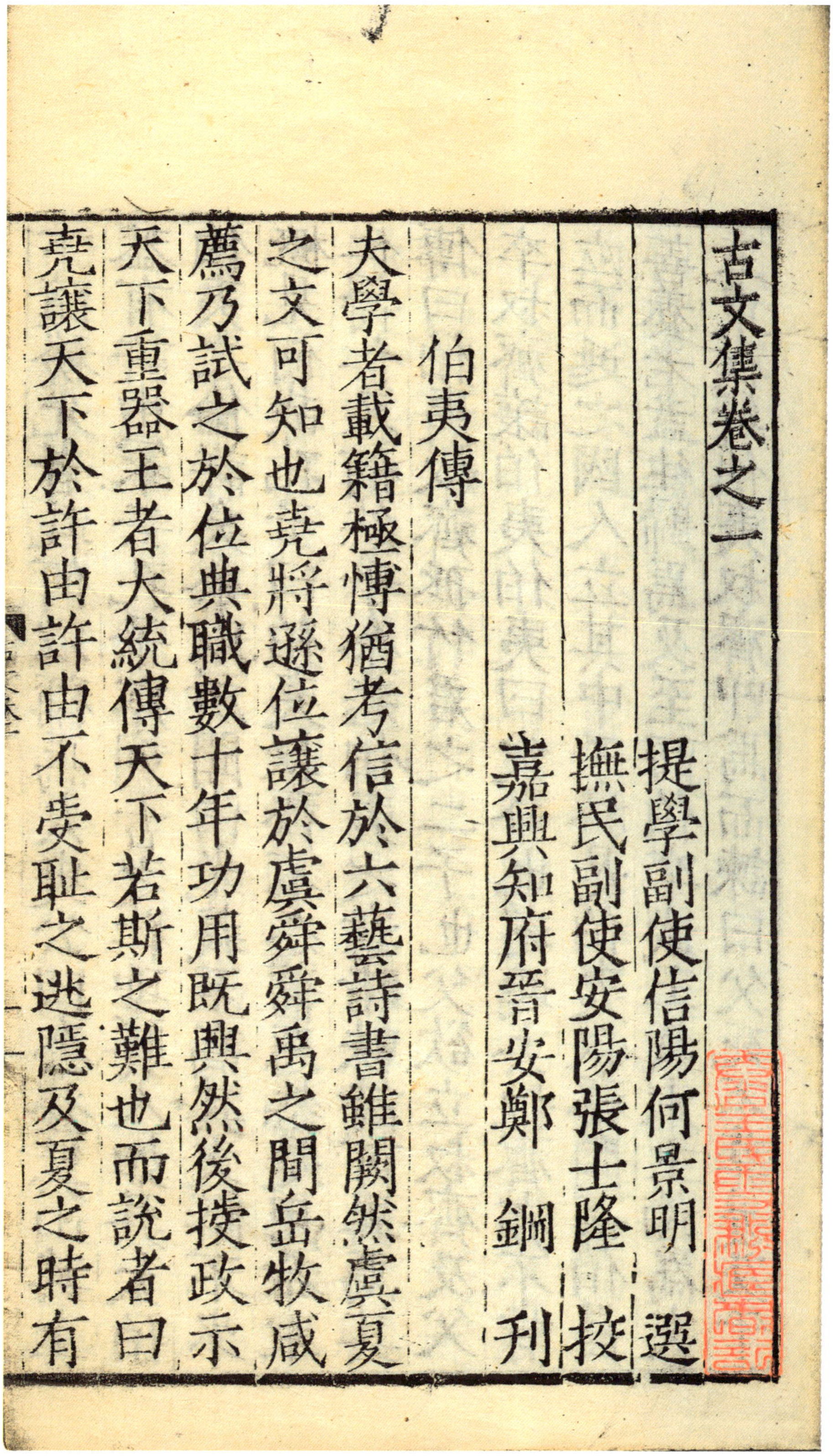

古文集卷之一
提學副使信陽何景明　選
撫民副使安陽張士隆　校
嘉興知府晉安鄭　鋼　刊

伯夷傳
夫學者載籍極愽猶考信於六藝詩書雖闕然虞夏之文可知也堯將遜位讓於虞舜舜禹之間岳牧咸薦乃試之於位典職數十年功用既興然後授政示天下重器王者大統傳天下若斯之難也而說者曰堯讓天下於許由許由不受耻之逃隱及夏之時有

09438、09439 古文集四卷（明）何景明輯　明嘉靖十五年（1536）鄭鋼刻本

匡高20.3厘米，廣13.5厘米。半葉十行，行二十字，白口，四周單邊。北京師範大學圖書館、天津圖書館藏。

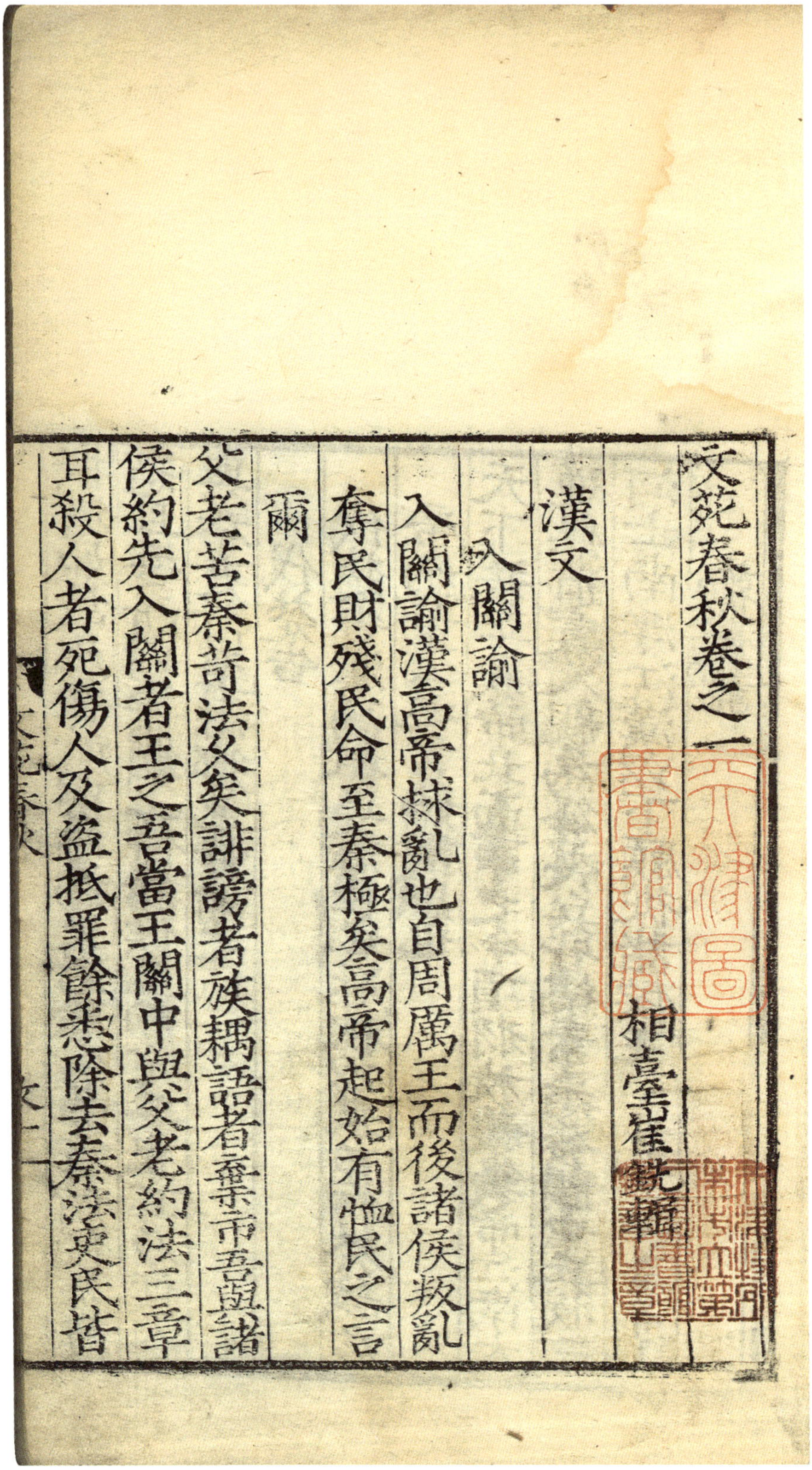
文苑春秋卷之一　相臺崔銑輯
漢文
入關諭
入關諭漢高帝撥亂也自周厲王而後諸侯叛亂
奪民財殘民命至秦極矣高帝起始有恤民之言
爾
父老苦秦苛法久矣誹謗者族耦語者棄市吾與諸
侯約先入關者王之吾當王關中與父老約法三章
耳殺人者死傷人及盜抵罪餘悉除去秦法吏民皆

09441 文苑春秋四卷 （明）崔銑輯　明嘉靖十七年（1538）刻本

匡高16.2厘米，廣13.1厘米。半葉十行，行二十字，白口，左右雙邊。天津圖書館藏。

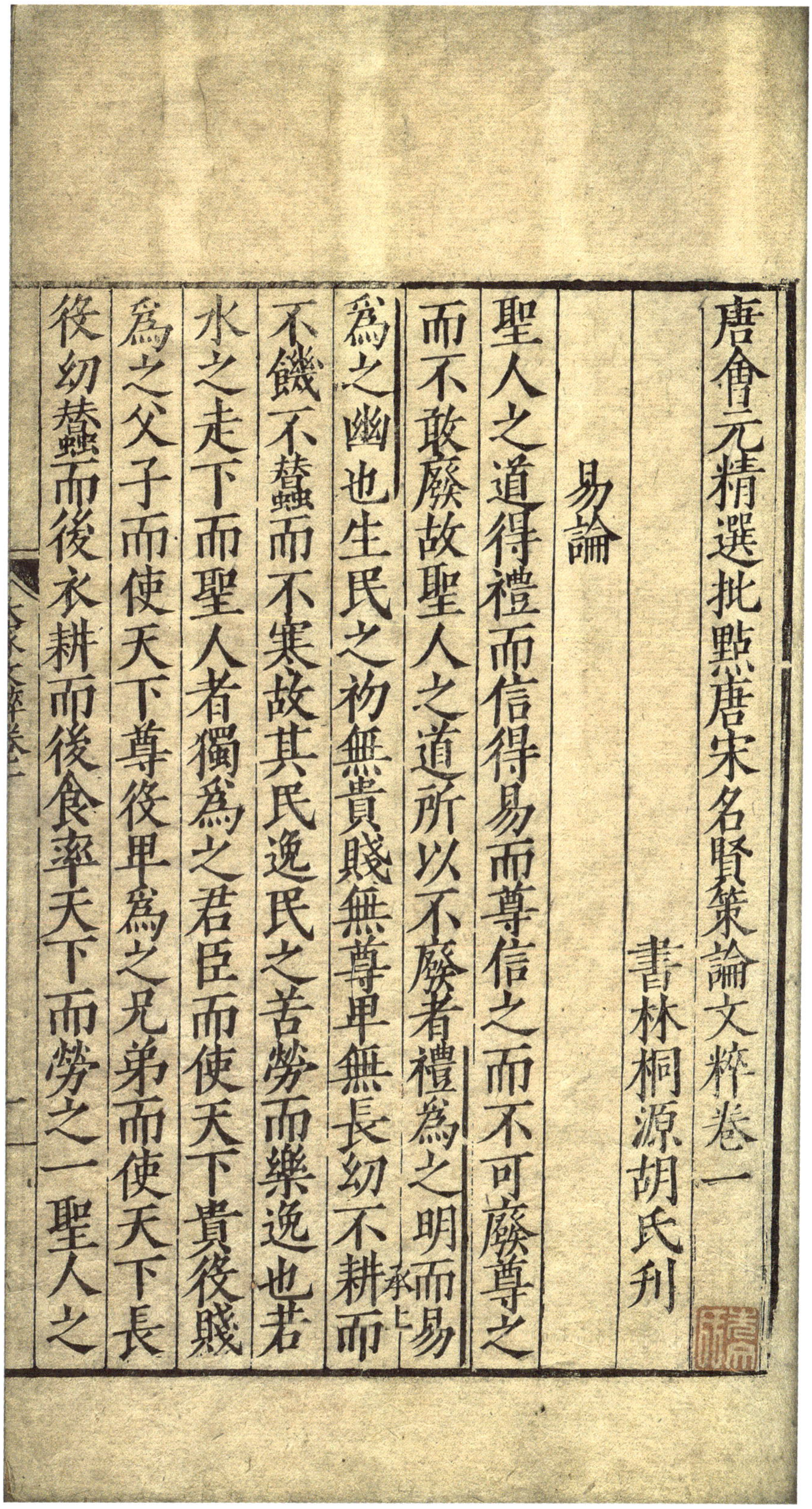

唐會元精選批點唐宋名賢策論文粹卷一

書林桐源胡氏刋

易論

聖人之道得禮而信得易而尊信之而不可廢尊之而不敢廢故聖人之道所以不廢者禮爲之明而易爲之幽也生民之初無貴賤無尊卑無長幼不耕而不饑不蠶而不寒故其民逸民之苦勞而樂逸也若水之走下而聖人者獨爲之君臣而使天下貴役賤爲之父子而使天下尊役卑爲之兄弟而使天下長役幼蠶而後衣耕而後食率天下而勞之一聖人之

09448、09449 唐會元精選批點唐宋名賢策論文粹八卷 題（明）唐順之輯並批點　明書林桐源胡氏刻本

匡高19.5厘米，廣13.2厘米。半葉十行，行二十字，白口，左右雙邊。有“嘉靖己酉孟秋吉旦”、“三衢前坊胡氏梓於毘陵”牌記。天津圖書館藏；中山大學圖書館藏，存七卷。

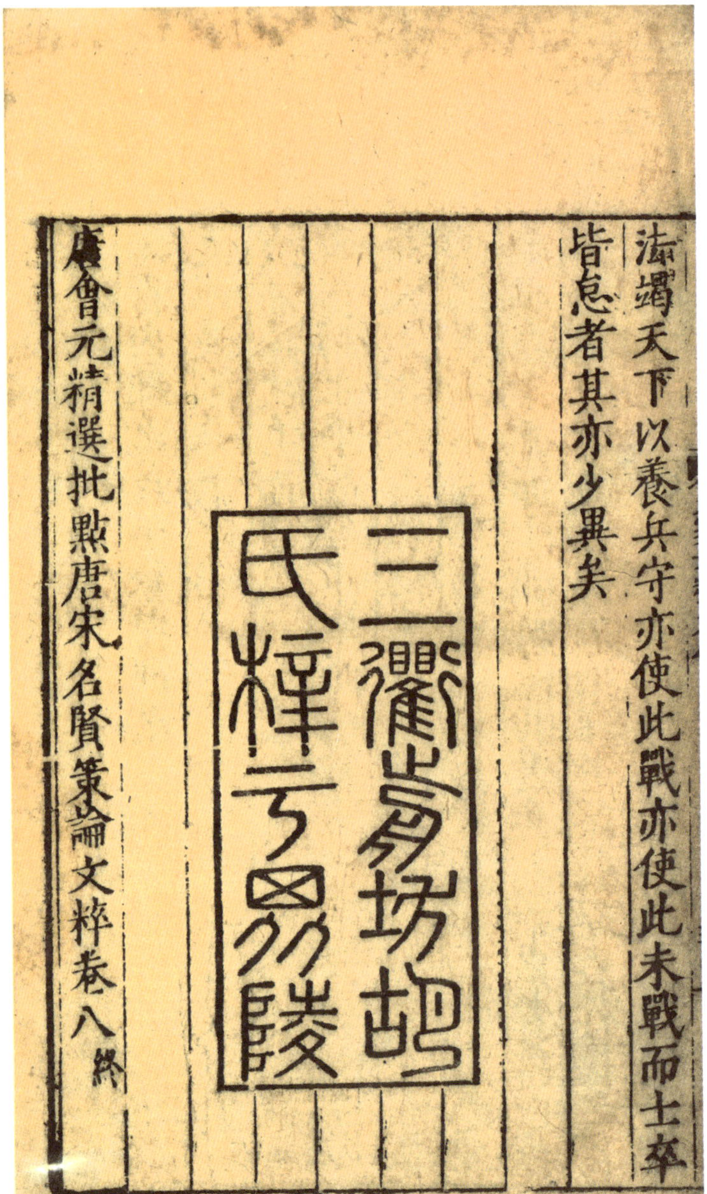
湊蠋天下以養兵守亦使此戰亦使此未戰而士卒
皆怠者其亦少異矣
唐會元精選批點唐宋名賢策論文粹卷八終

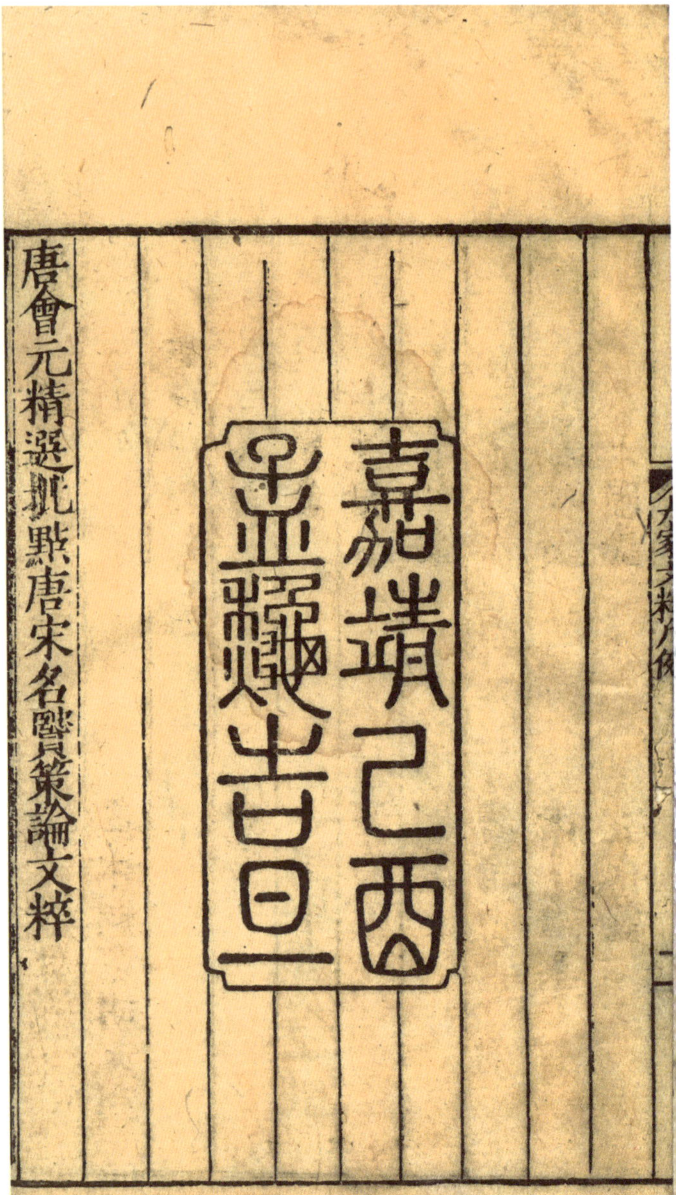
唐會元精選批點唐宋名賢策論文粹
嘉靖己酉
孟穐吉旦

（釋文同前頁）

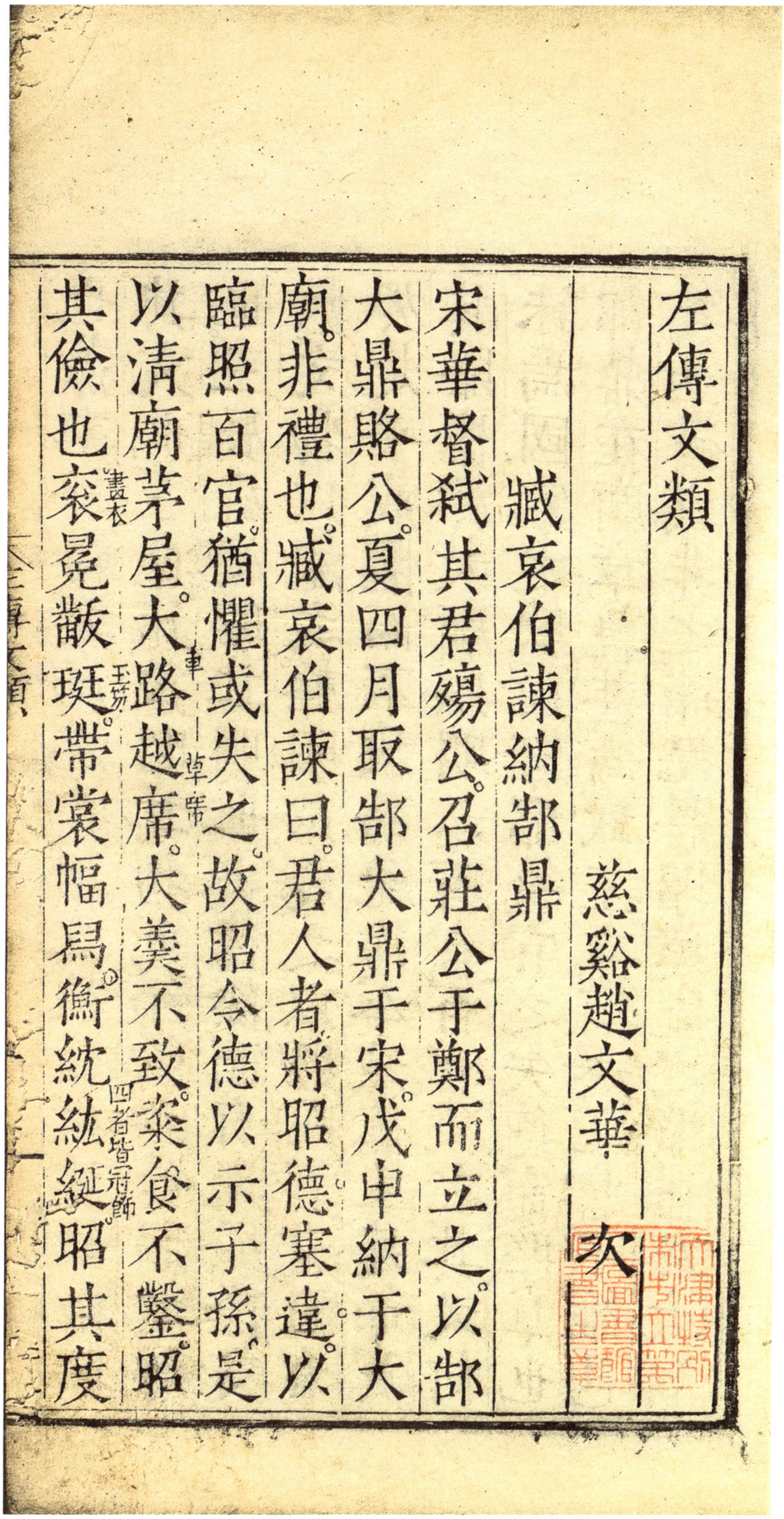
左傳文類

慈谿趙文華　次

臧哀伯諫納郜鼎

宋華督弑其君殤公召莊公于鄭而立之以郜
大鼎賂公夏四月取郜大鼎于宋戊申納于大
廟非禮也臧哀伯諫曰君人者將昭德塞違以
臨照百官猶懼或失之故昭令德以示子孫是
以清廟茅屋大路（車）越席（草席）大羹不致粢食不鑿昭
其儉也衮（畫衣）冕黻珽（玉笏）帶裳幅舃衡紞紘綖（四者皆冠飾）昭其度

09450　三史文類五卷　（明）趙文華輯　明嘉靖十六年（1537）刻本

匡高20厘米，廣12.8厘米。半葉九行，行十八字，白口，四周雙邊。天津圖書館藏。

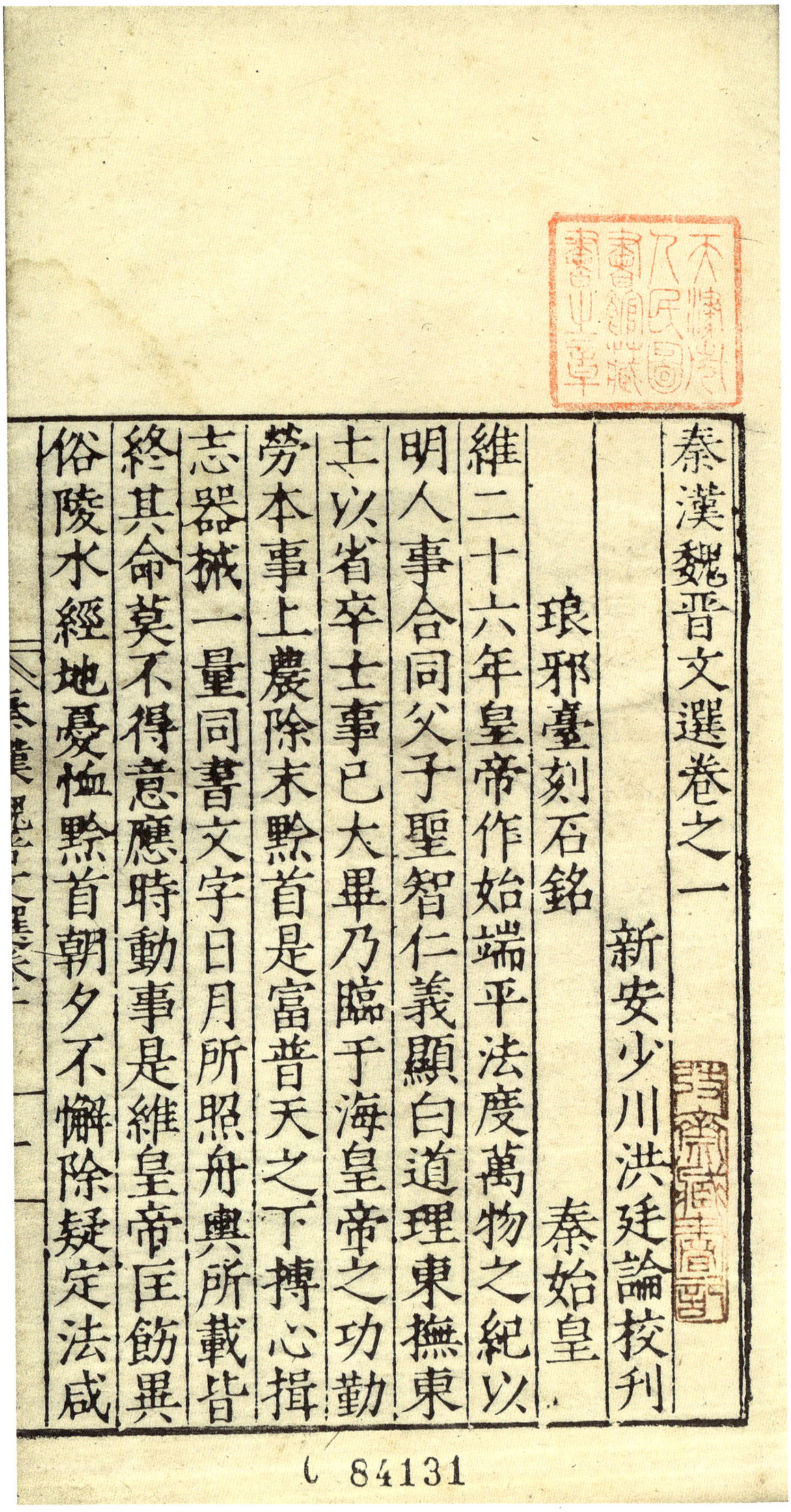

09451 秦漢魏晋文選十卷 （明）余震啓　鄭玄撫輯　明嘉靖二十四年（1545）洪廷論刻本

匡高17.8厘米，廣12.8厘米。半葉十行，行十八字，白口，左右雙邊。天津圖書館藏。

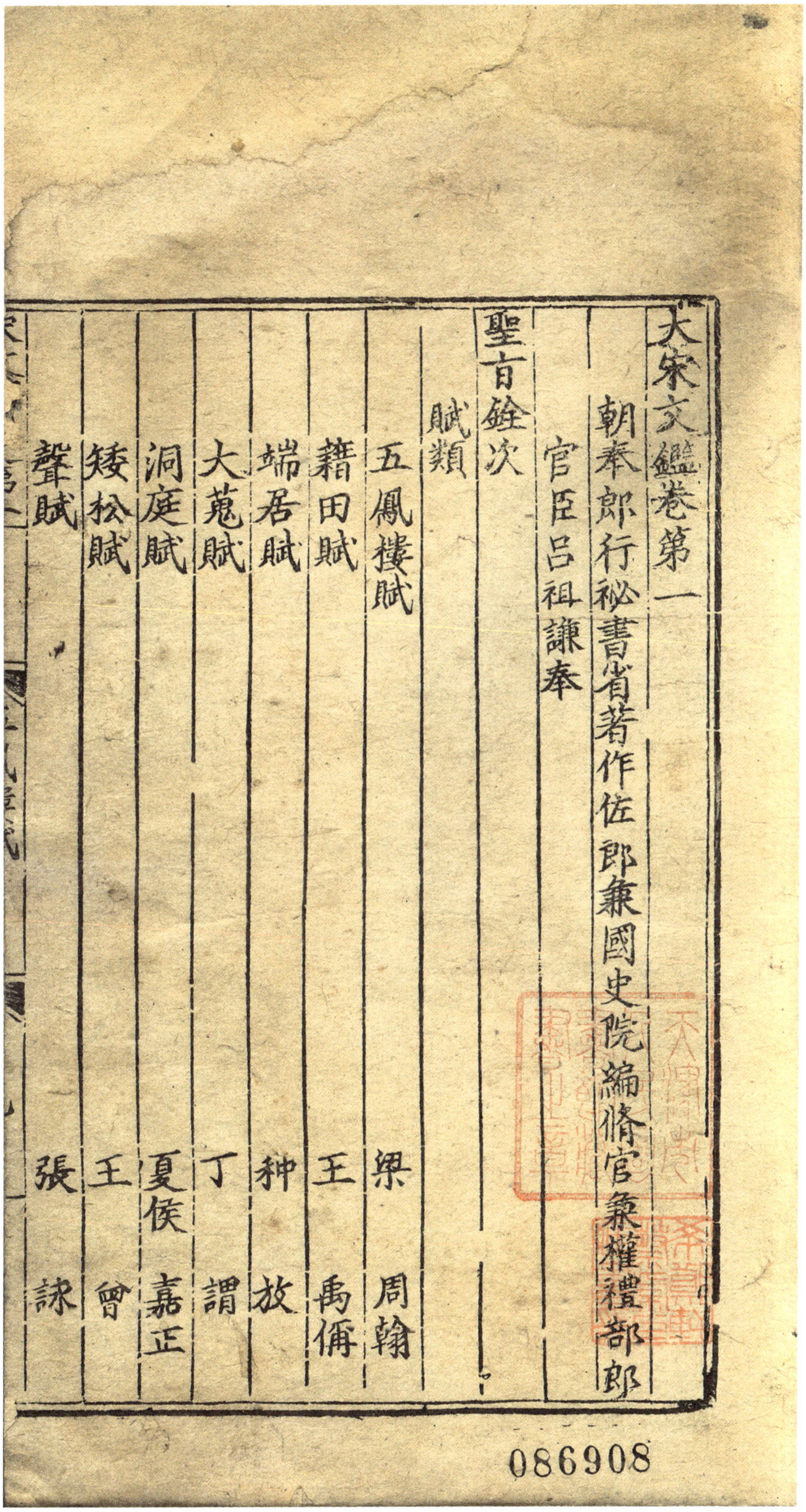
大宋文鑑卷第一

朝奉郎行祕書省著作佐郎兼國史院編脩官兼權禮部郎
官臣呂祖謙奉

聖旨銓次

賦類

五鳳樓賦　梁周翰
藉田賦　王禹偁
端居賦　种放
大蒐賦　丁謂
洞庭賦　夏侯嘉正
矮松賦　王曾
聲賦　張詠

09503　大宋文鑑一百五十卷目録三卷　（宋）呂祖謙輯　明正德十三年（1518）慎獨齋刻本

匡高18.1厘米，廣12厘米。半葉十二行，行二十五字，細黑口，四周雙邊。

天津圖書館藏。

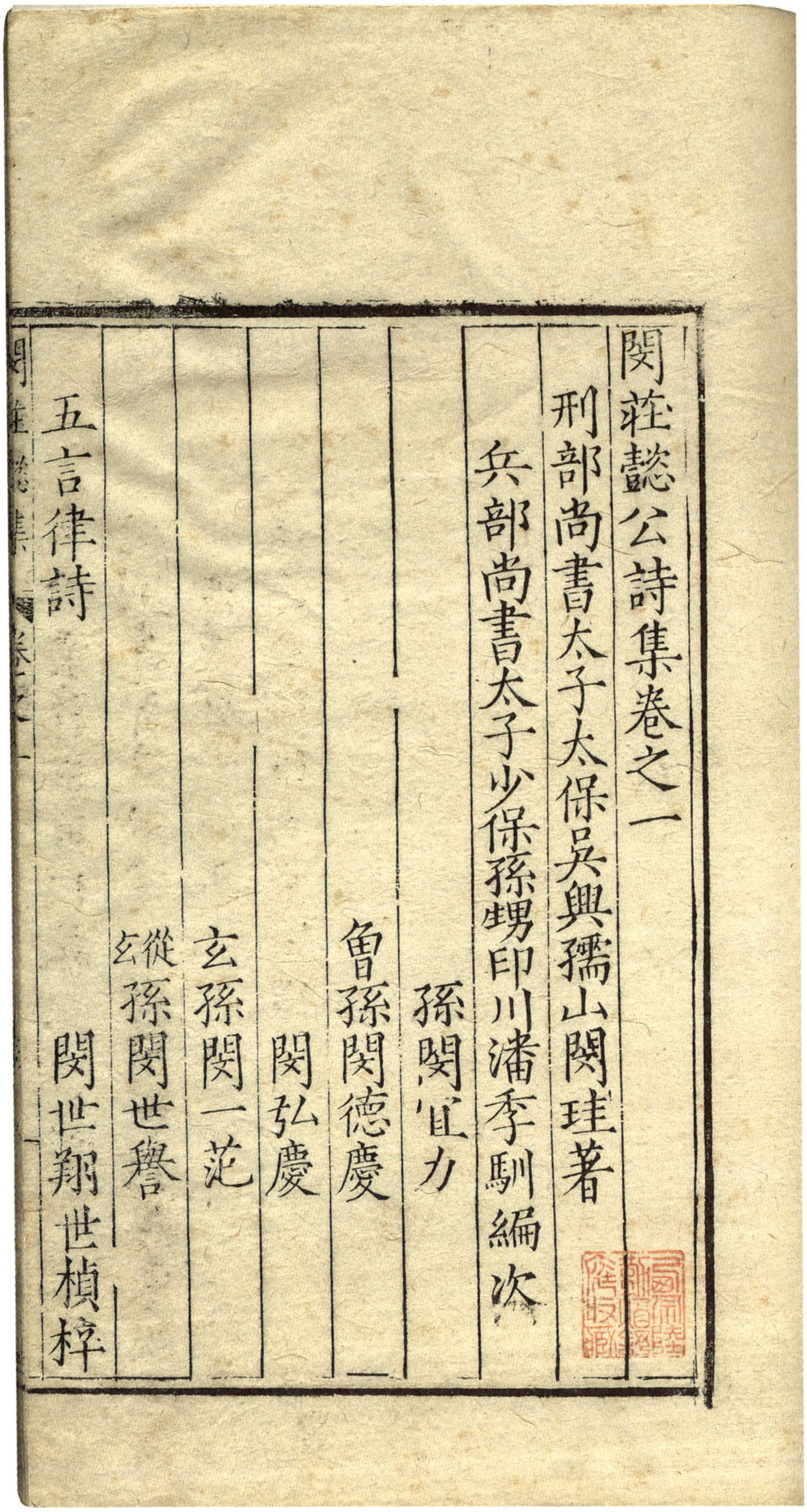

閔莊懿公詩集卷之一
刑部尚書太子太保吳興孺山閔珪著
兵部尚書太子少保孫甥印川潘季馴編次
孫閔宜力
曾孫閔德慶
閔弘慶
玄孫閔一范
從玄孫閔世譽
五言律詩
閔世翔世楨梓

09533 吳興閔氏兩尚書詩集十五卷 （明）閔一范輯　明萬曆十年（1582）刻本

匡高19.6厘米，廣12.8厘米。半葉九行，行十八字，白口，四周雙邊。天津圖書館藏。

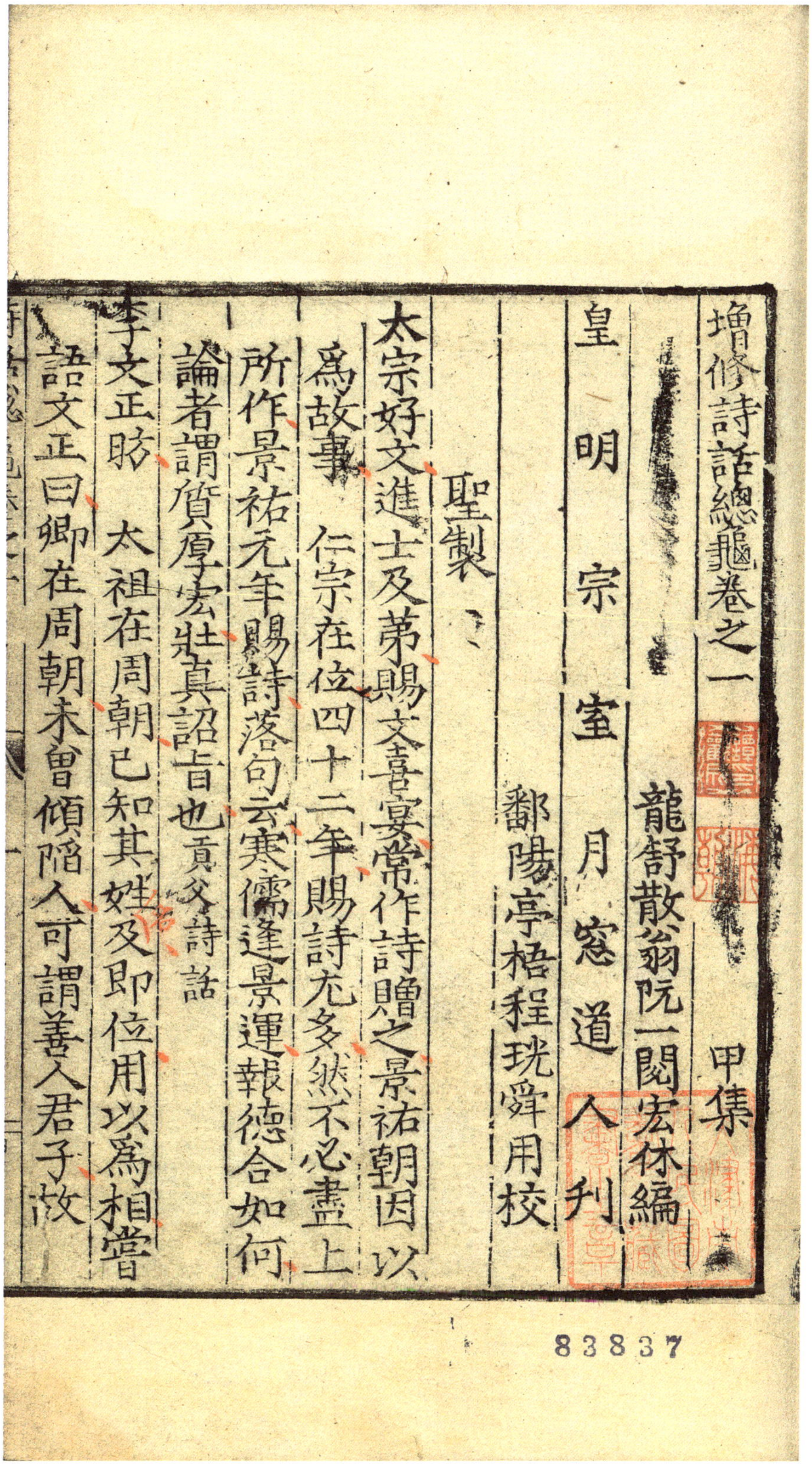

增修詩話總龜卷之一　甲集
龍舒散翁阮一閱宏休編
皇明宗室月窻道人刊
鄱陽亭梧程珖舜用校
聖製
太宗好文進士及第賜文喜宴常作詩贈之景祐朝因以
爲故事　仁宗在位四十二年賜詩尤多然不必盡上
所作景祐元年賜詩落句云寒儒逢景運報德合如何
論者謂質厚宏壯真詔旨也貢父詩話
李文正昉　太祖在周朝已知其姓及即位用以爲相嘗
語文正曰卿在周朝未曾傾陷人可謂善人君子故

09536　增修詩話總龜四十八卷後集五十卷　（宋）阮閲輯　明嘉靖二十四年（1545）月窗道人刻本

匡高17.2厘米，廣12.9厘米。半葉十一行，行二十二字，白口，四周單邊。

天津圖書館藏。

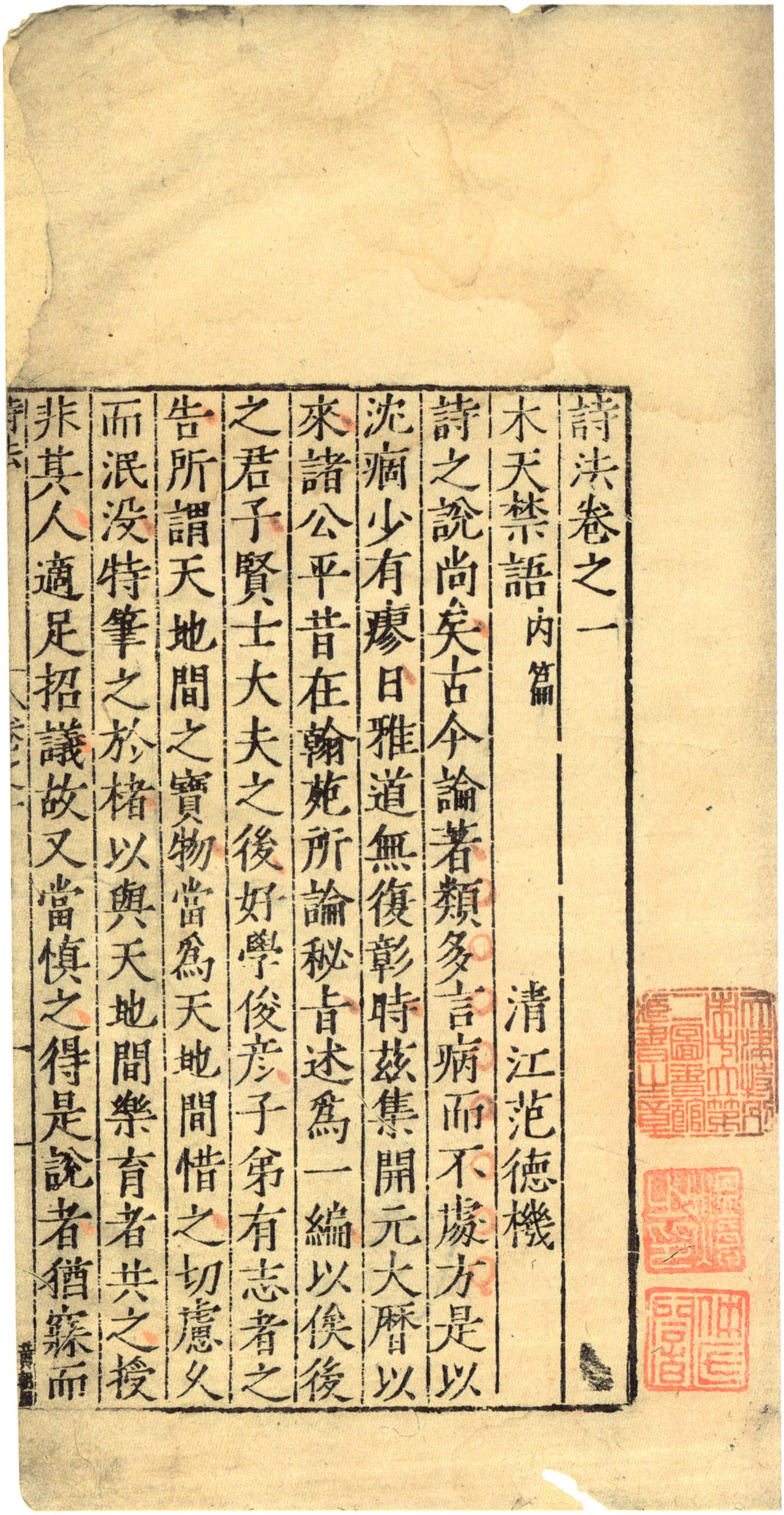
詩法卷之一
木天禁語內篇　　清江范德機
詩之說尚矣古今論著類多言病而不處方是以
沈痼少有瘳日雅道無復彰時茲集開元大曆以
來諸公平昔在翰苑所論秘旨述爲一編以俟後
之君子賢士大夫之後好學俊彥子弟有志者之
告所謂天地間之寶物當爲天地間惜之切慮久
而泯沒特筆之於楮以與天地間樂育者共之授
非其人適足招議故又當慎之得是說者猶竊而

09545　詩法五卷（明）楊成輯　**詩法源流三卷**（明）王用章輯　明嘉靖刻本

匡高19.5厘米，廣11.8厘米。半葉九行，行十九字，白口，四周單邊。天津圖書館藏。

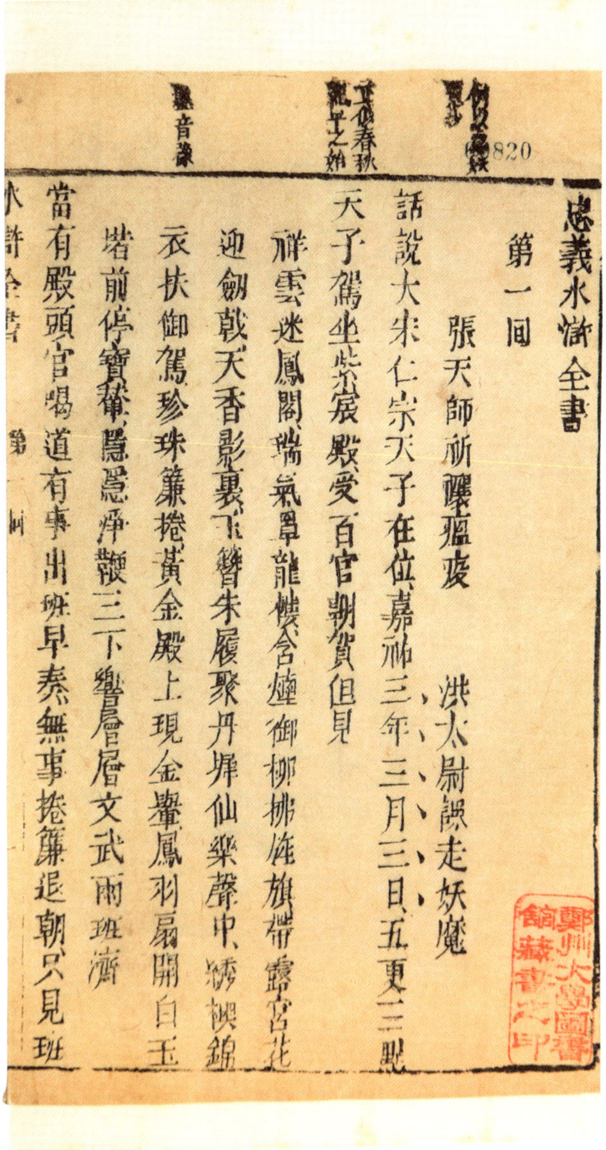

忠義水滸全書

第一回

張天師祈禳瘟疫　洪太尉誤走妖魔

話說大宋仁宗天子在位嘉祐三年三月三日五更三點天子駕坐紫宸殿受百官朝賀但見

祥雲迷鳳閣瑞氣罩龍樓含煙御柳拂旌旗帶露宮花迎劍戟天香影裏玉簪朱履聚丹墀仙樂聲中繡襖錦衣扶御駕珍珠簾捲黃金殿上現金轝鳳羽扇開白玉堦前停寶輦隱隱淨鞭三下響層層文武兩班齊

當有殿頭官喝道有事出班早奏無事捲簾退朝只見班

水滸全書　第一回

09580、09581 忠義水滸全書一百二十回 （元）施耐庵撰 （明）羅本纂修 （明）李贄評 **宣和遺事一卷** 明末郁郁堂刻清修本

匡高20.6厘米，廣14.2厘米。半葉十行，行二十二字，白口，四周單邊。天津圖書館藏；鄭州大學圖書館藏，扉葉有刻書署記。

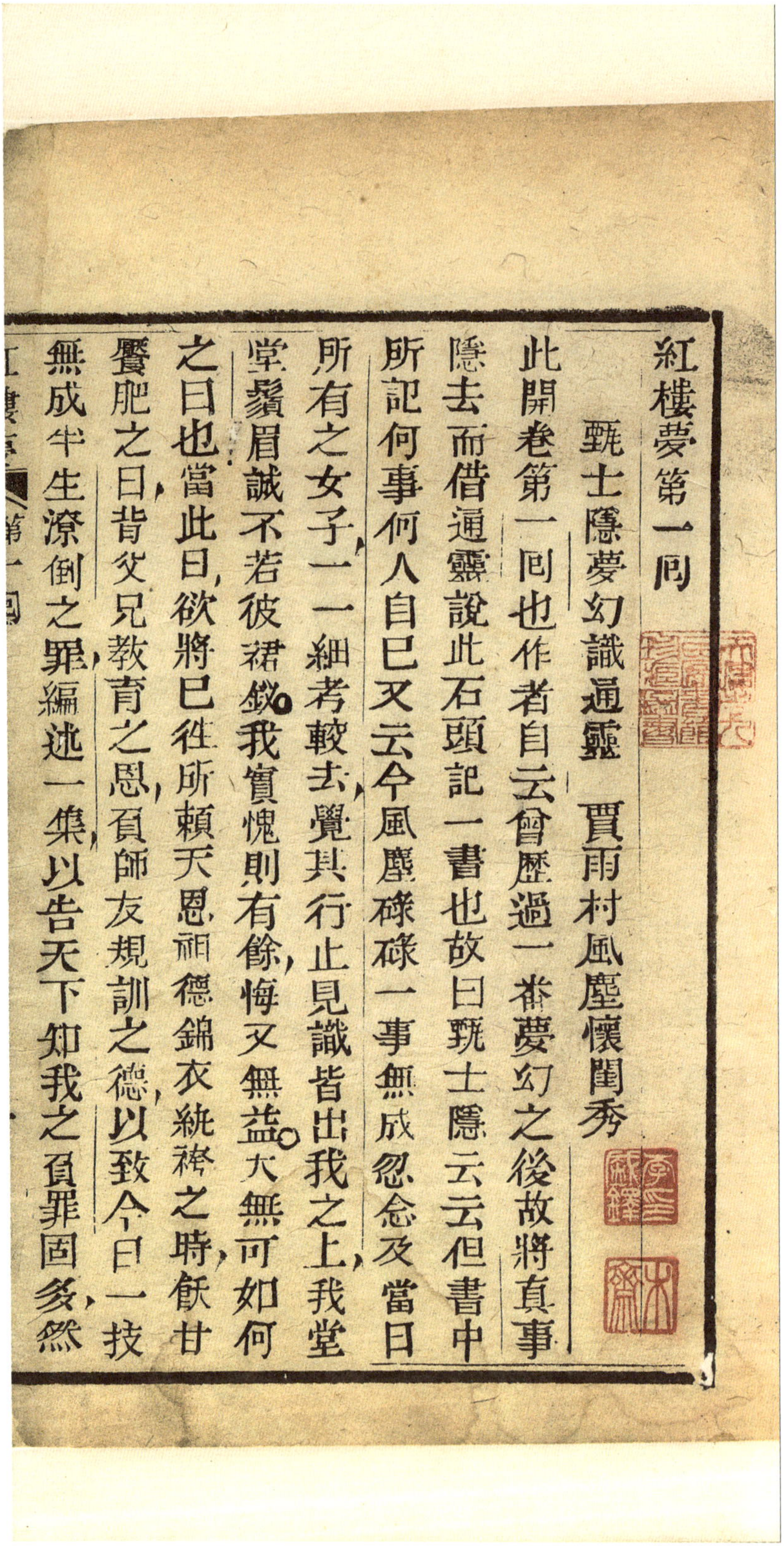

紅樓夢第一回

甄士隱夢幻識通靈　賈雨村風塵懷閨秀

此開卷第一回也作者自云曾歷過一番夢幻之後故將真事隱去而借通靈說此石頭記一書也故曰甄士隱云云但書中所記何事何人自已又云今風塵碌碌一事無成忽念及當日所有之女子一一細考較去覺其行止見識皆出我之上我堂堂鬚眉誠不若彼裙釵。我實愧則有餘悔又無益。大無可如何之日也當此日欲將已往所賴天恩祖德錦衣紈袴之時飫甘饜肥之日背父兄教育之恩負師友規訓之德以致今日一技無成半生潦倒之罪編述一集以告天下知我之負罪固多然

09608-09610 紅樓夢一百二十回（清）曹霑撰（清）高鶚增訂　清乾隆五十七年（1792）萃文書屋活字印本（程乙本）

匡高17.2厘米，廣11.8厘米。半葉十行，行二十四字，白口，四周雙邊。國家圖書館藏；天津圖書館藏，有“李印盛鐸”、“木齋”等印；雲南省圖書館藏。

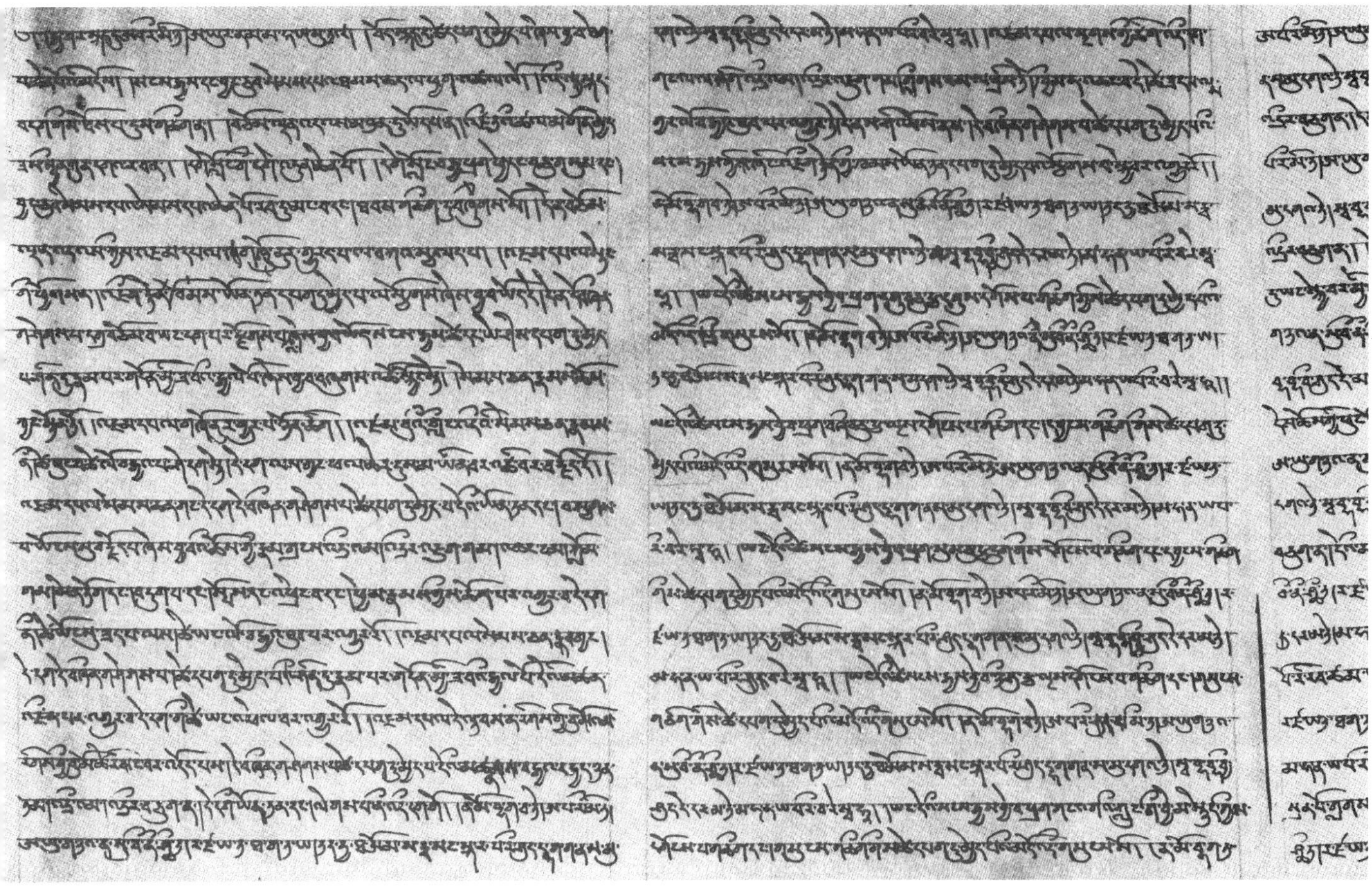

09628 大乘無量壽宗要經一卷（藏文） 九至十世紀敦煌寫本

高31厘米，寬667厘米。每紙2頁，每頁21行。烏絲欄。卷首背鈐朱文方印“凡將閣章”。天津博物館藏。

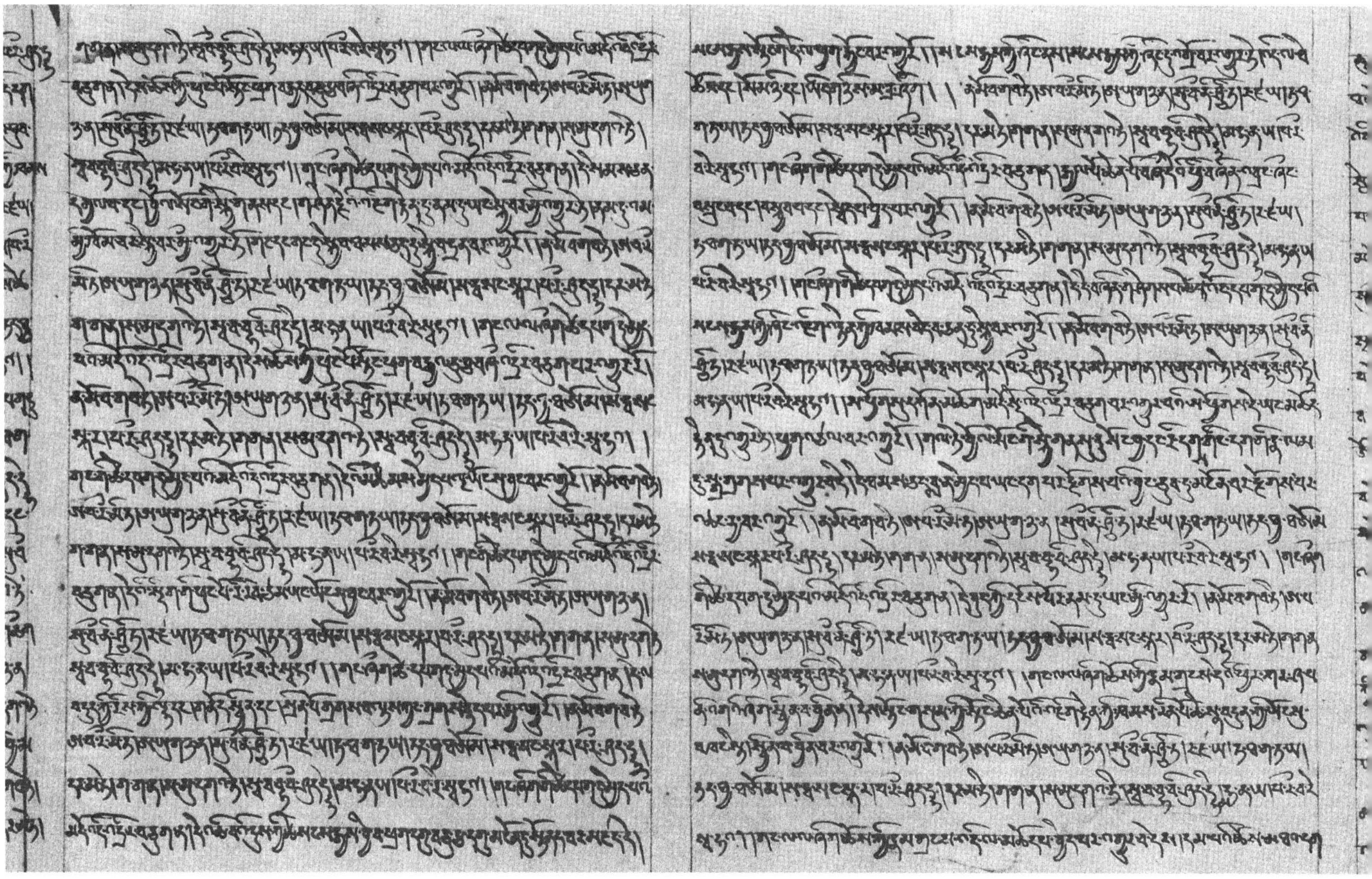

09629 大乘無量壽宗要經一卷 （藏文） 九至十世紀敦煌寫本

高31．2厘米，寬129厘米。每紙2頁，每頁20行，烏絲欄。天津博物館藏。

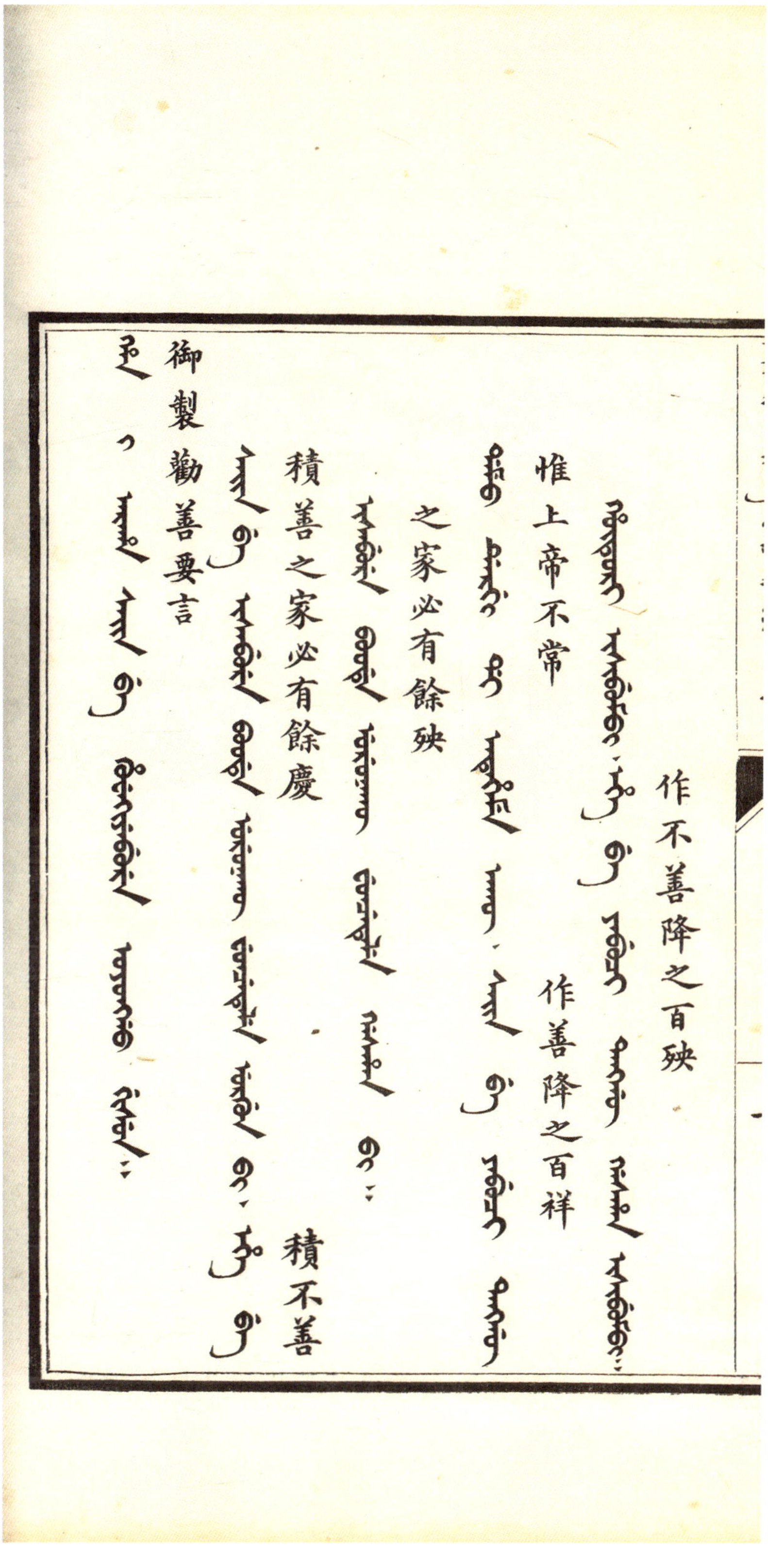
作不善降之百殃
惟上帝不常
作善降之百祥
之家必有餘殃
積善之家必有餘慶
積不善
御製勸善要言

09752、09754 御製勸善要言 滿文 （清）世祖福臨撰 清順治十二年（1655）内府刻本

綫裝。匡高25.5厘米，廣17.7厘米。半葉十行，白口，四周雙邊。故宫博物院、天津圖書館藏。